CB017417

LUÍS ALBERTO DE ABREU

UM TEATRO DE PESQUISA

Equipe de realização – Preparação de texto: Marcio Honorio de Godoy; Revisão: Iracema A. Oliveira e Daniel Guinsburg Mendes; Projeto de capa: Adriana Garcia; Ilustração: Sergio Kon; Produção: Ricardo W. Neves, Sergio Kon e Raquel Fernandes Abranches.

LUÍS ALBERTO DE ABREU

UM TEATRO DE PESQUISA

ADÉLIA NICOLETE
Organização

CIP-Brasil. Catalogação-na-Fonte
Sindicato Nacional dos Editores de Livros, RJ

A145L

Abreu, Luís Alberto de, 1952
Luís Alberto de Abreu: um teatro de pesquisa / Adélia Nicolete, organização. – São Paulo : Perspectiva, 2011.
15 il. – (Textos; 25)

Inclui cronologia
ISBN 978-85-273-0901-1

1. Teatro brasileiro (Literatura). I. Nicolete, Adélia. II. Título. III. Série.

10-6111. CDD: 869.92
CDU: 821.134.3(81)-2

25.11.10 10.12.10 023148

EDITORA PERSPECTIVA S.A.

Av. Brigadeiro Luís Antônio, 3025
01401-000 São Paulo SP Brasil
Telefax: (11) 3885-8388
www.editoraperspectiva.com.br

2011

SUMÁRIO

DO TEATRO NÔ

TEXTOS TEÓRICOS

FORTUNA CRÍTICA

FICHAS TÉCNICAS

APRESENTAÇÃO

No ano de 1999 Rubens José de Souza Brito, então docente da Unicamp, defendia sua tese de doutorado pela ECA-USP, sob orientação do professor Jacó Guinsburg. O objeto de sua pesquisa era a dramaturgia de Luís Alberto de Abreu, seus processos e configurações. Para isso analisou o conjunto de peças do autor, de quem acompanhou a trajetória desde os tempos amadores, traçando um panorama que, a partir dali, tornou-se uma referência para qualquer estudo sobre o assunto. Tanto que Rubinho, como era conhecido pelos amigos e alunos, era procurado como orientador sempre que alguém se dispunha a pesquisar algum aspecto da obra do dramaturgo.

Como decorrência da tese veio o convite para que preparasse uma edição das Obras Selecionadas para a editora Perspectiva. Ele deu início ao trabalho, mas não teve tempo suficiente para levá-lo adiante devido à morte repentina em 2008. O presente volume é, portanto, a concretização de seu projeto tão caro e coube a mim retomar sua condução.

Decidi, então, rever com Luís Alberto de Abreu a listagem de peças a serem publicadas. De um total de mais de cinquenta textos, o autor selecionou catorze que abarcam o período que vai de 1982 a 2010. Eles foram divididos em quatro áreas, definidas pela pesquisa que envolvem. A primeira delas, com o maior número de obras, é a de Comédia Popular Brasileira. Foi iniciada por Abreu e Ednaldo

Freire e levada a cabo junto à Fraternal Cia. de Arte e Malas-Artes, com catorze textos escritos ao longo de mais de dez anos de trabalho. Baseado em estudos de Mikhail Bakhtin, Luís da Câmara Cascudo, Amadeu Amaral e Cornélio Pires, o grupo empreendeu uma pesquisa de tipos já fixados no imaginário da cultura brasileira e retrabalhou-os segundo princípios da comédia popular. Dessa reelaboração nasceram personagens-tipo que figuram em diversas peças da Companhia. São eles: João Teité, Matias Cão, Mateúsa, Mané Marruá, Benedita, entre outros. Figuras com perfil definido e já conhecido do público, justamente por fazerem parte da cultura popular, e que, a cada peça, encontram oportunidade para criarem novas intrigas e se safarem delas. *Burundanga, a Revolta do Baixo-Ventre* (1994), *Sacra Folia* (1996) e *Auto da Paixão e da Alegria* (2002) pertencem a essa vertente de pesquisa. As duas primeiras são o que o autor denomina de comédia de representação, a terceira contempla já uma investigação da forma narrativa.

Essa investigação formal está presente também nas outras duas comédias que completam o conjunto: *Till Eulenspiegel* (1999) e *Stultífera Navis – Nau dos Loucos* (2001). Pertencem igualmente ao projeto de Comédia Popular Brasileira, porém visam à retomada de personagens da cultura universal e seu tratamento à luz da cultura e da realidade nacionais. O encontro entre os fictícios Peter Askalander, nórdico, e Pedro Lacrau, um índio brasileiro, é a situação central de *Stultífera Navis – Nau dos Loucos*. Nessa outra peça do projeto de comédia popular, Abreu intentou escrever um texto de inspiração cinematográfica, um filme verbalizado, como definiu: grandes cenas épicas com afundamento de navios, tempestades em alto mar e uma radicalização da narrativa.

Para a elaboração de *Till*, Abreu tomou como base um volume de histórias sobre as aventuras de um herói popular alemão. Embora localize a ação na Europa da Idade Média e crie uma trajetória paralela à do herói, a de três cegos à procura do caminho para Jerusalém onde esperam encontrar finalmente descanso, fartura e justiça, Abreu estabelece clara relação com o Terceiro Mundo e seus desvalidos. Ao final os desvalidos da peça seguem, liderados pela figura alegórica da Consciência de Till, rumo ao encontro de uma utopia possível.

A segunda área de pesquisa é a da forma narrativa. Embora em praticamente todos os seus textos Abreu lance mão dos recursos da narrativa épica, nas quatro peças aqui selecionadas essa elaboração se deu mais especificamente. Em *Bella Ciao* (1982) os problemas de configuração levantados pelo conteúdo levaram o autor à busca de uma forma que pudesse conter satisfatoriamente a saga de uma família de imigrantes italianos, desde sua terra natal no início do século XX até a queda do Presidente Getúlio Vargas em 1945. Essa forma foi encontrada principalmente no contato com as obras de Bertolt Brecht. Vemos sua influência desde o peso dado aos aspectos políticos da trajetória, passando pela construção das cenas que encerram todas uma unidade, que pode ser identificada por um título (recurso que Abreu continuará adotando em praticamente todos os textos seguintes), e pela figura do Ponto, que atua como narrador.

Passados quatro anos de *Bella Ciao* e tendo encenado mais três textos nesse intervalo de tempo, Abreu iniciou a pesquisa para a elaboração de *Lima Barreto, ao Terceiro Dia* (1986). O projeto consistia em elaborar uma trama que suportasse aspectos biográficos do escritor e fragmentos de sua obra mais famosa, *O Triste Fim de Policarpo Quaresma.* A vastidão do material representava outro desafio formal para o dramaturgo. Dessa vez, ao contrário do que ocorrera em *Bella Ciao*, quando Abreu ia resolvendo os problemas à medida que ocorriam, o autor pretendeu estabelecer primeiro a estrutura. Quis intencionalmente trabalhar uma concepção formal que pudesse organizar passado, presente e ficção, e que possibilitasse interferências mútuas. Vencido o desafio da forma levou-se adiante a escrita do texto.

Borandá: Auto do Migrante (2003), encontra Luís Alberto de Abreu com vinte e três anos de carreira e com o domínio da forma narrativa. Os desafios, nesse caso, pertenceram à esfera do conteúdo. Desde a peça *O Rei do Brasil* (1991) o dramaturgo precede a escrita do texto propriamente dito pelo *cannovaccio.* Trata-se de um roteiro de ações, como os que eram seguidos pelos atores da *Commedia dell'Arte* italiana, e que contém o enredo e o detalhamento das ações em cada uma das cenas; um quadro esquemático de todo o texto. Não foi diferente com *Borandá.* Abreu criou um roteiro de ações que trataria de uma releitura de Macunaíma do ponto de vista do migrante. Seria uma história fantástica, com tratamento mítico, e assim foi entregue à Companhia para que começassem as improvisações. Paralelamente a isso os atores realizavam entrevistas com migrantes de diversas origens, com o objetivo de dialogar com as improvisações e o texto. Ocorre que, à medida que as entrevistas chegavam às mãos do dramaturgo constituíam-se material potente o bastante para modificar a primeira estrutura imaginada.

O desafio foi, portanto, reorganizar o *cannovaccio.* Alterar a forma já definida para que se abrigasse o novo material. A solução encontrada foi a narrativa de duas sagas entremeadas pela história fantástica original. Abreu procurou, em *Borandá,* um aprofundamento no estudo das personagens narradoras e o trabalho com o que ele chama de velocidade do épico. Com isso criou narradores capazes de interpretar homens ou mulheres, desfazendo a limitação de gênero, e propôs cenas mais curtas, que produzissem uma sucessão de imagens sob o comando de um narrador principal, a dirigir a memória – influência dos procedimentos utilizados pelo dramaturgo norte-americano Thornton Wilder na peça *Nossa Cidade*.

Em 2006, com *Memória das Coisas*, dá-se a pesquisa do fluxo da memória. Como organizar um material que brota em progressão geométrica? Um homem se vê diante de um arco no centro da cidade e ele tenta se lembrar a que ele se refere. Nesse cavoucar recordações, que se torna o eixo do espetáculo, da própria ruína arquitetônica brotam personagens-lembranças que, por sua vez, se lembram de outros, e tudo se torna matéria de representação. A essa altura a chamada carpintaria teatral não importa mais a Luís Alberto de Abreu, que se preocupa agora com a consistência da cena. Há uma liberdade nessa organização dramatúrgica, que permite, uma personagem assuma a narrativa se tem algo importante a dizer. Dispensa-se a trama perfeitamente articulada, em nome da unidade maior constituída pela multiplicidade da memória.

Curiosamente *Memória das Coisas* pertence ao ciclo de comédias populares da companhia. Da comédia, porém, resistem os dois palhaços e o diretor, que beiram o patético. O diretor não possui mais o controle da situação. Diferente da personagem de Thornton Wilder, ele se desespera com a amnésia do protagonista, com a autonomia das personagens e o fluxo das lembranças, tentando encontrar um sentido para transmiti-lo ao público, tornado testemunha. Podemos identificar, na orquestração do tema, das ações e das figuras, influências de Tadeuz Kantor e Pirandello – citados no próprio texto.

No terceiro bloco encontram-se dois textos resultantes da pesquisa da forma poética, *A Guerra Santa* (1991) e *O Livro de Jó* (1995). A eloquência e o ritmo da poesia foram a saída encontrada por Luís Alberto de Abreu às circunstâncias em que se encontrava a dramaturgia naquele momento. Segundo o autor, as reflexões políticas geradas nos anos de 1970 já não encontravam mais respaldo no público. Seu texto *O Rei do Brasil*, que propunha uma discussão cultural do país, foi um fracasso de bilheteria. A isso veio se somar o grande destaque conquistado pelos encenadores nos anos de 1980 e a relativa crise da dramaturgia. Diante disso, Abreu iniciou uma pesquisa formal na tentativa de recuperar o público, de sintonizar-se novamente com ele. Daí nasceu *A Guerra Santa*, texto resultante do projeto Maioridade 68, promovido pela Funarte, e que foi buscar nas personagens e no ambiente d'*A Divina Comédia,* de Dante Alighieri, a metáfora dos ideais revolucionários.

O Livro de Jó, baseado no texto bíblico, foi uma criação partilhada com o Teatro da Vertigem de São Paulo. Da parceria com o diretor Antonio Araújo uma outra pesquisa foi desenvolvida, desta vez processual. Os dois foram responsáveis pela sistematização inicial do chamado processo colaborativo e por divulgá-lo junto a outros grupos e escolas em diversos estados brasileiros.

Em relação à forma poética um outro texto, *Francesca* (1993), ainda inédito e inspirado em uma das passagens d'*A Divina Comédia*, completa a trilogia de peças que buscam na poesia uma forma de comunicação mais direta com o leitor/espectador. A partir dessas experiências, Abreu passou a utilizar a poesia como elemento de elocução nas peças seguintes, mesmo nas comédias. Um exemplo disso pode ser encontrado na fala do Anjo Gabriel ao anunciar o massacre dos inocentes em *Sacra Folia*.

No final dos anos de 1990 o dramaturgo iniciou uma pesquisa do teatro nô japonês. Seu objetivo era compreender como se articulava a estrutura daqueles dramas que comunicam diretamente ao público, quase sem a intermediação da encenação. Nascido na sociedade rural, o drama nô possui uma dramaturgia relativamente simples, baseada na forma narrativa e poética podendo lançar mão, inclusive, do canto e da dança. Foram esses elementos que Abreu utilizou, no todo ou em parte, na elaboração dos três textos que compõem o último conjunto dessas Obras Selecionadas – a pesquisa do teatro nô. O primeiro, *Maria Peregrina*, foi escrito em 1999 especialmente para a Cia Teatro da Cidade de São José dos Campos, em São Paulo. Para o mesmo grupo escreveu, em 2010, *Um Dia Ouvi a Lua*, baseado em músicas sertanejas e em sua mais recente pesquisa das personagens heroínas. Nesses dois textos Abreu optou pela composição de um tríptico, pois, embora haja uma unidade temática e até mesmo um fio condutor, são trabalhados três núcleos independentes. Caso diferente de *Um Merlin*, de 2002, escrito para a interpretação do ator Antonio Petrin e a direção de Roberto Lage. Essa obra contempla a pesquisa do herói sábio e pertence a um tipo de nô, que tange os deuses ou entidades e a própria morte. Dessa vez o que Abreu preferiu aprofundar foram o registro poético e o narrativo, não tanto a estrutura nô.

Ao longo do tempo, a dramaturgia de Luís Alberto de Abreu dividiu espaço com a atividade pedagógica, que se desdobrou em palestras, coordenação de cursos e processos, oficinas e grupos de estudos. A prática em sala de aula e junto aos grupos, muitas vezes, levou o autor a sistematizar determinados conteúdos em forma de artigo. Por isso, à reunião das peças teatrais, seguem os textos teóricos do autor. Trata-se de três artigos, publicados em periódicos, que se referem às pesquisas da narrativa e das personagens dramáticas e contemporâneas.

A obra de Luís Alberto de Abreu, por sua vez, suscitou uma série de pesquisas acadêmicas. Selecionamos fragmentos de três delas para figurarem na terceira parte deste volume. O primeiro pertence à tese intitulada *Dos Peões ao Rei*, do professor Rubens José de Souza Brito, comentada no início desta apresentação. O segundo faz parte da dissertação de mestrado de André Carrico, *Por Conta do Abreu*, defendida no Instituto de Artes da Unicamp e que aborda a comédia popular na obra do dramaturgo. As três sagas que compõem *Borandá* foram objeto de estudo do terceiro trecho selecionado, que faz parte da dissertação *Do Drama ao Fragmento: A Questão da Forma na Dramaturgia Contemporânea em São Paulo*, de autoria de Cássio Pires defendida na ECA-USP, em 2005. Outros trabalhos acadêmicos encontram-se relacionados ao final desse tópico e, se não foram selecionados para esta publicação, deveu-se tão somente a critérios de espaço.

O mesmo se deu em relação aos registros da recepção crítica dos espetáculos. Muito foi escrito em jornais e outros periódicos impressos ou eletrônicos a respeito dos textos do dramaturgo. Procuramos apresentar aqui uma amostragem que levasse em consideração, além do conteúdo, alguns dos nomes que acompanham ou acompanharam a trajetória do dramaturgo em boa parte de seus trinta anos de profissão, completados em 2010.

Dentre seus mais de cinquenta textos – desde o primeiro, *Foi Bom, Meu Bem?* levado à cena em 1980, até o mais recente *Nomes do Pai* – apenas um permanece inédito, o musical *Francesca*. A atuação do autor se estendeu ao cinema, à televisão, às fábricas, a departamentos de cultura e, mais recentemente, a hospitais e centros de saúde junto ao Instituto Narradores de Passagem, do qual é o idealizador. Em todas as iniciativas, o que move Luís Alberto de Abreu é a pesquisa, seja ela unicamente da escrita, seja do diálogo com atores, diretores ou cineastas na construção da obra. Seja na dramaturgia autoral, seja em projetos nos quais esteja inserido. O presente volume oferece ao leitor uma parte selecionada dessas experiências.

Agradeço à minha filha Lina, pela ajuda no levantamento e digitação das críticas, à profa. dra. Sílvia Fernandes e a Cristiane Layher Takeda pelas sugestões e pelo estímulo em relação à publicação. Ao professor Jacó Guinsburg e a Luís Alberto de Abreu agradeço o privilégio de realizar este trabalho dedicado à memória do professor Rubens José de Souza Brito, de quem cito um trecho da tese ao finalizar esta apresentação:

Como se vê, Luís Alberto de Abreu se sensibiliza pelos mais diferentes temas. No centro de cada um deles, encontra-se o homem brasileiro, flagrado não só em seus instantes de dor, de reflexão, de angústia e de luta, mas também nos seus momentos de esperteza,alegria e riso. Entre a razão e a emoção, entre aprofundidade e a superficialidade, entre o cômico e o trágico, e entre o trivial e o metafísico, o dramaturgo vai compondo, cena a cena, não mais o brasileiro, mas o próprio homem.

Trabalhos acadêmicos, artigos e ensaios, em todo ou em parte, a respeito de sua obra

ANDRADE, Wellington W. de. *O Livro de Jó, de Luís Alberto de Abreu : Mito e Invenção Dramática.* São Paulo: FFLCH-USP, 2000. Dissertação de mestrado.

BRITO, Rubens de S. *Dos Peões ao Rei : O Teatro Épico-Dramático de Luís Alberto de Abreu.* São Paulo: ECA-USP, 1999. Tese de Doutoramento.

CARRICO, André. *Por Conta do Abreu: Comédia Popular na Obra de Luís Alberto de Abreu.* Campinas: Instituto de Artes-Unicamp, 2004. Dissertação de mestrado.

FREITAS, Cássio Pires de. *Do Drama ao Fragmento: A Questão da Forma na Dramaturgia Contemporânea em São Paulo.* São Paulo: ECA-USP, 2005. Dissertação de mestrado.

LABAKI, Aimar, SAADI, Fátima e GARCIA, Silvana. Luís Alberto de Abreu: A Dramaturgia e o Eixo do Mundo (Entrevista com Luís Alberto de Abreu). *Folhetim*, n. 16, Rio de Janeiro, jan-abr 2003.

NICOLETE, Adélia. *Até a Última Sílaba.* São Paulo: Imesp, 2004. (Coleção Aplauso/Perfil.)

_____. *Da Cena ao Texto: Dramaturgia em Processo Colaborativo.* São Paulo: ECA-USP, 2005. Dissertação de mestrado.

OLIVEIRA, Kildervan Abreu de. *Trajetórias de Migrantes: Narrativa e Questões de Gênero na Dramaturgia Brasileira Contemporânea.* São Paulo: ECA-USP, 2006. Dissertação de mestrado.

SILVA, Ana Maria Rebouças Rocha. *Poética Cênica na Dramaturgia Cênica Contemporânea.* São Paulo: ECA-USP, 2001. Dissertação de mestrado.

TRILOGIA Bíblica. Vários autores. São Paulo: Publifolha, 2002.

Adélia Nicolete

PREFÁCIO:
LUÍS ALBERTO DE ABREU, VIDA, OBRA E MILAGRES

A imagem é de um torvelinho de páginas soltas das quais brotam criaturas fantásticas como se personagens fossem de pesadelo ou de sonho. Impregna-as, não obstante, a força do real. Entrelaçam-se, separam-se, superpõem-se, entrechocam-se, amam-se, duelam; proferem palavras belíssimas, inesperadas, cortantes, deslavadamente impudicas, quando calha, como o linguajar das muitas ruas de nosso imenso país. Palavras encadeadas em frases curtas, secas, doloridas às vezes, surpreendentes quase sempre quando se espraiam em pura poesia no mais puro lirismo (economicamente sintético segundo o evangelho estético abreusiano). Trazem à vida situações impregnadas pelo *páthos*, misto de comicidade e transcendência, que traduz o amor e o humor perene e transformador desse decifrador da alma brasileira.

Participantes de uma farândola alucinada, seus integrantes têm existência ancorada na memória de um autor com poucos parâmetros reconhecíveis além da imersão resoluta no imaginário popular e da irrestrita solidariedade aos desvalidos e destituídos, aos humilhados e ofendidos, característica comum às obras de nossos maiores dramaturgos, marco de uma ética necessária.

Desde que se revelou nos palcos de São Paulo, em novembro de 1981, quando o panorama teatral que até então nos exasperava pela mediocridade acumulou acertos, entre os quais a estreia de *Cala a Boca Já Morreu*, a obra de Luís Alberto de Abreu cresceu e multiplicou-se nas últimas décadas com feição de milagre. Frise-se, porém, que tanto em *Cala a Boca...*, como em *Bella Ciao* ou em *Sai da Frente que Atrás Vem Gente*, obras primevas, o autor já não incidia em um lugar-comum da época, a heroicização dos humildes, nem perdia o fio do humor irresistível que conduzia as cenas, mesmo as mais patéticas. Retomava a temática da revisitação de nossa história, em boa hora empreendida pela dramaturgia nacional a partir dos *Arena Conta...* até *Rasga Coração*. E propunha protagonistas com os requisitos enunciados por Anatol Rosenfeld: "herói e não herói, o homem anônimo do nosso tempo, vítima das engrenagens, capaz de sobrepor-se ao conformismo e ao peso morto da rotina [...] parafuso e alavanca, rodinha e motor"[1]; síntese da luta dos idealistas de todos os tempos que, mesmo sabendo que o jogo que jogam tem as cartas marcadas pelo adversário, não abrem mão por um segundo sequer da fé numa liberdade possível. Às contínuas bordoadas da vida oferecem resistência, como o Barachetta anarquista. *Bella Ciao* alia o poder de síntese à densidade do significado, a intuição emocionada à reflexão lúcida, a veracidade dos acontecimentos à verossimilhança das personagens.

Creio que as virtualidades dessas peças iniciais confirmam-se e acentuam-se no itinerário traçado pela vida e pela obra do autor. Peças com o selo da originalidade, da criatividade, da inovação jamais gratuita mas firmemente enraizada em pesquisas de campo, em reciprocidade constante com grupos de colaboradores que se integram medularmente ao processo. O todo embasado em mergulhos teóricos seriíssimos. Na "Apresentação" que, a meu ver, seria o prefácio ideal para este livro, Adélia Nicolete leva adiante a pesquisa de Rubens José Souza Brito e elabora, com Abreu, uma listagem das catorze peças selecionadas, catalogando-as em áreas distintas segundo as pesquisas que lhes deram origem.

Confesso que li *a posteriori* a parte teórica imprescindível para o aprofundamento da obra ciclópica e multivariegada do autor, porque o magma incandescente dos textos queimava-me as mãos e a curiosidade. Assim, anotando peça a peça segundo uma ótica particular, talvez prejudicada pelo subjetivismo de uma admiração incontida e pela surpresa de uma revelação – não tive acesso a toda a sua obra – e, além de e sobretudo, pela afinidade em relação ao ideário ético que permeia cada linha de cada cena de cada texto – confirmou-se a opinião primeira que dele tivera como sendo um autor entre os maiores. E é dessa opinião pessoal que aqui dou testemunho, sem a pretensão de uma tese acadêmica.

1. *O Mito e o Herói no Moderno Teatro Brasileiro*, 2. ed., São Paulo: Perspectiva, 1996.

Extremamente prazerosa e instigante a leitura de seus textos. A imaginação tão reverenciada por ele, por Shakespeare e pelos gregos, para citar apenas os marcos de três eras, funciona a todo vapor, alimentada pela energia das palavras, pelas cenas com cor e cheiro de vida, pelas descrições sucintas evocadoras de uma realidade caleidoscópica, vibrante, pateticamente cômica e dramática ao mesmo tempo; pelo poder dos narradores que se transformam em personagens que se retransmutam em atores que são personagens ... *ad infinitum*..., vívidas criaturas incumbidas de serem a crônica do Tempo; tratemo-las bem, já dizia o bardo.

Personagens interagem e dialogam. As criaturas de Abreu definem-se por ações vertiginosamente desencadeadas e por falas que, desde as primeiras peças, nascem com o selo da originalidade e evoluem nas décadas seguintes para certo predomínio do narrador sobre a ação desenrolada no palco (de certo modo ele a organiza) e da poesia sobre a prosa, buscando o intercâmbio de personagens, intérpretes e narradores, entre fato narrado e fato vivenciado, entre fato acontecido e acontecendo no aqui-agora do milagre teatral; aceleram-se o acúmulo de ações, reações e tempos sincopados, a alternância de lugares e de histórias aparentemente desconexas mas firmemente intrincadas pelos liames da memória coletiva, arcaica ou individual que seja. A memória labiríntica dos homens e das coisas.

Abreu revela no estilo um tesouro de figuras de retórica, metáforas, sinonímias, antinomias, paradoxos, licenças gramaticais, sintáticas, e haja trocadilhos argutos e criatividade sem peias! Acrescenta em muito à língua portuguesa, como já o fizeram antes dele Mário de Andrade, a pletora dos poetas modernistas e, entre todos, Guimarães Rosa.

Reconhece as influências de Arthur Azevedo, Martins Pena e Suassuna, ao qual homenageia explicitamente em *Sacra Folia* ao atribuir à Virgem Maria a aura da Compadecida. Sabe-se que Ariano, ao codificar uma arte já em processo no seio dos artistas criadores nordestinos, assentava as bases teóricas de um movimento de extrema importância na cultura brasileira do século XX: a arte armorial, "aquela que tem como traço comum principal a ligação com o espírito mágico dos cordéis do Romanceiro Popular do Nordeste"[2].

Por esta senda avançou Abreu como bandeirante à procura de outras esmeraldas.

Quem é Luís Alberto de Abreu, bisneto de garimpeiros, com histórias familiares entrelaçadas a relatos de lobisomens e outras fantasmagorias de crueldades "civilizatórias" de antepassados do Reino

2. Ariano Suassuna apud Ilka Marinho Zanotto, "Obra Apresentada, O Amor e Tempo", *Catálogo da XX Bienal Internacional de São Paulo*, 1989.

vis-à-vis quilombolas? Caçula de dez, filho de carpinteiro artesão, criado solto e feliz nas ruas de uma Diamantina assombrada pela alma sofredora de um padre penitente e por cavalos notívagos em disparada ladeira abaixo da "ponte dos suspiros" (passadiço da antiga prisão dos escravos, eventual gênese de *Memória das Coisas*): "Então se ouviam correntes sendo arrastadas, lamentos, cantigas de muito sofrimento". A arte de narrar herdada da mãe Violeta, contadora exímia na recriação dos fatos, com direito à recaptura da emoção e das experiências reveladas.

Depois do transplante da família para o ABC paulista, em busca de melhores condições de vida, que dizer dos quatro anos vividos tranquilamente em seminário franciscano com direito a latim, muita história e ao futebol amado, à vivência religiosa cotidiana, a qual, no meu entender, ao lado da influência de dona Violeta, marcou profundamente o subtexto cristão de Abreu. Houve ainda em seus tempos de ABC o contato próximo com metalúrgicos e operários vindos de todos os cantos do país, mormente do Nordeste, que lhe deram a conhecer ainda melhor o Brasil profundo. Na adesão ao Grupo Mambembe, que monta seus primeiros textos, confirma-se a tendência para o teatro. Da parceria imprescindível com Ednaldo Freire nasce a Fraternal Companhia. de Artes e Malas-Artes. Desse húmus fértil nasceu a vocação de um autor que reúne as citações de Pascal e de Souza Brito; diz este: "Entre a razão e a emoção, entre a profundidade e a superficialidade, entre o cômico e o trágico, entre o trivial e o metafísico, o dramaturgo vai compondo cena a cena não mais o brasileiro, mas o próprio homem"[3]. Na contramão, antecipa Pascal em *Pensées*: "Quand on voit le style naturel, on est tout étonné et ravi, car on s'attendait de voir un auteur et on trouve un homme" (Quando se vê o estilo natural, fica-se totalmente surpreso e encantado, porque se esperava ver um autor e encontra-se um homem).

Mas o talento que Deus lhe deu não é simplesmente obra da fortuna; foi burilado através dos anos, em mais de cinquenta textos, por incansável pesquisa temática, pela busca dos alicerces da dramaturgia universal, por reflexão sobre o "por que", o "como" e o "para quem" do fazer teatral, pela exigência intransigente com a própria escrita.

No artigo "*Eppur si Muove*!", de 1998, Abreu advoga a necessidade de uma nova "Poética" que dê conta da trajetória das heroínas e dos heróis modernos, e explicita a razão da multiplicidade da própria obra, fruto da viagem que o leva da *Poética* aristotélica aos arquétipos medievais, shakespearianos e do século de ouro espanhol, cujas matrizes

3. Rubens José de Souza Brito, *Dos Peões ao Rei: O Teatro Épico-Dramático de Luís Alberto de Abreu*, São Paulo: ECA-USP, 1999. Tese de doutorado.

informam residualmente as personagens desenraizadas de Kafka e de Beckett...

Análise sofisticada e abrangente que coloca a reflexão estética e a sensibilidade humana como precondições da existência da arte mas que atribui à dramaturgia a função primordial e "pé no chão" de construir "eficientemente uma história". Teoria comprovada desde o inicio da carreira quando batizou de "dramaturgia de cena" a fatura de *Cala a Boca...*, teatro feito à boca do forno – lembram dos CPC's de Vianinha? –, com a urgência de encomenda com tempo aprazado, o autor no meio do redemoinho de ensaios, improvisações, diálogos brotados do clima especialíssimo que se instaura numa criação coletiva *sui generis* com a contenção da régua do dramaturgo. Vislumbra-se então a semente do método de colaboração participativa iniciado com Antonio Araújo e corporificada eficaz e brilhantemente no espetáculo *O Livro de Jó*. Quem teve o privilégio de percorrer os corredores, salas e átrios do hospital Humberto Primo, participando da *via-crucis* do Jó de Matheus Nachtergaele, jamais se esquecerá da presentificação do diálogo/embate criador/criatura instaurado pela ação catártica do teatro.

ATOR-JÓ – Não! Somos deuses cegos
Que à beira do abismo,
Marcham com a segurança
Que nos dá nossa pretensão!
Vá. A fé não se explica com a razão
A fé não se explica
A fé é.

Desde sempre o alvo de Abreu foi a captura e a transmissão da experiência vital dos marginalizados. Filtrando-a pelo prisma da ironia regeneradora que Bakhtin preconiza, imprimiu indelevelmente no cerne de todas suas peças, do nascedouro até hoje, o selo da solidariedade preconizada por Cristo no seu mandamento único e maior: não é exagero falar em *amor* pelas criaturas das obras nas quais o autor "não ensina a viver como fizeram os grupos ideológicos, mas celebra a inteligência de como se vive"[4] – destaco como definitiva, dentre as muitas análises percucientes que dessa dramaturgia fizeram estudiosos, esta de Mariângela Alves de Lima sobre a *Sacra Folia*, resumo felicíssimo de todo um ideário subjacente à poética de Abreu.

O engajamento decisivo do autor na restauração da narrativa como fio condutor da obra baseia-se na crença desse sistema que "não exclui o vigor da representação dramática mas, ao contrário, a abriga dentro

4. Mariângela Alves de Lima, Apresentação, em Luís Alberto de Abreu, *Comédia Popular Brasileira*, São Paulo: Siemens, 1997, p. 11.

de si, possibilitando inumeráveis combinações entre narração e representação. O limite é, de fato, a imaginação do palco e da plateia".

O pensamento de Abreu assenta-se sobre certas ideias básicas essenciais que informam todas suas peças: a *imaginação* como motor do milagre teatral; a *narrativa* como forma de mais eficazmente estabelecer a comunicação com o público; o *imaginário* popular restituído ao povo – que é, de fato, o seu fiel depositário – e como propiciador de uma consciência coletiva, garantidora de cidadania e, por extensão, formadora da nação; o *poder transformador da arte* como reflexo transfigurado da realidade.

Avulta, sobretudo, a preocupação ética de Abreu quando persegue incansavelmente a construção da "personagem contemporânea" que saiba dialogar e acrescentar algo à esfinge da modernidade. É lançada ao ar a questão: em um mundo em escombros, qual a matriz a ser desvendada para a construção da nova personagem? "Que caminhos podem indicar nessas personagens, a restauração da humanidade perdida? Onde está a raiz do erro?"[5].

A essas e outras questões Abreu tenta responder na prática com a fatura de inúmeros textos teóricos e de mais de cinquenta peças teatrais que aliam a arte de contar histórias à busca de um estilo que associa o requinte à invenção, as raízes populares ao inventário riquíssimo do teatro e da literatura universais. Sempre na busca incansável pelo significado mais profundo de ser homem e artista no aqui-agora do tempo histórico. Como homem de teatro completo, a escrita nascendo ao lado e concomitante ao trabalho no palco, Abreu pode sugerir nas rubricas a ambientação, as marcações, o ritmo, as luzes, a música e os sons, os figurinos, os adereços e objetos de cena.

Ao longo da leitura, assinalei vários textos nos quais os diálogos extremamente concisos, cômicos ou dramáticos, pertinentes, decisivos, aceleram a ação. Um exemplo, em *Sacra Folia*: a cena em que Matias Cão é cooptado por Herodes *et caterva*, a troco de comida farta, para raptar a Sagrada Família perdida a caminho do Egito no sertão esturricado do Nordeste, transforma-se num samba de crioulo doido hilário e eficaz, com direito a magníficas incursões poéticas e versificadas associadas à assunção do empenho social da Arte quando à degola dos Inocentes de Betânia associa-se o não menos infame massacre da Candelária.

Quanto ao engajamento da literatura reivindicado por Sartre no imediato pós-guerra em meados do século XX, Abreu é escritor que se posiciona impavidamente sem medo de sujar as mãos na concretude do

5. Cf. infra, p. 620.

real. Fá-lo, porém, com a posição da personagem Vergílio em *A Guerra Santa* na luta armada pela palavra em riste e não pelo punhal assassino de Dante. Se a injustiça é tamanha que clama por soluções radicais, a falácia das utopias pós-queda do muro de Berlim justifica a posição política de Vergílio, que não compactua com a ação temerária de "Prometeu às avessas" do ex-companheiro de 1968 que pensa "em alastrar o fogo e depois dominar sua fúria". É clara a referência ao Brasil, retratado como o "pesadelo" de Dante Alighieri, num brado pela inevitabilidade da revolta dos oprimidos e excluídos. A peça merece uma tese em si não somente pelas questões candentes em debate – ecologia compreendida – como pela forma literária requintadíssima. Como ponto climático, o assassinato de Vergílio por Dante descrito em versos trágicos, estupendos do autor.

Outra peça, *Lima Barreto, ao Terceiro Dia*, configura-se, ao meu ver, como obra-prima, pela fatura e pela profundidade temática. Também aqui, o Brasil, "subúrbio do mundo", é a tônica dominante de uma peça que entrelaça três planos de ação, em tempos diversos, entremeando diferentes realidades e personagens do passado, do presente e da ficção. Cite-se o velório de Ismênia quando personagens de distintas esferas cruzam-se e enfrentam-se. Impressionante como Abreu consegue, no caos, construir uma crítica lúcida das mais ferozes sobre o Brasil e sua história, soltando pirandellianamente sobre o palco uma parafernália de criaturas: Policarpo Quaresma (personagem do livro de Lima Barreto) agitando um otimismo triunfalista, idealista até a morte, mais os dois Lima (o Velho no hospício, contemplando o próprio passado quando Moço escrevia o romance), Vitória, Albernaz, Adelaide, enfim, todas as doze personagens envolvidas em diálogos lúcidos, ferozes, poéticos, em cena marcada por dinamismo e inteligência. No entrechoque discute-se o papel da literatura (sendo veraz, "não agrada aos salões literários") e a essência da tarefa do escritor, pondo em questão a própria definição do ser humano:

> Um grão de areia louco
> Varrido pelo vento
> E que insiste em olhar as estrelas
> É o que somos.

Cite-se também a cena fantástica na qual Adelaide (personagem do romance, irmã de Policarpo) dialoga com Lima Velho, que convive alucinado com os fantasmas saídos do próprio livro, no caso, Policarpo Quaresma.

Muitíssimo mais haveria que dizer do engenho e arte desse texto teatral pela profissão de fé na tarefa do autor, registrando em diferentes claves a indignação fermentadora para concluir com as próprias personagens:

> Se for possível, sonhem por mim
> O que esses tempos nos quais vivi
> Não me permitiram sonhar."

Chegada a hora de explicitar a correlação íntima entre a personagem-símbolo de Mário de Andrade e aquelas da *Comédia Popular Brasileria*. Cito minhas palavras em crítica de *O Estado de S.Paulo*, de 15 de junho de 1984 sobre *Macunaíma* de Antunes Filho que defini como "milagre teatral":

> Vindo do fundo do mato-virgem, moleque desde sempre, um despropósito de ingenuidade e de esperteza, de malícia e de malemolência, imperador e pária, sabe transmudar a preguiça atávica em ação decidida quando cabe. Sexo, fome, cobiça, doença são as molas moventes habituais. Quando não o prazer lúdico de pregar peças e petas ilimitadamente.

Essa definição, substituindo "preguiça" por "carência", em parte e no todo pode ser aplicada às personagens que circulam pelas páginas dos muitos textos deste livro, mormente seus herdeiros diretos João Teité e Matias Cão, reencarnados nas múltiplas *personas* que assumem. Vejamos o *Auto da Paixão e da Alegria*. Há todo um elenco de personagens-tipo das muitas nacionalidades e raças que compõem o povo brasílico: árabe, asiática, judia, persa, italiana, índia, portuguesa, negra, sendo Wellington interpretado por João Teité, um "vira-latas social" anárquico que inventa *lazzi*, enredos, e mentiras assombrosas sem fim, conforme descrição do autor.

Mas o auto vai além com inserção de um Anjo Gabriel agitadíssimo pendurado a uma roldana periclitante, cujo ator/intérprete protesta contra o autoritarismo do diretor "genial" e, retomando a personagem/Anjo, conclama ecumenicamente o público a "ver a mistura do sagrado riso e da dor profana que um dia aproximou Deus do sabor da experiência humana". "Vinde budistas, ateus, animistas, muçulmanos, judeus, xintoístas, ortodoxos, umbandistas".

O mais é comédia em estado puro! Há que lê-la e remontá-la incontáveis vezes para rir generosamente, enternecer a alma e o espírito com direito à intervenção do Demo e de Maria Madalena, de Nossa Senhora e de Jesus nas *Bodas de Caná* – cena na qual Abreu faz *gag* sobre *gag* numa enxurrada de ideias a propósito dos fatos bíblicos, com a imaginação fortíssima dotada do mais alto e popular senso de humor. Às habituais imprecações contra os eternos "sepulcros caiados de branco" seguem-se cenas de alegria plena, quando não de comoção profunda.

Como aquela em que João Teité – quem diria – ao ver a fila de retirantes mudos, cegos, surdos que seguiam em busca de Cristo na estrada de Jerusalém, diz: "formou-se um longo cordão humano em movimento. O último da fila, um leproso ainda jovem, me acenou um adeus com o toco do braço. Ó, vontade de chorar que me deu!" A fala remete ao *Gente Humilde* de Vinicius de Moraes e Chico Buarque:

> E aí me dá uma tristeza
> No meu peito
> Feito um despeito
> De eu não ter como lutar
> E eu que não creio
> Peço a Deus por minha gente
> É gente humilde
> Que vontade de chorar.

É extremamente importante a inserção do "bom combate" preconizado por São Paulo na literatura teatral hodierna, muitas vezes tão carente de ideal, aparentemente enredada no mais pragmático dos niilismos.

A fala final de Abu-Cristo vale por uma declaração de princípios além de preclara advertência:

ABU-CRISTO – Não choreis por mim que com minha coragem sustento meu medo e cumpro esta jornada por minha própria escolha. Chorai por vós e por vossos filhos cuja inocência será arrancada ainda em verdes anos. Porque haverá um tempo em que crianças serão apartadas de suas mães, vão perambular pela miséria das ruas e perder seu futuro nas esquinas, nos sinais, cheirando a única alegria perversa que lhes sobra. Haverá um tempo em que adultos vão temer crianças e lhes farão guerra. E elas serão abatidas pela doença, pelo entorpecimento, pela brutalidade e, principalmente, pelo peso da indiferença. Chorai por esse tempo. E, sobretudo, lutai para que não chegue o tempo em que serão inúteis qualquer choro e qualquer luta.

Caberia aqui o brado de Cazuza: "Brasil, mostra tua cara"

Também em *Burundanga, a Revolta do Baixo-Ventre* comparecem as personagens-chave da Comédia Popular Brasileira: João Teité, Matias Cão, Coronel Marruá, Benedita, Boraceia e Mateúsa, além de treze outros teatrantes. Com todos os elementos das comédias clássicas (gregas, latinas, renascentistas, *Commedia dell'Arte* etc., etc.) usados à exaustão, extremamente cômica, inventiva, com peripécias, jogos de palavras e situações, *turn-overs* alucinantes, a peça constitui-se em retrato acabado da farsa política imperante no Brasil, com a perfeita caracterização de todos os "elementos" que tomam parte no jogo! Desfaçatez, astúcia, cinismo, pragmatismo feroz postos à luz e enfatizados pelas idas e vindas da dupla macunaímica. Matias Cão e João Teité, secundados pelas personagens deliciosamente cômicas que Abreu sabe como ninguém tornar vivas sobre as tábuas de um palco. Teatro com T maiúsculo. E viva a definição de política na boca da prefeita: "política não é sim nem não. É sim e não, é talvez e porém, é no entanto e contudo. E tenho dito!"

A "Apresentação" à *Comédia Popular Brasileira* demonstra "a grandeza e a potencialidade subversiva do gênero cômico desde os primórdios da dramaturgia ocidental". Destaca-se, entre outros, tópicos o traço comum em todas as peças: "o protagonismo do homem pobre que lidera a ação dramática [...] expressando uma antiquíssima sabedoria. Fácil deduzir a incômoda sucessão de organizações sociais que excluem e humilham o ser humano". São palavras de Mariângela Alves de Lima a lançar luz sobre a obra de Abreu e que decifram personagens brotadas do imaginário da nossa cultura popular. Protótipos de uma saga estupenda, eles surgem inteiriços configurando um mundo onde ficção e realidade são faces da mesma moeda.

Romaria, cidade interiorana, sossego, nostalgia, café no fogão de lenha, o mundo era outro e o Mestre, ao invadir o palco multicolorido vindo da área circundante à da representação, revive na fala esse mundo desaparecido. Porque "a memória refaz o que o tempo desfaz".

Maria Peregrina é a síntese da reflexão do autor sobre a memória que, quando perdida, defrauda-nos do sentido da vida, aborta-nos o futuro. Tanto nessa peça como em *Memória das Coisas*, é através da busca sofrida das personagens-chave pelos próprios passados sumidos no esquecimento que as histórias, como em um *puzzle*, se refazem. A peça é belíssima, três *tranches de vie* não naturalisticamente narradas, entrecruzadas com laivos rosianos (nas falas de alguns e na *via crucis* da desmemoriada), lorquianos (a história de amor e morte de Tereza e Aventino), marioandradianos (a comédia macunaímica do julgamento de Tiodorzim), consistindo o todo num tento do autor. O espetáculo é sugerido pelas indicações precisas das rubricas, o dinamismo assegurado pelo intercâmbio entre áreas no palco acentuando a diversidade de tempos e lugares e pelo revezamento, por um mesmo ator, de diferentes personagens, com destaque aos narradores que eventualmente vivenciam também as cenas. Estrutura dramatúrgica característica do estilo de Abreu.

Também com a memória como fulcro da questão, Abreu (como Proust a partir da madalena de Tia Leonie), cria um texto aliciante, denso, fremente como a própria vida. Em *Memória das Coisas*, do arco de pedras de uma prisão surgem o Homem e a Mulher da xícara de porcelana, os desmemoriados que daquelas mesmas pedras extrairão uma saga dostoievskiana.

A peça é um tratado do ser ou não ser da comédia e do drama – é a teorização sobre a estrutura e o significado da personagem cômica e da dramática; Abreu faz uma reflexão pertinente sobre a essência do teatro enquanto percorre pirandellianamente (sempre ele) os caminhos da mais sedutora ficção.

Como sempre, há uma superposição de personagens sobre o mesmo ator que interpreta a si mesmo, que assume o "narrador" vendo de fora a ação que ora comenta, ora descreve, ora vivencia, oscilando de um registro neutro à empolgação cômica, da frase sibilina à solidária. Ele veste igualmente os panos de personagens diversas, e interage com a plateia desabridamente. Há um onipresente apelo à imaginação do público no início do espetáculo, que se define processional, pois percorre diferentes ambientes.

Ocorrem cenas movimentadíssimas, quando *glimpses* de memórias sucedem-se com a introdução de personagens aparentemente desconectadas, mas que funcionam qual bonecas russas – uma nasce da outra que nasce da outra que…

Sensações d'outrora do mundo real são trazidas à desmemoriada pela presença da velha xícara de porcelana. Personagens surgem no palco ainda indefinidas, mas com a descrição da população presidiária faz-se o elo entre o carcereiro, a prisioneira, o ideal revolucionário e o tempo repressivo de Médici. Começam a tecer-se aceleradamente os fios da meada, surgindo o nexo entre memórias fragmentadas, épocas, personagens. O quadro vai se delineando nítido como o bisturi da arte do amolador e do torturador. Dói!

Cenas de pesadelo boschiano (com imagens talvez colhidas no repertório de pinturas que nos vêm de séculos) evocam prisões, torturas e execuções horrendas da nossa e de outras tiranias.

O tema é doloroso, mas a reação tão humanamente pertinente de todas as criaturas desenhadas pela imaginação de Abreu faz-nos mergulhar de cabeça na elucidação do mistério de suas vidas.

Já o cenário sugerido pelo autor em *Um Merlin* é godotiano – mesmo despojamento, palco nu, apenas com uma árvore desgalhada ao fundo, cinco folhas secas etc. Espaço próprio para que um velho ator possa não só passar ao público a experiência de uma longa vida – "um nada de tempo" – como também recorrer às vidas paralelas de tantas personagens lúcidas com direito a tiradas filosoficamente belas, chegando a comparar-se ao poeta de Pessoa e tão fingidor quanto ele. Mas a encenação dirigida por Ricardo Karman, *A Grande Viagem de Merlin* desenvolveu-se dentro de um caminhão fechado a caminho de

Jundiaí, passando por aterro sanitário e desembocando em lago – tudo às escuras. A experiência sensorial do veículo em movimento era provocada durante o trajeto também pelo texto sussurrado pelos atores aos ouvidos dos espectadores sentados em assentos de paraquedistas. Parece-me adequada a inovação para veicular um texto complexo, que pressupõe outros mundos – aqueles do passado histórico que se mescla ao mítico (trata-se de Merlin, filho do Demo e de uma virgem) às voltas com o Rei Arthur e toda uma série de incidentes fantásticos em que rodopiam personagens passadas, presentes e até futuras.

Uma vez mais, a beleza da linguagem e a celeridade das cenas que sintetizam eras, englobando passado e presente e até futuro quando evocam visões apocalípticas tendo o Brasil, sempre ele, como realidade paralela.

Também aqui a imaginação surge como viabilizadora das propostas do texto e a memória como caixa de surpresas reveladora de caminhos que retroagem para, afinal, se encontrarem. Esse retroceder na pista do mistério a ser desvendado é artifício dos mais fecundos da dramaturgia universal, a começar por Édipo, justamente considerado o primeiro Sherlock Holmes do teatro. Humor à parte, essa técnica do *coup de théâtre* existirá sempre como forma de aliciar o público, que é para quem a história é contada.

A face ético-política de Abreu expressa-se pela atitude de Merlin, que quase enlouquece de pesar ao topar com o cortejo de crianças esquálidas e sem alma e outras tantas criaturas que fariam inveja àquelas dos pátios de milagres de *Divinas Palavras*. Percebe-as excluídas desde sempre, fora das muralhas da "cidade perfeita" projetada e construída por ele. Seu desespero é um alerta que merece ser transcrito:

MERLIN – Eu, então, olhei para os edifícios, as torres, as muralhas, e toda minha obra me pareceu vazia de sentido. Pra quem construímos o engenho das máquinas, a simetria das formas? Pra quantos e pra quem escrevemos os livros de fina poesia e alta filosofia? – gritei enquanto esporeava o cavalo que galopou pelas ruas de pedra. Pra quem acumulamos os tesouros da ciência, do saber e de tantas artes? – berrei nos corredores da corte enquanto cruzavam por mim mulheres assustadas. Pra quem, Arthur?

Stultífera Navis – Nau dos Loucos: o clima é evocado *d'emblée* na extensa rubrica inicial por todos os elementos do espetáculo que Abreu já tem ideados na cabeça; marcações exatas, sugestão de objetos, minúcias cenográficas, trilha sonora, interpretação e gestos dos intérpretes, posturas exigidas, até mímicas e risadas cronometradas. O fato é que a lenda que nos dá conhecimento dessa *Stultífera Navis* – no dizer de Sérgio Sálvia Coelho "baseia-se na fabulosa nau medieval que percorria o Reino recolhendo os loucos e que possibilitou ao autor a criação de uma metáfora vigorosa para o Brasil, essa nau sem rumo e sem comando, que felinianamente continua indo"[6]. Essa nau recolhe no seu bojo a trindade reconhecida como os pilares da nacionalidade brasileira: o nórdico Peter Asklander (o branco "explorador"), o mestiço Pedro Lacrau (desenraizado, malandro) e o português Joaquim – confuso mas bem-intencionado, que se viu jogado de um navio do século XX para uma caravela do século XVI. Veem-se os três envolvidos em homéricas confusões com cerca de treze personagens afogueadíssimas em cenas que resumem, como ópera-bufa, as peripécias dessas criaturas "movidas por um grão de loucura e moléculas de geleia geral da história moderna"[7], segundo Mariângela Alves de Lima. A meu ver, a peça pode também ser vista como parábola cômica da condição humana ou como hino à grandeza e à miséria de sermos homens. Ao fim e ao cabo, os "três mosqueteiros" tornam-se personagens pelas quais se torce, malgrado a improbabilidade de um dia darem certo. Quando Abreu dá indicações cênicas, tudo já é dito. Exemplo: "o canto cessa, mas a música ainda continua. E a cena se torna um frenesi de movimento e narrativa". Seguem-se diálogos trepidantes:

Nauta 1 [que também é "narrador"] – A nau estremeceu, rangeu e, empurrada pelos ventos, cortou o mar e a noite, veloz, em zigue-zague, bêbada como seu desatinado capitão!
Lacrau – Saquear!
Nauta 2 – O vento rajou e rugiu e o céu desabou em chuva e raios.
Joaquim – É hoje que encontro cara a cara com meu Santo Antonio de Lisboa!

E por aí vai o texto ao longo de trinta páginas que põem em xeque os elementos fundadores de nossa nacionalidade em três das mais cômicas figuras dessas tantas com que o teatro universal se locupleta.

Em falas que oscilam entre o sublime e o grotesco, como, por exemplo, na fala da Mãe de Peter sobre a própria fecundação, comparece, como de praxe, a hibridez de um humor quase farsa. Por exemplo, na trajetória macunaímica de Lacrau no centro de São Paulo, onde é quase linchado após trombar com mulher da vida, marceneiro, delegado, PM, bandido, hospício, enfermeiro, crentes messiânicos – nessa ordem –, e onde ele vem a ser salvo, quem diria, por Estragon. Saltando do enredo beckettiano, este abandona Vladimir e põe-se a *esperar*, ao lado de Lacrau, sentado no meio-fio da calçada paulistana. No abraço entre ambos, vislumbrou-se uma possível *entente cordiale* ocorrida em eras

6. Fraternal Companhia se Arrisca em Alegoria Aberta, *Folha de S.Paulo*, 2 mar. 2002.

7. M. A. de Lima, *Nau dos Loucos* Vence Todos os Desafios do Texto, *O Estado de S.Paulo*, 18 jan. 2002.

priscas quando Lacrau fora gente. Também, em outro momento, lapsos fugazes de memória trazem a Lacrau reminiscências indígenas de cuias e cunhatãs... por segundos apenas, que logo se volatizam, ele se vislumbra cidadão (é o que lhe auguro). No texto esfuziante, Abreu surpreende-nos outra vez pelo vigor da escrita e pela inteligência do humor. Exemplar a cena de Joaquim em fuga desabalada pela nau, tentando escapar dos loucos que se revoltaram. Narrando:

> – Abri a primeira porta que encontrei. (*Abre. Para surpreso.*) Desculpa. (*Fecha a porta.*) Era a comissão federal de constituição e justiça emitindo pareceres."

O humor feroz dispensa comentários.

Citemos o canto melancólico de Joaquim que consegue enternecer até às lágrimas o violento Lacrau – outro indício de possível confraternização:

> Não quero terra, nem porto, nem parada
> Não quero nada além de céu e mar
> Quero essa estrada em movimento, o sol e o vento
> O livre pensamento para o livre navegar.

Em *Borandá: Auto do Migrante*, entrecruzam-se três sagas para ilustrar a epopeia dos migrantes; "porque na vastidão territorial do Brasil, a regra geral é que o povo brasileiro nunca teve terra sua". Diz Abu, um dos cinco narradores da peça: "neste Auto celebramos o migrante, o expulso, o que peregrina por uma cultura que é sua, por uma nação que é sua e por um território que não é seu".

Das três histórias, uma retrata realisticamente a vida miúda do mofino Tião Cirilo, que escreve as cartas à avó de Zueira – o enlouquecido pelo barulho da prensa das chapas de aço –, cartas que jamais seriam entregues.

A segunda saga de João de Galateia, mítica e de tradição popular, narra os acontecimentos horrendos e fatídicos que varreram Raso do Gurguéu, "um lugarejo estranho [...] no oco perdido de um país estranho". Comicamente grotescas, as personagens prodigalizam-se em ações mirabolantes e em palavrório escatológico no mais puro espírito rabelaisiano, com direito às metáforas, ao riso e ao absurdo.

A terceira saga é a história de Maria Deia, que permanece estuporada e imóvel dentro de casa, deixando-se morrer, depois de ter levado uma vida desgraçadamente vivida, mas corajosamente enfrentada, em peregrinação contínua Brasil a fora. O texto resume: só no mundo, "não via sentido na sua caminhada desde a infância" porque não percebia o próprio heroísmo ao enfrentar o dia a dia de todos os dias. Ante a exortação dos vizinhos para que reagisse, e apesar de tudo, sua própria voz soou lá dentro: "Borandá, Maria Deia!" e levantou-se.

O texto vale por um manifesto à resistência, qualquer resistência que o ser humano tem que enfrentar para ser digno de ser homem. A música de Geraldo Vandré, "Para Não Dizer que Não Falei de Flores", cabe como luva no *Auto do Migrante*.

Como contrapartida da primeira saga – a do pedreiro Tião – temos *Muro de Arrimo*, de Carlos Queiroz Telles, que retratava, na década de 1970, o mesmo pedreiro de Chico Buarque de Holanda, que caía na contramão "atrapalhando o tráfego". Artistas humanitários movidos à compaixão e no exercício da solidariedade ética necessária à espinha dorsal do ser humano, formam com Luís Alberto de Abreu um triunvirato que enobrece o país. Seus precursores, na década de 1950, Plínio Marcos e os meninos do Arena, fazem falta quando se constata que o "sapo continua pulando por precisão e não por boniteza", como no-lo revela esse *Auto do Migrante*, e que persistem as incontáveis periferias que se desequilibram em áreas de risco das grandes cidades.

Concordo em gênero, número e grau com Cássio Pires, quando afirma na sua dissertação de mestrado que "o projeto formal de LAA coloca-se na contramão de um pensamento de época que, diante do fracasso das grandes utopias, coloca a própria ideia de sentido em questão".

Um Dia Ouvi a Lua é como uma sinfonia cujo primeiro tempo constrói através das lembranças dos intérpretes um passado idílico que soa autobiográfico – com direito à memória vívida e real daqueles que ainda vivem até que sumam da memória dos viventes.

No segundo tempo, entrelaçam-se as andanças de três mulheres, Beatriz, Tereza e Sá Maria, cuja inspiração Abreu desencavou de canções conhecidas. São três histórias de muito amor e alguma morte, com diferentes desenlaces, mas o essencial é a presentificação no palco dessas sagas através da *imaginação*, que na plateia é desencadeada por conta dos gestos e das palavras mágicas dos teatrantes. Abreu consegue como ninguém levar o teatro à vibração uníssona de palco e plateia ao escrever em função do espetáculo também, coadjuvado pelo apuro requintado de sua literatura. Revela-se homem de teatro total, como Shakespeare antes dele.

Como nas demais peças, há aqui também, embutidas ou explícitas, noções teóricas embasadas em estudos e pesquisas árduas de uma dramaturgia enraizada até a medula no imaginário nacional popular, mas irrigada pela magia milenar do conhecimento universal.

Diante de tudo lido e escrito até aqui, sob o impacto da arte maior que se garimpa na escritura cênica de Abreu (a qual prova que "o sentido da vida é dado pela desmesura"), abandono a veleidade de qualquer análise lúcida e fundamentada para partir para a adjetivação descabelada:

Um Dia Ouvi a Lua é poesia pura. Vibração. Paixão. Personagens/criaturas inesquecíveis, marcantes. Abreu é autor maior, ficcionista, poeta, criador de linguajar novo, inventivo, concreto nas imagens poéticas à feição de Lorca, de Guimarães Rosa, dos líricos de todos os tempos; cada frase é algo novo e ao mesmo tempo evocadora de pulsões arcaicas, trazendo ao leitor/espectador as profundezas abissais de toda gama de sentimentos: aquele do amor em tom maior, com todos seus matizes, desde a descoberta – fonte a jorrar – até a paixão e a morte. Bravo Luís Alberto de Abreu.

Empenho obsessivo, resultante em beleza e pertinência, trazem-nos à mente a imagem da *Batalha de São Romano*, tríptico de Paolo Uccello, como tradução adequada de uma vida devotada à obra.

Uccello, representante dos humanistas na Florença do século XV, além de obra universalmente conhecida teve, ao lado de Brunelleschi, a biografia iluminada e enriquecida pela luta insana e pelo trabalho árduo dedicado à descoberta e à aplicação da perspectiva nas suas pinturas e desenhos: surpreendentes os pontos de fugas, determinantes das linhas impactantes a desenhar cavalos, cavaleiros, lanças e escudos em movimento, conferindo-lhes o *trompe l'oeil* da tridimensionalidade! Assim Abreu nos surpreende a cada texto, a cada guinada de sua escrita, resultante das muitas camadas de significação que recobrem a realidade e que ele escarafuncha como poucos. A burundanga aparente é, na verdade, um magnífico caos, ordenado segundo o fio de uma lógica a serviço do homem e da arte do teatro.

Pela consciência da missão pessoal a ser cumprida, pela ânsia insaciável por novos meios de expressão, pelas conquistas já realizadas pode-se conferir também a Abreu os "méritos e os privilégios do verdadeiro artista"[8].

Ilka Marinho Zanotto

8. Cf. Paolo D'Ancona, conhecedor mor da personagem Paolo Uccello

CRONOLOGIA

1952 Nasce em São Bernardo do Campo, São Paulo, filho do marceneiro Afonso Dionísio de Abreu e da dona de casa Violeta Duval de Abreu, ambos mineiros da região de Diamantina.

1959 Inicia seus estudos primários na Escola Estadual Maria Iracema Munhoz, em São Bernardo do Campo.

1964 Ingressa no Seminário Seráfico dos Frades Menores Conventuais, em Santo André, São Paulo, onde permanece até os 16 anos.

1971 a 1977 Participa como ator de grupos amadores de teatro na região do ABC paulista.

1977 Ingressa no curso de Jornalismo do Instituto Metodista de Ensino Superior, em São Bernardo do Campo.

1974 a 1979 Trabalha em diversas atividades tais como auxiliar de escritório, professor e redator de promoções.

1980 Estreia profissionalmente com a peça *Foi Bom, Meu Bem?*, encenada pelo Grupo de Teatro Mambembe, São Paulo, com direção de Ewerton de Castro. Por esta peça recebe o prêmio de autor revelação da APCA – Associação Paulista de Críticos de Arte.

1981 Baseado no universo do operariado, escreve *Cala Boca já Morreu*, peça encenada pelo mesmo grupo e dirigida por Ednaldo Freire, que viria a ser seu parceiro constante nos futuros trabalhos.

1982 Escreve *Bella Ciao*, obra que fala sobre o surgimento do movimento operário paulista a partir da imigração italiana. A peça foi encenada pela Arteviva de Teatro Produções Artísticas, São Paulo, com direção de Roberto Vignati, e rendeu ao autor três prêmios de melhor autor do ano: Prêmio da APCA, Prêmio Mambembe do Instituto Nacional de Artes Cênicas e Prêmio Molière da Companhia Air France.

1984 Escreve *Círculo de Cristal*, peça montada por Rosi Campos e Maria Eugenia di Domenico, com direção de João das Neves; escreve a comédia *Sai da Frente que Atrás Vem Gente*, peça encenada pela H. N. Produções Artísticas, São Paulo, com direção de Mário Masetti.

1985 Escreve *O Rei do Riso*, com base na vida do ator Francisco Corrêa Vasques. A peça foi encenada pelo Teatro Popular do Sesi, em São Paulo, com direção de Osmar Rodrigues Cruz; recebe da APCA o prêmio de melhor autor do ano por *O Rei do Riso*; escreve o roteiro inédito de *Maria*, a convite do diretor Neville de Almeida.

1986 Escreve *Rosa de Cabriúna*, baseado num conto do pintor Antonio José da Silva. O espetáculo foi montado pelo Grupo Forrobodó, de São Paulo, com direção de Márcia Medina e coordenação de Antunes Filho; finaliza o texto *Lima Barreto, ao Terceiro Dia*, iniciado em 1984.

1987 Escreve *Xica da Silva*, peça encenada pelo Grupo Macunaíma, de São Paulo, com direção de Antunes Filho. O espetáculo foi escolhido para representar o Brasil na Abertura das Olimpíadas de Seul, Coreia do Sul, em 1988; a convite do encenador Antunes Filho, organiza e coordena o Núcleo de Dramaturgia do Centro de Pesquisas Teatrais (CPT), em São Paulo, até o ano de 1989; escreve, especialmente para o ator Vicentini Gomes, o monólogo *Ladrão de Mulher*, que é dirigido por Calixto de Inhamuns; escreve o texto *...E Morrem as Florestas*, uma coprodução Brasil-Dinamarca. A peça foi encenada na Dinamarca pela Companhia Dansk Braziliansk Teater Projekt.

1988 A peça *Xica da Silva* é publicada pela editora Martins Fontes, de São Paulo.

1989 Escreve a peça *O Homem Imortal* como bolsista da Fundação Vitae de amparo às artes; oferece um curso de Dramaturgia nas Oficinas Culturais Três Rios (atual Oswald de Andrade), no Bom Retiro, em São Paulo, que irá durar até 1992; inicia seu trabalho como Coordenador de Dramaturgia da Escola Livre de Teatro de Santo André, função que exerce até 1992.

1988 – 1989 Escreve diversos textos para teatro-empresa.

1990 Juntamente com outros dez dramaturgos paulistas, recebe bolsa da Secretaria de Estado da Cultura de São Paulo, para desenvolver o projeto de dramaturgia de *O Império do Brasil*; no mesmo ano recebe da mesma Secretaria o prêmio de montagem da peça; a peça *O Homem Imortal*, escrita no ano anterior, ganha o primeiro lugar no Concurso Nacional de Dramaturgia Sesc/Apart, São Paulo.

1991 É encenada a peça *O Império do Brasil,* com o nome *O Rei do Brasil*, dirigida por Nestor Monastério, em São Paulo; escreve o texto de *A Guerra Santa,* para o projeto Maioridade de 1968, coordenado por Francisco Medeiros e promovido pelo Teatro Eugenio Kusnet, de São Paulo.

1992 Escreve *O Brando*, baseado no roteiro de *Commedia dell'Arte, Il cavadenti*, para os alunos da Escola Livre de Teatro de Santo André, São Paulo, com direção de Tiche Vianna; escreve *Travessias*, adaptação do romance *Grande Sertão: Veredas*, de João Guimarães Rosa, para os alunos da Escola Livre de Teatro de Santo André, com direção de Cacá Carvalho; escreve *Nosso Cinema*, especialmente para a reinauguração do Cine Teatro Carlos Gomes de Santo André, com direção de Antonio Petrin e participação especial de atores profissionais que já haviam atuado na cidade; coordena a dramaturgia do espetáculo *Babel* nas Oficinas Culturais Três Rios, sobre a imigração naquele bairro. Direção geral de Renato Borghi.

1993 Escreve o musical inédito *Francesca*; escreve o poema dramático, *O Livro de Jó,* especialmente para o Teatro da Vertigem e direção de Antonio Araújo; estreia *A Guerra Santa*, com direção de Gabriel Villela. A montagem abre o LIFT-93 (London International Festival of Theatre); indicado como melhor autor ao Prêmio Shell (segundo semestre) com a peça *A Guerra Santa*; é publicado o texto de *A Guerra Santa* pela *Revista da SBAT* (Sociedade Brasileira de Autores Teatrais), n. 487, no Rio de Janeiro.

1994 Juntamente com outros dez dramaturgos paulistas, recebe o Prêmio Estímulo de Dramaturgia, oferecido pela Secretaria de Estado de Cultura de São Paulo, para desenvolver o Projeto de Comédia Popular Brasileira; o Projeto recebe o apoio da ADC Siemens; escreve as comédias *O Parturião* e *O Anel de Magalão*, encenadas pela Fraternal Companhia de Arte e Malas-Artes, de São Paulo, com direção de Ednaldo Freire; cria o Núcleo dos Dez, grupo de dramaturgos que, sob sua orientação, discute dramaturgia, realiza pesquisas e desenvolve textos dramáticos.

1995 Escreve *A Grande Viagem de Merlin,* encenada pela Companhia Multimídia de Teatro de São Paulo e dirigida por Ricardo Karman; estreia *Lima Barreto, ao Terceiro Dia* no Centro Cultural Banco do Brasil, do Rio de Janeiro, com direção de Aderbal Freire-Filho; estreia *O Livro de Jó*, pelo Grupo Teatro da Vertigem, de São Paulo, com direção de Antonio Araújo; em setembro, participa do 2º Porto Alegre em Cena, ministrando oficina com o tema "A Prática da Criação"; recebe o Prêmio Mambembe de dramaturgia pela peça *O Livro de Jó*; pela mesma peça, é indicado como finalista ao Prêmio Shell de melhor autor; recebe da Apetesp – Associação de Produtores de Espetáculos Teatrais do Estado de São Paulo – o prêmio de melhor autor do ano pelo conjunto de obra; é indicado como finalista ao Prêmio Nacional Sharp pela peça *Lima Barreto, ao Terceiro Dia*; cronista do jornal *Diário do Grande ABC*, atividade que exerceu até 1997.

1996 Escreve o musical *Bar, Doce Bar*, encenada pelo Grupo de Teatro Zambelê, de São Paulo, com direção de Ednaldo Freire; o Projeto Comédia Popular Brasileira ganha concorrência para ocupar, por um ano, o Teatro Eugenio Kusnet; escreve a comédia *Burundanga, a Revolta do Baixo-Ventre*, encenada pela Fraternal Companhia de Arte e Malas-Artes, e com direção de Ednaldo Freire; escreve o auto de Natal *Sacra Folia*, encenado pela Fraternal Companhia de Arte e Malas-Artes, com direção de Ednaldo Freire; coordena oficina de criação para dramaturgos iniciantes, durante a ocupação do Teatro de Arena Eugenio Kusnet; Recebe o Prêmio APCA pelo Projeto de Comédia Popular Brasileira; a peça *Lima Barreto, ao Terceiro Dia* é publicada pela editora Caliban, de São Paulo.

1997 Escreve a comédia *Iepe*, encenada pela Fraternal Companhia de Arte e Malas-Artes, com direção de Ednaldo Freire; escreve o fragmento *Ópera Bufa para Dois Fulanos, um Amante, Garçom e Circunstantes*, um dos textos que compõe o espetáculo *Boteco,* escrito especialmente para os alunos da EAD (Escola de Arte Dramática), de São Paulo, com direção de Renata Mello; retoma o trabalho como professor de Dramaturgia da Escola Livre de Teatro de Santo André, função que ocupará até 2005; é indicado para o prêmio Apetesp de melhor autor pelas peças *Bar, Doce Bar* e *Burundanga*; é indicado, juntamente com Ednaldo Freire, ao Prêmio Mambembe, de São Paulo, no quesito Grupo ou Personalidade; é publicado o livro *Comédia Popular Brasileira*, uma coletânea com os textos de *Burundanga*, *O Anel de Magalão*, *Sacra Folia* e *O Parturião*, volume patrocinado pela Siemens Ltda.; escreve em parceria com Jean-Claude Bernardet o roteiro inédito de *Lila Rapper*, a convite da diretora Tata Amaral.

1998 Escreve a comédia *A Troco de Nada*, encenada pela Companhia Paulista de Emoções, de São Paulo, com direção de Ednaldo Freire; coordena um curso virtual de Dramaturgia vinculado ao Sesc-São Paulo; escreve *Pum de Micura* especialmente para a Prefeitura Municipal de Ribeirão Pires, São Paulo, abordando a temática ecológica; inicia o trabalho como Coordenador do Núcleo de Dramaturgia do Grupo Galpão de Belo Horizonte, que irá exercer até 2002, quando passará a desempenhar a função de Consultor de Dramaturgia; escreve, com Eliane Caffé, o roteiro do filme *Kenoma*, vencedor do Festival de Cinema Latino-americano de Biarritz; é publicado o texto *O Homem Imortal,* no v. 3 da Coleção Teatro Brasileiro, pela editora Hamdan, de Belo Horizonte; é publicado o texto *Cala a Boca já Morreu,* no Teatro da Juventude, v. 3, n. 18, pela Secretaria da Cultura do Estado de São Paulo.

1999 Escreve *Till Eulenspiegel*, comédia encenada pela Fraternal Companhia de Arte e Malas-Artes, com direção de Ednaldo Freire; escreve o texto *Maria Peregrina*, inspirado no teatro nô japonês, a peça foi encenada pelo Grupo Teatro da Cidade de São José dos Campos, São Paulo, com direção de Cláudio Mendel; coordena a dramaturgia e é responsável pelo texto final do espetáculo *Nossa Cidade, Santo André Segundo Suas Origens,* realizado pelos alunos da Escola Livre de Teatro de Santo André, com direção de Francisco Medeiros; coordena a dramaturgia do espetáculo *Cx. Postal 1500*, resultado do Oficinão de 1999, do Grupo Galpão, com direção de Júlio Maciel; é indicado para o Prêmio Shell de autor, pela peça *Iepe*.

2000 É lançada a versão radiofônica da peça *Nossa Cidade, Santo André Segundo Suas Origens*; coordena a dramaturgia do espetáculo *Por Toda a Minha Vida*, resultado do Oficinão de 2000, do Grupo Galpão, com direção de Eduardo Moreira; escreve *Um Trem Chamado Desejo,* em processo colaborativo com o Grupo Galpão, com direção de Chico Pelúcio; escreve, com Eliane Caffé, o roteiro do filme *Os Narradores de Javé*, projeto vencedor do prêmio estímulo para desenvolvimento de roteiro, da Secretaria de Estado da Cultura de São Paulo; o roteiro de *Os Narradores de Javé* é premiado pela Fundação Fonds Sud, do Ministério da Cultura Francesa; recebe o Prêmio Bonsucesso de Artes Cênicas de melhor texto inédito pela peça *Um Trem Chamado Desejo*.

2001 Escreve *Masteclé – Tratado Geral da Comédia*, encenada pela Fraternal Companhia de Arte e Malas-Artes, com direção de Ednaldo Freire; trabalha como professor convidado de História da Literatura Dramática, no Centro de Artes Cênicas da Escola de Comunicações e Artes da USP; na mesma escola, trabalha, ainda, como professor convidado de "Dramaturgia", nas disciplinas Direção 3 e Interpretação 3; coordena a dramaturgia do espetáculo *Cães de Palha*, resultado do Oficinão de 2001, do Grupo Galpão, com direção de Júlio Maciel; escreve a comédia *Stultífera Navis – Nau dos Loucos*, encenada pela Fraternal Companhia de Arte e Malas-Artes, com direção de Ednaldo Freire; escreve *Ato sem História*, encenada pela Fraternal Companhia de Artes e Malas-Artes, com direção de Ednaldo Freire, para o projeto Ágora Livre – Dramaturgias, Teatro Ágora, São Paulo; idealiza e é professor de roteiro da Escola Livre de Cinema e Vídeo de Santo André até 2004.

2002 Escreve *Auto da Paixão e da Alegria*, peça encenada pela Fraternal Companhia de Arte e Malas-Artes, com direção de Ednaldo Freire; Escreve *Nonoberto Nonemorto,* com base em pesquisas sobre os imigrantes da região do Tirol, especialmente para o grupo Andaime Teatro, de Piracicaba, São Paulo, com direção de Francisco Medeiros; escreve a peça teatral *Um Merlin*, interpretada por Antonio Petrin e Cristiane Lima, em São Paulo, com direção de Roberto Lage; idealiza, implanta e coordena o projeto "Desenvolvimento dos Meios de Cultura em Comunidades", no município de Mauá, São Paulo; coordena a dramaturgia do espetáculo *O Homem que não Dava Seta*, resultado do Oficinão de 2002, do Grupo Galpão, com direção de Chico Pelúcio; recebe o Prêmio Panamco, de melhor texto infanto-juvenil, pela peça *Auto da Paixão e da Alegria*; publicado o texto de *O Livro de Jó*, parte integrante do livro *Trilogia Bíblica,* editado pela Publifolha, de São Paulo, em comemoração aos dez anos do grupo Teatro da Vertigem; conselheiro ou *script advisor* no projeto de dramaturgia realizado pelo Conselho Britânico e pelo Centro Cultural São Paulo.

2003 Escreve *Borandá – Auto do Migrante*, encenada pela Fraternal Companhia de Arte e Malas-Artes, com direção de Ednaldo Freire; escreve *Comovento,* especialmente para o grupo Andaime Teatro, com direção de Francisco Medeiros; Escreve *Porti-nari; a Ópera*, especialmente para o projeto Pocket-ópera, com direção de Luís Carlos Vasconcelos, no Sesc Ipiranga, São Paulo; coordena a criação dramatúrgica do espetáculo *Crime e Castigo*, realizado com alunos da Escola Livre de Teatro de

Santo André, com direção de Antonio Araújo; coordena, com Antonio Araújo, o projeto 3 x 4, em processo colaborativo, promovido pelo Galpão Cine Horto e pela Maldita Cia, de Belo Horizonte; coordena Workshop de Dramaturgia nas Oficinas Culturais Oswald de Andrade, dentro do projeto de Residência para o espetáculo *Tauromaquia*, do grupo Balagan, com direção de Maria Thaís; é indicado para o prêmio Shell de Melhor Autor Teatral, de 2002, pela peça *Auto da Paixão e da Alegria.* O filme *Os Narradores de Javé* recebe os prêmios de melhor Roteiro no Festival de Berlim, melhor filme no Festival de Cinema do Rio de Janeiro, melhor filme no Festival de Cinema de Recife 2003, melhor roteiro da Academia Brasileira de Cinema e melhor roteiro do Festival de Cinema de Cataguases.

2004 Escreve *Auto do Circo,* especialmente para a Cia. Estável de Repertório, de São Paulo, com direção de Renata Zanetta; escreve *Eh, Turtuvia – Auto do Caipira*, encenada pela Fraternal Companhia de Arte e Malas-Artes, com direção de Ednaldo Freire; escreve a microssérie *Hoje é Dia de Maria*, em parceria com Luiz Fernando Carvalho, para a TV Globo; coordena a dramaturgia de *Tauromaquia*, escrita por Alessandro Toller e dirigida por Maria Thaís, com o grupo Balagan, de São Paulo; atua como Consultor de Dramaturgia no espetáculo *O que Morreu, mas não Deitou?*, realizado pelo projeto Pode Entrar que a Casa é Sua, da Cooperativa Paulista de Teatro e do Arquivo Histórico Municipal de São Paulo, coordenação geral de Francisco Medeiros; coordena, com Antonio Araújo, a segunda edição do projeto 3 X 4, em processo colaborativo, promovido pelo Galpão Cine Horto e pela Maldita Cia; presta assessoria dramatúrgica para o espetáculo *In memorian*, realizado pelo Oficinão do Galpão, promovido pelo Galpão Cine Horto, com direção geral de Chico Pelúcio; recebe o Prêmio Shell de Melhor Autor pelo texto de *Borandá: Auto do Migrante*; recebe o Prêmio APCA de melhor roteiro por *Narradores de Javé*; é publicado o livro *Teatro de Luís Alberto de Abreu: Até a Última Sílaba*, de Adélia Nicolete, pela Imprensa Oficial do Estado de São Paulo, o volume consta da coleção Aplauso e traça um perfil do autor e de sua trajetória pessoal e profissional; é publicada a peça teatral *Gente que não se Cuida não Leva Vida Segura,* da coleção "AIDS e Teatro: 15 Dramaturgias de Prevenção", v. 2, organizado por Daniel Souza e Marta Porto e editado no Rio de Janeiro pelo Senac Rio e (X) Brasil; é publicado o texto de *Borandá: Auto do Migrante*, pela Fraternal Companhia de Arte e Malas-

-Artes. O volume inclui depoimentos de pessoas entrevistadas pelo grupo quando da elaboração do espetáculo.

2005 Escreve a segunda parte da microssérie *Hoje é Dia de Maria*, em parceria com Luiz Fernando Carvalho, a partir de argumento de Carlos Alberto Soffredini – direção de Luiz Fernando Carvalho – TV Globo; escreve *Peças e Pessoas*, especialmente para o grupo Pés no Chão, com direção de Calixto de Inhamuns e produção do Sesc Itaquera, São Paulo; coordena, com Francisco Medeiros e Tiche Vianna, a terceira edição do projeto 3x4, em processo colaborativo, promovido pelo Galpão Cine Horto e pela Maldita Cia; participa como conferencista e ministra um curso de dramaturgia na 11ª Jornada Nacional de Literatura, Passo Fundo, Rio Grande do Sul; é Curador do projeto "Dramaturgias", promovido pelo Centro Cultural Banco do Brasil, em São Paulo. O tema é "Dramaturgia Baseada nas Culturas Populares"; atua como Consultor de Roteiro da Produtora de Cinema Camisa Listrada, de Belo Horizonte, na elaboração do roteiro do filme *Cinco Frações de uma Quase História*; recebe o Prêmio Qualidade Brasil de melhor autor de teledramaturgia, juntamente com Luiz Fernando Carvalho, pela microssérie *Hoje é Dia de Maria*; é publicado o texto completo da microssérie *Hoje é Dia de Maria*, baseado na obra de Carlos Alberto Soffredini e escrito em parceria com Luiz Fernando Carvalho, Rio de Janeiro: Editora Globo; coordena a criação dramatúrgica do espetáculo *A Saga do Menino Falcão*, realizado com alunos da Escola Livre de Teatro de Santo André, com direção de Claudia Shapira; coordena a criação dramatúrgica do espetáculo *Nô Caminho – Sete Passos para Dentro*, realizado com alunos da Escola Livre de Teatro de Santo André, com direção de Georgette Fadel.

2006 Escreve a microssérie *A Pedra do Reino*, baseada no romance homônimo de Ariano Suassuna, em parceria com Luiz Fernando Carvalho e Bráulio Tavares, com direção de Luiz Fernando Carvalho e veiculado pela TV Globo; escreve o texto *Memória das Coisas*, encenado pela Fraternal Companhia de Arte e Malas-Artes, com direção de Ednaldo Freire; escreve, com Eliane Caffé, o roteiro do filme *Andar às Vozes*; escreve o terceiro fragmento do texto *Západ*, em parceria com Alessandro Toller e Newton Moreno, especialmente para o Grupo Balagan, de São Paulo, com direção de Maria Thaís.

2007 Escreve o texto infantil *Auto da Infância*, encenado pela Fraternal Companhia de Arte e Malas-Artes, com direção de Ednaldo Freire; escreve o texto *Genevra* especialmente para a atriz Lígia Cortez, que produz o espetáculo, com direção de Ednaldo Freire; estreia o espetáculo *O Homem Imortal*, montado pela Cia do Nó, de Santo André, São Paulo, com direção de Esdras Domingos; coordena a dramaturgia e escreve o texto final da peça *Lúdico Circo da Memória*, fruto do trabalho com o Oficinão do Galpão, pelo qual concorreu ao prêmio Usiminas/Sinparc, de Belo Horizonte, na categoria de melhor autor do ano; atua como Consultor de Roteiro da Produtora de Cinema O2, de São Paulo, na elaboração do roteiro do filme *Pedro Malasarte*.

2008 Colabora no roteiro da microssérie *Capitu*, baseada no romance *Memórias Póstumas de Brás Cubas*, de Machado de Assis, em parceria com Daniel Piza, Edna Palatinik e Luiz Fernando Carvalho, a partir da adaptação escrita por Euclides Marinho, direção de Luiz Fernando Carvalho – TV Globo; representa a microssérie, *A Pedra do Reino,* no evento Input – Television in the public interest – Joanesburgo, África do Sul; escreve *O Último Voo de Ícaro,* para o projeto Conexões 2008, realizado pelo Conselho Britânico em parceria com o Célia Helena Teatro-Escola, Cultura Inglesa, Colégio São Luís e National Theatre, de Londres; é publicado o texto de *O Último Voo de Ícaro*, juntamente com os demais textos do projeto Conexões 2008, pelo Célia Helena Teatro-escola, de São Paulo; a peça *Um Merlin* é montada pelo grupo Seiva Trupe, na cidade do Porto em Portugal, com direção de Roberto Lage; escreve *As Três Graças*, peça encenada pela Fraternal Companhia de Arte e Malas-artes, com direção de Ednaldo Freire; idealizador e coordenador geral do Instituto Narradores de Passagem, de Santo André, São Paulo.

2009 O Grupo Galpão, encena o espetáculo *Till, a Saga de um Herói Torto*, baseado em seu texto *Till Eulenspiegel*, com direção de Chico Pelúcio.

2010 Escreve o texto de *Um Dia Ouvi a Lua* especialmente para a Cia. Teatro da Cidade de São José dos Campos, com direção de Eduardo Moreira; ministra oficina de criação de narrativas no Boca do Céu – Encontro Internacional de Contadores de Histórias, nas Oficinas Culturais Oswald de Andrade, no mesmo evento realiza a palestra *O Narrador Contemporâneo: Uma Hipótese*; assina a dramaturgia do espetáculo *Nomes do Pai*, interpretado por Fábio Takeo e Rafael Steinhauser, com direção de Ruy Cortez.

DA COMÉDIA POPULAR BRASILEIRA

Burundanga, A Revolta do Baixo-Ventre, 1994. Em cena, Sílvia Belintani, Sérgio Rosa, Nilton Rosa, Keila Redondo. Foto Arnaldo Pereira.

1994

Personagens

João Teité
Matias Cão
2 militares
Coronel Marruá
Benedita
Boraceia
Mateúsa
Deputado Tabarone
Prefeita
General
2 homens
Povo
Mulher
Menina
Velho
Sujeitos 1, 2 e 3
Ladrões 1 e 2

PRIMEIRO ATO

CENA 1 – O DESESPERO É MAU CONSELHEIRO

Som de trovões e de tempestade. Entram, molhados e friorentos, Matias Cão e João Teité. Este último se assusta com os relâmpagos que caem.

JOÃO TEITÉ – Nossa Senhora do Bom Parto, socorrei-me quando chegar a hora! Eu num aguento mais, Matias! Des'que nasci tem urubu pousado na minha cacunda. Se chove eu me afogo, se faz sol eu me queimo, se a sorte vem de frente eu estou de costas, parado me canso e andando piso em bosta!

MATIAS – Cala a boca e me deixa pensar!

JOÃO TEITÉ – Pois foi de tanto ocê pensar, amaldiçoado, que agora estamos no rusguento do mundo! Que é que eu tinha de seguir sua ideia feito pecador que segue o tinhoso? Agora, tô aqui: molhado, com frio, com fome, como se fosse uma lombriga, balançando no fiofó do mundo e rezando pra dele não cair!

MATIAS – Fecha essa boca de comer quiabo!

JOÃO TEITÉ – Não fala essa coisa, desgraçado! Quiabo lembra frango ensopado, que lembra angu, que puxa torresmo, que acompanha tutu de feijão, que é servido com costelinha de porco que é a coisa que mais emociona um mineiro...

MATIAS – E é?

JOÃO TEITÉ – Depois de mulher…

MATIAS – Ah, bom!

JOÃO TEITÉ – …se for boa cozinheira! (*Tristíssimo.*) E isso tudo, Matias, me lembra que há três dias eu bebo vento, há quatro eu como pedra, há cinco eu roo osso (*Transitando para uma loucura cômica.*), há seis eu não obro e há uma semana, Matias, que eu tenho vontade de te esganar, maldito! (*Avança para Matias Cão, que lhe dá um pescoção.*)

MATIAS – Venha, cabra, que você ganha pra tu e pra família inteira!

JOÃO TEITÉ (*choroso*) – Por que eu deixei as Gerais atrás de suas promessas, desgraçado? (*Imitando Matias.*) "Vam' pra Sun Palo mais eu que a gente vai enricá!" E o mineiro besta, aqui, veio!

MATIAS – Veio porque quis!

JOÃO TEITÉ – Ocê me enganou. Não falou que tinha de trabalhar! (*Desolado.*) E agora, o que é que eu faço? (*Chora.*) Molhado, com frio, sozinho e perdido no mundo, sem eira nem beira rolando na ribanceira, comprando burrada e vendendo asneira!

MATIAS – Você, não sei, mas eu já decidi: vou ficar doido! Vou assaltar a primeira pessoa que eu botar a vista de agora por diante!

JOÃO TEITÉ (*encarando Matias*) – Se for eu pode desistir. De mim ocê só pode levar minha honra e minha virtude!

MATIAS – Eu falei gente, coisa que você vai demorar uns "par" de anos pra ser. (*Ouve-se barulho de carro nos bastidores.*) Vem gente. Você está comigo?

JOÃO TEITÉ – Tô, mas só pras coisas mal feitas. (*Saem, armam-se de porretes e ficam à espreita. Entram dois homens fardados. Os dois são atacados e desmaiam. Revistam os dois.*) Nem um maldito de tostão de centavo de real!

MATIAS – Sorte madrasta! E além de tudo são militares!

JOÃO TEITÉ – A culpa é sua! Ocê é o mentor do crime! No julgamento eu te acuso!

MATIAS – Ferrado, ferrado e meio! (*Matias começa a tirar a roupa de um deles.*)

JOÃO TEITÉ – Que que ocê vai fazer, homem de Deus?! Abusar da castidade dos moços?

MATIAS – Vou virar capitão do exército. E tu vai ser o cabo. (*Arrastam os dois para fora.*) Vamos pegar o jipe deles e afundar nesse mundão de Deus! Este fim de semana eu vou viver bem. Depois, seja o que Deus quiser! (*Saem.*)

CENA 2 – O ÚLTIMO ADEUS

Iluminado em um lado do palco, o velhíssimo patriarca coronel Marruá jaz de olhos abertos, recostado e duro numa cadeira de rodas. Benedita, uma velha criada, lhe faz a barba.

BENEDITA – Mandaram fazer sua barba, "seu" coronel Marruá! Eu nem não queria, mas disseram que essa era sua última noite entre os vivos, então eu vim me despedir. E desejar uma boa viagem e uma feliz aterrissagem bem no meio dos infernos, velho miserável! Desgraçado! Socancra! (*Perde o controle e dá-lhe uns cascudos. Reconsidera.*) Desculpe, "seu" Marruá, é o entusiasmo. Mas não se assuste que o inferno não é tão ruim como dizem, não. Lá tem muita bebida e comida só que os condenados não têm boca. Tem muita mulher gostosa, só que os homens são "tudo capadinho". O que dá muito lá é demônio tarado e, o que é bom é que nenhum deles gosta de mulher, não! Gosta mesmo é de homem madurão, experiente, bem entrado nos anos. Vão gostar muito do senhor. (*Marruá geme.*) Mas não fica aborrecido, não, que logo, logo, o senhor acostuma… com os diabinhos, porque tem cada diabão! Cada massa-mãe de capeta, com cada mourão de cerca no lugar da ferramenta que não tem quem aguente! (*Marruá geme mais.*) Calma, calma, coronel! Não quero que o senhor se avexe, mas lembra aquele exame de próstata que o senhor disse que só fazia morto? Pois, é! Agora, que já vai morrer, já vai largar a casca na terra, lá no inferno, eles fazem três deles por dia! (*Marruá solta um longo gemido.*) Não chora, não, "seu" coronel, que num guento ver o senhor chorar! Me dá uma coisa por dentro, uma vontade de rir maior que qualquer tamanho! Porque tudo isso, por toda a eternidade, não paga nem metade do que você me fez, velho condenado! (*Possuída, novamente, bate no velho, morde-lhe a orelha.*) Eu sou uma velha feliz! Primeiro que não morro antes de ver o senhor bater com a alcatra na terra ingrata, e vou dançar ciranda na sua cova. Depois, não morro sem botar os olhos no focinho e o relho no lombo de um sujeitinho que um dia tive a má sorte de conhecer. E o único dó que sinto é que senhor vai deixar toda sua herança, que não é pouca, pra aquela urucaca da sua nora!

CENA 3 – O VELÓRIO DE QUEM NÃO MORREU

Entra Boraceia carregando um ramalhete de flores.

BORACEIA – Que é que tem eu, ô, pedra do meu sapato!?

BENEDITA – Nada, não, senhora! Estava só consolando o finado.

BORACEIA – Mais respeito! Como é que ele está?

BENEDITA – Barbeado, escovado e lustrado. Passei até o aspirador de pó.

BORACEIA – Deixe o velho aí e me ajude com essas flores. (*Benedita pega as flores e as deposita sobre a mesa.*) Aí não, ô bolha do meu calcanhar! Ali no canto! (*Benedita leva o ramalhete de flores ao local indicado.*) Você não tem nem um pouco de senso estético?

BENEDITA – Senso estético é igual a vergonha na cara? Se for, tenho tudo o que falta nessa casa!

BORACEIA – Que é que está resmungando aí, Benedita?

BENEDITA – Nada! Coisa de véia enxerida!

MATEÚSA (*entra, gritando*) – Tia!

BORACEIA (*assustando-se*) – Ai! Essa menina é a espinha da minha garganta, o cisco do meu olho! Que é que quer?

MATEÚSA – É verdade o que andei ouvindo? A senhora me prometeu em casamento para o Tabarone?

BORACEIA – Deputado Tabarone! É muito mais do que você conseguiria com essa cara de sonsa!

MATEÚSA – Mas ele é meio gordo, meio velho, meio feio…

BORACEIA – E meio rico! Que é que você queria? Um moço novo, bonito, forte feito prancha de peroba, e rico inteiro? Se avistasse um desses eu pegava pra mim! Que tanto careço quanto mereço!

MATEÚSA – Mas eu não tenho amor por ele.

BORACEIA – Quem falou em amor? Estou falando em casar, sua tonta! E, depois, homem que quer casar não se enjeita!

MATEÚSA – Não quero!

BORACEIA – Ô, bosta do meu sapato! Ô, pesadelo do meu sono! Ô, fio puxado da minha meia! Você casa ou eu te ponho no meio da rua! E, sai, formiga da minha lavoura!

MATEÚSA – Não quero, não caso! (*Sai.*)

BORACEIA – Ô, cruz do meu calvário! Que é que eu faço, Benedita?

BENEDITA – Olha, senhora patroa do meu emprego, salário-mínimo da minha carteira, eu acho que minha boca deve de ficar fechada.

BORACEIA – Fala, Benedita!

BENEDITA – A pouca vergonha da senhora mais o…

BORACEIA – Cala a boca! Arre! Você é mesmo o nervo exposto do meu dente, a joanete dos meus artelhos! Arruma a sala e sai.

BENEDITA – A senhora não acha que a sala está um pouco festiva demais para um velório?

BORACEIA (*indignada*) – Quem falou em velório? O coronel Marruá ainda vai sair dessa!

BENEDITA – Com noventa e seis anos, e há vinte nesse morre não morre, o velho já está quase falando com Deus, pessoalmente.

BORACEIA – Um pouco mais de respeito!

BENEDITA – Tomara, então, que o velho viva mais trinta anos, e segure na mão bem fechada a herança que vocês todos querem.

BORACEIA – Também não rogue praga! Anda, vá pôr o coronel no sol pra tirar o mofo.

DEPUTADO (*entrando*) – Boas notícias?

BENEDITA – Péssimas, deputado. Ele ainda não morreu!

BORACEIA – Vá fazer o que mandei!

BENEDITA – Já estava indo. (*Para à saída.*)

Boraceia abre os braços e vai em direção ao deputado. Abraça-o, mas para o movimento e, sem se virar, fala a Benedita.

BORACEIA – Já foi embora, Benedita?

BENEDITA – Já estou em trânsito. (*Sai.*)

DEPUTADO – Por que não mandam embora essa criada?

BORACEIA – Enquanto o velho não morrer não se mexe em nada nesta casa.

DEPUTADO – A política estava pegando fogo na capital, deixei tudo e vim escarreirado pegar o corpo desse velho que não nos faz o favor de morrer. Que não aconteça nada na minha ausência!

BORACEIA – Que que está havendo na capital?

DEPUTADO – Boatos gravíssimos. Eu não posso me demorar aqui. E a sua sobrinha?

BORACEIA – Deixa comigo que ela casa nem que seja arrastada.

DEPUTADO – Não vejo a hora!

BORACEIA – Pode tirar da cara esse sorriso de cavalo velho que quer pastar em capim novo!

DEPUTADO – Não fala besteira! Esse casamento pra mim é negócio!

BORACEIA – É bom mesmo!

DEPUTADO – Mas o que deu nesse velho de deixar tudo, em testamento, pra essa menina?

BORACEIA – E eu sei? Armei tudo pra cair nas boas graças do velho, mas a danada me passou pra trás.

DEPUTADO – Ela sabe que é a herdeira?

BORACEIA – Deus me livre! Não sabe e nem vai saber. O velho morrendo, você casa com ela e, aos poucos, vai passando os bens em nosso nome. E, agora, vem cá, que eu quero te dar um arrocho!

DEPUTADO – Como é?

BORACEIA – É isso! De vez em quando eu fico romântica. Ou você vem ou eu vou!

DEPUTADO (*receoso, começa a se afastar*) – A senhora não abuse de mim como da outra vez!

BORACEIA – Vem cá, macarrão do meu domingo, alcatra do meu churrasco! E não foge que é pior! (*Enlouquecendo.*) Ai, que não respondo pelo estrago! (*Vai atacar Tabarone, mas é interrompida pela entrada esbaforida da prefeita.*)

BORACEIA (*irritada*) – Ô, água fria do meu fogo! Ô, capivara do meu milharal! Que é que a senhora quer, dona prefeita?!

PREFEITA – Vim correndo lhe trazer minhas condolências, senhora! (*Percebe o deputado.*) Mas parece que teve gente que se adiantou.

DEPUTADO – Quem se adiantou foi a senhora. Ele ainda não morreu.

PREFEITA – Não? Mas me falaram... não aguento mais essa espera!

DEPUTADO – Desejando a morte do nosso mais importante homem público?

PREFEITA – Não interprete mal as minhas palavras. Não aguento mais ver o sofrimento de nosso grande homem. De qualquer modo, senhora, como sabemos todos que o desenlace fatal se avizinha, já preparei o salão nobre da prefeitura para velar o futuro corpo de nosso ainda vivo coronel Marruá.

DEPUTADO – Não, senhora! Estava justamente agora acertando com dona BORACEIA velar o corpo na capital.

PREFEITA – De jeito nenhum! Você está é querendo se aproveitar da herança política do coronel.

DEPUTADO – Isso é o que você está querendo, política de província!

PREFEITA – Desculpe, "seu" Tabarone, mas o corpo do coronel pertence à sua terra natal, que já é dona de sua alma.

DEPUTADO – O coronel Marruá pertence à nação! Ele vai para a capital!

PREFEITA – Ele é nosso, deputado!

BORACEIA – Que seu! Ele pertence à família. E merece um enterro à altura de sua importância.

DEPUTADO – Na capital!...

PREFEITA – Pois eu quero ver é como o deputado vai transportar o corpo até a cidade. A tempestade dessa noite derrubou a ponte.

DEPUTADO – Peço na capital um helicóptero do exército!

PREFEITA – Vai ter de gritar muito. Os telefones, rádio, TV estão mudos! Estamos completamente isolados do mundo!

DEPUTADO – Isolados? Ah, meu Deus! Na capital está se jogando o futuro do País, e eu preso neste fim de mundo!

PREFEITA – Que é que está havendo?

DEPUTADO – As forças sãs da nação se movimentam. É só o que eu posso dizer.

BORACEIA – Que forças?

DEPUTADO – As mesmas que anos atrás sufocaram a anarquia, acabaram com o caos e afastaram os que queriam jogar o país no precipício! Essas forças estão de pé novamente.

BORACEIA – Não acredito!
PREFEITA – Golpe?
DEPUTADO – Eu disse alguma coisa? Eu não disse nada!
PREFEITA – Não há clima pra isso!
DEPUTADO – Tempestade desse tipo se forma é de um dia para outro. Cuidado, prefeita, para que um raio não lhe caia na cabeça.

CENA 4 – MATIAS ARRISCA A SORTE

Entram Matias Cão e João Teité. Estão meio tocados pela bebida.

JOÃO TEITÉ – Ô calorzinho bom na barriga! Vamos voltar lá, Matias!
MATIAS – Não chega o que você já comeu?
JOÃO TEITÉ – Comida, vida e mulher quanto mais se tem, mais se quer! Principalmente comida.
MATIAS – Não te falei que dava certo? É só não abrir a boca, e olhar sério e firme! Não falha.
JOÃO TEITÉ – Eu pensei que o dono do restaurante fosse chamar a polícia.
MATIAS – Pra prender dois militares de patente? Ele ficou foi morrendo de medo, imaginando quem nós éramos e o que estávamos fazendo ali. E como não abrimos a boca nem para responder as perguntas, nem para dizer para quem mandar a conta, eles estão até agora sem saber o que fazer.
JOÃO TEITÉ – Foi muita sorte.
MATIAS – Não tem nada a ver com sorte. É psicologia. Todo mundo tem medo de duas coisas: de autoridade e do desconhecido. Com essa farda nós somos autoridade desconhecida. Eles se pelam de medo.
JOÃO TEITÉ – Sei, não! Meu coração veio na boca, mas como a fome era maior, eu engoli de volta o medo junto com os miúdos da farofa de frango. E o filé? As batatas? A pizza? O churrasco, o arroz, feijão, brócolis, couve, pudim, bacalhau, pirão, manjar?! Vamos voltar, Matias?
MATIAS – Pra você não falar que eu sou mentiroso... Tá vendo aquela casa ali?
JOÃO TEITÉ – Aquele baita casão?
MATIAS – É. Vamos dormir lá.
JOÃO TEITÉ – Naquela casa? Você bebeu!
MATIAS – Vou te provar que estou certo.
JOÃO TEITÉ – Deixa disso, homem. É bom não abusar da sorte!
MATIAS – Ninguém quer se meter com militar. Você fecha a boca. O resto deixa por minha conta. (*Saem.*)

CENA 5 – A TRAMA

MATEÚSA – Não caso! E se aquele um se engraçar de novo pro meu lado eu chuto as trouxinhas dele!

BORACEIA – Ô, traça da minha roupa! Ô, rachadura do meu calcanhar! Não vai me botar tudo a perder agora!

MATEÚSA – O nosso trato era só eu passar por filha natural do seu finado marido, neta do coronel. Casar eu caso com quem eu quero.

BORACEIA – Mas não é um casamento de verdade. Quer dizer, é de verdade, mas é só pra constar, de aparência...

MATEÚSA – Não gosto disso. E, depois, já estou até arrependida de ter entrado nessa confusão.

BORACEIA – Agora, né, ô, unheiro do meu polegar!? Quando estava na pior pedia qualquer emprego.

MATEÚSA – E enganar os outros é emprego?

BORACEIA – Não, é uma arte, que com talento e esforço você transforma em profissão. Como políticos e tantos outros!

MATEÚSA – Eu posso ser mei nham-pam das ideias, mas sei que dentro desse pastel tem muito recheio. Você não me pediu pra passar por neta do velho só pra que ele tivesse um final feliz, não.

BORACEIA – Se você aceitou se fazer de tonta é melhor continuar tal e qual!

MATEÚSA – Está certo, mas se a corda ameaçar rebentar do meu lado eu abro pra todo mundo o nosso trato. (*Sai.*)

BORACEIA (*furiosa*) – Ô, espinha da minha garganta! Ô, pedreiro da minha reforma!

DEPUTADO (*entrando*) – Pelo jeito a coisa não está nada boa!

BORACEIA – Precisamos dar um jeito de ela casar com você.

DEPUTADO – Deixa comigo. É só dizer duas palavrinhas poéticas no ouvido delas, que elas se apaixonam.

BORACEIA – E é? Eu pensei que todas fossem normais como eu, que me derreto ouvindo um bom saldo bancário! (*Saem.*)

CENA 6 – VIVA O NOVO REGIME

BENEDITA (*entrando*) – Só não digo que essa casa vai de mal a pior porque ela está indo de pior a pior ainda! Ô, raça desclassificada! Ô, gente velhaca!

Matias Cão e João Teité entram sem bater e dão de cara com Benedita – que olha estupefata por alguns instantes. Teité, apenas a vê, cobre rapidamente o rosto com as mãos. Matias rosna alguma coisa ininteligível.

BENEDITA – É estrangeiro? (*Matias não lhe dá importância. Passeia pela sala como se fizesse o reconhecimento do lugar.*) Que confiança é essa? Vamos saindo antes que eu chame os cachorros!

JOÃO TEITÉ (*tenta arrastar Matias*) – Vam'bora, Matias! Depois te explico.

BENEDITA (*encarando Teité*) – Eu reconheço um salafrário quando encontro um!

JOÃO TEITÉ – Tá falando com você, Matias.

BENEDITA (*a Teité*) – É com você mesmo!

JOÃO TEITÉ – Sabe com quem está falando?

BENEDITA – Com um desgraçado de um Teité cachorro, que há mais de vinte anos eu jurei dar uma surra de pau!

JOÃO TEITÉ – Ai, sou eu mesmo! Benedita? É você?

BENEDITA – Com a alma junto do corpo. Agora, o teu corpo vai levar tamanha pisa que a alma vai sair espremida pelo teu furico.

JOÃO TEITÉ – Que é que ocê tá fazendo aqui, mulher de Deus?

BENEDITA – Rezando pra que um dia você viesse esbarrar por esses lados, resto de coisa ruim! (*Corre atrás de Teité que se esconde atrás de Matias.*)

JOÃO TEITÉ – Respeite o exército nacional! Sou militar!

BENEDITA – O exército brasileiro não pode ter decaído tanto! Onde foi que roubou?

JOÃO TEITÉ – Eu não sei de nada! Pergunte ao meu capitão.

BENEDITA – Pois esse aqui tem mais cara de larápio que a sua! Em que enrosco vocês estão metidos?

JOÃO TEITÉ – Viu a embrulhada em que você me meteu, Matias?

MATIAS – Eu? (*Para Benedita.*) Pois se eu nem conheço esse sujeito!

JOÃO TEITÉ – Olha, Benedita, vamos fazer um negócio: eu saio por aquela porta e fica tudo bem, faz de conta que a gente nunca se viu.

BENEDITA – Que diabo vocês fizeram eu não sei, nem quero saber. Mas você, Teité safado, não sai daqui sem o pau cantar no seu lombo.

MATIAS – Enquanto vocês dois matam saudades eu vou andando.

JOÃO TEITÉ – Não me deixa aqui sozinho com ela, Matias

BENEDITA (*a Matias*) – Você fica. Depois a gente vai na polícia esclarecer toda essa embrulhada.

Benedita avança para Teité. Entra BORACEIA *que, ao ver a cena, grita. Entram deputado e prefeita. Param, estatelados, e gritam. Teité e Matias também gritam assustados. Silenciam. Encaram-se.*

BORACEIA – Quem são vocês?

BENEDITA – Eles são…

Teité solta um grito de desespero. Todos param assustados, com exceção de Benedita. Deputado tenta se aproximar deles, mas Teité grita de novo.

PREFEITA – Calma, senhores…

Matias grita e anda um passo na direção da prefeita. Esta se acovarda e se coloca atrás dos outros.

BENEDITA – Eles são só uns…
BORACEIA – Cala a boca, Benedita!
DEPUTADO (*tendo uma intuição*) – Vocês são quem eu estou pensando?
MATIAS (*fala uma algaravia da qual se entende só "militar" e, ao passar por Benedita, segreda-lhe*) – Deixa a gente ir embora que rola um por fora pra você!
BENEDITA – Vocês vão sair daqui, mas é debaixo de pau. E com cachorro mordendo suas bundas!
DEPUTADO – Cala a boca, ô, velha à toa, que você não sabe com quem está falando! (*A Matias.*) Desculpa, capitão, mas é só uma serviçal!
BENEDITA – Mas eles são…
BORACEIA – Quieta, Benedita! Nós sabemos quem eles são.
DEPUTADO (*encara Matias*) – Foi golpe?
JOÃO TEITÉ – A gente não quis dar golpe, não, seu coiso! Quer dizer, pra dizer a verdade, queria. Mas não fui eu, não. A ideia foi do Matias. O golpe é tudo ideia dele.

Matias grita uma ordem ininteligível para Teité. Este se cala.

DEPUTADO (*assustado*) – Desculpe. Eu entendo que, num primeiro momento, essas coisas necessitam segredo, mas eu só perguntei por que eu apoio. Eu apoio o golpe! (*Teité, Matias e Benedita se entreolham.*) O país estava mesmo precisando de pulso forte.
JOÃO TEITÉ – Como é que é?
PREFEITA – Desculpe. Pode parecer oportunismo, mas é um apoio patriótico. Eu também apoio e me coloco como um revolucionário de primeira hora! A prefeitura está à sua disposição para montar seu quartel general.
DEPUTADO – Não se esqueça, capitão, que eu fui o primeiro a reconhecer o golpe de estado. O senhor se hospedará em minha casa.
BORACEIA – Pois eu insisto que o senhor permaneça aqui mesmo.

Todos olham para Matias que, após um instante de perplexidade, dirige-se ao sofá da sala e senta-se.

BORACEIA – Seja bem vindo à nossa casa, senhor capitão!

DEPUTADO – Proponho um viva. Viva a revolução!

BENEDITA – Viva coisa nenhuma! Esses dois não ficam aqui nem mais um segundo!

BORACEIA – Cala a boca, ô, barata do meu armário, formiga da minha cozinha!

BENEDITA – Calo, não, porque sei coisa deles que vocês não sabem. Esses dois são os mais... Santo Cristo!

Benedita paralisa e emite um grito. Todos olham na direção do olhar fixo de Benedita e gritam ao verem entrar na sala o coronel Marruá.

CORONEL – Viva a revolução! (*Aos circunstantes.*) Não morri ainda, e ainda é cedo para deixar meu dinheiro e poder nas mãos de qualquer um! (*Avança furioso para Benedita.*) Exame na próstata, né, velha condenada!? Vou lhe fazer tomar um litro de óleo e comer dois quilos de sal com pimenta pra você obrar até os miolos da cabeça! (*Benedita foge.*) Coisa que não consigo pegar eu mesmo, mando capanga buscar. Hoje ou amanhã eu te pego, condenada, e é melhor que seja hoje!

BORACEIA (*pasmada*) – O coronel está vivo!

CORONEL – Estou para desprazer de ôces todos! Revolução nesse País ou é contra mim ou a favor, mas, sem mim, não se faz!

DEPUTADO – Viva o coronel Marruá!

TODOS (*com visível desânimo*) – Viva!

CENA 7 – QUEM ENGANA QUEM?

Entra Mateúsa seguida de Boraceia.

BORACEIA – Ô, rês do meu pasto! Ô, esterco do meu curral! Você quer me escutar?

MATEÚSA – Escutar eu escuto, fazer o que você quer nem pensar, titia!

BORACEIA – Eu não sou sua tia!

MATEÚSA – Pois eu já tinha me acostumado. Principalmente agora que meu avô ficou bom.

BORACEIA – Que você quer dizer?

MATEÚSA – Nada, só que estou gostando de ter uma família.

BORACEIA – Não me diga que... Ah, purgante da minha prisão de ventre! Vou mandar te dar uma surra tão grande, que você vai aprender a nunca mais querer me passar a perna! (*Avança para Mateúsa.*)

MATEÚSA – Vovô!

CORONEL (*entra e passa o braço em volta do pescoço de Mateúsa*) – Que foi, minha neta?

MATEÚSA (*falsa, jeito infantil*) – Vovô, a tia Boraceia falou que vai me bater!

BORACEIA (*amedrontada*) – Mentira dela, coronel! 'Magina se eu ia encostar um dedo meu nessa flor do meu jardim, uva do meu cacho, brigadeiro da minha festa. (*Para si.*) Daqueles que a gente morde com gosto!

CORONEL – É bom mesmo porque se alguém encostar um dedo na minha neta vai levar um tiro no mei da boca!

MATEÚSA – Obrigada, vovozinho! (*Coronel não diz nada, mas continua abraçado com Mateúsa. Esta olha vitoriosa para Boraceia, mas sente-se incomodada com o abraço do coronel.*) Pode ir embora, descansar, vovô.

CORONEL – Já descansei muito, minha neta. Estou com saudades de coisas que eu fazia antigamente. Sabe que ocê tá é muito taludinha, feito perdiz boa de caçar e espiga boa de colher?

MATEÚSA (*assustada*) – Vovô!

CORONEL – Eu tenho de ir, cuidar dessa minha revolução mas eu volto. E quando eu voltar quero ter uma conversinha com você, minha neta. E acho que nem não vai ter muita conversa, não! (*Sai.*)

MATEÚSA – Cruzes!

BORACEIA – Chamou cachorro pra lhe defender de onça mas cachorro vai é te morder!

MATEÚSA – Eu prefiro estar morta!

BORACEIA – Ih, minha filha, se eu conheço esse velho, pra ele tanto faz!

MATEÚSA – Que horror!

BORACEIA (*irônica*) – Falando como tia, como membro da família, acho mais acertado e melhor pra sua saúde ficar com o deputado. (*Sai.*)

MATEÚSA – Onde eu fui me meter? Mateúsa, ocê que é diplomada em malas-artes, pensa rápido senão malas-artes vão fazer com você!

CENA 8 – O RATO E O QUEIJO

Sala da mansão. Matias e Teité, depois Benedita, depois Marruá, depois os demais.

JOÃO TEITÉ – Tá bom, não tá?

MATIAS – Tá.

JOÃO TEITÉ – Cama, comida, roupa lavada. Tá é bom demais, não é?

MATIAS – É.

JOÃO TEITÉ – Pois, é. E como tudo o que João Teité conseguiu na vida foi tirado do fiofó com pauzinho e muita força intestinal, eu vou me escafeder que essa mamata não dura, Matias. E, no final da história, o pau canta é no meu lombo.

MATIAS – Calma. Não pode ir saindo assim. A gente tem de cair fora sem dar na vista.

JOÃO TEITÉ – Mas Matias, essa gente é louca.

MATIAS – É, não. Eles só acham que a gente é o que não é. Agora, o que a gente deveria ser é que eu não sei, mas acho que a coisa é mais séria do que a gente imagina.

JOÃO TEITÉ – Vou garrar estrada! Vou torar légua por esse mundão de Deus, m'esconder no oco do mundo! (*Levanta-se para fugir, mas Matias o agarra.*)

MATIAS – Quieta que, agora, é fazer as coisas de cabeça fria.

JOÃO TEITÉ – Por que eu fui atrás de sua conversa? E que diabo de revolução, de guerra, de briga é essa em que a gente se meteu sem saber?

MATIAS – Não tem revolução nenhuma, mas eles não demoram a descobrir.

JOÃO TEITÉ – Vam' bora, homem!

MATIAS – Fica tranquilo. Por enquanto estamos seguros.

BENEDITA (*entra com uma bandeja com suco; geme e anda descadeirada*) – Cr'em Deus Pai! Ô, homem ruim dos infernos! O quilo de sal mais pimenta não foi nem ruim. O pior foi purgar, gota a gota, o litro de óleo inteirinho que o desgraçado me fez beber! Que desarranjo! Que rebeldia dos tubos dos intestinos! Eu quase me acabo! De hora pra outra eu quase me converto em água! Ai! Mas o coronel Marruá não perde por esperar! (*Aos dois.*) E nem vocês! (*Serve o suco.*)

MATIAS – Que é que tem nós?

BENEDITA – Por enquanto eles não querem me ouvir, mas mais cedo ou mais tarde, vão perceber a patranhada de vocês.

MATIAS – Até lá eu já quero estar longe.

JOÃO TEITÉ – Ajuda a gente, Benedita.

BENEDITA – Eu vou é sentar pra ver e rir quando a desgraça desabar na cabeça de vocês! (*Benedita põem-se em alerta.*) Ai, meu Deus!

MATIAS – Não se assoberba, não, que por enquanto eu tenho o apoio do coronel.

BENEDITA – Esse apoio logo acaba.

MATIAS – Mas enquanto não acaba eu mando o velho lhe descer a guasca, lhe tirar o couro, salgar e fritar pra comer como torresmo!

JOÃO TEITÉ – Ou você faz trato com a gente ou a gente faz trato com o coronel. Escolhe!

BENEDITA – Só faço trato se for pra me vingar do coronel. (*Se contrai.*) Ai, que ela evém!

JOÃO TEITÉ – Tá feito!

BENEDITA – Pra me vingar do coronel eu até esqueço o que ocê me aprontou no passado, Teité. Mas o que é que eu ganho fazendo o trato?

JOÃO TEITÉ – Um terço de tudo que a gente tem é seu.

BENEDITA – E o que é que vocês têm? (*Geme.*) Ai, que está chegando!

MATIAS – Ainda nada, mas se a gente conseguir arrancar alguma coisa dessa embrulhada toda, você vai ter a sua parte. Somos comandantes de uma revolução.

BENEDITA – Vocês estão é doidos! De hoje pra manhã eles descobrem tudo.

MATIAS – Até amanhã tem muito tempo. Hoje mesmo eu vou deixar esses otários com as calças na mão!

BENEDITA – Se for pra tirar alguma coisa daquele peste eu estou dentro. (*Chora.*) Ai, que não vai dar pra sustentar!

JOÃO TEITÉ – Mas que latomia, que chororô dos diabo é esse, Benedita?

BENEDITA – Ainda não purguei todo o óleo que o maldito me fez tomar! (*Sai correndo.*)

JOÃO TEITÉ – Acelera, Benedita! (*Olha para os bastidores acompanhando a corrida de Benedita como se fosse de Fórmula 1.*) Toma a dianteira, faz a curva do corredor, aproxima-se da bandeirada final e... (*ri*) parou! Acho que a pressão do óleo estourou o motor!

MATIAS – Por enquanto estamos salvos.

JOÃO TEITÉ – Vamos mesmo fazer sociedade com a Benedita?

MATIAS – Por ora eu só quero essa velha calada. A ideia de aproveitar a situação não é ruim, mas penso que o melhor mesmo a fazer é a gente azular, virar pé de vento. (*Correm para a saída, mas dão de cara com o coronel Marruá que entra.*)

CENA 9 – UMA REVOLUÇÃO EM ANDAMENTO

CORONEL – Estava justamente à sua procura, capitão. Já perdemos muito tempo e uma revolução não pode esperar. (*Matias concorda com um aceno de cabeça.*) Mas antes de dar meu apoio à restauração da ordem quero saber para onde vai essa revolução. (*Matias Cão faz menção de abrir a boca, mas o coronel não deixa.*) Não! Antes de você me dizer para onde vai eu digo: revolução que eu faço não vai, vem! Para restaurar a ordem e a moralidade uma revolução tem de vir de fasto, de ré! Revolução de trinta já foi muito moderna pro meu gosto! A República foi proclamada sem precisão! Essa revolução tem de ser feita para voltar aos gloriosos tempos da monarquia que é de onde o Brasil nunca devia ter saído, concorda?

JOÃO TEITÉ – Ô, nem! Vamos logo arrear os cavalos das charretes!

CORONEL – Cale a boca, alimária, que ninguém pediu sua opinião! (*A Matias.*) Concorda? (*Matias não reage.*) Ótimo! Então vamos ao plano de ação! (*Abre um mapa.*) Vou reunir minha gente. Uma parte vai tomar a prefeitura, o rádio e a telefônica. A outra vai tomar o destacamento.

JOÃO TEITÉ – Destacamento?

CORONEL – Um destacamentozinho militar sem importância. Só tem vinte homens.

JOÃO TEITÉ – Ave, Maria, capitão! Esse homem vai fazer uma guerra de verdade!

CORONEL – E pensa o quê? Que o coronel Marruá volta à ativa pra pouca coisa? E que diabo de revolucionários são vocês?

JOÃO TEITÉ – Olha, pra falar a verdade nós nem não somos...

Matias brada uma ordem incompreensível a Teité.

CORONEL – Isso! Gostei de ver! Se fosse eu dava-lhe com chibata! Se o plano está aprovado, eu e meus homens vamos nos colocar em ação! Hasta la vitória! (*Sai levando os papéis.*)

JOÃO TEITÉ – Matias do céu! Esse homem é louco!

MATIAS – Loucos fomos nós de entrar nessa trapalhada!

JOÃO TEITÉ – Loucos somos é se continuarmos nela. Eu vou é virar um peido e sumir no ar. E só cachorro perdigueiro dos bons pra seguir meu cheiro. (*Tenta sair, mas é seguro por Matias.*)

MATIAS – A gente vai sair, sim, mas não quero ninguém desses atrás de mim. Fique aqui, de bico fechado, que eu vou ver como estão as coisas! (*Sai.*)

JOÃO TEITÉ – Ah, é? A capivara corre e a paca fica, aqui, esperando chumbo? Só se eu fosse alguma qualidade de abestalhado! (*Faz menção de sair, mas entra Boraceia.*)

CENA 10 – A INDECISÃO DE TEITÉ

BORACEIA – Preciso falar com o senhor.

JOÃO TEITÉ – A senhora me desculpe, mas a revolução é mais importante e precisa da minha melhor qualidade: a velocidade! Até logo, adeus, até nunca mais!

BORACEIA (*segura-o*) – É sobre a revolução mesmo que eu vim falar. Já tentei falar com seu capitão, mas ele não abre a boca.

JOÃO TEITÉ (*assustado*) – O que é que tem a revolução?

BORACEIA – Vai muito bem. O problema é pra onde.

JOÃO TEITÉ – E pra onde ela vai?

BORACEIA – Pra onde a gente levá-la.

JOÃO TEITÉ – A senhora seja mais clara. O que quer?

BORACEIA – Eu não quero nada, ô, general do meu regimento. (*Sensual.*) Eu estou oferecendo.
JOÃO TEITÉ – Depende se é o que eu quero.
BORACEIA – O que você quiser é o que eu vou dar.
JOÃO TEITÉ – Óia...!
BORACEIA – Qualquer coisa que eu tenha, de agora em diante, é sua.
JOÃO TEITÉ (*entrando no clima*) – Qualquer coisa, é? Olha que eu peço porque eu sei que a senhora tem!
BORACEIA – Pede que eu favoreço seu desejo.
JOÃO TEITÉ – Óia, dona, eu não quero ser atrevido... Eu vou pedir só um pedacinho.
BORACEIA – Eu gosto é de homens atrevidos! Pede logo tudo!
JOÃO TEITÉ – Eu... eu gosto de carne, muita carne!
BORACEIA (*entreabre a blusa*) – Sou sua!
JOÃO TEITÉ – Ô, doido, dona! Não é isso, não! Carne que eu digo é filé, picanha, alcatra!
BORACEIA (*desapontada*) – Ah, e? (*Compõe-se.*) O que quiser: medalhões de filé regados ao vinho, picanha grelhada, leitão a pururuca...
JOÃO TEITÉ – A senhora me dá tudo isso?
BORACEIA – E carne assada, bife acebolado, cozidos, pirões, vitelas...
JOÃO TEITÉ (*excitado*) – Dona, não continua que logo, logo, eu já não sou senhor dos meus atos.
BORACEIA – Dou o que você quiser! Mato uma rês e mando churrasquear agora mesmo, inteirinha, só pra você!
JOÃO TEITÉ (*sensualmente agarra a mulher*) – Eu amo essa mulher!
BORACEIA – Estamos combinados?
JOÃO TEITÉ – Combinadíssimos!
BORACEIA – Então ouve! Algumas pessoas não estão gostando do rumo que a revolução está tomando. Se houver briga eu te quero como meu aliado.
JOÃO TEITÉ – Pra sempre.
BORACEIA – Até já.
JOÃO TEITÉ – Capricha no molho, amor!

Boraceia sai. Pelo outro lado entra Matias Cão escoltado por Benedita armada com um pedaço de pau.

BENEDITA – Peguei esse salafrais tentando s'escafeder de fininho. Ia saindo no jipe e deixando a gente na fogueira.
MATIAS – Essa gente é mais doida do que eu pensei. Vocês eu não sei, mas eu vou desaparecer.
BENEDITA – E o que a gente combinou?
MATIAS – A gente acaba de descombinar.

BENEDITA – Então volta ao anterior: eu vou dizer quem vocês são.

MATIAS – Antes disso eu, como comandante da revolução, vou te mandar dar um surra tão bem dada que você vai esquecer quem eu fui.

BENEDITA – E você, Teité, não diz nada?

JOÃO TEITÉ – Se ele quer ir, que vá. Eu fico.

MATIAS – Você não sabe no que estamos metidos. Isso aqui é um ninho de cobra tudinha maluca. O coronel doido já tomou a prefeitura e está indo atacar o destacamento militar. A prefeita se juntou ao deputado e se nomearam oposição ao regime. O povo tá fazendo barricada na praça da igreja. Isso aqui tá uma babel! Só não sei de que lado está a dona Boraceia.

JOÃO TEITÉ – Está do meu lado. Onde você pensa que está, Matias? Fazendo veraneio? Isso aqui é uma revolução. É suor, é lágrima, é risco! A hora é de decisão. Quem quiser ir, vá! Eu fico com a revolução.

BENEDITA – Que que é isso?

MATIAS – Endoidou, Teité?

JOÃO TEITÉ – Eu vejo claro nosso futuro lá na frente, Matias: carnes chiando na grelha, bifes a parmegiana, maioneses, compotas e licores. Isso é revolução! Matias, pela primeira vez nós estamos no lado certo de alguma coisa.

MATIAS – Que lado certo, Teité?

JOÃO TEITÉ – Do lado de quem tem. Você já viu essa gente perder revolução no Brasil?

MATIAS – Acorda, Teité. Não tem revolução nenhuma. Nós não somos militares e essa coisa toda vai estourar na nossa cabeça, homem de Deus!

BENEDITA – E não vai demorar muito.

JOÃO TEITÉ – A gente podia aproveitar o embalo e fazer uma revolução de verdade.

MATIAS – Com quem? O exército está do outro lado, os políticos, menos o deputado e a prefeita estão do outro lado, e os latifundiários, com exceção desse coronel decrépito também! Vam'bora!

JOÃO TEITÉ – Mas... A dona carnuda mandou matar uma rês!

MATIAS – Pela última vez!

JOÃO TEITÉ – Está bem, eu vou. É de verter lágrimas. Uma revolução tão bonita!

Entram prefeita, deputado e Boraceia brigando em altos brados. Matias Cão e Teité deixam entrar o bolo de gente e disfarçadamente tentam sair pelo outro lado. Benedita dá o alarme em alta voz.

BENEDITA – Já vai embora, capitão?

DEPUTADO – É com você mesmo que a gente quer falar!

PREFEITA – Pra onde é que a revolução vai?

BORACEIA – De que lado está o exército?

DEPUTADO – Ou está conosco ou está contra nós!

BORACEIA – De minha parte, aqui venho trazer meu apoio irrestrito à diretriz militar.

PREFEITA – Você está é apoiando a caduquice de seu avô. Eu quero minha prefeitura de volta!

DEPUTADO – Você está contra mim, Boraceia?

BORACEIA – Estou do lado da revolução!

DEPUTADO – Essa revolução não é do povo. Exigimos a volta do regime de direito e da democracia!

BORACEIA – Você não foi o primeiro a apoiar a revolução?

DEPUTADO – Apoiei os princípios não as decorrências! Eu não mudei, quem está mudando é a revolução!

BORACEIA – Vocês são um bando de arruaceiros!

PREFEITA – Quero minha prefeitura ou te planto a mão na cara!

BORACEIA (*furiosa*) – Pra isso só sendo dois homens que um só não basta!

DEPUTADO – O coronel Marruá está decrépito. Ele não pode liderar uma coisa séria como uma revolução!

BORACEIA – E vocês, políticos, também não podem liderar porque sempre comeram na nossa mão!

DEPUTADO – E os favores que concedemos? Pensa que Marruá é latifundiário a custa do quê? Das leis que fizemos!

PREFEITA – É isso mesmo! Aqui ninguém deve a ninguém e somos todos devedores do povo que agora está nas ruas exigindo democracia!

BORACEIA – Está na rua insuflado por vocês!

PREFEITA – O coronel quer que o País volte à monarquia!

DEPUTADO – Esse velho já devia estar morto!

BORACEIA – Isso é uma ameaça?

PREFEITA – O bem-estar da nação está acima do bem-estar do indivíduo!

BORACEIA – Capitão, prenda esse homem por ameaça à vida de um revolucionário!

DEPUTADO – Não deixe que os latifundiários deem ordens ao exército nacional!

BORACEIA – Teité, faça alguma coisa!

JOÃO TEITÉ – Político é praga, é saúva da nação!

PREFEITA E DEPUTADO – Eu te meto a mão!

JOÃO TEITÉ – Ah, é?! Pois eu retiro o que disse! E mais: eu próprio me retiro dessa casa. Pra quem fica, tchau, que meu lombo vale mais do que a rês assada que me prometeram! (*Indeciso.*) Vale? (*Convicto.*) Vale!

BORACEIA – Mando assar duas!

JOÃO TEITÉ (*desistindo de sair*) – Mais vale uma barriga rindo do que um lombo chorando. O exército está com dona Boraceia.

Instala-se um tumulto. Matias Cão dá um grito e impõe silêncio. Encara um e outro e rosna, mas não fala nada. Em impasse Matias faz ar de choro e desespero.

BORACEIA (*após pausa*) – O senhor me desculpe, mas o senhor já deu ordens, já rosnou. Agora nos diz: de que lado o exército está? (*Matias permanece indeciso.*)

JOÃO TEITÉ – Não tem jeito, capitão. O senhor vai ter de falar! (*Matias vai abrir a boca, mas é interrompido pela entrada do general.*)

CENA 11 – A REVOLUÇÃO SE CONSOLIDA

GENERAL – Não vai falar nada porque o senhor está preso!

JOÃO TEITÉ – Preso?

GENERAL – Preso e acusado de sedição! Quanto a vocês, desmobilizem sua gente. Não quero mais saber de arruaças, nem de reuniões. Vou baixar o toque de recolher.

DEPUTADO – Que houve com o coronel?

GENERAL – Depois de muito custo conseguimos chegar a um acordo e acalmar o homem! Mas tomou e não quer deixar o meu destacamento. Eu quero é que alguém me explique essa situação! Que é que está havendo?

JOÃO TEITÉ – Olha, o senhor não leve a mal não, mas... A responsabilidade de tudo é dele ali. (*Aponta Matias Cão.*) Tudo começa e termina por obra e graça dele. Eu só cumpro ordens!

GENERAL (*a Matias*) – E o senhor? Explique-se!

BORACEIA – Ele é de poucas palavras, general.

JOÃO TEITÉ – É, é homem de ação.

DEPUTADO – Mas a ação deve também levar em consideração as forças políticas. Responda ao general.

JOÃO TEITÉ – Quero ver como é que o senhor nos tira dessa, capitão. Se cala o senhor fica na frigideira, se fala, pula pra grelha. Ou em português claro e mais condizente com a nossa situação: ou se afoga na bosta ou se afunda na merda!

MATIAS – Eu confesso!

JOÃO TEITÉ – Ai! A gente se afoga!

MATIAS – Eu confesso meu erro...

JOÃO TEITÉ (*quase chorando*) – Eu também confesso meu erro, meus pecados e peço perdão a Deus e clemência a essa corte...

MATIAS – Confesso que meu erro estratégico foi ter vindo para cá conseguir o apoio de políticos e pessoas importantes da região ao invés de ter tomado, de cara, o destacamento militar e prendido esse comandante incompetente!

JOÃO TEITÉ (*surpreso, aplaude*) – Como é que é?

GENERAL – Cale-se! O senhor está preso!

MATIAS – Quem está preso é o senhor! Sou o comandante da revolução!

GENERAL – Que revolução é essa de que eu não tive notícia? No quartel o senhor me explica direitinho!

MATIAS – No seu quartel eu só entro como comandante revolucionário! Quem o senhor pensa que é? Um generalzinho, comandante de um destacamentozinho de fronteira no final do mundo! E queria ter acesso a informações sigilosas? (*Dá-lhe um tapa no quepe derrubando-o ao chão.*) A ordem agora é outra e nesta nova ordem o senhor não é mais general! Cabo, escolte este soldado à prisão do quartel.

JOÃO TEITÉ – Eu? É, claro! Sim, senhor! Vam'bora, reco, pé de couve!

GENERAL – Espera, capitão. O senhor tem de entender meu lado. Eu não tive a mínima comunicação a respeito.

MATIAS – E o senhor acha que se põe anúncio em jornal conclamando a revolução?

GENERAL – Não, mas... Ponha-se no meu lugar... Meu quartel foi invadido... É meu dever de soldado defender a ordem... Agora o senhor diz que a ordem foi mudada... Como eu podia saber? (*Perfila-se.*) Me coloco à sua disposição e à disposição da revolução.

MATIAS (*após pausa*) – Aceito. A revolução precisa do apoio de todos, principalmente de um militar leal e experiente. As divisas de general são suas de volta! Agora saiam todos! O momento crucial da revolução se aproxima!

Saem todos menos Teité e Benedita.

JOÃO TEITÉ – Que momento crucial é esse, capitão?

MATIAS (*amedrontadíssimo*) – A nossa fuga! A gente tá num enrosco tão grande que vai ter de se sumir num oco de pau dentro do oco do mundo!

BENEDITA – A gente, vírgula! Eu não tenho nada a ver com isso!

MATIAS – Então é bom começar a ter, porque quando esse novelo dos seiscentos diabos começar a desenrolar, vai sobrar pra você também.

BENEDITA – Você não diz nada, Teité?

JOÃO TEITÉ – Eu? Eu vou é me guardar. É lei de murici, cada um cuida de si.

MATIAS – Sou prisioneiro de um absurdo! Eu não abri a boca, não fiz nada e agora comando uma revolução pra derrubar o governo! Eu quero voltar pra casa. Eu quero minha mãe!

FIM DO PRIMEIRO ATO

SEGUNDO ATO
CENA 1 – ROMANCE

De um lado do palco entra Matias Cão, do outro entra Mateúsa. Ambos estão muitíssimo preocupados.

MATIAS – Se me escapo desta com um restinho de vida e sem nenhuma parte faltando eu juro, meu Deus, que não entro em outra! (*Para o alto.*) O quê? Eu jurei a mesma coisa nas outras quinze vezes? Meu débito tá muito alto, né? Já tá querendo mandar protestar minha dívida? Não faz isso, por amor do senhor mesmo! Só mais essa vez!

MATEÚSA – Ser ou não ser, eis a questão! Por que se há de sacrificar o dinheiro ou o coração? Casa com o deputado me diz minha cabeça, pois amor todo mundo tem pra dar, mas dinheiro só empréstimo com juros, avalista e caução! (*Para si.*) Acho que dançaste, coração!

Matias e Mateúsa percebem-se e encaram-se. Fazem um reconhecimento visual sensual e comicamente apaixonado.

MATIAS (*para Deus, referindo-se a Mateúsa*) – Já que está com a mão na massa, aproveita e acrescenta mais essa ao meu débito!

MATEÚSA – Ai, que homem carnudo! (*Para si.*) Quieta! Juízo, Mateúsa, deixa de ser "pamonha" que paixão faz do homem um traste e da mulher uma sem-vergonha! Ai, mas o capeta atenta! E esse é daqueles que eu não posso ver sem pegar, pegar sem provar, relar sem "garrar" e lambiscar sem morder! Ai, que se não me seguro eu vou lá!

MATIAS – Seu Matias, o senhor já está atolado até o pescoço! O senhor deve é caçar jeito de sumir sem deixar rasto. Mulher é semente de encrenca que brota só de olhar!

MATEÚSA – Por que é que está, aí, me comendo com os olhos?

MATIAS – Porque a senhora está muito longe!

MATEÚSA – Me respeite que eu vou aí e te dou com essa mão quadrada na tábua do queixo!

MATIAS – E eu te prendo por desacato a autoridade.

MATEÚSA – Quero ver se você é homem.

MATIAS – Não é, assim, uma unanimidade, mas o adversário, em geral, não tem reclamado.

MATEÚSA – Seja o senhor capitão ou não, vou te pregar...

MATIAS – É melhor vir, não! Capaz de você pegar, no mínimo, cinco anos de prisão ao meu lado!

MATEÚSA (*para si*) – Não vá, Mateúsa! (*Aproxima-se.*) Mas se for, não sorria! (*Mais perto.*) Se sorrir, não se arreganhe! (*Mais perto.*) Se se arreganhar, não descabeça! (*Mais perto.*) Está bem! Pelo menos descabeça com um mínimo de dignidade! (*Apresenta-se.*) Eu sou a Mateúsa.

MATIAS – Usa e abusa, Matias Cão!

MATEÚSA – O que você vai fazer entre oito da noite e seis da manhã? (*Para si.*) Dignidade, enxurrada levou!

MATIAS – Eu tinha, aí, uma revolução pra liderar, mas acho que posso deixar pra manhã.

MATEÚSA – Não vá com ele, Mateúsa. Se for, não seja fácil. Se for fácil... (*Saem.*)

CENA 2 – A ASCENSÃO DE TEITÉ

Estão todos reunidos com exceção de Matias Cão e Mateúsa. Benedita serve café aos reunidos. O clima é de franca conspiração.

CORONEL – Estamos aqui reunidos para discutir os rumos da revolução.

PREFEITA – Na minha opinião...

CORONEL – Que ninguém pediu nem mandou! A senhora se cale até eu acabar de falar.

PREFEITA – Antes eu queria registrar o meu protesto contra a invasão da minha prefeitura pelo coronel...

CORONEL – Eu queria registrar que vou dar um tiro na boca dela. Pensando bem, não vou nem fazer o registro. Vou dar o tiro direto! (*Tenta tirar a arma, mas é contido pelos circunstantes.*)

BORACEIA – Calma, Coronel!

CORONEL – Calma é coisa que não tenho pra vender e nem quero comprar! É nisso que deu as modernagens da revolução de 30. Mulher saiu do tanque, forno e fogão, e já está até metida em política.

PREFEITA – De onde não vamos sair!

CORONEL – Pois esta revolução vai pôr cada coisa no lugar certo: cachorro e homem na rua, gato e mulher em casa! E o que for além disso é subversão!

DEPUTADO – Vamos deixar um pouco essa discussão de lado. O fato é que estamos há uma semana isolados do resto do país. O que eu estou achando é que falta energia ao capitão Matias Cão!

PREFEITA – Eu tenho a mesma opinião. Se a gente não tomar uma atitude...

CORONEL – Então estamos de acordo. Deixem essa revolução comigo!

PREFEITA – Não é bem assim, coronel. Antes de mais nada eu quero minha prefeitura de volta.

CORONEL – A prefeitura pertence à revolução cujo líder civil sou eu!

DEPUTADO – Quem disse? Prefiro ver jorrar meu sangue a entregar a revolução nas suas mãos!

CORONEL – Bem, foi 'ocê mesmo que escolheu! (*Ameaça tirar a arma. É impedido novamente.*)

BORACEIA – Pelo amor de Deus, Coronel!

CORONEL – E eu te dou um tiro na cara. Fui eu que te fiz deputado!

DEPUTADO – Quem me fez deputado foi o povo.

CORONEL – O povo é meu! Vota em quem eu mando!

DEPUTADO – Não estamos no império, coronel!

CORONEL – Mas com a graça de Deus e com a minha liderança voltaremos para lá.

BORACEIA – Calma, que viemos aqui foi pra entrar num acordo.

PREFEITA – Só faço acordo com minha prefeitura de volta!

CORONEL – E eu estou de acordo com qualquer tipo de monarquia.

DEPUTADO – Assim não é possível!

CORONEL – Se não é possível a gente acaba esse converseiro de uma vez! Eu vou lá, dou tiro na boca desse capitão e o assunto tá resolvido. E depois, quem tiver mais bala na algibeira é que faz a lei.

BORACEIA – Vamos mais devagar, Coronel. (*Faz um sinal em direção aos bastidores.*)

Entra João Teité.

JOÃO TEITÉ – 'ocês dão licença?

CORONEL – Quem é esse sujeito?

BORACEIA – É um dos militares que fizeram a revolução.

CORONEL – E daí? Já fizeram, agora deixa com a gente. Sai! Vá meter sua colher torta em outra sopa.

PREFEITA – Não é bem assim, coronel! Eu me alinho ao lado dos militares, se bem que não deixo de reconhecer a forte presença política do coronel e nem os altos merecimentos do ilustre deputado. Em suma: eu apoio quem garantir a liberdade, a democracia e a minha prefeitura de volta.

CORONEL – Num quero saber dessas modernagens de democracia!

PREFEITA – Está bem, coronel. A gente negocia isso, mas não abro mão da minha prefeitura!

DEPUTADO – Se a coisa continua assim eu desisto.

BORACEIA – Não, senhor! A gente sai daqui com uma decisão. Eu trouxe o cabo Teité aqui pra isso. Ele pensa como nós.

JOÃO TEITÉ – É... bem, digamos que sim mas nem tanto. Por outro lado nem tão pouco. De modos que... Depende do que vocês podem me oferecer.

BENEDITA – Você vai trair a gente, Teité?

JOÃO TEITÉ – Não, se você passar para o meu lado.

BENEDITA – E o Matias?

JOÃO TEITÉ – Mateus, primeiro os teus e Matias, primeiro minha tia!

CORONEL – Mas isso é uma esculhambação! Que é que esse serviçal está fazendo aqui numa reunião de cúpula? Não admito!

BENEDITA – Sou só empregada, não sou escrava!

CORONEL – Mas vai voltar a ser! Vou revogar a lei áurea! Vai voltar tudo aos bons tempos de antes!

JOÃO TEITÉ – Voltando ao que eu dizia, eu quero um ministério no novo governo! E uma pensão vitalícia de cinco bois, vinte frangos, três leitões bem gordos por mês. Além disso, comida gratuita em qualquer restaurante do país. E para garantir mais dois milhões anuais.

PREFEITA – De dólar?

JOÃO TEITÉ – De ticket restaurante.

BORACEIA – Combinado. Alguém tem alguma coisa contra?

Benedita sai furtivamente da reunião.

CORONEL – Só aviso que, se não der certo, vai ser do meu jeito.

PREFEITA – Concordo com o coronel.

DEPUTADO – Eu discordo, dona prefeita.

PREFEITA – Eu também, dependendo do ângulo que se olhe a questão...

BORACEIA – A senhora concorda ou não?

PREFEITA – Política não é sim ou não. É sim e não, é talvez e porém, é no entanto e contudo. E tenho dito!

JOÃO TEITÉ – Então? Posso levar suas reivindicações até o líder militar da revolução.

PREFEITA – E se ele não aceitar?

JOÃO TEITÉ – Aí a gente vê. Mas se vocês garantirem a minha parte eu jogo a revolução nas suas mãos.

DEPUTADO – Viva o Brasil! Viva João Teité! (*Todos vivam.*)

CORONEL – Viva a monarquia brasileira! (*Todos se entreolham sem jeito.*)

PREFEITA – Isso a gente discute depois, coronel!

CENA 3 – TEITÉ, COMANDANTE GERAL DA REVOLUÇÃO

Benedita e Matias Cão. Depois os outros.

BENEDITA – O senhor tem de fazer alguma coisa, Matias. O Teité tá trocando até a mãe por um bife acebolado!

MATIAS – Tá melhorando. Ele já chegou a trocar a velha por um ovo frito.

BENEDITA – Não brinca que a coisa é séria. A gente tá no meio de um bando de loucos. Até em rasgar a lei áurea já falaram.

MATIAS – E se entraram em entendimento com o Teité é que o mundo vai endoidar de vez. Deixem que venham. Ou eu boto juízo na cabeça desses dementes ou conto a verdade e seja o que Deus quiser.

BENEDITA – Mas aí a gente tá é desgraçado.

MATIAS – É melhor surra de pau e prisão perpétua numa cadeia ajuizada do que estar livre no meio desses doidos. (*Entram todos conduzindo e aclamando Teité.*) O que vem a ser isto?

DEPUTADO – Dependendo do senhor, apenas uma conversa entre amigos e aliados.

PREFEITA – Concordo!

CORONEL – Dá logo um tiro no mei da boca!

PREFEITA – Apoio! Dependendo do ponto de vista também é uma boa opção.

MATIAS – E você, Teité? Se bandeou para o lado deles?

JOÃO TEITÉ – Depende se você não cobrir a proposta.

MATIAS – E posso saber qual é?

JOÃO TEITÉ – Pra começo de conversa, eu quero dois ministérios no novo governo.

MATIAS – Eu te dou três tabefes pra enfiar um pouco de juízo na sua cabeça, sujeito à toa! (*Avança para Teité, que se esconde atrás do grupo.*)

DEPUTADO – Alto lá! O cabo Teité é um delegado legitimamente constituído como representante das forças civis da revolução!

PREFEITA – Com a devida licença, nos preocupa o rumo das coisas. O povo está nas ruas descontente, querendo saber o que está havendo. E povo nas ruas não é bom. Se o senhor fizer o favor de devolver a minha prefeitura... (*segredando*) ...eu posso apoiar o exército.

MATIAS – Eita, que besteira é fermento na cabeça de doido! Pois, bem! Eu vou declarar a verdade e a verdade é que não tem revolução nenhuma e nem eu nem o Teité somos...

JOÃO TEITÉ – Traição! Traição!

CORONEL – Tem que dar um tiro no mei da boca!

MATIAS – Tem revolução nenhuma, não!

JOÃO TEITÉ – Renegando a revolução?! Prende e amordaça esse traidor! (*Avançam para cima de Matias e cumprem a ordem.*) De agora em diante, eu assumo o comando. Aos traidores a prisão! Minha primeira ordem é que me façam o mais suntuoso banquete que se tem notícia em comemoração à minha chefia. Benedita!

BENEDITA – Que é que tem eu?

JOÃO TEITÉ – Agora eu estou no alto como eu sempre te dizia antigamente: que eu ia correr mundo e ia vencer. Você está comigo ou contra mim? Comigo pode pedir o que quiser.

BENEDITA – Eu quero é ficar bem longe de vocês todos, que é pra conservar minha cabeça no lugar e meu juízo dentro dela!

JOÃO TEITÉ – Cadeia nela! E cadeia pra todo mundo que falar contra mim ou contra a revolução! Eu sou a revolução! (*Ovacionam Teité e levam Benedita e Matias presos.*) Quem é burro pede a Deus que o mate o ao diabo que o carregue. Eu não sei no que vai dar isso. Mas enquanto não der em nada eu vou me fartar! (*Cai luz da cena ficando iluminado apenas João Teité, para seu solilóquio da "fartura universal". O tom da cena é de uma ambivalência lírica e cômica.*) Porque, finalmente, eu cheguei ao poder! Ah, a glória de mandar e ser obedecido, porque eu sempre mandei, mas ninguém nunca mexeu uma palha. Mas, agora, eu tenho poder! E vou mandar fazer uma mesa de dez quilômetros de comprimento, contratar mil e duzentos gaúchos e mandar churrasquear duas mil cabeças de gado! E mando forrar a mesa de compotas, pizzas à califórnia, sashimis, gulash, paejas, capeletes, quibes e tutu de feijão! E ver aquela fartura toda e todo mundo comendo bonito e eu comendo mais que todo mundo porque sou eu que mando! (*Começa a emocionar-se.*) E ver minha pança crescer, estufar, cair sobre os joelhos e se transformar no maior cemitério, no maior sumidouro de frango e outras iguarias de que já se teve notícia no mundo! Aí, vou sentar e chorar de emoção porque tenho o poder de comer e beber tudo o que até hoje foi só sonho e vontade. Que uma revolução assim seja eterna enquanto dure!

CENA 4 – HORA DE DECISÕES

Boraceia entra seguida de Mateúsa.

MATEÚSA – Vocês não podiam ter feito isso!
BORACEIA – Isso é política! Um dia sobe, outro dia cai! Matias caiu.
MATEÚSA – Manda tirar o Matias da cadeia ou eu…
BORACEIA – Ou você nada, ô, salada de nabo da minha dieta!
MATEÚSA – Vou contar a verdade para o coronel.
BORACEIA – Que você não é neta dele? Do jeito que o velho fauno está de olho nos seus pertences, ele vai gostar muito de saber! Eu te falei, fica do meu lado. Mas você quis dar o golpe ficando com o capitão…
MATEÚSA – Não foi golpe, foi paixão!
BORACEIA – Mas você é muito burra! Casasse com o deputado como eu falei e se apaixonasse pelo Matias, oras! Todo mundo ia ficar contente.
MATEÚSA – E isso é certo?
BORACEIA – Claro que não, mas é o melhor! Se você quiser, acho que eu ainda posso ajeitar as coisas para o seu lado! É só dessa vez você fazer tudo o que eu mandar.
JOÃO TEITÉ (*em off*) – Manda vir aqui imediatamente o Massimo e o Giovanni Bruno!
BORACEIA – Sai agora. Depois a gente conversa.

Mateúsa sai.

CENA 5 – BABEL

João Teité sentado numa espécie de trono ladeado pelo coronel e por Boraceia. A seu lado uma mesa farta de frangos, frutas e doces.

JOÃO TEITÉ (*gritando para fora*) – Quero agora uns pedaços de frango assado com orégano, besuntados com mostarda e ketchup, nadando em calda de morango, polvilhado de pimenta do reino! Ô, porre bom de comida! Ô, orgia boa de iguarias! Minha revolução vai ser um eterno banquete! O povo está comendo? Está bebendo?
BORACEIA – Está, como o senhor mandou!
JOÃO TEITÉ – Viu como é fácil contentar o povo?

CORONEL – Até quando vai isso? Esses famintos estão comendo são as minhas reses!

JOÃO TEITÉ – Tudo será pago. Não assinei recibo em dobro?

CORONEL – Devia era de dar um tiro no mei da cara do povo!

JOÃO TEITÉ – A gente pode precisar dele.

CORONEL – E pra quê?

JOÃO TEITÉ – Não sei, mas des'que o mundo é mundo o povo está aí. Então, alguma prestança tem de ter, senão já teria acabado.

CORONEL – Tem lógica. Mas já tá na hora de acabar com essa festa.

BORACEIA – O coronel tem razão. Há dois dias que não se faz nada senão beber e comer.

JOÃO TEITÉ – E precisa mais alguma coisa? (*Sensual, para Boraceia.*) Só se for uma mulher gostosa, perfumada de alho e cominho, coberta de molho de tomate com açafrão, decorada com batatas doré. Realiza essa minha fantasia, Boraceia!

BORACEIA – Eu não, que você é capaz de comer toda a cobertura e deixar o bolo de lado! A revolução tem de ter andamento!

JOÃO TEITÉ – Então vamos cuidar das coisas da nação! O que a gente vai fazer?

CORONEL – Por primeiro vamos mudar a constituição.

JOÃO TEITÉ – Isso! Todo poder emana de João Teité e em seu nome é exercido!

BORACEIA – Assim, sem mais?

JOÃO TEITÉ – Não. Acrescenta que se revogam todas disposições em contrário. O que mais tem pra fazer?

BORACEIA – Tem o povo aí querendo falar com o senhor.

CORONEL – Manda dar tiro!

JOÃO TEITÉ – Manda que entre que é bom a gente sempre ser amigo do povo. Uma hora ou outra a gente precisa de algum e tem de contar com alguém. (*Entra o povo numa balbúrdia.*) Silêncio ou mando fuzilar um pra servir de exemplo. Isso aqui é revolução não é bordel nem galinheiro! Respeito! Fala o primeiro. (*Prefeita se adianta.*) A senhora é povo também?

PREFEITA – Estou com o povo e do lado do povo. Devolvam minha prefeitura e eu me coloco, junto com o povo, à disposição do novo governo revolucionário.

JOÃO TEITÉ – Nossa cota de puxa-saco e adesista já está completa.

CORONEL – Fora com ela! Quem cuida agora da prefeitura sou eu!

Dois homens arrastam a prefeita para fora.

PREFEITA – Isso não é justo! Vocês estão impedindo o direito sagrado de um político que é aderir ao governo! Eu quero aderir! (*Sai.*)

JOÃO TEITÉ – O próximo!

MULHER – Esse homem, velho sem-vergonha, de sessenta anos, perdeu minha filha.

JOÃO TEITÉ – E a menina ainda está perdida?

MULHER – Não, senhor. Está aqui.

JOÃO TEITÉ – O homem foi competente, minha filha?

MENINA – Ô, mas nem! (*Mãe dá-lhe um cascudo.*)

MULHER – Desavergonhada!

JOÃO TEITÉ – Então, como eu sou a lei, está feito o casamento de vocês dois. E o que João Teité uniu que homem nenhum separe.

MULHER – Revolução é pra isso, é? Um desgraçado desse fica sem castigo?

JOÃO TEITÉ – Castigo é homem velho ter de sustentar fogo de menina moça. E se o homem não der no couro você pode procurar outro que dê, minha filha! E por falar nisso está revogado o adultério. Homem e mulher sem fogo nem competência não vão mais amarrar nas alianças as pudendas de ninguém. Esta promulgada a lei do baixo-ventre livre. O próximo.

SUJEITO 1 – Este sujeito matou minha cabra, só porque ela entrou no quintal dele e comeu dois pés de alface. Eu espero justiça.

JOÃO TEITÉ (*ao segundo homem*) – E você espera o quê?

SUJEITO 2 – Eu espero que o senhor aceite meia banda da cabra que eu já mandei assar.

JOÃO TEITÉ – Mereço e aceito. O próximo.

SUJEITO 1 – E eu?

JOÃO TEITÉ – Você já foi condenado a largar de ser besta e aprender que nada se faz de graça! O próximo.

SUJEITO 3 – Esse um é ladrão.

JOÃO TEITÉ (*ao homem*) – E roubou o quê?

LADRÃO 1 – Dinheiro pra comprar um pãozinho.

JOÃO TEITÉ – Dois anos de cadeia a pão e água, "seu" coió sorongo! Assim você aprende a ter melhor paladar e a roubar pra comer peru e leitão! O próximo.

SUJEITO 3 – É outro ladrão.

JOÃO TEITÉ – E roubou o quê?

LADRÃO 2 – Dinheiro.

JOÃO TEITÉ (*já irritado*) – E pra que roubou dinheiro?

LADRÃO 2 – Meu sonho é ficar rico.

JOÃO TEITÉ – Trinta anos de cadeia. Sonho do homem tem de ser ter barriga grande e a pança cheia. O resto não só é mau exemplo como é desimportante. E chega por hoje que essa coisa de justiça já me cansou e me deu fome.

CORONEL – Isso é um arremedo de justiça! Até pra mim que tenho experiência nessas coisas!

BORACEIA – Eu acho que tudo foi muito bem julgado.

CORONEL – Não discordo das sentenças. Só acho que deve ser mantida uma certa fachada legal, como é da tradição!

JOÃO TEITÉ – Revolução é pra romper a tradição!

CORONEL – Então eu digo que essa revolução não vai muito longe. E quando eu digo, é contar o tempo porque eu também faço.

JOÃO TEITÉ – Está me ameaçando, velho soró?

CORONEL – Estou, não. Estou só dizendo que vou te dar um tiro no mei da cara!

JOÃO TEITÉ – Está bom. Então, eu volto atrás.

CORONEL – O que é muito bom pra sua saúde. Eu vou cuidar pra que essa revolução não saia dos trilhos. (*Sai.*)

JOÃO TEITÉ – Jesus me guarde!

BORACEIA – Isso vai ficar assim?

JOÃO TEITÉ – Que você quer que eu faça?

BORACEIA – Você, nada, mas pode deixar que eu tenho gente que faça.

JOÃO TEITÉ – Vão fazer o quê?

BORACEIA – Não se preocupe. Só vou pôr o processo revolucionário em marcha. (*Sai.*)

JOÃO TEITÉ – Eles que são brancos que se entendam. Afinal, eu não tenho nada a ver com essa revolução. Uma revolução só é boa se podemos tirar proveito dela.

CENA 6 – NOVA LUTA PELO PODER

A cena começa com uma pantomima de Commedia dell'Arte. *As personagens, todas embuçadas e armadas de punhal tentam sorrateiramente matar uma à outra e todas tentam matar Teité. Teité, sem nada perceber, livra-se sempre por um triz. No final da cena, apagam-se as luzes e ouve-se um grito. Ao voltar de novo a luz estão todos, com exceção de Teité, em volta do cadáver, armados de punhal. Olham-se e, rapidamente, escondem os punhais e saem disfarçando. Entra Teité, vê o morto e grita. Entra Boraceia e ampara Teité, que tem uma vertigem.*

BORACEIA – Não sabia que você gostava tanto dele, Teité.

JOÃO TEITÉ – Eu quero é que ele se lasque. Não posso é ver sangue.

Entra prefeita, seguida por Mateúsa e pelo deputado.

MATEÚSA – Meu avô assassinado! Que que eu vou fazer agora?

JOÃO TEITÉ – Mas deixa de coisa! Morreu, morreu, antes ele do que eu! E depois já tinha muito tempo de serviço na vida.

BORACEIA (*para Mateúsa*) – Eu te aconselho a pensar no que conversamos.

Mateúsa sai.

PREFEITA – Foi você que matou?
JOÃO TEITÉ – Eu sou lá de matar alguém?
PREFEITA – Se não foi você, foi essa gente.
BORACEIA – Ou você!
PREFEITA – Agora a coisa muda de figura. Eu tenho o povo do meu lado e não preciso aderir a ninguém. A pergunta que faço agora é fundamental para os destinos da revolução: quem quer aderir a mim?
JOÃO TEITÉ – Eu até que podia, mas a senhora não tem nada e a dona BORACEIA ainda tem um bom rebanho.
PREFEITA – Você já escolheu seu lado. Agora a luta comigo vai ser franca e aberta.
JOÃO TEITÉ – Alguém tire esse corpo daqui porque, morto, eu só gosto daquilo que pode ser comido.

Entram homens e tiram o coronel.

PREFEITA – Essa sua revolução não vai durar muito sem o apoio do povo! Vocês todos vão se arrepender amargamente! (*Sai.*)
JOÃO TEITÉ – Bem, vamos preparar nossas forças e acabar com ela.
DEPUTADO – Sinto muito, mas eu tenho uma reunião com o general no destacamento. (*Sai.*)
JOÃO TEITÉ – Pelo menos sobrou você.
BORACEIA – Sobrei, não. Eu só estava com você porque você tinha se aliado ao coronel. Agora que ele morreu você não tem mais poder nenhum.
JOÃO TEITÉ – Juntos, eu, você e minha inteligência, a gente vira dono do Brasil todo.
BORACEIA – Vou esperar você cair, Teité. Aí recolho o que restou pra mandar sozinha. Nada pessoal, Teité, isto é política. (*Sai.*)
JOÃO TEITÉ – Traideira! E tem gente que se espanta quando eu falo que gosto mais de comida que de mulher! E agora? Não é que virei peru de véspera? Se ainda eu tivesse cabeça pra pensar uma saída, mas passei a vida inteira foi cuidando bem da barriga. O que me falta acontecer?

Entra o capitão agredido no início da peça. João Teité grita de susto.

CAPITÃO – Desculpe ter entrado sem bater, mas vim correndo para falar com o senhor.

JOÃO TEITÉ (*tentando cobrir o rosto*) – Quem é você?

CAPITÃO – Sou capitão e estou procurando pra capar dois patifes que há dias me atacaram, amarraram e roubaram meu jipe.

JOÃO TEITÉ – E o que eu tenho a ver com a sua incompetência? E o que eu tenho a ver com jipe? Estou comandando uma revolução!

CAPITÃO – Foi o que o general do destacamento me disse. Não entendi. Revolução pra quê?

JOÃO TEITÉ – Numa revolução, quando se entende pode ser tarde demais. Estamos fazendo esta pra cantar as aleluias, botar carne na pança e farinha na cuia!

CAPITÃO – Só pra isso?

JOÃO TEITÉ – E você acha pouco? Tá querendo mais? Tá querendo mudar os objetivos da revolução? Quem é você, capitãozinho? Eu te mando pra cadeia! Recolha-se ao quartel!

CAPITÃO – Sim, senhor. Estou a sua disposição. (*Vira-se para sair, mas volta.*) Eu não lhe conheço de algum lugar?

JOÃO TEITÉ – Se me conhece é bom que me esqueça. Um líder revolucionário não tem amigos. Saia! (*Capitão sai.*) Ai, meu Deus, que meu pescoço já está na corda! Dessa eu não escapo! Por que eu não ouvi o Matias e dei fora enquanto era tempo? Matias! Ele tem cabeça mais inteligente que minha barriga! Ele vai arrumar uma saída. (*Sai.*)

CENA 7 – ALIANÇAS, REVELAÇÃO E FUGA

Matias e Benedita. Depois Mateúsa, depois Boraceia, depois Teité.

BENEDITA – Seu Matias, acho que com a morte do coronel a revolução não revoga mais a abolição, né?

MATIAS – Não tem revolução nenhuma!

BENEDITA – Eu já desconfio de tudo. Esse povo soverteu em doido! Eu só queria era pôr as mãos no Teité!

MATIAS – Eu queria era pôr os pés, num chute tão bem dado que ele se desconjuntasse todo!

BENEDITA – Quem tem direito de bater no meu menino sou eu!

MATIAS – Seu menino!? E a senhora, por acaso, é a culpada de ter parido aquele traste, é?

BENEDITA – Ocê não me ofende! Eu só criei aquilo!

MATIAS (*perplexo*) – Mas, olha! Então, o Teité é daqui? Agora entendo porque esta cidade é chocadeira de doido! E a mãe dele?

BENEDITA – E Teité é coisa que tem mãe? Ele apareceu, bebezinho, feio como caminho do inferno, na porta de casa dentro de um cesto.

MATIAS – E por que a senhora não afogou no tanque?

BENEDITA – Eu quis até dar pra outro criar, mas fiquei com dó de separar da irmã.

MATIAS – Irmã?

BENEDITA – A irmã gêmea que veio com ele no cesto!

MATIAS – Eita, que desgraça quando desaba não vem sozinha! E a irmã é tralha feito ele?

BENEDITA – Não sei. Não vejo desde pequenininha. O Teité vendeu a pobrezinha pra um circo que passou por aqui.

MATIAS – Ave, Maria! E, pelo menos, fez bom negócio?

BENEDITA – Fez nada! A menina valia muito mais!

MATIAS – O Teité nunca teve cabeça pra comércio.

BENEDITA – Aquilo nunca teve cabeça pra nada que não fosse malfeito! Azucrinou minha vida até os quinze anos quando saiu pelo mundo depois de ter vendido minhas galinhas, minha casinha e até minhas roupas. Só não vendeu o que estava por dentro das roupas porque eu já estava meio passada e ele não conseguiu preço.

MATIAS – E nunca mais viu a menina?

BENEDITA – Nunca. Mas Teité não voltou? Ela também volta.

MATIAS – E como vai saber que é ela?

BENEDITA – A marca de nascença. Tanto ela quanto o Teité tem uma meia lua nas partes. Ocê já viu?

MATIAS – Olha, eu não aprecio olhar essas partes em homem, mas eu já vi essa marca… Mas não, não é possível!

BENEDITA – Onde? Em quem?

MATEÚSA (*entrando*) – Está tudo acabado, Matias! Resolvi que o nosso caso não tem futuro e que o melhor pra mim é casar com o deputado!

MATIAS – E é, é?

MATEÚSA – É. Você já caiu das tamancas, é folha virada, bananeira que já deu cacho!

MATIAS – Espia só, Benedita! E a nossa paixão?

MATEÚSA – Não me fala em paixão que essa é a minha fraqueza! Está decidido e sacramentado!

MATIAS – Eu sou violento, Mateúsa!

MATEÚSA – Vem que eu acerto uma nas suas fraquezas!

MATIAS – Vou dar-lhe uma surra de beijos, encher-lhe a cara de carinho e lhe amaciar com tanto jeito que você vai achar seu rumo que é comigo!

MATEÚSA – Não faz isso que você sabe que eu descabeço!

MATIAS – É isso que eu quero!

MATEÚSA – Mas eu, não! Paixão é muito bom, mas preciso é garantir o meu dia de amanhã! Ainda se você fosse um general… mas um capitão! Eu me caso com o deputado! (*Entra Boraceia.*)

BORACEIA – É melhor você não casar, não! O deputado agora está contra mim e a favor da prefeita. Eu me aliei com o general pra derrubar o Teité.

MATEÚSA – E o nosso acordo?

BORACEIA – Em política as coisas mudam depressa!

MATEÚSA – Mas... E a herança de meu avô?

BORACEIA – Acabei de passar no cartório. O coronel estava falido.

MATEÚSA – E essa casa?

BORACEIA – Está hipotecada com tudo que tem dentro! Eu vim aqui, Matias, para nos aliarmos e reunir as forças sãs da revolução! Com o seu prestígio e o nosso apoio retomaremos o comando do governo!

MATIAS – Quer dizer então que volto ao comando como dantes? Que que você acha disso, Benedita?

BENEDITA – O que eu acho é que tem gente que gostaria de ter queimado a língua para não falar besteira.

MATIAS – É uma pena que eu não seja um general, não é, Mateúsa? Benedita, você, por acaso, conhece mais alguém com tanta vocação pra fazer coisa errada?

BENEDITA – Desse jeito, só mesmo o Teité! (*Perplexa.*) Será possível???

JOÃO TEITÉ (*entrando*) – Eu vim pra soltar vocês e dizer que entre amigos não cabe rancor. E vim também porque o mundo endoideceu! O deputado assumiu a prefeitura e se nomeou chefe da revolução e chamou o general para manter a ordem. A prefeita tá fazendo passeata com parte do povo nas ruas. O general não sabe se apoia um ou outro.

BORACEIA – O general é meu aliado!

JOÃO TEITÉ – Até dez minutos atrás!

BORACEIA – Ô, caruncho do meu feijão! Ô, bigato da minha goiaba! Preciso ir lá se não eles fazem a revolução sem mim! (*Sai.*)

JOÃO TEITÉ – Gente, esta cidade está uma confusão demais até pra mim que aprecio o malfeito! Vamos azular?

MATIAS – Vamos! Vamos te encher de cascudos, coisa ruim! (*Bate-lhe.*)

BENEDITA – Vou te descadeirar, peste! (*Bate-lhe.*)

JOÃO TEITÉ – Não era nada pessoal, gente. Era só política!

BENEDITA – Não é nada pessoal, filhote de rueira! (*Bate-lhe.*) E agora vamos embora que a coisa feia vai ficar horrível!

MATIAS – Antes eu preciso resolver uma coisinha. (*Vai em direção a Mateúsa.*)

MATEÚSA – O senhor nem não precisa falar nada! Sou uma mulher que tem orgulho e amor próprio! (*Aos poucos vai transitando para o melodrama sob som de violinos.*) Apostei minha vida, tudo, num jogo de dados, lancei e perdi. Traí meu coração, virei as costas e quando o amor me chamou eu não tinha mais ouvidos. (*Curva a cabeça compungida, mas com o rabo do olho tenta perceber a reação dos presentes. Benedita soluça, Teité está estupefato e Matias a olha com um sorriso cínico. Mateúsa se torna mais incisiva.*) Por isso não lamento e vou cumprir meu destino. (*Aproxima-se de Matias.*) Adeus. Não me peça para ficar!

MATIAS (*perplexo*) – Mas eu nem não tinha pensado...

MATEÚSA – Nem pense! (*Segura-o.*) Nem queira me segurar nem com os braços nem com beijos! (*Beija-o.*) Só tenho a lhe dizer que, apesar de tudo, eu lhe dou meu perdão!

MATIAS (*estupefato e irônico*) – Obrigado por me perdoar a sua traição, viu? E eu só tenho duas coisas a dizer: a primeira é que essa sua safadeza não me enganou, não, viu?! A segunda é que, às vezes, ser enganado é bom demais! Dá um outro beijo?

MATEÚSA (*senhora de si*) – Não sei se devo.

MATIAS (*irritado*) – Eu também não sei se quero mais!

MATEÚSA (*reconsidera*) – Não, senhor! Já que pediu vai ter de receber! (*Beija-o de novo.*)

JOÃO TEITÉ – Ô, doido! Essa mulher é profissional!

BENEDITA – Virgem! Que nem preciso ver a marca de nascença pra saber que é a irmã cuspida do traste!

MATIAS – Este é o problema: ter a Mateúsa com esse tralha de contrapeso!

BENEDITA – Teité é seu irmão, Mateúsa!

Ouve-se um acorde musical. Mateúsa e Teité olham-se, chocados com a revelação. Estendem os braços. Andam, em câmera lenta, um em direção ao outro.

JOÃO TEITÉ – Maninha!

MATEÚSA – Tanto que lhe procurei.... (*Perto de Teité transita rapidamente para a raiva.*) pra lhe encher de pescoção, seu tranqueira! (*Bate-lhe.*) Quinze anos! Quinze anos lavando jaula de elefante cagão naquele cirquinho de periferia, seu peste! Por que não me vendeu pro Orlando Orfei?

JOÃO TEITÉ – Chega! É isso o que eu ganho tentando ajudar! Eu só vim aqui pra avisar que os soldados que a gente atacou estão caçando a gente.

BENEDITA – Meu são Benedito!

MATIAS – Vieram até aqui?

JOÃO TEITÉ – Um deles veio, mas acho que não se lembrou de mim.

CAPITÃO (*entrando*) – Lembrei, sim. Demorou um pouco, mas lembrei que já tinha visto essa cara de sonso, de cachorro sem dono, de rato de bueiro.

JOÃO TEITÉ – Vê se decide por um dos três que eu tenho uma cara só.

CAPITÃO – Mas vou quebrar em mil pedacinhos até ela ficar do jeito que eu gosto. E vou quebrar a cara dos três.

BENEDITA – Eu não tenho nada a ver com eles.

CAPITÃO – Você vai ter, no mínimo, vinte anos pra me convencer.

JOÃO TEITÉ (*reunindo sua última porção de coragem*) – Pois quem vai pra cadeia é você. Vou mandar te dar uma surra de pau. Eu ainda sou chefe da revolução.

CAPITÃO – Que revolução, paspalho?

JOÃO TEITÉ – Eu sei, bestalho, você sabe, nós todos sabemos. Mas fora daqui ninguém sabe. Nesta cidade eu ainda sou a lei.

CAPITÃO – Não é mais, parvalho. Os telefones voltaram a funcionar. A cidade inteira está vindo pra capar os três, mas eu vou fazer o serviço primeiro.

JOÃO TEITÉ – Ai, meu Deus! Eu não faço muito uso, mas gosto de tudo que é meu!

CAPITÃO (*tirando uma faca da cintura*) – Quem vai ser o primeiro?

JOÃO TEITÉ – Vai você, Matias, enquanto eu penso num jeito da gente sair dessa.

CAPITÃO (*apontando Teité*) – Quem ajudar a segurar esse cabra eu perdoo o castigo.

Matias e Benedita prontamente seguram Teité.

JOÃO TEITÉ (*para capitão*) – Não faz isso, moço, é pequeno mas é meu. Quer pegar, pega, mas não arranca que não vai ter nenhuma serventia para o senhor! E depois, eu não levo jeito pra frutinha. (*Bem fresco.*) Ai, que me desfaleço! (*Desmaia enquanto entra Boraceia e derruba o capitão com um golpe.*)

BORACEIA – Quem é esse? Que está havendo aqui?

MATIAS – Um subversivo que queria dar um golpe de estado!

BORACEIA – Gente, a cidade está uma burundanga só! Nem bem saí e a praça estava coalhada de gente. O general, o deputado, todo mundo gritando que não tinha revolução nenhuma! Logo imaginei: estão querendo reprimir a revolta. Não tive dúvidas, gritei "viva a revolução"! Foi uma babel, um deus nos acuda, um quebra-pau que Deus me livre.

JOÃO TEITÉ (*acordando com um grito*) – Ai! Devolve o que é meu! (*Apalpa-se.*) Aqui, inteiro e gostoso! (*Para o capitão.*) Desgraçado! E vocês? Que amigos vocês são, hein?

BENEDITA – Nada pessoal, Teité. É só política.

BORACEIA – O destacamento do general está vindo pra cá.

JOÃO TEITÉ – Corre, que quem tem melhor perna consegue fugir primeiro.

BORACEIA – Ninguém foge. O que a gente vai fazer é defender até a morte esta casa e nossa revolução e nossa dignidade.

JOÃO TEITÉ – A vida é sua, a casa é sua, a dignidade também. E se quiser a minha eu dou de papel passado. Vamos fugir porque quem foge pode lutar outra vez. Mesmo que seja pra fugir de novo.

BORACEIA – Olhando por esse ponto de vista...

Saem todos correndo e se atropelando.

CENA FINAL – O EXÍLIO

Matias, Mateúsa, Teité, Benedita, Boraceia. Depois coronel. Fugitivos irrompem no palco, cansados.

BORACEIA – Aqui fazemos uma pausa. Capitão!

MATIAS – Já lhe disse que não sou mais capitão.

BORACEIA – Pra mim é. Nossa revolução ainda não está morta.

MATIAS – Teité, conta pra ela mais uma vez o que aconteceu.

JOÃO TEITÉ – Conto, não. Se você não quiser ser mais capitão eu aceito a patente. Em troca de um bom filé eu concordo com qualquer louco!

MATEÚSA – No final quem me enganou foi você! Nem capitão você é!

JOÃO TEITÉ – Estou falando, mana, se alia comigo. Você quase foi rica e eu quase fiz uma revolução. Com sua esperteza e minha inteligência ninguém vai poder com a gente!

MATIAS (*bate em Teité*) – Começando por mim, tranqueira!

JOÃO TEITÉ (*corre*) – Não me bate, não, cunhado! Agora eu sou seu parente!

MATIAS – Eu não vou aguentar isso muito tempo.

MATEÚSA – Fica calmo que eu ainda encontro quem queira comprar o Teité. Eu ainda vendo esse desgraçado nem que seja pra fábrica de ração!

BORACEIA – Eu continuo achando que a gente não devia ter se retirado.

MATIAS – Foi estratégia, Boraceia. E minha estratégia é continuar a retirada até o fim do mundo. E vamos andando que a gente só vai descansar quando colocar mais dez quilômetros de distância daquele capitão.

BORACEIA – Eu não dou mais nem um passo. Eu não vou deixar tudo pra trás.

CORONEL (*surgindo*) – E você está certa, Boraceia!

BENEDITA – Mãe do céu! É mesmo o que eu estou vendo?

CORONEL – Que cambada de gente sem sustança são vocês que arriam as calças e correm?

JOÃO TEITÉ – Volta pra cova, assombração!

MATIAS – O senhor está morto!

CORONEL – E gente como eu morre? Latifundiário como eu se ausenta, se esconde, se retrai, mas morrer não morre! E vamos retornar pra reaver o que é nosso porque nós não perdemos guerra! Até hoje, nunca! Vamos voltar e restabelecer a boa vida pré-republicana, a ordem, respeito e beija-mão! Vamos de volta ao século XIX!

Saem todos. Passado um momento voltam Matias, Mateúsa, Teité e Benedita.

MATIAS – Tá certo que neste país tudo é possível mas isso é um pouco demais!

JOÃO TEITÉ – Uma alma do outro mundo liderando uma revolta! T'esconjuro!

BENEDITA – Ave, Maria! Mas nem morta eu volto lá.

JOÃO TEITÉ – Vamos comigo, Mateúsa? Pois pensando bem, se me derem pensão vitalícia, mesa farta, pança cheia…

MATEÚSA – É… Pensando bem eu ainda não consegui garantir meu futuro.

Matias arrasta Teité, e Benedita arrasta Mateúsa. Os arrastados gritam.

JOÃO TEITÉ – Me larguem! Eu quero fazer negócio com eles! Eu vou liderar a revolução!

MATEÚSA – E o meu futuro quem garante? Nem militar você é, Matias?

MATIAS – Que é que eu faço, Benedita?

BENEDITA – Pra segurar o fogo desses só tem um jeito. Beija essa e, esse aqui, pode deixar que eu dou agora a sova de pau prometida.

Matias beija Mateúsa enquanto Teité apanha.

FIM

Sacra Folia, 1996. Em cena, em pé, Ali Saleh, Edgard Campos, Aiman Hammoud; agachados, Luti Angelelli e Mirtes Nogueira. Foto Arnaldo Pereira

1996

Personagens

(As personagens indicadas em sequência são interpretadas pelo mesmo ator.)

Fabrício – José
Rosaura – Maria
Benedita – Anjo Gabriel
Mane Marruá – Herodes
Euriclenes – Soldado de Herodes
Boraceia – Mulher de Herodes
Mateúsa – Empregada da Mulher de Herodes
Major Aristóbulo – Demônio
Matias Cão
João Teité

PRÓLOGO 1

Com o público já no saguão, São Gabriel, com as devidas auréola e asas, abre as portas do teatro e anuncia com voz entoada como um arauto.

GABRIEL – Sacra Folia! Vinde ver um respeitoso e risonho auto de natal que recorda as peripécias da sagrada família no tempo em que andou por Goiás, Minas e Paraíba! Sacra Folia! Vinde ver a luta entre o arcanjo São Gabriel e o Demo aqui nas terras do Brasil! Sacra Folia! Vinde ver e acompanhar, contritos e horrorizados, o episódio da matança dos inocentes! E vinde rir e cantar de alegria com o triunfo final de Maria, José e do Menino Deus! Sacra Folia! Vinde, oh, vinde!

Anjo se vira e conclama o público a acompanhá-lo. Canta "Oh, Vinde!" juntamente com os outros atores, já vestidos como personagens. Dispõem-se em vários pontos do teatro. Atores cantam agitando fitas até que todo o público se acomode.

Vinde, oh, vinde todos
Aqui em Belém
Já nasceu o menino
Cantemos amém!

Rompem as aleluias
Ao nascer da aurora
Abram vosso riso
A partir de agora.

Na aridez do mundo
Um galho floresceu
O galho é Maria
E a flor é Deus.

A estrela-guia
Já cruzou o céu
Clareando a noite
Desvendando o véu.

Sorriso de sol
Água cristalina
Orvalho da noite
Centelha divina

É o menino Deus
Que agora nos acena
Está entre nós
Vale a vida a pena.

Respeitável público!
Desculpai minha ousadia
De pedir neste momento
Seu maior tesouro.
Não, não quero vosso ouro,
Nem vossos sonhos a noite
Nem vosso trabalho de dia.
Para continuar
Esta função já em curso
Peço o que não tem preço.
Mais caro que vossa atenção e apreço
Peço o concurso de vossa imaginação.
E na falta de grandes cenários,
Ricas roupas e ornamentos,
Contai com nosso pouco talento
Que contamos com vosso generoso coração.
E, para que nossa arte
Valha a pena

Seja a nossa e a vossa
Uma só criação.
E que seja o chão nu desta arena
o vasto território de vossa imaginação.
Sacra Folia!

Sobre a massuda e gorda aparência de Mané Marruá, vede o rei da Judeia, Herodes (*Mané Marruá coloca elementos que o identificam como Herodes, e assim será feito com os outros atores*), cavernosa e terrível figura que cai como luva na pele do nosso ator. Aqueloutra furiosa figura é o par perfeito para tão torpe e mau famigerado rei: a mulher de Herodes, vivida por Boraceia. O general Euriclenes, mui apropriadamente interpretará o soldado de Herodes que fará feroz perseguição ao menino-Deus. Major Aristóbulo será o vil, o sujo, o mais demoniado demônio que de já se teve notícia. A doce Mateúsa viverá a esperta empregada de Herodes. Rosaura e Fabrício, mui indignamente, mas com muita arte, interpretarão Maria e José. (*Faz reverência.*) Eu, Benedita, já vestida à caráter, serei o anjo Gabriel. E, por último, o resto, restinho, restolho, sobrante, o que ninguém quer, mas a lei proíbe de dar fim, Matias Cão, guia de caravana, e João Teité, seu sócio impostor. Sacra Folia! E que tenha início nossa alegre representação.

Atores, cantando, iniciam uma coreografia de roda pelo palco. Algo muito simples como uma ciranda ou algo assim. A coreografia oculta por alguns momentos as figuras de Maria e José. Quando as descobrem novamente, Maria tem Jesus envolto em panos e fitas. Maria e José dançam apresentando o menino-deus ao público. Alguém canta "White Christmas" enquanto, de mãos dadas, como numa ciranda, os atores saem. Por último sai a família sagrada e o cantor. O clima tocante de "White Christmas" é quebrado por um grito estridente de raiva. Entra Mateúsa perseguida por Boraceia.

MATEÚSA – Deus me livre e todos profetas me guardem! Mai nem atada de pé e mão, mordaçada e arreada eu não faço os seus desejos!

BORACEIA – Que é isso, menina? Fala baixo! Que é que o povo vai pensar de mim?

MATEÚSA – Sei lá, mai não quero ter parte com o sujo, com o tirano, com o diabo, que Deus me livre!

BORACEIA – Você é minha escrava!

MATEÚSA – Já fiz todo meu serviço!

BORACEIA – Vai fazer hora extra!

MATEÚSA – E aqui na Judeia escravo faz hora extra invocando o demo, é? Não está no meu contrato de trabalho!

BORACEIA – E escrava lá tem contrato? Vai me ajudar, sim, a terminar o que comecei.

MATEÚSA – Mai nem com ordem do papa!

BORACEIA – Que papa? Não tem papa! Estamos na Judeia, no tempo de Herodes, lembra, sua burra?

MATEÚSA (*percebe a mancada*) – É. O que eu quis dizer é que nem vinte, nem cinquenta, nem cem turiões romanos vão me obrigar a ajudar a senhora nessa bruxaria! Não me mete nessas coisas de pacto com o capeta, dona Boraceia. Mexer com chifrudo só dá certo quando o marido é manso!

BORACEIA – Primeiro que o demônio não é tão feio quanto pintam! Segundo que quem ama o feio, bonito lhe parece! Terceiro, resto de cangalha velha, que não se deve parar uma invocação no meio!

MATEÚSA (*assustada*) – Não? E por quê?

BORACEIA – Tudo pode acontecer!

MATEÚSA – Não tenho nada a ver com isso. Não sabia que era pacto. E eu não falo aquelas palavras esquisitas pra chamar diabo... (*apavorada*) Pelos profetas do Aleijadinho!

BORACEIA – Que Aleijadinho? Não tem... (*Vira-se e grita de susto ao ver um demônio torto e manco que entra.*) Quem é você?

DEMÔNIO – Eu sou o cão, coisa-ruim, azucrim, arrenegado, cafute, demo, rabudo...

MATEÚSA (*cortando*) – Dá licença, seu diabo, que eu não vou esperar o senhor dizer todos os sobrenomes, não, tá? Eu vou ali na casinha e já volto! (*Sai correndo.*)

BORACEIA (*descrente*) – Você é um demônio? (*Demônio tira do bolso um cartão e entrega a Boraceia.*) Vigésima quinta legião, quadragésima oitava categoria! (*Mede o diabo de alto a baixo.*) Bem vi que você era um diabrete muito mixuruca! (*Olha de novo o cartão.*) Que é isto? CRM? És médico?

DEMÔNIO – Conselho Regional do Mal, dona!

BORACEIA – Pois muito bem! Quero o poder de Herodes, meu marido! Quero reinar sozinha na Judeia!

DEMÔNIO – Não posso fazer isso.

BORACEIA – Então, pode voltar pro meio do enxofre de onde veio! E me mande alguém mais competente!

HERODES (*entra gargalhando.*) – Então, queria meu lugar, cobra peçonhenta?

BORACEIA (*furiosa*) – Queria, sim, pedra do meu rim, bílis do meu fígado, ácido clorídrico da minha gastrite! Faria do poder bem melhor uso.

HERODES – Não enquanto eu viver!

BORACEIA – Pra tudo existe jeito na vida! E se esse diabo velho e frouxo não presta para o que quero, vou invocar um que justifica a fama!

HERODES – Pode desistir, ó, escorpião da minha cama, sou compadre do chefe desse aí! (*Aponta o demônio.*)

BORACEIA (*mordendo a mão*) – Ai, que me mastigo de ódio! Que de raiva me como a dentadas!

HERODES – Enquanto você ia procurar a cobra eu já voltava com o veneno!

BORACEIA – Veneno é o que vou pôr na sua bebida!

DEMÔNIO – Silêncio! O momento é grave! Nasceu o novo rei dos judeus!

BORACEIA – Como? (*Aponta Herodes.*) O rei é ele! E quando ele se for, o que não deve demorar muito, a Judeia vai ter uma rainha: eu!

HERODES – Então o que disseram os reis magos era verdade!?

BORACEIA – Alguém quer me explicar o que está acontecendo?

DEMÔNIO – Nasceu o "filho do homem".

BORACEIA – Que filho? Que homem? (*Para Herodes.*) Ah! Seu filho, desgraçado? (*Avança para Herodes.*) Traiu-me com quem, maldito? Ai, que se te pego, arranco o mau pela raiz!

HERODES – Que meu filho o quê! É a profecia que diz que vai nascer um filho do homem que também é o filho de Deus. Será o messias, o enviado, e dele será o poder de todos os reis da terra!

BORACEIA – Vai tomar o seu lugar?

HERODES – Parece que sim. E ao que tudo indica ele já nasceu!

BORACEIA – E eu?

HERODES – Pra minha última alegria, você vai cair do trono antes de nele ter subido!

BORACEIA – Ai, que me desfaleço, que sucumbo, que me sufoco! (*Trágica.*) Ah, a injustiça da vida que marca a ferro o sonho humano: tantas boas intrigas que fiz, quantas bem planejadas conspirações, tantas profundas vilanias e bem pensadas traições! Tudo em vões! A vida passa como vendaval que varre todo nosso esforço! (*Muda de tom.*) Mas vamos pensar em coisas mais alegres: eu queria pegar esse rei que nasceu e dar-lhe um fim tão bem dado...

DEMÔNIO – A ideia é essa mesma. (*Demônio passa o dedo em riste pelo pescoço, num gesto característico.*)

HERODES – Mas como saber entre tantas crianças quem é o enviado?

DEMÔNIO – Só há um jeito! (*Saem.*)

Entra o anjo Gabriel.

PRÓLOGO 2 – A MATANÇA DOS INOCENTES

Enquanto Gabriel narra, desenvolve-se sobre o palco uma coreografia sobre a matança dos inocentes. Soldados armados cruzam e recruzam o palco enquanto a sagrada família foge. Maria num cavalo-marinho puxado por São José, evitando sempre encontrar-se com os soldados.

GABRIEL Cessai vosso riso
por um momento apenas,
E perdoai se rompo vossa alegria
para lembrar penosos dias
de muitas lágrimas
e de não poucas penas.
Soldados de Herodes armaram-se
Com gládio, espada e lança.
Sim, houve um tempo em que homens matavam crianças.

A aldeia de Betânia, perto do rio Jordão, amanheceu como sempre amanhecia: silêncio bom de paz e de sono. Cavalos e soldados entraram a passo lento nessa aldeia, nessa manhã, nessa paz. Em silêncio as espadas ergueram-se nas mãos e em estrondo de portas arrombadas, de gritos e ordens, as espadas procuraram os inocentes. Nos berços, nos braços das mães, sob as camas, fugindo com passinhos miúdos. Encontraram todos num zás, traz e truz de corte e talho e saíram com a consciência do dever cumprido. E a aldeia de Betânia, perto do rio Jordão, entardeceu naquele dia, marcada inteira de morte, como nunca entardecia. (*Soldados saem e entram novamente.*) Cruzaram e recruzaram o país e de madrugada chegaram ao rio. Os inocentes, desta vez, dormiam, atrás de um templo, amontoados, um cobertor do outro. A grande cidade também dormia. Então, eles chegaram na velocidade de uma vertigem e frearam os carros bruscamente como quem fecha os olhos. E o canto dos pneus entrou no sonho e os inocentes abriram os olhos para ver a morte. E foi bala e bala, papapá de tiro, olho fechado de homem mirando pontaria em corpo de menino. E, depois, silêncio. E depois do silêncio, as portas bateram com pressa e os carros arrancaram. De manhã levaram os corpos e lavaram o chão. Eu conto o que fizeram os soldados de Herodes para que não se lave a lembrança. Sim, há um tempo em que homens matam crianças. (*Longa pausa.*)

E com este momento contrito
E com a fuga do menino-deus
Para o Egito
Termina o prólogo desta representação.
Retomai o vosso riso
Recolhei vossa emoção
E, de agora até o fim,
Seja mandante a alegria.
E, em vossa vida, doravante,
Seja a dor tão inconstante
Como há de ser nesta Sacra Folia.

CENA 1 – UMA ESTRANHA ANUNCIAÇÃO

Entra João Teité correndo e gritando perseguido por Matias Cão.

MATIAS – Quebro-lhe em dois, parto-lhe em três, descadeiro-lhe os quartos, lhe mando pros quintos, seu peste!

JOÃO TEITÉ – Vamos resolver nossas diferenças como pessoas maduras, Matias! Precisamos entrar num acordo!

MATIAS – Eu bato e você chora, eu surro e você grita, eu entro com a vara e você com o lombo, seu filho…

JOÃO TEITÉ (*cortando*) – Não pode falar palavrão em auto de natal!

MATIAS (*pausa, raciocina e emenda*) – ... de mulher sobre a qual pesam suspeitas de contumácia em relações licenciosas e ilícitas com inúmeros desconhecidos!

JOÃO TEITÉ – Ô, doido, Matias, essa humilhou! Eu preferia um palavrão curto e grosso, alto e claro! (*Choroso.*) Isso magoa, ouviu, Matias!

MATIAS – Venha cá!

JOÃO TEITÉ (*como criança*) – Só vou se você falar que não me bate!

MATIAS – Venha cá que eu estou mandando!

JOÃO TEITÉ – Então não me bate!

MATIAS – Maldita hora em que lhe pus como sócio de minha companhia de transporte!

JOÃO TEITÉ – Sua, não, nossa!

MATIAS – Agora não é nem minha, nem nossa! Você deu sumiço no único jegue que a gente tinha.

JOÃO TEITÉ – Questão de opinião! Eu fiz um investimento!

MATIAS (*ameaça pegar Teité, que corre.*) – Eu vou lhe pegar, lhe arrear e lhe colocar no lugar do jegue, condenado!

JOÃO TEITÉ – Eu só tive um pouco de azar. Isso acontece todo dia com qualquer investidor da bolsa de valores!

MATIAS – Venha cá!

JOÃO TEITÉ – Então não me bate!

MATIAS – Não bato se você me explicar porque rifou o jegue!

JOÃO TEITÉ – Estava tudo bem pensado, Matias! Escuta e me dê razão: eu fiz duzentos números pra vender a cinco reais cada. Cinco vezes duzentos, mil. O seu jegue valia trezentos. Setecentos de lucro, Matias! Um ótimo retorno do investimento!

MATIAS – E onde está o lucro? Onde está o jegue?

JOÃO TEITÉ – Problemas de marketing: a imagem do produto não correspondeu às expectativas do consumidor. Tive de baixar minha expectativa de lucro e vendi cada número a vinte centavos.

MATIAS – Ah, desgraçado! Vendeu por quarenta reais um jegue que valia trezentos!

JOÃO TEITÉ – Calma! Vê a relação custo-benefício: tive lucro de quarenta reais porque o jegue não era meu.

MATIAS – Eu vou vender seu coro pra fazer torresmo! Me dá os quarenta reais!

JOÃO TEITÉ – Gastei como justo pagamento por todo o trabalho de planejamento e execução do investimento! (*Sai correndo.*)

MATIAS (*olha para o céu*) – Deus, com todo o respeito, admite, sem desdouro nenhum, admite: o senhor errou quando fez esse traste! Ou, então, quis se superar depois das dez pragas do Egito! (*Entra o anjo Gabriel.*) Vôte! Que tipo de espécie de coisa é esse negócio?

GABRIEL – Sou o anjo Gabriel!

MATIAS – De verdade? E pode provar?

Gabriel faz uns passes com os braços como um mágico prestidigitador e, por fim, retira da manga uma carteira de identidade que entrega a Matias.

MATIAS (*lendo*) – RG. 5.379.886, SSP. Está bem, mas o que é que o anjo quer?
GABRIEL – Preciso de sua ajuda.
MATIAS – Chi!!! Para um anjo precisar da ajuda de Matias Cão só pode estar metido em enrascada das grossas. Diga lá.
GABRIEL – É que nasceu uma criança.
MATIAS (*olha espantado*) – Que mal lhe pergunte mas por um acaso... assim... bem intencional, a criança é sua?
GABRIEL – É filho de Deus.
MATIAS – Sim, eu sei, todos somos, mas eu pergunto é quem é o pai da criança?
GABRIEL – É Deus! O verbo, o sopro divino se fez homem e habita entre vós, como anunciaram os profetas.
MATIAS – E é, é? Quer dizer que Deus tá aí, andando no mundo, como homem-cidadão?
GABRIEL – Exatamente. E é por isso que precisamos de ajuda. Pra fugir dos soldados de Herodes a Sagrada Família fugiu para o Egito e acabou se perdendo. Tanto andaram sem rumo que vieram bater por essas bandas do Brasil. E, agora, Herodes, seus soldados e o próprio demônio estão perseguindo o menino-deus.
MATIAS – E a ajuda é pra enfrentar o demo, é? E onde é que se pede dispensa? Tenho pé-chato, sou arrimo de família!

João Teité retorna e ao perceber o anjo põe-se a ouvir às escondidas.

GABRIEL – Dessa luta ninguém tem dispensa.
MATIAS – E o que é que eu ganho?
GABRIEL – Muitas riquezas e o reconhecimento do Todo-Poderoso!
JOÃO TEITÉ – FHC! O Matias deve ter feito um negocião com o governo federal!
MATIAS – E o que é que eu tenho de fazer?
GABRIEL – Guiar a Sagrada Família de volta ao Egito. E depois levá-la, sã e salva, para Belém.
MATIAS – Ichi! Um estirão! Esse Egito deve de ser um par de léguas pra lá de Goiás que é o lugar mais longe que eu conheço. Não dá pra soltar algum como adiantamento pelos serviços a serem prestados?

GABRIEL – Só pagamos no final do trabalho feito. Você encontra a Sagrada Família na praça aí perto. E, rápido, que não temos tempo a perder.

MATIAS – Num minuto estou lá. (*Saem.*)

JOÃO TEITÉ – Pois eu vou estar em trinta segundos, Matias! Não me quis mais como sócio? Então vai me ter como concorrente! Esse cliente já é meu, Matias! Se Matias Cão é esperto, João Teité é esperto e meio! (*Sai correndo.*)

Entra a Sagrada Família. A Virgem vem num burrinho (cavalo marinho), puxado por São José. Traz Jesus envolto em panos. Maria pode cantar música folclórica referente à fuga.

CENA 2 – FALSO ENCONTRO E VERO DESENCONTRO

Entra João Teité.

JOÃO TEITÉ – Por um acaso, assim, muito de propósito, vocês são a Sagrada Família?

SÃO JOSÉ (*empunha o cajado em posição de defesa*) – E por um propósito, assim, muito ao acaso, posso saber quem você é?

JOÃO TEITÉ – Sou o guia. Vou levar vocês até Belém.

SÃO JOSÉ (*mede Teité, incrédulo*) – Você? Será que Gabriel não podia ter encontrado alguém melhorzinho, não?

JOÃO TEITÉ (*falastrão*) – Eu sou o melhor guia do lugar. Conheço a região como a palma da minha mão direita. (*Mostra a palma da mão esquerda.*)

SÃO JOSÉ – Maria, quando seu filho crescer, pede pra ele olhar por esse lugar que a coisa aqui deve estar bem feia! Você sabe mesmo o caminho?

JOÃO TEITÉ – Pra Belém eu vou de olho fechado.

SÃO JOSÉ – Então, vamos!

JOÃO TEITÉ – Vamos, nada! Primeiro quero ter certeza que vocês são quem eu estou procurando. (*Sucessivamente José, Maria e o menino Jesus apresentam seus documentos.*) José dos Santos, Maria de Deus e Jesus Nazareno de Deus! Tudo certo. E agora, meus honorários: quero boi, porco, frango, peru, tudo de centena. Leite e derivados, tudo de arroba! Bananas de cacho, (*começa a salivar*) frutas de baciada, vinho em dúzias…

SÃO JOSÉ – De garrafa?

JOÃO TEITÉ – De barril! E duas piscinas olímpicas: uma cheia até a boca de gelatina, outra até o tampo de pêssego em calda. Vocês me dão isso, dão?

SÃO JOSÉ – Não.

JOÃO TEITÉ – Metade disso? Dez bois e uma banana? Dois? Um? Está bem, eu faço o serviço por uma entrada num rodízio, pra ninguém ficar no prejuízo.

SÃO JOSÉ – Tudo isso um dia acaba. Seu pagamento vai ser o maior e mais fino banquete como você nunca imaginou, farto, universal e sem fim. Nunca mais haverá fome…

JOÃO TEITÉ – Não faz isso, pelo amor de Deus! Fome é o tempero da comida e sem ela o banquete perde a graça, siô! A felicidade do homem é feita de três coisas principais: fome, comida e vontade de comer!

SÃO JOSÉ – Então está bem.

JOÃO TEITÉ – Se está bem, bem está! Vamos logo, gente, que eu já me emociono, salivo, mastigo e como o que ainda é só minha imaginação. (*Saem.*)

Quase ao mesmo tempo entram bruscamente Boraceia, Herodes, o Demo, soldados com espadas em riste e Mateúsa, que carrega as tralhas de todos.

BORACEIA – Ninguém! Não tem ninguém aqui!

DEMÔNIO – Deviam estar.

BORACEIA – Ai, ai, ai, ai, ai que me doem os joanetes! Se me fizeram andar da Judeia até essa terra miserável a troco de nada, eu descadeiro um! E vou começar por você, seu pé-de-bode chifrudo!

DEMÔNIO – Me dê respeito que eu sou um diabo!

BORACEIA – Mas nem que fosse o rei de todos eles! Ou me diz onde está esse menino-rei ou arranco seu chifre e encurto seu rabo!

HERODES (*para diabo*) – Se eu fosse você eu achava agora a Sagrada Família.

DEMÔNIO – Ela é só uma mulher!

HERODES – Ela não é só uma mulher. Às vezes acho que ela nunca foi mulher. Duvido até que seja humana. Deve ser alguma espécie de mutação, um elo perdido.

DEMÔNIO – Sou é macho!

HERODES – Tenho dúvidas se vai continuar sendo!

MATEÚSA – É melhor ouvir conselho que ouvir "coitado!"

BORACEIA (*começando a bufar*) – Estou ficando nervosa! Não vou ser responsável pelo estrago!

Todos se afastam de Boraceia.

HERODES – Vai virar bicho!

MATEÚSA – Bicho já é! Vai virar outra coisa!

BORACEIA – Está me subindo a sede! Está me dando gana de virar esse cão coxo do avesso só pra ver como é por dentro!

DEMÔNIO – Satanás! Eu volto quando ela virar gente de novo. (*Sai correndo.*)

BORACEIA – Se eu botar a mão em um estrago tanto o couro que médico nenhum dá jeito! (*Segura Matias Cão que entra.*)

MATIAS – Vôte! Quem pode me acode, gente!

BORACEIA – Quem é você?

MATIAS (*assustado*) – Quem a senhora quer que eu seja?

BORACEIA – Está brincando com a minha cara?

MATIAS – Não, dona, estou levando muito a sério.

BORACEIA – Acho que vou lhe partir a fuça.

MATIAS – Não faz isso, dona, que vou ser obrigado a reagir e aí vou apanhar mais ainda. Faz de conta que não me viu que eu faço de conta que nunca estive aqui!

BORACEIA – Pra onde está indo?

HERODES – De onde veio?

SOLDADO – Que está fazendo aqui?

MATEÚSA – Você já tem companheira? (*Todos se voltam para Mateúsa.*) Cada um pergunta o que lhe interessa, uai!

MATIAS – Vim aqui para encontrar uma família sagrada.

BORACEIA (*grita e o solta*) – Ah!

MATIAS (*amedrontado*) – Que quer dizer esse "Ah!"?

BORACEIA – Que acabou de encontrar!

MATIAS (*incrédulo*) – Vocês são a sagrada família?

HERODES – Bem, parte dela. É uma família muito grande. Ela (*aponta Boraceia*) é a sogra, eu sou o cunhado, aquele é um primo.

BORACEIA – Sabe onde eles estão?

HERODES – A gente está querendo reunir toda a família.

MATIAS – E tem certeza que a outra parte também está querendo se reunir?

BORACEIA – Que quer dizer?

MATIAS – É que, por experiência própria e familiar, sei que encarar, de uma vez só, cunhado, sogra e primo só sendo uma família muito sagrada mesmo!

BORACEIA – Eles estão correndo perigo. Precisamos ajudá-los.

MATIAS – Eu sei, o anjo me contou.

HERODES – Sabe onde estão?

MATIAS CÃO (*professoral*) – Não, senhor, mas posso saber. Pra saber preciso procurar, procurar cansa, o cansaço me faz suar, suar faz perder vitaminas e sais minerais que precisam ser repostos, repor vitaminas e sais minerais custa dinheiro, logo…

HERODES – Não lhe dou um tostão, explorador da dor alheia!

BORACEIA – Paga logo, tonel de toucinho!

MATIAS – Isso! É igual lá em casa: manda quem pode e obedece quem tem juízo!
HERODES – Vai esperando que o seu está assando!
BORACEIA – Vamos!
MATIAS – Todo mundo aqui pertence à família?
BORACEIA – Menos aquela escrava imprestável!
MATIAS – Se for jogar fora eu quero, viu?
BORACEIA – Isso não serve pra nada!
MATIAS – Sempre serve! Uma vez eu consegui uma igualzinha a essa, por um canivete, numa feira de trocas! (*Mateúsa dá-lhe um cascudo.*) Isso, bate em quem você vai gostar! Amacia a carne que você vai alisar!
MATEÚSA (*boquiaberta pela surpresa tenta falar mas a voz não sai*) – Se o senhor me deixar, assim, sem graça outra vez eu não sei o que eu faço!
MATIAS – Quer sugestão?
BORACEIA – Vamos parar com esses arrufos que "pombinhos" só gosto como galeto! Vamos atrás dos fugitivos!
MATIAS – Não é preciso. Se passaram por aqui eles vão bater direto na estalagem.
BORACEIA – E no meio desse sertão desgraçado tem uma estalagem?
MATIAS – Tem, dona! São léguas e mais léguas de caatinga esturricada, onde não vive nem calango, nem bacurau, mas tem estalagem.
BORACEIA – Não passa ninguém por aqui!
MATIAS – Não passa ninguém, mas tem estalagem!
BORACEIA – E de quem é?
MATIAS (*meio irritado*) – Não tem dono, não mora ninguém mas é pra lá que a gente vai!
BORACEIA – Mas...
MATIAS (*explodindo*) – Se a gente não for a história não segue, cáspita! Porco cane! E andiamo, via, chè rompo i musi e la faccia de tutti quanti, porca miséria!

Saem.

CENA 3 – PERDIDOS NO SERTÃO

Entra João Teité, com a mão em pala, divisando o horizonte. Atrás dele entra Maria em seu burrico, com Jesus no colo. De seu burrico sai uma haste. Na ponta da haste um cordão que vai até outra haste que é segura, mais atrás, por São José. No cordão (varal) estendem-se várias fraldas.

SÃO JOSÉ – Está vendo alguma coisa?

JOÃO TEITÉ – Estou, mas não conheço nada do que estou vendo.
SÃO JOSÉ – Estamos perdidos, então?
JOÃO TEITÉ – Nem tanto.
SÃO JOSÉ – Pra onde estamos indo?
JOÃO TEITÉ – Daqui estamos indo pra lá.
SÃO JOSÉ – E onde é lá?
JOÃO TEITÉ – O problema está aí. (*São José pega o cajado.*) Calma! Tenho certeza que estamos indo pra divisa de Sergipe com a Paraíba.
SÃO JOSÉ – É bom que esteja certo!

Aparece uma seta com a inscrição: "Paraguai, a 2 Km". Teité toma um susto e para.

JOÃO TEITÉ – Ave Maria!
MARIA – Que quer?
JOÃO TEITÉ – Não é nada com a senhora, não. Acho que estamos com um pequeno problema.
MARIA – Eu também estou. José, molhou mais uma!

José dá o varal para Teité segurar e leva uma fralda a Maria. Esta vira-se de costas e troca o menino brincando com ele.

JOÃO TEITÉ (*abre os braços tentando descobrir os pontos cardeais*) – Colocando-se de frente pra onde nasce o sol e abrindo os braços em cruz, temos à direita o sul, à esquerda... Ou será ao contrário? Ou o oeste é a esquerda? Eu faltei nessa aula de geometria!
SÃO JOSÉ – Estamos perdidos, Teité?
JOÃO TEITÉ – Não. Estamos perto do Paraguai. Só não sei onde fica esse diacho de lugar! (*São José toma do cajado.*) Que é que você vai fazer, seu José?
SÃO JOSÉ – Sou conhecido como um velho paciente. Acho que vou mudar minha biografia!
JOÃO TEITÉ – Mãe de Deus!
MARIA – Não me envolva nisso! Resolvam vocês!
SÃO JOSÉ – Não vou tirar lasca! Só vou botar um pouco de juízo na sua cabeça!
JOÃO TEITÉ – Vê o lado bom da coisa, seu José: estamos tão perdidos que o demônio e o Herodes nunca vão farejar nosso rasto!
SÃO JOSÉ (*acalmando-se*) – Tem lógica! Mas a gente não pode ficar perdido para sempre.
MARIA – Deixa que isso eu resolvo. Teité, pra que lado você acha que está essa bendita estalagem?
JOÃO TEITÉ – Tenho certeza absoluta que está naquela direção.

MARIA – Burrinho, qual é o caminho da estalagem? (*Burro vira-se na direção contrária de Teité.*) José, vamos por aqui.

Tomam direção apontada pelo burro.

SÃO JOSÉ – Sempre se encontra um burro que sabe mais que o outro! (*Saem.*)
JOÃO TEITÉ – Espera que o guia tem de ir na frente. (*Sai.*)

CENA 4 – A TRAMA DESFEITA

Entra Matias seguido de Boraceia.

MATIAS – Não sei o que pode ter acontecido, dona Boraceia.
BORACEIA – Pois, trate de saber!
MATIAS – Eles vão ter de passar por aqui, dona Boraceia!
BORACEIA – Há uma semana que estamos aqui e nem sinal da sagrada família!
MATIAS – Daqui a pouco eles chegam.
BORACEIA – Como é que sabe?
MATIAS (*irritado*) – Se eles não chegarem a história não anda! Mas que vontade desmedida é essa, dona Boraceia?
BORACEIA – Não lhe interessa! Vai procurar, achar e me trazer essa família aqui, hoje! Do contrário...
MATIAS – Do contrário...?
BORACEIA – Deixo pra sua imaginação o que vai lhe acontecer! (*Sai furiosa.*)

Matias fica imaginando o que lhe pode acontecer. Espantado, passa o dedo em riste no pescoço. Dramático, golpeia a mão fechada sobre o peito como se cravasse um punhal no coração. Horrorizado, passa a mão fechada sobre o ventre como se fizesse haraquiri e, finalmente, inicia um gesto de castração que interrompe e começa a soluçar. Entra Mateúsa.

MATEÚSA – Matias! Preciso de uma ajuda.
MATIAS – Eu preciso de uma ajuda e meia. Tenho de achar a sagrada família.
MATEÚSA – Eu também.
MATIAS – Não sei o que está acontecendo, mas parece que tem alguma desavença entre as duas partes da família.
MATEÚSA – Está começando a ficar esperto.

MATIAS – Não sei se é briga de sogra com nora ou se tem problema de herança que é coisa que mais dá desavença.
MATEÚSA – Eles não são da família. Eles têm parte é com o demo!
MATIAS – Como é que é que é?
MATEÚSA – Eles querem matar o menino!
MATIAS – Jesus!
MATEÚSA – É, esse mesmo! Como é que sabia o nome dele?
MATIAS – Bem que eu estava desconfiando, quase sabendo, sabia de fato mas não de direito! Só não desvendei a verdade porque "in dúbio, pro réo", data vênia, como diz o direito romano!
MATEÚSA – Que quer dizer isso?
MATIAS – Eu sei lá! A gente tem de decorar cada coisa!
MATEÚSA – A gente precisa fazer alguma coisa!
MATIAS – Azular, sumir, virar uma formiga preta, numa noite escura, dentro numa caverna escura, escondida em baixo de uma pedra preta!
MATEÚSA – Cadê sua coragem?
MATIAS – Está cumprindo aviso prévio.
MATEÚSA – A gente precisa cuidar da criança.
MATIAS – Mas nem é minha!
MATEÚSA – É de todos, conforme a profecia. A gente ampara os passos da criança agora que, amanhã, quando for adulta, ela nos abre os caminhos.
MATIAS – Está bem, eu vou porque também não gostei dessa gente.
MATEÚSA – Você é um homem justo.
MATIAS – Já que sou um homem justo, enquanto a família não chega, a gente podia ajustar a nossa parte.
MATEÚSA – Que está querendo dizer?
MATIAS – Eu sei que a história principal é a da sagrada família mas a gente, sabe como é, podia fazer uma historiazinha paralela, assim só pra animar um pouco o ambiente enquanto a gente espera...

Entra São José, seguido pela Virgem e o Menino.

SÃO JOSÉ – O senhor esteja convosco.
MATIAS – Esteja com todos.
MATEÚSA – Nossa senhora!
MARIA – Sou eu mesma! Esse é meu marido, José.
MATEÚSA – É a família, só pode ser!
MATIAS – É. Bem-vindos todos, mas se atrasassem um bocadinho mais eu teria adiantado meu lado com a Mateúsa.
MATEÚSA – Matias, a gente tem de tirar os três daqui porque...

Entra Herodes, seguido de Boraceia e do soldado.

HERODES – Pode deixar os hóspedes por nossa conta!

BORACEIA – Escrava, vá preparar os quartos e as camas. O sono deles pode deixar que eu preparo! (*Ri da própria piada juntamente com Herodes.*) O sono!

HERODES – Bem-vindos à nossa humilde estalagem. Deixem tudo por nossa conta, coloquem suas vidas em nossas mãos. (*Ri da piada com BORACEIA.*)

MATEÚSA – Não!

BORACEIA – Ainda não foi, caco de entulho! Fora!

MATEÚSA – Matias, ajuda. (*Sai.*)

BORACEIA – Que beleza de menino! Vem com a titia, vem!

MATIAS – Não!

BORACEIA (*juntamente com soldado e Herodes*) – Como, não?!

MATIAS (*enquanto explica, vai conduzindo a família para dentro*) – A criança pode ficar com susto, virar o bucho, tomar um ar, pegar quebranto, mau-olhar de revés...(*A São José.*) Depois a gente explica. (*Saem.*)

BORACEIA (*ao soldado*) – Grude, junte e cole neles! (*Soldado sai.*) E você, barril de banha, porque não deu cabo da criança assim que viu?

HERODES – Porque estamos num país estrangeiro. E no estrangeiro existe um jeito certo de fazer as coisas erradas. Vai ser esta noite.

BORACEIA – O problema é que você é por demais delicado, é um poeta, uma flor de diplomacia. Se um dia eu subir ao poder você vai ver o que é governar! (*Saem.*)

Entram Matias e Mateúsa.

MATEÚSA – Que é que a gente faz, Matias? O soldado está guardando a porta do quarto e não pisca nem pra soltar pum.

MATIAS – E o que é que sempre se faz numa situação como essa? (*Mostra um pequeno vidro.*) O narcótico! Tucha narcótico na água do soldado, na cerveja do Herodes e na aguardente da Boraceia.

JOÃO TEITÉ – Seu José! Ó, de dentro!

MATIAS – Que que o Teité... Me deixe sozinho, Mateúsa, que esse mineirinho não aparece nos lugares a custa de nada! (*Mateúsa vai saindo, mas Matias a chama.*) Mateúsa, vem cá um pouquinho. (*Mateúsa se aproxima. Matias agarra-a e sapeca-lhe um beijo.*)

MATEÚSA – Que é isso, Matias?

MATIAS – Um amplexo seguido de um ósculo!

MATEÚSA – Pois eu vou dar-lhe cinco dedos no meio da fuça...

MATIAS – Não tem tempo, Mateúsa! O Teité vem vindo aí... Tem de preparar o narcótico... A Sagrada Família.... corre!

MATEÚSA (*Esbaforida, corre à saída. Para e percebe o truque.*) – Seu Matias...
JOÃO TEITÉ – Estou entrando.
MATIAS – Perdeu sua vez. É hora do João Teité.
MATEÚSA – Você não perde por esperar. (*Sai.*)
JOÃO TEITÉ (*entrando*) – Por acaso o seu José... Matias! Que surpresa! Que coincidência! Que inesperado prazer!
MATIAS – Não posso dizer a mesma coisa!
JOÃO TEITÉ – Mas podia mentir igual eu!
MATIAS – Que é que está fazendo aqui?
JOÃO TEITÉ – Estou guiando a Sagrada Família pra Belém!
MATIAS – Ah, seu traste! Então você pegou meu contrato?!
JOÃO TEITÉ – Negócios! Enquanto você estava tratando com intermediários, aquele anjo, fui conversar diretamente com o cliente!
MATIAS – Você atravessou meu negócio!
JOÃO TEITÉ – Agilidade comercial! E, depois, ofereci melhor serviço, melhor preço e melhor atendimento! É assim que se trabalha em época de globalização, seu bestão!
MATIAS – Seu tralha! Eu ainda lhe pego na curva!
JOÃO TEITÉ – Nem te ligo! O mundo é dos mais espertos, Matias.
MATIAS – Então esperta o passo que até o fim desse caminho tem muito chão! (*Sai.*)
JOÃO TEITÉ – Entre você e eu, o segundo lugar será sempre seu!

CENA 5 – A FUGA DE SERGIPE

Anoitece. De lados contrários do palco entram Matias e Mateúsa sem se perceberem. Encontram-se e assustam-se.

MATEÚSA – Ave, Maria!
MATIAS (*pede silêncio ao mesmo tempo que entra Maria*) – Psiu!
MARIA – Que é?
MATEÚSA – Não chamei a senhora, não! Foi só jeito de falar. Prepara tudo que já estamos de saída.

Maria volta pra dentro.

MATIAS – Tuchou narcótico? Estão todos dormindo?
MATEÚSA – Fora gente nossa não tem um olho aberto nessa casa! (*Entra o demo.*)
DEMO – Pois, enganou-se!
MATEÚSA – Virgem Maria! (*Entra Maria.*)

MARIA – Que é?

MATEÚSA (*com medo*) – Chamei, não.

MARIA (*para si*) – Isso já está me irritando!

MATEÚSA – Mas já que veio ajuda a gente!

MATIAS – São José de Nazaré!

SÃO JOSÉ (*em off*) – Estão chamando mesmo ou é só jeito de falar?

MATIAS – Vem ajudar que a coisa está feia!

DEMO – E vai ficar pior! Quero o menino!

MARIA – Acima desse menino só existe a força de Deus. E essa força agora está em mim! Vem, que é hoje que vou esmagar a cabeça dessa serpente conforme a profecia!

GABRIEL (*entrando*) – Deixem a coisa comigo e vão que demônio gasgueia sem precisão e grita por não ter opinião!

DEMO – Quem tem coragem não é filho de pai assustado!

GABRIEL – Vamos ver! É no fritar do ovo que a manteiga chia!

Saem todos menos Matias. O demo tenta impedir a saída, mas Gabriel corta-lhe a passagem.

DEMO – Ou vai ou racha, ou tudo se escacha ou arrebenta a borracha.

GABRIEL – Não há matreiro que não caia e vou te fazer cair de costas e quebrar o nariz.

DEMO – Por um truz, por um trás, por um triz, perco o cachorro, mas não perco a perdiz!

MATEÚSA (*entrando, fala para Matias*) – Va'mbora que quando mar briga com a praia quem paga é caranguejo! (*Com um puxão retira Matias de cena.*)

GABRIEL – Cara feia pra mim é fome e cachorro de outro bairro, que não venha ladrar neste.

DEMO – Vou te ensinar a comer feijão e arrotar galinha, comer lambari e arrotar tainha, cabra!

GABRIEL – Cavalo olho-de-porco, diabo de fala grossa, cachorro que não acoa, um não presta e dois à toa!

DEMO (*tenta responder, mas não lhe vem nenhuma ideia*) – É...

Desiste e sai furioso. Anjo comemora.

CENA 6 – DE SEQUESTRO, ANDANÇAS E NEGOCIAÇÕES

Um galo canta. Teité entra no palco espreguiçando-se. Entram, logo depois, Boraceia batendo no soldado e Herodes.

BORACEIA – Vou lhe macerar, triturar, mastigar!
SOLDADO – Não tive culpa!
HERODES – Deixa o homem, coitado! Colocaram alguma coisa em nossa bebida. E, depois, quanto mais brigamos mais eles se distanciam!
BORACEIA (*solta o soldado*) – Tem razão. Mas o que eu faço com a minha raiva? Tenho de bater em alguém!
JOÃO TEITÉ – Não olha pra mim, não, dona!

Boraceia olha para Herodes.

HERODES (*meio assustado*) – Está bem, pode continuar batendo nele. Mas nem tanto que o aleije nem tão pouco que você ainda continue com esse mau humor de cascavel!

Boraceia bate no soldado. Depois respira fundo, aliviada. Dá ainda um último tabefe no soldado.

BORACEIA – Só por segurança!
JOÃO TEITÉ – Pelos pés dos andarilhos, pelas barbas do profeta! Essa mulher é o cão!
SOLDADO – Você não viu nada!
JOÃO TEITÉ – E nem quero ver! Vou pegar a Sagrada Família e sumir daqui!
HERODES – Não vai. Eles fugiram.
JOÃO TEITÉ – Como é?
BORACEIA – Fugiram sua besta! Com o tal de Matias Cão e minha escrava.
JOÃO TEITÉ – Ah, vilania!
BORACEIA – Ah, mesquinhez humana!
JOÃO TEITÉ – Não se pode confiar em amigos!
BORACEIA – Nem em escravos!
JOÃO TEITÉ – Fomos miseravelmente traídos! (*Sentido.*) Está certo que algumas vezes eu sacaneei o Matias mas não é razão para esse ato tão desprezível!
BORACEIA (*igualmente sentida*) – Mateúsa rompeu a mútua confiança, a relação íntima que existe entre senhora e escrava! Teve vez que lhe bati mais do que ela merecia, mas bem menos do que eu precisava para me relaxar!
HERODES – Formam um belo par! Fica com ela que eu ainda te volto troco!
JOÃO TEITÉ – Agradeço, mas não mereço o castigo!
BORACEIA – Que quer dizer?
JOÃO TEITÉ – Quero dizer que vou encontrar a Sagrada Família e recuperar o meu posto de guia.

HERODES – Sabe onde encontrá-la?

JOÃO TEITÉ – Não, mas vou virar, mexer, farejar, ciscar todo esse sertão até achar!

HERODES – Posso fazer um trato.

JOÃO TEITÉ – Poder, você pode. Se eu vou aceitar vai depender do que vem daí pra cá.

HERODES – Dou tanto dinheiro que você não vai conseguir contar nem gastar.

JOÃO TEITÉ – Não quero. Primeiro que não gosto de contar dinheiro. E pra que serve o dinheiro que não se gasta?

BORACEIA – Que é que quer? Mulheres?

JOÃO TEITÉ – Só gosto de um tipo de mulher: boa cozinheira!

BORACEIA – Gosta de comida!

JOÃO TEITÉ – De qualquer tipo, raça e cor!

HERODES – Então, encontre a Sagrada Família e nos traga o menino.

JOÃO TEITÉ – E posso saber pra que vocês querem o menino?

HERODES – Você conhece a história sagrada?

JOÃO TEITÉ – Não.

BORACEIA – É a seguinte: eu sou a verdadeira mãe do menino. Sequestraram o menino com promessas de maria-mole e pé de moleque.

JOÃO TEITÉ – Pensa que sou bobo? Sei que um tal de Herodes tá procurando o menino pra matar. O nome desse gordo não é Herodes?

BORACEIA – É um homônimo! O coitado já foi até protestado em cartório por conta disso!

HERODES – Traga-nos a criança e encho sua pança todos os dias em todos os anos de toda sua vida. Chouriços, presuntos, assados de carneiros, esfirras, churrasco grego...

JOÃO TEITÉ – Daqueles da estação da Luz? Chega que você me mata do coração de ansiedade! Assina o contrato, reconhece firma e autentica, que eu trago o menino. (*Para si.*) Cala a boca, consciência, que não consigo lhe ouvir direito! Só consigo escutar a feijoada borbulhante, o tutu de feijão fumegante, a costelinha chiando da frigideira, a mandioca fritando no óleo, os doces sons da minha recompensa! Prepara a mesa e acende o fogo porque, pra quem conhece esse sertão como conhece a palma da mão direita (*mostra a mão esquerda*), fazer esse serviço é num zás-trás! (*Saem.*)

Entra anjo Gabriel. Enquanto Teité cruza e recruza o palco na captura da Sagrada Família, o anjo narra.

GABRIEL – As coisas, no entanto, não foram tão fáceis quanto Teité pensava. Ele se perdeu ao sair de Sergipe, errou o caminho que levava a Goiás, tomou direção contrária ao passar por Santa

Catarina, confundiu-se todo na divisa de Minas e Bahia e não achou o rumo do Maranhão onde a Sagrada Família estava. No entanto, tanto errou pelo país, tanto cruzou e recruzou esse chão, que acabou, graças a lei das probabilidades, encontrando quem procurava.

Maria lava roupa enquanto José estende no varal. Maria canta.

MARIA – Maria lavava, José estendia

Menino chorava
Do frio que fazia.

Topei com a Senhora
Na beira do Rio
Lavando paninhos
De seu bento filho

Não chores, menino.
Não chores, amor.
Que a faca te corta
Com um talho sem dor.

Por ser bem nascido
Por ser bem criado
Nascido numa rosa
Num cravo encarnado.

Enquanto Maria e José trabalham, Teité, sorrateiramente, rouba o menino junto com a burrinha e sai em disparada. Maria percebe a falta do filho e desespera-se. Acorrem José, Matias e Mateúsa e põem-se em perseguição a Teité. Cruzam e recruzam o palco em perseguição. Finalmente Teité se distancia.

GABRIEL – Olhem a frágil figura de mulher que chora e se desespera.

MATIAS – Olhe, seu José, a gente podia deixar as mulheres aqui e ir sozinhos atrás do sequestrador. Nessas coisas, mulher é igual em filme: cai, torce o pé, só serve pra atrasar a vida do mocinho!

GABRIEL – Olhem, de novo, a frágil figura: o choro cala, os olhos secam e uma raiva santa inunda! (*Maria, determinada, ultrapassa os três e os obriga a andar mais depressa.*) De toda criação, a mulher é a mais variável: onde se espera frágil, assoma em fortaleza guerreira, e no meio da guerra pode desfazer-se em lágrimas. (*Segredando ao público.*) Por que Deus as fez assim não sabemos. Só sabemos que ele era muito sábio.

MATIAS (*cansadíssimo*) – Virgem Santíssima!

MARIA – Não quero saber de conversa!

MATIAS – Seu José, rogai por nós à virgem santíssima, que estou a ponto de arriar!

JOSÉ – Se eu conheço, ela só para depois de encontrar o menino!

MATIAS – Jesus!

JOSÉ – É, esse mesmo! (*Saem.*)

GABRIEL (*ri.*) – Eu não quero estar na pele de Teité quando Maria, com a sede que está, nele deitar as mãos!

Cruzam e recruzam o palco Teité na burrinha com o menino, Herodes e sua tropa e a família e sua trupe.

JOÃO TEITÉ (*para e cheira o ar*) – Outra vez! (*Fala com o menino enquanto o troca.*) Pelo amor de Deus! Não tem mais fralda, essa é a última vez! Se sujar vai ficar sujo porque lavar fralda eu não lavo! (*Cruzam e recruzam o palco. A próxima vez que se vê Teité, ele bate roupa no rio e canta a mesma música que Maria cantava.*)

João Teité lavava
João Teité estendia… (*Cruzam e recruzam o palco. João Teité entra sem a burrinha, ninando o menino.*)
Não vem, não vem, não vem Tutu-guará
Que o pai desse menino
Tá querendo te pegar. (*Ouve-se barulho de gente que chega. Teité fala ao menino.*) Agora, você vai ficar quietinho que vou fazer um negocião da China. (*Sai e volta sozinho. Entra Herodes com sua gente.*)

HERODES – Onde está o menino?

BORACEIA – Diga ou dou-lhe tanta pancada que quebro o que é duro e rasgo o que é mole.

JOÃO TEITÉ – Calma, gente. Negociando a gente se entende.

HERODES – Eu mantenho minha oferta.

JOÃO TEITÉ – Só que o preço aumentou: Eu quero o dobro do triplo.

Entra família e trupe.

MARIA – Você não se atreva a negociar meu filho!

BORACEIA – Você não se atreva a desfazer o negócio!

MATIAS – Vou dar-lhe tanto bofete pelo que me fez, pelo que não fez, pelo que ainda fará e pelo que deixou de fazer.

MATEÚSA – Deixa um pedacinho do couro dele pra mim!

HERODES – Decide agora!

Avançam os dois grupos para cima de Teité.

JOÃO TEITÉ – Gente, pra que violência? Vamos entrar num acordo.
MARIA – Vai buscar meu filho agora!
BORACEIA – Traz a criança!

Enquanto Teité sai, os dois grupos medem-se e ameaçam-se através de gestos. Volta Teité com a criança embrulhada. Os dois grupos avançam.

JOÃO TEITÉ – Esperem! (*Para si.*) Como é que vou me sair dessa? Um lado quer meu couro, o outro quer o que sobrar! Um me morde, outro mastiga; um corta, o outro trincha, um estapeia, o outro soca. Eu não posso nem me arrepender porque na mão de um ou de outro eu me acabo! (*Para os grupos.*) Eu vou decidir!
HERODES (*ameaçando*) – Confio em seu bom senso.
MARIA – Confio em seu coração.
MATIAS – Ele não tem coração, só tem barriga e a fome do mundo!
JOÃO TEITÉ (*num tom ambivalente, dramático e cômico*) – É isso! É isso que eu tenho: um buraco no lugar da barriga, sempre vazio! Não quero fazer mal pra ninguém, nem para o menino, gente! Só que disseram que esse menino ia trazer fartura, ia transformar água em vinho, multiplicar pão e peixe... e quem multiplica pão e peixe multiplica frango, churrasco, linguiça... presuntos... Com esse menino vai haver um banquete universal, farto e eterno... vai correr leite e mel! (*Comicamente dramático, patético.*) O caso, gente, é que eu sei como são essas promessas! Eu entro na fila e, quando chega a vez de João Teité, da panela não sobrou nem a rapa e do churrasco nem o osso da costela. Então, resolvi radicalizar: quero garantir agora minha parte na promessa. Também quero recolher o meu imposto na fonte! Então, eu vou fazer a escolha! (*Entra o demônio.*)
DEMÔNIO – Já está escolhido, cabra!

Demônio avança e arranca o menino das mãos de Teité. Entra anjo e corta-lhe o caminho. Demônio põe o menino em baixo do braço e fazem uma partida de rugbi passando o menino de mão em mão. No fim o menino é passado para o demônio, que consegue fugir. Trupe de Herodes vibra e sai atrás do demônio. O anjo sai no encalço deles. A trupe da família volta-se contra Teité, que corre. Saem atrás de Teité.

CENA 7 – DE ONDE SE ENCERRA A FARSA E TEITÉ FAZ A NEGOCIAÇÃO FINAL

Entra no palco a trupe de Herodes precedida do demônio que ri. O demônio passa o menino a Herodes que o entrega ao soldado. O soldado põe o menino no chão, desembainha a espada e a desce sobre o menino, mas segura o golpe.

SOLDADO – Não posso. Um homem mata outro em igual e franca luta. Mata correndo o mesmo risco de morte. Isso é um homem e homem não me fiz para essa covardia. (*Foge.*)
DEMÔNIO (*rosna e pega a criança*) – Deixa comigo que eu dou fim. (*Pega a criança, tira-lhe os panos e grita. Herodes pega a criança.*)
HERODES – Um boneco!
BORACEIA – Ai, ai, ai, ai, ai! Eu jurei que se me fizessem andar até essa terra por nada...
DEMÔNIO – Calma...
BORACEIA – Vou-lhe quebrar de pau, riscar de vara!
DEMÔNIO – Eu sou o diabo!
BORACEIA – Mas não vai poder comigo! Vai apanhar de frente e de costa, embaixo e encima, por dentro e por fora. E é já!
DEMÔNIO – Por dentro e por fora? Como é isso?
BORACEIA – Vai descobrir!

Boraceia sai batendo no demônio. Sai Herodes. Entra a trupe da família batendo em Teité.

JOÃO TEITÉ – Mãe de Deus!
MARIA – Agora não adianta pedir!

Amontoam em cima de Teité. Este grita, todos param.

JOÃO TEITÉ – É isso que estou querendo dizer desde o começo: estava negociando um boneco! O menino está escondido aqui. (*Sai, traz o menino e o entrega a Maria.*) Mau juízo de vocês! Eu seria incapaz de me aproveitar de uma criança!
MATEÚSA – Desculpa, viu Teité.
MATIAS – A sova que a gente te deu fica sem valor, tá?
DEMÔNIO (*entra, furioso e todo estropiado; a Teité*) – Ninguém engana o diabo assim! Eu vou lhe levar, cabra!
GABRIEL (*segurando Teité*) – Não só estou de acordo como ajudo! Quem com o diabo anda, com o diabo se acabe!

JOÃO TEITÉ – Ah, é? Então vocês vão se entender com ela (*aponta Maria*) que acabo de nomear minha advogada. (*Suplica.*) A senhora vai me ajudar, não vai, não?

MARIA – Não devia...

JOÃO TEITÉ – Lavei fralda, passei maizena, nem assar ele assou! Melhor que muita ama-seca!

MARIA – Está bem. No final das contas suas trapalhadas ajudaram muito!

Diabo rosna e sai.

JOÃO TEITÉ – Já que tudo acabou bem, está todo mundo feliz... vamos falar de pagamento!

GABRIEL – Que pagamento?

JOÃO TEITÉ – Meus honorários! (*Aponta.*) Seguindo reto uma légua nessa direção vocês chegam a Belém.

SÃO JOSÉ – Que Belém?

JOÃO TEITÉ – Belém do Pará, uai!

SÃO GABRIEL – A gente quer chegar em Belém da Judeia!

JOÃO TEITÉ – Belém da Judeia?! Sei lá onde fica isso! No combinado vocês não falaram nada de Judeia, não! Podem pagar!

SÃO GABRIEL – Você que se dê bem pago por não ir para o inferno!

SÃO JOSÉ – Vamos, Matias, que temos pressa em chegar!

MATEÚSA – Belém do Pará! Mas você é um sujeito muito do burro, mesmo!

JOÃO TEITÉ – Sou burro, né?

TODOS (*menos a Sagrada Família*) – É!

JOÃO TEITÉ – E as promessas de fartura e banquete...

GABRIEL – Vai ter de esperar um pouco mais. Vam'bora!

JOÃO TEITÉ (*dá de ombros*) – Podem ir. Só quero ver como é que vocês vão fazer pra sair do país!

SÃO JOSÉ – Por quê?

JOÃO TEITÉ – Porque, com essa coisa toda de tráfico de criança, a alfândega não vai deixar vocês passarem com uma criança que não é de vocês.

GABRIEL – Como é que é?

JOÃO TEITÉ – Nessas andanças eu passei num cartório e registrei o menino Jesus como filho legítimo de João Teité!

TODOS – O quê?!

JOÃO TEITÉ – Está aqui, ó! Lavrado em cartório e com firma reconhecida!

MATEÚSA – Seria incapaz de se aproveitar de uma criança, não é?!

MATIAS – Por que fez isso, homem de Deus?

JOÃO TEITÉ – Porque em tudo quanto é história, em qualquer canto do mundo, João Teité ou apanha ou atola em lama ou afunda em bosta! Cansei, virei revoltoso! Não é da profecia que esse menino vai fazer galho seco florescer e a terra frutificar? Pois, então! Ele fica aqui no Brasil que é pra gente aproveitar um pouco da profecia.

GABRIEL – Eu vou chamar o rabudo e resolver esse caso num zás-trás!

JOÃO TEITÉ – Pode chamar. Eu me ferro, mas do jeito que é a burocracia aqui, vocês vão levar bem uns cinquenta anos pra regularizar a situação do menino!

MATIAS – A gente faz exame de DNA e prova que você não é o pai.

JOÃO TEITÉ – Com todo o respeito, mas como é que vão fazer exame de DNA pra provar que o menino é filho do Espírito Santo, seu burrão!

Pausa perplexa de todos.

MATEÚSA – Olha aqui, seu sem-vergonha...

JOÃO TEITÉ – Você é subalterna! Subalterna! Agora eu só converso é com alta cúpula!

GABRIEL – É caso de surra, de sova! De bater com gato morto até miar, com couro de boi até mugir!

MARIA – Por que fez isso, Teité?

JOÃO TEITÉ – Porque, diz o mineiro, "promessa e esperança é bom, mas não enche a pança".

MARIA (*irritada*) – A promessa é de Deus!

JOÃO TEITÉ – Eu sei, não me leve a mal, mas eu queria era ver o menino realizar aqui a promessa de fartura. Queria ver, pelo menos uma vez, todo mundo comendo com a boca tudo o que até hoje só comeu com os olhos! Quero ver essa mesa que nunca é desfeita e esse banquete que nunca termina.

Gabriel, São José e Maria reúnem-se para discutir a questão.

MATEÚSA – Acho que dessa vez você foi longe demais!

MATIAS – Nessa mão de truco você está chamando doze com um "treizinho" vagabundo na mão!

JOÃO TEITÉ – Eu sei. E o pior é que eles fizeram a primeira! Mas quem arrisca não petisca. Ou eu petisco um pouco dessa fartura ou o diabo petisca a minha carne dura.

GABRIEL – Senhor João Teité!

JOÃO TEITÉ – Começou bem. Está me chamando de senhor!

GABRIEL – O inferno...

JOÃO TEITÉ – Me desgracei!

GABRIEL – ...devia ser o seu castigo! Mas levando em consideração as ponderações de Maria e de José, a Sagrada Família resolve negociar a permanência de uma temporada nessa terra!

JOÃO TEITÉ (*grita festejando*) – Truco!

GABRIEL – Truco não, senhor! Ele só vai ficar aqui seis meses!

JOÃO TEITÉ – De jeito maneira! Assim não tem negócio. Seis meses só dá para o menino virar moda de verão! Trinta anos no mínimo!

SÃO JOSÉ – Eu perco a paciência com esse Teité! Dois anos!

JOÃO TEITÉ – Pode chamar o rabudo! Ele pode me levar mas de menos de vinte anos não abro mão!

A família continua discutindo enquanto o anjo declama o texto final.

GABRIEL – E assim foi

E assim ficou sendo
E o mundo fica agora sabendo
Onde o menino Deus
Permaneceu até os doze anos
Até ser visto novamente
Ensinando os doutores do templo em Jerusalém.
A vocês, agradeço sua presença e riso
Seja seu natal uma parte de Paraíso
Tal como foi essa representação
A lembrança do mais alto mistério, por inteiro:
Deus se tornou homem
E pelos próximos anos caminhará entre nós
E o melhor, com registro em cartório,
É brasileiro! (*Cantam "Oh, vinde!"*)

FIM

Till Eulenspiegel. Cartaz do espetáculo. Foto Arnaldo Pereira.

1999

Comédia épica baseada nas aventuras da personagem alemã Till Eulenspiegel

Personagens

Till Eulenspiegel
Borromeu
Alceu
Doroteu
Demônio
Alma de Till
Mãe
Malabarista
Bruxa 1
Bruxa 2
Bruxa 3
Atriz
Ator
Ator 1
Ator 2
Cozinheiro
Cozinheira
Soldados
Juiz
Mulher
Mulher 1
Mulher 2
Homem 1
Homem 2
Padre
Consciência
Comerciante
Camponesa
Camponês 1
Camponês 2
Camponês 3
Velho
Aleijado
Bandido
Doente 1
Doente 2
Ajudante
Paciente
Dono da estalagem
Papa
Cardeal 1
Cardeal 2
Guardas
Soldados

PRÓLOGO PRIMEIRO

CENA 1 – DE COMO NUM PRÓLOGO, UM CEGO NARRA O LUGAR ONDE TILL NASCEU E DO QUE ACONTECEU NA NOITE DO PARTO

Trombetas e tambores anunciam pompa e circunstância. Dois atores pesadões, com vestes de ninfas, tentam dar leveza aos passos e saltos de balé. Entram para abrir as cortinas do fundo para dar entrada majestosa a um príncipe, rei ou similar. Ao abrir as cortinas, contudo, vê-se um sujeitinho irritadiço, torto, manco, esfarrapado, o cego Borromeu. Os dois atores olham para o sujeitinho de alto a baixo com desprezo. O sujeitinho avança ao proscênio. Soam as trombetas. O sujeitinho reage irritado e continua a caminhada. Chega ao proscênio, olha o público e, a ponto de explodir, fala:

BORROMEU – Boa noite! Estou aqui por três razões, nenhuma delas sequer é importante ou à altura do meu talento. A primeira delas é que me visto, me maquio, me concentro, componho um personagem, entro no palco ao som de trombetas, tudo isso só para dizer que o espetáculo ainda não começou! É. Isso que vocês estão vendo é só um prólogo! Algo sem lá muita importância e que serve para dar informações gerais sobre a peça. Fui tirar satisfação e disseram que comédia é assim mesmo, que os personagens devem ser tolos, incoerentes para que o público possa rir deles. (*Pausa. Quase explode.*) Isso me irrita! A segunda razão é informar que eu sou Borromeu, um cego. (*Ator compõe a figura do cego.*) Mas não um cego qualquer, não! Borromeu é um cego miserável, obrigado a andar, pra cima e pra baixo, no inverno frio, no outono chuvoso, pela Alemanha. Mas não é a Alemanha de hoje, não, país desenvolvido, de primeiro mundo! (*Choroso, melodramático.*) Vou ser andarilho na Alemanha medieval, no século XIII, no meio de guerras, peste, fome que foi quando começaram a ser contadas as histórias de Till Eulenspiegel. (*Muda tom.*) Cego, pobre e na Idade Média! Isso me irrita! A terceira razão é para anunciar o protagonista: Till Eulenspiegel. Pensam que Till é um rei, um bispo, um guerreiro? Não! Não passa de um camponês velhaco, ordinário e embusteiro, que nasceu perto da floresta Elm, na Saxônia. Veio ao mundo numa noite escura e fria e contam que nessa noite, em que os ventos uivavam, houve mortes, desastres, choros, ranger de dentes, revoluções intestinas e disenterias gerais e ardidas das quais nenhum baixo-ventre do lugar se safou. Mortos saíram das sepulturas e perambularam entre os vivos. Coisa boa não estava reservada a esse Till! Esse é o protagonista, a personagem mais importante de nossa história. E numa história em que um sujeitinho descalabrado desse é a personagem principal imaginem o que vai acontecer com um figurante cego e desclassificado como eu! Isso me irrita! Só uma última coisa. Pediram-me também para citar as palavras do autor anônimo que reuniu as histórias de Till já no século XVI: "Minha única ambição é criar um sentimento de felicidade em tempos difíceis, para que meus ouvintes experimentem uma coisa boa, prazerosa e alegre." (*Irritadíssimo.*) À custa de personagens como eu! Eu me sufoco de raiva!

PRÓLOGO SEGUNDO

CENA 2 – DE COMO NUM SEGUNDO PRÓLOGO SÃO NARRADOS E ENCENADOS ACONTECIMENTOS ANTERIORES AO NASCIMENTO DE TILL, MAS DETERMINANTES NA VIDA DA PERSONAGEM

Soam novamente as trombetas. Entram de novo os dois atores pesadões, vestidos de ninfas. Só que agora não tentam aparentar leveza. Pisam duramente no chão como se marchassem, irritados. Abrem as cortinas do fundo e nem se dignam olhar para os dois maltrapilhos que surgem. Dão as costas e saem impacientes. Os maltrapilhos avançam até o proscênio. Um deles, Alceu, que vem atrás, age como cego e tenta acompanhar o da frente, Doroteu, tocando com o braço esticado em seu ombro.

DOROTEU – Sou Doroteu, o segundo cego.

ALCEU (*solta-se de Doroteu e faz uma reverência*) – Alceu, o terceiro cego. (*Procura Doroteu com o tato. Assusta-se.*) Doroteu! Borromeu! Onde estão?

BORROMEU – Aqui, sua besta! Ainda não estamos cegos. Só nos puseram aqui, com toda pompa e circunstância, para dizer que o espetáculo ainda não começou! Este é o segundo prólogo! Desperdício de tempo, dinheiro e talento!

DOROTEU (*ao público*) – Mas este segundo prólogo tem sentido! Vai dar a vocês os antecedentes, acontecimentos anteriores ao nascimento de Till Eulenspiegel, mas fundamentais para o entendimento do caráter de nosso herói.

ALCEU – No princípio Deus criou os anjos e parte deles se revoltou e aí, minha gente, a luta foi feia. Foi dia noite, dia noite, noite e dia sem sossego, sem parada, sem descanso, os anjos todos lutando no ar, tudo embolado, quebrando asa, voando pena, dando com espada no coco de um, espetando com garfo o fígado do outro. Quem viu, viu, quem não viu, nunca vai ver peleja igual! Pra encurtar a história, São Miguel com seus arcanjos conseguiram empurrar os diabos pra beiradinha do firmamento. Daí foi só um empurrãozinho de nada, foi só chuçar com a ponta das espadas e os anjos negros todos despencaram. Na queda, olharam pra baixo e viram a terra crescendo na direção deles e era só pedra, estrepe, cascalho. Nem mata, nem folha, nem água pra amparar a queda. Eles caindo e a terra crescendo. E gritaram : "Ai, meu Deus!" E Deus: "Agora é tarde!" E desceram zunindo e, cataplam, se ralaram, lascaram, s'estatelaram tudinho no chão!

Barulho de queda. Entra demônio todo esfarrapado com bandagens, braço na tipoia e bota de gesso.

DOROTEU – Esse é o demônio, o sujo, o imundo, o cafute, o pé de cabra. E ele habitou a terra. E prestem atenção que ele vai ter muita importância em nossa história.

ALCEU – E, aí, Deus criou Adão e Eva e os dois geraram Caim que matou Abel. O filho de Caim foi Henoc que gerou Irad, que gerou Maviavel, que gerou Matusael, que gerou Lamec. E Set foi o outro filho de Adão que gerou Enos, que gerou Cainan que gerou Malaleel que gerou Jared…

BORROMEU – O que é?! Vai dar o nome de um por um, peso, altura, signo e endereço, desde Adão até o século XIII quando nasceu Eulenspiegel?

ALCEU – É para que eles tenham a dimensão…

BORROMEU – Ninguém quer ter dimensão nenhuma! E se quiserem vão deixar de querer! Resume isso!

Alceu soluça e não consegue falar.

DOROTEU – O que aconteceu, grosso modo, é que quando Adão e Eva perderam a inocência e viram que estavam nus…

BORROMEU – Deixa que eu conto! A humanidade começou a gostar da coisa, de sexo. E saiu feito doido fazendo filho e povoando o mundo.

Gente começou a nascer às pencas, aos magotes, aos cachos. Gente de tudo quanto é jeito, tamanho, largura e cor.

DOROTEU – Gente morria, mais gente nascia e o homem se espalhou, cobrindo tudo quanto é cidade, nação, grota e buraco da terra até chegar ao século XIII.

ALCEU (*suspira, emocionado*) – Foram milhares! Centenas de milhares! Milhões de seres que nasceram e morreram sem deixar marca nem registro na história. Tantos que nem conhecemos, tantos que não representaram mais que um grão de areia na poeira do tempo! (*Soluça.*) Qual o sentido de tudo isso? Qual o sentido da vida?

BORROMEU – 'tava demorando!

DOROTEU – Alceu vai ser um cego emotivo.

BORROMEU – Emotivo e idiota! Vamos andar com esta história! Demônio!

DEMÔNIO – Um dia, lá na eternidade, Deus sentiu tédio. (*Borromeu imita o tédio divino.*) Desde quando tinha criado o mundo ele descansava vendo milhões de almas que encarnavam e desencarnavam, encarnavam e desencarnavam, todas mais ou menos iguais, pelos séculos sem fim.

BORROMEU – O demônio, também sem muito que fazer, gritou que o homem, criação de Deus, era por demais frágil e imperfeito! E apostou que se tirassem do homem umas poucas qualidades ele se perderia no desespero.

DEMÔNIO – Uma alma se apresentou como voluntário para a experiência.

Alceu e Doroteu abrem as cortinas do fundo e aparece a alma de Till que, assustado, indica com gestos que não quer ser voluntário. Alceu e Doroteu o arrastam até o proscênio.

ALMA TILL – Milhões de almas encarnando desde que o mundo é mundo e justo na minha vez! Brincadeira de mau gosto!

BORROMEU – Fale pela glória de Deus!

DEMÔNIO – Ou fale pela fama do diabo!

ALMA TILL – Eu falo é pelo meu lombo e pelo meu couro! E a pobre alma de Till pediu, implorou, solicitou, mas, como a corda sempre arrebenta do lado mais fraco, assinou a bronca e foi cumprir a sentença na penitenciária do mundo.

BORROMEU – Programaram o nascimento daquela alma num lugarzinho feio e pobre (o que é redundância), perdido no fim do mundo, sem jeito, sem passado e sem futuro, perto da floresta Elm, na Saxônia.

DEMÔNIO – Além do lugar miserável deram-lhe pais ainda mais miseráveis que nem roupa podiam lhe dar!

Doroteu e Alceu tiram as roupas da alma de Till, uma em cada fala de Borromeu e demônio, de modo que Till, ao final, reste só de fraldão.

BORROMEU – Não lhe deram protetores. Nem rei, nem bispo, nem vereador, nem cabo eleitoral, nem mesmo fiscal!
DEMÔNIO – Não lhe deram amigos. E se amigos tivesse, todos seriam mais pobres que ele, o que, todo mundo sabe, é pior do que ter inimigos.
BORROMEU – E depois de não lhe darem tudo isso, ainda resolveram lhe tirar o que restava.
DEMÔNIO – Os olhos!
BORROMEU – Não! Já tem cego demais nessa história.
DEMÔNIO – Que tal se nascesse sem orelha? Sem pescoço? Coxo? Corcunda? Sem cu? Impotente?

Alma de Till reage e mima cada sugestão.

BORROMEU – Não, não! Algo mais drástico! Pensaram e pensaram e depois de muito pensar resolveram tirar da alma de Till qualquer vestígio de inteligência útil.

Borromeu e Alceu retiram da alma de Till a inteligência. A alma de Till retira-se inconformada. O demônio ri e também sai.

DOROTEU – E assim finalmente termina este segundo prólogo. De agora em diante sou o rebelde cego Doroteu. (*Reverência.*)
ALCEU – O emotivo e resignado cego Alceu. (*Reverência.*)
BORROMEU – Atrás de mim! Vamos, lote de gente imprestável! (*Reverência.*) O líder e tirânico cego Borromeu! (*Cada cego sai por uma direção. O cego Alceu vai em direção à plateia. Quando prestes a cair do palco muda repentinamente de direção ao ouvir novamente a voz de Borromeu.*) Por aqui, à direita de quem entra e à esquerda de quem sai! Na direção sul, no rumo da estrela polar. Vamos peregrinar!

Alceu e Doroteu giram sobre si mesmos. Depois de muito tatear o ar conseguem seguir mais ou menos na direção de Borromeu. Saem. Alceu tromba com o portal de saída. Ouve-se um grito de mulher em off.

VOZ EM OFF – Virgem Maria do Bom Parto!

CENA 3 – O DIFÍCIL E ESTRANHO PARTO DE TILL EULENSPIEGEL

Entra música grandiloquente. Entram os dois atores pesadões vestidos de ninfas com gestos e saltos que eles se esforçam por parecer leves.

Abrem as cortinas do fundo e vê-se uma mulher com um ventre imenso. Mãe corre pelo palco clamando.

MÃE – Me acode, gente, que a criança tá encruada! (*Para e pula várias vezes tentando fazer a criança sair.*) Sai! Cai! Pula! Salta fora, condenado! A gravidez da mãe de Till começou muito bem quando aquele santo peregrino, em romaria a Jerusalém, parou na sua casa e, antes de seguir seu caminho, entrou, exatas, duas mil, quinhentas e setenta e três vezes no justo tempo de trinta e três minutos. Uma média bastante razoável que deixou a futura mãe de Till com os olhos estatelados!

ATOR 1 – A coisa que começou bem, no entanto, não continuou melhor.

ATOR 2 – Ao contrário. Aos quatro meses a criança chutou, aos cinco beliscou, aos seis mordeu, aos sete chorou e, agora, aos treze meses e meio de gravidez a criança não sai nem com esconjuro, pedido, nem com ordem judicial!

MÃE – Três parteiras, atuando isoladamente e em conjunto, não conseguiram nenhum resultado.

ATOR 1 – A primeira usou reza mansa, brava, fez despacho, simpatia, novena, trezena, sem resultado.

ATOR 2 – A segunda ameaçou, gritou, ordenou, beliscou, bateu, fez lavagens, deu beberagens, purgantes, garrafadas, mas a criança não se abalou.

ATOR 1 – A terceira foi mais engenhosa. Amarrou um anão à ponta de uma corda, com ordem de entrar e arrastar, por bem ou por mal, a criança encruada. Assim foi feito.

MÃE – Ah, meu Deus! Não gosto nem de lembrar. O anão, que não era nem charmoso, nem bonito nem nada, entrou. (*Ator 2 imita o anão e entra debaixo da saia da mãe.*) Vê se tira os sapatos e limpa os pés no capacho da entrada!

ATOR 1 – Estava escuro. Então, ele acendeu uma lanterna e começou a vagar, precavido e assustado, pelos imensos, profundos e largos corredores.

MÃE – Vai devagar, condenado!

ATOR 1 – Como é que está indo?

ATOR 2 – Isso aqui é um labirinto! Mas até aqui tudo bem. Espera! Estou vendo alguma coisa no final do túnel! É ele. Já me viu!

ATOR 1 – Segura! Não deixa fugir. Traz pra fora!

MÃE – Mas não foi tão fácil e pelo que se viu a luta foi brava, renhida. (*Mãe geme enquanto seu ventre balança e ator 2 grita.*) Depois foi o silêncio. (*Todo mundo fica parado, apreensivo, enquanto ator 1 puxa a corda lentamente. A corda sai sem o ator 2.*) De quem foi a ideia?! Agora vou ter de parir dois e um deles nem é meu!

ATOR 1 – Depois desse acontecimento Till ainda ficou cinco anos, dois meses e trinta e três dias dentro do ventre da mãe. Um dia saiu. Em parte.

TILL (*coloca a cabeça pra fora*) – Ó, de fora! Só vim pra dizer que daqui não saio!

ATOR 1 – Onde está o anão? Devolve!

TILL – Sei lá do anão! Se desencaminhou aqui dentro. Pegou a direção errada num desses corredores e, a última vez que vi, tava lá na curva dos intestinos!

MÃE (*geme*) – Desencrua, filho, desentala!

TILL – De jeito nenhum! Tá muito bom aqui!

MÃE – Você vai sair, desgraçado! Ou inteiro ou em partes.

Mãe arma-se de um pedaço de pau e bate em Till. Till grita e entra novamente. Sua mãe fica à espreita. Till põe a cabeça para fora e antes que sua mãe bata, ele entra novamente. Faz-se um jogo com Till aparecendo e desaparecendo enquanto sua mãe tenta acertá-lo. Subitamente o ventre da mãe começa a se revolver. A mãe geme enquanto dentro dela há luta. Ator 2 põe meio corpo pra fora.

ATOR 2 – Ajuda, que peguei o condenado!

ATOR 1 – O anão!

Ator 1 segura ator dois e começa a puxar enquanto a mãe geme. Aos poucos sai ator 2, segurando Till, que se assusta com o mundo fora e sai correndo. Preso ao umbigo de Till está uma enorme mangueira transparente como se fosse o cordão umbilical. Correm atrás de Till, inclusive sua mãe que geme. Ator 1 consegue agarrar Till enquanto ator 2 serve-se de um machado e, com um golpe, corta o cordão umbilical. Till desconsolado vê que o cordão foi partido e suspira, soluça e desata em choro.

CENA 4 – O INÍCIO DA SAGA DE TILL

ATOR 2 – A infância de Till não foi lá muito boa. Nem pra ele nem pra sua mãe.

TILL – Mãe!

MÃE – Não!

TILL – Deixa, vai, mãe!

MÃE – Já disse que não!

TILL – Ah, deixa, deixa, deixa, deixa, deixa, deixa!

MÃE (*dá um berro*) – A mãe de Till ficava exasperada com o menino! Não, não e não! Pro meu ventre você não volta!

TILL (*afasta-se chorando, infantil*) – Lá era tão bom!

MÃE – Aquele menino não batia bem da cabeça, pensou a mãe. Era até inteligente, mas nada do que pensava e fazia servia pra coisa alguma. A mulher, primeiro, pensou em vender o menino, mas não achou comprador. Tentou alugar, mas não achou preço. Por fim, quis dar, mas não achou quem quisesse ficar com ele. E assim passou-se algum tempo com a mãe alerta, armada de porrete, dormindo com um olho aberto para impedir que Till voltasse ao lugar de onde saíra. (*Enquanto ela fala, Till tenta entrar por debaixo de sua saia. Mãe dá-lhe pancadas com o porrete.*) Desafasta, condenado!

ATOR 1 – Um dia, depois de muito pensar – abandonar, estrangular, afogar no tanque, cozinhar com batatas – a mãe de Till se revolveu: vestiu Till com roupas de Domingo que, por acaso, eram as mesmas dos dias de semana, e rumou na direção da cidade. Era dia de festa. A cidade estava cheia.

MALABARISTA (*entrando*) – Na praça havia saltimbancos, ladrões, mendigos, rufiões, mulher de vida airada, atores de comédia, enfim, gente desclassificada, dos piores extratos sociais. Além disso tinham mudos, surdos, cegos, aleijados, mendigos, peregrinos rumando para o oriente, hidrópicos, anões, vendedores de seda, vinho ordinário, queijo e pão, ânforas e louças, beberrões e um pregador junto com um vendedor de relíquias que só naquela praça já havia vendido quinze dentes caninos verdadeiros de Santo Artidônio! Entre o povo na praça apareceu também um juiz, um meirinho e dois soldados, cuja função só saberemos mais adiante.

Entram várias personagens entre as quais um cozinheiro, além de um juiz, um meirinho e dois soldados. As personagens, inclusive o cozinheiro, entram em bloco ou juntas, como se fosse uma serpente formada de pessoas, e envolvem a mãe e Till. Juiz, meirinho e soldados ficam à parte, como se não fizessem parte da cena. Na verdade eles atuarão na cena seguinte. O juiz parece estar irritado com a demora e os dois soldados põem-se a armar uma forca.

MÃE – Till ficou encantado com o movimento de pessoas e tão entretido estava que não reparou que sua mãe dava-lhe de presente o mundo enquanto, dissimuladamente, se escafedia. Quando Till percebeu-se só no meio da multidão ainda bem que eu não estava lá pra ver e sentir remorso! (*Sai correndo.*)

TILL (*percebe-se sozinho e chama choroso, procurando*) – Mãe! Mãe! Mãe! (*Desata em choro. Vai a cada canto do palco e chora como se gritasse chamando a mãe.*) Till chorou por exatos três dias e catorze horas, mas como ninguém lhe deu a mínima importância parou repentinamente de chorar. E resolveu que nunca mais ia chorar na vida. Estava só e com fome. A única coisa que tinha de seu era a si mesmo e suas roupas. E nenhuma das duas coisas valia lá grande coisa. Ah! Tinha também o seu destino. E três bruxas apareceram na praça para revelá-lo.

Entram três bruxas.

CENA 5 – A PROFECIA E O PACTO

BRUXA 2 – A primeira bruxa veio trazida pelos ventos, através da tênue substância de que é feito o ar. Assemelhava-se a um corvo. Uma figura velha, horrenda, terrífica, uma qualquer, filha de Maria Fonseca, uma perna fina, outra seca; neta de Romão morto, um braço curvo outro torto; prima do velho Terto, um olho fechado e certo, o outro zarolho e aberto!

BRUXA 1 (*com raiva*) – A segunda bruxa, em compensação, veio de vila em vila, se arrastando sobre a terra como serpente, cabelo que nunca viu pente, três dentes nas duas gengivas, tá viva e parece morta. Torta, corcunda atrás, na frente carranca, uma bunda magra e uma perna manca!

BRUXA 3 (*irritada*) – Ah! A terceira bruxa, no entanto, surgiu de um buraco aberto no chão. Veio do fundo da terra varando a escuridão, expulsa lá dos quintos dos infernos! Quer nos dias de verão, quer no frio do inverno cheira sempre enxofre e breu. Não se sabe o que comeu, em que pisou, mas é tal fedentina que já se fez até aposta pra saber se essa velha má, maléfica, malina usa perfume feito de estrume ou colônia feita de bosta!

TILL (*assustado*) – Ô, louco, meu! Quesquecéisso? Uma é ruim, duas pior, três é demais!

BRUXA 1 – Till! Daqui pra diante a sorte que você teve em sua vida nunca mais vai se repetir.

TILL – Como é que é a piada?

BRUXA 1 – As coisas vão piorar!

TILL – E dá?

BRUXA 2 – Não duvide do azar! Não tarda um encontro fatal!

BRUXA 3 – Vai vender a última coisa que lhe resta!

TILL – Tenho nada meu, não, dona! Só uma mãe que não sei onde está, essas roupas que ninguém vai querer e, dentro delas, o meu corpo. (*Arregala os olhos desconfiado.*) É dele que você 'tá falando, dona? Vou fazer bom negócio, pelo menos?

BRUXA 1 – Não vai receber um tostão por aquilo que vender!

TILL – Mas isso não é vender! (*Cai em si. Irritado.*) Ó, vocês podem parar de rogar praga. Arreda! Desafasta! Vade retro! Não pedi pra falar o meu destino! Não se deem a esse trabalho.
BRUXA 2 – Não é trabalho. Fazer previsões desse tipo é nosso lazer.
BRUXA 1 – A desgraça alheia é nosso divertimento.
BRUXA 3 – E o principal: não nos basta ser felizes é preciso que os outros sofram!

Gargalham enquanto dançam em volta de Till. Após um momento de perplexidade, Till gargalha e começa a dançar também. As bruxas saem, Till para o movimento e muda instantaneamente a expressão.

TILL – Tisconjuro! Revertere! Torna de volta! (*Suspira e fala consigo mesmo.*) Ai, ai! Vem cá, vamos conversar, Till! O que de bom lhe aconteceu desde que você nasceu? Nada! E o que você espera que lhe aconteça de bom daqui pra frente? Nada! E o que você pretende fazer com relação a isso tudo? Nada!
COZINHEIRO – E com tudo isso bem pesado e decidido Till resolveu tocar sua vida pra frente, andar, sair pelo mundo. E só duas coisas o incomodavam: uma era a sensação estranha de que ele tinha um buraco na cabeça, como se seu crânio fosse um coco sem água e sem recheio. A outra era uma sensação semelhante na barriga. E como no ser humano a fome dói mais que a ignorância, resolveu encher o buraco da barriga primeiro. Entrou na primeira biboca da praça daquela cidade e comeu até se fartar.

Os soldados se aproximam de Till e se postam um de cada lado dele. O meirinho traz uma corda de nó corrediço.

JUIZ – Finalmente chegou a vez de me pronunciar. Conte o que viu.
MULHER – O que vi e dou fé, seu juiz, é que esse homem (*aponta Till*) passou por mim como um pé de vento. Atrás dele esse povo todo.
HOMEM – Sou de paz, não tenho nada contra ele (*aponta Till*) nem conhecia esse homem. Mas todo mundo queria dar uns cascudos nele e eu me perguntei: por que eu também não? Em quê essas pessoas são melhores do que eu?
HOMEM 2 – Quando o povo cercou, agarrou e foi aquela confusão de segura, mata, esfola, querendo linchar na mesma da hora, eu fui contra, gritei "não"! A gente tem pouca diversão por aqui, falei, bravo mesmo, vamos levar preso! Quem sabe a gente tem um belo enforcamento.
COZINHEIRO – Comeu de tudo, seu juiz! Do bom e do melhor. Apresentei a conta: "são duas moedas. Eu sei, ele disse. Estou esperando o

troco. Dei três moedas para pagar a conta." Eu me desculpei pelo engano e fui buscar uma moeda de troco. Quando fui devolver, esse homem riu e disse: "Pode ficar, de gorjeta." Agradeci a generosidade, mas desconfiei. Uma moeda de gorjeta é muita coisa. Quebrei a cabeça por três horas. Chamei meu contador que depois de quatro horas de reflexão me colocou o seguinte enigma: por que alguém daria três moedas para pagar uma conta de duas? Arrá, eu disse, "estamos no caminho" e quinze horas depois gritei: "pega, ladrão"! E isso foi tudo!

JUIZ (*ao cozinheiro*) – Impressionante o funcionamento de seu cérebro! (*A Till.*) O senhor tem alguma espécie de bens, móveis ou imóveis? (*Till meneia a cabeça.*) Parentes ricos com herança a deixar? (*Till meneia a cabeça.*) Alguma outra perspectiva de riqueza através do jogo, rapinagem, corrupção? (*Till meneia a cabeça.*) Então você obriga a Justiça a ser implacável! Enforquem e depois esquartejem porque a função dessa gente no mundo é mostrar que a Justiça funciona!

TILL – Till foi agarrado, imobilizado e uma corda foi passada em seu pescoço.

Uma corda aperta o pescoço de Till.

JUIZ – Tem alguma coisa a dizer?

TILL (*com dificuldade*) – Estou ficando sem ar!

JUIZ – A ideia, o objetivo da coisa é esse mesmo!

TILL – Então, desculpa, não está mais aqui quem falou.

JUIZ – Quer rezar, fazer um último pedido?

TILL (*meneia a cabeça*) – Till não quis. Algo dentro dele dizia que tudo ainda não estava acabado. Que faltava sentido em tudo aquilo. E concluiu, filosoficamente, que se fosse para morrer daquele jeito não valia mesmo a pena estar vivo! Não se desesperou. E o diabo começou a perder a aposta.

COZINHEIRO – Ichi! Me lembro como se fosse hoje: deu um estalo, estrondo no ar, parece coisa, assim, que trovão sem chuva e surgiu a terrível figura! (*Entra o diabo.*) Ele, o tristonho, o sujo, o pé-de-cabra, o arrenegado, o rabudo, o dianho, o cão!

TILL – Como dizia o saudoso Carlos Queiróz Telles: "Não falha! Na pior hora da luta sempre aparece um filho da puta!"

DEMÔNIO – Venho lhe trazer a salvação!

COZINHEIRO – As pessoas da praça perderam a fala e o movimento ao ver a terrível aparição.

Pessoas congelam o movimento.

DEMÔNIO (*gargalha*) – O demônio riu, gargalhou como é de praxe e preceito e, depois, ofereceu ajuda ao pobre Till. Em troca da vida quis negociar a única coisa que pertence verdadeiramente ao homem.

TILL (*ressabiado, protegendo o baixo ventre com as mãos*) – E que coisa é essa?

DEMÔNIO – Advinha.

TILL – Não brinca assim que eu não gosto.

DEMÔNIO – É algo do fundo do seu ser.

TILL – Vam'parando com essa conversinha!

DEMÔNIO – Me dê!

TILL – Que diabo, é, seu diabo? É a alma?

DEMÔNIO – A alma pertence a Deus

TILL – O corpo?

DEMÔNIO – Pertence à terra.

TILL – Não troco! Não faço negócio! De jeito nenhum! Não sei o que é que eu tenho e que você quer, mas se está querendo demais é porque deve ter algum valor. Em troca, eu quero a vida e mais algum de volta: dinheiro… terras… fama… a imortalidade!

A um sinal do demônio a corda é puxada apertando o pescoço de Till. Sufocado Till xinga e diz palavrões ininteligíveis. Com outro gesto do demônio a corda se afrouxa.

DEMÔNIO – A troca é pau a pau! Você não tem escolha.

TILL – 'Tá bom, 'tá bom! Mas que diabo de coisa é que o senhor quer tanto assim?!

DEMÔNIO – O demônio adotou uma postura solene e uma voz cavernosa. "a última coisa que lhe resta: a consciência."

COZINHEIRO (*em direção ao público*) – Perceberam? Captaram? Estão compreendendo, de fato, mesmo, a implicação filosófica que existe por trás da aparência trivial dessa história cômica? Vejam, a premissa fundamental, a razão mais profunda, a epígrafe desse espetáculo é: a quem retiraram tudo, só resta negociar a própria consciência! Não é, realmente, profundo? Acho que é motivo até para pararmos com essa bobagem de comédia e discutirmos, cá entre nós, mais aprofundadamente, essa questão!

As pessoas da praça rompem a mobilidade e apupam o cozinheiro.

HOMEM – Vamos com esse enforcamento que tenho mais o que fazer!

MULHER – Enforquem o rabudo também!

JUIZ – Cumpram minha ordem!

MULHER – O espetáculo tem de continuar!

TILL – Espetáculo pra vocês, dona Maria! Pra mim é o meu pescoço!
DEMÔNIO – Não há mais tempo. Decide!
TILL – Já tá decidido! (*Uma figura começa a sair das costas de Till. É torta, corcunda, manca, esfarrapada. As pessoas riem.*) Ô, coisa micha! Tanta discussão por causa disso? Leva e bom proveito!
CONSCIÊNCIA – Estão rindo do quê? Em casa pobre e torta, direita e rica não é a porta! Queriam o quê? Uma consciência de primeira para uma figura estragada dessa? (*Ao demônio.*) Eu me recuso! Não aceito essa negociata!

O demônio faz um gesto e puxam a corda que enforca Till.

TILL – Desgraçada! Faz o que eu mando!
CONSCIÊNCIA – Um homem não pode viver sem sua consciência!
TILL – Eu só posso viver se não tiver consciência!
CONSCIÊNCIA – De jeito maneira!
TILL – Sua burra! Não tenho escolha!
CONSCIÊNCIA – Tem. Morra com sua consciência tranquila.
TILL (*tenta acertar a consciência*) – Eu me ferro e você fica tranquila? Eu quero é que você se lasque, se estrepe, desgraçada!
CONSCIÊNCIA – Quem vai acusá-lo dos malfeitos? Quem vai lhe inspirar a tristeza do remorso? Quem vai desviá-lo dos pecados? Da luxúria? Da gula? Quem vai afastá-lo da busca desenfreada da riqueza e dos prazeres?
TILL (*ao demônio*) – Leva e não aceito devolução! (*Demônio afrouxa a corda. Till põe a corda no pescoço da consciência.*) E se não quiser levar eu enforco essa desgraça em meu lugar! Sou um homem sem chão onde cair morto e sem terra minha pra pisar enquanto vivo! – assim gritou Till. E completou: só se eu fosse doido varrido e escovado eu ia querer esse empatador do meu lado!
CONSCIÊNCIA – Você fala isso porque está sem consciência. Você já se perguntou por que é que o diabo tanto quer me tirar de você?
TILL (*ao demônio*) – Fecha a boca dela, por favor! Cala a voz dessa consciência se não ela acaba me convencendo que é melhor eu morrer enforcado! (*Demônio grita e faz um gesto. Consciência assusta-se e emudece. Depois faz beiço e começa a chorar. Demônio puxa a corda que ata o pescoço da consciência e sai levando-a.*) Till, então, suspirou aliviado. Mas ficou aliviado por pouco tempo.
HOMEM (*indo em direção a Till*) – Porque o povo não gostou de ter ficado plantado feito besta, ali, a troco de nada!
COZINHEIRO – Como é que fica isso?
MULHER – A gente quer diversão e arte!
JUIZ – Enforquem-no!

COZINHEIRO – E começou de novo a grita, a vociferação, as ameaças, a balbúrdia da turba na qual eu me inclui com a alma disposta e alegre. Mas, para tristeza nossa, o indigitado Till desapareceu no meio do som de explosão, fumaça e fedor de enxofre! Dizem que Till foi visto cruzando os ares nas costas do demônio. Isso não posso afirmar. Afirmo apenas o que sei. Sei apenas o que vi. O que vi dou fé. O que dou fé me esqueci.

CENA 6 – A PRIMEIRA AVENTURA DE UM HOMEM SEM CONSCIÊNCIA

Os cegos Doroteu e Alceu entram, um tocando com a mão o ombro do outro, guiados por Borromeu. Subitamente Borromeu grita e para. Doroteu tromba com Borromeu.

BORROMEU – Olha por onde anda, peste!

DOROTEU – Olhar eu olho, mas não enxergo!

ALCEU – O que foi? Que aconteceu?

BORROMEU – Não ficamos mais nem um dia nessa cidade.

DOROTEU – Mas acabamos de chegar, Borromeu, nem deu tempo de ver direito!

BORROMEU – Esmolas! Por isso estamos aqui, Doroteu! Não viemos fazer turismo.

ALCEU – Mas bem que eu queria! Um dia eu vou ser rico, viajar por todo mundo e vou ter alguém que descreva com cores e detalhes as paisagens que não vou ver.

BORROMEU – Pra ficar ricos precisamos de esmolas, dinheiro, coisa que nunca teremos por aqui nesse lugarzinho fuleiro. Beterrabas! Não aguento mais comer, nem cheirar beterrabas, nem imaginar a cor roxa que dizem que elas têm! Não aguento mais receber beterrabas como esmola! Começo a ver a luzinha clara de uma grande ideia!

ALCEU – Ver de verdade?

BORROMEU – Não, idiota, na imaginação! Vamos nos alistar numa cruzada!

DOROTEU (*irritado*) – E quem vai aceitar três cegos numa cruzada? Pra que três cegos numa cruzada? É alguma comédia? O objetivo é matar os muçulmanos de rir ao verem um batalhão de cegos marchando contra eles?

BORROMEU – O pior cego é aquele que não quer ver!

DOROTEU – Já te falei que odeio esse provérbio. E, depois, querer eu quero só que não consigo ver lógica na sua ideia.

BORROMEU – É só mudar o ponto de vista! Veja: vamos formar um batalhão noturno e combater em noite sem lua. Estaremos em igualdade de condições com os infiéis e com ouvidos melhores. Só precisamos de um guia que nos aponte a direção do inimigo.

DOROTEU – Que adianta apontar?

BORROMEU – Vam'parar com essas piadinhas infames sobre cegos! Vamos resgatar o Santo Sepulcro das mãos dos infiéis! Vamos ficar ricos pedindo esmolas em Jerusalém! E quem sabe, se não morrermos, Deus não nos dá a visão como recompensa?

ALCEU – E se morrermos na guerra?

BORROMEU – Aí vamos pro céu! Onde não há fome nem cegueira! Vale a pena de qualquer jeito! Vam'bora, cambada! (*Levanta-se e às apalpadelas dirige-se para o público narrando.*) E assim, guiados por Borromeu... (*Para indeciso, dá um quarto de volta, ficando de perfil para o público. Sorri.*) Desculpe. E assim, guiados por Borromeu, os três cegos saíram amassando barro pelos caminhos e aldeias medievais naquele começo de inverno.

DOROTEU (*narrando na direção contrária de Borromeu*) – Doroteu não suportava o autoritarismo de Borromeu. "Um dia ele vai ver! Um dia ele vai ver!", Doroteu vivia repetindo. E isso, ao contrário do que se possa imaginar, não era um bom augúrio, nem era desejo de que Borromeu recuperasse a visão!

ALCEU – Alceu era um otimista, um cego bonachão e ingênuo que acreditava que a vida era cor de rosa, embora nem sonhasse que raio de cor era essa.

Cada um vai por uma direção. Borromeu grita.

BORROMEU – Atrás de mim. Por aqui! (*Os dois ouvem e caminham na direção certa. Os três cantam.*)

Quando virmos as torres de Jerusalém
Estaremos além da miséria do mundo
No fundo da alma com Deus, afinal
Além do cansaço, do abraço do Mal.
(*Saem. Entra Till.*)

TILL – Não se passou muito tempo e Till veio bater naquela mesma cidade. Chegou exausto, faminto e a primeira pessoa que viu foi um padre.

PADRE – Afirmam que esse padre gostava de três coisas, das quais não gostava de se separar: Primeiro, de toda e qualquer moeda que pudesse agarrar. Segundo, de uma cozinheira mimosa e de boas carnes que vivia em sua casa e, terceiro, de um cavalo baio que era motivo de inveja de toda cidade.

TILL – Padre, tenho fome!

PADRE – Eu também, meu filho. Três vezes por dia.

TILL – O senhor não poderia…

PADRE – Posso, com certeza. Deus lhe abençoe!

TILL – Não era bem isso que eu queria.

PADRE – Não recuse nenhum bem do espírito, pois lhe será negado qualquer bem material! O que o senhor queria mesmo?

Till estende a mão para pedir, mas desiste e soca, irritado, a própria mão.

TILL – Está bem, me dê primeiro a benção.

PADRE – Não, senhor! Você acabou de recusar, se desmereceu! E se me pedisse pão, agora, eu negaria. Só lhe daria alimento depois de três dias de jejum e penitência.

TILL – ‘tô lascado! Aquele padre, além de ser avarento, canhengue, migalheiro, ridico, se julgava o homem mais esperto do lugar.

PADRE – E sou mesmo! ‘tá pra nascer quem me passe pra trás! E o padre riu com gosto do aperto do nosso herói e pensou como se aproveitar daquele viajante faminto.

TILL – Quer dizer que uma esmola nem pensar, né?

PADRE – Não, porque não tenho nada de meu. Tudo que tenho pertence a Deus.

TILL – E Deus não me daria, né?

PADRE – Deus sempre dá, meu filho: bênçãos, luzes, riquezas, comida do corpo e do espírito, mas nunca diretamente! Existe sempre um representante que…

TILL – Sei, sei. Um intermediário, um despachante, um atravessador…

PADRE – Mas sua penitência pode ser trabalhar pra mim. E, como você está meio fraco e sou um homem bom, você só terá de fazer metade do trabalho que minha cozinheira mandar. E, após três dias de jejum, você poderá comer tudo que eu comer e beber!

TILL – E, que mal lhe pergunte, o senhor come bem?

PADRE – Do bom, do melhor e em quantidade: carnes, assados, pães, vinhos finos, queijos… E o tonto aceitou o trato!

COZINHEIRA (*entra e grita*) – Till! Vai rachar toda a lenha que você vê aí!

TILL – Ave, Maria, dona! Pra fazer tudo isso vou gastar uma semana!

PADRE – Faz só metade.

TILL – E o pobre Till trabalhou exatos três dias e meio sonhando com as iguarias prometidas. (*Atores entram com pratos de iguarias.*) Mas valeu a pena viver pra ver tantos assados, guisados, tostados, cozidos, fritados, grelhados, flambados, à sua frente. A suave composição daquelas cores e formas, a harmonia emocionante dos cheiros e volumes mexeram com a sensibilidade de Till e uma lágrima furtiva rolou em seu rosto.

PADRE – Como lhe prometi, Till, tudo o que eu comer você pode comer também!

Padre começa a comer um frango. Till tenta pegar as iguarias, mas os atores com os pratos fogem dele. Till consegue agarrar um ator.

TILL – Padre!

PADRE – Tudo o que eu comer Till!

TILL – Então manda ele dar!

PADRE (*explicativo*) – Tudo o que eu comer. Esse aí ainda não comi! (*Ri. Aponta o esqueleto do frango que comeu.*) Este aqui eu já comi. Sirva-se!

Padre ri mais. Till, depois de um instante de estupefação ao ver todo mundo rindo, gargalha tanto quanto o padre. Subitamente para o riso e, resignado, dirige-se ao prato de restos.

TILL – Till pensou em fugir, rosnar, matar, bater, gritar, chorar, mas não se sabe por que – talvez por ausência de inteligência útil ou por falta de sua consciência, resignou-se.

COZINHEIRA – E a vida continuou. Eu pedia sempre o dobro do trabalho possível de ser feito num dia para que ele fizesse só metade e passasse o dia todo trabalhando.

PADRE – E o padre além de dinheiro, de sua cozinheira e de seu cavalo passou também a gostar muito de seu empregado. Um dia Till amanheceu doente. (*Till entra gemendo.*) O que foi Till?

TILL – Dói aqui no socavão do ventre, do lado do buraco dos intestinos, atrás daquela cavidade que tem perto do orifício daquela brecha entre o fígado e o rim que parece que é uma bola sem nada dentro! Eu vou morrer!

PADRE – Ah, que prejuízo! Talvez um médico... (*Reconsidera.*) Um médico vai cobrar consulta, pedir remédio... Cuida da alma, meu filho!

TILL – É isso que eu quero, padre. Quero confessar, mas não sei se devo, não sei se posso... não mereço perdão! Não mereço, não mereço!

PADRE – Todo pecador arrependido merece, meu filho! Fale! (*Till fixa o rosto do padre e chora desesperado.*) Confessa, meu filho!

TILL – É um pecado conta Deus...

PADRE – Todos são, filho.

TILL – E contra o senhor, padre!

PADRE – Roubou dinheiro meu?

TILL – Não, padre!

PADRE – Tudo é perdoável, filho.

TILL – Será que devo?

PADRE – Descarregue o peso, filho.

TILL – Eu dormi com a cozinheira.

PADRE (*afasta-se, aos berros, narrando*) – O padre ficou fulo da vida, furioso, roído pelo verme do ciúme e pela ira da vingança! Filho... (*Muda a intenção da frase contendo-se.*) meu! É muito grave!

TILL – Foi só uma vez... por dia durante três meses com exceção dos dias santos, domingos e feriados que a gente dobrava a dose!

PADRE – Não posso mais ouvir! (*Afasta-se furioso.*)

TILL – Preciso confessar tudo, padre. Onde, quando, como foi...

PADRE – Não quero saber!

TILL – Então me dê o perdão, padre, que já vou morrer.

PADRE – Eu te absolvo! E, agora, morra! (*Anda de lá pra cá, transtornado, enquanto Till se diverte.*) O padre ficou transtornado, com vontade de descadeirar a desgraçada. Rosnou, gemeu, chorou, uivou, mugiu e decidiu aplicar um corretivo na mulher.

COZINHEIRA – A cozinheira negou, jurou, pediu, falou que era mentira, invenção do amaldiçoado empregado. Jacaré ouviu? Nem o padre! A surra da cozinheira foi lembrada por quatrocentos anos na região. Coitada! Como meu pai dizia, corno furioso é uma das forças da natureza! (*Geme.*) Ai! Está doendo.

PADRE – Desculpa, mas está doendo mais em mim que em você!

COZINHEIRA – Era mentira dele!

PADRE – Um homem não mente no leito de morte. (*Entra Till assobiando.*) Sarou rápido, hein?

TILL – A confissão fez o milagre. Estou indo falar com o bispo. Ouvi dizer que é muito severo. O senhor violou o segredo da confissão. Com muita sorte o senhor só vai ser excomungado.

COZINHEIRA – Não falei, sua besta?

PADRE – Till, você não pode fazer isso, filho.

TILL – Poder eu posso, mas o senhor pode me convencer.

PADRE – Que que eu faço pra te agradar?

TILL – Já está começando a ser agradável, padre.

PADRE – Pediu meu cavalo, o animal mais bonito da região, em troca do seu segredo e se foi. Maldito!

TILL – E Till pensou que sua sorte tinha mudado e negociou o cavalo com uns ciganos em troca de uma vaca leiteira que descobriu depois ser um boi velho e roubado. Deu o boi a dois frades mendicantes em troca de uma cabrita cega de um olho que vendeu numa feira por uma moeda de prata. Falsa. E no tempo que gastei para contar isso estava

Till, de novo, miserável e só no mundo. Um mundo que se tornava hostil e frio com a chegada das primeiras nevascas. E Till só pensava uma coisa: como se manter vivo até o final daquela estação bruta.

CENA 7 – COMO FUNCIONA A CABEÇA DE TILL E O QUE ELE FEZ PARA SOBREVIVER NO INVERNO

ATOR – O inverno naquele ano foi especialmente longo e rigoroso. E Till ficava parado com um ar pasmado e um sorriso sem sentido no meio da neve. Quem passasse e o visse ia imaginar que fosse um daqueles camponeses tolos, tão comuns nas histórias medievais. Não, Till é diferente.

ATRIZ – Porque a cabeça de Till é um caso médico raro. Seu córtex cerebral está comprometido e lhe falta o elemento que organiza as ideias, que dá ordem, estabelece prioridades. A cabeça de Till é confusa como quarto de adolescente, bolsa de mulher, gaveta de funcionário público, estômago de gordo em rodízio de pizza. Confusa como explicação de marido pego no "flagra" pela mulher.

ATOR – Neste momento, por exemplo, por causa do mal funcionamento de seu cérebro, Till está com duas grandes preocupações: uma é porque prometeu sair voando do telhado mais alto da cidade e outra é porque vendeu bosta como se fosse sebo. Mas, para um bom entendimento, é melhor começar do princípio.

TILL – Em algumas cidades medievais as pessoas colocavam as fezes em barris que, depois de cheios, eram lançados em rios. Um método moderno e higiênico de destinação de esgoto que até hoje é utilizado. Daí que, como era inverno e a merda toda estava congelada, Till teve a grande ideia de cobrir a parte de cima com uma fina camada de gordura e vender como se fosse barril de sebo. São doze moedas.

COMERCIANTE – Só dou seis.

TILL – São oito barris. Pague pelo menos dez moedas.

COMERCIANTE – Seis.

TILL – De jeito nenhum.

COMERCIANTE – Então, leve os barris.

TILL – Não vou levar de volta. Oito.

COMERCIANTE – Seis! Soube que você vendeu outros vinte barris pela cidade. Ninguém mais vai comprar seu sebo.

TILL – Está bem, seis!

COMERCIANTE – Cinco!

TILL – Cinco?! Por esse preço, mas nem se eu vendesse bosta! Agora só vendo se for por oito.

COMERCIANTE – Quatro e olha que eu posso baixar para três!

TILL – E eu posso aumentar pra nove!

COMERCIANTE – Está bem, cinco! Como é duro negociar com você! (*Comerciante paga.*) Fiz um bom negócio. Paguei dez vezes menos e o dinheiro de Till acabou antes de acabar o inverno. E Till teve medo que o sol da primavera fosse iluminar seu corpo duro, congelado e morto.

TILL – Till quebrou a cabeça, mas nenhuma ideia útil lhe veio. Voltou ao comerciante.

COMERCIANTE – Como é?

TILL – Isso mesmo que você ouviu. Me alimente o resto do inverno e, no primeiro dia da primavera vou sair voando, no ar, como passarinho, do telhado do seu armazém.

COMERCIANTE – A notícia que o idiota do Till voaria se espalhou pela redondeza.

CAMPONESA – Veio gente de tudo quanto é buraco e grota desse mundo de Deus: camponeses, mendigos, vilões, bandidos, contrabandistas, estudantes, romeiros.

VELHO – Eu não morro sem ver isso!

ALEIJADO – Se ele voar ele é anjo. Se é anjo ele vai me curar!

BANDIDO – Andei cem quilômetros pra ver esse Till voar. Vai ter de voar de qualquer jeito!

CAMPONESA – Olha lá! Ele já está no telhado.

O povo olha pra cima com aplausos e interjeições de espanto.

VELHO – Vai voar!

BANDIDO – Se planar só, pra mim, já tá bom.

COMERCIANTE – Sobe!

TILL – Estou indo! Não precisa empurrar! Quando estava faminto, Till pensou em comer do bom e do melhor e depois se lançar nos ares, do alto do telhado. Se Deus quisesse Ele que amparasse sua queda, senão, esborrachar e morrer de vez era melhor do que morrer à míngua. Mas comida faz milagres e, o pior, vicia! E agora, bem alimentado, Till não só não quer morrer como quer continuar comendo bem.

Till olha pra baixo. Começa a agitar os braços como se fosse voar.

VELHO (*olhando pra cima*) – Vai voar! Já ‘tá batendo as asas!

CAMPONESA – Por que bate tanto?

ALEIJADO – Pra costumar o corpo. Ele ficou parado durante todo o inverno.

VELHO – ‘tá debruçando voo! Vai decolar!

ALEIJADO – Vai pro céu!

TILL – Vou voar e vocês vão arregalar os olhos de admiração, rir e festejar! Ou, então, vou me estatelar e vocês vão se assustar, sentir, chorar de emoção! Tá bom de qualquer jeito, né? Vocês se divertem de graça e o idiota do Till paga o preço? Vão se lascar! Vêm aqui pra ver um homem voar e depois o idiota sou eu! Se alguém aí dissesse que ia voar eu não acreditava, cambada de tonto! Sou passarinho, lote de besta?!

BANDIDO – Teve gente que riu. Eu rosnei: Vai voar do seu jeito ou vai voar do meu! E aí, foi grito de pega, esfola!

TILL – Silêncio! Primeiro que quem teve a ideia dessa velhacaria foi esse comerciante!

COMERCIANTE – Eu??

TILL – E, depois, que eu até voo se alguém me disser que cheiro desgraçado é esse?

CAMPONESA – Ai, meu Deus! Esqueci de contar que quando amanheceu o dia os homens, antes de vir para a praça, colocaram os barris no fogo para derreter o sebo e engraxar os couros. (*Cheiram o ar.*)

VELHO – É assado de bosta!

CAMPONESA – Cozido de estrume!

BANDIDO – Sopa de merda!

TILL – O cheiro matou velho, derrubou cavalo, espantou criança, desnorteou a praça, fez mulher parir antes do tempo. O povo desabelhou para os quatro cantos do mundo. E, assim, Till fugiu pelos telhados e sobreviveu ao inverno.

CENA 8 – UMA DISCUSSÃO NO ESCURO

Fora de cena ouve-se o canto dos cegos.

Quando virmos as torres de Jerusalém
Estaremos além da miséria do mundo
No fundo da alma com Deus, afinal
Além do cansaço, do abraço do Mal.

Entra em cena o cego Borromeu portando um cajado, seguido de Doroteu. Nos bastidores, som de gente que tropeça, cai e geme. Percebe-se, pelo movimento das cortinas, que alguém tenta entrar no palco, mas não consegue achar a abertura.

ALCEU – Borromeu! Doroteu! (*Alceu entra.*) Vocês ainda estão aí? Não me deixem sozinho! (*Borromeu faz gesto e som de "psiu" a Doroteu.*)

Vocês estão aí, não estão? Estão brincando comigo, eu sei. (*Longa pausa. Temeroso.*) Borromeu! Doroteu!

Os dois gritam assustando Alceu. Riem e sentam-se.

DOROTEU – Onde estamos?

BORROMEU – Pouco importa onde estamos. O importante na vida é chegar onde queremos!

DOROTEU (*desalentado*) – Eu sabia! Estamos perdidos de novo! (*Entra um rapazinho. Vê os três cegos e sorri sacana.*) Você é um guia de bosta, Borromeu!

BORROMEU – Sou de bosta, mas sou guia!

DOROTEU – Pois acho que está na hora de mudar de guia. Que você acha, Alceu?

BORROMEU – O Alceu não acha nada! Alceu não tem cabeça nem visão pra decidir! (*Rapazinho se aproxima e dá um cascudo na cabeça de Borromeu.*) Ai! Quem me bateu? (*Pausa. Com intenção.*) Aquilo de sempre! (*aparentando irritação*) Foi você, Doroteu!

DOROTEU – Eu, não! (*Rapazinho dá um cascudo em Doroteu.*) Não me bata, Alceu!

Os três seguram o cajado.

ALCEU – Não fui eu... um, dois, três!

Levantam-se rapidamente e giram o cajado em volta de si cobrindo toda a extensão em volta. Doroteu percebe o intruso com o cajado. Tudo é feito com uma precisão e rapidez incríveis. Logo o rapazinho está preso entre os cajados.

DOROTEU – Peguei! É só um menino!

BORROMEU – Que pena. Só vai dar pra comer três dias.

DOROTEU – Deixa de ser guloso. O menino tem carne pra uma semana.

ALCEU – Ninguém vai comer o rapazinho! Vamos furar os olhos dele pra ele ficar com a gente igual vocês fizeram comigo, lembram? (*O menino apavorado se solta e foge. Os três cegos riem e se sentam novamente. Ficam silenciosos.*) Tive um sonho.

Doroteu e Borromeu aproximam-se interessados.

DOROTEU – O que viu no sonho?

ALCEU – Ver, não vi nada!

BORROMEU – Nós sabemos, sua besta! Você é cego e idiota de nascença! É só jeito de falar.

ALCEU – Sonhei com bolo. Estava tudo escuro, como sempre. Aí senti o cheiro forte de morangos e mel. Depois me veio a delícia do gosto à boca. Aí, um pouco mais longe ouvi o crepitar do fogo e uma voz que cantava uma canção muito antiga. Me aproximei da voz e senti o cheiro da minha mãe. Era minha mãe que cantava. Logo, junto com o cheiro, senti o calor dos braços dela. Aí, me senti aquecido e pequeno em seu colo, sentindo o cheiro de sua pele quando ela me umedeceu os lábios com um beijo. E senti na boca o gosto doce da massa de morango e mel que ela me punha na boca, enquanto cantava aquela antiga canção.

BORROMEU – Diacho! Por que só o Alceu sonha?

DOROTEU – É uma benção.

BORROMEU – Que benção? Ele é tão pecador quanto nós.

ALCEU – Talvez quando a gente chegar a Jerusalém vocês comecem a sonhar também.

DOROTEU – Com um novo guia, talvez a gente chegue. (*Passa um camponês.*) Senhor, onde estamos?

CAMPONÊS – Dentro de nossas roupas.

DOROTEU – Em que lugar?

CAMPONÊS – Em cima das sandálias.

DOROTEU (*com paciência*) – E onde estão nossas sandálias?

CAMPONÊS – Sobre o mundo. E no caminho que, depois de três meses de caminhada, vai dar no mar.

DOROTEU – Ótimo! E como chegamos ao mar?

CAMPONÊS – Siga reto na direção daquela árvore de flor amarela na planície. Lá, vire à esquerda na direção daquelas montanhas. Vire à direita e quando vir um rochedo comprido, dobre à esquerda e siga a estrada que vocês vão ver à direita de um carvalho, até o fim. (*Camponês não se contém e ri.*)

DOROTEU (*com gentileza*) – Que Deus lhe conceda a vida eterna. E que o diabo lhe soque pimenta e pólvora no rabo e ateie fogo. E a labareda nunca se extinga!

BORROMEU – Que em sua terra cresçam beterrabas viçosas do mesmo tamanho dos furúnculos que hão de lhe nascer na bunda!

ALCEU – Que Deus lhe dê verrugas nas partes como deu estrelas ao céu!

CAMPONÊS – Cego ou não, vocês merecem é surra!

DOROTEU – E que, por fim, aquilo que você mais preza, murche, tombe e nunca mais se aprume como uma flor no deserto.

Camponês foge assustado com as maldições. Cegos riem e saem cantando.

CENA 9 – DE COMO TILL TORNA-SE MÉDICO E CURA TODOS OS DOENTES DE UMA CIDADE

Entra um homem esfarrapado andando de muletas. Estende a mão em direção ao público. Começa com voz monocórdica a pedir esmola.

DOENTE 1 – Dai uma esmola. Sou doente, pobre e não sou ladrão. Estou nessa situação por causa do meu destino. Já fui jovem, fui menino, minha vida foi agrura, de sua mão peço moeda, da mão de Deus espero a cura. (*Mendigo distorce o rosto e suspira algumas vezes não contendo o choro.*) 'tô assim nessa situação por causa do…

Não se entende uma única palavra de sua fala "chorada" embora se perceba que ele conta uma história. A única coisa que se entende, de vez em quando, é a palavra "Till". Entra outro homem de bengala e com bandagens sobre a cabeça.

DOENTE 2 – O que ele quer dizer é que estamos assim porque aquele desgraçado, descarado, malino do Till, aquilo é filhote do cão do inferno, sujeito sem alma e sem fé! Imagina que aquele comparsa do demônio – Oh, sujeito maldiçoado!, torto, sem Deus…

DOENTE 1 – Ele chegou onde a gente 'tava e… (*Começa a chorar e a contar de maneira que nada se entenda a não ser "Till".*)

DOENTE 2 – Deixa que eu conto. O traste, o trapo, o capeta sem dó, manquitola dos infernos… mas me dá uma raiva tão grande quando falo nele! Pois a gente 'tava doente no Hospital… (*Doente chora mais alto e tenta contar sem resultado.*) 'tão vendo? Aquilo é o demo! Sujeito malsarado que não presta pra troco! Aquilo é homem desinteirado das ideias…

MULHER (*entrando*) – O que eles estão querendo dizer é que Till chegou numa cidade e inventou que era médico. Receitava purgativos e fazia sangrias, aplicava sanguessugas.

TILL (*trata de um doente*) – Inventou, não! Till foi médico reconhecido! E tinha uma teoria. (*Professoral.*) O problema todo está no sangue. Uma inflamação é um ajuntamento sanguíneo! Um corte dói e sangra. Varizes estão cheias de sangue, assim como vesículas e tumores. Donde se conclui que o sangue é o responsável pelas inflamações, dores, vesículas e tumores! Vê! Um fígado, um coração, um intestino quer sair do lugar onde Deus colocou? Não. O sangue é o contrário. O sangue é um herege revoltoso que quer sempre escapulir dos caminhos feitos por Deus que são as veias! (*A um ajudante.*) Aplica! (*Doente se debate.*)

AJUDANTE – Quantas sanguessugas? Ele está agitado.

TILL – Tem sangue demais. Põe quinze!

Doente emite um gemido cômico de resistência. Ajudante põe sanguessugas no doente.

AJUDANTE – Está relaxando. Está ficando calmo. Está ficando azul. Está ficando morto.

TILL – Uma pena. Estamos no caminho certo. Esse quase que consegue viver sem sangue nenhum. (*Till vai a outro doente.*) E esse? Está quieto por quê?

AJUDANTE – É aquele que chegou aqui muito ruim. Está quieto porque está morto.

TILL – Pelo menos morreu muito melhorado. E assim Till ganhou renome porque cliente morto não reclama e os poucos que sobreviveram alastraram sua fama.

DOENTE 1 – Foi então que Till chegou ao Hospital e aí... (*Começa a chorar novamente.*)

DOENTE 2 – E, aí, aquele sujeito que eu nem falo o nome, aquele coisa ruim, salafrário, embrulhão, excomungado, que eu nem consigo lembrar sem ficar com raiva daquela peste negra, bubônica, suína...

MULHER – E, aí, que ele ia ganhar um dinheirão do diretor do Hospital se curasse todos os doentes, pra mais de trezentos! Daí que ele chegou e disse:

TILL (*a um paciente*) – Ó, gostei de você. Vou lhe contar um segredo. Jura que não vai contar pra ninguém?

PACIENTE – Sim, senhor, doutor.

TILL – Prometi curar todos os doentes, mas pra fazer isso eu vou ter de fazer um remédio milagroso.

PACIENTE – Vou ficar bom? Deus lhe abençoe.

TILL – Mas pra fazer o remédio vou ter de pegar um de vocês, torrar no fogo até virar cinzas, fazer o remédio do que sobrar e dar para os outros tomarem.

PACIENTE (*grita*) – Ave, Maria! É assim, é?

TILL – Psiu! Infelizmente é.

PACIENTE – E quem vai ser torrado, pelo amor de Deus?

TILL – O mais doente de vocês ou aquele que não puder mais andar.

DOENTE 1 – O desalmado falou a mesma coisa pra cada doente...

DOENTE 2 – E dois dias depois veio com o diretor do Hospital e gritou:

TILL – Quem não estiver doente vai lá pra fora!

DOENTE 2 – Foi uma Sodoma e Gomorra, com os doentes formigando pra fora do Hospital que não ficou um! Eu mesmo quase que não escapo.

Doentes saem em atropelo. Till vai falar algo, mas desiste. Compõe uma expressão de acabrunhamento.

TILL (*meio chateado*) – Till saiu da cidade antes que os doentes voltassem. Pegou a estrada sem destino certo e, no caminho, enganou, mentiu, vendeu o que não era seu, comprou o que não ia pagar, cuspiu no prato que comeu pelas aldeias e cidades. E pela primeira vez começou a ter momentos de melancolia e tristeza. Uma noite olhou o mar de estrelas no céu e quis ser um daqueles pontos do firmamento. Imóvel. E filosofou: "na vida não se deve mijar contra o vento. E só se caga no caminho que não vamos passar." E de posse dessas duas verdades quis voltar à sua aldeia. Tinha saudades de sua mãe. Queria revê-la, abraçá-la, e quando ela se distraísse de satisfação, zap! – ia voltar pra dentro do útero. De onde nunca devia ter saído.

CENA 10 – AS AGRURAS DE UMA MÃE

MÃE (*entrando*) – Sua mãe, no entanto, padecia dois profundos remorsos. O primeiro e o maior era o de ter posto no mundo o imprestável Till. O segundo era o de ter enjeitado o próprio filho. Vai entender! O coração humano é mesmo insondável e com isso quero dizer que a gente sente e faz besteira que não consegue explicar. E foi assim que a mãe de Till saiu peregrinando pelo mundo a procura do filho. E ela não soube, mas não ter encontrado o filho foi a sorte grande de sua vida. Filho! Filho! Meu filho!

TILL (*entrando*) – Mãe! Mãe! Minha mãe!

Till e mãe se encontram e se abraçam, se beijam e choram emocionados.

MÃE (*abraçada a Till*) – Esse encontro não aconteceu mas se, de fato, tivesse existido, a emoção do reencontro teria durado exatos três minutos e quarenta segundos. (*Separam-se.*)

TILL (*sorridente*) – Deixa lhe ver direito (*corta o sorriso*) envelheceu!

MÃE – São os filhos que envelhecem os pais! Quanto tempo você vai ficar?

TILL – Bem...

MÃE – Tempo demais! Você podia pelo menos arrumar um trabalho decente pra garantir minha velhice. E quando vai casar?

TILL – Não pensei ainda!

MÃE – É bom mesmo! Não quero você casado nem juntado com as vagabundas que você deve de gostar!

TILL – Mãe, eu só vim a procura de sossego, de paz, de calor humano. Só quero ficar num canto, quieto, sem preocupações.

MÃE – Nem pensar! Pro meu útero você não volta! E vai cortar esse cabelo e não volte tarde porque na minha casa é nas minhas regras!
TILL – Saco! Por que que eu voltei?
MÃE – É pra isso! É pra isso que a gente põe filho no mundo!
TILL – Eu não aguento mais!
MÃE – A vida é sofrer!
TILL – Eu vou embora, já que eu nunca devia ter vindo!
MÃE – Você ainda me mata! Quando eu estiver estendida num caixão... (*Se abraçam.*) Mas graças ao bom destino essa cena não aconteceu o que foi uma sorte muito grande.

Empurram-se.

TILL – Primeiro, porque nos poupou da representação de um drama bastante enfadonho.
MÃE – E, depois, porque conservou neles o desejo lírico do reencontro. E nós acabamos de ver que tem coisas que é melhor desejar do que conseguir. (*Os dois clamam desencontrando-se pelo palco.*) Filho! Filho! Meu filho!
TILL – Mãe! Mãe! Minha mãe!
MÃE – E enquanto Till, em sua aldeia natal, pensava no que fazer depois de não ter encontrado sua mãe, esta, ou seja, eu percorria montanhas e vales, caminhos e vielas, cidades e lugarejos clamando por meu filho! Vocês não imaginam como dói a culpa e o remorso de um coração de mãe. É maior do que podemos suportar! É um retalhar de nervos, um golpear a punhal o fundo da carne, é ferir as fibras mais íntimas da alma!
TILL (*que permaneceu em cena, iluminado, sentado*) – Prestem um pouco de atenção em mim também! Estou aqui, quieto, parado, mas estou vivendo um processo interior fundamental e de muita importância no desenvolvimento da trama! (*Adota uma expressão completamente inexpressiva.*)
MÃE (*dramática*) – Till! Till, meu filho! (*Entram três camponeses.*) Por caridade, por misericórdia e por vossa bondade, senhores, viram meu filho perdido?
CAMPONÊS 1 – Como é seu filho, dona?
MÃE – É um modelo de beleza e respeito, orgulho de seus pais, inveja dos vizinhos, alegria dos amigos.
CAMPONÊS 2 – Alegria dos amigos me lembra sua ex-mulher, Teófilo. (*Os dois camponeses riem do terceiro que emburra.*) Vimos, não, dona! Estamos é caçando pra pagar as penas do inferno em vida um sujeitinho sem mãe!
CAMPONÊS 3 – O canalha está sendo buscado em toda região.

MÃE – O que ele fez?

CAMPONÊS 1 – Tudo. Na minha cidade, na frente da prefeitura, começou a enfiar pedrinhas no chão. Disse que estava plantando semente de gente à toa. O povo riu e disse que ali já tinha demais. Chegou o prefeito e perguntou por que não fazia algo de útil e plantava gente honesta. Ele disse que ali, naquela terra, não crescia. E antes que o prefeito mandasse prendê-lo, baixou as calças, virou para o povo aquela bunda branca com um diminuto alvo marrom no centro equidistante das bordas e saiu de carreira deixando raiva e riso.

CAMPONÊS 2 – Na minha cidade convenceu o prefeito que era um grande mestre-alfaiate e que ia revelar o segredo de sua profissão. Foi uma semana de preparativos para a convenção, vieram alfaiates de todo lugar, enquanto ele comia do bom e do melhor. Na hora disse que o segredo da profissão era quando se passar a linha pela agulha não esquecer de dar um nozinho na ponta da linha!

CAMPONÊS 3 – Na minha cidade, pediu doze moedas para expulsar os mendigos da praça da catedral. Pagaram e ele fez o que prometeu: cagou toda praça, besuntou pórticos, colunas, janelas. Uma fedentina que expulsou até urubu da praça.

CAMPONÊS 1 – Roubou no peso da carne, enganou na venda do leite, fez falcatrua...

CAMPONÊS 2 – Roubou muleta de aleijado, esmola de santo, anel de bispo...

CAMPONÊS 3 – Vendeu o que não entregou, cobrou o que não vendeu. Aquilo não tem mãe. E se tem, é uma bruaca pecadora, uma mulher à toa, uma bruxa pervertida que merece a fogueira na terra e as penas no inferno por ter posto um filho desse no mundo! O Till é um demoniado!

MÃE – Till? Till Eulenspiegel?

CAMPONÊS 1 – Ele mesmo! A senhora conhece? Onde foi que a senhora viu? É seu filho?

MÃE – Meu? Não! Não pari. Não vi. Não conheço. Não conheci. Se conheci não me lembro, e se alguma vez me lembrei, já esqueci. Deus abençoe a vocês todos e tenha dó de mim. (*Sai correndo.*)

CENA 11 – TILL RETOMA SUAS ANDANÇAS

CAMPONÊS 2 – Em sua aldeia Till anda meio tristonho. Além de não encontrar sua mãe, volta e meia lhe vem a sensação de um buraco na cabeça e de um segundo buraco na alma. Dizem que o demônio se divertia com as ciladas que armava para levar Till ao desespero.

CAMPONÊS 3 – Dizem também que Deus se regozijava em submetê-lo a todas essas provas para provar a qualidade da fé e da resistência dessa sua criatura.

CAMPONÊS 1 – O único que não se divertia ali era Till. (*Till, emburrado, dá de ombros.*) Porque nem a consciência do que fazia ele tinha.

CAMPONÊS 2 – Foi nesse instante que uma centelha de luz lhe passou pelo cérebro. E ele pensou que a falta de consciência talvez fosse a explicação para aquela sensação de vazio.

CAMPONÊS 3 – E enquanto nós procurávamos Till para lhe arrancar o couro do lombo, ele percorria outros caminhos, decidido a recuperar sua consciência, renegociando sua dívida com o demônio. Naquela época ainda não existiam bancos, mas não sabemos o que é pior.

CAMPONÊS 1 – Mas enquanto não recobrava sua consciência, o tralha do Till se aproveitava da ausência dela e continuava com suas presepadas.

Till portando numa das mãos um crânio humano prega a uma multidão.

TILL – Expulso demônios, vendo indulgências, sou despachante das graças divinas, sou corretor de lotes no céu! Mas o que de principal vim fazer aqui foi cumprir uma ordem de São Brendan. (*Ergue o crânio e repete o nome do santo, escandindo as sílabas como se algumas pessoas não tivessem entendido.*) São Brendan! Ele me enviou com a missão de construir uma nova igreja. Para isso me ordenou o santo arrecadar dinheiro de todos, mas nunca, nem sob a dor da morte, eu me permitirei aceitar doações de mulheres que tenham sido adúlteras! (*Os homens e as mulheres se entreolham.*) E se aqui existirem tais mulheres que se retirem agora! Eu não aceitarei seu dinheiro e suas indecências serão reveladas a mim. (*Encosta o crânio em sua testa e depois em seu ouvido. Grita como pastor.*) As adúlteras saiam! Revele a mim San Brendan os pecados delas! As puras cumpram o pedido do santo. (*Till faz expressões de quem ouve algo revelador ou libidinoso. O povo mantém-se em expectativa.*) Maria? Isabel? Quem? Não? (*Ao povo.*) Silêncio que não estou ouvindo direito!

As mulheres assustadas rapidamente se desfazem de suas moedas ou joias, pegam dinheiro de seus maridos e doam para provar que são puras. Till oferece o crânio para ser beijado.

CAMPONÊS 1 – E carregado de joias e dinheiro o larápio, intrujão, embrulhão, enganador continuou suas andanças. E um dia, num caminho, encontrou os três cegos que se dirigiam a Jerusalém. (*Entram os cegos cantando.*)

CEGOS – Quando virmos as torres de Jerusalém
Estaremos além da miséria do mundo
No fundo da alma com Deus, afinal
Além do cansaço, do abraço do Mal.

TILL – Olha o buraco! (*Cegos param abruptamente e, tateando o chão com os pés, fazem uma grande curva*) Boa tarde.

ALCEU – Boa tarde e obrigado pelo aviso, senhor.

TILL – Por que não usam cajados?

BORROMEU – Nos roubaram enquanto a gente dormia.

TILL – Que tempo! Que mundo, meu Deus! Ninguém respeita mais nada! O que me dá raiva nesse tipo de gente é quando eles têm as ideias antes de mim. Onde estão indo, com a graça de Deus?

DOROTEU – Há seis meses estamos tentando nos juntar a uma cruzada para libertar o Santo Sepulcro. Enfrentamos as agruras do sol, da chuva… Estamos cansados e com frio.

ALCEU – Até perder a conta foram seis milhões e quatrocentos e treze mil passos…

BORROMEU (*põe a língua à mostra*) – Veja, senhor! Roxa! A língua, a faringe, esôfago, estômago, intestinos grosso e fino e até o "cujo", tudo roxo de comer beterrabas!

TILL – Agora sei que Deus quis que me perdesse de meus servos. Caí e meu cavalo desembestou. E isso foi a salvação de vocês.

BORROMEU – És um senhor de terras?

TILL – Juro em Deus que tudo é meu até onde nossa vista alcança. (*Fecha ou tapa os olhos para não jurar em falso. Os cegos, um após o outro, logo estendem as mãos num pedido de esmola. Till tira um saco de moedas e as chocalha.*) Tenho doze moedas pra vocês. Isso! Guarda com cuidado. (*Till não entrega a bolsa de moedas. Ao contrário, guarda-a, de novo, em seu próprio alforje.*) Vão e se hospedem na estalagem da cidade. Será suficiente para passarem o melhor inverno de suas vidas, aquecidos e alimentados. (*Sai.*)

ALCEU – Deus lhe pague, senhor.

DOROTEU – E aumente o que já tem.

Cegos repetem o jogo de narrar para qualquer lugar menos em direção ao público.

BORROMEU – E os três cegos foram tateando alegres, tropeçando de felicidade, pisando contentes no que não viam em direção à cidade.

DOROTEU – Lá se hospedaram na única e melhor estalagem do lugar. Comeram, beberam, dormiram durante todo o inverno.

ALCEU – E o sol da primavera chegou secando os caminhos, enchendo as árvores de folhas e o mundo de vida.

BORROMEU – Haviam combinado com o dono da estalagem de ali permanecerem até os gastos chegarem a doze moedas. E é isso que aquele homem vem anunciar.

Indica a entrada do dono da estalagem na direção contrária da qual o homem efetivamente entra.

DONO – As suas despesas já alcançaram doze moedas, meus caros senhores. (*Estende a mão para receber o dinheiro.*)
ALCEU – Muito obrigado, senhor.
DOROTEU – Até mais ver.
BORROMEU – O que é bom dura pouco. De volta às beterrabas! Vamos! Com sorte a gente encontra outra boa alma.

Voltam-se e caminham à saída.

DONO – Ei! E o dinheiro?
BORROMEU – Você não pagou, Doroteu?
DOROTEU – Eu, não! O dinheiro não estava com o Alceu?
ALCEU – Comigo? Seria capaz de jurar que o dinheiro estava com o Borromeu.
DONO – Ai, ai, ai, ai, ai!
BORROMEU – Chega dessa brincadeira e pague, quem estiver com o dinheiro! Está com você, Doroteu!
DOROTEU – Pois eu acho que você pegou o dinheiro!
BORROMEU – Juro por este sol que brilha...
DONO – O dia está nublado, senhor!
ALCEU – E, aí, começou a desavença entre os três: foi acusação, xingamento, "cospe aqui se você é homem!" que degenerou em briga feia, às cegas, entre os cegos.
DOROTEU – Era soco, chute que ninguém via nem queria saber onde acertava.
BORROMEU – Quando cansaram chegaram à conclusão de que tinham sido enganados.
DONO – Foi quando o dono da estalagem, farejando golpe, tentou arrancar o dinheiro que lhe deviam. Primeiro por bem, depois com ameaças e finalmente espremendo os cegos e gritando que o dinheiro ia sair ou pela goela ou por orifícios menos nobres!
ALCEU – O homem nos prendeu num estábulo e disse que só nos libertaria quando pagássemos o prejuízo!
DONO – Mas a história ainda não chegou ao fim. Um mês depois um senhor veio falar comigo. Eu não sabia que era o Till.
TILL – Como é que o senhor tranca três cegos num estábulo? Não tem compaixão?

DONO – Tenho. Fomos todos enganados, mas não posso ficar no prejuízo.

TILL – Mas não está certo. O senhor aceitaria alguma garantia da dívida?

DONO – Se alguém me der uma garantia que receberei meu dinheiro eu solto a cegalhada.

TILL – Então, deixa comigo. E Till, andando pela cidade, encontrou um padre. E a ideia lhe veio pronta. Padre, o gerente da minha estalagem 'tá endemoniado! O homem bufa e não é sapo, baba e não é boi, fala uma língua estranha e não é economista, padre! Tá precisando de exorcismo. Corre, padre, eu pago doze moedas!

PADRE – Pagar ajuda, mas não resolve. A coisa não pode ser assim! Preciso estudar o caso, consultar o bispo. Dentro de dois dias eu vou.

TILL – O senhor garante? (*Padre assente.*) Então, vou chamar a mulher dele e o senhor mesmo fala isso a ela.

MULHER (*entrando.*) – Aquele homem, que depois eu vim saber que era Till, me trouxe às pressas até a casa do padre! Da porta gritou:

TILL – Ó, seu padre! O senhor não resolve o caso da estalagem? Fala com ela.

PADRE – Fica tranquila, minha senhora. Em dois dias resolvo o problema do seu marido!

TILL – Está vendo? Ele dá garantia.

Mulher grita de contentamento e sai correndo. Till sai fazendo gestos de quem limpa as mãos.

MULHER – Marido! Marido! O padre vai pagar a conta!

DONO – Deus seja louvado! (*Aos cegos.*) Vocês, rua!

BORROMEU – O senhor não pode nos tratar assim!

DONO – Se quiser posso também lhe dar umas bordoadas antes de expulsar!

DOROTEU – Vam'bora, Borromeu!

BORROMEU (*ao dono*) – Experimenta!

DOROTEU – Experimenta nele porque eu já fui embora!

ALCEU (*pega a mulher pelo braço*) – Vamos, Borromeu!

DOROTEU (*pensando tratar-se de Borromeu*) – Deixa essa coisa à toa aí, Alceu!

MULHER – Coisa à toa eu mostro quem é! Resumindo: os cegos levaram dois ou três pescoções, cinco ou sete cachações, alguns croques, outros tantos beliscões, vários trompaços, oito ou dez empurrões e, no final de tudo, tudo ficou em paz.

DONO – Mas a história ainda não chegou ao fim. Mulher, vai buscar minha garantia na casa do padre!

MULHER – A mulher correu, chegou, gritou: Padre, meu marido mandou o senhor acertar a garantia!

PADRE – Traga-o aqui para expulsar o demônio.

MULHER – Que demônio? E o dinheiro?

PADRE – Pode me pagar agora ou depois.

MULHER – Como pagar? O senhor está louco?

PADRE – Seu marido não está demoniado?

MULHER – Não me embrulha, não! Paga o que nos deve!

PADRE – Como paga? A senhora está demoniada também? (*Mulher grita e corre ao marido.*) A mulher gritou, correu, contou. O marido gritou, bateu, a mulher chorou, o marido gritou, correu, chegou. Mas antes de chegar armado de pau eu juntei meus vizinhos: "acode gente, que o homem possuído vem vindo, aí!"

DONO – Eu, quando vi aquele monte de gente querendo me pegar, gritei por meus amigos também. Vieram. E, aí, foi pororoca, foi sururu, foi pandemônio! Dessa vez pega, mata, aleija, esfola foi só o começo. Foi coisa que nem cego quis ver, nem mudo nunca quis contar! (*Irritado.*) Mesmo porque nunca encontramos plateia, assim, com alma tão sádica e doentia, que quisesse ouvir, se rindo, arreganhando toda, a história das minhas dores e desgraças até o fim. Até hoje. Fim. (*Sai entre magoado e irritado com a plateia.*)

Cena 12 – A Deposição de Borromeu

Dois camponeses entram carregando instrumentos de trabalho. Do outro lado, os cegos entram cantando.

CEGOS – ...Além do cansaço, do abraço do Mal."

Os camponeses veem os cegos e se põem em silêncio. Um dos camponeses se aproxima, abaixa-se e emite um latido fino. Borromeu chuta tentando afastar o cachorro.

BORROMEU – Sai, totó! (*Camponês puxa a franja da veste de Borromeu. Borromeu chuta.*) Sai, diabo! (*Camponês afasta-se ganindo.*) Acertei! Cachorro eu trato é no pau! (*O outro camponês que ficou a frente dos cegos late um latido grosso.*) Ah!, meu Deus! É um pitt-bull!

Camponês rosna.

ALCEU – É, não. Pelo rosnado é só um rothweiller.

BORROMEU (*apavorado e com raiva*) – Melhorou bastante, idiota! Ninguém se mexe nem corre que é pior!
DOROTEU – Olha direto no olho dele. É assim que se domina cachorro.
BORROMEU – Eu não enxergo, sua besta!
DOROTEU – Eu sei, mas o cachorro não sabe, sua mula! (*Borromeu procura fixar o "cão" ao mesmo tempo em que faz cara terrível.*) Não fala nada! Só olha! Isso mesmo! Está olhando como imagino que você deveria estar olhando?
BORROMEU – Acho que sim.

Pausa.

ALCEU – Pronto. Acho que já foi! (*Camponês late. Cegos assustam-se. Um dos camponeses tenta segurar o riso. O outro faz gestos de silêncio. Ao final ambos caem na gargalhada*) Graças a Deus! É só gente-cachorra!

Camponeses saem.

BORROMEU – Eu estou cheio de ser cego!
DOROTEU – Cheio estou eu de ser cego e de ser guiado por um cego mais cego que eu! Não aguento mais andar pra lugar nenhum!
ALCEU – Seis milhões, seiscentos e dezessete mil passos até aqui.
DOROTEU – Aliás, estou cheio de qualquer tipo de guia!
BORROMEU – Você deixe de rebelião! Respeite minha autoridade!
DOROTEU – Quem te deu autoridade?
BORROMEU – Autoridade não se dá! Autoridade se impõe, sua besta! Eu sou a autoridade de nós três! Não sou, Alceu?
ALCEU (*inseguro*) – Não sei. É, sempre foi.
BORROMEU – Então, me respeite ou eu te enforco como fazem os senhores com os camponeses rebeldes!
DOROTEU – Vem me pegar!

Borromeu corre em direção da voz, mas Doroteu já se afastou. Doroteu late, canta, mostra a bunda e rebola como criança para Borromeu, denuncia sua presença e depois se afasta do lugar.

BORROMEU – Eu te pego. É só questão de tempo. Os rebeldes acabam sempre na forca como os hereges acabam na fogueira.

Andam e sentam-se e, embora não queiram, sentam-se próximos.

DOROTEU (*baixo*) – Alceu! Você está aqui, por perto?
ALCEU – Do seu lado.

DOROTEU – Vou lhe mostrar uma coisa. (*Tira uma faca da cintura.*) Olha! (*Borromeu que está ao lado e ia pegar Doroteu, para o movimento e se coloca atento. Alceu tateia a procura do objeto.*) Aqui. Sente.
ALCEU – Uma faca! Que vai fazer Doroteu?
DOROTEU – Há anos suportamos a tirania de Borromeu.
ALCEU – Deus fez as coisas assim. Cada um suporta o seu destino.
DOROTEU – Não, Alceu. Não enxergo, mas ouço bem. Ultimamente tenho ouvido coisas que não ouvia quando era criança, nem meu pai ouvia quando criança, nem meu avô. Fala-se em guerra, revoltas... vai acontecer uma grande mudança no mundo.
ALCEU – Como mudar? E Deus? E o destino?
DOROTEU – Um dos dois vai ter de mudar.
ALCEU – Heresia!
DOROTEU – Não sei. Só sei que o mundo está mudando.
ALCEU – E essa faca?
DOROTEU – Vou matar Borromeu!

Borromeu arregala os olhos cegos.

ALCEU – Por quê?
DOROTEU – Porque estamos todos cansados de senhores! (*Borromeu se afasta em silêncio.*) Preciso da sua ajuda.
BORROMEU (*à distância*) – Arrá! Não há nada no mundo tão encoberto que um dia não venha à luz! Principalmente as conspirações! Vou agora lhe denunciar!
DOROTEU – Você não sai desse lugar, seja que raio de lugar é esse, vivo, Borromeu! (*Doroteu corre em direção à voz. Borromeu se afasta.*) Alceu, me ajude a pegá-lo.
BORROMEU – Alceu nunca vai me trair!
DOROTEU – Ele está do meu lado. (*Doroteu corre e tromba com Alceu. Segura-o.*) Agora você não escapa!
ALCEU – Sou eu, Doroteu!
BORROMEU (*ri*) – Você nunca vai me pegar!
DOROTEU – Está bem! Mas lhe retiro a chefia. Está deposto do cargo de guia! Vamos, Alceu.
BORROMEU – Fica comigo, Alceu! Eu lhe prometo chegar a Jerusalém, conseguir o milagre da visão e o paraíso.
DOROTEU – Quer lhe comprar como se compram indulgências, Alceu!
BORROMEU – Vê bem, Alceu. Você vai seguir um herege!
DOROTEU – As coisas mudam, Alceu. O mundo muda.
BORROMEU – O mundo sempre é igual: é miséria, corrupção e cegueira, Alceu. E se muda é só no rumo da decadência e da morte! Assim é o mundo, Alceu. É como sempre foi. (*Alceu assustado bandeia-se para o*

lado de Doroteu. Os dois saem.) O destino do homem é dado por Deus e não muda! Alceu! Alceu! Vá! E faça bom proveito das chamas do inferno. Quando um cego guia outro ambos caem no buraco! Melhor estou eu, sozinho. "Quando eu vir as torres de Jerusalém... (*Sai cantando. Já nos bastidores ouve-se barulho de queda.*) Ai, bosta!

Cena 13 – Till é Recebido pelo papa

O papa, paramentado, oficia a missa ajudado por dois cardeais. O papa fala em latim apenas algumas frases. No geral é puro latinório. O papa deverá rezar o tempo em que durar a missa, mesmo enquanto outros narram.

PAPA – In diébus illis dixit Jeremias: Dómine, omnes Qui te derelinquunt, confundétur... (*Latinório.*) Úbi est vérbi Dómini? Veniat. Et ego non sum ... (*Latinório.*) Quod egréssum est de lábiis meis... (*Latinório e assim ad libitum*)

CARDEAL 1 – Till Eulenspiegel era cada vez mais acossado pela melancolia. Algumas vezes foi visto triste, triste, percorrendo as estradas do mundo. E, como todos os caminhos levam a Roma, Till acabou vindo dar na cidade santa. Chegou sem um tostão e imaginando que aqui pudesse saber do paradeiro do diabo que, como sabemos, trazia sua consciência prisioneira.

Entra Till, presta um pouco de atenção à missa, e quando o papa abençoa os fiéis, vira-lhe as costas, o que chama a atenção do papa e dos cardeais que se entreolham. Quando o papa continua a missa, Till continua a assistir ao culto, mas quando o papa ergue o ostensório Till volta novamente as costas ao papa e aos cardeais.

CARDEAL 2 – Fiquei chocado com aquele desconhecido que virava as costas nos momentos mais importantes do culto. Terminada a missa, me reuni com o papa e outro cardeal. (*Ao papa.*) É um herege! E deve queimar muito bem numa fogueira!

CARDEAL 1 (*ao papa*) – Se quiser já mando erguer agora. Chegou uma partida de pinho de riga que cheira que é uma beleza quando queima herege. Vamos queimar já!

CARDEAL – E, depois, santo padre, se não for herege o que é?

PAPA – Tragam esse homem até a minha presença.

Dois guardas pegam Till pelos braços.

MULHER (*assustada*) – Que é isso, senhor?

TILL – Estão me levando preso por ordem do papa. (*Saem.*)

MULHER – Ai, meu Deus do céu! (*Chora.*) O que vai ser de mim! (*Para o público.*) Calma que eu explico! (*Chora um pouco mais.*) Sou a dona de um hotel familiar, de verdade, de respeito, que tem aqui em Roma. Aí, me chega esse sujeito vindo não sei de onde, instala-se em meu hotel e fala que vai conversar com o papa. Duvidei. Se eu que moro aqui há anos nunca pude nem chegar perto do papa! Ele apostou, eu aceitei: cinquenta moedas. E mais trinta se conseguisse que eu também falasse com o papa. (*Chora.*) E agora isso! Que foi que esse diabo fez?

CARDEAL 2 – Imagina: duas colunas com doze guardas suíços vestidos de púrpura. Na frente, um arauto, com uma capa vermelha bordada com fios de ouro, debruada em prata, proclamando a sentença. Duzentos jovens portando lanternas iluminando a noite, milhares de pessoas na praça. Um espetáculo de cor, fogo e luzes para queimar o herege! Que acha, santo padre?

CARDEAL 1 – Não gosto desses grandes shows populares. Prefiro algo mais delicado, mais conciso, sintético e refinado como convém à Arte: um machado afiado, um belo pescoço e pronto!

Entra Till trazido pelos guardas.

CARDEAL 2 (*contente*) – Chegou o homem!

CARDEAL 1 – Já aviso que não adianta pedir clemência.

PAPA – Que espécie de cristão você é, meu senhor?

TILL – Da espécie boa.

PAPA – E de que espécie de crenças estranhas é feita a sua fé?

TILL – Da mesma espécie que tem a dona do hotel onde estou instalado.

CARDEAL 1 – Uma cúmplice, uma herege também. Quem sabe até uma bruxa!

Dois guardas agarram a mulher.

PAPA – Tragam a mulher também.

MULHER (*chora*) – Ah, meu Deus, o que fez aquele desgraçado! Em que enrascada me meteu? (*Apresenta-se ao papa.*)

PAPA – Qual é a sua fé, senhora?

MULHER – Sou cristã, santidade.

CARDEAL 1 – Que espécie de cristã?

MULHER – Daquela que obedece Deus, o papa, os bispos, os padres. Obedeço até o sacristão e os coroinhas se for preciso.

CARDEAL 2 – E vai nos obedecer se mandarmos a senhora marchar direto para a fogueira?

MULHER – Ai! Mas por que eminência?

PAPA (*a Till*) – Porque o senhor virou as costas quando mostrei o ostensório?

TILL – Porque sou pecador. E um pecador, como eu, sem confissão, não é digno de olhar o momento mais sagrado da missa. Penso até que nem devia encarar vossa santidade, (*aos cardeais*) nem vossas eminências.

CARDEAL 2 – Só isso? Não é herege? Nem impenitente? (*Till nega com a cabeça. Ao papa.*) Não daria para dar uma tostada nele só por ter nos feito imaginar que ele fosse o que não era? Só pra não perder o trabalho, nem frustrar nossa expectativa?

MULHER – O papa, graças aos céus, nos mandou embora e eu tive de morrer com oitenta moedas. Aquele salafrário, que depois vim saber chamar-se Till Eulenspiegel, desapareceu. Dizem até que de Roma foi direto encontrar-se com o demônio. Não duvido, nem descreio. Assino e dou fé se for preciso.

CENA 14 – TEM FILHO QUE É MELHOR DEIXAR PERDIDO

MÃE (*entra e chama em surdina*) – Till! Till! A mãe de Till vagava pelo mundo à procura do filho mas para não se comprometer não ousava gritar alto o nome do filho. (*Entram juiz, testemunhas e meirinho. Entra também um carrasco, feliz, com um archote.*) Mas não adiantou.

Mãe fica perplexa e assustada ao ver aquelas pessoas que à sua volta montam a cena de julgamento dela própria.

JUIZ – Está aberta a sessão para o julgamento dessa mulher como cúmplice do embusteiro Till Eulenspiegel. Entre a primeira testemunha.

Entra a mulher da cena anterior.

MULHER – O que tenho a dizer já é conhecido de todo mundo. Todos já ouviram.

JUIZ – Repita assim mesmo.

MULHER (*repete meio de saco cheio o texto anterior com a mesma inflexão e gestos*) – O papa, graças aos céus, nos mandou embora e eu tive de morrer com oitenta moedas. Aquele salafrário, que depois vim saber chamar-se Till Eulenspiegel, desapareceu. Dizem até que de Roma foi direto encontrar-se com o demônio. Não duvido, nem descreio. Assino e dou fé se for preciso.

HOMEM 1 – Do que eu sei, Till roubou doce de criança, dentadura de velho, óculos de míope. Ouvi dizer também que vendeu pote de bosta como doce de leite.

HOMEM 2 – A mim, que sou prefeito, mostrou a bunda três vezes para riso e galhofa do populacho.

MULHER 2 (*revoltada*) – Vendeu leite azedo como se fosse iogurte, a gordura do leite como se fosse manteiga, os grumos do leite como se fosse coalhada e o leite endurecido como se fosse queijo!

CARRASCO – E assim foi. Horas e horas de depoimentos e testemunhos das falcatruas e safadezas de Till, muitas das quais vocês já conhecem. Aquilo foi me dando raiva. (*Referindo-se à mãe.*) Mas olha! Olha a cara da pilantra! Da sem-vergonha! E foi me dando uma vontade de dar uns cascudos naquela mulher! Puxa vida! Pô, a gente é humano, sente ódio, tem carências, não pode se reprimir. Isso dá trauma!

MÃE – Mas do que sou acusada? Eu só estava procurando o Till...

JUIZ – Arrá! E por quê? Por que estava procurando se não era para fazer malefícios, se não era cúmplice?

MÃE – É que... Till é meu filho.

Espanto entre os presentes.

JUIZ – Indiciada, incriminada, condenada!

MÃE – Mas que culpa tive?

JUIZ – Nunca fez psicanálise? A culpa é sempre dos pais, não sabia?

MÃE – E ter filhos é crime?

JUIZ – Um filho como Till, é!

MÃE – Eu não sabia.

JUIZ – Então fique sabendo que o desconhecimento da lei não impede a punição do crime.

MÃE – Está bem. Não terei mais filhos.

JUIZ – Nós vamos dar um jeito nisso! Está condenada a trabalhos forçados até arranjar dinheiro suficiente para pagar os custos da cerimônia, da lenha e do álcool da fogueira que vai te queimar!

Presentes começam a cantar algo como uma marcha solene. Carrasco segura mãe e todos seguem num cortejo ritmado. Vez por outra a mãe emite um lamento doloroso e cômico.

CENA 15 – EM TERRA DE CEGO...

Enquanto o cortejo sai, entram os cegos Doroteu e Alceu.

ALCEU – Que está acontecendo?
DOROTEU – Alguma festa.
ALCEU – Catorze milhões, oitocentos e treze mil, trezentos e cinquenta e três passos.

Sentam-se.

DOROTEU – Estamos sem rumo.
ALCEU – O lugar é muito mal sinalizado. Estive pensando: eles deviam fazer placas em braille.
DOROTEU – E como a gente ia encontrar as placas?
ALCEU – É, não tinha pensado nisso... Tive outro sonho.
DOROTEU – Queria sonhar como você, mas tudo o que vejo no meu sono é uma névoa branca.
ALCEU – Estava perdido num bosque e fui tateando, tateando até que achei uma abertura nas folhagens. Entrei e, aí, senti que estava num mundo diferente. Continuei a andar e tropecei em taças de cristal que estavam no chão. Ouvi um córrego. Peguei a taça, enchi de água e levei à boca. Era vinho, Doroteu! Um lado do córrego era vinho branco, o outro era vinho tinto! Levantei maravilhado e trombei com uma árvore. A casca do tronco era massa folheada e os frutos eram peixes fritos, carnes assadas, queijos variados...
DOROTEU – Que diabo de lugar é esse, Alceu?
ALCEU – Me disseram que se chamava Cocanha, a terra das delícias. Havia mulheres nuas, cheirosas e carinhosas, tão dadas... as casas eram feitas de doce, as areias eram de queijo, de coco ralado, de farinha de mandioca. A farinha tinha três espécies: crua, torrada e farofa de miúdos. (*Entra Borromeu, ouve o narrativa de Alceu e se aproxima em silêncio.*) Lá ninguém envelhecia nem morria, tudo era farto e de graça. Não havia trabalho, nem guerra, nem miséria, nem revoltas. (*Suspira triste.*)
DOROTEU – E, aí, Alceu?
ALCEU – E aí que fiquei tão feliz, tão contente, que pensei em vir chamar você e Borromeu. Saí e, sou cego, pô, nunca mais consegui achar a abertura.
DOROTEU – Benditos são os seus sonhos, Alceu! Onde será que está Borromeu?
BORROMEU (*com euforia abre os braços em direção aos dois*) – Alceu! Doroteu!

DOROTEU – Que quer? Somos inimigos!

BORROMEU – São coisas passadas. Há meses procuro por vocês em cada estrada, em cada vilarejo de cada canto desse mundo! Vamos voltar a ser um trio.

DOROTEU – Mas nem lascando! Estamos muito bem eu e o Alceu. E eu sou o líder.

BORROMEU – E estão perdidos!

DOROTEU – Não estamos! Só não tenho certeza de onde viemos e não sei ao certo pra onde vamos.

BORROMEU – Corri atrás de vocês esse tempo todo para lhe dar a boa notícia.

DOROTEU – Mentira, porque cego não corre.

BORROMEU – Verdade, porque agora eu vejo.

ALCEU – Vê? Do verbo ver? De olhar, enxergar, distinguir, vislumbrar?

BORROMEU – Vejo! Um santo homem me apareceu num caminho, molhou meus olhos com saliva e sumiu. E o mundo começou a aparecer.

ALCEU – Verdade?

BORROMEU – Pode acreditar. A relva é verde!

DOROTEU (*irritado*) – E que diabo é verde?

BORROMEU – É uma cor intermediária entre o azul e amarelo. As nuvens são brancas e as matas vistas daqui vão em vários tons de verde até o azul das montanhas! Como é lindo o amarelo da flor do ipê!

ALCEU – Puxa!

DOROTEU – Se você enxerga mesmo como é que eu sou?

BORROMEU – Muito bem apessoado, Doroteu! Melhor do que pensava minha reconhecida imaginação. Um rosto simétrico como uma pintura de Giotto.

ALCEU (*maravilhado*) – Você viu as pinturas de Giotto?

BORROMEU – E as catedrais, os palácios...

ALCEU – E como são?

BORROMEU – São algo assim... indescritível!

DOROTEU – E por que voltou?

BORROMEU – Foi o que me impôs o santo homem: Agora que vejo, devo guiar vocês até o fim da vida. Se vocês aceitarem.

ALCEU – Bem vindo, Borromeu!

DOROTEU – Vá, lá!

BORROMEU – Então, meus amigos, vamos a Jerusalém. Vocês vão buscar seus olhos, eu agradecer a visão.

Os cegos em fila, com Borromeu à frente, cantam.

CEGOS – "Quando virmos as torres de Jerusalém...

Borromeu à saída tromba com a parede do teatro, mas não se dá por achado.

BORROMEU – Um pouco mais à direita que à esquerda tem um muro.

CENA 16 – TALVEZ SEJA BOM, MAS É DIFÍCIL TER CONSCIÊNCIA

TILL (*entra devagar olhando em volta, assustado*) – Till tanto procurou, tanto perguntou, tanto fuçou que acabou achando numa encruzilhada a boca do inferno. (*Ouve-se um gemido e uma gargalhada fora.*) E, ali, o demônio! O demônio era um diabo tão feio que parecia o capeta que era o coisa-ruim escrito e quando se olhava no espelho via a imagem de Satanás, irmão gêmeo de Belzebu que era a cara cuspida e escarrada de Satã, feição sem tirar nem pôr do demônio que era um diabo tão feio que parecia o capeta que era o coisa-ruim escrito...

Entra o demônio. Till se cala e se assusta.

DEMÔNIO – Quer entrar? Não lhe esperava tão cedo.
TILL (*amedrontado*) – Volto outra hora, não quero importunar.
DEMÔNIO – Já que veio, fica! Que quer?
TILL – Till pensou em dizer algum coisa engraçada, um chiste, uma galhofa mas não lhe ocorreu nada. Ficou paralisado, pasmado, o que foi tomado pelo demônio como um desafio.
DEMÔNIO – O demônio emitiu um rosnado terrível que calou todo o inferno.
TILL – Till ficou petrificado. De tanto medo nem piscou o olho, o que foi entendido pelo demônio como coragem.
DEMÔNIO – O demônio franziu o cenho e pensou: que raça de gente é essa que tiramos tudo e ainda nos lança um olhar de desafio?
TILL – Não era desafio, não, gente, era força pra manter arroxada a arruela do fim dos intestinos. O demônio rosnou.
DEMÔNIO – Quer sua consciência de volta? Que negócio me propõe?
TILL – Uma aposta.
DEMÔNIO – Eu, o demônio, já tinha aquela alma nas mãos. Era só questão de tempo, Till ia cair em desespero e eu ganhar a aposta com Deus, mas aquele olhar de desafio... (*Olha para Till que, encarando o demônio, faz um esforço enorme para sustentar o próprio intestino com óbvios resultados cômicos.*) Aquele olhar me irritou e resolvi colocar o homenzinho no lugar dele! Aceito! Responda três perguntas e me peça uma coisa que eu não possa fazer. Onde é o centro do mundo?

TILL – Se o mundo é redondo como dizem o centro do mundo é aqui.

DEMÔNIO – Quantos dias se passaram da época de Adão até hoje?

TILL – Sete dias. Segunda, Terça, Quarta, Quinta, Sexta, Sábado e Domingo.

DEMÔNIO – E agora?

TILL – Caga na mão e joga fora!

DEMÔNIO (*rosna de raiva*) – Saiu-se bem. Agora, pede algo que eu não possa fazer (*Ri.*)

TILL – Till refletiu, imaginou, meditou, cogitou e raciocinou. Espremeu o pouco cérebro que tinha, mas não conseguiu pensar em coisa alguma que o diabo não pudesse fazer.

DEMÔNIO – E Till começou a entrar em desespero, para alegria do demônio.

TILL – E a massa pesada do medo que lhe oprimia o cérebro desceu apertando o peito, caiu como pedra e lhe embrulhou o estômago, daí, ganhou os intestinos e, por força da gravidade, saiu na forma de um sonoro pum! (*O rosto de Till se ilumina e ele aponta atrás de si.*) Pinta de vermelho!

O demônio grita e sai. Em seu lugar surge a consciência.

CONSCIÊNCIA – Seu idiota! Viu no que deu? Não lhe falei que era melhor morrer com a consciência tranquila? Você não tem vergonha na cara, Till? Que é que você está fazendo que ainda não está chorando de remorso? Quantas sacanagens você fez?

Till sai irritado e resmungado com sua consciência atrás, falando.

TILL – Eu só faço besteira mesmo! (*Till e consciência saem, deixando o palco vazio. Retornam por outro lugar. Consciência continua resmungando atrás de Till.*) Três meses! Às vezes eu penso que é melhor não ter consciência.

CONSCIÊNCIA – Bate na boca! Não me fale nem por brincadeira uma coisa dessas!

TILL – Tentou adormecer, embebedar, afogar sua consciência, mas ela não tinha sono, era abstêmia e sabia nadar muito bem. Till, então, para ter um pouco de sossego, ficou surdo à voz de sua consciência e adormeceu.

Começam a entrar miseráveis, aleijados, etc.

CONSCIÊNCIA – Então, a consciência de Till olhou ao redor e não gostou do que viu: naquela idade média, camponeses famintos, expulsos pela fome e miséria, perambulavam pelas cidades; na alma dos vagabundos, desocupados, doentes, velhos sem amparo, gente sem fé no dia de amanhã, achou campo fértil para sua pregação.

Turba que se formou aclama confusamente a consciência de Till.

CONSCIÊNCIA (*narrando como se discursasse em altos brados*) – E a consciência de Till propôs sublevações, revoltas, ameaçou os senhores feudais, clamou por mudanças, intranquilizou os palácios. Gritou tanto que Till acordou.

TILL (*acordando*) – Que é isso? Que que está fazendo, condenada?

CONSCIÊNCIA – Se você não quer me ouvir tem quem quer!

TILL – Olhaí! Você tá gritando na praça, juntando gente! Isso dá cadeia, fogueira! Isso vai feder! (*Entra um soldado.*)

SOLDADO – De quem é essa consciência?

TODOS – Do Till!

TILL – Não tenho vínculo empregatício! Ela é autônoma! Não me responsabilizo pelas opiniões que ela emite! Jacaré ouviu? Nem o soldado, nem os outros que vieram atrás deles. Todo mundo correu.

Todos correm para fora, inclusive Till e a consciência. Fica apenas um aleijado num carrinho de rolimã.

ALEIJADO (*choroso*) – Eu fiquei. Ia correr como? Os soldados não quiseram perder a viagem.

Soldados batem no aleijado.

CENA 17 – A MORTE DE TILL

TILL (*entra correndo no palco*) – Depois de correr cinco dias, perseguido em cada lugarejo em que era reconhecido, Till finalmente chegou à sua querida cidade natal. Mas, para sua felicidade ou não, no meio do caminho se perdeu de novo de sua consciência. Agora, ela que me ache, se quiser. Não dou mais um passo para procurar aquela desgraçada!

CAMPONÊS – Eu bem me lembro quando Till chegou. Todo mundo aqui gostava muito de Till... longe, bem longe, fazendo safadeza em outras cidades para a gente saber e rir. Agora, assim perto... a gente ao alcance das sacanagens dele... Sorte nossa, Deus me perdoe, é que ele chegou meio doente.

Till compõe, com gestos e gemidos, a imagem cômica de um homem bastante doente. Mãe entra correndo. O rosto e as roupas estão chamuscados. Dos cabelos emaranhados e arrepiados sai fumaça.

MÃE (*exausta*) – Gente! Quando o fogo subiu e comecei a tostar, escapei e corri meio fumegante por entre o povo pasmado. Mas logo ouvi atrás de mim: "pega a bruxa!" E vi aleijado, soldado, padre da inquisição, povo, todo mundo, correndo atrás pra me botar as unhas e me levar de volta pro fogo porque eles gostam de bruxa bem passada! (*Chora.*) Eles acham que só uma bruxa poderia ter posto alguém como Till no mundo! E o pior é que eu pensaria a mesma coisa porque Till é mesmo um traste, um tralha…

TILL – Mãe!

Olham-se por uns instantes, depois mãe vai lentamente em direção ao filho.

CAMPONÊS – Mas coração de mãe é lhano, ancho e profundo, se enternece ao ver a imagem do filho e reage sempre da mesma forma.

MÃE – Você me mata do coração! Eu ainda morro por sua causa e aí você vai me dar valor! Mas aí não vai ter jeito porque mãe é só uma!

TILL – Estou muito doente, mãe!

MÃE (*dá uns cascudos em Till*) – Já não te falei pra não andar descalço, não tomar friagem, não comer porcaria?

TILL – Estou de partida, mãe!

MÃE – É claro! Você está sempre indo embora! Sua mãe que fique aqui, jogada às traças, sozinha! (*Para a ladainha e rompe em choro.*)

CAMPONÊS – Till foi recolhido a um hospital e ainda viveu sete dias dos quais ele usou uma semana inteirinha para sacanear os mais próximos.

Till, em seu leito de morte, é rodeado por um padre, sua mãe e curiosos.

PADRE – Arrependa-se, filho.

TILL – Perante o senhor, padre, me arrependo de três coisas: daquilo que não fiz, daquilo que não pude fazer e daquilo que não deixaram que eu fizesse.

MÃE – Filho, antes de morrer, me deixe um bom conselho para que me lembre sempre de você.

TILL – Mãe, quando cagar vire a bunda na mesma direção do vento. Aí o cheiro não chega ao seu nariz.

MÃE (*agradecida*) – 'tá aí uma coisa que sempre vou lembrar, meu filho.

TILL – Padre, como minha última vontade, quero que o senhor pegue esse baú com todas as riquezas que juntei na vida. (*Dá ao padre um pequeno baú.*) Faça uma novena, leve o baú como se fosse relíquia, deixando por um dia na casa de uma pessoa importante desta cidade. Ao fim dos nove dias abra e divida a riqueza entre essas pessoas, inclusive o senhor.

CAMPONÊS – E, dizendo isso, Till expirou seu penúltimo sopro de vida, pra cima, em direção ao céu. O último ele exalou, por baixo, em direção à terra: o mais silencioso e mal cheiroso gás de que já se teve notícia.

Pessoas se afastam de Till.

CAMPONESA – Mas a história ainda não acabou. O enterro de Till foi bastante estranho. Metade da cidade respirou de alívio, outra metade bebeu e riu em comemoração à sua risonha passagem pela vida.

CAMPONÊS – Como era costume na época, um tronco de árvore foi amarrado às costas de Till. Um bando de porcos invadiu seu velório na igreja e fez confusão, mulher gritou, gente riu, derrubou o caixão e o corpo de Till rolou. Quando deram fé, o tronco estava amarrado na barriga de Till e sua bunda virada pra cima. Assim enterraram Till.

CAMPONESA – Quando o corpo foi descer à sepultura uma das cordas rebentou e o corpo de Till deslizou e ficou em pé na cova. E assim cobriram Till.

CAMPONÊS – Colocaram uma grande pedra em cima com um aviso: não mova esta pedra. Eulenspiegel está enterrado aqui. Por uma semana a cidade ficou vigiando a cova. Tinham medo que Till voltasse.

PADRE – Mas a história ainda não acabou. Fiz a novena como o desgraçado pediu. No nono dia abrimos o baú. (*Abre o baú.*) Tinha um bilhete: "Às pessoas importantes da minha cidade deixo aqui toda riqueza que juntei na vida." Embaixo do papel um troço de bosta! Excomungado! Até depois de morto!

CENA 18 – A CRUZADA UTÓPICA

TILL – A história, no entanto, ainda não acabou. A alma de Till foi cobrar o saldo de sua passagem pelo mundo. Encontrou Deus e o Diabo discutindo acirradamente sobre a posse da alma de Till.

DEMÔNIO – O demônio gritava, urrava, sapateava, dava pulo desse tamanho de raiva e fúria...

TILL – Mas Deus, em sua majestosa onipotência, não se abalava. No máximo meneava a cabeça numa negação.

DEMÔNIO – Eu perdi a aposta, mas não quero saber! No meu inferno aquele ser não entra! E rosnava ameaças e maldições.

TILL – No céu, Deus também não queria a alma de Till. Ela continuava humana demais, era por demais incompleta, vinha marcada por nobres qualidades e vis defeitos para merecer o céu.
DEMÔNIO – Pelas mesmas razões ela não pisa no inferno!
TILL – E Till, como homem do Renascimento que era, deixou Deus e o Diabo discutindo e foi em busca de sua consciência.

Sai. Entra a consciência de Till seguida por um compacto bloco de miseráveis, aleijados, mancos, velhos, inclusive os três cegos. Formam um único corpo compacto. Trazem um estandarte em farrapos, um esqueleto que dança na ponta de uma vara, espadas, alfanjes, varas compridas, cajados. Todos esses instrumentos são vibrados no ar como se o grupo estivesse numa procissão festiva ou numa guerra.

CONSCIÊNCIA – A consciência de Till vagava pela terra fazendo guerra, tentando saquear os depósitos de cereais, com um exército de despossuídos, espoliados, cegos, aleijados, doentes, velhos, anões e desclassificados.
BORROMEU (*Enquanto Borromeu narra, o grupo vai se abrindo e pouco a pouco seus integrantes vão caindo mortos.*) – Lutaram com denodo e coragem, perderam várias batalhas e venceram heroicamente todas as guerras que não participaram. Ou que conseguiram se safar antes. Na última, Alceu tombou gravemente ferido.
DOROTEU (*apoia Alceu*) – Alguém pode olhar o Alceu por mim que sou cego?!

Borromeu, tateando, vai ao encontro dos dois e ampara Alceu. Borromeu passa o estandarte de farrapos a Doroteu.

BORROMEU – Eu falei que essa merda não ia dar certo! A gente devia ter ido pra Jerusalém! Será que eu sou o único homem de visão aqui?!
DOROTEU – Mas o Alceu tinha sonhado que a gente ia vencer esta batalha...
ALCEU – Borromeu... Eu vou morrer.
BORROMEU – Você não vai morrer, Alceu. Nós somos um trio. Vamos chegar a Jerusalém como você uma vez sonhou...
ALCEU – Eu nunca sonhei, Borromeu...
BORROMEU – Como nunca...?
ALCEU – Eu inventava. Eu nunca sonhei, igual vocês. O meu sono era sempre a mesma névoa branca de vocês.
BORROMEU – Não acredito. As coisas que você contava... O país da Cocanha, a sua mãe...
ALCEU – Era só vontade. Nunca senti o cheiro, nem tive o calor, nem beijei os lábios de minha mãe. Nunca soube dela.

DOROTEU – O que era batalha começou a se tornar um desastre. Para o nosso lado, é claro. Lembro que Alceu gemeu.

ALCEU – Borromeu... Você que enxerga, qual o rumo da batalha?

BORROMEU – Não está fácil. Mas a nossa posição está sólida.

DOROTEU – Nossos homens tropeçavam nos próprios sonhos e morriam com os olhos vidrados pelo desejo de alcançá-los.

BORROMEU – Estamos revertendo, Alceu. Abrimos o flanco do inimigo. Eu próprio não acredito! Estamos destroçando o adversário. Ouve os gritos!

DOROTEU – Eram gritos dos nossos, escorraçados como sempre.

BORROMEU – Deus está do nosso lado. O general inimigo baixou a espada em sinal de rendição.

DOROTEU – Os inimigos nos cercaram com lanças e espadas.

BORROMEU – O sol brilha.

ALCEU – Borromeu, me dá um beijo.

BORROMEU – Que conversa é essa, Alceu?

ALCEU – Nunca pedi nada à vida. Ela não me daria. Peço a você.

BORROMEU – Um beijo, Alceu?!

ALCEU – Só queria saber como é.

DOROTEU – O inimigo apontou as armas para nossos corpos vivos e gritou com a fúria e a arrogância dos vencedores. Mas pararam para olhar a estranha cena de dois cegos se beijando. Depois...

Borromeu beija Alceu. Alceu morre.

BORROMEU – O corpo de Till continuou na terra ameaçando voltar. A alma de Till continuou a vagar a procura de sua consciência. A utopia é os três se encontrarem.

DOROTEU – E por falar em utopia, depois de desbaratado, o exército de rebutalhos e desclassificados se ergueu das cinzas, o que também é mito e sonho, e vagou pela terra perdendo batalhas até a definitiva que finalmente venceria. Como sonhou Alceu. E tudo isso é verdade, pois utopia não é lugar no mundo. É lugar na imaginação do homem. A história acabou. Fim.

O exército medieval se reergue e cruza o palco com armas e estandarte enquanto cantam.

EXÉRCITO – Quando virmos as torres de Jerusalém
Estaremos além da miséria do mundo
No fundo da alma com Deus, afinal
Além do cansaço, do abraço do Mal.

FIM

Nau dos Loucos. Em cena, Edgar Campos e Wilson Julião. Foto Arnaldo Pereira.

2001

Personagens

Mãe
Peter Askalander
Nauta 1
Nauta 2
Pedro Lacrau
Gusmão
Joaquim
Mulher
Homem 1
Homem 2
Ator 1
Ator 2
Velho
Merceeiro
Passante
PM
Bandido
Estragon
Funcionária
Deus
Figura
Testemunha

PRIMEIRA PARTE

CENA 1 – UMA TRAGÉDIA MUITO ESPERADA

Com as cortinas ainda fechadas são ouvidos vários temas e trechos incidentais de música que estarão presentes no transcorrer da peça. Todas as peças musicais devem formar um todo como se fosse uma abertura de ópera bufa. Essa abertura emenda com o tema da Stultífera Navis, formada de alguns acordes graves, tensos e lentos, algo quase ameaçador. Ao ouvir-se esse tema abrem-se as cortinas e vê-se no centro do palco uma velha maltrapilha que dormita recostada numa cadeira tosca de madeira, com descanso para os braços. Da direita para a esquerda, do ponto de vista da plateia, entra a nau dos loucos. A nau é formada por três atores que compõem, com elementos cenográficos, seus mastros e convés.

A nau vem lenta, acompanhando os acordes do tema como se navegasse lentamente sobre as ondas. Os atores riem e gargalham. Os risos começam alegres e formam uma corrente sem fim, de ator para ator. A velha abre os olhos e acompanha, agitada e emudecida, a passagem da nau. Percebe-se que a nau atemoriza a pobre mulher. A passagem da nau cobre a figura da velha e, assim que esta torna a aparecer para o público consegue, com esforço, articular um chamado.

MÃE – Peter! Peter, filho do mundo!

Ao ouvir o chamado, um dos atores que compunham a figura da nau desmonta a cena e, furioso, vai em socorro da mãe. A nau, agora só formada por dois atores, balança querendo naufragar. Os dois atores lançam olhares irritados em direção ao terceiro que tenta socorrer a mãe. Conseguem estabilizar a nau e recomeçam os risos. A mãe, acudida pelo terceiro ator, aponta, agitada, a nau que sai. Ator consegue, a custo e com alguma energia, fazer a mãe voltar a sentar.

MÃE – A nau, Peter! A nau dos loucos! Ela quer me levar!
PETER – Não tem nau nenhuma, mãe!
MÃE – Tem!
PETER – Isso é lenda! Lenda, mãe! Isso é conversa, história, mentira desse povo de ber'da merda, lembra?
MÃE (*meio perdida*) – Não.
PETER – Lembra, sim... Dizem que o barco ia descendo o rio, recolhendo os loucos das cidades.
MÃE – Por quê?
PETER – Sei lá. Porque eles eram loucos.
MÃE – Quem era louco?
PETER – Quem! Os loucos eram loucos! A nau os levava para longe. Isso é coisa de antigamente, mãe. Hoje não tem mais.
MÃE – Jura, filho? (*Tem um estremecimento.*) Sinto que minha hora chega, filho. Vou morrer.
PETER (*irritado*) – Há sete anos está aí, na mesma cadeira, na mesma porta da morte, sem decidir se fica nesse mundo ou se entra porta adentro, de vez!
MÃE (*dá-lhe um soco na cabeça*) – Não posso ir e deixar no mundo um filho ingrato, imprestável, incompetente para cuidar da própria mãe. Como é que você vai viver sem mim?
PETER – Tenho mais de trinta anos!
MÃE – Tão adolescente, tão indefeso, tão inocente, tão idiota, tão descabeçado... (*Dá-lhe outro soco.*) Um peso na minha vida... (*Inicia um gramelô choroso onde se ouve apenas com nitidez: "O que é que você vai fazer sem mim"; "vale de lágrimas"; "filho corta, lacera o coração das mães".*) E não fique aí, mudo! Nesse silêncio insolente, desrespeitoso...
PETER – Mãe!
MÃE – E não diga nada que é pra não aumentar as suas penas no inferno, filho desnaturado! (*Continua o gramelô choroso, em menor volume.*)
PETER (*ao público*) – Essa é uma mãe. A minha. Previsível como todas as mães. (*Conta nos dedos e depois imita a fala e a expressão da mãe.*) Um, dois, três!

MÃE – É prá isso que a gente põe filho no mundo!

PETER – A gente vive nas montanhas do Norte, longe da civilização, perto de lugar nenhum, na beira do fim do mundo, onde se anda toda vida e se morre na véspera de chegar. E na pior casa desse lugar que tem só uma casa, que é a nossa, é que a gente mora. (*Conta nos dedos, enquanto a mãe continua o gramelô choroso. Imita a fala e a expressão da mãe.*) Um, dois!

MÃE – Filho não devia crescer!

PETER – Meu sonho é viajar na direção do sul, do sol, sem lei, sem mãe e ser rei de uma ilha nos trópicos, talvez até imperador de um continente porque aquilo, sim, é terra de ninguém, dizem. Um! (*A mãe morre. Peter imita a fala que a mãe deveria dizer.*) Eu ainda morro por sua causa! (*Percebe que falou sozinho e vira-se para a mãe.*) Mãe? A senhora morreu? Mesmo, mesmo? Peter sabia que não era hora de rir, nem de comemorar a liberdade, mas procurou um sentimento qualquer de pesar e, vou ser sincero, não achou nenhum. Não vou dizer que ele fosse um mau filho... não! É que sempre falta alguma coisa na cabeça ou no coração desse tipo de personagem.

Peter se joga no colo da mãe chorando desesperado. Mãe recobra os sentidos e dá-lhe socos. Peter geme e para automaticamente o choro.

MÃE – Deixa de falsidade que você nunca chorou nem riu na vida! Filho do mundo!

PETER – Não gosto que me chame assim? Eu não tenho pai?

MÃE – Tem, mas quem, lá, sabe quem é? (*Aos poucos muda da irritação para o sublime.*) Vieram, não sei de onde, trazidos pelo vento, talvez do céu. Dez deles e durante dez noites cada um deles se deitou comigo. E como vieram, foram.

PETER – Anjos!

MÃE – Dez noites! Cada noite uma espécie diferente de sensação, uma luz etérea diversa, um encontro sublime e novo!

PETER – Repete o que lhe disse o último, repete!

MÃE – Anjos! É assim que me lembro deles.

PETER – Ao final da décima noite se foram. Sutis espíritos que eram, perderam-se no ar da manhã, voltaram ao céu.

MÃE – O último deles me anunciou: Salve! De ti, sairá a nova geração de homens! (*Quebra o enlevo sublime ao encarar Peter. Numa súbita fúria desfere-lhe socos sobre socos.*) Maldito bando de vagabundos mentirosos, sem eira nem beira, sebentos, fubentos, bexiguentos! Chegaram sem anunciar nada e foram entrando, mordendo e comendo o pão, o queijo, a cevada, as batatas, eu! Um alto, outro gordo, um torto, um penso, um anão, um sujo o outro também, um cego, um maltrapilho, outro zarolho! Não vou dizer que não foi bom. Afinal foram dez noites e em cada noite um volume, um comprimento, uma espessura, uma cabeça diferente. E, depois, não sou mulher de cuspir no ingrato que me comeu. Não reclamo do que me levaram, mas do que me deixaram! (*Dá novos socos em Peter. Para a fúria ao ouvir o tema da nau e avistar, assustada, a nau que entra.*) Peter, a nau!

PETER – Não existe nau, mãe!

MÃE – Existe, filho, e, mais cedo ou mais tarde, você e ela vão se encontrar. (*Sente que vai morrer. Chorosa.*) Prometa-me que não vai entrar nela.

PETER – Prometo.

MÃE – Sinto que, finalmente, minha hora se aproxima. Como é que você vai viver sem mim, filho?

PETER – Fica tranquila, mãe. Vou ficar bem. (*Mãe dá-lhe um soco.*)

MÃE (*dá-lhe um soco.*) – Isso é coisa que se fala para uma mãe moribunda?! Tem de dizer que vai sofrer, que não vai aguentar de saudades, que vai verter lágrimas de sangue sem mim! (*Arma outro soco, mas sente a morte.*) Eu vou, Peter, filho do mundo! Não entre na nau, Peter. Não entre!

Morre. A única reação de Peter é coçar a cabeça.

NAUTA 1 – Peter, um de nossos heróis, o homem das longínquas montanhas do norte, procurou dentro de si algum sentimento que pudesse expressar aquele acontecimento novo em sua vida: a morte. Não encontrou.

NAUTA 2 – Peter, a semente da nova geração de homens, aquele que nunca riu nem chorou, enterrou a mãe, queimou a casa, abandonou as montanhas e saiu em direção ao hemisfério sul do mundo.

Ao passar pela frente de Peter e da mãe, um dos nautas faz um gesto para que Peter assuma seu lugar na nau. Peter e mãe entram na nau.

NAUTA 1 – É bom esclarecer que no século XVI os loucos eram banidos e escorraçados das cidades europeias e trancafiados em um barco para uma viagem sem volta. Esta é aquela nau.

NAUTA 2 – Temos aqui padres hereges, bandidos, mentecaptos, maltrapilhos, rebotalhos das ruas, toda uma laia desclassificada sobre a qual pesou a doença do espírito.

NAUTA 1 – É bom esclarecer também que a nau atravessou os séculos e que hoje recolhe homens com outro tipo de loucura.

PETER – Peter Askalander saiu pelo mundo. Em Túnis traficou droga. Em Quito, armas e gente, no Zaire fez guerra, dormiu com mulheres em Hong Kong e matou homens nos quatro cantos do mundo. Não tantos que a história devesse registrar e nem tantos que a história devesse encobrir.

NAUTA 2 – Na verdade, Peter não deu certo, ao contrário de muitos de seus iguais que hoje posam de homens modelares, pilares de importantes famílias, heróis com armas e brasões.

NAUTA 1 – Não! Peter com seu rosto impassível, o homem que nunca riu nem chorou, continua sua saga besta em busca de riqueza em algum canto dos trópicos.

NAUTA 2 – E, chega, que já demos informações demais!

A nau sai.

CENA 2 – DE COMO ERA A SEGUNDA NAU E DE COMO LACRAU RESOLVIA SUAS QUESTÕES

Nau sai e deixa no palco um mestiço índio de sandálias havaiana, cocar, borduna e sem camisa. É Lacrau. Ele bate no peito e chora um choro sincero, não farsesco, mas com resultado cômico. É Pedro Lacrau.

LACRAU – Deus perdoe! Deus perdoe! Deus perdoe! Padre! Padre Gusmão! Lacrau quer confessar.

Entra o padre carregando uma bola de preso amarrada ao tornozelo por correntes. É conduzido por Joaquim, cidadão português.

GUSMÃO – Ah, Lacrau! O que fizeste desta vez?

LACRAU – Comi um homem.

JOAQUIM – Ai, Jesus!

GUSMÃO – E comeste o homem vivo? Comeste-o contra a vontade dele? Foi pecado contra a castidade? Ou mataste o homem e lhe comeste assado como um canibal?

LACRAU – Dessa vez foi como canibal. (*Ri.*) Deus perdoa Lacrau? Perdoa? (*Suspira e soluça e bate no peito arrependido.*)

GUSMÃO – Até quando vais provocar a ira de Deus, Lacrau? Por que fazes sofrer tanto nossa alma e nossos corações? Por que nos mantém prisioneiros?

LACRAU – Se soltar padre quem vai perdoar meus pecados?

GUSMÃO – Pare de pecar! Tu és índio batizado, cristão, Lacrau! Abandona a iniquidade, a impiedade, a barbárie!

LACRAU – Lacrau é assim! Lacrau tem saudade da taba. Saudade do tempo que Lacrau era inocente e tomava banho de rio, comia peixe, caça, gente!

GUSMÃO – Não és mais inocente! A fé cristã te trouxe a noção de erro e pecado.

LACRAU (*grita irritado*) – Trouxe também o perdão!

GUSMÃO – Trouxe também, filho.

LACRAU (*cândido*) – Então me perdoa.

GUSMÃO – Deus não deveria perdoar um pecador renitente como tu.

LACRAU (*ameaçador*) – Óia!

GUSMÃO – Que provação pra minha fé vir para esse mundo às avessas, onde reina o demônio, a desrazão, a desordem das coisas e do espírito.

LACRAU (*mais ameaçador*) – Óia! Óia!

JOAQUIM – Eu não aguento mais isso!

GUSMÃO – Não perdoo! Maledictus homo qui pecat in spes!

LACRAU – Num xinga Lacrau! (*Furioso a Joaquim.*) Pro mar, Joaquim! Amarra uma âncora no pescoço dele e afoga esse urubu no mar!

GUSMÃO – E quem vai perdoar sua montanha de pecados futuros?

LACRAU – Lacrau vai sequestrar um bispo só pra ele! Perdão de bispo vale mais! Pro mar!

GUSMÃO (*reconsidera*) – Está bem, vou confessá-lo.

LACRAU – Agora, também, Lacrau não quer! Pro mar!

GUSMÃO – Não faz isso! Por favor! (*Se ajoelha.*)

LACRAU – Então, padre pede perdão.

GUSMÃO – Perdão! (*Se levanta enquanto Lacrau se ajoelha.*)

LACRAU – Agora perdoa Lacrau.

GUSMÃO – Ego te absolvo...

LACRAU – Ainda não, que tem mais pecado.

Enquanto Gusmão ouve a confissão de Lacrau, Joaquim é tomado de intensa agitação e caminha na direção do público.

JOAQUIM – Ai! (*Com sincera dramaticidade.*) Dirijo-me a vocês na esperança de que me ouçam e me ajudem a recompor a razão. Ou que pelo menos consolem minha alma aflita. (*Seus lábios tremem, prestes a desabar em pranto.*) Pode não parecer, mas estou embarcado numa velha nau portuguesa do século XVI! Sinto que não estou louco, mas os fatos estão todos contra mim. Agora ouçam minha história e decidam vocês sobre minha sanidade. Meu nome é Joaquim Feliciano D'Alencastro, cidadão português, e tomei um navio em Lisboa, em 1984, para vir ao Brasil. (*Limpa os olhos das lágrimas e funga o nariz.*) Em meio ao oceano, numa noite cega de escuridão, estando eu no convés, subitamente desabam os ventos, tempestade, riscos de raios, troar de trovões, um turbilhão infernal. E no meio do fragor e da fúria dos céus e dos mares surge, como sombra maldita, uma velha caravela portuguesa. É verdade, creiam, por favor! E, pendurado no alto do mastro de velas e cordames apodrecidos, grita e ri como um demônio enlouquecido, ele, ele mesmo, Lacrau. Despencou sobre mim como águia e acertou-me uma tal bordunada no toutiço que quando dei por mim meu navio afundava e eu era prisioneiro! (*Geme e sacode a cabeça desesperado.*) Agora, alguém pode dizer-me o que faz um pacato e honesto cidadão português do século XXI numa nau portuguesa do século XVI?

LACRAU – Quim! Vem mais eu ver os prisioneiros, vem!

JOAQUIM – Ele traz no porão, acorrentados, prisioneiros deste e de outros séculos, trazidos dos navios que pirateou e colocou a pique. Marinheiros, políticos, cientistas, senhores, generais, artistas, gente de todas as classes. De vez em quando, tomado de loucura, come um por via oral e outro por outras vias menos castas!

LACRAU (*com candura*) – Sou um pagão inocente. Não tenho noção de culpa. Vem mais eu, Quim!

JOAQUIM (*indo ao encontro de Lacrau*) – Estou miseravelmente louco!

NAUTA 1 (*entrando. Ao público*) – Para que nenhum de vocês perca a razão como esse pobre cidadão português, prestem bem atenção nas explicações que se fazem necessárias. Serão as primeiras e as últimas que forneceremos! Primeiro: esta é uma peça moderna e por isso é, necessariamente, confusa. Segundo: o que faz uma nau do século XVI em pleno século XXI não cabe a uma comédia responder. Terceiro e quarto: esta é uma nau portuguesa e não é a nau dos loucos que deverá entrar no palco apenas no final da próxima cena. E deem-se por suficientemente esclarecidos!

NAUTA 2 – Voltando à nossa história, conta-se que no século XVI uma nau portuguesa da expedição de Gaspar de Lemos perdeu-se na imensidão do oceano, a caminho das Índias. Se é a mesma nau em que agora se encontram o índio Lacrau e o cidadão português, não podemos afirmar.

NAUTA 1 – Mas nada nos impede de acreditar que sim. Então, por favor, na falta de outra explicação mais plausível, tomem isso como verdade!

NAUTA 2 – Tomem como verdade também que Lacrau ataca e pilha todo e qualquer navio que encontra desde o mar do norte até as costas da África.

JOAQUIM (*choroso*) – E disso sou malfadada testemunha.

LACRAU – Quim! Lacrau está triste!

JOAQUIM – Ai, Jesus. Bebeu de novo! Volta e meia ele desce à adega, seca um corote de vinho e desatina das ideias.

LACRAU – Dois "corote", cachaça e todo uísque daquele navio inglês (*emocionado*) que afundou tão bonito! (*Transita instantaneamente para euforia.*) Soltem as velas! Três graus a estibordo! Abra a vela mestra, o traquete, a polaca, a bujarrona. Recolha a vela latina! Pilhagem! (*Entra num frenesi de agitação, movimento e loucura.*)

JOAQUIM – Ai, Jesus!

LACRAU – Chamem os ventos! Vamos varrer o mar! Canta, Quim, canta pra Lacrau!

Joaquim se recusa. Lacrau o ameaça com a borduna.

JOAQUIM – Não quero terra, nem porto, nem parada
Não quero nada além de céu e mar
Quero essa estrada em movimento, o sol, o vento
O livre pensamento para o livre navegar.

LACRAU (*emocionado*) – Vamos, gente! Coloquem o canhão na proa. (*Brandindo a borduna, mas quase em prantos.*) E, logo, antes que Lacrau mate um!

JOAQUIM – Uma vela, duas tábuas e flutuar!
Sem origem, sem direção, sem olhar pra trás
E se me apraz e dói o passado recordar
Digo a mim: o amanhã há de me trazer a paz!

LACRAU (*emocionado*) – Ai, que o meu coração rebenta! Canta, Quim!

JOAQUIM – Ai, meu fado é triste.
Só o mar é que me ouve soluçar!

LACRAU (*grita de contentamento*) – Vamos queimar um navio, cambada! Chamem o vento, canhões na proa!

O canto cessa, mas a música ainda continua. E a cena se torna um frenesi de movimento e narrativa.

NAUTA 1 – A nau estremeceu, rangeu e, empurrada pelos ventos, cortou o mar e a noite, veloz, em zigue-zague, bêbada como seu desatinado capitão.

LACRAU – Saquear!

NAUTA 2 – O vento rajou e rugiu e o céu desabou em chuva e raios.

JOAQUIM – É hoje que encontro cara a cara com meu Santo Antonio de Lisboa!

NAUTA 1 – Um ponto de luz cintila, longe, na escuridão das águas. Parece... É um navio, capitão! Navio à vista!

NAUTA 2 – É grande! Vem em nossa direção!

LACRAU – Em frente! Em frente! Saquear!

JOAQUIM – Vamos bater! Diminua a velocidade, capitão! Recolham as velas!

LACRAU – Mantenham o curso! Velas soltas!

NAUTA 1 (*assustado*) – Ai, meu Deus! Enfunadas pelo turbilhão de ventos, as velas ameaçaram rasgar, as velhas tábuas de carvalho estalaram na proa, toda nau trepida sulcando o mar em espantosa velocidade. No alto do mastro principal, descabelado, batido pela chuva e pelo vento, o louco Lacrau ri e comanda.

LACRAU – Em frente! Em frente!

JOAQUIM – Jesus! Vamos bater, homem!

LACRAU (*seguro de si*) – Vamos cortar o transatlântico ao meio. (*Todos fazem cara de horror, menos Lacrau que grita alucinado. Corta o grito abruptamente.*) Não deu! (*Despenca desmaiado.*)

NAUTA 2 – A nau de Lacrau se destroçou ao encontro do casco do navio ao mesmo tempo em que abria um rombo suficiente para fazê-lo naufragar. Em instantes o oceano tragou as duas naus.

JOAQUIM (*afogando-se*) – Do acidente não se salvou ninguém, com exceção de duas pessoas. Uma delas, desgraçamente, não fui eu que nunca aprendi a nadar. Salvou-se o maldito índio e um gajo do outro navio.

Lacrau e Peter agarram-se a um tronco.

NAUTA 1 – A relíquia portuguesa do século XVI afundou com seus tripulantes e centenas de prisioneiros entre os quais este cidadão português...

JOAQUIM (*choroso*) – Maldito índio!

NAUTA 2 – ... e exploradores, oligarcas, políticos, perueiros, generais, alguns ex-presidentes, representantes do judiciário, papagaios, tucanos e outros animais de estimação.

NAUTA 1 – Afundaram também alguns economistas, vários ministros brasileiros e um argentino.

NAUTA 2 – Parece que não se perdeu muita coisa, pois nenhum jornal gastou uma linha para registrar o acidente.

JOAQUIM (*choroso, afogando-se*) – Senhores! Examinem a estupidez e o absurdo dos acontecimentos que desabaram sobre mim! Estou a afogar-me no meio do oceano, depois de servir como escravo, por anos, a um índio do século XVI, em pleno século XXI! Alguém entende? Está certo que o tempo é relativo, mas isso é zombar da física! Que adianta ser mentalmente são se o mundo é uma comédia louca, sem sentido? Espero na outra vida encontrar um pouco da lógica que me faltou nestes últimos anos da minha existência. Avisem minha família em Lisboa. Boa noite. (*Afoga-se.*)

CENA 3 – O ENCONTRO DE DUAS CULTURAS

NAUTA 1 – No mar, sob a luz da lua, os dois náufragos firmemente agarrados a um resto de mastro, simbolizavam o encontro harmônico de duas culturas irmãs.

Peter Askalander e Lacrau dão-se as mãos e se beijam.

NAUTA 2 – Mas, tirando o romantismo estúpido que sempre tentam nos impingir em situações desse tipo, o encontro seguiu a regra geral. (*Os dois trocam tapas. Lacrau morde a orelha de Askalander.*) O escandinavo Peter Askalander não era o mítico representante da cultura ocidental cristã que vinha trazer civilização ao nativo inculto. Nem Pedro Lacrau era o típico bom selvagem.

NAUTA 1 – Na verdade, os dois, como já deu para notar, são gente de baixa extração, gentinha ordinária mesmo, da pior espécie.

NAUTA 2 – E, novamente, os heróis de nossas histórias são gente dessa cepa. Não nos culpem pela preferência que a comédia tem por esses tipos. Tentamos variar, pesquisar, mas o que conseguimos foi a tralha de sempre.

LACRAU (*didático*) – Eu não tenho memória e sou ciclotímico. Isso quer dizer assim, né, ó, presta atenção, por exemplo, tipo, eu posso estar, num primeiro momento, em estado de euforia e, num segundo momento, posso de passar rapidamente para uma profunda tristeza e melancolia. Num terceiro momento nem eu sei o que vou ser nem vocês vão conseguir imaginar. (*Muda rapidamente a máscara facial enquanto fala.*)

PETER (*sisudo*) – Eu não tenho porque me explicar. Sou como sou e não mudo! Manhã, tarde, noite, hoje ou amanhã sou o mesmo! Tenho uma só vida e um só sonho: um império, mesmo que seja numa terra de ninguém.

LACRAU – Peter era assim, de opinião! Até pra cagar tinha de ser convencido! Seu sonho de construir um império havia fracassado por trinta e cinco vezes em vinte e sete países diferentes! E ele continuava tentando.

PETER – Em compensação, Lacrau era inconstante, preguiçoso, indolente, e vai ser um péssimo auxiliar na construção do meu império, pensou Peter Askalander. Mas como não havia outro melhor à disposição e empregados qualificados são caros, resolveu tomar Lacrau como seu serviçal e iniciar, ali mesmo, a tentativa de construir, pela trigésima sexta vez, seu império sobre terras, coisas e homens.

LACRAU – E Peter Askalander começou a instruir Pedro Lacrau sobre o destino histórico dos povos do norte em colonizar os do sul.

PETER – Discorreu horas sobre a superioridade natural da cultura, da raça e da cor. Lembrou povos e conquistadores do hemisfério norte como os vikings, Alexandre, Gêngis Cã, Cortez, Pizarro. E recordou todo o esforço feito para arrancar o mundo da barbárie: com o gume da espada, a graça da fé, a argúcia da lógica, entende, Lacrau?

LACRAU – Lacrau entende.

PETER – Entende o nosso destino histórico de pacificar, civilizar e construir o mundo? Consegue ver, lá na frente, nossa obra, Lacrau? (*Lacrau põe a mão em pala e esforça-se por enxergar.*) Consegue me ver como comandante de um império e você como meu mais fiel comandado?

LACRAU (*faz novo esforço*) – Quase! Ali mais pra direita daquela esquerda?

PETER – Assim se faz um novo mundo, Lacrau. Entende?

LACRAU – Lacrau entende! Lacrau, de fato, entendia, mas o que quer que fosse permanecia em sua memória por exatos vinte segundos antes de esvanecer-se.

PETER – Eu planejo, você executa, eu emprego, você trabalha, eu penso e você faz! Que é que me diz?

LACRAU – Entusiasmado com a proposta, Lacrau pensou, pesou, repensou, considerou e, ao cabo de vinte segundos, respondeu: "Você dá o cu pra mim, dá?" (*Ao público.*) Não, esperem um pouco! A resposta de Lacrau tem uma coerência.

NAUTA 1 – É verdade. A memória dele se perde rapidamente, mas como todo animal ele tem instintos.

NAUTA 2 – Os instintos básicos são dois: o de sobrevivência e o sexual. Na ausência de racionalidade derivada de uma memória, que nele é quase inexistente, a lógica indica uma explosão dos instintos. Aqui, no caso, do instinto sexual.

PETER – Enquanto isso, Peter, com seu raciocínio cartesiano, não sabia se considerava a resposta de Lacrau uma mera proposta libidinosa ou um negócio, a contrapartida para o apoio ao seu projeto imperial.

NAUTA 1 – Reparem que desde o naufrágio das duas naus, que Lacrau já esqueceu...

NAUTA 2 – E pedimos a vocês que façam o mesmo pois aquilo tudo foi só para situar o contexto de nossa história...

NAUTA 1 – Desde o naufrágio das duas naus, repito, Lacrau não comeu nada nem ninguém. De forma que a resposta que Lacrau deu a Peter Askalander vai muito além da linguagem chula, do baixo calão como devem ter pensado muitos de vocês!

LACRAU – Tanto que não sabemos se era resultado de fome carnívora, antropófaga, ou, verdadeiro apetite sexual quando Lacrau se engalfinhou a dentadas com Askalander. (*Atracam-se.*)

NAUTA 2 – Essas coisas, vistas à distância, a gente nunca sabe direito.

PETER – Peter não conseguiu atinar com a reação de Lacrau e, por vias das dúvidas, resolveu romper quaisquer negociações.

NAUTA 1 – Os dois passaram a noite atracando-se violentamente e pela manhã foram dar numa terra estranha. Lacrau tinha escoriações várias e um olho roxo. Askalander chegou à praia exibindo várias marcas de dentadas na orelha e no ombro esquerdo e vergões nas coxas e glúteos.

NAUTA 2 – Beliscões, talvez. (*Peter olha para os dois, revoltado com as insinuações.*)

NAUTA 1 (*eximindo-se*) – Conto apenas o que vi. O povo que faça seu juízo.

CENA 4 – UM IMPÉRIO QUE NÃO DECOLA

LACRAU – Os náufragos chegaram a um estranho país de costumes extravagantes. As pessoas desse país, por exemplo, adoravam loiros. Gostavam tanto que seus homens e mulheres, pardos, mulatos e negros, eram todos loiros.

PETER – Isso agradou muito ao loiro escandinavo que se encaixava perfeitamente nesse padrão. Mas, como nem tudo é perfeito, aquele estranho país tinha o costume extravagante de detestar pobre. E Peter também se encaixava perfeitamente nesse padrão.

LACRAU – Azar o de Pedro Lacrau que, além de não ser loiro, era pobre e nativo, coisa que também desagradava bastante as pessoas daquele país.

PETER – Em compensação os ricos apreciavam muito a justiça. Tanto que a traziam junto ao peito em conúbio amoroso, guardada nos salões, em cofres, dizem até que dentro do bolso, mas isso não posso afirmar com certeza.

LACRAU – E foi a esse estranho país de grandes cidades que o destino trouxe nossos dois heróis. Peter Askalander, loiro como era, vislumbrou, ali, grandes possibilidades e saiu para cuidar de seu império. Pedro Lacrau sentou-se (*senta-se*) e primeiro riu sem razão, depois chorou sem nenhum sentido e, pela primeira vez na vida, tentou raciocinar. (*Faz grande esforço de raciocínio.*)

ATOR 1 – Nosso herói exauriu-se tentando fazer brotar do cérebro uma haste, uma folha tenra de entendimento. Ficou ali, sentado no meio fio da avenida, vendo gente e carro passar, num esforço de cortar o coração de quem visse, mas ninguém viu. Só eu, mas não dei importância. E depois dos vinte segundos regulamentares esqueceu-se do que estava fazendo.

Lacrau ri, alheio.

MULHER – Mas eu não esqueci, não! Veio pra cima, cheio de mãos, apalpou sem pedir licença, atracou-se, beijou, disse um monte de coisas baixas, desavergonhadas, que eu até gostaria de ouvir de novo, ditas por outra pessoa, em outra situação e ambiente. Não no meio da rua! Pelo menos não numa rua tão movimentada! Pelo menos, não de dia, onde algum conhecido podia passar e ver! Olha, era tanta a naturalidade dele que parei feito besta tentando entender. E quando vi que não era meu amásio, nem meu marido, que marido não faz essas boas surpresas, gritei tarado!, seu doutor.

MERCEEIRO – Sou estabelecido num armazém de secos e molhados a duas quadras daqui, há mais de vinte anos, seu delegado. A gente vê de tudo e quando, às três da tarde, vi o gajo seminu, na frente do meu balcão, pensei: é travesti, da Major Sertório, fazendo hora extra. O tal, mais rápido que meu raciocínio, abocanhou sardinhas, mordeu queijos, lambiscou azeitonas, engoliu salsichas, degustou presuntos e raspou-se. Dois minutos depois entendi o acontecido e vim prestar queixa.

PASSANTE – Sou um passante e passava pela rua quando o índio passou por mim correndo. Logo atrás passou o povo gritando lincha! Vi um PM passando e contei o que se tinha passado.

PM – Cheguei e botei ordem na gritaria de pega, lincha e fura! Se for pra bater quem tem de bater sou eu que sou autoridade, legal, constituída, e isso aqui é uma democracia! Tem de ser nas regras! Cheguei no indivíduo e perguntei: Que é que foi, cidadão? O indigitado indivíduo me olhou e disse ksjjdnsjk (*profere algo ininteligível*) e o povo cascou o bico de rir. Aí… (*Interrompe e repete meio envergonhado.*) Disse ksjjdnsjk, seu delegado! Aí, eu… (*Interrompe, mais sem jeito.*) Disse… rebaixou minha autoridade, seu delegado! Disse… (*Rompe a indecisão.*) se eu não queria dar o rusguento pra ele, pronto! (*Para alguém que não se vê.*) Não ri, porra! E não coloca isso no B.O.!

BANDIDO – Jogaram o caburé na mesma grade que eu, mano! O carinha zuou, apavorou, encapetou mais que crente possuído. A cela do DP virou uma quiçaça! Juntaram o loque e levaram pra casa de louco.

ATOR 1 – Aqui já tem doido demais, disse o enfermeiro do hospício. Soltem por aí! E, assim, Lacrau voltou às ruas e fez mais um tanto de coisas sem sentido. Depois, sentou-se no meio fio e como sua memória não dura, esqueceu tudo o que tinha feito. Foi como se não tivesse saído dali.

Lacrau abre um sorriso.

ESTRAGON – Foi quando um homem estranho, de chapéu coco, passou, viu Lacrau e se aproximou. (*Estragon senta-se ao lado de Lacrau e tira suas botas, sacode-as.*) Você ainda está esperando?

LACRAU – Quem?

ESTRAGON – Godot. Eu desisti. Deixei meu amigo Vladimir, lá, esperando Godot, e desde então tenho andado, andado, andado. Queria chegar ao fim de alguma coisa, mas parece que não existe um fim. Ou queria morrer no caminho, mas estou condenado a continuar vivo. (*Lacrau ri.*) Quando vi você, aí, sentado, me deu vontade de esperar de novo.

LACRAU – Esperar o quê?

ESTRAGON – Não sei mais. Posso esperar, junto, o que você espera?

LACRAU – Pela primeira vez Lacrau se deu conta de que, talvez, esperasse alguma coisa, e algo se mexeu no lodo do fundo de sua alma. E ele riu para afastar o desassossego.

ESTRAGON – Um dia meu amigo Vladimir quis dar-me um abraço. Eu não quis. Agora preciso. (*Levanta-se.*) Me dá um abraço?

LACRAU (*olha-o*) – Lacrau riu com um acento de malícia. Como já tinha satisfeito seu instinto de sobrevivência na mercearia do português, pensou em satisfazer seu outro instinto. (*Levanta-se e abraça Estragon.*)

ESTRAGON – No entanto, Estragon o apertou tão forte, tão humanamente forte, que o lodo no fundo da alma de Lacrau de novo se remexeu.

LACRAU – Não se sabe se algo se mexeu na alma de Estragon, mas Lacrau, perdido na surpresa daquele abraço, reviu por instantes imagens antigas, mais antigas ainda do que o tempo em que foi capitão da nau portuguesa. Ouviu sons remotos, sensações longínquas que, talvez, um dia tenham sido suas. E abraçou mais, humanamente mais, o corpo de Estragon. (*Abraçam com força sincera.*)

ESTRAGON – Mas, súbita como veio, logo a memória se foi. Então, olharam-se como estranhos e restou para ambos a aridez da relação trivial. (*Desvencilha-se.*) É suficiente, senhor. Obrigado, um bom dia! E se foi, no desespero de quem anda sabendo que nunca vai chegar.

LACRAU – Esse foi o tipo de gente que Lacrau encontrou nas ruas daquele país. É gente maluca! Descalibrada das medidas! Piorzinha até que eu!

ATOR 1 – Enquanto deixamos Pedro Lacrau e essa sincera paródia de Beckett, colocada aqui para dar um ar culto à nossa comédia, nosso outro herói, Peter Askalander, tentava fincar naquele país as raízes de seu império.

Entra funcionária pública seguida de Pedro Lacrau. A funcionária está sempre andando, como num labirinto, seguida por Peter, assinando papéis que lhe trazem, carimbando outros, recebendo pastas, etc.

FUNCIONÁRIA – Não entendi bem, senhor Peter Askalander. O senhor é loiro natural, está certo, mas tem o sério inconveniente de ser pobre.

PETER – Mas vou ser rico, muito rico!

FUNCIONÁRIA (*condescendente*) – Volte, então, quando for rico.

PETER – Mas para ser rico eu preciso de facilidades, financiamentos, isenções de impostos...

FUNCIONÁRIA – Eu logo vi! O senhor é um sonhador. Tenho família pra sustentar! Três filhos adolescentes! O senhor sabe o que é isso? Alimentação, escola, clube, roupa de grife! (*Sentida.*) O senhor me ofende! Quer facilidades, financiamentos, isenções, mas não quer dar nada em troca!

PETER – Darei empregos, ajudarei a resolver problemas sociais!

FUNCIONÁRIA – E eu, seu Peter? Eu e meus filhos não somos também um problema social? Isso é dinheiro público, seu Peter!

PETER – O governo empresta, crio empregos, gero impostos, divisas, pago o empréstimo. É lógico, não?

FUNCIONÁRIA – É claro que é! Mas quem está interessado em lógica? Quero o meu, agora, entendeu?

PETER – Se eu tivesse lhe daria uma comissão até maior do que a senhora quer. Pelo menos dê uma olhada no meu projeto. Tudo calculado! Em dez anos terei um império!

FUNCIONÁRIA – Para ter um império o senhor precisa de muito dinheiro.

PETER – Se tivesse muito dinheiro eu já teria um império.

FUNCIONÁRIA – Entendeu a lógica da coisa? Para conseguir dinheiro é preciso dinheiro. Em nosso tempo capital não se distribui, capital se concentra! Quem tem dinheiro ganha dinheiro quem não tem, trabalha!

PETER – Ninguém fica rico trabalhando!

FUNCIONÁRIA – Entendeu a lógica da coisa?

PETER – A minha fábrica...

FUNCIONÁRIA – Fábrica? O senhor veio pedir dinheiro para construir uma fábrica? Por que não disse antes? Rua! Fora! Eu, aqui, perdendo meu tempo, pensando que o senhor queria dinheiro para especulação financeira, abrir um banco, alguma coisa lucrativa assim! Rua!

PETER (*afasta-se cabisbaixo*) – Finalmente Peter entendeu. Ele era um homem do passado, com ideias de homens do passado. (*Soluça, nostálgico.*) Os tempos românticos em que um homem vinha para os trópicos e construía um império a custa da guerra, do logro ou do trabalho alheio, eram coisa do passado. Todos os impérios já estavam construídos e apenas cresciam sobre terras, coisas e pessoas. Ele era apenas um súdito desses impérios. Um homem tão ultrapassado quanto um índio doido numa nau do século XVI.

CENA 5 – UM MUNDO EM DECADÊNCIA E A NAU DOS LOUCOS

ATOR 2 – Peter Askalander e Pedro Lacrau perderam-se pelas ruas da cidade. Eram vistos sempre juntos, mas a única coisa em comum que carregavam era a decadência. Não eram amigos, eram apenas colegas, companheiros de infortúnio.

ATOR 1 – Não andavam juntos, andavam um ao lado do outro. Numa dessas noites de frio acenderam fogo, debaixo de um viaduto.

PETER (*irritado*) – Não, Pedro Lacrau, não!

LACRAU – E depois, seu Peter?

PETER (*explodindo*) – Nem agora, nem depois, nunca! Mil vezes nunca! Mil vezes não, entendeu!

LACRAU – Lacrau é ciclotímico. (*Faz beiço e geme, sentido, numa voz sumida.*) Não pode falar assim com Lacrau. Lacrau é pagão inocente! Não pode contrariar. Lacrau foi na ONG. A ONG falou que Lacrau está em extinção!

PETER – Eu também estou em extinção!

LACRAU – Mas você não é ciclotímico! Lacrau está triste, manso, mas Lacrau pode ficar índio bravo, muito feroz! (*Vai transitando da calma para a fúria ao mesmo tempo em que perde o sotaque de índio.*) Lacrau pode juntar, num átimo, todas as mágoas, violências, humilhações e misérias desses anos e séculos todos e fazer desaguar tudo como chuva, granizo, devastação sobre a terra. Lacrau pode cortar cabeças e ferir almas para sempre! Abre os olhos! Cuidado, Peter Askalander! O que falo pra você, agora, eu falo para todos, falo para o mundo!

Peter encolhe-se, assustadíssimo com a reação de Lacrau. Lacrau paralisa-se em tensão.

PETER (*ainda receoso*) – Lacrau? Pela deusa Freia! Que foi que te deu, homem? (*Tem uma ideia.*) Lacrau! Com essa energia e o meu raciocínio, com sua fúria e minha capacidade de planejamento a gente... Como transformar essa energia em capital, essa é a questão! Que me diz, Lacrau?

LACRAU (*dissolve a tensão em uma expressão mansa e desmemoriada.*) – O que é que Lacrau tava falando, mesmo? (*Senta-se, alheio.*)

ATOR – Lacrau já havia esquecido, já estava voltado para si. Talvez vasculhasse a procura de algo maior que um império. Talvez fosse apenas um idiota que não procura nada, se é que os idiotas não procuram nada.

Peter senta-se e começa lentamente a tecer um nó de forca numa corda. Lacrau começa a cantar uma canção indígena.

ATOR 2 – Por um instante Lacrau viu suas lembranças em imagens nítidas.

ATOR 1 – E, pela primeira vez, essas lembranças duraram mais de vinte segundos. (*Uma índia nua entra e cruza o palco ao fundo.*) Na memória funda de Lacrau aquela era cunhatã, era também cunhã boa de brincar na rede. Era também a mãe com os seios túmidos de leite, era os curumins, o rio, os velhos índios, os peixes assados no moquém, beiju. Era também a mata e os espíritos que falavam com Lacrau. Era um tempo longe.

Índia sai. Lacrau para de cantar.

LACRAU – Vamos pra minha taba?

PETER – Não tem mais taba, Lacrau.

LACRAU – Lacrau sabe. (*Pausa.*) Vamos pra minha taba?

PETER (*irritado.*) – Não tem mais taba, Lacrau!

LACRAU – Lacrau sabe. (*Pausa.*) Vamos…

PETER (*cortando, furioso*) – Não tem mais taba!

LACRAU – Lacrau sabe. (*Pausa.*) Mas Lacrau tem saudade.

PETER – Eu não tenho saudade de nada.

ATOR – Peter lembrava-se muito bem de uma velha história nórdica, de Kay Nissen, sobre um homem chamado Karl. Aos dezoito anos, Karl plantou uma semente e jurou sobre ela: "Cresce enquanto ganho o mundo. Aos quarenta anos volto rico ou me enforco no seu galho mais alto."

ATOR – Peter tomou o juramento como seu, e escolheu uma árvore qualquer como sua.

Peter engancha a corda com o laço já em seu pescoço.

LACRAU – Peter vai se enforcar, vai? (*Peter não responde.*) E aquilo?

PETER – Aquilo o quê?

LACRAU – Aquela coisa, aquele negócio que a gente tava falando no começo.

PETER (*indignado*) – Já disse que não! Mil vezes, não! Mil vezes, nunca!

LACRAU – Que custa pra Peter?

PETER – É indecente!

LACRAU – Indecente! Indecente! A terra vai comer mesmo!

PETER (*irritado*) – Estou indo me matar! Vou fazer minha última travessia e exijo um pouco de solenidade e respeito! (*Dramático.*) Na vida fiz muitas tentativas, dei inúmeros lances. Paguei alto e perdi todos!

LACRAU – Você podia dar o cu pra Lacrau. Assim pelo menos eu ganhava alguma coisa!

PETER – Não tem mais sentido continuarmos vivos, Lacrau. Não somos desse tempo. Esse é o tempo do homem doméstico. Não existe lugar para a aventura e a vida pulsa morna e comedida.
LACRAU (*comicamente emocionado*) – É? Lacrau vai morrer com Peter. (*Põem o laço no pescoço dos dois.*)
PETER – Morrer como duas culturas irmãs.

O clima é solene. Os dois puxam a corda.

LACRAU – Ai, ai! Tá doendo! (*Tira seu pescoço da corda.*) Primeiro morre Peter. Depois, Lacrau.

Ouve-se o tema da nau dos loucos. Entra a nau.

NAUTA 2 – Vinde a mim os cansados, os desiludidos, os que pararam no meio do caminho!
NAUTA 1 – Os que temem a fúria do mundo, os que querem largar tudo e comprar um sítio no interior.
NAUTA 2 – Os que querem passar a vida numa gargalhada só!
NAUTA 1 – Os que sonham fazer lipoaspiração cerebral, os que querem implantar silicone na alma. Os que não acreditam em alma.
NAUTA 2 – O mundo não tem sentido. E qualquer sentido que lhe queiram dar é farsa. O único sentido da vida é o prazer! Vinde ao prazer! (*Riem com prazer verdadeiro.*)
LACRAU – Eu vou! (*É seguro por Peter.*)
PETER – Não, Lacrau! Disseram que eu nunca entrasse nessa nau.
LACRAU – Então fica e se enforca. (*Entra.*)

Peter pensa um instante e também entra na nau.

FIM DA PRIMEIRA PARTE

SEGUNDA PARTE
CENA 6 – A STULTÍFERA NAVIS

NAUTA 1 – Segundo cronistas fiéis, testemunhos dignos de crédito e documentos autênticos do Renascimento, a nau dos loucos tinha dimensões muito precisas.

NAUTA 2 – Seu comprimento era imenso, sua largura, incomensurável, e sua altura somava exatos quatrocentos e sessenta e cinco miliardos e trinta e três mardos, embora ninguém saiba dizer o que significam essas medidas.

PETER – A nau vagava ao sabor dos ventos, percorrendo oceanos e rios, recolhendo e abrigando, em seu bojo, todo o excesso de gente que as cidades desejavam se livrar.

LACRAU – Vocês hão de convir comigo: o mundo, em todas as épocas, sempre teve gente demais. Por isso sempre existiram guerras, genocídios, exílios, expulsões em massa. Até Caim achou que o mundo tinha gente demais e matou seu irmão Abel.

PETER – Parece que só Adão e Eva viviam felizes, sem complexos e neuroses que precisassem de terapia de vidas passadas.

NAUTA 1 – Naquela época em que Pedro Lacrau e Peter Askalander entraram na nau, as cidades também tinham gente demais, gente a dar com pau, o que a polícia, em geral, tomava ao pé da letra. As cidades viviam entupidas de massas humanas expulsas dos campos, rejeitadas nas cidades, em movimento constante pra lá e pra cá, sem objetivo definido, perdendo sonhos pelo caminho.

NAUTA 2 – A nau dava abrigo a todos os rejeitados. Aos que tinham vazios os estômagos ou a alma, ou ambos, o que também é muito comum.

PETER – Em suma, a nau dos loucos era ampla e democrática. Abrigava rejeitados pelas cidades, pelos shoppings, pelos gerentes de banco; rejeitados pelos vestibulares, pela Academia Brasileira de Letras, pelo síndico, pela junta de alistamento militar, gente de todo tipo. Só não havia rejeitados por partidos políticos porque estes não rejeitam gente de nenhuma espécie.

NAUTA 1 – Dentro da nau, todos os vícios eram considerados virtudes e todas as virtudes, embora raras, eram também virtudes. Lá, tudo era prazer e qualquer um poderia seguir uma carreira. Houve casos de gente que seguiu carreira de até cinquenta e quatro centímetros!

LACRAU (*dentro da nau, olhando à sua volta*) – Dentro da nau era um deslumbramento de gente e de coisas. (*Fixa a vista em alguém.*) E a memória de Lacrau parecia estar melhorando, pois lhe pareceu reconhecer alguém. (*Surpreso.*) Quim! É você, Quim?

Um dos atores, o mesmo que interpretou Quim, tenta fugir, mas é seguro por Lacrau.

JOAQUIM (*entre receoso e irritado*) – Não vais me comer nem de uma forma nem de outra!

LACRAU (*abraçando-o*) – Quim! Lacrau teve saudades!

JOAQUIM (*ao público*) – Sim, por incrível que possa parecer, eu sou Joaquim Feliciano D'Alencastro, o malfadado cidadão português. Depois de naufragar na caravela deste maldito índio… (*A Lacrau, que está abraçado a ele com o rosto recostado em seu peito.*) Queres me largar, ó gajo! Eu e outros náufragos fomos salvos da morte inexorável pelos marinheiros dessa estranha nau! (*Choroso.*) Ou seja, não só a loucura continua, mas se aprofunda! Aqui o mundo é às avessas e eu tenho visto coisas que nunca imaginei ver em sonhos. (*Suspira profundamente.*) Deve ser uma provação que Deus me mandou. Tenho de procurar um sentido para essas coisas que acontecem comigo ou enlouqueço de vez. (*Soltando-se de Lacrau.*) E solta-me, que não sou seu amásio!

LACRAU – Oh, Quim! Ingratidão! (*Fixa alguém nos bastidores.*) Padre Gusmão! Que saudade! Não foge! (*Sai.*)

PETER – Como é que as coisas funcionam aqui?

JOAQUIM – Funcionam como quiseres. Lá está a ponte de comando.

PETER – E onde está o capitão?

JOAQUIM – Não tem. Perdeu-se há anos na esbórnia que é este navio e nunca foi encontrado nem substituído.

PETER – Mas isso é uma anarquia!

JOAQUIM – Total e completamente. Todos os prazeres são lícitos e recomendáveis, tudo é permitido, cada um faz o que lhe dá na veneta.

PETER – Mas isso é o sonho secreto de todo ser humano!

JOAQUIM – E é por isso que mais e mais gente entra na nau!

PETER – A cabeça de Peter, um tanto tola, mas sempre prática e atenta a oportunidades, vislumbrou grandes coisas. Isso é um negócio da China! Melhor até do que negociar com o governo! Melhor do que ser amigo de senador! E imaginou tornar seu aquele negócio sem dono. A loucura era uma demanda que só crescia. (*Agarra e sacode Quim.*) Isso é uma montanha de ouro, Quim! Ao invés da terapia, da cura, a experiência da loucura! Ao invés da reclusão, o acesso! Ao invés de hospício, as naus! (*Recosta a cabeça no peito de Quim e sonha.*) Uma frotilha, uma frota, uma esquadra de naus de loucos singrando os mares, os rios! (*Solta-se de Quim, que se afasta, assustado.*) Abrir franquias, agências, uma multinacional, uma *holding*! Não tem lógica essa liberdade absoluta ser gratuita. Isso tem de ter um preço! E tendo um preço este deverá ser pago a alguém: eu! (*Sai.*)

NAUTA 2 – Enquanto Peter tentava transformar seu sonho de riqueza em projeto, planejamento, marketing, passaram-se horas, dias e meses. E em cada dia um sobressalto alegre, uma despreocupação nova, uma forma diferente de nada fazer. Lacrau provava de cada uma delas. Os dias passavam iguais, mas um deles nasceu diferente.

NAUTA 1 – Quem visse o que se passou não acreditaria em seus olhos, quem ouvisse chamaria de maldito mentiroso quem contasse.

NAUTA 2 – Abaixo do convés, sucediam-se vários níveis de pavimentos todos lotados por riso, festa, descompromisso e desrazão. Pedro Lacrau, metido e maluco como era, desceu as escadas de cada um desses pavimentos, bedelhando, xeretando, lambiscando e comendo cada tipo de prazer.

NAUTA 1 – Foi quando se deu o encontro.

Música tema de Deus inicia.

CENA 7 – O ENCONTRO COM DEUS

NAUTA 1 (*crescendo em expectativa*) – A nau possuía compartimentos misteriosos, cabines e corredores secretos, lugares profundos e indevassáveis onde o ser humano jamais pisou.

NAUTA 2 (*mal educado*) – Corriam lendas sobre esses lugares mas não vou contar nenhuma delas porque não interessa a vocês.

NAUTA 1 – Interessa é que, vindo do fundo da nau, de seu último e insondável pavimento, subia as escadas, pleno de glória, majestade e onipotência... (*Surge Deus, para espanto de Lacrau. Deus espreguiça-se e boceja, e sobre sua cabeça vê-se o triângulo da trindade e traja uma camisola branca.*) Ele mesmo, Deus, que, depois do sétimo dia da criação resolveu ali descansar.

NAUTA 2 (*ao outro nauta, irritado*) – Como é que Deus, logo após a criação, vem descansar numa nau do Renascimento, ó, estafermo? Isso não lhe parece incoerente? É uma discrepância no tempo!

NAUTA 1 – O tempo é uma convenção humana.

NAUTA 2 (*mais irritado*) – E por causa disso joga-se na lata do lixo toda a lógica científica, toda a física?

NAUTA 1 (*no mesmo tom*) – Deus não é uma questão física! É metafísica, teológica! A Deus nada é impossível, descrente!

NAUTA 2 (*inconformado*) – Nem a uma comédia!

NAUTA 1 (*como um pastor*) – Sai! Pula fora! Abandona esse corpo, satanás!

NAUTA 2 (*conformado*) – Está bem! É ele mesmo, Deus, que, depois do sétimo dia da criação resolveu ali descansar.

NAUTA 1 – Por ter recebido lições de catecismo de padre Gusmão, Lacrau reconheceu Deus, mas por ter ainda um coração de pagão logo se tornou confiado, tomou Deus pela mão e o levou para cima.

DEUS – Deus, ou seja, eu próprio, enquanto subia os inúmeros pavimentos da nau, em direção ao convés vi, pasmado, aquela confusão, aquela desordem, aquela esbórnia, em que se havia transformado o mundo.

NAUTA 2 – Parte do mundo, Senhor, porque os shoppings, os bancos e os condomínios fechados continuam bem organizados.

LACRAU – Vam' depressa! (*Começa a correr com Deus.*) Quim! Peter! Olhem quem encontrei.

JOAQUIM (*espantado*) – Ai, Jesus!

LACRAU – Não, é o pai dele.

PETER – É uma coisa fantástica! Eu não consigo acreditar!

JOAQUIM – Um monte de gente não consegue. Tudo culpa do comunismo!

LACRAU (*grita*) – Gente! Cambada de louco! Doidos de toda a nau, univos! Deus está aqui!

PETER – Saiu doido de tudo quanto foi canto e buraco e em minutos o convés inteiro era um mar de cabeças curiosas e agitadas.

JOAQUIM – Entre eles vi, pela primeira vez, um homem careca, sisudo, vestido de negro. (*Homem exercita-se fazendo gestos de artes mar-*

ciais.) Aquele homem devia ser possuído de uma loucura estranha. (*Homem encara Quim que, assustado, desvia o olhar.*) Diziam que outros deles viviam nos pavimentos inferiores. O que faziam ninguém sabe.

PETER – Voltando a Deus, eu ainda tentei organizar filas e cobrar ingresso, mas foi uma aflição, um empurra-empurra quando Lacrau apresentou Deus.

JOAQUIM – Primeiro arregalaram as butucas dos olhos e fizeram profundo silêncio. Depois, subiu um maremoto de risos que chacoalhou como onda todo convés.

LACRAU – Pedi silêncio, respeito, pedi pelo amor de Deus! Adiantou? Não acreditaram. Joga um raio neles, Deus!

PETER (*enquanto se afastam receosos como se a turba estivesse avançando*) – Riso virou grito, virou vaia, protesto, ameaça, a turba cresceu pra cima da gente querendo pegar, bater, morder.

LACRAU – É a sua! É a de vocês tudo!

PETER – Fica quieto, Lacrau!

Os quatro se desviam de coisas imaginárias que são jogadas. Lacrau joga coisas de volta.

JOAQUIM – Gente, vamos conversar. Não querem acreditar, tudo bem, livre arbítrio. Ai! Cuidado! Isso fura. Espera um pouco, vamos conversar.

PETER – Devagar! Não empurra!

Os três, com exceção de Deus, arregalam os olhos e se afastam. Correm. Lacrau puxa Deus pela mão.

CENA 8 – A REVOLUÇÃO

JOAQUIM – A gente correu apanhando e apanhou correndo. Vinha braço da esquerda, tabefe da direita, chute de baixo pra cima, soco de cima pra baixo, croque, pescoção de tudo que é lado. Pé d'ouvido, então, era fartura!

PETER – Voamos pro segundo pavimento, despencamos pro terceiro, rolamos escada abaixo pro quinto, nem passamos pelo quarto pavimento. Embarafustamos corredor afora e o povo atrás zuando fúria, dizendo nome, prometendo amolecer cada osso da gente. Lacrau teve uma ideia e gritou igual general:

LACRAU (*ordenando*) – Quim! Você é alto, forte, corajoso e sabe caratê. Fica aqui e acaba com eles.

Joaquim bate os calcanhares e bate continência.

JOAQUIM – Sim, senhor! Fiquei, os loucos chegaram e só aí me dei conta que sempre fui baixo, fraco, medroso e, de luta, mal sei ginástica aeróbica! E foi au, ai, ui, pau, mão fechada, mão aberta, que só Deus sabe como escapei com vida!

DEUS – Nem eu sei.

PETER – Dirigido por mim e guiado por Deus, nosso grupo conseguiu escapar da turba enlouquecida. Ficamos, ali no quinto pavimento, assustados, e ouvimos nos andares de cima os gritos e risadas de uma loucura que crescia cada vez mais.

LACRAU – A gente tem de sair daqui!

JOAQUIM – Sair pra onde? A nau não atraca em portos e a única forma dela parar de navegar é no fundo do oceano. (*Soluça revoltado.*) Passe as férias nos trópicos, sugeriu meu agente de viagens. Eu, uma besta lusitana, concordei! Maldita hora, em 1984, em que saí do porto de Lisboa! Oh, meu Deus!

DEUS (*como se tivesse sido chamado*) – O quê? A nau não tem piloto, não tem destino, tudo pode acontecer. As coisas não têm solidez, tudo pode mudar numa lufada de vento.

PETER – Ouçam! Estão gritando que vão por fogo na nau!

JOAQUIM – São loucos! Já eram loucos, estão mais! Tanto a loucura deles quanto essa viagem parecem não ter fim!

LACRAU – Faz alguma coisa, Deus!

DEUS – Que mais posso fazer? Já arrasei a terra com um dilúvio, já desabei fogo do céu sobre Sodoma e Gomorra, já mandei dez pragas sobre as terras do Egito! Por mim, eu já tinha acabado com tudo, mas meu filho pediu: Tem paciência, Pai. Perdoai, eles não sabem o que fazem! (*Furioso.*) Até quando a ignorância vai ser desculpa de quem se nega a aprender?! Até quando? Quando o desgoverno incendiar, explodir ou fizer naufragar a nau, os inocentes vão pagar o mesmo preço que os culpados. É bom, então, que nos tempos que vêm, os inocentes saiam de sua pasmaceira, que os tolos tornem-se espertos, que os ignorantes comecem a aprender! (*Sai.*)

LACRAU – Ô, louco, meu! Saiu chutando lata.

PETER – Que é que deu nele?

JOAQUIM (*explodindo*) – Deu nele o mesmo que está dando em mim. Estou-me nas tintas com tudo isso! Eu quero, eu exijo cinco minutos de lógica e coerência!

PETER (*a Lacrau*) – Está ficando louco!

LACRAU – Quim tem cabeça fraca. Isso acontece.

JOAQUIM (*grita*) – Saí dali pra não morder tijolo, não subir em parede, não perder, de vez, meu resto de miolo, que já é pouco. Cheguei ao convés, vi, não acreditei no que vi, voltei pra contar. (*Vira-se para os outros dois, desesperado, como se voltasse trazendo notícias.*) Gentes, está lá em cima um sarilho, uma barafunda nunca vista. Os loucos desnortearam de vez! O povo grita, xinga, briga tão embolado de não se saber de quem é o pé, de quem é a mão, de quem é a bunda! (*Sons de confusão, alarido de povo.*) E, no meio do convés, dependurada no cordame, no centro da briga, dos gritos e dos aplausos, uma figura vestida de negro conduz o motim.

Surge figura de preto fazendo gestos de luta marcial.

FIGURA – Vou descer o braço! Surrar de corrente! Quebrar coco a pau! Quem for louco que me siga!

Gritos, assobios, ovação.

LACRAU – Em volta dele, me contou o Quim, outras vinte figuras vestidas de negro, armadas de correntes, socavam o ar gritando palavras de ordem: "Chega de loucura!", "Ordem, vagabundo! Ordem no barco, ordem no mar, ordem no mundo!" E avançaram para o povo aos socos, pontapés, golpes de corrente, abrindo claros no meio dos loucos.

PETER – O Quim contou também que o povo parou para olhar fascinado a demonstração de força. Num mundo sem regra nem medidas, uma ordem brilha como diamante e a força que sustenta a ordem inspira admiração.

JOAQUIM – E o povo recebeu estupefato os gestos marciais, a violência das palavras, o discurso lógico plantado pela força de socos e correntadas naquele universo sem lógica.

FIGURA (*aos gritos*) – As cidades nos tomaram por loucos e nos escorraçaram. Elas nos deram a loucura, eu dou um sentido a ela.

LACRAU – Uns aplaudiram outros vaiaram e começou confusão que não chegou a crescer: o grupo vestido de negro avançou em ordem e com violência desordenada e desmedida transformou a rebelião em gemidos.

FIGURA – Eu lhes dou um sentido, um objetivo e um caminho para alcançá-los! Uma revolução pela restauração da ordem, contra o caos, se inicia aqui e agora! Quem nos seguir marchará de pé, quem ficar contra nós será derrubado pela força e pelo movimento inexorável de nossa marcha!

PETER – As palavras inflamam as almas, a nau navegou à deriva por séculos a procura de um porto, os desnorteados acharam onde colocar o desejo. E aplaudiram e riram, e admiraram a ordem unida, a marcha dos homens de negro. E dançaram, beberam e saudaram a nova ordem.

Sons de passos e música militar. Peter Askalander "assiste" à marcha. Lacrau marcha ao som da música.

JOAQUIM – Peter Askalander, que não tinha conseguido organizar seu império no meio da confusão dos loucos, anteviu grandes possibilidades no mundo de disciplina, de regra e de ordem que se iniciava. Foi um dos primeiros a apoiar a revolução. (*Lacrau veste uma camisa preta.*) Lacrau, cuja memória e capacidade de reter experiências conhecemos bem, esqueceu-se do que havia acontecido antes e ingressou nas primeiras fileiras da nova ordem. Quanto a mim, eu sigo caminho oposto a qualquer um escolhido por esses dois! (*Furioso, dá dois passos em direção contrária à saída de ambos, mas volta, lamentoso.*) Digam-me vocês: existe sentido? Pra que fui salvo da morte certa no mar? Como é que vai acabar esse sarilho nem Deus sabe, pois até ele já sumiu. De uma coisa eu tenho certeza: não vai acabar bem. Pelo menos para mim! Maldito agente de viagens!

CENA 9 – O JULGAMENTO DE DEUS E DE OUTROS PERSONAGENS

O julgamento, discursos e inquirições, são feitos sempre sobre cadeiras. Narrações são feitas sobre o palco. Deus entra algemado no tribunal ao som de risadas dos loucos. Senta-se. Figura de preto sobe a uma cadeira, olha a "multidão" e grita, furiosa.

FIGURA – Respeito nesse tribunal! Isso é coisa séria, cambada de doido! Respeitem a liturgia do poder ou mando meus homens baixar o porrete até quebrar a cabeça ou o porrete!

Um dos homens afasta-se na ponta dos pés, assustado, na direção do público. Fala baixo, assustado.

HOMEM 1 – Foi assim. Fez-se silêncio de expectativa e de medo no salão do terceiro pavimento que não cabia de tanta gente que correu pra ver o julgamento de Deus!

FIGURA – Vamos restaurar o primado da autoridade! Vamos governar sobre homens ou sobre o que restar de homens, mas vamos governar!

Outro homem vai sorrateiramente na direção do público.

HOMEM 2 – A gente esqueceu de dizer que a revolução aqui na nau impôs um governo fundamentalista-democrático-socialista-burguês-skin head-pós segundo milênio. Não sei bem o que é, mas sei que é, e não vou dizer que não é porque sou louco, mas não sou besta. Estamos aqui para julgar os contrarrevolucionários!

FIGURA – Encontramos Deus escondido nos porões...

DEUS – Escondido, não. Saí de perto da vossa loucura e para não arrasar com apenas um fragmento de pensamento...

FIGURA – Silêncio!

DEUS (*contendo a ira*) – Cristo, Cristo! Até quando abusarão da minha misericórdia?

HOMEM 1 – A plateia assistia em silêncio, eletrizada, esperando talvez um gesto, um raio fulminante saído da mão de Deus. (*Faz o gesto e reflete.*) Gozado, como a demonstração de força, às vezes, torna-se um desejo. Mesmo que essa força terrível caia sobre nós mesmos. Estou viajando demais? É muita filosofia? Pensem comigo...

FIGURA – Silêncio, aí! (*Homem 1 emudece e, assustado, volta ao seu lugar.*) O senhor já foi declarado morto...

DEUS – E, no entanto, estou aqui, gozando de boa saúde, (*ameaçador*) e vou avisando que minha pressão está subindo!

FIGURA – Qual é o seu nome?

DEUS – Não tenho nome. Um nome indica, traz à lembrança um ser. Eu sou o próprio ser. Existo antes de meu nome vir à sua lembrança, eu sou antes de meu nome ser proferido. Eu sou! E o que é, não tem um nome que lhe possa dar existência. Existo antes de existir meu nome!

HOMEM 2 – A plateia aplaudiu, não entendeu nada, mas aplaudiu.

FIGURA – Preciso saber o nome que lhe dão para poder julgá-lo segundo os preceitos da *Bíblia*, ou dos evangelhos ou do *Corão*!

DEUS – Você é um homenzinho petulante! E minha pressão continua subindo!

FIGURA – Diz o seu nome para que eu saiba de que crença o senhor é Deus!

DEUS – Olha, sua besta! Eu existo antes das crenças! E vou existir depois delas.

FIGURA – O quê? Quer dizer que o senhor é mais importante que as crenças?

DEUS – Quer dizer que não sou obrigado a ser o que as crenças dos homens dizem que eu sou! Eu sou aquele que é!

FIGURA – Heresia! Apostasia! Eu acuso Deus de falta de religião, excessiva misericórdia e desobediência aos preceitos da fé, de qualquer fé!

HOMEM 1 – A plateia esperou, sem respirar, a réplica divina. Queria ver Deus reduzir a pó o acusador ou este desmoralizar Deus de vez! Deus começou a falar pausadamente cheio de majestade e de fúria.

DEUS – Esta mão sustenta o mundo e pode afundar o mesmo mundo no abismo! Meu pensamento equilibra os astros e pode, num átimo de segundo, lançar o universo em convulsão. Minha vontade pode calcinar a terra, abrir o chão, secar rios e charcos, engolir cidades, espalhar pestes, despejar fogo dos céus, subir as águas do mar até o firmamento! Vou agora descer uma noite de mil anos sobre a terra e explodir montanhas, sufocar cidades e vilas em fogo e fumaça, até que não reste pedra sobre pedra, até que não reste um só homem, para lembrar a passagem humana pelo mundo!

Pausa. Todos permanecem em silêncio e parados alguns instantes.

HOMEM 2 (*Vira-se para o público. O rosto é uma máscara aturdida. Fala a primeira frase sem desfazer a máscara.*) – Foi assim que nós ficamos por alguns momentos. Depois a plateia inteira rompeu em urros, aplausos, gritos, alegria.

HOMEM 1 – Todos nós imaginamos o show de efeitos especiais que Deus ia fazer gratuitamente. Um show de proporções nunca vistas, trilhões de watts de potência de som, efeitos de luz melhor que milhões de canhões a laser, uma energia animal! E o melhor de tudo: ao vivo, real, com som direto. Pela primeira vez eles iam ser plateia e protagonistas do maior show da terra. Pouco importava se seria o último. E urramos e voltamos a aplaudir freneticamente.

DEUS (*meneia a cabeça, quebra as algemas*) – Onde foi que eu errei! (*Sai resmungando, furioso.*)

FIGURA – Deus! Volte aqui! O tribunal ainda não proferiu a sentença e nem lhe deu licença de se ausentar!

Ator compõe Joaquim.

JOAQUIM – É verdade, gente, eu vi. Eu estava ali, logo à esquerda, encostadinho na coluna principal, espremido pela massa humana, a bater os queixos de temor. Foi assim, eu vi! Duvido do que vi, descreio do que vi, mas vi quando Deus abandonou o tribunal frustrando as expectativas daquela gente. O povo começou a se agitar.

HOMEM 2 – Pois, é claro! Eu estava no barco desde 1914, cansado de navegar, de tanta loucura. Quando Deus ameaçou destruição, pensei: finalmente é o fim! Mas não! Deixaram Deus ir embora. Esse governo não tem autoridade, gritei. Aí o povo gritou também e começou alvoroçar.

FIGURA – Deus está condenado ao exílio perpétuo. Todas as crenças estão banidas até a revolução escolher ou inventar a melhor delas! E silêncio que o julgamento continua!

JOAQUIM – Quando viu entrar os réus o povo se aquietou. A lógica revolucionária começou por condenar os que tinham desvios ideológicos, os que fizeram oposição, depois os indecisos, depois os que não eram contra nem a favor. Depois condenaram os que tinham desvios físicos, os tortos, os pensos, os que tinham escoliose, lordose e bicos de papagaio. Depois os cômicos, gente desregrada, excessivamente popular, anacrônica, que não cabe na nova ordem do mundo.

VELHO (*se aproxima timidamente como se fosse trazido por dois homens ao salão do julgamento*) Boa noite. Boa noite. Boa noite. (*Olha o público e meio que se intimida.*) Boa noite. (*Olha para os dois "gorilas" que o levam pelo braço.*) Podem me soltar, que eu não fujo. (*É "arremessado" com violência para a frente.*) Obrigado. Sou só um velho, franzino, meio esquecido das coisas. (*Para alguém da plateia, com um aceno de cabeça.*) Satisfação, que não faz mal a ninguém. Estava no meu canto, vivo sozinho, sabe? Boa noite pro senhor também!, me pegaram, me trouxeram. Me falaram a acusação: sei que não sou lá muito bonito...

FIGURA (*acusador*) – O senhor é feio!

VELHO – Mas sou simpático!

FIGURA – O senhor tem de compreender que nossa revolução busca a ordem, inclusive a ordem estética, as proporções perfeitas, a geometria...

VELHO – Mamãe sempre me achou bonito...

FIGURA – A arte como representação dos nossos ideais...

VELHO (*fazendo beiço, num fio de voz*) – Quem ama o feio bonito lhe parece.

FIGURA – O senhor depõe contra nosso ideal estético...

VELHO – Importa a beleza interior.

FIGURA – E, sendo assim, é contrarrevolucionário por sua própria existência!

VELHO – Beleza não se põe na mesa.

FIGURA (*concluindo*) – Os feios que nos desculpem, mas beleza é fundamental!

JOAQUIM – Ao mar! Aos tubarões! – gritou a turba. E aplaudiram quando a sentença foi proclamada e imediatamente executada. (*Velho é pego pelos dois homens e atirado ao mar.*) Depois dos feios, condenaram os negros por serem escuros demais e os brancos para não parecer racismo. E condenaram os que não tinham roupas. E depois os que não tinham roupa de grife.

LACRAU – A farra do julgamento durou meses. Julgaram por sorteio, por número de telefone, por figurinha carimbada. O último julgamento que me lembro foi por cabra-cega.

Figura é vendada e gira sobre si mesmo.

JOAQUIM – Estremeci, sobreveio-me um ar gelado no coração e pensei em minha inseparável sorte-madrasta. O salão estava lotado e o maldito dedo daquele maldito homem apontou, entre milhares de outras pessoas, para o homem encostado à esquerda da coluna principal: eu. Acusaram-me de ser estrangeiro.

TESTEMUNHA – Fui testemunha e até ali não tinha nada contra os que vinham de outras terras. Mas pensei que não era muito lógico ser tão aberto de coração com estranhos. Comecei a procurar e acabei encontrando razões para detestar estrangeiros, nordestinos, vizinhos, brancos se eu fosse negro e negros se eu fosse branco. O público aplaudiu minhas razões, donde conclui que eu estava certo.

LACRAU – Comecei a rir e aplaudir. Fiquei orgulhoso de ter um amigo meu indo a julgamento tão importante. Aí, Quim!

PETER – A turba começou ali mesmo a caçar estrangeiros e agitou seus milhares de braços e gargantas pedindo a condenação de Quim antes mesmo do julgamento.

FIGURA – Pode, não! Nossa nau é uma democracia. A condenação vai seguir o rito jurídico!

JOAQUIM – A insanidade seguiu. Nos intervalos do julgamento se dançava funk, se cantava marchinhas de carnaval e o público fazia "ola" a cada acusação descabida. (*Soluça.*) A coisa ficou feia pro meu lado. Juro que achei que era meu fim. De novo.

LACRAU – Mas Lacrau era ciclotímico e, no meio da euforia, começou a lhe brotar na alma uma melancolia remota que cresceu, mudou para raiva sem sentido e ganhou corpo em um brado de indignação fora de hora: (*Grita.*) "O sono da razão produz monstros!"

JOAQUIM – Caiu-me o queixo ver a expressão de fúria de Lacrau. O grito dele ressoou sobre as cabeças deixando um rastro de surpresa e silêncio.

PETER – Eu vi aquele índio de bosta crescer como titã, abrir caminho entre o povo, aos gritos, em direção do palanque de julgamento. Juro que vi!

LACRAU – Eu me vi cruzando o povo, saltando sobre caixas, descabelado, exigi a volta da razão, o começo de nova ordem na nau. Eu me vi com o dedo em riste e gritei mau hálito e más palavras na cara daquele fascista vestido de negro!

FIGURA – Você vai ressecar no alto do mastro. Vai morrer um pouco por dia!

LACRAU – O sono da alma é a morte do corpo, sua besta! Agora estou acordado e vivo!

FIGURA – Prendam esse homem!

LACRAU – Ninguém põe a mão porque aqui está mais do que um índio! Aqui está a música remota que ainda soa em nossos ouvidos! Aqui estão as imagens dos bons sonhos que esquecemos ao acordar! Aqui vibra a força da guerra e a inocência do recém-nascido!

JOAQUIM – Aí foi babel, a coisa azedou. Os indecisos, os tímidos, os envergonhados, os calados, resolveram ter voz. A plateia se dividiu e o povo se atracou e se embolou como arroz de terceira. Comovido, eu abracei meu salvador que inflamava o povo.

LACRAU (*discursando*) – "O sono da razão produz monstros que vão comer nossa carne e o futuro de nossos filhos!" Algo me brotou do fundo da lembrança e eu gritei mais forte: "Finalmente vamos à busca do sonho tantas vezes adiado!"

JOAQUIM – Isso, Lacrau!

LACRAU – Vejo tudo claro, cristalino. No centro desse caos, no meio do vendaval firmo meus pés e finalmente entendo o mundo. Vejo com nitidez um caminho que nunca trilhamos. É para lá que vamos!

JOAQUIM (*beija-o*) – Diz aonde vamos que prometo que lhe sigo!

LACRAU – Nós vamos...

PETER – Ah, meu Deus do Céu! O esforço extremo fez ratear o cérebro de segunda de Pedro Lacrau.

LACRAU (*baixo para Joaquim*) – Aonde é que vamos, Quim?

JOAQUIM (*desesperado*) – Ai, Jesus! Não desanda, Lacrau! Segura, sustenta, mantém, finge pelo menos, até a gente sair dessa!

LACRAU (*tentando manter o discurso*) – Nós vamos sair do abalamento...das coisas... Não vai dar, Quim! (*Mergulha na inconsciência.*) Que é que estou falando? Que diabo é estou fazendo? (*Olha para a confusão e para Quim.*) Fui eu que fiz essa confusão? (*Quim confirma.*) Corre, Quim, que não sei apagar o fogo que comecei! (*Sai correndo.*)

Joaquim olha a "multidão" em conflito, reage com expressões de susto, medo, surpresa, escapa de coisas que lhe são jogadas, aterroriza-se e corre.

JOAQUIM – Ai, Jesus! Lá vou eu de novo!

CENA 10 – EPÍLOGO

PETER – Como havia prometido, Quim seguiu Lacrau por onde ele foi. E foram ligeiros para fugir de quem queria lhes botar as unhas. Eu não tinha prometido nada, mas, por via das dúvidas, resolvi ir com deles. (*Abre uma planta baixa da nau dos loucos e indica ao público o caminho da fuga.*) Afundamos corredor afora, dobramos à direita, viramos à esquerda e demos de cara com os "neguinho de preto" guardando a escada para o convés. Voltamos ao segundo, descemos ao terceiro pavimento e atravessamos o povo levando tranco, soco, pé d'ouvido, pé na bunda.

JOAQUIM – O quarto pavimento começava a pegar fogo, no quinto cruzamos com o corpo de bombeiros que subia e, mais adiante, com a polícia, dando batida. Gritaram: Circulando, cidadão!

LACRAU – Circulamos e descemos ao sexto, fomos ao sétimo e paramos, no meio da fuga, para dar um toque emotivo a nossa história.

Peter Askalander começa a chorar sincera e copiosamente.

JOAQUIM – Inesperadamente uma fissura se abriu no coração daquele homem que nunca havia rido ou chorado. Cortou o coração, constrangeu.

LACRAU – Isso é hora? Frescura, pô!

JOAQUIM – O que aconteceu na alma daquele homem? Vocês nunca saberão porque nós também nunca soubemos para contar.

PETER (*soluça fazendo beiço*) – Pronto, passou! Vamos.

LACRAU – Subimos ao terceiro, voltamos ao quarto, apanhamos mais um pouco, evitamos a ala esquerda do sétimo pavimento que tinha convenção de cantores de pagode e o lado direito do quinto que estava tomado por sertanejos, baile country e festa de peão de boiadeiro.

JOAQUIM – Onde vamos, Jesus?

PETER – Estão gritando lá em cima!

LACRAU – Estão jurando surra e forca pra gente lá embaixo!

JOAQUIM – Abri a primeira porta que encontrei. (*Abre. Para, surpreso.*) Desculpa. (*Fecha a porta.*) Era a comissão federal de constituição e justiça emitindo pareceres!

PETER – Viramos à direita, entramos à esquerda, corremos por todo o nono pavimento e, sem fôlego nem esperança, chegamos à escuridão do décimo e último pavimento. Lá, Deus se havia refugiado para ter um pouco de paz e estudar filosofia.

DEUS (*fechando o livro*) – Quero ver se aprendo a ter menos certezas! Vocês deviam fazer o mesmo. Cada vez mais vocês acreditam mais piamente nas próprias tolices. Acreditam com fé absoluta nos próprios absurdos que inventam!

LACRAU – Pelo amor de Deus, seu Deus! Não é hora disso!

DEUS (*joga o livro ao chão, irritado*) – Talvez não seja mesmo! Nem toda filosofia vai abalar minha certeza de que o ser humano não tem jeito.

LACRAU (*pega o livro.*) – Também não é assim. Ouvir isso, assim, dói.

JOAQUIM – Onde vais, meu Deus?

DEUS – Vou subir.

PETER – Pro convés?

DEUS – Pro céu.

LACRAU – E vai deixar a gente aqui, assim?

DEUS – Vou. Nessa nau de loucos tudo pode mudar de uma hora para outra. Talvez já tenha voltado à esbórnia de antes. Viver para vocês é a eterna alternância do sonho e do pesadelo, nada é real. Escutem! Cantam! A festa do início recomeçou.

Peter e Lacrau se entreolham e se alegram ante a possibilidade de voltarem.

JOAQUIM – Quanto a eles eu não sei, senhor, mas e eu? Não estou aqui por minha vontade. Tudo o que queria em 1984 era passar férias nos trópicos.

DEUS – Você é a porcentagem de fatalidade que acompanha o ser humano.

PETER – E nós, que alternativa, além da nau, eu e o Lacrau temos? Fomos escorraçados das cidades, pela manhã bebemos o café amargo entre o crime e a desordem e, à noite, exaustos de caminhar sem direção, sentamos ao meio fio e olhamos o escuro. E não vimos nada. Porque lá não tinha nada. Nem naquela noite, nem nos dias futuros.

DEUS – Dizem que Deus pensou, repensou, filosofou durante muito tempo, com firme vontade de abalar sua certeza de que o ser humano não tinha jeito.

JOAQUIM – Daí, correm várias lendas. Uma delas conta que Deus, apesar de sua absoluta sabedoria, não chegou a nenhuma conclusão até hoje.

LACRAU – Outra conta que, guiados por Deus, andaram sobre as águas até chegar a terra firme. Só o Quim quase se afogou porque demorou para pegar o jeito. Um doido me disse que deles sairá uma alternativa.

PETER – Outra lenda ainda diz que Deus não existe e que tudo isso é uma invenção doentia. Só um doente pra inventar esse tipo de lenda.

DEUS – A única coisa certa é que a nau dos loucos continua a navegar com as velas enfunadas pelo vento cortando os oceanos. Mais de uma pessoa já viu, em altas noites, a nau chamar homens ainda sãos para sua travessia.

LACRAU – Dizem que a nau um dia vai aportar e devolver às cidades toda a loucura que delas recebeu. Dizem até que já aportou.

A nau cruza todo o palco.

FIM

Auto da Paixão. Em cena, Mirtes Nogueira, Aiman Hammoud, Edgar Campos. Foto Arnaldo Pereira.

2002

Personagens – narradores

Abu
Amóz
Benecasta
Wellington

Abaixo segue uma descrição dos narradores principais. Munidos de certas características, como se fossem "personalidades", eles irão compor e representar uma infinidade de outros personagens que conviveram, testemunharam ou ouviram relatos da passagem de Cristo pelo mundo. Inclusive o próprio.

Abu, o narrador de caráter bilioso, contém a custo sua irritação, mas às vezes explode, mas explode para dentro. Nesses momentos tem ímpetos de morder tijolos, mastigar os dedos, dar socos na cabeça ou coisa semelhante. Meticuloso, não suporta o mínimo desvio ou incidente na narração do espetáculo. Tem ascendência árabe e asiática.

Amóz é o narrador sensível, emociona-se com facilidade, não só com a própria narrativa mas com as narrativas dos companheiros. É o tipo cujos olhos marejam à qualquer narrativa mais tocante. Por outro lado é alegre e algo tolo. Tem ascendência judia e persa.

Benecasta é a narradora que oscila entre a irritação e a graça cômica. Às vezes afronta Abu e também às vezes irrita-se com a falta de regra de Wellington e emociona-se com Amóz. É um tipo esperto e mordaz. Tem ascendência italiana e de índio.

Wellington é o mais anárquico dos narradores, o que mais inventa, o que mais conta mentiras assombrosas. Tão assombrosas que embora saiba-se que são deslavadas mentiras são ouvidas com prazer. Completamente desregrado, desvia-se do rigor narrativo inventando vários lazzi. *Tem ascendência portuguesa, negra e índia e outras incontáveis raças. Um vira-lata racial.*

Os narradores vestem sapatos e calças pretas e camisas brancas de mangas compridas. A intenção é dar uma ideia de neutralidade que favoreça ao narrador, ou seja, fazendo com que o foco de atenção seja mais na arte de narrar e menos no desfile operístico de trajes. Isso está dentro do conceito de que narrativa é arte para se ouvir, e o espetáculo mais se imagina do que se "vê". Mantos, túnicas, véus coloridos ou vestimentas exóticas podem estar presentes nas personagens representadas, mas nada que perturbe a fluência e rapidez da troca de papéis que o espetáculo vai exigir. Poucos elementos devem ser suficientes para indicar ao público as inúmeras personagens. Por outro lado, o fato de os quatro narradores vestirem a mesma roupa não quer dizer que essas sejam iguais. Imaginem que foram feitas por quatro costureiras diferentes. Na de Wellington, por exemplo, faltam botões, o cinto é um barbante, o sapato é mais velho e pobre, e assim por diante. A maneira como cada um veste e trata suas roupas também deve dizer bastante sobre o caráter de cada narrador.

CANTO INICIAL

Na estrada do tempo
Aos dias de agora
Caminham saltimbancos
Carregando histórias

Telhado de estrelas
Luz de uma fogueira
Corações atentos
Drama, riso na algibeira

É só o que precisa
Este nosso encontro

Ator, história, público
E estamos prontos

Riso em mão cheia
Na outra emoção
Isso é o que recheia
O Auto de Paixão.

Do mistério antigo
Tiremos o véu
Que Deus desça à terra
Que o homem suba ao céu

BENECASTA – Auto da Paixão e da Alegria! Venham ver os passos daquele que um dia gritou: Eu sou Deus! E venham ouvir o testemunho dos que nele acreditaram!

PRIMEIRO PRÓLOGO

No palco nu apenas uma corda presa a uma roldana no urdimento. Uma das pontas da corda, no chão do proscênio, tem um gancho. A outra está no fundo do palco. Três narradores prendem Abu, que traz às costas um par de asas, uma delas quebrada. Abu, inconformado, olha para o urdimento e para os outros dois narradores ao fundo. Os dois, algo zombeteiros, puxam a corda e o corpo de Abu se eleva.

ABU (*com medo*) – Ah, meu Deus! (*A corda é puxada novamente. Abu grita irritado.*) Já chega! Está bom! (*A corda é puxada novamente. Abu contém a explosão. Os dois narradores prendem a corda e Abu começa o prólogo com um misto de medo e fúria controlada.*) Sou o anjo Gabriel, o anunciador. Mas antes de começar este prólogo quero dizer, em primeiro lugar, que sou acrófobo e que isso não é nenhum desvio sexual, mas apenas quer dizer que tenho medo de alturas. Alertei o diretor do espetáculo desse meu problema e ponderei que não via a mínima necessidade de erguer nos ares, dessa forma grotesca como vocês viram, uma personagem que não vai aparecer em nenhuma outra cena. E para um prólogo tão curto! O diretor, primeiro ouviu, como todos os diretores ouvem, depois refletiu, cresceu as pupilas dos olhos e berrou: Genial! A experiência humana, o risco e o medo à vista do público! Vou ficar apavorado, eu disse em lágrimas! E o público vai rir do seu desespero, ele retrucou. Dor e riso, paixão e alegria, têm tudo a ver com o nosso auto! E falou, discursou, ponderou, argumentou e convenceu. (*Soluça.*) Diretores sempre convencem! E cá estou eu segurando as tripas para que não subam à garganta e os conteúdos delas para que não desçam. Se houver vida após a morte os atores, do alto, vão olhar seus diretores socados no fundo dos infernos! (*Narradores abaixo aplaudem.*) Isto desabafado, recomeço: Sou o anjo Gabriel e anuncio o (*alto*) Auto da Paixão e da Alegria! (*Balança-se e assusta-se.*) Ah, meu Deus! (*Retoma.*) Vinde ver, testemunhar e celebrar o tempo em que Deus andava desarmado entre os homens! Auto da Paixão e da Alegria! Vinde ver a mistura do sagrado riso e da dor profana que um dia aproximou Deus do sabor da experiência humana. (*Olha para baixo cobre o rosto e resmunga baixinho.*) Ai, meu Deus! (*Retoma a grandiloquência.*) Vinde, budistas, ateus, animistas, muçulmanos, judeus, xintoístas, ortodoxos, umbandistas, vinde, gente de toda fé e lugar!

Um auto não quer convencer,
um auto só quer celebrar
um antigo mito,
a ânsia, o grito
do homem que pede a Deus
que desça à terra
antes que o homem suba ao infinito.

TODOS CANTAM – Vinde, entre na roda
Brinque a noite inteira
A alegria é lei
Não tem quem não queira

Tenho três verdades
Esqueci a primeira
A outra não lembro
Não digo a terceira

Tem lua no céu
Tem flor na roseira
Levou a minha mágoa
As águas da corredeira.

Já chamou aurora
A ave cantadeira

Ouçam nossa história
Mentira mais verdadeira.

Auto da Paixão e da Alegria! Pesquisado nas fidedignas fontes das histórias populares e da invenção humana, para dar existência a esse auto, além deste que vos fala, pendurado aqui pela doentia imaginação teatral, contamos com outros três sábios narradores.

AMÓZ (*se adianta, indicando Benecasta*) – À minha direita a doce figura de Benecasta. Sua origem é obscura, uma confusão de índio, espanhol e italiano que desce até o famoso merdaiolo medieval, Antonio de Risi, responsável pela coleta das fezes em Florença. Daí, de merdaiolo em merdaiolo sua origem se perde e reaparece no século V, entre tuaregs argelinos e daí segue em linha direta até o ferreiro Joás, da Galileia, nos primeiros anos da era Cristã. Auto da Paixão e da Alegria!

BENECASTA (*aponta Abu*) – Esse é...

AMÓZ – Não acabei ainda...

BENECASTA (*rude*) – Já acabou, sim! Esse é Abu que tem ancestrais tão ordinários quanto os meus. Sua linhagem abriga vagabundos birmaneses, salteadores hindus do século XVII, até chegar a Saleh Hammoud, famoso ladrão de camelos que percorreu a Judeia no ano 30 de nossa era.

ABU – À minha esquerda, Amóz, nosso outro narrador. Os acontecimentos que vai narrar lhe foram passados de geração em geração, desde testemunhas oculares que viveram na Galileia e imediações, quando Cristo andou na terra.

AMÓZ – E por fim, Wellington Severiano, nascido na divisa de Pernambuco com Paraíba. Embora não tenha nenhuma relação de parentesco com testemunhas oculares da passagem de Jesus no mundo como nós, conhece muitas histórias da tradição popular.

WELLINGTON – Minha mãe contou, e disso dou fé, que Jesus com São Pedro andaram no sertão da Paraíba...

BENECASTA – É um sujeito mentiroso, inventador...

WELLINGTON – Inventador, não! Um sujeito, parente meu, guiou Jesus, Maria e José até Belém do Pará, quando a sagrada família se perdeu na fuga para o Egito e foi bater na divisa com o Ceará. A coisa foi assim. Conto como vi ou como ouvi de quem viu!

ABU (*irritado*) – Conta quando chegar a sua vez, e sua vez é depois que eu descer! E, isso posto, vamos ao encerramento desse prólogo inútil! Auto da paixão! Venham ouvir as inúmeras e inacreditáveis coisas que se contam sobre a passagem do homem-deus na terra. Venham ver a passagem do riso à dor e, novamente, ao riso!

Porque alegria é o princípio e o fim
É sim, a prova dos nove,
É onde a mágoa se dissolve
E o homem ajusta sua maior valia.
Porque onde a vida impõe a dor
Que o homem invente a alegria!

Auto da paixão e da alegria! (*Aflito, para Amóz e Wellington.*) Pronto! Acabou o primeiro prólogo!

Enquanto Wellington e Amóz baixam Abu, Benecasta, começa o segundo prólogo.

BENECASTA (*um tanto irritada*) – Mas começa o segundo. E como sempre os nossos autos têm mais de um prólogo, que é pra explicar melhor uma história necessariamente descabeçada e confusa como são as comédias! E vou deixando logo claro: nosso trabalho, aqui em cima, não é fácil, não! Essa coisa de teatro narrativo, criar o espetáculo mais na imaginação do público do que no palco, é dureza! Então, vê se vocês colaboram! Prestem atenção e tenham a sagacidade de rir na hora certa e não riam demais para não atrapalhar o andamento do espetáculo. E nem riam de menos para não desmotivar a gente aqui em cima.

ABU (*irritadíssimo*) – Vê se isso é maneira de tratar o público!

BENECASTA – Eu interferi no seu? Então, não interfira no meu prólogo!

ABU (*a custo consegue controlar um xilique*) – Não aguento essa mulher. Um dia eu estouro! (*Afasta-se, consolado por Amóz.*)

BENECASTA (*com um gesto autoritário chama Wellington*) – Wellington, começa! (*Ao público.*) E vocês prestem atenção porque este prólogo é bastante complexo e vamos representá-lo apenas uma única vez!

WELLINGTON – Nossa história começa no sertão da Paraíba, onde um primo meu, João Teité, tinha um negócio de transporte com jegue com um seu compadre, Matias Cão. Acontece que Jesus, quando saiu pelo mundo em pregação, veio esbarrar nesse mesmo sertão da Paraíba. Isso tá provado nas histórias que o povo conta!

ABU – O que prova que o mundo é pequeno e que a imaginação do povo é grande!

WELLINGTON – Isso aconteceu antes de Cristo ir de muda para o Ceará e de lá ser expulso por uma gente ruim de dar “engulho”. Pois não é que os “cabra” botaram Jesus numa canoa só com uma moringa d´água pra atravessar o mar?! Vai daí que quando Cristo, no meio do mar, foi matar a sede a água da moringa era um bacalhau de tão salgada. Ruindade dos cearenses! Mas esse homem que era Deus ficou fulo! E esse Deus que era homem ficou fulo e meio e, chega que esbravejava, bufava e sapateava no barco de pura raiva! E danou maldição pra riba do Ceará!

ABU (*irritado*) – Volta pra história Wellington!

WELLINGTON – Sim, senhor! (*Ao público, concluindo.*) Mas foi por causa disso que até hoje não chove no Ceará! Então! Então que primo João Teité era sócio de um tal de Matias Cão. Então, também, que primo João Teité tinha cabeça grande e miolo pequeno, fome muita e comida pouca, e pra tentar salvar seu negócio fez trato com um desconhecido. Homem esquisito e trato esquisito.

Amóz entra como Matias Cão. Wellington coloca um chapéu de palha que o identifica como João Teité.

AMÓZ-MATIAS (*ao público*) – Teité! Onde está, traste?!

WELLINGTON-TEITÉ – Estou aqui, Matias.

AMÓZ-MATIAS – Onde é que estava?

WELLINGTON-TEITÉ (*irritado*) – Fui morder juá no norte do Pará, roer um pão no sul do Maranhão, pegar gripe na divisa de Sergipe, caçar macuco pros lados de Pernambuco!

AMÓZ-MATIAS – Que foi que de te deu?

WELLINGTON-TEITÉ – Estou com problemas: fome, vontade de comer, querência de encher o oco de dentro.

AMÓZ-MATIAS – Então vou te encher por fora, peste! O que é isso? (*Mostra uma folha de papel.*)

WELLINGTON-TEITÉ – Um papel.

AMÓZ-MATIAS (*dá uns tapas em Teité*) – Eu sei que é papel. Quero saber o que está fazendo a minha assinatura neste papel!

WELLINGTON-TEITÉ – Fui eu que assinei! (*A Matias, que se torna furioso.*) Calma! Calma que eu explico e no fim você vai me dar razão. Um homem esquisito chegou aqui e propôs pagar nossas dívidas com os fiadores, o armazém, a prefeitura e com o banco. Não aceitei de cara, não! Assuntei, regateei, raciocinei, fiz contraproposta: nossas dívidas mais um quilo de sal, um saco de carvão e uma peça de picanha. Ele aceitou e fechamos o contrato na hora!

AMÓZ-MATIAS – Com ordem de quem?

WELLINGTON-TEITÉ – Em que mundo você está, Matias? Na globalização agilidade é tudo. Se não fazemos negócio, a concorrência faz. É olhar o mercado, ver a oportunidade, raciocinar rápido e decidir, zás-trás! Decidi por nós dois!

AMÓZ-MATIAS – E o que diz o contrato?

WELLINGTON-TEITÉ – Li e decidi tão rápido que não deu tempo de entender o que li, mas é um negócio da China.

AMÓZ-MATIAS – E por que você falsificou minha assinatura?

WELLINGTON-TEITÉ – Somos sócios, ué! Entrei com a minha parte. Como você não estava aí eu assinei por você.

AMÓZ-MATIAS – E qual foi sua parte?

WELLINGTON-TEITÉ – Não falei que o homem era esquisito? Junto com a primeira via do contrato ele levou minha sombra como sinal!

AMÓZ-MATIAS – Sua sombra?

WELLINGTON-TEITÉ – É, eu também estranhei, mas ele se abaixou, enrolou minha sombra, colocou no bolso do paletó e foi embora.

AMÓZ-MATIAS – Meu Jesus! (*Lê o contrato.*)

WELLINGTON-TEITÉ – Por que o espanto? A gente tem tanta coisa que não precisa: apêndice, sombra, pelo debaixo do sovaco...

AMÓZ-MATIAS – A alma! Você vendeu sua alma, Teité! A sombra foi só parte do pagamento. O homem esquisito é o cão, o tinhoso, o sujo, o demônio, só pode ser!

WELLINGTON-TEITÉ (*grandiloquente, puxa os cabelos, coloca as mãos na cabeça e anda trôpego, em desespero*) – Ah! Maldiçoado! Fui enganado, Matias! Ah, se eu soubesse! Se eu soubesse que estava vendendo a alma tinha pedido duas peças de picanha, uma de alcatra e mais três quilos de linguiça!

AMÓZ-MATIAS – E você brinca com isso, traste?

WELLINGTON-TEITÉ – Estou falando sério, Matias! Alma tinha valor antigamente. Hoje em dia estão vendendo a alma por qualquer preço: pra conseguir promoção na firma, cargo público, aparecer na mídia. E, depois, eu não vendi minha alma, vendi a sua. É sua assinatura que está no contrato!

AMÓZ-MATIAS – Salafrário! Como é que eu desfaço esse contrato?

WELLINGTON-TEITÉ – Isso eu não sei porque o problema não é meu, mas enquanto eu sumo, azulo, viro cheiro de traque, você se entende com o homem que já veio pra concluir o negócio!

Entra Abu como homem mascarado. Teité sai correndo. Matias corre perseguido pelo homem que interrompe sua corrida e, à vista do público, tira a máscara que o identifica como o demônio retomando o narrador. Enquanto narrador fala, João Teité e Matias Cão entram mimando estar fugindo dos credores.

ABU – João Teité e Matias Cão saíram de carreira, chutando pedra, quebrando mato no peito, com os credores, o demônio e os bancos atrás. Cruzaram Piauí de leste-oeste, esbarraram nas beiras de Goiás, subiram o Maranhão e se livraram dos fiadores e dos cobradores da prefeitura e do armazém. (*João e Matias param arfantes.*) Mas do demônio e do banco não se livraram, não, porque esses nunca abandonam seus devedores. (*Voltam a correr.*)

BENECASTA – Correram por Sergipe, chisparam por Pernambuco, rolaram Bahia a baixo, suaram seiscentas camisas e isso é metáfora porque eles só tinham uma camisa cada um. E num rumo ignorado, junto do litoral do Ceará e no sertão do Rio Grande do Norte não sei direito, foi que tiveram parada.

ABU – Foi aí que encontraram um bando de peregrinos comandados por Cristo que, como todo mundo sabe, saiu a pregar pelo mundo e entortou caminho pelos sertões do Brasil.

Matias e Teité caem de joelhos.

AMÓZ-MATIAS – Livrai-nos do mal, senhor!

WELLINGTON-TEITÉ – Livrai-nos dos bancos, senhor! Perdoai nossas dívidas assim como nós perdoamos nossos devedores!

AMÓZ-MATIAS – E nós temos devedores?

WELLINGTON-TEITÉ – Devedores, não, mas boa vontade nós temos!

BENECASTA – E, assim, sem mais nem menos, damos por terminado esse segundo prólogo, que, esperamos, seja o último, mas nunca se sabe. Quem entendeu, entendeu. Quem não entendeu volta amanhã! O que aconteceu a João Teité e Matias Cão, se ainda tiverem interesse e paciência, vocês vão ver na próxima cena. (*Sai.*)

ABU – Liguem, não! Deve ser a TPM. (*Sai seguindo Benecasta.*)

Wellington e Amóz saem. Os dois põem um lenço na cabeça e se identificam como pastores. Amóz retorna, Wellington espera sua vez postado à beira da área de representação. Abu e Benecasta se arrumam à vista do público, pode ser utilizada sombra chinesa.

CENA 1 – BODAS DE CANÁ / LAMENTAÇÕES DE JOÃO TEITÉ / UMA GRANDE IDEIA

Benecasta, mãe, acaba de se arrumar. Põe-se a arrumar Abu, o filho.

BENECASTA-MÃE – Não, filho, muda esse lenço, assim não fica bem! E você vai com esse cabelão para a festa, meu filho?

ABU-FILHO – Deixa meu cabelo, mãe! Eu já tenho trinta anos!

BENECASTA-MÃE – E custa fazer o gosto de sua mãe? Penteia, pelo menos! Engraxa a sandália. Oh, meu filho, você podia ter posto a túnica branca pra lavar, não é?

ABU-FILHO – Ah, minha mãe do céu!

BENECASTA-MÃE – Está bom, está bom! Vamos assim mesmo que já estamos atrasados. (*Continua a arrumar o filho.*)

AMÓZ-MARDOQUEU – Sou Mardoqueu, pastor de ovelhas, com orgulho de minha profissão e de meu cheiro. Nasci e cresci nesse povoado de Nazaré, lugarzinho sem'portância, de gente miúda que nunca vai ser nada na vida. (*Mãe e filho saem e cruzam o palco ao fundo.*) Ói lá, Maria e Jesus, meus vizinhos. São gente boa, mas muito sem ambição. Eu falava pro rapaz "você é inteligente, vai pro comércio, vai ser mascate!" Não quis, ficou aí remando pra trás na vida, ajudando o pai, José, na carpintaria, até o velho morrer. (*Aproxima-se mais do público, olha em volta e segreda.*) Não acreditem em tudo que ouvem, mas se contam muitas histórias sobre essa família. Vendo pelo mesmo preço que comprei, mas quando o rapaz nasceu, correu um boato que ele não seria filho de José. (*Indignado.*) Eu defendi: "Se não for de José, é do Espírito Santo, porque Maria é mulher honesta!" Dizem também que quando o rapaz Jesus era menino de escola, brigou com outro amiguinho, perdeu a cabeça e, de raiva, matou o menino. Seu José ficou doido de bravo, passou uma descompostura no menino Jesus e mandou ele reparar o mal feito. Jesus foi lá e ressuscitou o amiguinho! (*Ri.*) Contam que ele fazia pombinhas de barro, batia palmas e elas saiam voando e mais um lote de asneiras! Povo besta! E Jesus lá é Deus pra fazer milagre dessa qualidade? Nada! É gente sem ambição! Quem nasce pra Nazaré não chega a Jerusalém! (*Acena para alguém.*) Ei, Enoc! Não foi ao casamento? Também, com o seu cheiro! (*Irritado.*) Fedido falando do mal cheiroso, não senhor! O meu, pelo menos, é de ovelha! (*Xinga.*) Vai você, infiel! E não vai contra o vento, fedentão! (*Ri.*) Enoc é porqueiro. Fede! (*Ri. Olha em volta. Despeitado.*) Tudo vazio. Todo mundo foi numas bodas lá em Caná. Eu não quis, não gosto. Não iria nem se me convidassem! Não gosto de casamento, nem de pobre nem de rico. Rico pensa que a gente já comeu em casa e só serve umas porquerinhas. Pobre sabe que a gente não comeu nada em casa, que está com a fome do mundo, e só serve umas porquerinhas. Em casamento se come pouco, se bebe mal e se sai falando! (*Entra Wellington, alegre, cantando "Hawa Naguila", meio tocado.*) Aí vem Levi, como sempre mais bêbado que Noé! E, aí, Levi, foi expulso da festa?

WELLINGTON-LEVI – Você não vai acreditar, Mardoqueu! Aconteceu um milagre!

AMÓZ-MARDOQUEU – Sobrou comida?

WELLINGTON-LEVI – Faltou comida e o vinho acabou, mas o milagre veio depois. O pessoal já começava a falar mal quando a dona Maria pediu para Jesus dar um jeito.

AMÓZ-MARDOQUEU – E que jeito Jesus podia dar?

WELLINGTON-LEVI – Primeiro ele reclamou, bronqueou com a mãe, falou que ainda não tinha chegado a hora dele...

AMÓZ-MARDOQUEU (*irritado, faz gesto de quem ameaça um sopapo*) – Mal educado! Fosse meu filho pra ver!

WELLINGTON-LEVI – Depois se levantou, mandou trazer tudo quanto era vasilha de água, disse três, quatro palavras, abracadabra, salamaleque, coisa assim, benzeu o ar em cruz e as águas, Mardoqueu, as águas dos odres, das moringas, das bilhas, dos tonéis se transformaram em vinho!

AMÓZ-MARDOQUEU – Você bebeu!

WELLINGTON-LEVI – Bebi! Até sair pelas orelhas! 'Tô suando vermelho e mijando bordô! Vinho branco, vinho tinto, seco, doce, *rosé*, Madeira, do Porto, Valpolicella, de tudo que é marca e qualidade. (*Deliciado.*) Tinha um tonel de lambrusco que eu chorei feito criança quando acabou! (*Faz cara de choro.*)

AMÓZ-MARDOQUEU – Jesus? Nosso vizinho? Filho de Maria, viúva de José?

WELLINGTON-LEVI – Ele mesmo! Dizem até que, pra criançada, ele transformou água em tubaína e guaraná!

Entra Abu como cego e se põe a escutar.

AMÓZ-MARDOQUEU – Você está bêbado!

WELLINGTON-LEVI – Graças a Deus! Está todo mundo maravilhado! Estão pelas ruas gritando glória e hosana!

AMÓZ-MARDOQUEU – Não acredito!

ABU-EZEQUIAS– Eu acredito, bom homem! Onde está esse taumaturgo?

AMÓZ-MARDOQUEU – Em Caná, mas não sei se ele cura cegueira.

ABU-EZEQUIAS – Tudo bem, eu também gosto de vinho! (*Sai em disparada e tromba nos bastidores.*)

Abu-Ezequias sai gritando hosanas e cantando.

AMÓZ-MARDOQUEU – Você é um maldito mentiroso, Levi! Jesus milagreiro?! Um nazareno, um pobretão como eu! (*Sai.*)

BENECASTA (*entra*) – Esse foi o primeiro milagre de Jesus embora a gente não possa confiar muito na maioria das testemunhas por estarem totalmente alcoolizadas. João Arimateu foi um dos poucos que permaneceram sóbrios naquela festa. Tinha tomado antibiótico!

Abu olha para ela furioso com a piadinha.

ABU-ARIMATEU – Foi uma babel, uma chusma de bêbado que ria, chorava, cantava, falava sem utilidade nem sentido, dançando sobre as mesas, embolados no chão numa balbúrdia e alegria tal que assustou até Jesus. Tanto que ele nunca mais repetiu esse milagre em sua vida. E não foi por falta de pedidos.

WELLINGTON – Depois desse milagre, Jesus percorreu vilas, povoados e cidades da Judeia fazendo tudo que é qualidade de milagre. Na beira de um caminho encontrou um burro velho, morto por maus tratos. Olhou no rosto do bicho e, com lágrimas nos olhos, ressuscitou o animal.

BENECASTA – Ei, ei! Que que é isso?

ABU – Que burro é esse?

WELLINGTON – O burro que levou a sagrada família para o Egito quando Jesus era um bacuri pequinininho!

BENECASTA – E isso é milagre que se narre?

WELLINGTON – Ressuscitou! Reconheceu o burro e ressuscitou!

ABU – Isso é um disparate, Wellington! Vamos narrar os milagres canônicos!

AMÓZ – E onde já se viu milagres canônicos na cultura popular? Na cultura popular cabe tudo!

BENECASTA – Então pode tudo? Ressuscitar mosca, coelhos, vaca em açougue e frango assado na mesa?

WELLINGTON – E não pode? Não é Deus?

ABU – Poder pode, ó, estultífero! Deus pode tudo, mas não fez tudo!

AMÓZ – Como é que se sabe? Se nas histórias populares ele matou e ressuscitou um menino por que não pode ressuscitar um burro?

WELLINGTON – Lá na Paraíba se conta que…

ABU (*explode pulando no chão e dando socos na cabeça*) – Critérios! Critérios mínimos para se contar uma história! Por mim, eu excluía as histórias da Paraíba desse auto!

BENECASTA – Isso também, não!

ABU – Então, não tem jeito! Porque daquela mente só brota história sem tino, sem senso! (*Ao público.*) O senhor acha que tem cabimento? Alguma lógica tem de ter, a senhora concorda? Em que fundo de caos vamos parar se continuar assim? (*Aos outros.*) Só se o critério for o público! Por exemplo, o que aquela senhora, que me parece sensata, considerar razoável, pronto! Ela diz se a história é razoável ou não. A senhora não é da Paraíba, é? A senhora conhece a história de Cristo?

AMÓZ – E por que não todo mundo?

BENECASTA – Melhor, não! Vai, lá, saber quantos paraibanos tem na plateia!

ABU – É verdade. E cearense e mineiro? Mineiro, então, é uma desgraça de mentiroso e inventador!

BENECASTA – Melhor, não! Público não tem nada que bedelhar! Tem de assistir quieto, entrar calado e sair mudo!

ABU (*à senhora*) – Desculpa, eu tentei! (*Aos outros.*) O critério então fica sendo os milagres da *Bíblia*! Ou isso ou estou fora!

WELLINGTON – Tá bom, tá bom, homem! Deixa dessa latomia! Imagina se eu contasse, então, que o burro subiu aos céus carregado pelos anjos!

ABU – Meu Jesus!

WELLINGTON – Então vai daí que já fazia dois anos que Jesus andava pelo mundo em pregação pelas cidades, vilas e desertos. Por causa do sol forte da Paraíba e do deserto, ele foi tisnando, tisnando, até ficar preto, bem retinto e repintado de negro.

ABU – Lá vem!

WELLINGTON – Não pode contar história de quando Cristo foi negro?

AMÓZ – E Cristo já foi negro?

ABU – Foi! Lá na Paraíba foi branco, preto, mulato, cafuzo. Foi até japonês!

WELLINGTON – Não pode? Não era Deus?

BENECASTA – Onde foi que você viu isso? Em que santinho você viu Cristo preto?

WELLINGTON – No sertão da Paraíba...

ABU – Estou falando! Tem de tirar a Paraíba dessa história!

AMÓZ – E quem disse que ele foi loiro?

BENECASTA – E quem disse que foi negro?

WELLINGTON (*irritado*) – Vou contando como ouvi contar pela boca da Nhá Fonseca que tinha uma perna boa outra seca, nas histórias de dona Fina que não era moça, nem velha, nem menina e dos causos de "seu" Roldão, velho, catinguento, mentiroso e ladrão! (*Convicto.*) Jesus perambulava pela Palestina pregando para aquele povo pobre que sonhava ter pão, terra e nação! Ia Jesus, o povo e seus quatorze discípulos!

ABU – Doze!

WELLINGTON – Quatorze! Doze titulares e dois reservas: João Teité e Matias Cão. Pois eles não saíram pelo Ceará e foram pra Galileia?

ABU (*inconformado*) – Meu medo era que essa história voltasse. Tchau! Pra mim já deu! Não me responsabilizo pelo que vai ser dito daqui pra diante! Não quero ser excomungado! (*Sai.*)

WELLINGTON – Vai! Tem gente que prefere mesmo ficar na ignorância, sem estudo! (*Ao público.*) Lá na Palestina estava indo tudo muito bem.

Enquanto Benecasta fala, Wellington e Amóz se travestem de João Teité e Matias.

BENECASTA – Jesus curava um, consolava outro e ia reunindo gente, fazendo milagres e com palavras boas e fortes acendia a esperança no coração daquele povo que não queria olhar o dia seguinte: de medo. Só havia dois insatisfeitos. (*Sai.*)

WELLINGTON-TEITÉ – Não, não é, Matias! Não é rebeldia contra o "seu" Jesus, que eu prezo e considero, mas me enganaram, Matias! Cadê o leite? Cadê o mel que diziam que corria nessa terra? Isso aqui é uma miséria, um deserto, Matias, piorzinho que a caatinga de nossa terra! Na Paraíba prometeram um reino. Eu, cá com meus miolos, pensei: reino oriental, tâmaras, mel, vinho, odaliscas, quibe, esfirras pra se empaturrar! Cadê? Chego aqui e me dizem que o reino não é desse mundo!

AMÓZ-MATIAS – Mas o homem tem poder! Eu vi o pão e o peixe se multiplicarem dentro do cesto e alimentaram mais de mil pessoas!

WELLINGTON-TEITÉ (*furioso*) – Não me fale um tico, um "a" dessa história! Ele pode ser discípulo, pode ser o preferido de Jesus, mas o Judas me traiu, Matias! Ele foi traidor comigo! Justo nesse dia me mandou pro povoado de Betânia, levar um recado prum primo dele! De sacanagem! Quando voltei nem a espinha do peixe tinha mais! Fui reclamar com o Pedro e ele, de barriga cheia, disse que nem só de pão vive o homem! Ô, raiva! Só passo raiva desde o dia que cheguei! Na Paraíba falavam que Jesus era um bom pastor, falavam que ia ser dono de um rebanho de ovelhas que ia cobrir o mundo! Eu adoro carne de carneiro!

AMÓZ-MATIAS – E você lá já comeu carneiro alguma vez?

WELLINGTON-TEITÉ – Já vi comerem! Deve ser uma delícia! (*Irritado.*) E chego aqui e fico sabendo que as ovelhas somos nós!

AMÓZ-MATIAS – Era uma metáfora!

WELLINGTON-TEITÉ – É. E metáfora e poesia a gente entende melhor de barriga cheia, forrada! Meu sonho, Matias, é ter, um dia, o estômago igual uma lasanha. Primeira camada: carnes, frangos, peixes variados; segunda camada: arroz, feijão, cereais de múltiplas espécies; terceira: molhos variados, temperos, especiarias; quarta: licores, vinhos e outras bebidas capitosas; quinta: goiabada com queijo, gelatina, musses e sobremesas variadas. E, no tampo, um café bem forte despejado em cima disso! Eu verto lágrimas, Matias!

AMÓZ-MATIAS – Pois, eu...

WELLINGTON-TEITÉ – Não fala nada, Matias, se não perdemos esse momento poético! Isso é poesia concreta, sem metáfora!

AMÓZ-MATIAS – No entanto, estamos aqui, há dois anos, andando pra cima e pra baixo!

WELLINGTON-TEITÉ – Ou a gente vai à frente pra anunciar a chegada de Cristo ou fica na rabeira apressando aleijado, guiando cego, e levando xingo de tudo quanto é discípulo, até de Judas! Nem conversar com o "homem" eu pude! Melhor era ter ficado no Brasil! Me dá gana, Matias! Me dá gana de rebeldiar, de virar o cão!

AMÓZ-MATIAS (*bate em Teité*) – Não fala em Brasil, não fala em cão, condenado, que me lembro da minha alma que você vendeu!

WELLINGTON-TEITÉ – O diabo ainda não pagou, Matias! Você tem em haver uma peça de picanha! E eu que dei minha sombra e não tenho nada de volta!

AMÓZ-MATIAS – Uma peça de picanha por minha alma, sujeito à toa?!

WELLINGTON-TEITÉ – Mas eu combinei uma peça das grandes, Matias! E maturada! (*Matias bate-lhe na cabeça.*) Para! Para! Para, Matias! (*Matias para.*) Me estalou uma ideia!

AMÓZ-MATIAS – Então vou lhe bater mais pra fazer a ideia voltar pra dentro!

WELLINGTON-TEITÉ – Calma! Você parece Tomé que não acredita em nada que a gente diz! Você foi me batendo e a ideia foi saindo! Estamos ricos, Matias! E gente rica contrata advogado que desfaz contrato até com o demônio!

AMÓZ-MATIAS – Fala! Fala pra me dar mais raiva e pra eu lhe dar mais uns cascudos!

WELLINGTON-TEITÉ – Uma empresa, Matias! Uma Igreja-empresa! Uma coisa profissional, organizada! Com filiais, franquias, uma instituição altamente lucrativa com rádio, TV. Jesus tem milhares de seguidores. Com uma boa estratégia de comunicação e marketing vamos multiplicá-los por milhões!

AMÓZ-MATIAS – Não tinha pensado nisso!

WELLINGTON-TEITÉ – Mas eu pensei!

AMÓZ-MATIAS – Pode até dar certo.

WELLINGTON-TEITÉ – Vai dar certo, Matias! Uma igreja globalizada, universal, altamente lucrativa. Nós entramos com a ideia, Cristo com os milagres, os discípulos nos ajudam no gerenciamento!

AMÓZ-MATIAS – Não sei...

WELLINGTON-TEITÉ – Eu sei! Vamos a Cristo! (*Saem.*)

CENA 2 – COMO SÃO TRATADOS VENDILHÕES E SIMONIA

Entra Abu como o cego Ezequias, com um cajado.

ABU-EZEQUIAS (*irritado*) – Há dois anos, Ezequias, o cego, que sou eu, anda pelos caminhos da Judeia à procura do santo. Dizem que ele cospe nos dedos, passa nos olhos da gente e pronto, a gente vê! Não é lá muito higiênico, mas se funciona... Há dois anos, em Canaã, soube desse homem milagroso e vim. Me perdi em Cafarnaum, errei o caminho em Betel, não consegui achar Hebron. Soube que ele estava em Emaús. Fui, chutando pedra, abrindo o dedo, pra lá. Ele já estava em Ascalon, cheguei em Ascalon, ele já tinha ido para Jericó! Há dois anos eu era um pote cheio de confiança, hoje estou até a tampa de raiva! Ninguém me dá uma informação que preste! (*Alto e irritado.*) Alguém informa a esse pobre cego onde está esse tal Jesus?

BENECASTA-ISAÍAS (*em off*) – Está no caminho de Jerusalém! Se a gente correr, chegamos antes dele e pegamos o melhor lugar na fila!

ABU-EZEQUIAS – Tem certeza? Em que direção fica Jerusalém?

BENECASTA-ISAÍAS (*entra como cega.*) – É o que eu ia perguntar ao senhor. Sou Isaías, o cego.

ABU-EZEQUIAS (*furioso*) – Um cego! Me aparece um cego!

BENECASTA-ISAÍAS – Há anos estou atrás de Jesus!

ABU-EZEQUIAS (*explodindo*) – Eu já não sei se estou atrás, na frente, do lado! Há dois anos ando sem direção!

BENECASTA-ISAÍAS – Tem paciência! Logo encontramos quem nos indique o caminho. Escute! Vem vindo alguém!

ABU-EZEQUIAS (*ainda irritado*) – Senhor, podeis, por caridade, nos indicar o caminho de Jerusalém?

Wellington entra, passa pelos cegos e segue direito, vira o rosto para o público apenas para anunciar.

WELLINGTON – Sou Jeremias, o surdo. (*Sai.*)

ABU-EZEQUIAS – Está vendo? É esse tipo de gente que eu encontro! Não para nem para ouvir um pobre de um cego!

BENECASTA-ISAÍAS – Vamos, Ezequias. A gente chega lá!

ABU-EZEQUIAS – Chego! Nem que seja a última coisa que eu faça. Eu guio!

Saem, um ao lado do outro. À saída, Benecasta volta. Abu segue e sai. Benecasta se desvencilha dos elementos que a identificavam como cego e, à vista do público, coloca um véu que a identifica como Maria Madalena.

BENECASTA-MADALENA – E lá se foram tropeçando, trombando em muro, rolando barranco, praguejando e se levantando, com esperança cada vez mais furiosa de encontrar o santo!

Barulho fora.

ABU-EZEQUIAS (*em off*) – Ai! Quem pôs essa tranqueira no meio do caminho?

BENECASTA-MADALENA – Mas não era fácil chegar a Cristo. Não que tivesse de marcar audiência ou passar por um bando de secretários, assessores, aspones, até ser recebido, não! Ele recebia Deus e todo mundo e isso, às vezes, era problema. Tem de ter um pouco de burocracia, mestre! Fazer uma triagem! E quem decide, Madalena? Quem escolhe qual dor é mais intensa, qual necessidade é mais premente, que alma tem mais urgência de consolo – ele me perguntou. Eu não soube responder e a coisa ficou assim, sem regra, de tal jeito que ele está sempre rodeado de gente, indo de lá pra cá, pregando, sem tempo nem de dormir e sem uma pedra onde repousar a cabeça.

WELLINGTON-TEITÉ (*em off*) – Madalena! Ô, Maria Madalena! (*Entram Teité e Matias com rolos de papéis e projetos.*) Louvado seja Nosso Senhor Jesus Cristo!

BENECASTA-MADALENA – Louvado seja!

WELLINGTON-TEITÉ – Cadê o próprio, o louvado? A gente precisa falar com ele.

BENECASTA-MADALENA – Mas nem com ordem do papa! O mestre foi ao templo e quando voltar vai descansar. Há uma semana que esse homem não dorme direito, coitado!, atendendo um, consolando outro, recebendo multidões que acorrem atrás de milagres e esperança. Ele precisa de descanso!

WELLINGTON-TEITÉ – É sobre isso mesmo que eu quero falar. É sobre organização, otimização de processos, lucratividade nos resultados! Ele precisa delegar poderes, não pode ser tão centralizador. As empresas modernas...

BENECASTA-MADALENA – Não entendo nada disso nem quero entender. E, depois, Teité, já conheço suas ideias! Do templo ele vai direto para a cama! E vou colocar Pedro de guarda pra ninguém perturbar seu sono.

AMÓZ-MATIAS – Madalena, é a primeira vez que eu vejo a cabeça do Teité parir uma ideia que preste! Pode confiar.

BENECASTA-MADALENA – Esse homem precisa de descanso!

AMÓZ-MATIAS – Só cinco minutos. É o tempo da gente convencê-lo!

BENECASTA-MADALENA – Não sei...

WELLINGTON-TEITÉ – Eu sei, Madalena. Você não vai se arrepender!

AMÓZ-MATIAS – Quebra o galho, Madalena. A ideia é boa! Nós nunca tivemos sorte em negócios. Cristo é nossa última esperança!

BENECASTA-MADALENA (*depois de pensar*) – Cinco minutos?

OS DOIS – Cinco minutos!

BENECASTA-MADALENA – Vou chamá-lo no templo aqui ao lado.

Madalena sai. Os dois pulam de alegria. Desenrolam os papéis com os planos.

WELLINGTON-TEITÉ – Estamos ricos, Matias!

AMÓZ-MATIAS – Se ele aceitar.

WELLINGTON-TEITÉ – Ele vai aceitar! A gente volta pro Brasil e organiza as franquias! Que ideia, Matias, que ideia!

Ouve-se um barulho infernal fora. Os dois se assustam.

AMÓZ-MATIAS – Cristo Jesus! Que foi isso?

BENECASTA-MADALENA (*entrando*) – Meu Jesus, misericórdia! Nunca vi uma coisa dessas. Tô entrando no templo e vejo Jesus, transtornado de ira, derrubar mesa de moedeiros, quebrar gaiolas de pombos, destruir currais de cordeiros que eram vendidos para o sacrifício! E de chicote em punho vibra surra no lombo dos comerciantes e, descabelado de fé, berra com fúria santa: O templo é uma casa de oração! Transformaram a casa de meu pai em um covil de ladrões! Fora, vendilhões! Tá uma zueira, uma zorra dentro do templo. Ele vem vindo aí falar com vocês!

Os dois permanecem um instante pasmos. Depois, assustados, enrolam rapidamente os papéis com os planos e saem.

CENA 3 – TEITÉ DECIDE VOLTAR

Entra Abu como o cego Ezequias, com um cajado. Começa com uma fala cantada como quem pede esmola e aos poucos vai perdendo o canto e se enfurecendo. Não fala diretamente para o público, como cego que é.

ABU-EZEQUIAS – Em nome do rigor dos acontecimentos narrados na *Bíblia*, a cena dos vendilhões devia acontecer depois da entrada triunfal de Jesus em Jerusalém. A entrada triunfal ainda não aconteceu, como vocês perceberam, e não sei, agora, quando vai acontecer, porque a mula do Wellington bagunçou toda a ordem das cenas! (*Respira fundo e retoma a calma.*) E aqui estamos nós, Ezequias e Isaías, dois pobres cegos, à procura do homem dos milagres. Isaías! Fala comigo, vamos fazer as pazes. Já faz muito tempo que você está calado. Tá bom, tá bom, eu peço desculpas, mas você me irritou. Isaías, cadê você homem? Se perdeu? Caiu em algum buraco? Tá brincando de esconde-esconde? Fala alguma coisa pra eu te achar! Tem alguém aí? Tem alguém no mundo, bosta?! Algum corno, pelo menos, que é gente que tem em todo lugar?! Isaías, é brincadeira, né? Você está aí, só está querendo me assustar! Onde é que eu vim parar? Alguém pode me dizer?

WELLINGTON-TEITÉ (*entra*) – Que aflição é essa, seu cego? São duas da manhã!

ABU-EZEQUIAS – Quem é o senhor?

WELLINGTON-TEITÉ – Eu é que pergunto!

ABU-EZEQUIAS – Sou Ezequias, o cego.

WELLINGTON-TEITÉ – Eu sou João Teité, décimo quarto discípulo de Jesus.

ABU-EZEQUIAS – Do milagroso? Onde ele está?

WELLINGTON-TEITÉ – Só chega amanhã.

ABU-EZEQUIAS – Bendito! Aqui é Jerusalém?

WELLINGTON-TEITÉ – Aqui é Siquém. (*Sai.*)

ABU-EZEQUIAS – Finalmente! Valeu a persistência! Escuta, ele faz qualquer milagre mesmo, hein? Verdade que ele ressuscitou um morto? Ei, senhor! Se foi. Não tem importância. Finalmente! (*Deita-se.*) E feliz, o cego Ezequias, deitou-se e esperou o dia que finalmente havia chegado.

AMÓZ (*entrando*) – E enquanto Ezequias dormia, a notícia que Jesus havia de chegar correu pelas ruas de terra, entrou nas casas sem pão, ecoou em ouvidos já esquecidos de qualquer esperança.

BENECASTA – E vieram sozinhos, em grupos, às dezenas, às centenas. Gente sem casa, sem roupas, sem juízo, sem saúde, vinha pelas estradas que conduziam a Siquém. Vinham alegres. O tempo da espera chegara ao fim.

WELLINGTON – Cantavam, entoavam hosanas na expectativa da alegria futura. Um burburinho risonho de gente nasceu com a manhã.

AMÓZ – Todo mundo feliz menos duas pessoas: João Teité e Matias Cão.

WELLINGTON-TEITÉ (*olhando o público*) – Meu padre Cícero, quanta gente veio atolar aqui, Matias!

AMÓZ-MATIAS – Ave, Maria! Que trabalhão vai dar!

BENECASTA – Que é que estão parados aí?! Vamos! Daqui a pouco o homem chega e, ai de vocês, se não estiver tudo nos conformes! (*Sai.*)

AMÓZ-MATIAS – Esse Judas aí não me passa pela garganta!

WELLINGTON-TEITÉ – Esse é o Tadeu?

AMÓZ-MATIAS – Não, o Tadeu é boa gente! Esse é o Iscariotes. Teité! Como é que a gente vai fazer pra colocar esse povo em ordem?

WELLINGTON-TEITÉ – Vai ser no grito! (*Grita.*) Povo de Siquém! (*Abu-Cego acorda, aflito.*)

ABU-EZEQUIAS – Que foi? O Santo já chegou, Cristo Bendito! Ferrei no sono! (*Corre para um canto do palco.*) Cheguei primeiro! Cheguei primeiro! Ninguém empurra! Sou cego! Sou cego!

WELLINGTON-TEITÉ – Sossega, homem!

ABU- EZEQUIAS – Sou primeirão! É aqui a fila? Cheguei primeiro!

AMÓZ-MATIAS – Que primeiro? Têm mais de mil pessoas! A fila é do outro lado! (*Corre feito barata tonta.*)

ABU- EZEQUIAS – Onde? Que lado?

WELLINGTON-TEITÉ – Lá, do lado esquerdo da pedra grande! Corre, senão você não pega a senha!

ABU- EZEQUIAS (*irritado*) – Que pedra? Que senha? Que lado esquerdo? Sou cego, pô!

Matias endireita o rumo do cego e o empurra para fora.

WELLINGTON-TEITÉ – Povo de Siquém! Quando Jesus chegar vamos todos recebê-lo com uma salva de palmas. Menos os leprosos. Quem perdeu um dedo? Ninguém? Estava com um anel de ouro! Agora todo mundo perdeu, né?

AMÓZ-MATIAS (*dá um cascudo em Teité*) – Deixa de brinquedo e vamos trabalhar. Os hidrópicos se ajuntam lá no fundo, os mudos ficam à esquerda dos cegos. Não, não, à esquerda, gente! A esquerda é a mão que não escreve, é a perna que não chuta bola! (*Ergue a mão esquerda para demonstrar.*) Não, não! (*Vira-se de costas para ter o mesmo ponto de vista do público. Gesticula.*) Os mudos, à esquerda, nessa direção!

WELLINGTON-TEITÉ – Colabora, gente! Ainda tem de fazer a ficha de cada um!

AMÓZ-MATIAS (*desvira-se e aprova o movimento dos mudos*) – Isso mesmo, obrigado! Agora os surdos pro lado dos paralíticos, aqui na frente! Vamos, gente! Se mexam!

WELLINGTON-TEITÉ – Deixa comigo! (*Faz gestos do alfabeto de surdos-mudos.*)

AMÓZ-MATIAS – Não, pro fundo, não! (*Para Teité.*) Sua besta! Eles viraram de costas e estão indo pro fundo!

WELLINGTON-TEITÉ – Não tem problema. (*Mima pegar no chão uma pedra e atira. Fala escandindo as sílabas e gesticula na linguagem de surdo-mudo*) Desculpa a pedrada, ponto. É para vir pra frente, ponto final.

AMÓZ-MATIAS – Muito bem, obrigado. (*Como se ouvisse alguém do público.*) Como? Não! Não adianta insistir. Não tem mais transformação de água em vinho! Hein? Se vai ter multiplicação de pão e peixe? Não, não sei se vai ter lanche, não!

WELLINGTON-TEITÉ – Como é que é, minha senhora? Sim, Lázaro estava morto há quatro dias quando Jesus o ressuscitou. Como? Seu marido morreu há quatro anos? Bem, aí já não sei. Poder, ele pode. Ele é filho de Deus, pode tudo! Mas é vantagem? Se a alma dele já está no céu, no bem-bom, pra que voltar? Se estiver no inferno não merece voltar. Melhor deixar quieto, né, dona? Que idade ele tinha? Noventa e dois? Aí é gastar milagre à toa!

Entra Benecasta, chama Matias e lhe cochicha alguma coisa. Matias se assusta. Benecasta sai. Matias vai para Teité e segreda.

AMÓZ-MATIAS – Teité, Judas se enganou. Jesus está indo lá pra Jerusalém, não pra cá, em Siquém!

WELLINGTON-TEITÉ – Ave, Maria! E agora, Matias? O povo vai ficar fulo! Ele que venha aqui se explicar!

AMÓZ-MATIAS – Ele já se mandou.

WELLINGTON-TEITÉ – Ah, traidor! Vou me mandar também!

AMÓZ-MATIAS – Vai ficar comigo! Vamos tentar explicar para o povo.

WELLINGTON-TEITÉ – O povo não vai ouvir, Matias! Vai quebrar cada osso nosso! Vai comer nosso couro sem feijão! Vamos sair de fininho e azular!

AMÓZ-MATIAS – Pode, não, Teité. (*Ao povo.*) Olha, povo, houve um pequeno equívoco, de maneiras que... O mestre não vem! Nem hoje, nem aqui. Ele está a caminho de Jerusalém.

WELLINGTON-TEITÉ (*Pausa. Com medo.*) – Não estou gostando desse silêncio Matias!

AMÓZ-MATIAS – Não foi culpa do mestre, nem nossa.

WELLINGTON-TEITÉ – E o povo continuou em silêncio.

AMÓZ-MATIAS – Depois, lentamente, se movimentou no rumo da estrada de Jerusalém.

WELLINGTON-TEITÉ – Mudos guiaram cegos, surdos carregaram doentes, mulheres ampararam seus velhos pais e carregaram suas crianças. O silêncio não era de resignação. Era de vontade, de persistência, de busca. Alguns chamam isso de fé. Outros não sabem de que nome chamar.

AMÓZ-MATIAS – E, logo, ecoa no ar um grito de hosana, e soam cantos e riso na expectativa da alegria futura, do fim da espera, em Jerusalém.

Matias e Teité seguem com o olhar como se vissem a saída do povo.

WELLINGTON-TEITÉ – Formou-se um longo cordão humano em movimento. O último da fila, um leproso ainda jovem, me acenou um adeus com o toco de braço. Ô, vontade de chorar que me deu! (*Saem.*)

CENA 4 – DE COMO JESUS ENTRA EM JERUSALÉM E TEITÉ SONHA COM O REINO DE FARTURA

BENECASTA – "Meu tempo está próximo!", dizia o mestre, mas discípulos, seguidores, povo não queriam ouvir e se ouviam não entendiam. Aquele homem que bradava pelas estradas arrancando os homens de casa, conclamando mulheres na rua e reunindo alarido de crianças e velhos não trazia promessas para o futuro. O tempo era agora!

AMÓZ – E, um dia, ao chegar perto da cidade-santa o mestre mandou que seus discípulos buscassem uma jumenta e sobre ela rumou para Jerusalém. E lá já estava quem? Insatisfeito, descontente?

WELLINGTON-TEITÉ – É, eu mesmo, João Teité, porque somando os prós e os contras e tirando a prova real, "novesfora", ali no resumo da ópera, no custo-benefício que é que João Teité ganhou? Nada! Nem o osso da rabada, nem a gordurinha da picanha. Promessas! Promessas! Promessa cansa e não enche a pança! Estou pobre como antes, sem sombra e sem paz, sem pano pra cobrir o avante, sem trapo pra tapar o atrás! Volto hoje! Volto agora! Volto Já! Peço demissão! Sei que vou fazer falta, mas valorizassem meu talento antes!

Cristo, sobre uma burrinha de folguedo, entra no palco. A entrada é lenta e solene. Cristo mantém o braço levantado em posição hierática. São ouvidos três acordes graves. Súbito há a transição da solenidade sagrada para o júbilo profano. Cristo movimenta a burrinha como num folguedo enquanto o povo, com ramos de oliveira, canta.

POVO – Deus desceu à terra

Quis morar aqui
Hosanas a Cristo
Filho de Davi.

Com respeito santo
Venha aqui brincar
Só temos alegria
Para lhe ofertar.
Seja a nossa fé
O seu trono santo
Seja o nosso riso
O ouro do seu manto.

Vem juntar meu povo
Já chegou a hora
Deus brinca conosco
O seu reino é agora.

Um dos que brincam se destaca do grupo e testemunha para o público.

BENECASTA – Eu era um no meio do povo que crescia! Eu era um no meio daquele riso sem fim e daquela santa alegria!

AMÓZ – Eu vi como o povo tomou as ruas, saiu das casas, deixou o trabalho dos campos. Jerusalém fervilhou de cabeças e gritos. Só ficaram nas casas os que têm medo de tanta gente junta. Só ficaram nas casas os romanos e seus soldados, os governantes e seus apaniguados. Só ficaram em casa os indecisos, os acomodados, os que tinham coisas a perder e os que temiam a festa e a alegria da transformação do mundo.

Retomam o canto e saem. Fica apenas Teité.

WELLINGTON-TEITÉ – O homem não é fraco, não, gente! Quem é que pode com um homem desse, com um povo desse? (*Põe a mão em pala.*) Tanta gente assim tira o mundo dos eixos, desvira seu rumo, afronta imperador romano! E a besta aqui querendo ir embora! Fico! Não tem cão dos infernos que me arraste daqui porque agora começa o reino que eu tanto sonhei de dia e esperei de noite com a barriga vazia: o reino da fartura e do espírito.

AMÓZ-TEITÉ (*retorna e coloca o chapéu igual ao de Teité*) – Nesse reino, meu espírito leve, sutil, vai vagar em altas reflexões entre as mesas enquanto meu corpo, gordo de dar orgulho, devora peixes, assados vários, gratinados e molhos de especiarias.

BENECASTA (*Entra Benecasta. Põe o chapéu de Teité.*) – E João Teité, que sou eu, vou também discutir fina filosofia, estética, moral, enquanto saboreio caldas, compotas, queijo com marmelada. E vou até discorrer sobre a condição humana ao mesmo tempo em que seco licores e garrafas de vinhos finos. Porque isso é bom, porque o corpo é o sustento do espírito.

WELLINGTON-TEITÉ – E nesse reino não vai haver preguiça porque também não vai haver trabalho. Vai haver fome, mas também vai ter muito o que comer porque não tem graça nenhuma ter o que comer sem fome. Os gordos vão ser moda e não vai haver hipertensão, nem colesterol, nem artérias entupidas, nem cateterismo, nem academias, nem spas! Os vegetarianos serão todos presos!

BENECASTA (*Benecasta e Amóz se entreolham.*) – Também não exagera!

WELLINGTON-TEITÉ – Tá bom, mas os vegetarianos estarão proibidos de fazer cara de nojo quando alguém estiver comendo torresmo, pernil e costela! (*Saem Amóz e Benecasta.*) Porque tudo isso vai ter no reino. E mais, muito mais! E foi com isso que João Teité sonhou quando viu Cristo entrar aclamado em Jerusalém.

ABU-EZEQUIAS (*entra*) – Alguém pode me dizer se já estou em Jerusalém onde Cristo deverá chegar?

WELLINGTON-TEITÉ – Já chegou!

ABU-EZEQUIAS (*aflito*) – Ah, meu Deus! Tomara que tenha chegado em segredo.

WELLINGTON-TEITÉ – Não precisa ter pressa. O reino chegou! (*Abu sai.*) E João Teité tinha fome, mas por vários dias flutuou como espírito na expectativa do coroamento do rei. E sonhava em ganhar o cargo, no mínimo, de secretário de abastecimento, do novo reino.

AMÓZ-MATIAS (*entra.*)– Teité, Pedro está lhe chamando pra ajudar numa ceia que vão servir.

WELLINGTON-TEITÉ – Começou! É o começo do reino da fartura. Já estão chamando pra ceia! O que é que Jesus vai multiplicar dessa vez, Matias? Vai ser a la carte ou rodízio?

AMÓZ-MATIAS – Vamos, homem!

CENA 5 – A CEIA

Desce ao palco um telão pintado com a última ceia de Cristo. No lugar do rosto de Judas e Cristo há buracos onde os atores colocarão o rosto. Da mesma forma, na altura dos ombros há buracos para se enfiar os braços.

ABU-CRISTO – Eis que se aproxima a páscoa, a passagem, onde todo homem e mulher deve fazer morrer o que foi até ontem para nascer renovado amanhã. Os que assim não morrem, secam em vida e não renascerão. Que morram seus nomes, que morram seus corações, que morram suas certezas para que renasçam outros nomes, outros corações e certezas outras.

AMÓZ-JUDAS (*grita para fora*) – Pode servir.

Entra João Teité com jaleco de garçom. De uma ânfora serve vinho e de uma bandeja serve pão. Judas estende seu cálice.

WELLINGTON-TEITÉ (*a Judas*) – Não tem mais! (*Sai.*)

ABU-CRISTO – Vou cruzar em primeiro lugar esta passagem, esta páscoa, para que vocês sigam os meus passos. (*Estende o cálice.*) Tomai e bebei. (*Teité estende a mão para pegar o copo, mas leva um tapa de Judas.*) Que isto seja o meu sangue nessa passagem. (*Parte o pão e oferece.*) Que esse seja meu corpo nessa passagem. Em verdade vos digo: um de vós não me seguirá nesse caminho. Um de vós me trairá.

AMÓZ-JUDAS – Serei eu, mestre?

ABU-CRISTO – Que seu coração responda.

CENA 6 – A PAIXÃO

Cena da ceia escurece. Entram João Teité e Matias Cão e põem-se ambos a lavar os pratos da santa ceia.

WELLINGTON-TEITÉ – Ó, não quero falar mal, não, Matias, mas a ceia não foi o que eu esperava não. Nem um peixe, um frango pra pôr no pão!

AMÓZ-MATIAS – Foi uma ceia simbólica, uma metáfora, entende?

WELLINGTON-TEITÉ – Outra vez você e suas metáforas! Eu esperava mesmo era uma ceia carnuda, massuda, bebuda!

AMÓZ-MATIAS – Será que você não entende?

WELLINGTON-TEITÉ – Entendo, Matias, meu coração entende, mas o homem não é só coração.

AMÓZ-MATIAS – É razão, espírito, também.

WELLINGTON-TEITÉ – É estômago, que coisa! Que é que vocês têm contra o estômago?

AMÓZ-MATIAS – Nada, mas você só pensa em comida, frangos, vitelas...

WELLINGTON-TEITÉ – E salsichas, presuntos, queijos e tudo o que um dia eu ainda vou provar! Porque o reino está próximo, Matias, eu sinto pelo cheiro das carnes chiando na brasa, do feijão gordo borbulhando nos caldeirões, da fragrância de alho, do perfume de coentro e manjericão que invade o ar! Ah, a poesia que existe numa mesa farta, numa boca cheia de dentes e num estômago saudável! Ah, a beleza dos intestinos no movimento fluido de moer e macetar essa poesia!

AMÓZ-MATIAS – Tá, já chega! Não vá mais adiante que toda essa poesia vai acabar em caca.

WELLINGTON-TEITÉ – Mudando de assunto, você viu o mestre?

AMÓZ-MATIAS – Vi, tava meio sério, preocupado.

WELLINGTON-TEITÉ – Foram lá pro horto das oliveiras. Matias, olha o que eu lhe digo: alguma coisa está pra acontecer.

AMÓZ-MATIAS – Tive a mesma impressão. Está um zum-zum-zum, gente falando baixo, conversa de meias palavras... Não sei o que é, não!

WELLINGTON-TEITÉ – Eu sei. A gente está metida em coisa grande.

AMÓZ-MATIAS – Que coisa, homem?

WELLINGTON-TEITÉ – Golpe!

AMÓZ-MATIAS – Como é que é?

WELLINGTON-TEITÉ – Golpe de estado, Matias! Estão tramando golpe de estado, só pode ser.

AMÓZ-MATIAS – Será?

WELLINGTON-TEITÉ – E você acha que Pilatos e os romanos vão entregar o poder, assim, de mão beijada? A hora está chegando e eu não duvido nada se Cristo não vai convocar as legiões dos anjos do céu pra instaurar o seu reino.

AMÓZ-MATIAS – Será?

WELLINGTON-TEITÉ – Não é Deus? Não pode tudo? Golpe de estado, com certeza!

BENECASTA-MADALENA (*entra, aflita*) – Prenderam Jesus!

Teité cobre a boca com a mão e paralisa. Ficará, assim, prostrado, até o final da cena.

AMÓZ-MATIAS – Como é que é, Madalena?

BENECASTA-MADALENA – Ainda era noite quando eles chegaram. Eles sempre chegam à noite enquanto o povo dorme, quando as sombras cobrem seus atos, enquanto estamos desatentos. Chegaram sem ruído, mas com a rapidez de um assalto. Judas, à frente, beijou o Cristo e no curto tempo do nosso espanto, na curta duração da reação de Pedro que decepou a orelha de um deles e dentro do longo medo, desalento e desespero nosso que dura até agora, levaram Jesus.

Abu entra como Cristo, lentamente. Está coberto com um manto branco, a coroa de espinhos e com a cruz às costas. A essa visão, Amóz cobre o rosto e sai.

WELLINGTON-TEITÉ – Eu permaneci, assim, prostrado, do primeiro momento até o último sopro de vida dele que se perdeu no ar, lá no monte calvário. Até um segundo antes, eu esperei que o céu se abrisse e os anjos descessem para instaurar o reino de fartura. Nada aconteceu.

Amóz volta como o cego Ezequias.

AMÓZ-EZEQUIAS – Por dias bati Jerusalém inteira atrás desse homem. Quando o encontrei, estava no meio de um tumulto de gente e vozes onde pediam que escolhessem Barrabás ou Jesus para ser libertado. Não entendi o pedido, não entendi a escolha: soltaram Barrabás. O cego Ezequias vai continuar cego num mundo de cegos!

Jesus cai ao chão e lentamente levanta-se. Amóz sai.

BENECASTA – Oh, meu Deus! Me contaram que pegaram esse homem, Jesus, e bateram tanto, tanto, porque esse homem se dizia Deus! Queriam tirar a divindade dele a custo de sangue, dor e gemido, mas ele continuou afirmando que era Deus. Oh, meu Deus, e Maria, então, a mãe! Acompanhou, à distância, a caminhada do filho, desde o palácio de Pilatos, pelas ruas de pedra, até o alto do morro onde plantaram a cruz. Sua dor muda era também pedra entre as mulheres que choravam.

ABU-CRISTO – Não choreis por mim que, com minha coragem sustento meu medo e cumpro esta jornada por minha própria escolha. Chorai por vós e por vossos filhos cuja inocência será arrancada ainda em verdes anos. Porque haverá um tempo em que crianças serão apartadas de suas mães, vão perambular pela miséria das ruas e perder seu futuro nas esquinas, nos sinais, cheirando a única alegria perversa que lhes sobra. Haverá um tempo em que adultos vão temer crianças e lhes farão guerra. E elas serão abatidas pela doença, pelo entorpecimento, pela brutalidade e, principalmente, pelo peso da indiferença. Chorai por esse tempo. E, sobretudo, lutai para que não chegue o tempo em que serão inúteis qualquer choro e qualquer luta.

Jesus cai novamente. Benecasta corre e limpa seu rosto do sangue – como fez Verônica. Entra Amóz como Judas. Traz ao pescoço um laço de corda cuja ponta está amarrada ao fundo do palco. Judas dá seu testemunho diretamente ao público e a corda é de tal tamanho que, cada vez que ele se aproxima da boca de cena ela estica, apertando seu pescoço.

AMÓZ-JUDAS – Sou Judas, vocês já sabem. Por trinta moedas traí minha fé. Não, por favor, não sejam tão apressados em me condenar! Antes vasculhai comigo a alma deste homem, que desesperado com seu crime devolveu o dinheiro sujo a quem o havia pago. (*Olha para Jesus.*) Percebei que a alma deste homem chorou e ainda chora de vergonha, de desespero, de emoção por ver e sentir essa paixão. Fui fraco, mas ser fraco não é crime! Tive medo, mas medo, igualmente, não é crime! Todos temos medo, Jerusalém toda é agora espesso medo. (*Emocionado.*) Por favor, olhem dentro de mim e vejam: sou um homem que guarda uma sincera, funda e feia dor humana. (*Aproxima-se do público e a corda estica. Ele transita para a frieza.*) Não, por favor, não sejam tão apressados em me absolver! Conheço minha dor, mas conheço igualmente meu crime. Eu mesmo não me absolveria por trair um amigo, de trair quem amo, um Deus, uma fé! Vocês viram minha dor, mas não viram a baixeza de que sei que sou feito. Não sentiram minha alma corrupta como eu a sinto todos os dias. Não sou mais do que uma dor mesquinha, uma frieza cruel. Não creiam em mim, porque eu mesmo não creio. (*Lança-se para a frente e a corda aperta-lhe o pescoço doloridamente. Em desespero.*) Mas o que sou eu, o que são todos os homens senão confusão, tentação de crime e ânsia de redenção? Por que não posso me levantar de minha baixeza? (*Estertora.*) O laço já se fechou e um homem morto não é mais um homem, nem é vontade, nem é voz, nem coração, nem redenção. (*Morre.*)

ABU-CRISTO (*é levantado na cruz*) – Eli! Eli! Lama Sabactani! Está tudo consumado! Pai, em suas mãos, entrego meu espírito.

WELLINGTON-TEITÉ – Acabou! E aqui estamos nós, humanos, sozinhos, poeira estéril na imensidão do cosmos. Agora, mais do que nunca, sei que somos apenas isso!

Cena 7 – A Ambivalência da Dor e do Riso

BENECASTA – E o que aconteceu depois disso todo mundo já sabe. Antes do anoitecer tiraram Cristo da cruz, enrolaram seu corpo em panos de linho como mandava o costume e num túmulo de pedra deixaram Jesus e os sonhos de cada um. E fecharam a entrada do túmulo com uma grande pedra. E voltaram para casa com as mãos cheias de medo. (*Sentam-se em silêncio.*) Jerusalém era medo e desolação, de casas fechadas, de ruas vazias, de silêncio sem paz. E assim se passou a sexta feira.

Longa pausa. Teité, irrequieto, não consegue manter-se em silêncio. Começa a batucar um samba. Os outros reagem automaticamente.

TODOS – Psiu!

Teité concorda com gestos. Voltam ao silêncio. Novamente Teité quebra o silêncio cantando o "Ita do Norte". Todos reagem mais intensamente. Teité, outra vez com gestos, pede desculpas e voltam novamente ao silêncio. Teité se coça, se mexe, faz pequenos ruídos.

WELLINGTON-TEITÉ – Alguém sabe que horas são?

BENECASTA – Silêncio!

AMÓZ-TOMÉ – Quieta!

ABU-PEDRO – Junto!

WELLINGTON-TEITÉ (*meio irritado*) – Então vocês falem alguma coisa porque não aguento mais! Quantos dias a gente vai ficar trancada aqui dentro?

BENECASTA – Estamos tristes!

WELLINGTON-TEITÉ – E a gente não pode ficar triste lá fora? E, depois, estou com fome.

ABU-PEDRO – Só pensa nisso!

WELLINGTON-TEITÉ – Preciso sair, espairecer, ver umas carnes penduradas num açougue, uns bolinhos numa vitrine!

ABU-PEDRO – Impressionante!

AMÓZ-TOMÉ – Teité é uma besta quadrada, mas está coberto de razão.

WELLINGTON-TEITÉ – Obrigado, Tomé. Pela segunda parte!

AMÓZ-TOMÉ – A gente não pode ficar o resto da vida assim. Doeu, está doendo, mas acabou! Vou começar vida nova seja ela qual for! Quer saber? Eu mesmo não acreditava muito que ele fosse mesmo filho de Deus.

ABU-PEDRO – Não fala isso, Tomé!

AMÓZ-TOMÉ – Falo, Pedro, porque mais do que ninguém eu queria acreditar que Deus andasse na terra. É o que todo mundo quer!

WELLINGTON-TEITÉ – Menos os comunistas!

AMÓZ-TOMÉ – Porque com Deus na terra não é preciso doutrina, nem religião, nem intermediários. O homem fala diretamente com Deus, mas esse era um sonho grande demais! E as utopias são o que são: apenas pó, poeira agitada pelo desejo humano. Só isso: pó, poeira.

ABU-PEDRO – Ele disse que voltaria.

AMÓZ-TOMÉ – Ninguém volta, Pedro!

WELLINGTON-TEITÉ – Lázaro voltou!

BENECASTA – Foi Cristo quem o trouxe! E quem é que traz Cristo?

AMÓZ-TOMÉ – Aquele que trazia vida aos mortos foi vencido, se foi!

ABU-PEDRO – Ele nunca traiu sua palavra, ele volta! Não sei como, mas se ele é Deus, ele volta!

BENECASTA – Deus não teria morrido.

AMÓZ-TOMÉ – Homens morrem. Se morreu era homem, melhor do que nós, mas era homem!

ABU-PEDRO – Ele volta!

WELLINGTON-TEITÉ – Pelo amor de Deus, ele volta ou não volta? Decidam de uma vez, porque, ora eu creio, ora descreio! E eu quero acreditar que ele volta. Ele prometeu um reino de fartura!

BENECASTA – Não começa, não, Teité! O reino é no céu, seu burro!

WELLINGTON-TEITÉ – É aqui! Vão-se romper as aleluias, todos vão ter carne no prato e farinha na cuia! Porque vida sadia é copo cheio e garrafa vazia! E todo dia, ninguém descreia, vai ter panela vazia e barriga cheia!

ABU-PEDRO – Mas será possível que só pensa nisso!

WELLINGTON-TEITÉ – É que todo ser humano tem um vazio dentro.

BENECASTA – O seu é na cabeça!

WELLINGTON-TEITÉ – Na barriga. Minha cabeça tá cheia... de plano, vontade e desejo de comer muito, pra sempre. E minha alma está cheia de esperança!

ABU-PEDRO – Isso é blasfêmia!

WELLINGTON-TEITÉ – É, não, Pedro! Cada um busca o que precisa. Eu preciso é encher, tapar e socar, terraplenar garganta, estômago e intestino de lasanhas, bacalhau, pamonha, iguarias finas, grossas, médias... Mas se não tiver, quebro o galho com um café-com-leite... pão com manteiga...queijo, geleia, doces, compotas...

BENECASTA – Isso é falta de fé!

WELLINGTON-TEITÉ – É, não, gente! Tenho fé em tudo, em toda e qualquer coisa, porque gente como eu não tem nada a perder. Não tenho casa, nem terra, nem a sombra mais eu tenho. De meu, só o que vocês veem aqui. Fora do corpo essa roupa comprada a prestação, falta pagar a última; dentro do corpo, esse vazio. (*Transita para o dramático.*) O que mais deixaram pra gente, como eu, senão fé, esperança, sentimento, essas coisas que não tem preço? Porque tudo no mundo que tem preço já tem dono. E gente como João Teité não pode comprar. Creio em promessa, em qualquer chamado, em qualquer discurso, em qualquer sorriso, porque primeiro me tiraram tudo e depois me entupiram de esperança. E como não tenho outra esperança a não ser esperar, sigo crendo porque preciso crer e jogo minha alma e a minha barriga nessa fé. Preciso crer e creio que ele volta. Não é Deus? Não pode tudo? Não é?

BENECASTA – Ninguém teve o que responder a João Teité. Quer dizer, tinham, mas não tiveram coragem de arrancar uma das últimas e poucas coisas que ele possuía. E assim se passou o dia e a noite de sábado.

Saem. Permanece apenas Amóz.

AMÓZ – E a manhã de domingo clareou em paz, como se fosse, assim, um velho domingo de infância.

CENA 8 – A RESSURREIÇÃO

AMÓZ – E aconteceu que, nesse mesmo domingo, Maria Madalena saiu para visitar o túmulo. (*Benecasta emite um grito.*) Voltou louca, desse jeito aí que vocês estão vendo!

BENECASTA-MADALENA – Abriram o túmulo! Lá só estão os panos e o sudário. Um anjo apareceu-me e disse: ele está vivo!

WELLINGTON – Pedro correu ao túmulo para ver. Eu fiquei quieto no meu canto: morro de medo de alma!

BENECASTA-MADALENA – Que alma, sua besta! É o mestre! Está vivo!

WELLINGTON – Num fala mais nada! Estou querendo, mas estou com medo de crer!

BENECASTA-MADALENA – E Pedro voltou gritando e confirmou a notícia: o corpo não está lá.

AMÓZ – E dizem que Cristo, depois disso, apareceu a Maria Madalena, a Cléofas, em Emaús, a três léguas de Jerusalém. Apareceu, também, a Pedro e Tiago à beira do lago da Galileia.

Após um momento de perplexidade, os atores iniciam canto que começa com andamento lento, quase falado, um cantochão que depois explode em festa profana.

BENECASTA – Deem o dito/por não dito/Não acredito/mas quero acreditar.

AMÓZ – Estava escrito/difícil crer/mas foi descrito/Cristo vai se levantar

ABU – Nas histórias/nos mitos/ foi narrado e dito/a vida vai triunfar

WELLINGTON – No coração contrito/sufocado um grito /vai ganhar o ar

TODOS – Ressurgiu, que volte o riso

E a promessa do paraíso
Já, aqui, na terra
Não erra quem espera
A primavera.
Vou gritar
Como quem enlouqueceu
Eu respiro
O mesmo ar que Deus.

WELLINGTON – E vieram testemunhar gente que viu e gente que não viu, mas falou com quem disse que tinha visto quem viu! E foi um zum-zum-zum pela cidade que foi virando riso, que foi virando festa e desejo, que foi virando certeza e verdade. E dizem que verdade foi e verdade era!

AMÓZ-TOMÉ – Não creio! (*Tempo.*)

BENECASTA-MADALENA – Eu vi, Tomé!

AMÓZ-TOMÉ – Pois eu só creio, Madalena, quando tocar em suas feridas. Crer é difícil. Mais difícil ainda é descrer. Mas voltar a crer, depois de tudo, é quase impossível!

Surge Cristo ao fundo. Aproxima-se lentamente, numa postura hierática, tendo à mostra as chagas das mãos. Wellington é o primeiro a perceber, depois do público. Assusta-se e grita.

WELLINGTON-TEITÉ – Ai! É uma alma!

ABU-CRISTO – Não, Teité! É corpo e o espírito de Deus que o anima. Toque nas feridas, Tomé, e volte a crer no impossível! (*Amóz-Tomé as toca.*) Você tem razão: as utopias são o que são: apenas pó. Mas pó é a mesma substância de que é feito o homem. O homem é a utopia de Deus e ele me enviou ao mundo porque continua crendo em sua utopia.

Madalena e Tomé caem de joelhos. Madalena cutuca Tomé.

BENECASTA-MADALENA – Não disse?

ABU-CRISTO – E você, Teité?

WELLINGTON-TEITÉ – Eu, mestre, estou tão alegre, tão satisfeito, tão nervoso que não sei se choro, se rio ou se mastigo alguma coisa. (*Jesus ri. Teité toma as mãos de Jesus e as sacode efusivamente.*) Bem-vindo, Jesus, bem-vindo! (*Jesus geme de dor. Teité solta as mãos de Jesus.*) Ai, meu Deus, desculpa! Ainda não cicatrizou direito, né?

ABU-CRISTO – Meu tempo se aproxima. Tenho de voltar.

WELLINGTON-TEITÉ – Não, mas nem bem chegou! Fica mais um pouco, a gente tem muito que conversar!

ABU-CRISTO – Minha missão está concluída: nesses dias senti como é difícil ser homem, ser frágil, ser pó.

WELLINGTON-TEITÉ – A gente já está acostumado.

ABU-CRISTO (*severo*) – Não se acostume, Teité! Que vocês não se acostumem a nada, nem ao bom, nem ao ruim! Que morram todo ano, que se tornem pó e renasçam e se levantem do pó! Vocês são homens e mulheres novas. E seres novos precisam de um mundo novo. Vão!

Pausa. Teité olha os outros sem entender.

WELLINGTON-TEITÉ – Ói, mestre, desculpa perguntar, mas é que sou meio nham-pam da cabeça e as coisas demoram um bocadinho pra entrar nela... vamos pra onde?

ABU-CRISTO – Construir um mundo novo.

WELLINGTON-TEITÉ – Construir? Bem, ó, espera aí, Jesus...

AMÓZ-TOMÉ – Fica quieto, Teité!

WELLINGTON-TEITÉ – Fico, não! Vocês também não sabem, mas ficam cheios de dedo, de soberba, cara de sabichão e não perguntam. Não é Deus? Ele sabe que vocês são tão tontos quanto eu!

ABU-CRISTO – Mais ou menos, né, Teité? Você é difícil!

WELLINGTON-TEITÉ – É, nem tanto, nem tão pouco, assim antes pelo contrário... concordo em termos e partes... Mas duas coisas, senhor: primeiro é essa coisa de construir...

ABU-CRISTO – Vocês queriam um mundo novo de graça?

WELLINGTON-TEITÉ – Sinceridade? Pensei que era só rezar, pedir.

ABU-CRISTO (*indignado*) – De graça? Vocês não viram o que custou a mim, que sou Deus, ganhar a humanidade, tornar-me homem? E querem um mundo novo de graça?!

WELLINGTON-TEITÉ – O senhor mesmo disse "pedi e vos será dado."

ABU-CRISTO – Cadê aquele chicote com o qual expulsei os vendilhões do templo?

WELLINGTON-TEITÉ – Não! Não precisa, já entendi! Já entendi! Não se fala mais no assunto. Só tem mais uma coisa que eu queria entender... de preferência sem chicote. O reino de fartura.

ABU-CRISTO – A fartura está no mundo. E todo ser tem direito a uma parte dessa fartura. E que a fome seja infinita como a de Teité. Fome de carne, de lazanhas e compotas...

WELLINGTON-TEITÉ (*alegre, para Amóz e Benecasta*) – Não falei?

ABU-CRISTO – E também a mesma fome infinita da palavra e do espírito.

AMÓZ E BENECASTA – Não falamos?

ABU-CRISTO – Ide e pregai a todos a boa nova! Deus veio ao mundo e se fez homem!

Epílogo – Controvérsias

Os outros três narradores prendem Abu com o gancho. Abu demonstra inconformismo e medo em ser novamente levantado.

ABU – E disse Jesus: "Descerá sobre vós o Espírito, vós dará forças e sereis minhas testemunhas em Jerusalém, em toda a Samaria e até os confins do mundo" (*É levantado.*) Ai, Jesus! E, dizendo isto, elevou-se a vista deles e uma nuvem o ocultou aos seus olhos.

WELLINGTON – Foi assim, não! Cristo ficou no mundo!

BENECASTA – Não começa, Wellington!

AMÓZ – Como foi que ficou no mundo? Está na *Bíblia*, ele subiu aos céus!

WELLINGTON – Pois, se subiu, ele desceu de novo!

Solta o nó da corda. Os outros dois correm e seguram Abu no alto.

ABU (*apavorado*) – Ah, meu Deus, eu caio!

BENECASTA – Onde você viu isso?

WELLINGTON – Nas histórias de Dona Fina, da Paraíba; nas palavras do velho Orósio, da Bahia; nos causos do Cirilo preto, de Minas Gerais e quer saber mais? Nos contos da velha Bia, do Piauí, que chorou na barriga antes da mãe parir! Cristo ficou no mundo!

ABU (*furioso*) – Segundo o cânon da doutrina cristã Cristo subiu ao céu!
WELLINGTON – E segundo a vontade e a tradição popular ele subiu, mas voltou. (*Solta o nó da corda. Abu despenca. Aponta Abu.*) Está aí e anda pelo mundo como homem cidadão!

Benecasta e Amóz vão à corda.

BENECASTA – Ele subiu e lá ficou!
ABU (*furioso, tira o gancho*) – Ele subiu, mas eu não subo mais!
AMÓZ – E onde Cristo mora, então? Na Paraíba?
WELLINGTON – E não? Dona Fina conta que...
BENECASTA – Ah, meu Deus!
ABU – Eu avisei, lá no começo, no prólogo!
WELLINGTON – Gente! Se Adão andou pela Bahia, se Tomé subiu pregando de São Paulo até o Piauí...
BENECASTA – Tomé foi ao Piauí?
WELLINGTON – E não? Cristo não falou para pregarem em Jerusalém, Samaria e confins do mundo? Onde você acha que Piauí é?
BENECASTA – Eu desisto!
WELLINGTON (*continuando o discurso*) – E se João Teité era o décimo quarto discípulo, por que Cristo não pode estar morando na Paraíba?
AMÓZ – Tem sua lógica!
ABU – Que lógica, Amóz? Endoideceu também?
WELLINGTON – E tem mais...
ABU – Eu me recuso a discutir!
BENECASTA – Eu me recuso a ouvir!
AMÓZ – Eu sigo a maioria

Os três saem.

WELLINGTON – Vão! Vão estudar, lote de ignorante! O que eu conto, eu ouvi de quem testemunhou, de quem estava lá e contou! (*Ao público.*) E para que vocês não fiquem sem o final, conto que Teité recuperou sua sombra, o cego Ezequias tava, um dia, andando na rua e trombou com Cristo que estava distraído. Cristo molhou os dedos com saliva e passou nos olhos dele e ele viu. O burro, que eu tinha falado no começo foi mesmo ressuscitado e voou para o céu e Matias, companheiro de João Teité, foi eleito como apóstolo no lugar de Judas.

Os três voltam.

BENECASTA – Matias Cão?

ABU – Endoidou!

AMÓZ – Essa foi longe! Matias apóstolo era da Judeia!

WELLINGTON – Era não. Nasceu na divisão de Sergipe com Paraíba!

ABU – Vai dizer que João Teité também recebeu do Espírito Santo o dom das línguas e da profecia?

WELLINGTON – Nada! Aquele de profecia não acerta nem no bingo. O tonto saiu pra fazer uma boquinha bem na hora que a pomba desceu! Mal sabe falar portunhol com sotaque da Paraíba. Mas anda pelo mundo, com sua fome infinita de assados, cozidos e compotas e fome infinita de palavra e espírito!

Cantam a música da entrada de Cristo em Jerusalém.

FIM

DA FORMA NARRATIVA

Bella Ciao, 1982. Foto do cartaz do espetáculo, de José Rubens Siqueira.

1982

Personagens

Camponeses 1 e 2
Pazzo
Lucchina
Giovanni
Carmela
Andreone
Giuseppe
Pai
Mãe
Mulher
Outra Mulher
Homem
Homens 1 e 2
Agenciador
Vendedores 1 e 2
Ponto
Grevistas 1, 2 e 3
Conferencista
Crianças
Marido
Auxiliar
Autoridade
Interrogador
Policiais
Dona Josefa
Gennarino
Maria
Ribeiro
José
Atores
Coro

PRIMEIRO ATO
CENA 1 – ABERTURA

Palco às escuras. Sobe foco em Carmela que começa a cantar "Bella Ciao". Logo todos os atores do espetáculo vão entrando no foco e também começam a cantar "Bella Ciao". A atriz que fará Luchina "Buonagamba", fica num plano mais afastado. Quando terminam de cantar, ouve-se um sino tocando.

CAMPONÊS 1 – Ringraziamo Iddio!
CAMPONÊS 2 – Per questa porca miséria.
CAMPONÊS 1 – Non bestemmiare!
CAMPONÊS 2 – Per la terra que non ho. Per i denari que non ho.
CAMPONÊS 1 – Ma vá all'inferno! Erético!
CAMPONÊS 2 – Erético, no. Io ringrazio Iddio. (*Coloca as mãos em prece.*) Ringrazio Iddio… per le tette di Lucchina! (*Alguns riem, aplaudem.*) Per le gambe di Lucchina!

Vai em direção ao camponês 1, como se fosse uma mulher.

CAMPONÊS 1 – Fuori!
CAMPONÊS 2 – Viene, Lucchina! (*Agarra Camponês 1.*) Lascia-mi prendere i tuoi seni, Lucchina. Lascia-mi stringere le tue gambe, Lucchina!

CAMPONÊS 1 (*tenta se soltar, os outros riem*) – Disgraziato! Ateo!
CAMPONÊS 2 (*choramingando comicamente*) – Non, ma non far cosí, Lucchina mia. Tu rompi il mio cuore!
PAZZO (*o louco da aldeia, entra correndo*) – Stá venendo, stá venendo!
CAMPONÊS 2 – Chi viene, o Pazzo?
PAZZO – Lucchina! (*Ri.*) Lucchina "Buonagamba"! (*Descreve com gestos o quanto ela é boa.*)
CAMPONÊS 2 – Ehi, Pazzo, viene qui. Lucchina dice que ti ama. Che vuole darti um bacio. (*Pazzo, não acredita, fica fascinado, encantado, apaixonado.*) Attento, Pazzo. Stá venendo!

Os atores abrem o círculo, e do fundo vem Lucchina. Pazzo fica no seu caminho, enquanto os outros se afastam observando.

LUCCHINA (*chegando*) – Ehi, che é sucesso, Pazzo?
PAZZO – Eh… eh…
LUCCHINA – Cane, che oggi tu più pazzo!
PAZZO – Eh… dammi.
LUCCHINA – Cosa vuoi?
PAZZO – Um bacio.
LUCCHINA – Cosa!?
CAMPONESES – Bacia, Lucchina, bacia!
LUCCHINA (*empurrando Pazzo*) – Vá via! Vá via!
CAMPONÊS 2 – "Buonagamba", alza il vestito. Lascia-mi vedere le tue gambe.
LUCCHINA – Vá vedere le gambia di tu madre, cretino! (*Se afasta.*)
PAZZO (*indo atrás*) – Un bacio, Lucchina!
CAMPONESES (*se aproximando*) – Lucchina "Buonagamba"…
CAMPONÊS 1 – Lucchina "Buonagamba"…
CAMPONÊS 2 – Lucchina "Buonagamba"…
GIOVANNI (*em outro plano*) – Io voglio dormire com te! (*Ri saudoso. Os atores se afastam. Outro tom.*) Esta é a história de um sonho. De um grande sonho de um pequeno homem. (*Vira-se para Carmela que está atrás chorando.*)

CENA 2 – DECISÃO DE PARTIDA

GIOVANNI – Nó! Non piangere più, Carmela. Per la Madonna, non piangere più, mia bella. Partiamo e ritorniamo presto.
CARMELA – Io ho paura. Questa é la nostra terra!
GIOVANNI – Che nostra terra! Questa terra é del figlio di una grande puttanna che si chiama Don Antonio. In Brasile saremo ricchi. In Brasile il nome di Giovanni Barachetta será rispettato.

CARMELA – Ma, Giovanni, il povero ha la stessa faccia in tutti i posti del mondo.

GIOVANNI – Vá… Dio in cielo é grande, Carmela.

CARMELA – Si, má…

GIOVANNI – Ascolta, mia bella, andiamo a lavorare terra nostra. Il grano será nostro. Il pane será nostro. Il Brasile é una terra piena di abbondanza e avremmo altri figli. Tutti uomini, tutti forti. Allora bela, mia bella Carmela, non piangere più, eh? Andiamo in Brasile!

CARMELA (*soluçando*) – Ma, Giovanni…

GIOVANNI – Non piangere Carmela, non piangere più… Guarda… (*Toma-a pela cintura e começam a dançar.*) Aspetta Brasile, che Giovanni Barachetta stá arrivando per arare le sua terra e piantare il café. Aver pane, vino e formaggio in tavola, cravatta e soldi in tasca.

Os atores vão se aproximando. Giovanni para de dançar.

CENA 3 – DESPEDIDA DOS AMIGOS

GIOVANNI – Amici! Giovanni senza terra vá far l'América! (*Para Andreone, que está chegando.*) Andreone! Amico, Andreone.

ANDREONE – Perchè questa confusione?

GIOVANNI – Sono io, Giovanni. Giovanni, no, Don Giovanni che parte per l'América e ritornerá ricco.

ANDREONE – E bisognha fare tutto questo clamore?

GIUSEPPE (*entrando*) – Che succede, Andreone?

ANDREONE – Giovanni parte per l'América.

GIUSEPPE – Ma…

GIOVANNI – É vero, Giuseppe, parto per il Brasile.

CARMELA – Giuseppe, per l'amor di Dio aiutami. No voglio lasciare l'Itália.

GIUSEPPE – Non andare, Giovanni.

GIOVANNI – Vado, Giuseppe.

GIUSEPPE – Luigi é giá andato, Graziano é gia andato, Romano anche. Non andare, Giovanni.

GIOVANNI – Vado, Giusepe, vado.

GIUSEPPE – Má non andare. La povera Itália resta senza il suo idiota.

Todos riem. Carmela descobre que seu filho, Gennarino, não está ali.

CARMELA – Dio mio… Dov'é Gennarino? Dov'é questo bambino? (*Chama.*) Gennarino! Delinquente! Criminale! No, criminale é tuo padre. Anche Don Antonio é un criminale. Il governo é criminale. Il Papa in Vaticano é un criminale. E anche la madre del Papa, il padre del Papa, il nonno del Papa… Tutti criminali! (*Sai atrás de Gennarino.*) Gennarino!

ANDREONE – Ecco! Stai attento, Giovanni. Non andare che l'Itália resta senza il suo idiota.

GIOVANNI – Idiota sei tu.

ANDREONE (*com o ruído característico*) – Pernacchia per te! (*Se afasta.*)

GIOVANNI – Bruta béstia! Vieni que che ti apacco la faccia. Figlio di un cane.

ANDREONE – Ma chè spacca. Che spacca. Spacca niente.

GIOVANNI – Disgraziati. Quando tornerò il Itália più ricco che il Re Vittório Emanuele vi mostroró io.

ANDREONE (*no meio dos outros.*) – Vá fá'n culo. Vá.

GIOVANNI (*irritado, vai reagir mas desiste.*) – Io vo, io vo fá'n culo si, ma io vo fá'n culo in Brasile non come voi in questa merda di paese. (*Saindo.*) Béstie… Ignoranti…

ANDREONE (*entrando novamente.*) – Ehi, Giovanni.

GIOVANNI (*irritado*) – Cosa c'é?

ANDREONE – Vá con Dio, amico. Auguri. Buona fortuna. Ritorna presto, eh?

GIOVANNI – Vá, vá, Andreone. Grazie. Il mio cuore soffre. Ma non posso restare! Per la Madonna, Andreone, ho paúra di partire e morire un pó e ho paúra de restare e morire del tutto.

Os atores cantam o final de "Bella Ciao". Entram com objetos que levarão na viagem. Grande movimentação. Estamos no porto. Carmela também entra. Giovanni se despede dos pais.

CENA 4 – DESPEDIDA DA ITÁLIA

PAI – Ma figlio…

GIOVANNI – No, Papá, per piacere, non parla di morte. Io ritorneró presto. Il signore é più forte.

MÃE – Figlio mio…

GIOVANNI (*emocionado*) – Mamma! Mamma! Per piacere, non piange più. Torneró presto. E ricco, eh?

PAI – Tutti i gióvane pártono. L'Itália restara un paese di vecchi.

ANDREONE (*aparecendo*) – É, vecchio, tu devi fare altri figli.

PAI – Io? (*Olha para o sexo.*) Ma, Andreone, questo albero non dá più frutti.

Riem. Apito da partida do navio.

GIOVANNI (*para Carmela, que se aproxima com alguma coisa*) – Ehi, Carmela, dov'é Gennarino. Chiama Gennarino che il nonno vuolo baciare questo bambino.
CARMELA (*saindo*) – Gennarino! Presto che la nave parte.
GIOVANNI (*abraçando a mãe*) – Si, mamma, io scriveró.
PAI (*quando Giovanni abraça*) – Ritornerete tutti richi? Má che, l'América no há tutti questi soldi.
CARMELA (*fora chamando*) – Gennarino! La nave parte.

Apito do navio. Todos os atores vão se juntando e todos ficam no convés do navio que parte. O bloco de emigrantes se despede.

GIOVANNI – Addio, Papá. Adio, Mamma. Si, Mamma, hó molte cose da mangiare. Un bacio. Adio, Mamma.
CARMELA – Addio, Itália. Addio.

Lenços são agitados.

GIOVANNI (*baixo, emocionado*) – Addio, Itália.

Os emigrantes começam a arrumar suas coisas. Sentam.

CARMELA (*canta*) – Addio, bella Itália, partimos
com o dia de voltar
marcado no coração.

Não verei o sol dando cor
aos seus campos na primavera,
nem a sua lua branca
indicando o caminho ao pastor.

CORO – Addio, bella Itália, partimos...
CARMELA – Mas também per Dio, não vamos sentir mais
O frio da neve em seu inverno,
Nem soldados arrasando nossos campos
E comendo nossa colheita...
OUTRA MULHER – Meu coração já sente saudades
Do ar de suas montanhas,
Do cheiro de sua terra
E da aldeia ao pé do monte.
CORO – Addio, bella Itália, partimos...
CARMELA – Addio, bella Itália, partimos
Com o dia de voltar
Marcado no coração.

VOZ (*gravada, vindo de um alto-falante*) – Attencione! Attencione! Todos os emigrantes saiam do convés. Todos os emigrantes pro porão do navio.

CENA 5 – O MERCADO HUMANO DO PORTO DE SANTOS

CARMELA – Dio benedetto! Arriviamo!
GIOVANNI – Brasile: é arrivato, Giovanni!
HOMEM 1 – Questo é Brasile? Ma vá!
HOMEM 2 – Dopo quaranta giorni in mare tutte le terre sono buone.
CARMELA – Gennarino!
AGENCIADOR – Quem é Pieto Gotti?
HOMEM 2 – Sono io.
AGENCIADOR – Quantas enxadas?
HOMEM 2 – Sette. Io, mia moglie, três figli e due bambine.
AGENCIADOR – Certo. Qual a idade dos filhos?
HOMEM 2 – Otto, dieci, venti, vent'uno e venti due.
AGENCIADOR – Certo. Domenico Cuccinello?!
HOMEM 1 – Sono io, signore.
AGENCIADOR – Quantas enxadas?
HOMEM 1 – Sei. Io, mia moglie e quatro figli.
AGENCIADOR – Que idade tem o mais velho?
HOMEM 1 – Dieci anni, signore.
AGENCIADOR – O que é que eu vou fazer com o senhor e quatro crianças na fazenda? (*Apalpa o homem.*) O senhor não me parece ter muita saúde. Giovanni Barachetta?
HOMEM 1 – Ma, sighore, io bisogno de lavorare.
AGENCIADOR – Giovanni Barachetta!?
GIOVANNI – Sono io.
HOMEM 1 – Ma signore…
AGENCIADOR (*para o homem*) – Espera que no fim a gente conversa. (*Para Giovanni.*) Quantas enxadas?
GIOVANNI – Trê. Io, mia moglie e il bambino, Gennarino. Egli ha solo cinque anni.
AGENCIADOR – Um filho só?
GIOVANNI – É, signore… Io sono giovane… non ho avuto tempo… ma sono forte! Lavoro molto! Queste braccia alzano unquintale! Anche mia moglie é forte.
AGENCIADOR – (*depois de olhar Giovanni de alto a baixo*) Bem. Carlo Pagotini?!

Luz começa a cair. Os imigrantes arrumam seus pertences.

AGENCIADOR (*saindo*) – Carlo Pagotini?!

HOMEM 1 – E io, signore? (*Agenciador e emigrantes se dirigem ao canto do palco.*) Lazzarento!

Os imigrantes iniciam o trabalho na terra.

GIOVANNI – Cazzo! (*Pausa. Continua trabalhando.*) Ma che fortuna! (*Pausa. Continua trabalhando.*) Porca miséria! (*Resmunga.*)

CARMELA – Che succede?

GIOVANNI – Tutti imbecilli!

HOMEM – Chè?

GIOVANNI – É così! Tutti imbecilli! Io, tu, lui, lui e lui siamo tutti stupidi. Io lavoravo per un padrone in Itália. Viagio quaranta giorno per lavorare per un altro padrone in Brasile! Tutti imbecilli!

CARMELA – Io l'ho detto: non dobbiamo emigrare.

GIOVANNI – Tu falla finita! Chiudi la boca!

HOMEM 1 – Carlo foi reclamar: as promessas in Itália non era queste. Il capo disse: agora tu está no Brasil. Capito?

GIOVANNI – Trabalhamo, trabalhamo, piantamo café, colhemo café, no temo nada e estamo devendo. (*Larga a ferramenta.*) Cáspita! Io non sono uno stupido! Io me vado! (*Permanece no mesmo lugar.*)

CARMELA – Dove vai?

HOMEM 2 – Calma! E o contrato?

GIOVANNI – Io non sono schiavo negro!

HOMEM 2 – Se sai sem acabar o contrato, não consegue mais trabalho em lugar nenhum.

CARMELA – Pacienza, Giovanni! Siamo qui, e qui restiamo.

GIOVANNI – Cazzo! Tivesse ficado in Itália. (*Pega a enxada novamente e continua a trabalhar resmungando.*) Cane! Dio merda! Porco di Dio! No fim da colheita io me vado!

CENA 6 – A CIDADE

Som de realejo. Vendedores apregoam seus produtos.

VENDEDOR 1 – Peixerôôôô! Bonita sardinha, senhora dona bonita… sardinha!

VENDEDOR 2 (*entrando do outro lado do palco*) – Beiju! Quindim! Amendoim! Nozes! Castanhas portuguesas!

VENDEDOR 1 – Negócio ruim?

VENDEDOR 2 – Mal parado. Também aqui só dá estrangeiro e pobre.

VENDEDOR 1 – De onde vem tanta gente?

VENDEDOR 2 – Só pode ser de lugar muito lazarento, senão não vinha prá cá. De tudo quanto é canto das Europas. Você é novo aqui? Pois olha: português é pechinchador, carcamano é mão fechada, e espanhol só olha e não compra. Que é que você vende?

VENDEDOR 1 – Peixe.

VENDEDOR 2 – Não presta. Começa a cheirar e ninguém compra. Faz que nem eu: vende uns docinhos por cima prá não dar vista. E por baixo do pano umas coisinhas diferentes, compreende?

VENDEDOR 1 – Isso dá cadeia.

VENDEDOR 2 – Nada! Faz o seguinte: você arruma o freguês e eu consigo a mercadoria. Você ganha uma parte. (*Apregoando.*) Quindim, beiju, castanhas portuguesas! Vamos rapaz! Diz o que tem senão você não ganha nem prá boia. Quindim, beiju! (*Entram Giovanni e Carmela. Vendedor para Giovanni.*) Signore! Señor! Mister! Monsieur! Ó gajo! (*Giovanni para.*) Legítimas castanhas portuguesas! Barato. Não? Beiju, quindim? (*Confidenciando.*) Posso arrumar também legítima esponja anticoncepcional. Produto europeu! (*O homem se afasta acompanhado pelo vendedor.*) Com dois dias te arranjo uma legítima navalha stanley, inglesa. Um revólver Smith!? (*Giovanni se afasta.*) Vai se funicar!

VENDEDOR 1 – Peixerôôôô! Bonita sardinha, senhora dona bonita... sardinha.

CARMELA – Hein, Giovanni?

GIOVANNI – Nó.

CARMELA – Perchè?

GIOVANNI – Perchè, nó, porca miséria! Io no ritorno in Itália, hai capito? Vim come un cane, non ritorno come altro, capito?

CARMELA – Si. (*Embalando a criança de colo e ajeitando o peito à boca da criança.*) Mio latte está fraco.

GIOVANNI (*irritado*) – E io tenho culpa? Se tivesse latte pra dar io daria, ma non tenho. Dona Grazia falou pra tomar anice e erva-dolce.

CARMELA – Che pensa? Che io sono vaca de campo pra comer capim e dar cinque litri de latte por dia?

GIOVANNI – Mamma mia! Io devia ter casado com Stefanella que tinha tette come due melancie. Aí nunca faltava latte.

CARMELA (*levanta-se irritada*) – E perchè non se casou aquella puttana?

GIOVANNI – Cuidado com la bambina!

CARMELA – Perchè tutta aldeia mamou nos pettos della!

GIOVANNI – Dai, dai. Basta.

Fora, no escuro, o pregão: "carvoeiro!"

CARMELA – Comendo o que comemo, anche quella puttana dos pettos de melancie, ia ficar secca!

GIOVANNI – Eh, basta Carmela.
CARMELA (*ajeitando a criança ao seio*) – Vieni, figlia. Mamma non piagere.
GIOVANNI (*teatral*) – La vita é una grandíssima bosta!

Vendedor 2, mal iluminado, apregoa.

VENDEDOR 2 – Castanhas portuguesas! Quindim! Amendoim! Olha o beiju! (*Para Giovanni.*) Ei, paisano, aqui tá barato. Legítima castanha de Portugal.
GIOVANNI – Vá via! Vá gritar pra lá.
VENDEDOR 2 – Castanha fresca, patrone. Chegou ontem.
GIOVANNI – Cazzo! Io já te detto que non quero! Vá gritar no ouvido da nonna!
VENDEDOR 2 – A nonna é surda, carcamano!
GIOVANNI – Carcamano é tua madre! Aspetta que ti rompo la testa, figlio d'un cane!
CARMELA – Giovanni, non vai brigar com il ragazzo!
GIOVANNI – Ma ele fica gritando...
VENDEDOR 2 (*falando juntamente com Giovanni*) – Vai se lascar!
GIOVANNI – ...Vá tu! (*Para Carmela.*) Quer lugar! Peró, fizemo bem largando la fazenda. Vou trabalhar in fábrica.
CARMELA – Ma tu só sabe trabalhar na terra.
GIOVANNI – Aprendo, nó? Io no sono um ignorante completo! Aprendo ofício, junto dinheiro, abro uma oficina e la vita melhora. E dopo, sabe o que faço? Te compro una duzia de vaca, te compro! Aí tu non reclama que falta latte. (*Belisca-lhe os seios.*)
CARMELA – Giovanni!
GIOVANNI (*Canta com melodia inventada na hora, enquanto continua beliscando os seios de Carmela.*)

Perchè pra vencer na vita
Perchè pra ter un tesouro

CARMELA – Guarda la bambina!
GIOVANNI – Bisogna una buona moglie, molti figli

E lavorar come un touro.

PONTO – Senhor, Giovanni.
GIOVANNI (*olhando para o ponto*) – Que é?
PONTO – Você se naturalizou brasileiro?
GIOVANNI (*indo em direção ao ponto*) – E por quê? A minha vida ia ser melhor? Pátria é onde eu vivo, trabalho e tenho amigos.
PONTO (*referindo-se à cena anterior*) – E isto? Quando foi?
GIOVANNI – Mais ou menos 1907. Época difícil...

Luz cai sobre Giovanni e Ponto.

ENTRECENA

Giovanni tenta arrumar emprego. Sons de maquinaria de fábrica.

CARMELA (*enquanto Giovanni conversa com o primeiro encarregado*) – Vai, Giovanni, coraggio. Chame o encarregado de amico. Diga que tu sei forte e que "queste braccia alzano un quintale!" (*Negativa do primeiro encarregado. Giovanni vai ao segundo.*) Coragio! Pode ser o começo de tua officina! É por baixo que se começa. Quem sabe quello ha buon cuore. Conta uma história triste. Carregue na tinta! Diga che tua moglie e tuoi figli eston doente...

Negativa do segundo encarregado.

GIOVANNI – Niente. Niente! Io non ho detto niente!

Giovanni vai ao terceiro encarregado.

CARMELA – Non disperare! Nós já emigramo da Itália para Brasile e da fazenda para a cidade. Nós non sappiamo più pra onde ir. Conta pra este que já trabalhou em couro. Conta que já foi seleiro.

O terceiro encarregado aceita Giovanni como operário.

GIOVANNI (*para encarregado*) – Grazie, grazie, signore. Il lavoro molto. Io sono molto forte.

(*Canta*)
Vai, vai Giovanni, que tua cabeça
tem mais sonhos que miolos.
Você é novo. Tem força
pra vender a baixo preço.
Vai, vai Giovanni-ninguém
vai vender seu couro
vai fazer seu tesouro
juntando vintém por vintém.

CENA 7 – UMA DECISÃO À TOA LEVA GIOVANNI A OUTROS CAMINHOS

Operários de braços cruzados, em greve. Giovanni entra em cena. Para observando, sonda o ambiente e disfarçadamente se dirige à entrada da fábrica. Ponto se caracteriza como grevista.

GREVISTA 1 – Ei, crumiro, onde vai? (*Giovanni continua a andar.*)
GREVISTA 2 – Ei, você aí. Ô lambe bota!

Giovanni se volta e gesticula perguntando se é com ele.

GREVISTA 2 – Você é crumiro, é?
GIOVANNI – Non capisco. Mio nome é Giovanni.
GREVISTA 2 – Onde é que você ia?
GIOVANNI – Ao trabalho.
GREVISTA 3 – Ninguém entra. Ninguém. Nessuno!
GIOVANNI – Come ninguém entra? Io tenho que trabalhar.
GREVISTA 1 – Ninguém trabalha mais. Estamos em greve.
GIOVANNI – E perchè?
GREVISTA 1 – Pra ganhar oito horas. Você está contente de trabalhar quatorze horas por dia?
GREVISTA 2 – E pra ganhar mirreis!
GIOVANNI – E, no. Io concordo com vocês… É buono lavorar meno e ganhar mais, ma…
GREVISTA 3 – Il bambine lavorano più de otto ore. Até de noite. Tem que acabar.
GIOVANNI – Certo! É buona la greve, ma io non posso. Faz quatro dia que io trabalho. Il padrone me manda pra rua.
GREVISTA 1 – É na rua mesmo que a gente vai ficar até o patrão dar o que a gente pediu.
GIOVANNI – Ma io preciso.
GREVISTA 3 – Nessuno entra!
GIOVANNI – Nessuno, no! Io preciso entrar. Tenho famiglia.
GREVISTA 3 – E noi? Tu pensa che siamo tutti figli di puttane? Temo famiglia também.
GREVISTA 2 – Até mulher tá fazendo greve. Só estão trabalhando as bruacas. Você é bruaca?
GIOVANNI – Ma che cosa é bruaca?
GREVISTA 3 – Puttana.
GIOVANNI – Olha a boca, cretino!
GREVISTA 1 – Tem que arriar o pau no lombo dos fura-greve!
GIOVANNI – Da famiglia de vocês é vocês que sabe. Io preciso lavorar para mia famiglia. Io entro! (*Faz menção de entrar. É agarrado pelo braço.*) Lascia-me che faço una desgrazia!
ANDREONE (*entrando*) – Fai niente, fai niente, tu sei un figlio senza madre. Un'idiota!
GIOVANNI – Che? Chi parlo?!
ANDREONE – Io.
GIOVANNI – Io te quebro!

ANDREONE – Quebra niente! (*Canta.*) Giovanni, culo di capra! Giovanni, culo di capra!

GIOVANNI – Tua madre, quella puttana da strada! (*Reconhecendo.*) Dio! Andreone! Cazzo, amico! (*Vai abraçá-lo.*) Come stai, porco cane! Dove estai tutto questo tempo todo?

ANDREONE – Qui mesmo. E tu quando sei arrivato?

GIOVANNI – Qui cittá, quatro meses. Tu teve sorte de non ir pro campo.

ANDREONE – É.

GIOVANNI – Maledeto! Cáspita, te encontrar aqui. Bene, Andreone, siamo due agora. Me ajuda a entrar. Anche tu lavora qui.

ANDREONE – No, io sono tipógrafo.

GIOVANNI – E che fai Qui?

ANDREONE – Greve.

GIOVANNI – Ah, capisco. Tu sei com eles! Allora, fala a i tuoi amici che io preciso lavorar.

ANDREONE – No. Ninguém trabalha, tu non trabalhi. Chi sei tu? Crumiro, fura-greve?

GIOVANNI – No, ma... e la mia famiglia?

GREVISTA 2 – A greve é geral. Os patrões não vão mandar ninguém embora.

GIOVANNI – Quem garante?

ANDREONE – Tutti trabalhadori.

GIOVANNI – Ma... vá, Andreone. Questo non dá certo.

ANDREONE – Basta, Giovanni. Tu non trabalhi, é finito. Dai, culo di capra, vieni.

GIOVANNI – Cazzo! Io tinha que começar a trabalhar in mezzo a una greve!

ANDREONE – Vieni!

GIOVANNI – Vá bene! Ma non me chiama piu di culo di capra!

ANDREONE – Que cosa fazia com las capras dell'aldeia?

GIOVANNI – Psiu! Estamos in Brasile.

Todos os grevistas ficam estáticos. Giovanni imita, mas não se sente bem.

CENA 8 – PÉ ATRÁS

PONTO – Quem era esse Andreone?

GIOVANNI – Era um velho amigo da Itália. Primeiro anarquista, depois comunista, e em 1924 foi deportado.

PONTO – E o senhor logo começou a participar do movimento anarquista?

GIOVANNI – Não. Nessa época eu era um ignorante completo. Não conhecia ninguém nem sabia falar a língua direito.

PONTO – O senhor foi despedido nessa greve?

GIOVANNI – Não. Tive sorte. Eu me ricordo que ficava pensando: "Que eu tinha que ir atrás do Andreone?". E falava: "é melhor trabalhar quatorze horas que estar desempregado".

ANDREONE (*surgindo*) – Stúpido!

GIOVANNI – Stúpido, nó!

ANDREONE – Pedreiro, carpinteiro e outras categorias conseguiram oito horas. La lotta avanza.

GIOVANNI – Che avanza! Avanza para a rua que tem um monte de desempregado. E io non sono pedreiro, non sono carpinteiro, non sono "outras categorias".

ANDREONE – Stúpido!

GIOVANNI – Stúpido, nó, che non vim dall'Itália para il Brasille para correr dalla polizia e essere deportado come molta gente.

ANDREONE – Veio para que?

GIOVANNI – Lavorare e ganhar dinheiro.

ANDREONE – Se tu pensa que lavorando quatordici ore, ganhando questa miséria, tu vai ficar rico, enton trabalha imbecille! Tu dormi bene com tua moglie?

GIOVANNI – Non interessa!

ANDREONE – Interessa si, porque io non durmo, porque estou estragado à noite. E tuo figlio. Com sete anni vai trabalhar come uno animale, doze horas por dia. Que come? Una porcheria! É questo, perche é questo quello io mangio, é questo que todos comemo.

GIOVANNI – Chiudu questa boca.

ANDREONE – Com cinguant'anni, vai ver que comeu metade do que devia, dormiu com tua mulher metade do que devia, viveu metade do que devia.

GIOVANNI – Ma, cazzo, che posso fare?

ANDREONE – Tu pode continuar trabalhando quatordici ore por dia que é meglio, imbecille! (*Sai.*)

GIOVANNI (*sem ação*) – Vá... Vá... Vá... Bosta!

PONTO – 1907? 1908?

GIOVANNI – A vida foi muito difícil. Quem tinha conseguido oito horas perdeu de novo. Muito desemprego.

PONTO – 1909.

GIOVANNI – A mesma bosta. Carmela emagreceu muito, pobrezinha.

PONTO – 1910?

GIOVANNI – Andreone me dizia: "Perche il capitalismo..." Carmela falava: "Toma cuidado, que tu te mete em política, vai preso e não sei o quê, não sei o quê..."

PONTO – 1911?

GIOVANNI – Gennarino ficou doente. (*Consolando, como se Carmela estivesse presente.*) Non piagere, Carmela. La vita vai melhorar.

PONTO – 1912?

GIOVANNI (*irritado com as perguntas cronológicas do Ponto*) – Ma, chega! Ma, chega! Foi tudo una porcheria! 1907, 8, 9 tudo una miséria! Pode escrever.

PONTO – E 1913?

GIOVANNI (*pausa*) – Ma você é insistente!

CARMELA (*em off*) – Giovanni!

Giovanni vai em direção a Carmela que entra com uma carta na mão.

CENA 9 – O QUE SOBROU DOS GRANDES SONHOS

GIOVANNI – Cos'é, Carmela?

CARMELA – Carta de mio fratello, Giuseppe.

GIOVANNI – Buona notízia?

CARMELA – Nó. Si parla de nuova guerra.

GIOVANNI – Miséria! É il capitalismo!

CARMELA – Mio fratello dice que sono os alemães.

GIOVANNI – Ecco! E os alemães sono o quê?

CARMELA – Sono da Alemanha.

GIOVANNI – Si, ma sono capitalista.

CARMELA – Giuseppe quer emigrar.

GIOVANNI – Que vá pra qualquer lugar meno pra cá se non quiser acabar como io.

CARMELA – É má sorte, caro. Os Novelli sairam dall'Itália come noi e hoje têm una fabriqueta. É preciso pazienza.

GIOVANNI – Que má sorte! Que pazienza! Vieram milhares e milhares de italiano a San Paulo. In San Paulo non é possibile ter milhares de fábrica, capito? Que imbecilitá! In Itália falavam que in Brasile havia oportunidade. Criminosos! Nó. Criminoso sono io. Io sono imbecille! Io acreditei. Tem gente que nasce com la estrela na testa e tem gente que nasce com la estrela in culo! Io! Io e tutti milhares de italiani! (*Pausa.*) Che cazzo di vita é questa, Carmela? Che vita é questa nostra?

CARMELA – Vá, caro, non fique assim. Os filhos crescem e ajudam.

GIOVANNI – A repartir la miséria. Bella, gente come noi, non temo onde ir. Il mondo non tem lugar pra noi.

CARMELA – Non parlare cosí, caro.

GIOVANNI (*alto*) – Giovanni Barachetta vai fazer a América! Parte e ritorna rico! (*Soca-se.*) Brutta béstia!

Entra hino anarquista.

CENA 10 – GIOVANNI, O ANARQUISTA

Giovanni se arruma para sair. Canta ou assobia diante do espelho.

CARMELA – Dove vá?
GIOVANNI – À conferência.
CARMELA – Conferência anarquista, eh? E precisa se arrumar tanto?
GIOVANNI – Quer que io vá come uno selvagem? Lá tem avogato, giornalista, político.
CARMELA – E mulheres, nó?
GIOVANNI – Ma chè! La a cosa é seria. Vamo discutir il Estato, la Igreja, il movimento operário. Lá só vai família.
CARMELA – Ma tu vai sozinho.
GIOVANNI – Io disse pra tu ir.
CARMELA – Tu hai detto perchè io non posso ir. E as crianças?
GIOVANNI – Vamo com elas.
CARMELA – Com questo frio?
GIOVANNI – Io non posso fazer parar o frio.
CARMELA – Andreone! É ele que está fazendo tu te meter em política.
GIOVANNI – Que Andreone! Os operários devem se unir. Em 1907 muitos operários conseguiram aumento.
CARMELA – Ma un'ano dopo, na crise, tutto ficou caro e o dinheiro non deu pra nada.
GIOVANNI – Enton os operários fazem outra greve.
CARMELA – Madonna di Dio, Giovanni, noi temo doi figli.
GIOVANNI – E mal podemo viver. Questo capitalismo…
CARMELA – Com capitalismo ou sem capitalismo estamo vivendo.
GIOVANNI – Molto male.
CARMELA – Logo as crianças cresce… Tu te mete em política e acaba perdendo o emprego.
GIOVANNI – Dai, Basta!
CARMELA – E si tu ficar marcado come anarquista? E se ficar preso, já pensou? Nó, ma tu non pensa! E se a gente for deportado?
GIOVANNI – Basta. Ciao.

Giovanni sai em direção ao centro do palco. Carmela continua falando como se dialogasse com Giovanni.

CARMELA – Precisava por gravata? Só usou gravata in nostro casamento!

Essa fala de Carmela é dita quase às escuras com Giovanni já sentado com outros operários. Talvez antes do final do diálogo entre Giovanni e Carmela a conferência já tenha sido iniciada.

CONFERENCISTA – ... aconteceram dessa maneira e não é razão para desânimo. Os anos passados foram anos difíceis, o que é razão forte para lutarmos ainda mais. Somos a força motriz da sociedade. (*Palmas.*) Obrigado.

GIOVANNI (*levantando-se*) – Com permesso? Il signore fala molto bene. Io no tenho estudo. Sei ler... (*Pausa. Giovanni tem dificuldade em se expressar. Com o olhar procura socorro entre os presentes.*) Scusi, io non tenho costume de falar assim...

CONFERENCISTA – Fale como quiser.

GIOVANNI – Grazie. Andreone me dice pra vir e io vim. (*Pausa.*) Gostei. Il signore fala molto bene. (*Pausa. Num rompante.*) Io quero entrar para o partido anarquista.

CONFERENCISTA – O anarquismo não é um partido.

GIOVANNI – Nó? Scusi. (*Olha em volta, embaraçado.*) Io non conheço molto de política... Io nasci no campo... in Itália... Non é partido! Si, claro, entendo... (*Pausa.*) Cáspita, que cosa é?

CONFERENCISTA – É um movimento, uma ideia que...

GIOVANNI (*cortando*) – Una ideia! Si, entendo. Una ideia, eh? Ma, é claro.

CONFERENCISTA – Um movimento contra a burguesia, contra a igreja e contra o militarismo, pela liberdade...

GIOVANNI (*cortando*) – Claro, claro... Entendo. Io falei com Andreone e ele dissi pra io vir aqui. A Carmela, mia mulher, dissi pra io non vir, ma mulheres non entendem nada de política! (*Ri. Silêncio dos presentes. Há mulheres na conferência. Giovanni percebe.*) Scusi. (*Senta-se e logo levanta.*) Io quero fazer una pergunta. Io vim dell'Itália em 1905, é claro? Agora em julho faz dez anos... sou operário... já fiz greve... ma até agora non conseguimo nada.

CONFERENCISTA – É engano seu.

GIOVANNI (*explosivo*) – Come engano mio?! (*Desculpando-se.*) Io non sono contra il signore, eh? Nen contra il movimento operário, está claro? Ma tudo está dificille. Enton fazemo greve, aumenta... Scusi, eh?

CONFERENCISTA – Entendo sua questão. (*Giovanni se senta.*) Mas é preciso compreender que a greve é apenas um dos caminhos. Embora ela seja... (*Luz começa a cair sobre conferencista.*) ...a nossa mais forte arma política, ela não tem tido resultados plenamente satisfatórios porque ainda não temos uma conscientização profunda do operariado.

Luz se apaga sobre conferencista e se levanta sobre Andreone e Giovanni.

GIOVANNI – Si, si, Andreone. É buona la conscientizazione profunda do operariado, ma la mia Carmela fala molto e às vezes fala bene. Foi feita greve em 13, greve em 14. Em 1907 e 1915 io apanhei da polizia na rua, e agora em 1916 continuo miserável come em 1907.

ANDREONE – O futuro vai ser nosso.

GIOVANNI – Cazzo de futuro! Tutti parlamo de futuro. Ma hoje, Andreone, io tenho uma mulher e duas crianças pra dar de comer. E eles non podem esperar il futuro, hai capito?

ANDREONE – Si, é claro.

GIOVANNI – É claro, cosa nenhuma! Que cosa conseguimo até agora, eh?

ANDREONE – Si, Giovanni, ma...

GIOVANNI (*cortando*) – Si, claro, temo regalia. Come anarquista podemo ser preso e deportado para Itália no meio de una guerra.

ANDREONE – Calma!

GIOVANNI – Calma, nó, que io no estou nervoso. Io estou furioso!

ANDREONE – Que é isto, Giovanni? Antes de tudo é preciso o operariado ficar consciente.

GIOVANNI – Discurso! Ma io non aprendi a comer palavra. Você deve ter aprendido. É tipógrafo!

ANDREONE – Você é difícil de entender!

GIOVANNI – Bene, enton me diga signore "Andreone anarquista", que é preciso fazer pra vida da gente melhorar um pouquinho assim... dentro de três... nó, dentro de cinque ano?

ANDREONE – Ma, Giovanni, per Dio!

GIOVANNI – Per Dio, nó! Tu sei anarquista. Anarquista non crede in Dio. Que é necessário fazer? Botar fogo na fábrica? Io ponho. Na próxima greve bater nos crumiros, nos fura-greve? A gente vai e bate. Cagar no chapéu do chefe? Io vo lá e... próóóóó... cago!

VOZ – Psiu! Silêncio! É tarde!

GIOVANNI (*rebatendo*) – Cazzo! Vá, vá!

ANDREONE (*falando baixo*) – Entenda, Giovanni! O movimento operário no Brasil, ainda é novo.

GIOVANNI – E io sono vechio.

ANDREONE – Ma...

GIOVANNI (*cortando*) – Nó! É questo. Io tenho trinta e seis ano e sono vechio. Il movimento operário é nuovo. Tem que ficar adulto, certo? Gennarino, mio figlio, conhece, nó? Também é nuovo. Quem fica adulto primeiro? Genarino ou il movimento operário?

ANDREONE – Basta, Giovanni! Non si discute assim!

GIOVANNI – Se discute, si. Está bene, "Andreone anarquista", io non entendo nada, io sono una béstia!

ANDREONE (*irritado*) – Ma cazzo! Non sei quem fica adulto primeiro. Depende de nós, do nosso trabalho, do trabalho de todos! Depende de você, de mim, de todos, porca miséria! (*Pausa.*)

GIOVANNI (*desanimado*) – Tu pensa, ma io non sono burro. Io entendo. Ma succede cosi: Io vo na conferência e acho buono, acho certo, concordo. Ma, io chego em casa e dona Carmela, que non é anarquista me fala: "Maria non tem sapato", "Genarino precisa de camisa", "Tá faltando comida". Aí, io dico: "Si, Carmela, calma". Aí, ela fala: (*Fala rápido.*) "Tu fica metido em política", "Porque um dia vai preso", "Ainda vai perder o emprego"... E io non digo nada.

ANDREONE – Compreendo.

GIOVANNI – Que compreende! Compreende niente! Você non tem que escutar. Enton fico colérico, com vontade de mandar tutto il mondo ir "vá fá'n culo"!

VOZES – "Olha o palavrão". "Fecha essa privada, carcamano"!

GIOVANNI – Carcamano é la mamma!

VOZ – "Também"!

VOZ – "Che succede? Sono le quatro della mattina!"

GIOVANNI – Vieni fuori!

ANDREONE – Vamo embora, Giovanni. (*Arrasta Giovanni.*)

GIOVANNI – Io sono livre. Tenho direito de falar!

VOZ – "Mas não debaixo da minha janela, às quatro da manhã, vagabundo!"

GIOVANNI – Vagabundo, nó! Lascia-me, Andreone. Io trabalho.

VOZ DE MULHER – "Só se trabalha à noite como ladrão."

OUTRA VOZ – "Que gritaria é essa?"

VOZ – "Vá via. Disgraziato!"

CRIANÇA – "Mamma, che succede?"

MÃE (*gritando*) – "Cala-te e dorme!!!"

VOZES – "Silêncio!" "Vá gritar na tua terra, calabresa."

MULHER – "Cala boca, Piemonte!"

HOMEM – "Se tu fosse mia moglie..."

MARIDO – "Ma ela é mia moglie!"

HOMEM – "O azar é seu, idiota!"

Confusão, gritos etc.

GIOVANNI – Vá male la vita in questo cortiço.

CENA 11 – É DIFÍCIL A PACIÊNCIA QUANDO AS DERROTAS SÃO TANTAS E TÃO CONSTANTES. A GREVE GERAL.

Os atores entram e começam a cantar.

GIOVANNI (*1943, lembrando*) – Deus livre os donos desta terra de uma enchente ou maré cheia.

AUXILIAR (*entrando*) – Senhor! Greve!

AUTORIDADE – Quantas categorias?

AUXILIAR – Várias.
AUTORIDADE – O que eles querem dessa vez?
AUXILIAR – O de sempre, senhor.
AUTORIDADE – Vamos observar.

Auxiliar sai. Atores cantam.

AUXILIAR (*entrando*) – Senhor!
AUTORIDADE – Que é dessa vez?
AUXILIAR – A greve se alastrou. Agora também estão parados os…
AUTORIDADE – Sei, sei, sei. Aumente o efetivo policial.

Auxiliar sai. Atores cantam.

AUXILIAR (*entrando*) – Senhor!
AUTORIDADE – Meu Deus do céu! Que é agora?
AUXILIAR – A greve é geral. São Paulo está parada.
AUTORIDADE – Telegrafe. Mande vir guarnições de outra cidade.
AUXILIAR – É muita gente, senhor.
AUTORIDADE – Prevenir é melhor que remediar. Vamos reprimir a baderna antes que ela comece.

Atores cantam.

GIOVANNI (*1943, lembrando*) – Como um rio que rompe as margens e desaba sobre o vazio.
MULHER – Vai ser uma guerra, senhor. O sapateiro morreu.
HOMEM – Como foi que mataram?
MULHER – Não sei. Foi perto da fábrica. Tinha muita gente. A polícia.
ANDREONE – À rua. À rua.
MULHER – (*para o homem que volta*) Calma, Antonio, não vá armado.
HOMEM – Que calma, não vou me deixar matar como um cordeiro.

Atores cantam.

GIOVANNI (*1943, lembrando*) – Gritos, pragas, alarido. Pedras na mão, raiva no peito, braços no ar.
ANDREONE (*discursando*) – Somos trabalhadores e não escravos negros. É a hora… (*Continua inflamado.*)
MULHER – Ela caiu do meu lado, Cristo Bendito.

Atores cantam.

AUXILIAR (*entrando*) – O povo está assaltando as carrocinhas de pão, senhor.

AUTORIDADE – O que é que eles querem?

AUXILIAR (*respondendo*) – O povo está assaltando as carrocinhas de pão, senhor.

ANDREONE – Ordem! ordem! Um pouco de silêncio, por favor.

MULHER (*apontando*) – A cavalaria!

Atores cantam.

AUXILIAR – Tiroteios esparsos na cidade, senhor. O povo invadiu os armazéns.

AUTORIDADE – Meu Deus. Quem sabe depois do enterro eles voltam à razão.

GIOVANNI (*1943, lembrando*) – Vidros partidos, pessoas correndo à direita, à esquerda, avançam, avançam, recuam… A polícia. Os cavalos. (*Grita.*) Calma, pelo amor de Dio.

AUXILIAR (*entrando*) – Senhor, eles não voltaram à razão. Continuam nas ruas. São mais de cinquenta mil.

AUTORIDADE – Cinquenta mil? É hora de negociar.

Os atores, efusivos, cantam "Bella Ciao". A música torna-se cada vez mais forte.

CENA 12 – A GRANDE VITÓRIA E A GRANDE DERROTA

GIOVANNI – Mil novecentos e dezessete. Uma grande luta, tremenda! Uma grande vitória!

PONTO – Mas não durou muito.

GIOVANNI – Não.

PONTO – Por quê?

GIOVANNI – Agora eu sei. Naquela época eu não sabia. Nós estávamos fortes. E cantamos a vitória por dois meses. Depois a polícia começou a caça.

CARMELA (*entrando irritada*) – Non Giovanni! Perchè Qui? Perchè ele non vai in outra casa?

GIOVANNI (*indo em direção a Carmela*) – Aqui é melhor.

CARMELA – Nossa casa non é refúgio.

GIOVANNI – Stai ferma, Carmela. Cala-te! Está decidido!

CARMELA – Vá bene. Io non digo nada. Ninguém me ouve in questa casa! Non dico niente!

GIOVANNI – É meglio! Andreone!

Andreone não entra. Pausa. Carmela não consegue ficar calada.

CARMELA – Olha, caro, non é que io non gosto dele. É buono, sincero, ma está perseguido.
GIOVANNI – Que quer. Que io negue asilo? Se for preso...
CARMELA (*explosivo*) – Ma Giovanni, tu sei casado. Tem figli!
GIOVANNI – Ma a polizia está atrás dele e non de mim.
CARMELA – E la polizia chega e leva ele e leva tu. Ma, pensa um pouco!
GIOVANNI – Basta, Carmela.
CARMELA – Dio mio! Tu dá dois passo e arruma três encrenca!
GIOVANNI (*falando juntamente com Carmela*) – ...e arrumo três encrenca! Ma vá (*Carmela sai resmungando. Giovanni grita para fora.*) Andreone! (*Andreone entra, abatido.*) Tu fica aqui quanto tempo quiser.
ANDREONE – Si, caro, grazie. (*Pausa.*)
GIOVANNI – Perdemos. Come in 1907, eh?
ANDREONE – Pior. Muita gente presa.
GIOVANNI – Cazzo! E agora?
ANDREONE – Non sei. Há três meses io disse: "Olha o nosso futuro que chega!" Hoje non digo nada.
GIOVANNI – Coraggio que da próxima vez vamos mostrar quem somos.
ANDREONE – Quem somos?
GIOVANNI – Ma come? Ma come "quem somos?" Somos operário.
ANDREONE – E vamos acabar com a exploraçon. Io sei. Io já falei isso muitas vezes, cáspita! Agora começo a duvidar.
GIOVANNI – Andreone! Que succede? In mia casa io dou refúgio a um companheiro, non a um crumiro.
ANDREONE – Crumiro é la madre!
GIOVANNI – Ma chè! Primeiro fala come um crumiro e depois me xinga? Que demônio, tu ficou louco?
ANDREONE – Si, estou louco! (*Alto.*) Ma non me chama mais de crumiro! (*Olham-se, medem-se. Dando palmadas do rosto de Giovanni.*) Caro, caro, caro. Estou perdido. Os patrões non eston cumprindo o acordo. Cazzo, vai ser mesma cosa que em 1907, 13, 14...
GIOVANNI – Non dire questo! Antes era io que falava: "Sono confuso", "Questa cosa non vai dar certo", e tu me chamava de ameba descrente. E agora, tu vem dizer, na mia faccia que io estava certo e tu errado? Che pensa sono io? Alguma espécie de idiota?
ANDREONE – Non é isso!
GIOVANNI – Enton me diz o que é, perche io non estou entendendo nada!

ANDREONE – Que adianta lutar se non conseguimo manter as conquistas?

GIOVANNI – Tenho la cabeça dura come diz a Carmela, ma mia cabeça tá cheia de pensamento. Io non sono um ignorante completo.

ANDREONE – Eu sei.

GIOVANNI – Io penso em tutto que tu disse. Ma, penso também que noi siamo carcamano e que carcamano só vira gente se continua lutando.

ANDREONE – Eu, Giovanni, eu sei. Ma desse jeito vamo perder sempre.

GIOVANNI – Ma vá, Andreone, non dire questa cosa.

ANDREONE – Digo, caro, porque eles son mais forte que nós.

GIOVANNI – Ma…

ANDREONE – Não conseguimo que cumpram os acordo. Non conseguimo um prato de comida a mais na mesa.

GIOVANNI – Siamo maioria.

ANDREONE – Eles tem o poder.

GIOVANNI – Um dia acabamos com o poder.

ANDREONE – Fazendo trinta dias de greve, conquistando promessa e voltando pra casa?

GIOVANNI – Non pergunta a mim. Você é que deve responder.

ANDREONE – Eu não sei.

GIOVANNI – Io também nó. Só sei que tenho cabeça dura. E se uma ideia demora pra entrar na mia cabeça, também demora pra sair.

CENA 13 – NOVOS CAMINHOS

Giovanni é trazido violentamente. Uma delegacia. Está com medo e ao mesmo tempo furioso.

GIOVANNI – Lasciami. Io sono un trabalhadore, non sono un bandido. Io sono un uomo decente. I signore non podem fazer questo.

INTERROGADOR (*falando baixo e devagar, mas com acento ameaçador*) – Tire a roupa.

GIOVANNI (*perplexo*) – Ma come? Tirar a roupa perchè?

INTERROGADOR – Pra gente ver sua bunda branca. (*Riem.*)

GIOVANNI (*receoso, mas firme*) – Non signore. Que pensa que sono? Un cane? (*Um guarda se aproxima arranca sua roupa.*) Io sono un uomo. Lasciami. Non sono animale.

INTERROGADOR – Cala a boca. (*Murro no estômago. Giovanni cai no chão, tiram-lhe a roupa. Ele tenta se cobrir.*) Quem te paga pra fazer arruaça?

GIOVANNI – (*envergonhado*) Io sono pai de famiglia. Non se humilha cosí un uomo decente.

INTERROGADOR – Quem te paga pra fazer arruaça?

GIOVANNI – Nessuno. Nessuno. (*Perplexo diante do murro.*) I non sono animale, sono un uomo. Vocês não podem fazer isso comigo. Io tenho moglie e bambini. Io lavoro, non sono vagabundo.
INTERROGADOR – Fala língua de gente, carcamano sujo.
GIOVANNI – Io non falo bene il portughese. Vocês não podem...
INTERROGADOR (*interrompendo*) – Existe um relatório que informa que anarquistas são pagos pelas indústrias estrangeiras para incitar as greves e prejudicar a indústria nacional.
GIOVANNI – Ma non é vero.
INTERROGADOR – Cala a boca.
GIOVANNI (*estourando*) – Vá fá'n culo. Questo não é vero!

Batem em Giovanni. Luz muda. Os policiais saem.

CARMELA (*entrando do outro lado*) – Giovanni! Que te fizeram, caro?
GIOVANNI – Só acertaram velhas contas.
CARMELA – Se tu non te tivesse metido com política, questo non teria acontecido, Giovanni.
GIOVANNI – Em 17 noi mostramo nossa força. Agora, em 19, foi a vez deles. (*Carmela ajuda-o a se levantar. Caminham.*) Guarda, o Vicente! Se escondeu atrás da cortina. Que cosá succede, Carmela? Non sono leproso.

Algumas pessoas passam e procuram se esconder, se afastam rápidas cobrindo o rosto.

CARMELA – Non liga, Giovanni, vamo pra casa.
GIOVANNI – Repara Carmela, todos olham curiosos e fecham discretamente as janelas.
CARMELA – Vamos pra casa, Giovanni.
GIOVANNI – Eston com medo. (*Se dirigindo para todos.*) Que eston pensando, heim?
CARMELA – (*tenta ajudá-lo*) Ma, Giovanni...
GIOVANNI – Lasciami, Carmela. Io non sono leproso. Em 17 vocês estavam com o sangue fervendo, tomavam as ruas, levantavam barricadas, gritavam. Hoje se escondem até dos gritos e discursos. Hoje eston com medo. Se escondem como carneiros.
CARMELA – Andiamo a casa, caro, vieni.
GIOVANNI (*para todos*) – Vá fá'n culo, tutti. Io sono anarquista, ma non sono un lazzarento.
CARMELA – Andiamo a casa, lascia stare, Giovanni.
GIOVANNI – Ignoranti! Noi fomo à rua pra cobrar dívidas, armados de raiva e esperança. Elas já esperavam e desta vez se armaram de soldados.

Vá fá'n culo tutti. (*Carmela o arrasta para fora, ele se volta e grita.*) Io sono Giovanni Barachetta, anarquista, ma non sono lazzarento!

Pano vai fechando.

FIM DO PRIMEIRO ATO.

SEGUNDO ATO

CENA 1 – REABERTURA

Giovanni, sentado em sua poltrona, em 1943, lembrando de Lucchina. Vozes fora chamam Lucchina. Lucchina aparece e vem caminhando para Giovanni – que continua sentado. Quando ela está quase perto dele vai mudando a roupa e se transforma no ponto. A imagem da lembrança se desfaz e Giovanni fica surpreso. A luz muda. Música italiana do tempo da juventude de Giovanni, dando o clima de nostalgia.

PONTO – E seus filhos, Giovanni?

GIOVANNI (*que está com um livro na mão*) – Dois. Gennarino e Maria.

CARMELA (*entra trazendo um copo de água para Giovanni*) – Eu não pude ter mais filhos. (*Giovanni toma o remédio com uma careta.*)

GIOVANNI – Maria, nessa época, tinha 15 anos. Gennarino já era homem… Ele nasceu em 1900… tinha 23 anos.

PONTO – Anarquista também?

GIOVANNI – Era. (*Um pouco contrariado.*) Depois virou comunista. Mudou até de time de futebol. Era palestrino e ficou corinthiano.

PONTO – E vocês discutiam por causa disso?

GIOVANNI – No.

CARMELA – No?! Brigavam todo dia. Só faltavam derrubar a casa.

GIOVANNI – Non era assim, Carmela. Eram só discussõezinhas.

Giovanni abre o livro. Ponto se afasta.

CARMELA – Giovanni!
GIOVANNI – Che cos'é contraproducente?
CARMELA – Che sei io! Io quero falar com você, ma você non me dá atençon. Fica lendo! Quer virar dottore depois de velho?!
GIOVANNI – Que velho! Nunca é tarde. A gente precisa conhecer o que acontece, saber come son as cosas, perchè...
CARMELA – Io te dico o que acontece. Gennarino...
GIOVANNI (*meio enfastiado*) – Dai, o que tem Gennarino?
CARMELA – Anda com molta ideia política na cabeça.
GIOVANNI – Bene, io também ando!
CARMELA – Ma ele é uno bambino!
GIOVANNI – Che bambino! Ele já tem mais de vinte anos. É uno uomo! Com diciannove ano io já era un'uomo. (*Malicioso.*) Ricorda? Ma é claro que ricorda. Che fogo!
CARMELA – Io non falo di questo.
GIOVANNI – Se l'uomo é buono pra "questo", é buono pra toda outra cosa.
CARMELA – Ele está sempre com Andreone e...
GIOVANNI – Ma vá, Carmela...

Entra Gennarino.

CARMELA (*com autoridade*) – Onde esteve?
GIOVANNI – Carmela, se Gennarino é grande bastante pra trabalhar, é grande bastante para encontrar companheiros e discutir suo trabalho.
CARMELA – Dio Cristo, que faço io in questa casa. Nem saber onde andam os filhos io posso! (*Sai contrariada.*)
GIOVANNI – Bene, filho, onde estava? Com Andreone? É um buono companheiro, ma ultimamente está com unas ideias um pouco diferente, eh?
GENNARINO – Os tempos eston diferentes, não é, papa?
GIOVANNI – Si, é claro. A cosa está molto dificille. Filho, estou lendo questo livro. Buono, buono livro! Tu deve ler. Cosa molto buona...
GENNARINO (*cortando*) – Está bem, mas hoje eu estou muito cansado. Amanhã a gente conversa. Boa noite.
GIOVANNI – Si, claro, buona notte. (*Gennarino sai.*) Ah, filho, che cosa é contraproducen... É... Buona notte. (*Lê.*) Cazzo de tanta palavra que non se entende! Io tenho la cabeça molto dura!
CARMELA (*entrando. Irritada*) – Bonito, non?
GIOVANNI – O que?
CARMELA – Tu! Tu fala comigo come um bruto. Na frente dos filhos. Logo Gennarino non me respetta mais.

GIOVANNI – Eh, Carmela...!
CARMELA – Logo, Maria vai me dizer o que fazer.
GIOVANNI (*olha Carmela com ternura*) – Tu está bella, ainda.
CARMELA – Hoje os filhos querem saber mais que os pais.
GIOVANNI – Mais ranzinza, mais chata, ma bella, ainda...
CARMELA – E tu cada dia mais cabeça dura!
GIOVANNI (*se aproximando*) – Ainda tem belas pernas e o mesmo fogo de quando cuidava de cabras in Itália. (*Segura-a.*)
CARMELA – Lascia-me, Giovanni.
GIOVANNI – Un bacio, bella.
CARMELA – Ma Giovanni, lascia-me. Estou com raiva.
GIOVANNI – Que lascia-me! Que raiva! Vieni qui.
CARMELA – No. Tu sei um bruto! (*Giovanni a acaricia.*) Giovanni, no fai questo. Pode entrar alguém... Gennarino... Maria...
GIOVANNI (*gritando para fora*) – Io mato il criminoso que entrar aqui, hai capito?! Pronto, bella. Andiamo.
CARMELA – Ma, Giovanni!
GIOVANNI – Ma niente!
CARMELA – Amore mio, non fai questo!
GIOVANNI – Si. Si. Si.
CARMELA (*cedendo*) – Tu é um disgraziato, um cabeça de pedra, um demônio...

CENA 2 – NOVAS TENDÊNCIAS

GIOVANNI – Você tem ideias, eh?
ANDREONE – As coisas agora son diferentes.
GIOVANNI – Que diferente! Que diferente!
ANDREONE – Precisamo de um Partido.
GIOVANNI – A gente escolhe fulano, fulano, fulano, e diz: "Vocês me governam." No! Io me governo. Os operário non precisam de governo.
ANDREONE – Os soviéticos fizeram um governo operário.
GIOVANNI – O anarquismo... O ideal anarquista...
CARMELA (*em off*) – Giovanni!
GIOVANNI – Io!
ANDREONE – Enquanto a gente está discutindo o ideal anarquista os soviéticos derrubaram o czar e venceram a guerra civil.
GIOVANNI – Non era tu que me falava de ideal anarquista?
CARMELA (*em off*) – Giovanni!
GIOVANNI – Já vou, Carmela. Um momento, Andreone.

Entra Carmela, Andreone sai.

CARMELA – A dona Josefa quer falar com te.

GIOVANNI – Entra, Josefa. (*Mulher entra.*) Eh?

D. JOSEFA – É a conta, seu Giovanni.

GIOVANNI – Que conta?

D. JOSEFA – Da minha venda. Faz três meses que o senhor não paga.

GIOVANNI (*sinceramente preocupado*) – Três mese? E come a signora tem vivido?

D. JOSEFA – Graças a Deus o senhor não é meu único freguês.

GIOVANNI – Si, claro. Ma, sabe, signora Josefa, e se… non tenho! Non tenho dinheiro!

D. JOSEFA – Como não tem?

GIOVANNI – Non tenho non tendo. Assim! (*Põe os bolsos para fora.*)

D. JOSEFA – E eu? Como é que fico?

GIOVANNI – A signora tem outros fregueses, non é vèro? Vai vivendo. Assim que io puder io pago.

D. JOSEFA – Não dá pra esperar mais.

GIOVANNI – Que quer que io faça? Io sono um Barachetta, non sono um Matarazzo.

D. JOSEFA – E eu também sou uma Josefa Antunes, não sou a mulher do Conde Crespi!

GIOVANNI – Enton ficamo assim: Io non sono um Matarazzo, a signora non é a mulher do Conde Crespi. No fim do mês io pago.

D. JOSEFA – Não! Ou paga hoje ou não compra mais na minha venda.

GIOVANNI – Ma non, signora Josefa, compreenda. Io ganho uma miséria…

CARMELA (*pressentindo*) – Calma, Giovanni.

GIOVANNI (*contendo-se*) – Io estou calmo. Non está vendo que io estou calmo? (*Para D. Josefa.*) Entende, signora Josefa? A vida está dificille…

D. JOSEFA – Isso não é da minha conta. Eu não saio daqui sem o dinheiro.

GIOVANNI (*concordando*) – Si, é claro… A signora… (*Explodindo.*) Ma vá! Ma vá com tuo dinheiro e tua venda ao mezzo dell'inferno! Tu sei una ladra! Sai, antes que io… (*D. Josefa sai resmungando.*) Ao inferno, sanguessuga! Ladra!

CARMELA (*segurando Giovanni.*) – Calma, Dio cane!

GIOVANNI – Calma, calma, calma! (*Pausa. Giovanni meneia a cabeça desanimado.*) Cazzo! Se o pão que a gente põe na boca é propriedade dos outros, a vida da gente também é propriedade deles!

CARMELA – Dio, dio, dois passos e três encrenca.

Giovanni fala como se Gennarino estivesse presente. Vai em direção onde supostamente ele se encontra.

GIOVANNI – Ma, come comunista, filho? Noi siamo anarquista. É contra a natureza um pai anarquista ter um filho bolchevista! (*Gennarino entra. Giovanni fala diretamente a ele.*) Entende, filho?

GENNARINO – É o senhor mesmo que fala que cada pessoa tem seu modo de pensar.

GIOVANNI – É certo. Ma tu vai jogar fora tudo pra fazer uma aventura.

GENNARINO – Não é aventura, papa.

GIOVANNI – Non conseguimo muita coisa, é certo. Ma temo que ficar com nossas ideias até conseguir.

GENNARINO – Papa, as coisas...

GIOVANNI – Um partido! Os operários non podem por todas suas conquistas na mão de quatro ou cinco de um partido!

GENNARINO – É um partido que vai tornar possíveis essas conquistas.

GIOVANNI – Ma vá! Você non sabe nada! Ouve duas ou três frase e fica repetindo.

GENNARINO – E o senhor pensa que sabe tudo?!

CARMELA – Gennarino, respetta tuo papa!

GIOVANNI (*agastado*) – Espera, Carmela! Non estamo brigando, estamo discutindo. Um partido! Um partido corrompe! Cinco ou seis pessoas non podem dizer à classe trabalhadora o que deve fazer.

GENNARINO – Um partido organiza e disciplina a luta.

GIOVANNI – Corrompe, filho.

GENNARINO – Muitos companheiros do senhor não pensam assim!

GIOVANNI – Andreone, eh? É claro! Cazzo, Andreone é um renegado!

CARMELA – É mesmo! Io sempre falei que Andreone non era buona cosa. Ele fica enchendo a cabeça de Gennarino de ideia, de cosas. É um disgraziato!

GIOVANNI – Ma che cosa?! Come fala assim de Andreone? Ele é mio amico!

CARMELA (*se explicando timidamente por causa da reação de Giovanni*) – Ma tu falô que ele é um renegado...

GIOVANNI – É um renegado. Um renegado político! Non um disgraziato! Ma vá! (*Sai.*)

CARMELA (*resmungando ofendida*) – Fala que é um renegado... Ma non é um renegado... Quem entende? (*Saindo juntamente com Gennarino.*) É culpa tua, Gennarino! Tu está ficando cabeça dura come tuo papa!

GENNARINO – O que foi que eu fiz? Você é que...

CARMELA – Você, non, signora! Io sono tua mamma. Hoje é assim! Ninguém respetta!

Saem. Giovanni entra por onde saiu, acompanhado por Andreone.

GIOVANNI (*com firmeza*) – Tu é um bolchevista, um comunista. Vá bene, Andreone, ma io continuo anarquista!

ANDREONE – Ma Giovanni, tu continua...

GIOVANNI – Já sei. Continuo cabeça-dura...

ANDREONE – Ecco!

GIOVANNI – ... e dando dois passo e arrumando três encrenca, mas io non jogo fora mais de dez ano de luta.

ANDREONE – Ninguém tá jogando fora. Vamos aproveitar essa experiência...

GIOVANNI – Dez ano de cosa que acreditei, de cosa que fui aprendendo com molta dificuldade, que non tenho cabeça molto boa pra aprender em livros essas cosa de política.

ANDREONE – Non é queston de livro.

MARIA (*entrando*) – Papa, deixa eu ir...

GIOVANNI (*cortando*) – Pede a tua mamma! (*Maria sai contrariada.*) Io non posso crer que passei mais de dez ano lutando numa coisa errada.

ANDREONE – A coisa não é errada. É o caminho. 17 está a sete ano atrás. Muita coisa mudou. (*Giovanni se afasta, pensativo.*) A ação direta em 17 e 19 nos custou prisões. Onde estão nossas oito hora, os nossos salário? Temos que preparar a açon!

GIOVANNI – Basta, Andreone! Você non tem palavra pra me convencer e io non tenho palavra pra me defender. A minha cabeça nunca tem palavras suficiente.

Andreone sai. Giovanni fica pensativo.

MARIA (*entrando*) – É pau! A mamma falou pra eu pedir pro senhor. O senhor fala pra eu pedir pra mamma. É pau!

GIOVANNI (*absorto*) – Que cosa é pau?

MARIA – É isso! É esse empurra-empurra?!

GIOVANNI (*meio irritado*) – Que pau? Que empurra-empurra?! Fala língua de gente! Que é que você quer?

MARIA – Ir ao baile à noite. Na filodramática.

GIOVANNI – Com quem?

MARIA – Com o Ribeiro.

GIOVANNI – E já pode ir saindo à notte com rapazes? E quem é Ribeiro?

MARIA – Ele é da tecelagem. É amigo de Gennarino.

GIOVANNI – No!

MARIA – Gennarino não quer ir, a mamma não pode.

GIOVANNI – Sozinha, no. Tu é molto criança.

MARIA – Pra comer pó de juta na tecelagem eu não sou criança. Tenho 17 anos. Sou grande pra trabalhar, sou grande pra sair!

GIOVANNI (*surpreso e irritado com a reação de Maria*) – Come me fala assim, inconsciente?! Se tu fosse filha de meu pai, de Gerôlamo Barachetta, tu non falava assim! Naquele tempo mulher nunca levantava a voz!

MARIA – O senhor é que sempre fala que se falar baixo não resolve, tem que gritar. O senhor é anarquista, meu avô não era.

GIOVANNI – O operariado tem que gritar com o patrão. Io non sono patron, cretina! Ah! Agora tu também tem ideia! (*Com um gesto, sem nem olhar Maria, irritado.*) Sai daqui! (*Maria permanece parada, receosa, mas firme. Nunca viu seu pai assim. Giovanni está confuso.*) Que está acontecendo nesta casa? Que está acontecendo no mundo? Cazzo de Dio Cane! (*Percebe Maria. Irritado, mas sem violência, como numa repreensão.*) E tu? Que faz parada? (*Enfrentam-se com o olhar. Maria olha firme como um bicho acuado. Giovanni se desarma.*) Ma vá, que tu parece com tua nonna. (*Maria dá um muxoxo.*) Sabe por quê?

MARIA (*emburrada*) – Não.

GIOVANNI – Porque é cabeça dura! Mio pai chegou bêbado em casa. Io era pequeno. Discutiram e o papa pegou um pau pra bater nela. Ela fazia polenta e jogou tábua, colher, polenta, tudo em cima dele. (*Maria ri.*) Tu ri, ne? Depois pegou as criança, chamou as mulheres da vizinhança e ficou gritando: "Vieni fuori, disgraziato! Vieni che te amazzo, porco cane!" (*Ri.*)

MARIA – E o nono?

GIOVANNI – E ele ia sair? Tinha mais de dez mulheres na rua. Ma também nunca mais chegou bêbado em casa. (*Tentando manter a autoridade.*) E tu puxou o sangue ruim da tua nonna. (*Misto de irritação e admiração.*) E também está aprendendo as cosas muito depressa, né? (*Pausa. Desarmado.*) Vai, filha, depois a gente conversa sobre o baile. (*Maria sai.*) Ma io ainda te acho muito criança. (*Pausa.*) Manadja, que hoje todo mundo tem ideias!

CENA 3 – A REVOLUÇÃO DE 1924

Sons esparsos de metralhadora, sons longínquos de canhão.

CARMELA – Madona di Dio! Que é questo, Giovanni?

GIOVANNI (*para o ponto*) – Foi a revolução de vinte e quatro. Os tenentes queriam derrubar o presidente Arthur Bernardes. No dia em que o general dos rebeldes, Izidoro Dias, tomou São Paulo o povo invadiu os armazéns.

Giovanni sai. Em off crianças cantam uma quadra da época.

CRIANÇAS (*cantam.*) – "Isidoro não tem medo
Nem tampouco tem preguiça
Vai fazer de Arthur Bernardes
Um pedaço de linguiça!"

CARMELA (*voltando, gritando para fora*) – Dona Augusta! Seu filho está na rua.

AUGUSTA (*em off*) – Vitorino! À casa, súbito, que te rompo la faccia.

CARMELA –Vitorino! Vá pra tua casa, menino!

PONTO – O que a senhora lembra desses dias?

CARMELA – Nem queira saber. Uma confuson tão grande. Ah! Foi uma cosa terrível! Um medo! (*Grita.*) Giovanni! Onde está Giovanni?! (*Chama desesperada.*) Maria! (*Vai em direção à saída. Encontra Maria que entra.*) Onde é que estava? Que estava fazendo na rua, delinquente!

MARIA – Ih, mamma, eu não sou mais criança! Estava com o papa.

CARMELA – Ninguém é bastante grande para non levar um tiro. (*Bate na boca.*) Ave Maria, Dio me perdona, que com essa revoluçon ninguém sabe o que pode... E onde está Giovanni?

Giovanni entra juntamente com Gennarino trazendo sacos de mantimentos.

GENNARINO – Pegamos no armazém.

GIOVANNI – Comida pra um mês.

GENNARINO – Tá uma confusão doida. O povo tá assaltando tudo.

CARMELA – Que tem na cabeça, vocês, Santa Madonna! A polizia...

GENNARINO – Não tem polizia, mamma. O Governador fugiu e a polícia está toda no quartel sem saber o que fazer.

CARMELA – Ma vocês roubaram?!

GIOVANNI – No! A propriedade é um roubo!

CARMELA – Vai dizer isso pra polizia!

Maria retira os mantimentos.

GIOVANNI – E depois, se a revoluçon de Izidoro é pro povo já pegamo a nossa parte. Se non é pro povo noi já expropriamo.

CARMELA – Tu non pensa!

MARIA – Feijão, farinha... Quanta carne-seca!

GENNARINO – Fui eu que peguei. Tem quase cinco quilos.

MARIA – Vamos voltar lá, pai?

CARMELA – Você cala a boca!

GIOVANNI – No. É o suficiente. Temo que deixar para os outros.

CARMELA (*verificando os mantimentos*) – E tu, Gennarino! (*Repreende sem muita convicção.*) Você vai atrás de seu pai vai... E Maria? Que foi fazer lá? É uma criança, Giovanni... Queijo de Parma! Manadja, que faz tanto tempo que io non... Eh, Giovanni, tu podia ter pegado un vino!

GIOVANNI – Ma vá! Pensa que estavam distribuindo presentes? Foi um saque, uma expropriaçon dos proprietários!

Sons de canhões e metralhadora.

CARMELA – Dio. E se uma bomba cair aqui? Onde eston lutando, Giovanni?

GENNARINO – Vou dar um pulo na casa de Andreone pra saber o que está acontecendo. (*Sai.*)

GIOVANNI – Volta logo!

CARMELA (*a Gennarino que já se foi*) – Gennarino, não saia na rua! Dio, Giovanni, non sai daqui. (*Pega os mantimentos.*) Maria, me ajuda a esconder isso que se a polizia sabe... Non tem tiroteio onde mora Andreone?

MARIA – Não, mãe.

PONTO – E Isidoro?

CARMELA (*saindo com Maria*) – Não saia de casa, Giovanni!

GIOVANNI – Certo, certo! (*Para o Ponto.*) Que cosa perguntou?

PONTO – O general Isodoro. Ele deixou o povo saquear os armazéns?

GIOVANNI – Mandou a polícia impedir o saque. Mas pra ser simpático ao povo mandou baixar os preços. Alguns anarquistas queriam apoiar a revoluçon...

PONTO – Eu queria saber mais sobre Isidoro.

GIOVANNI (*Algo irritado. Interrompido em suas lembranças*) – Non interrompa. Non me interessa Isidoro. Gennarino... Se tornou um homem feito. Io non tinha percebido. (*Entram Andreone, Ribeiro e Gennarino*) Sai Andreone, quero falar com Gennarino.

RIBEIRO – Vai ter luta de qualquer jeito. A gente tem que escolher de que lado fica.

GIOVANNI – Basta, Ribeiro. Você ainda vestia calça curta e meu lado já estava escolhido. Saia, já disse. Quero falar com meu filho.

ANDREONE (*Olha Giovanni. Sente o clima, e diz para Gennarino*) – A gente te espera lá fora. (*Pega Ribeiro pelo braço e saem.*)

GENNARINO – Escuta, papá!

GIOVANNI – No! Io non escuto! Escuta tu, idiota!

GENNARINO – O senhor precisa...

GIOVANNI – Io preciso non me meter numa confuson que non é minha. E tu também!

GENNARINO – Os anarquistas apoiam a revolução.

GIOVANNI – Alguns! Outros, come io, pensam que non devemos receber tiro na cara pra fazer a revoluçon pra Isidoro!

GENNARINO – Eu não vou discutir mais!

GIOVANNI – Vai! Tu está em mia casa e io sono tuo padre!

GENNARINO – Se é por isso eu saio dessa casa!

GIOVANNI – Enton sai, maledetto imbecille! (*Gennarino fica perplexo alguns instantes. Depois dá as costas e se dirige à saída. Giovanni vai em sua direção e o puxa violentamente.*) Tu vai ficar, cretino, nem que io tenha que arrebentar essa sua cabeça de asno!

GENNARINO – O senhor não vai me impedir.

GIOVANNI (*violento.*) – Maledetto cretino!!

GENNARINO – As tropas de Arthur Bernardes já estão chegando, Papa!

GIOVANNI – Que Bernardes e Isidoro se enforquem e se comam! Siamo carcamano e una revoluçon só vale o risco se for nossa!

GENNARINO – Vamos entrar nela e fazer ela ficar nossa. Vamos pedir armas a Isidoro.

GIOVANNI – Tu é novo. Io queria que mio papa estivesse aqui pra contar o que é a guerra civil. É una carnificina! Tu non sai!

GENNARINO – Isidoro não tem saída. Ou arma o povo ou se rende.

GIOVANNI – É problema dele, cazzo!

GENNARINO – Quando Bernardes começar a bombardear a cidade, as bombas não vão cair só nos quartéis. É problema nosso. É nossa única saída!

GIOVANNI – Non é saída. É a entrada mais curta pro inferno, imbecille! Tu non sai.

GENNARINO – Chega, pai! Vai ter luta de qualquer jeito. E eu não vou ficar em casa se posso me defender na rua! Fique o senhor em casa!

GIOVANNI – Cala a boca! (*Gennarino vai em direção à porta.*) Gennarino!

GENNARINO (*entrando*) – O senhor não vai me impedir. Pai.

GIOVANNI (*irritado e impotente*) – Volta aqui mais tarde!

GENNARINO – Não. Não vou discutir mais!

GIOVANNI – Vai discutir, sim! Figlio, tenta me provar que io estou errado, cazzo! Merda! De repente, soldados vem non sei de onde… Io tenho ideia curta, io sei! Merda! Io non entendo perchè tu… Volta mais tarde, figlio. Se tu me convence io vou com você…

GENNARINO – Está bem, papa. (*Sai.*)

PONTO – E Isidoro deu as armas? (*Giovanni não responde, pensando no filho. Ponto pergunta novamente.*) Giovanni, Isidoro deu as armas?

GIOVANNI (*após breve pausa, como se voltasse das lembranças*) – Não deu, nem se rendeu. Fugiu quando as tropas de Arthur Bernardes começaram a jogar bomba na cidade. É isso que me lembro da revoluçon de 24. Minha memória já não anda boa.

CARMELA (*dura, para o Ponto*) – Mas eu me lembro, moça. As bombas começaram a cair. Estrondo que a gente ficava surda. Uma desgraça! A dona Augusta, lembra Giovanni, coitada! Perdeu o filho. (*Magoada e irritada.*) Non, você não lembra! Non estava em casa!

GIOVANNI – Carmela, por favor...

CARMELA – Nessas hora era eu que devia aguentar o que acontecia!

GIOVANNI – Não vamos discutir isso na frente da senhora! (*Para o ponto, se justificando.*) Eu estava no sindicato quando...

CARMELA (*para Giovanni*) – Deixou a família sozinha em casa. A Maria era criança ainda, só tinha dezessete anos. Se mijou inteirinha, coitada!

GIOVANNI (*para Carmela*) Cáspita! Tinha uma revoluçon na rua e eu ia ficar dentro de casa?!

CARMELA – Você foi pra tua revoluçon e tua família ficou recebendo bomba na cabeça. Moça, eu e Maria tivemo que ir para casa de uma conhecida do outro lado da cidade. (*Para Giovanni.*) Isso você não viu! (*Para o Ponto.*) Quando voltamos as ruas estavam cheias de pedras que os homens tinham amontoado pra fazer barricadas. Era uma confuson, tudo destruído. (*Carmela fala como se estivesse chegando ao local. Dirige-se ao fundo do palco.*) Eu vi dona Augusta sentada na frente da casa. “Bom dia, dona Augusta”, ela disse: “Meu filho, Vitorino, morreu”. E eu meia louca, respondi: (*Como se respondesse a um cumprimento.*) “Bem. E sua família, como vai?”

GIOVANNI (*ao Ponto*) – A revoluçon durou vinte e dois dias. Os soldados de Arthur Bernardes passavam com um caminhão para recuperar tudo que o povo tinha saqueado.

CARMELA (*off*) – Giovanni!

GIOVANNI – O que é? (*Para o Ponto.*) Depois da revoluçon muita gente foi perseguida.

CARMELA – O jantar está pronto.

GIOVANNI – Já vou. (*Para o Ponto.*) Andreone foi deportado para a Itália.

PONTO – O senhor teve notícias dele, depois?

GIOVANNI – Uma carta ou outra. Soube em 30 que ele foi preso pela polícia de Mussolini. Vamos jantar? Ainda falta muita coisa pra contar.

Giovanni vai em direção aos bastidores. Ponto sai.

CENA 4 – UM TRANQUILO JANTAR EM FAMÍLIA

Giovanni lê um jornal, Carmela costura. Maria ajuda Carmela.

MARIA – Gennarino está demorando.

CARMELA – É. Gennarino tem chegado muito tarde. Tu precisa falar com ele, Giovanni. No jantar a família tem que estar reunida.

GIOVANNI (*absorto, lendo o jornal*) – Sim, o novo presidente é Washington Luiz. Arthur Bernardes já foi e já foi tarde!

CARMELA – Io estava falando de Gennarino. (*Breve pausa.*) Rei entra, rei sai, e a realeza non cai, dizia minha nonna.

GIOVANNI – Que tem a ver a realeza com Gennarino.

CARMELA – Agora io estou falando da saída do presidente.

GIOVANNI – Ma que cosa que fala duas cosas ao mesmo tempo? Io falava de Gennarino, tu me responde da realeza. Está caducando com esta idade?

CARMELA – Caduco é tu que mistura tudo. (*Maria começa a rir e tosse.*) Os pulmón de novo?

GIOVANNI – Eston doendo, filha?

MARIA – Estão melhores.

CARMELA – Ainda bem que diminuíram o trabalho.

MARIA – Diminuíram, mas diminuíram também o salário.

GIOVANNI – Eston diminuindo o trabalho e non podemo fazer nada! Tu devia era ficar em casa. Comer pó de lã quatro dia na semana pra ganhar uma miséria.

MARIA – A gente precisa do que eu ganho.

GIOVANNI (*condoído*) – É certo.

CARMELA – Tu está bem mesmo, filha?

MARIA – Estou. É só um pouco de catarro.

GIOVANNI – Miséria!

MARIA – Gennarino está demorando.

CARMELA – Deve estar com aquele amigo dele, o Ribeiro.

GIOVANNI (*irônico*) – Entende porque Maria acha que Gennarino demora?

CARMELA – Isso vai dar em casamento.

MARIA – Ih, mãe! Não tem nada de casamento!

CARMELA – Ele é um buono ragazzo. Pena que só anda metido com política.

MARIA – Pena por quê? O papa e o Gennarino também se metem em política.

CARMELA – Dois na família já é suficiente. Numa família é preciso gente que vá tirá-los da cadeia quando son presos e que ganhe pra comida quando eles eston despedidos por greve.

GIOVANNI (*irritado*) – Já faltou comida nesta casa? (*Reconsiderando.*) Sim, é claro. Sempre faltou. Ma nunca faltou mais nem menos porque io estava desempregado. Tu quer que Maria case com um almofadinha?

CARMELA – Claro que non! Ma que o homem que ela casa non passe a vida metido em encrenca.

GIOVANNI – O que tu chama de encrenca tem outro nome. Se ela casar com Ribeiro io aprovo.

MARIA (*irritada*) – Não estou pensando em casamento!

GIOVANNI – E por que non?

CARMELA – Eston sempre juntos... Io pensei...

MARIA – Mas eu ainda não pensei.

CARMELA – Enton já está no tempo de pensar. Io, com vinte ano já estava casada. E eu não acho Ribeiro um mau ragazzo.

GIOVANNI – Tem um único defeito! É bolchevista!

CARMELA – Que cosa?

GIOVANNI – Comunista! Marxista! Bolchevista! (*Entram Gennarino e Ribeiro.*) Ecco! Eston chegando. Avante! Como está, Ribeiro?

RIBEIRO – Bem. E o senhor? Continua falando mal da gente?

GIOVANNI – É. Um pouco por dia. Porque se io falar mal tudo de uma vez só, vocês non aguentam. Vocês no resistem a uma discusson rasa, rasa, rasa!

GENNARINO – O senhor está com a cabeça dez anos atrás, papa. Larga de ficar com a cabeça em 17.

GIOVANNI – Quem está com a cabeça em 17? Io estou com a cabeça hoje!

CARMELA – Senta, Ribeiro.

MARIA – Cuidado, Ribeiro, que antes de você chegar, o papa e a mamma estavam querendo fazer o seu futuro.

CARMELA – Maria! Scusi, Ribeiro, que essa menina non sabe o que fala... (*Tentando mudar de assunto. Irritada.*) E tu, Gennarino, por que non vem na hora pra comer?

GENNARINO – Hoje não deu, mãe. Amanhã eu chego. A gente queria falar com o senhor, papa.

GIOVANNI – Io já sei. Vocês querem a frente operária, no, Ribeiro?

CARMELA – Ma non! Dio, vão discutir!

GIOVANNI – Política se discute em qualquer lugar, principalmente nesta casa.

CARMELA – Ma come sempre vocês vão brigar pra todos vizinhos ouvir!

MARIA – Ih, mãe, deixa o Ribeiro falar.

CARMELA – Ma que atrevida! Tu non fala assim com tua mamma!

GIOVANNI (*cansado*) – Basta, ma basta, Carmela!

CARMELA – Esta bene! Io non falo mais nada nesta casa!

GENNARINO – Enton, papa? A gente quer uma resposta. Ainda vamos na casa de outras pessoas.

CARMELA – Vai à rua a esta hora sem jantar? Ma, Gennari... (*Bate na própria boca.*) Cala-te boca, que nesta casa non posso falar.

GIOVANNI – Io conversei com os companheiros. Frente de operariado noi fazemo no sindicato, nas greve, ma non votamo pro parlamento.

Parlamento e palácio do governo é casa da burguesia. E aí os operários non entram.

GENNARINO – Os operários entram em qualquer lugar. O governo e o parlamento têm que ser a casa dos operários!

GIOVANNI – Frente operária no sindicato, ma non votamo na eleiçon pro parlamento. Que me diz, Ribeiro? Ma io quero a sua opinion, non a opinion de seu partido, porque cada um tem uma cabeça e deve fazer uso dela.

GENNARINO (*desanimado*) – Eu te falei que desse mato não sai coelho.

GIOVANNI – Cada pessoa tem uma cabeça e deve pensar por si.

GENNARINO – Devemos ter consciência de classe!

GIVANNI – Que demônio de consciência é essa de vocês que querem que o operariado participe de um parlamento burguês?

RIBEIRO – Nós não podemos nos isolar, seu Giovanni. Devemos estar em todos os lugares que pudermos. No parlamento e no sindicato.

GIOVANNI – Sindicato si, parlamento, no!

GENNARINO – Papa, agora que Arthur Bernardes saiu, que não tem mais Estado de Sítio...

CARMELA – Madonna mia!

GIOVANNI – Cala-te, Carmela! É preciso por umas ideias na cabeça deles. Attenta, imbecille, o anarquismo...

GENNARINO (*alto*) – O anarquismo não conseguiu manter nenhuma conquista!

GIOVANNI (*extremamente irritado*) – Non me venha ensinar o que o operário deve ou non fazer! Você tem muitas ideias, ma o que ma falta de ideia tenho de vida. Noi fizemo uma greve de 50 mil e vocês non consegue botar nem cinco mil na rua.

CARMELA – Basta, Giovanni!

GIOVANNI – Que basta!

CARMELA – Enton grita mais baixo! Scusi, Ribeiro, ma quando ces dois começam... Maria, vai trazer um café pro seu Ribeiro...

GIOVANNI (*mais calmo, para Ribeiro*) – Scusi, eh? Ma às vezes preciso discutir porque vocês tem a cabeça um tanto fechada!

Neste momento, Maria e Ribeiro se levantam, se olham e lentamente se dirigem ao canto do palco como dois namorados. O movimento dos dois não implica na paralisação da cena entre pai e filho que continua normalmente. O movimento dos dois é feito muito lentamente, de modo que eles cheguem ao lado oposto no momento em que a discussão de pai e filho termina.

GENNARINO – Nós! O senhor é que é um cabeça de pedra!

GIOVANNI – Por que?! Porque penso que cada homem deve ser livre pra pensar?

GENNARINO – Não existe liberdade do indivíduo!
CARMELA – Gennarino, non começa...
GIOVANNI (se inflamando) – Acima do homem, só o cabelo! Nem Dio, nem governo, nem partidos!
CARMELA – Giovanni, por favor...
GENNARINO – Acima do homem está a solidariedade, seus companheiros, sua classe!
CARMELA – Dio! San Gennaro, aiuto!

Prossegue a discussão enquanto a luz cai. Luz torna-se mais forte onde estão Ribeiro e Maria.

CENA 5 – DO AMOR, DO RECEIO E DE OUTRAS COISAS

MARIA – Vamos amanhã no Jardim da Luz?
RIBEIRO – Não vai dar, eu já te falei.
MARIA – E a sua foto que te pedi?
RIBEIRO – Semana que vem eu trago.
MARIA – Você é muito prometedor, mas não cumpre nada.
RIBEIRO – Briga com o seu irmão. Ele que marcou pra gente ir na reunião.
MARIA – Por que você não casa com meu irmão?
RIBEIRO – Seu pai não ia gostar.
MARIA (*aborrecida*) – Engraçadinho! (*Ribeiro dá-lhe um beijo de surpresa.*) Ribeiro!
RIBEIRO – Escapou.
MARIA – Não faz isso! Se minha mãe vê...
RIBEIRO – Se sua mãe não ver não tem problema? (*Olha de um lado pra outro e rapidamente dá-lhe outro beijo.*)
MARIA – Ribeiro!
RIBEIRO (*se desculpando*) – Sua mãe não estava vendo!
MARIA – Um dia você ainda vai tomar uma esfrega da mamma!
RIBEIRO – Teu pai me defende.
MARIA – Sei! Do jeito que você e meu irmão estão sempre brigando com ele...
GENNARINO (*entrando*) – Pode desapartar, Ribeiro! Pode desapartar! Eu, como irmão mais velho, preciso tomar conta da minha irmã.
RIBEIRO – Precisamos ser unidos.
GENNARINO – Na política. Pra minha irmã eu quero coisa melhor do que um nordestino do fim do mundo.
RIBEIRO – Fim do mundo é o lugar de carcamano onde você nasceu.
GENNARINO – E como é que chama o lugar que você nasceu? Não precisa dizer que não tá no mapa.

MARIA – Eu posso entrar na conversa dos dois namorados? Vai embora, Gennarino. (*Empurra o irmão.*) Amanhã vocês dois vão ter o dia todo pra conversar.

GENNARINO (*entrando*) – Mamma, vem ver o que o Ribeiro e a Maria tão fazendo no portão!

CARMELA (*em off*) – Maria! (*Surge.*) Que está... (*Olha pros dois e pra Gennarino.*) Que eles eston fazendo?

GENNARINO – Conversando. (*Entra correndo.*)

CARMELA – Idiota! Me chama pra nada? Tenho fritura no fogo! (*Para os dois.*) Io non gosto que fica namorando no porton, eh?

MARIA – Mas está claro ainda, mamma!

CARMELA – Está certo. Ma deu seis hora, namoro dentro de casa!

Luz cai e sobe sobre Giovanni e Gennarino.

GIOVANNI – Que Carmela non ouça, filho, ma aquela Lucchina, ah, filho! Que mulher!

GENNARINO – É muita conversa sua, papa.

GIOVANNI – Vai na Itália, vai. Pergunta na minha aldeia quem era Giovanni Barachetta, pergunta! Tua mamma conheceu a Lucchina.

GENNARINO – Eu vou perguntar pra ela se é verdade.

GIOVANNI – Non! Non me faça essa disgrazia! A Carmela queria matar a Lucchina.

GENNARINO – A mamma?

GIOVANNI – Io estava passeando com Carmela quando veio Lucchina com aquelas anca que só ela tem. Io non vi, ma Carmela disse que ela piscou pra mim. Tua mamma botou as mãos na cintura e "Che pensa, puttana?", "Ladra di marito!", "Io te uccido!"

GENNARINO (*rindo*) – A mamma?

GIOVANNI – É. Carmela era uma cobra! Depois que casei acabou farra, tudo. Se ela ainda é cobra hoje, na Itália era uma cascavel!

Luz cai sobre os dois. Sobe em Ribeiro e Maria que passeiam de um lado a outro do palco.

MARIA – A gente não tem saído mais.

RIBEIRO – Estamos saindo agora.

MARIA – Depois de um mês.

RIBEIRO – Eu sei, mas o tempo está curto. Logo a gente vai ter mais tempo.

MARIA – Logo você arranja outra coisa, não sei onde.

RIBEIRO – A gente precisa estar em muitos lugares. O Partido está crescendo. É preciso estar sempre discutindo, esclarecendo as pessoas.

MARIA – Volta e meia um de vocês é preso. Eu tenho medo.

Chegam ao outro lado do palco. Gennarino toma o braço de Maria e os dois se dirigem ao outro lado enquanto Ribeiro sai.

GENNARINO – Eu concordo, Maria. Mas acontece que você está um pouco desligada das coisas. Eu não quero ficar dando palpite, mas você deve participar mais. Aí você e Ribeiro vão passar mais tempo juntos. Lá na tecelagem, conversa com as pessoas, participe. Tem risco, é certo. Mas tudo na vida tem risco.

GIOVANNI (*do lado contrário, diz entre sério e jocoso*) – Cuidado, Maria. Non vá atrás de Gennarino que basta um errado só na família.

Carmela toma Maria pelo braço e se dirigem novamente ao lado oposto enquanto Gennarino sai.

CARMELA – No começo io non gostei muito dele, ma depois vi que é um homem buono. Dava um bom marido.

MARIA – Mãe, quantas vezes preciso dizer que não estamos pensando em casamento?

CARMELA – Tu já tem 22 anos e...

MARIA – Vinte e um, mãe.

CARMELA – Vinte e um ou vinte e dois já está na hora de pensar em cosa séria na vida. Com sua idade io já estava casada e já tinha o Gennarino...

Chegam ao extremo do palco. Maria entra e Giovanni toma o braço de Carmela.

GIOVANNI – Sabe o que me lembra este lugar? Da nossa aldeia in Itália.

CARMELA – É, mais ou meno.

GIOVANNI – Tu non tem imaginaçon. Lembra aquela montanha grande, com aquele campo bem verde embaixo? Aquelas árvores onde a gente ficava?

CARMELA – Vecchio sem vergonha. Tu só lembra dessas cosa?

GIOVANNI – Que "dessas cosa"? É poesia o que io estou falando. A montanha, o vento, as árvores. Bene, é claro que também me lembro do que a gente fazia debaixo das árvores.

Luz cai sobre Giovanni e Carmela.

CENA 6 – DO AMOR, DO RECEIO E DE OUTRAS COISAS (II)

RIBEIRO – O que é que você acha?

MARIA – Do quê?

RIBEIRO – Como do quê? Do que te falei.

MARIA – Não sei.

RIBEIRO (*censurando*) – Maria.

MARIA – Eu não quero falar disso agora.

RIBEIRO – Às vezes é difícil de te entender.

MARIA – Você é pau, Ribeiro! Que implicância!

RIBEIRO – Eu só queria que você dissesse sim ou não.

MARIA – Não dá pra falar sim ou não... Tem muita coisa que...

CARMELA (*em off*) – Maria!

MARIA – Minha mãe tá me chamando. Outro dia a gente conversa melhor. (*Grita.*) Já vou, mamma! Ciao, Ribeiro.

RIBEIRO – Não. Já faz muito tempo que você está nessa lenga-lenga. Eu tenho amor por você, você sabe.

MARIA – Sei. Eu também tenho.

RIBEIRO – Então porque fica nesse "nem ata nem desata." O que impede de a gente falar com seu pai, noivar?

MARIA – É melhor esperar.

CARMELA (*em off*) – Maria, vem logo. O sereno non é bom pra seus pulmões.

MARIA – Tá, mamma! Eu preciso entrar.

RIBEIRO – Posso falar com seu pai que a gente fica noivo?

MARIA (*depois de pequena pausa*) – Não. Por favor, não fica irritado comigo.

RIBEIRO (*sério*) – Olha pra mim. O que está acontecendo?

MARIA – Eu preciso entrar.

RIBEIRO – Está bem. A gente se encontra quando puder conversar como adulto.

MARIA – Ribeiro!

CARMELA (*em off. Irritada*) – Maria! Vem!

MARIA – Já vou! Estou só me despedindo!

CARMELA (*em off*) – De quantas pessoas pra demorar todo esse tempo?!

MARIA – Espera! Eu gosto de você, mas está acontecendo comigo... Vem amanhã.

RIBEIRO – Não.

MARIA – Não me força. Eu não sei o que está acontecendo. Até ontem eu era uma menina e você era o meu melhor amigo mais velho que ia comigo ao baile. A gente começou a se gostar muito. Você me abraça e me beija. É bom... Estoura uma coisa boa aqui dentro... Vem amanhã, Ribeiro. As coisas estão indo depressa demais. Eu só tenho vinte e um anos... (*Giovanni surge e vê os dois abraçados. Leva um choque e volta atrás.*) Está frio... Me abraça... Vem amanhã...

GIOVANNI (*fazendo barulho de pés e chamando antes de entrar*) – Maria! (*Os dois namorados se separam, mas continuam se olhando.*) É tarde. Scusi, Ribeiro, ma é tarde.

RIBEIRO (*que continua a olhar Maria como se não houvesse sido interrompido por Giovanni*) – Eu venho amanhã.

GIOVANNI – Ecco! Ele vem amanhã. (*Maria sai. Giovanni inicia a conversa desconcertado.*) Bene... Io gosto de você, Ribeiro... Se fosse outra pessoa... Non é bom este agarramento com Maria na frente de casa. Se a Carmela vê... Io non falo nada porque io já tive a tua idade. (*Desconfiado.*) Io confio em você, eh?

RIBEIRO – Não se preocupe.

GIOVANNI – Si, é claro. Como eston vocês?

RIBEIRO – Bem.

GIOVANNI – É claro que eston bem! Ma que decidem? Faz anos que vocês... Ou pega logo ou tira a mão, eh? (*Ri.*)

RIBEIRO (*rindo*) – Estamos pensando.

GIOVANNI – Vocês de hoje non entendem muito de mulheres. Se você fosse anarquista io te ensinaria algumas coisas, ma como non é, vai ter que aprender sozinho. Io non posso ajudar o inimigo, eh? (*Ri.*) Boa noite, caro. Força e coragem, eh?

RIBEIRO – Boa noite. (*Sai.*)

Luz cai ao mesmo tempo em que foco ilumina o ponto no outro lado do palco. Ponto bate palmas.

GIOVANNI (*entrando*) – Ciao. Espero que não esteja cansada de me ouvir.

PONTO – Não. O que é isso?

GIOVANNI – Quanto tempo faz que eu estou falando como uma besta pra você ouvir? Três dias?

PONTO – Quatro.

GIOVANNI – É bom recordar. Pensar a vida que a gente teve. Eu gosto de falar. Por isso tenha paciência comigo. Eu tinha parado onde?

PONTO – O senhor estava falando de 1928.

GIOVANNI – Ecco! Em 29, a crise foi terrível. Você sabe, a crise do café. (*Entram Ribeiro e Maria de braços dados ao fundo. Montam alguns quadros mudos: namoro, briga, aborrecimento, paixão etc.*) Um desemprego muito grande. Ma teve uma grande greve dos gráficos. Os operários voltavam de novo às ruas. Ma o que me fica na cabeça é que foi um ano muito triste pra Maria. (*Mudando de tom. Irritado.*) Que aconteceu, Maria? Explica!

Luz cai sobre Giovanni e Ponto. Sobe em Maria e Ribeiro.

RIBEIRO – Você está quieta.

MARIA – Tá fazendo frio.

RIBEIRO – Você está quieta há muito tempo.

MARIA – Está fazendo frio há muito tempo.

RIBEIRO – Ih, diacho! Fala direito comigo.

MARIA – Você forçou.

RIBEIRO – Forcei o quê?

MARIA – Eu te falei que as coisas estavam indo depressa demais.

RIBEIRO – Não estou entendendo.

MARIA – Você não devia ter falado com meu pai.

RIBEIRO – Sobre o noivado? Você tinha concordado, não tinha?

MARIA (*confusa*) – Tinha, Ribeiro, tinha!

RIBEIRO – Então! (*Pausa. Maria não responde.*) Diacho! O que é que você esconde que nunca dá pra saber?

MARIA – Eu falei que você tinha que ter paciência comigo.

RIBEIRO – Mais do que eu tive?

MARIA (*desesperada*) – É. Um pouco mais.

RIBEIRO – Chega um dia e a paciência acaba.

MARIA – Eu acho que ainda não estou preparada.

RIBEIRO – Pra casar comigo?

MARIA – Pra casar, pra viver…

RIBEIRO – Mas… De onde você tirou essa ideia, criatura?

MARIA – As coisas são muito difíceis pra mim.

RIBEIRO – O que é difícil?

MARIA – Pra você, pro meu pai, meu irmão, até pra minha mãe as coisas são fáceis.

RIBEIRO (*confuso*) – Pronto! Não entendo mais porcaria nenhuma! Você gosta de mim?

MARIA – Gosto, Ribeiro, gosto!

RIBEIRO – Então? Quando duas pessoas se gostam querem ficar junto. Quando querem ficar junto, vão morar numa mesma casa e dormir na mesma cama.

MARIA – Não.

RIBEIRO – Não o quê? Não gosta, não quer morar junto ou não quer dormir na mesma cama.

MARIA – Não é isso. O que eu quero dizer… (*Pausa.*) Está fazendo frio… É essa garoa.

RIBEIRO – Você está gostando de outra pessoa.

Luz cai sobre Maria e Ribeiro. Sobe sobre Giovanni. Entra Carmela.

GIOVANNI – Gennarino já chegou?

CARMELA – Não.

GIOVANNI – Quando eu vim ele já tinha saído do sindicato. Essa greve vai. O pessoal está animado.

CARMELA – Você tem falado com Maria?
GIOVANNI – Falei com Gennarino. A gente se une no sindicato. Pra eleiçon do parlamento, non. Nós nos unimos no sindicato, a greve está quase ganha!
CARMELA – Estou falando de Maria.
GIOVANNI – O que é que tem?
CARMELA – Non sei. Ma ela está muito esquisita. Faz uma semana que chega do trabalho e nem conversa, nem nada.
GIOVANNI – Maria é grande. Sabe o que faz. (*Entra Gennarino.*) Ah, Gennarino, eu estive...
GENNARINO – Onde está Maria? Maria!
CARMELA – Está lá dentro. Que cosa aconteceu?
GENNARINO – Ela vai ter que explicar direitinho! Maria!
GIOVANNI – Ma, que demônio, que entra berrando come louco? Que fez ela?
GENNARINO – Desmanchou o noivado. Faz mais de uma semana!
CARMELA – E por quê?

Surge Maria.

GENNARINO – Entra. Entra e explica o que aconteceu, cretina!
MARIA – Não fala assim comigo!
GENNARINO – Falo! E você...
GIOVANNI (*cortando*) – Calem a boca! Quem grita nesta casa sono io! Senta, Maria. (*Pergunta com falsa calma.*) Enton você desmanchou o noivado!? (*Maria assente, segura.*) Faz mais de uma semana e ninguém ficou sabendo... (*Se irritando.*) Ma é claro, nós aqui somos todos idiotas, ninguém precisa saber de nada, non?
CARMELA – Por que fez isso, inconsciente? Se non gostava dele porque ficou esse tempo todo...
GENNARINO – Com quem é que você está namorando agora?
MARIA – Ribeiro foi contar, não é?
GENNARINO – Não. Ribeiro é decente. Eu é que tive que insistir...
GIOVANNI – Basta, Gennarino!
MARIA (*para Gennarino*) – Não me fale assim.
GENNARINO – Sabe o que Ribeiro disse, papa? Que Maria tinha outro homem.
CARMELA – Maria!?
GIOVANNI – Sai, Carmela! Sai, Gennarino!

Gennarino olha com raiva para Maria e sai seguido por Carmela.

GIOVANNI (*ainda tentando conter a tensão*) – Tem outro homem?

MARIA (*firme*) – Não, pai.

GIOVANNI – Tu non mentiria pra mim, non é?

MARIA – O senhor sabe que não.

GIOVANNI – Bene. Agora me explica que cazzo aconteceu, cáspita!

MARIA – Eu falei pra ele que gostava de outra pessoa pra desmanchar o noivado.

GIOVANNI – Ou o mundo mudou ou eu estou velho demais pra entender. Explica!

MARIA – Ele não era o homem que eu queria.

GIOVANNI – E esperou todo esse tempo pra dizer? Que homem você quer? Um almofadinha, um artista de cinema?!

MARIA – Eu não quero um homem que sai de manhã e volta pra casa dois anos depois porque estava preso.

GIOVANNI – Cane! Ele é preso porque é decente e non porque é criminoso!

MARIA – Como o senhor! Eu não quero levar a vida que a mamma levou!

GIOVANNI – Que tem a vida que tua mamma levou, cretina?

MARIA – Não teve nada, papa. Só que eu não posso levar a mesma vida.

GIOVANNI – E por que?! Por acaso a vida da gente non é boa suficiente pra você?

MARIA (*desesperada*) – Porque tenho medo, papa! Sempre tive medo! Quando o senhor ia preso eu tinha medo, quando os soldados entravam aqui em casa eu tinha medo. Quando veio a revolução eu tinha medo!

GIOVANNI (*Vai responder mas não tem como argumentar. Para na metade do gesto. Pausa*) – Dio merda! A vida da gente nunca foi diversão! Medo! A gente foi vivendo, atropelando tudo na frente! Cazzo de Santa Madonna. A vida é dura! Medo! Medo!

MARIA – Eu não quero viver cheia de sustos.

GIOVANNI – Ninguém quer! Nem eu, nem tua mamma! Ma noi siamo carcamano, calcanhar de frigideira, e nos defendemos, filha! Io, Gennarino, Ribeiro temos a cabeça metida em política e tua mamma às vezes sofreu por causa disso. Porque nossa vida non tem glória. Tem trabalho, riscos e às vezes, medo. Nós só nos defendemo, entende?

MARIA – Eu entendo papa, mas...

GIOVANNI (*cortando*) – Entende nada! Nós non vamo pra rua pra buscar aventura. Non é engraçado enfrentar sabre de polícia de mão vazia. Se a polícia prende, bate e invade nossa casa é nossa culpa?

MARIA – Eu não estou culpando ninguém!

GIOVANNI – Diabo! Io non tenho a cabeça grande suficiente pra entender o que se passa nessa casa e no mundo. Io non tenho o que dizer, nem entendo muito o que está acontecendo. Ma non gosto do que está se passando, é claro? Você non quer mesmo casar com Ribeiro?

MARIA – Eu já expliquei porque, papa.

GIOVANNI – Io non gosto da tua explicação! (*Pausa.*) Está bem! (*Chama.*) Carmela! Gennarino! (*Os dois entram, Maria chora.*) Io non entendo o que se passa na cabeça dela porque non é a minha, ma ela precisa de paz. (*Carmela vai em direção de Giovanni.*) Ninguém mais toca no assunto do noivado de Maria nesta casa!

Gennarino olha duramente pra irmã e sai. Sons de bandas e marchas militares. Burburinho de povo. Discurso de Getúlio Vargas, enquanto a luz cai.

CENA 7 – DISCURSO SOBRE O MEDO

GIOVANNI (*para o Ponto*) – E veio a revolução de Getúlio.

PONTO – E sua filha?

GIOVANNI (*contrafeito*) – Se casou em trinta e um.

PONTO – Com Ribeiro?

GIOVANNI (*irritado*) – Não. Mas também eu não quero falar disso. Você veio pra ouvir a minha história. Se você quiser saber a história da Maria, depois você pergunta pra ela. (*Pausa.*) No final de trinta e cinco Gennarino saiu de casa. (*Dirige-se a Gennarino que acaba de entrar.*) Filho, quero falar com você.

GENNARINO – Desculpa, papa. Estou atrasado.

GIOVANNI – Non, filho, espera um momento. Precisamos conversar.

GENNARINO – Outro dia. Agora eu…

GIOVANNI – Dai, Gennarino, que perder cinco minutos com seu pai non vai te atrasar. Dai, filho, senta. (*Gennarino se senta. Pausa. Giovanni não sabe por onde começar.*) Filho… Quando se casa, eh? Sim, porque uma mulher e filhos son coisas boas para um homem.

GENNARINO – Certo, papa, estou pensando nisso.

GIOVANNI – Bene. E como eston as mulheres? (*Malicioso.*) Sabe o que eu digo, eh?

GENNARINO – (*Impaciente.*) É claro.

GIOVANNI – Ecco! Você non pode negar a raça. Os Barachetta son conhecidos em toda Itália e agora também no Brasil. (*Ri sozinho. Pausa.*)

GENNARINO (apressado.) – Vá, papa, diz o que tem a dizer. Não é meu casamento que te preocupa.

GIOVANNI – Non é, filho. É sua mamma, sabe, ela se preocupa tanto com você…

GENNARINO (*já irritado*) – Eu já sou maior de idade.

GIOVANNI – Sim, ma você sabe como son as mães... (*Gennarino se levanta novamente.*) Por favor, Gennarino, cinco minutos. (*Gennarino se senta novamente.*) Filho... Há mais de vinte anos eu sou anarquista.

GENNARINO – Pai, não vamos discutir.

GIOVANNI – É Claro que non. Io te falo non como um anarquista ma como um velho, um velho operário que non entende muito de livro. (*A queima roupa.*) Que vocês eston querendo?

GENNARINO – O que?

GIOVANNI – Io tenho bons olhos ainda. O que vocês eston querendo?

GENNARINO – Parar de resistir. Parar de nos defendermos. Não queremos mais ficar contando as derrotas como até agora.

GIOVANNI – Há vinte anos tinha grandes manifestações...

GENNARINO (*impaciente*) – No seu tempo, papa...

GIOVANNI – Non fala assim "no seu tempo, papa!" Io ainda não morri, cazzo!

GENNARINO – Vá, desculpe.

GIOVANNI – Io non quero desculpa, io quero que você entenda que agora as coisas son diferentes. Getúlio tomou os sindicatos, decretou a lei de segurança nacional e a polícia está nas ruas.

GENNARINO – É exatamente por isso. Se recuarmos agora, vamos recuar sempre.

GIOVANNI – Vocês eston querendo medir forças. Non é preciso medir. Io posso ser ignorante, ma está claro que eles son mais fortes.

GENNARINO – A Aliança Nacional Libertadora é uma frente de oposições...

GIOVANNI – Mas foi fechada por Getúlio. E aqui em São Paulo quantos operários protestaram? Quinhentos? Mil? Dois mil? Onde eston os cinquenta mil de 17?

GENNARINO – Em 17 os operários não tinham direção.

GIOVANNI – E hoje a direção de vocês non tem operários. Que vocês querem? Com quem vocês querem derrubar Getúlio?

GENNARINO – (*Breve pausa. Gennarino olha fixamente para o pai.*) Com quem tivermos, pai. Com quem tivermos.

GIOVANNI – Dio Cane! Filho, lembra quando você foi pra rua na revoluçon de 24? Io tive medo. Naquela hora eu tive medo! Medo do que pudesse te acontecer. O mesmo medo que tenho agora, porque, cáspita, você é meu filho! (*Envergonhado com a confissão.*) Ah, cazzo!

GENNARINO (*zombeteiro, querendo quebrar o clima constrangedor*) – Ei, vecchio, que é feito do velho Barachetta que fez a maior briga com a mamma para me levar nas passeatas de 17?

GIOVANNI – O velho Barachetta está aqui com dois culhões ainda. (*Consternado.*) Vai, filho, vai brigar a sua briga, que seu culhões son mais novos que os meus. (*Pausa.*) Ma vocês precisam de muito mais gente nessa briga.

Maria surge. Os dois se olham.

MARIA – Gennarino!
GENNARINO – Eu já estou de saída.

Giovanni faz um gesto para Gennarino e sai.

MARIA – Quando é que você parte?
GENNARINO – Depois de amanhã. (*Os dois estão muitíssimo constrangidos.*)
MARIA (*irônica*) – Ribeiro também vai trabalhar nessa grande tipografia do Rio?
GENNARINO (*duro*) – Eu não quero falar desse assunto.
MARIA – Desde quando me casei a gente não tem conversado.
GENNARINO – Você não tem aparecido muito aqui em casa.
MARIA – Você nunca perdoou o fim do meu noivado com o Ribeiro.
GENNARINO (*querendo cortar a conversa*) – Maria, eu...
MARIA – Nós sempre fomos muito unidos. Eu sempre falava que você era meu irmão predileto, embora você fosse o único. Mas se eu tivesse outros dez irmãos você continuaria sendo o predileto.
GENNARINO – Maria, eu estou muito atrasado.
MARIA – Você não perguntou, mas eu estou muito bem com o José.
GENNARINO – Aproveita essa paz enquanto pode! (*Tenta sair. Maria corta-lhe a frente.*)
MARIA – Espera. Eu queria te dizer muita coisa. Eu não pude ir adiante. Com Ribeiro... eu tive medo... Eu não queria sentir o que a mamma sente agora te vendo partir! Você viu? Está sentada lá num canto da cozinha. Quem fica perde um pedaço. (*Abraça o irmão.*)
GENNARINO – Eu entendo, Maria...

Gennarino se mantém rijo, não querendo corresponder ao abraço da irmã. Aos poucos cede e a abraça também.

MARIA – Cuidado, Gennarino. Muito cuidado! Diz ao Ribeiro pra ele também ter cuidado.
GENNARINO (*Vira-se bruscamente e vai saindo. Na porta volta-se.*) – Você também é minha irmã predileta. Embora seja a única. (*Sai.*)

CENA 8 – A DIFICULDADE DE SE MANTER NEUTRA EM MEIO AO CONFLITO

Em casa, José. Entra Maria, vindo da rua.

MARIA – Já? (*senta-se*) Meus pés estão em brasa.
JOSÉ – Cansei de ficar no serviço até mais tarde. Me deixaram sair. Você vem de onde?
MARIA – Da casa do papa. Quer jantar agora? Apronto logo.
JOSÉ – Como vai seu pai? Maldizendo o mundo?
MARIA – Vai indo. Você devia aparecer lá.
JOSÉ – Pra ele destemperar a língua em cima de mim?
MARIA – Tem paciência com ele. O papa é assim...
JOSÉ – E eu sou assado. Eu entro é pela porta que me abrem.
MARIA – Está bem. Não vamos discutir.
JOSÉ – Pra ele a pessoa só presta se fizer as mesmas coisas que ele faz.
MARIA – Você sabe que não é isso.
JOSÉ – Todo mundo tem que gostar do que ele gosta.
MARIA (*tentando mudar de assunto*) – A mamma perguntou de você.
JOSÉ – Taí! Tua mãe é diferente.
MARIA – Ele sofreu muito na vida, você tem que ver isso.
JOSÉ – E por isto não somos obrigados a levar a mesma vida que ele. Você mesma disse isto. Ou já esqueceu?
MARIA – Está bem. Não vamos discutir mais. Você quer continuar com birra, continua.
JOSÉ – Birra!? Quem é implicante e tem birra é ele.
MARIA – Ai, meu Santo Cristo! Estamos parecendo seu Giovanni e dona Carmela discutindo. Chega. Não quero falar mais. (*Pausa.*)
JOSÉ (*depois de um tempo*) – O Ribeiro tem ido lá?
MARIA (*com naturalidade*) – A-han! Ele estava lá hoje.
JOSÉ (*contrariado*) – O Ribeiro é melhor tratado do que eu que sou genro!
MARIA – Vamos deixar meu pai de lado, vai.
JOSÉ – Então não reclama que eu não vou na casa do seu pai. E depois, se eu fosse lá eu não gostaria de encontrar esse tal de Ribeiro.
MARIA – Ele é uma pessoa decente.
JOSÉ – E quem disse que ele é indecente? Eu só não simpatizo. E digo uma coisa: esse tal de Ribeiro, e principalmente seu irmão, ficam brincando com fogo.
MARIA – Eles fazem o que acham justo.
JOSÉ – Eu não tenho nada contra ninguém. Agora, tem muita gente que tem. E quem cutuca onça com vara curta acaba perdendo o braço!
MARIA – Ó, coisa agourenta!

Luz começa a cair sobre José. Ponto pergunta a Maria.

PONTO – Isso foi em...
MARIA – Logo que me casei com José. Em trinta e dois...
PONTO – Gennarino ainda não tinha... É que seu pai me contou até quando seu irmão saiu de casa.
MARIA – Não, eu estou te contando um pouco antes.
PONTO – E José? Como era?
GIOVANNI (*entrando*) – Era um perfeito imbecille completo.
MARIA – Papa!
GIOVANNI – E non era?
MARIA – Era uma pessoa simples.
GIOVANNI – Uma simplicidade bastante parecida com a estupidez!
MARIA – Papa, me deixa falar?
GIOVANNI – É claro que deixo. Cada um fala o que quer, mas cada um também escuta o que não quer.
MARIA (*para o Ponto*) – Assim não dá! (*Para Giovanni.*) Foi o senhor que casou com ele? Então quem pode falar melhor sobre ele sou eu.
GIOVANNI – Está bem! Eu não falo mais nada! (*Anda pela casa.*)
MARIA – Ele era um homem simples. Mas isso não desculpa algumas coisas.
PONTO – Quanto tempo você ficou casada?
GIOVANNI (*irritado*) – Tempo demais!
MARIA – Papa!
GIOVANNI (*irritado*) – Está bem! Está bem!
MARIA – No começo, principalmente, a gente viveu bem. O problema era ele e meu pai, que não se davam.
GIOVANNI (*não se contendo*) – Dá licença? Uma coisinha só.
MARIA (*irritada*) – Está bem. O senhor quer falar, senta aqui e fala. Eu não digo mais coisa nenhuma! (*Levanta-se.*)
PONTO – Espera! (*Para Giovanni.*) Deixa a Maria falar, depois a gente conversa.
GIOVANNI – A senhora fica quieta. A senhora veio pra ouvir, non? Io quero falar. (*Para Maria.*) Eu só vou falar uma coisinha. Depois você fala o que quiser!
MARIA – Quando é que o senhor vai entender que eu não sou mais uma criança?
CARMELA – Que confuson é esta? Da rua dá pra ouvir vocês gritarem! (*Percebendo o Ponto. Simpática.*) Bom dia, senhora!
MARIA (*Falando juntamente com Giovanni.*) – É o papa.
GIOVANNI – É essa sua filha cabeça-dura!
MARIA – Eu estive casada sete anos com ele. Eu conheço ele melhor que o senhor! José era um homem simples, honesto.

GIOVANNI (*interrompendo, explosivo, dando uma "banana" para Maria*) – Aqui, ó! Ele era um homem simples! Era getulista.

MARIA – E é crime?

GIOVANNI – É certo que não. Mas tu sabe muito bem o que ele fez no sindicato. E quando eu e tua mamma estávamos desesperados com a prisão de Gennarino ele não ajudou nada. E podia! Aí está o seu "homem simples"!

Um clima de amargura domina o ambiente.

PONTO – O que aconteceu nessa época?

CARMELA – Por favor, senhora. Por favor, Giovanni, não vamos relembrar essas coisas.

GIOVANNI – Em trinta e quatro...

MARIA – Eu já estava casada com José fazia três anos...

GIOVANNI (*para Ponto*) – Você se lembra de quando Gennarino saiu de casa, não é?

CARMELA (*para Giovanni*) – Você me disse que ele ia trabalhar numa grande tipografia. Eu nunca acreditei.

GIOVANNI (*para Ponto*) – Você sabe... Em trinta e cinco os comunistas tentaram derrubar Getúlio.

CARMELA – Giovanni, não.

GIOVANNI – Gennarino sumiu. (*Carmela sai.*) Não tivemos notícias. Apareceu em casa dois anos depois.

CARMELA (*entrando*) – Filho! (*Surge Gennarino.*) Filho! (*Corre a abraçá-lo.*) Está magro. Giovanni! Gennarino voltou!

Giovanni vai em direção a eles.

GENNARINO – Cala a boca, mamma!

CARMELA (*espantada*) – Como manda tua mamma calar a boca?! (*Gennarino e Giovanni se abraçam.*) Giovanni, Gennarino me mandou calar a boca!

GIOVANNI – Stai ferma, Carmela! Cala-te!

CARMELA – Ma...

GIOVANNI – Os vizinhos podem escutar. Ninguém deve saber. Como está, filho?

GENNARINO – Bem.

GIOVANNI – Ah, Gennarino! (*Abraçam-se novamente.*)

CARMELA – Andiamo, Gennarino, vem comer. E non diga mais a tua mamma pra calar a boca.

GENNARINO – Não, mamma, eu não vou comer.

CARMELA – Como?!

GENNARINO – Eu tenho que ir. Vim buscar alguma roupa.
CARMELA – Non entendo. Onde vai? Giovanni, que acontece?
GIOVANNI – Súbito, Carmela, arranja alguma roupa pra ele. Gennarino vai viajar. (*Carmela fica parada.*) Súbito Carmela.
GENNARINO – Por favor, mamma, rápido! Depois o papa te explica.

Carmela sai atônita. Os dois homens se olham.

GIOVANNI (*deprimido*) – É, filho... (*Quebrando o clima.*) Come está? Se sente bem de saúde? Sim? E as mulheres? Não se esqueça delas, eh?
GENNARINO – Sim, papa.
GIOVANNI – Ah! (*Mete a mão no bolso e retira dinheiro.*) Tome.
GENNARINO – Não, papa.
GIOVANNI – Fique. Você vai precisar mais que a gente.
GENNARINO (*recebendo*) – Obrigado. (*Carmela volta. Gennarino pega suas roupas.*) Bem tenho que ir. (*Carmela soluça.*) Ciao, papa. (*Abraça-o.*)
CARMELA – Está fazendo frio.
GIOVANNI – Força, filho. E cuidado.
GENNARINO – Fica tranquilo. Mamma... (*Abraçam-se.*) Eu volto assim que puder. (*Separa-se da mãe.*)
CARMELA (*tira um cachecol do pescoço e entrega a Gennarino*) – Leva, filho. Está fazendo muito frio. Cubra bem o pescoço.
GENNARINO – Grazie, mamma. (*Pega o cachecol e sai.*)
CARMELA – Porque a gente não tem paz? O mundo vai arrombando a porta e entrando dentro de nossa casa. Io ho paura.

CENA 9 – MÚLTIPLOS ACONTECIMENTOS PARA DESNUDAR AS PESSOAS

Maria faz seu depoimento ao ponto, misturando o depoimento (presente) com as sensações da paixão (passado).

MARIA – Eu digo essas coisas pra você... coisas que nunca disse pra ninguém. Até hoje, pra mim, é difícil entender aquela época. O José era... Eu me dividia. Eu era filha de um homem que exigia da família quase que uma herança de rebeldia. De dia isso me atormentava. Eu não sabia onde andava meu irmão, nem Ribeiro. Perseguidos. Mas à noite, quando o José me segurava pela cintura e me apertava... Eu abandonava as preocupações... É verdade? É verdade, José?
JOSÉ – Seu pai tá seguindo meu rastro!
MARIA – É verdade?
JOSÉ – É. O que tem de mais? Sei pai também já foi do sindicato.

MARIA – O sindicato está com interventor.

JOSÉ – E eu sou o interventor? Sou o diretor daquela bosta? Sou o quarto ou quinto secretário, nem sei. Uma porcaria assim. Eu não apito nada, nem quero.

MARIA – E por que aceitou?

JOSÉ – Porque me indicaram. O gerente. E por que essa cara? Eu devia mandar o gerente à merda? Isso o seu pai fazia e no outro dia estava no olho da rua.

MARIA – Quem é o Silveira?

JOSÉ – Seu pai mandou perguntar, né? O Silveira é da polícia.

MARIA – E o que é que você tem com ele?!

JOSÉ – Como o que eu tenho com ele? E que diabo de ficar perguntando é esses? Toda reunião do sindicato tem uma agente da polícia política, você sabe disso!

MARIA – E por que meu pai mandou perguntar?

JOSÉ – Vai perguntar pra ele por quê! Com certeza ele deve achar que eu estou delatando colegas. Velho intrigante!

MARIA – José!

JOSÉ – Eu já estou cheio! Na firma tem colega que me olha torto. Agora, teu pai!

MARIA – Meu pai não disse nada.

JOSÉ – Mas pensou!

MARIA – Sai dessa coisa então, já que dá tanto problema.

JOSÉ – Como sai? Estou com a consciência tranquila. Não vou dar trela pra quem anda falando demais. Não sou interventor, não sou da polícia política, não sou delator e quando eu nasci o mundo já estava feito! E não me venha mais com essa conversa! Não me meto em política. Eu quero paz. Seu irmão e seu pai quiseram abraçar o mundo com as pernas. Taí o resultado. Eu só quero uma vida decente! E vou dormir. Pensei que aqui em casa estava livre dessa falação. (*Sai.*)

MARIA – Diabo!

Luz cai sobre Maria e sobe em Giovanni e Carmela.

CARMELA – Estava lembrando a Itália.

GIOVANNI – Eu já nem lembro mais.

CARMELA – Ninguém escreve mais de lá.

GIOVANNI – Ma, em compensaçon nós também não escrevemo, eh? (*Ri amarelo.*) Lá é verão, agora.

CARMELA – É. Lá é verão, agora. Nós nunca mais vamos voltar?

GIOVANNI – Não, cara.

CARMELA – A gente pensava em ficar cinco ou seis anos. Estamos a mais de trinta. (*Pausa.*) E Gennarino?

GIOVANNI – Deve estar bem.

CARMELA – Às vezes tenho um pressentimento.

GIOVANNI – Ma vira essa boca! Ele é adulto. Ele sabe se cuidar. (*Pausa. Preocupado.*) Cáspita!

CARMELA – Essa casa era pequena. Sempre cheia. Agora é grande. Sobramos só nós dois.

GIOVANNI – Como sobramos? Gennarino volta qualquer dia. E Maria, embora casada com um imbecille, ainda é nossa filha.

CARMELA – Mas estão grandes. Já têm a vida deles. Estamos envelhecendo.

GIOVANNI – Ma vá, cara. Ainda fazemo coisa que muito jovenzinho não faz. (*Com malícia.*) Não é verdade?

CARMELA – Ma não vem com essas conversas!

GIOVANNI – É o sangue. Meu nonno com setenta e cinco anos estava ali, ó, cumprindo! (*Saudoso.*) Eh, Itália! Hoje é só um pedaço de mapa. (*Carmela começa a cantar uma música qualquer, italiana.*) Dai, bella, senta aqui.

No colo de Giovanni, Carmela senta. Os dois cantam. Luz cai e sobe sobre Maria.

MARIA (*para Ponto*) – Estou contando tudo aos pedaços. Conto o que se prendeu mais forte na memória.

PONTO – Ele continuava no sindicato?

MARIA – Continuava, continuava. Ele me falava sempre que tinha saído de Minas pra não voltar, pra fazer a vida aqui. Falava muita coisa dele. Eu não acreditava. E eu digo, ele não delatou ninguém. Ele só defendia o seu lugar na vida. É crime? No final de trinta e sete, Gennarino foi preso.

Sonoplastia de Getúlio Vargas instalando o Estado Novo. José surge e abraça Maria por trás.

JOSÉ – Adivinha?

MARIA – José dos Passos, mineiro de Corinto.

JOSÉ – Que estava fazendo de bom?

MARIA – Nada. Estava pensando.

JOSÉ – Em quê?

MARIA – Em coisas, em coisas.

JOSÉ – Viu seus pais?

MARIA – Hu-hum. (*Pausa.*) Eles envelheceram e eu não tinha percebido. A mamma está com reumatismo. O papa com falta de ar.

JOSÉ – Na idade deles é natural.

MARIA – A mamma está morrendo de medo com essa onda de prisões.
JOSÉ – É. A situação não está nada boa.
MARIA – É o teu Getúlio.
JOSÉ – Não começa, Maria.
MARIA – Você não defendia o homem?
JOSÉ – Não defendia coisa nenhuma! Não sou a favor, mas também não posso ser contra um homem que tem um guarda em cada esquina, que tem na mão a polícia, sindicato, força, tudo!
MARIA (*desesperada*) – Diabo!
JOSÉ – Você criticava seu pai porque ele saia pra fazer política e largava vocês em casa. Eu não saio. Eu cuido da minha casa e da minha família!
MARIA – Está bem, José.
JOSÉ – Você não me comprou enganada. Sabia como eu era.

Toca uma campainha. Os dois se olham. Maria sai para atender.

MARIA (*fora*) – Ribeiro! (*Pausa. Reação de José. Maria entrando com Ribeiro.*) Onde você estava? E Gennarino? Onde é que está? Ele está bem? (*Emocionada e com raiva.*) Puxa vida! Conhece José, meu marido?
RIBEIRO – Como vai? (*José responde friamente.*) Maria, estou só de passagem.
MARIA – Você já viu o papa e a mamma?
RIBEIRO – Já.
MARIA – E Gennarino?
RIBEIRO – Já falei com seu pai. Ele não quer que sua mãe saiba. Ele está muito nervoso. Gennarino foi preso.
MARIA – Preso?
RIBEIRO – Aqui em São Paulo. Não sabemos onde está. Presta atenção. Eu não posso ficar andando por aí. Precisamos saber onde ele está.
MARIA – José, você pode!
JOSÉ (*espantado*) – Eu posso o quê?
MARIA – Tentar saber onde está o Gennarino. Com o Silveira.
JOSÉ – Eu sabia que algum dia ia dar nisso! Vocês também sabiam! Vocês procuraram. Taí. Depois o estúpido, o idiota sou eu!
MARIA – Agora não é hora disso, José.
JOSÉ – Saíram para a aventura, não saíram? E agora?
MARIA – E agora a gente precisa saber onde está o Gennarino. Fala com o Silveira.
RIBEIRO – Eu já vou, Maria.
JOSÉ – Vai, vai fazer a revolução. Vocês saem e não se importam com os que ficam. Quando as coisas não dão certo vocês voltam pra pedir ajuda.

RIBEIRO – Se você quer ajudar, ajude, mas eu e Gennarino dispensamos seu sermão! Maria...

MARIA – Espera. Não custa falar com o Silveira, José.

JOSÉ – Não tenho nada com o Silveira, já disse!

MARIA (*exaltada*) – Não é o que se ouve dizer por aí!

JOSÉ (*Vai explodir com a mulher, mas se contém. Fala amargo.*) – Você também?!

MARIA – Desculpa. Não sei o que falo. Por favor...

JOSÉ (*após pausa*) – Está bem.

MARIA – Eu vou na casa do papa. Você vem?

JOSÉ – É melhor eu ficar.

RIBEIRO – Eu vou com você até a metade do caminho.

José fica pensativo alguns instantes. A luz cai sobe em Giovanni e Ponto.

CENA 10 – A MORTE DE GENNARINO

GIOVANNI (*para Ponto*) – Um dia bateram em casa. Um companheiro de Gennarino que eu conhecia de vista. Ele me deu a notícia. (*Cobre o rosto com a mão.*)

CARMELA (*para Ponto*) – Desculpa, senhora, ele tem coração fraco.

GIOVANNI – Scusi! Non dá pra falar. Gennarino era muito querido.

CARMELA – Non Giovanni, non lembra.

GIOVANNI – A gente soube dois meses depois que ele...

CARMELA – Desculpa, moça, volta outro dia.

PONTO – Está bem. Eu volto outro dia e o senhor continua a história.

GIOVANNI – Non! É preciso falar para que todo mundo saiba que no mês de maio de 1938 não foi um cachorro que morreu. Foi Gennaro Barachetta! E tinha um pai, uma mãe, e uma irmã.

CARMELA (*para o Ponto*) – Eu nem sabia que ele estava preso. Giovanni non me contou. (*Para Giovanni.*) Essa política maledetta!

GIOVANNI – Non foi a política, Carmela. Foram os donos dela.

CARMELA (*aproximando-se de Giovanni*) – Já chega, Giovanni. Andiamo. Desculpa, moça, o médico falou que ele non pode se emocionar.

GIOVANNI – Estou velho. Já contei toda minha vida. A morte de Gennarino me envelheceu.

CARMELA – Vamos, Giovanni.

GIOVANNI – Ele non foi o primeiro, nem o último. (*Explodindo.*) Ma cazzo! Ele se chama Gennaro Barachetta e era meu filho!

CARMELA (*pega Giovanni pelo braço que se deixa levar*) – Dai, andiamo, caro.

Saem abraçados em direção ao fundo.

GIOVANNI (*voltando-se para o Ponto*) – Ma io non sou Madalena arrependida. Non me arrependo de nada, está claro? (*Para Carmela.*) Ma, Carmela, io sei andar sozinho, não sou entrevado, eh? (*Saem. Para o Ponto.*) Ciao!

PONTO (*consigo mesmo*) – Ele não foi o primeiro nem o último. A vida e a história seguem numa sucessão de muitas mortes. Não existe espaço para a dor individual.

GIOVANNI (*em off, mas se referindo ao Ponto*) – Cala a boca, você! Ele se chamava Gennaro Barachetta e era meu filho! (*Pausa. Ponto fica pensativo alguns momentos.*) Scusi! (*Pausa.*) Os profetas falaram há muito tempo e profetizaram a destruição e o arraso. Mas, mais forte que as profecias, mais longa que a duração das profecias é a alma. E a luta do homem.

Luz cai em resistência sobre Ponto para se acender do outro lado onde estão Maria e José. José está sentado mais ao fundo do palco, cabisbaixo.

CENA 11 – DESPEDIDA

MARIA – É. Era impossível ser neutra naquela época. E onde a gente iria arranjar forças pra tomar posição?

JOSÉ – Maria! (*Maria se levanta e arruma suas coisas.*) Maria, me responde, pelo menos.

MARIA – Sim, José.

JOSÉ – Eu sei o que você deve estar sentindo.

MARIA – Não sabe!

JOSÉ – Você está nervosa. Não sabe o que está fazendo.

MARIA – Sei.

JOSÉ (*explodindo*) – Então vai! Sai por essa porta e não volta mais! Vai procurar o seu antigo namorado que agora você tem pretexto!

MARIA – Cala a boca!

JOSÉ (*Pausa. José sofre. Passa a mão no rosto com força tentando relaxar.*) – Eu nunca delatei ninguém. Ninguém pode dizer que foi prejudicado por minha culpa.

MARIA – Eu acredito.

JOSÉ – Eu tentei ajudar. Fui falar com o Silveira. Ele falou pra eu não mexer nisso. Insisti. Ele me ameaçou. Seu irmão morreu, sei como você se sente.

MARIA – Não sabe!

JOSÉ – Que culpa eu tive?
MARIA – Nenhuma.
JOSÉ (*segura Maria*) – Então por quê? (*Abraça-a.*) Fica.
MARIA (*em conflito*) – Por favor, não faz isso.
JOSÉ – Eu gosto de você. A gente sempre se gostou.
MARIA – Eu não posso!
JOSÉ (*se soltando bruscamente de Maria. Com raiva*) – Está bem. Eu não peço mais nada. Faça o que você quiser.
MARIA – O que acontece é que...
JOSÉ (*corta, gritando*) – Eu não quero ouvir mais nada! (*Maria se cala. Pausa. José, sem se mover e sem olhar para Maria.*) Fala, Maria, por favor.
MARIA – Essa época foi muito dura, muito forte pra nós. Nos engoliu.
JOSÉ – Eu não pretendia mais que uma vida simples, pacata.
MARIA – O mundo estava pegando fogo e nós só fechamos os olhos.
JOSÉ – Você nunca sentiu vontade de ter nascido em outra época?
MARIA – Tentamos sair disso tudo, mas somos pé-rapado, carcamano como dizia meu pai.
JOSÉ – Seu pai!
MARIA – Meu pai. Tentei ser neutra e recebi tiros dos dois lados.
JOSÉ – Eu não te dei tiro.
MARIA – Não falo de você. Você foi sempre honesto. Tão honesto que ainda continua neutro. Eu não posso continuar.
JOSÉ – Você ainda me ama?
MARIA – Tempos como esses são difíceis até para amar. Como se pode amar correndo tantos riscos? Correndo risco de nunca mais ver a pessoa que se amava? Gennarino. Você merecia outra pessoa, não eu.
JOSÉ – Eu quis você.
MARIA – Não fale mais.
JOSÉ – Pra onde você vai?
MARIA – Não sei. (*Com determinação.*) Só sei que esse tempo que me engoliu vai ter que me vomitar de volta. Viva! Aí, então vou amar de novo. Sem medo.
JOSÉ – Você vai com Ribeiro?
MARIA – Não.
JOSÉ – Se sair por aquela porta é pra sempre.
MARIA – Eu sei.
JOSÉ – Fica.
MARIA – Ciao, José. (*Dirige-se para a porta enquanto a luz cai.*)

CENA 12 – RÁPIDO REENCONTRO

Maria e Ribeiro estão um defronte ao outro a média distância.

RIBEIRO – Onde você está?
MARIA – Na casa do papa.
RIBEIRO – Você está bem?
MARIA – Estou ficando bem. Quando você saiu da prisão?
RIBEIRO – Há um mês.
MARIA – Você não se cansa de volta e meia ir preso?
RIBEIRO – Eu estou cansado. É a polícia que não cansa de me prender. (*Maria sorri.*) Também não é tanto assim. Essa foi a segunda vez.
MARIA – Que está fazendo?
RIBEIRO – O de sempre. E como está seu pai?
MARIA – Bem. Um pouco mais velho.
RIBEIRO – Você continua bonita. (*Tenta se aproximar.*) Maria, eu...
MARIA (*cortando, mas sem dureza*) – Não fale, Ribeiro.
RIBEIRO – Foi uma época dura. Nós sobrevivemos.
MARIA – Foi. Mas eu estou mais interessada nessa época que vem. As manhãs são sempre melhores.
RIBEIRO – A gente sobrevive é pra reaprender. Sempre.
MARIA – Eu vou indo. (*Não sai do lugar.*)
RIBEIRO – Você está bem.
MARIA – Hu-hum. (*Sorri.*)
RIBEIRO – Eu li que os índios mostram com orgulho as cicatrizes de guerra.
MARIA – Eu sou do Brás. É longe do Amazonas.
RIBEIRO – Eu vou indo, Maria. (*Não se move do lugar.*)
MARIA – As manhãs são sempre melhores.
RIBEIRO – Os que sobrevivem têm a obrigação de reaprender.
MARIA – As manhãs são sempre melhores.
RIBEIRO – Eu vou indo, Maria.
MARIA – Eu vou indo, Ribeiro.

Nenhum dos dois se move. Luz fica algum tempo e depois cai lentamente.

CENA 13 – A MORTE DO VELHO ANARQUISTA

GIOVANNI – Que horas são, Carmela?
CARMELA – Cinco e meia. Eu já trago janta.
GIOVANNI – Não tenho fome. Envelhecemos, bella. A gente fica preocupado em viver e não percebe o tempo passar. Recorda a Itália?

CARMELA – Com duas guerras a Itália deve estar pior do que quando saímos.

GIOVANNI – Não esta, outra Itália. A música, as festas, os campos. (*Cantarola uma música qualquer.*) Me emociona lembrar. Às vezes eu penso que Itália foi um sonho que tive há muito tempo atrás.

CARMELA – Giovanni...

GIOVANNI – Sei, sei... O coração. Que cazzo de vida levo que nem posso ter lembrança!

Foco se acende sobre Ribeiro.

RIBEIRO – Uma época nova, seu Giovanni. O fascismo está sendo derrotado em toda frente. O exército alemão foi batido em Stalingrado. A democracia avança.

Foco se apaga.

GIOVANNI – Época nova! Estou muito velho pra ela, Ribeiro. Carmela, quanto tempo faz que nós não... (*Gesto embaraçado de relação sexual.*) ... eh?

CARMELA – Giovanni! Que conversa!?

GIOVANNI – Como que conversa! É só conversar porque fazer mesmo... Também questa porcaria (*Aponta o sexo.*) acaba antes da gente! Eh? Quanto tempo?

CARMELA – Velho, mas continua descarado! Para de falar nessas coisas!

GIOVANNI – Antigamente não era "essas coisas". Dai quanto tempo?

CARMELA – Ma, Giovanni, não sei! Deve fazer cinco anos.

GIOVANNI – Madonna mia! Estou velho há mais tempo que pensava! Ma como tu sabe que faz cinco anos? Andou contando a saudade, eh? Saudades, hein Carmela?!

CARMELA – Ma que!

GIOVANNI – Fala a verdade. Tu non sente saudade?

CARMELA – Giovanni...!

GIOVANNI – Fala a verdade! Eh?

CARMELA – Bom... Sim, claro. Eu era mais nova... Non tinha reumatismo... Ma, basta!

GIOVANNI – Ma que reumatismo! A gente tinha fogo no sangue.

Foco se acende sobre Ribeiro.

RIBEIRO – O exército aliado está chegando à Alemanha. A guerra está no fim.

GIOVANNI – Os aliados vão invadir a Alemanha?

RIBEIRO – Com certeza. O nazismo vai ser cortado pela raiz.

GIOVANNI – Então os aliados podia, quando forem pra Alemanha, cortar caminho pelo Rio de Janeiro e botar pra fora o Getúlio.

RIBEIRO – Não vai ser preciso. A ditadura está no fim. O povo está de volta às ruas. E você, seu Giovanni?

Foco se apaga.

GIOVANNI – Eu sou só um velho que já não se aguenta mais.

CARMELA – Ma que tá falando, Giovanni?

GIOVANNI – Nossa vida não foi grande coisa, mas teve momentos muito bons, não é verdade, Carmela? Lembra quando chegamos no Brasil? Eu, tu, Gennarino... (*Pausa.*) Cazzo! Grande bosta, às vezes. É a vida.

CARMELA – Giovanni...

GIOVANNI – Já sei, já sei! Meu coração! Ah, que este desgraçado estoure de vez!

CARMELA – Dio! Não fala assim!

GIOVANNI – É isso. Não posso levantar peso, não posso andar muito e agora não posso nem recordar?! Eu recordo sim e se esse imbecil quiser estourar, que estoure! Eu recordo. Recordo e me emociono porque sempre tivemos fogo. Fogo pra amar, pra trabalhar, pra brigar. Fogo pra morrer e pra ver morrer. (*Para o peito.*) Estoura! Estoura imbecille, que io quero ver. Estoura nada, estoura niente! (*Carmela chora.*) Cala-te, Carmela. Não chora! Eu não respeito a morte. E se tiver que morrer, morro dizendo "pernachia" a todos filhas da puta do mundo! (*Pausa. Giovanni se acalma.*) Está vendo, bella? O coração não estourou. Uma época nova, bella. A vida começa. Cara, te voglio bene. Olha pra mim. Bella, te voglio moltíssimo bene. Não chora. Amo-te, bella... molto forte... bella... bella... bella ciao, ciao, ciao, bella ciao... recorda? Bella ciao, ciao, ciao...

Aos poucos os atores vão entrando e cantando a canção "Bella Ciao", mas de maneira forte, rasgada, sílabas marcadas. À parte, sons de engrenagens e apitos de fábricas. Os atores entram todos e se postam ao lado de Giovanni que jaz em uma poltrona.

FIM

(No alto) *Lima Barreto, ao Terceiro Dia*, 1984. Em cena, Milton Gonçalves e Marcelo Escorel. Foto: Guga Melgar.

(Embaixo) *Lima Barreto, ao Terceiro Dia*, 1984. Em cena, Françoise Forton, Andréa Dantas, Karla Muga, Fernando Almeida e Milton Gonçalves. Foto: Guga Melgar.

1984-1986

Personagens

Lima Velho	Vitória
Lima Moço	Policarpo
Felipe	Adelaide
Médico	Felizardo
Gregorinho	Albernaz
Ismênia	Soldado

Esta peça desenvolver-se-á em três planos. O primeiro plano é o do presente: o hospício D. Pedro II, onde Lima Barreto esteve internado compulsoriamente em 1919 por problemas relacionados ao alcoolismo. Com ele conviverão um médico e, principalmente, Felipe, louco já internado há dez anos.

O segundo plano é o plano do passado onde desenvolver-se-ão imagens da vida pregressa de Lima Barreto. Neste plano estarão Lima Barreto, ainda moço, enquanto escrevia seu romance mais famoso *Triste Fim de Policarpo Quaresma*, e Gregorinho, seu amigo.

O terceiro plano é o da ficção onde serão representadas as histórias de Policarpo Quaresma e Ismênia. Outros personagens ocuparão este espaço: Adelaide, Vitória, General Albernaz, Felizardo e Lalau Marques.

Cenário: no centro do palco, ao fundo, ergue-se uma estrutura de ferro semiacabada, velha e decadente. Esta estrutura delimitará a área de representação do plano do presente. Numa plataforma, a mais ou menos um metro de altura, estará Lima Velho nos seus momentos de delírio "assistindo" as imagens do plano do passado e do plano da ficção. Embaixo ficará Felipe, quase sempre empenhado na "construção" de sua cidade. Tanto a plataforma como a parte de baixo deverão ter camas velhas cobertas com colchas brancas, puídas e amareladas pelo uso. Nos canos de ferro deverão estar pendurados trapos, roupas, fitas etc., que Felipe utilizará na referida "construção". No alto da estrutura uma placa de madeira onde se inscreve: "Hospício D. Pedro II".

À direita do palco se localiza o plano do passado. Nele estará o quarto-escritório de Lima Barreto enquanto moço. Uma escrivaninha, cadeira, livros, cama etc. Ainda à direita se situará o bar.

O plano da ficção ocupará toda a parte frontal do palco. À direita, avançando pela plateia, em local elevado, o quarto de Ismênia. À esquerda a casa de Policarpo, tanto a da cidade quanto a do interior. Mudam-se apenas os apetrechos de cena.

PARTE 1 – UM HOMEM NUM HOSPÍCIO VAI REENCONTRAR O SEU PASSADO. POR ENQUANTO, O PASSADO SÃO APENAS VAGAS LEMBRANÇAS

Lima Velho entra no hospício D. Pedro II carregando uma pequena maleta. Seu andar é inseguro e olha tudo com estranhamento. Veste um paletó escuro e velho. Calças e sapatos também gastos e escuros; uma camisa branca com o colarinho desabotoado. No hospício já está Felipe que veste roupas dois números acima do seu tamanho. As calças, embora largas, são curtas. Os pés metidos em chinelos. Carrega um avolumado de panos e tiras com o que ele tenta "esculpir" figuras e formas. Ouve-se um violino. Felipe vira-se para Lima Velho e esboça um sorriso ausente. Lima Velho volta-se para a saída tentando saber de onde vem o som do violino. Volta-se novamente para Felipe que continua sorrindo. Tem um estremecimento como se somente agora saísse de sua letargia e percebesse onde realmente se encontra.

LIMA VELHO (*ainda um tanto ausente*) – O senhor está ouvindo a música?

Felipe ri e vai em direção de Lima Velho.

FELIPE – Vem deitar, vem deitar, vem deitar. Fica calmo. (*Lima Velho recua um passo. Felipe continua em sua direção e o pega pela mão. Lima se deixa levar*) Tem de dormir. (*Felipe muda repentinamente de direção.*) Vem ver a cidade. (*Puxa Lima Velho para vários montículos *de pano e madeira no chão*) É bonita. Tem rua e essa casa aqui. Eu nasci...aqui! (*Lima Velho se desembaraça de Felipe com um puxão. Este nem se dá conta e continua falando enquanto Lima Velho sobe à plataforma.*) Nessa rua tinha uma mulher... perna grossa... bonita. (*Ri.*) A cidade é bonita. (*Olha para Lima Velho.*) Quer água? Eu vou buscar. (*Grita para fora.*) Enfermeirôôô! Ele quer água!

LIMA VELHO (*sorri*) – Uma parati.

FELIPE (*voltando-se*) – Parati não pode, não pode, não pode. Nem cerveja não pode. Nem vinho, nem... (*Sem transição.*) Dá um cigarro?

Lima Velho não o ouve mais. Sua atenção está voltada para o som do violino que toca mais alto e para a imagem de Ismênia que se ilumina no plano da ficção. Ismênia borda.

LIMA VELHO – Quem é ela? Eu não consigo me lembrar.

Ismênia ouve a música. Alegra-Se. Lalau Marques vai ao proscênio tocando o violino. Ismênia acena para ele alegremente. Lalau pára, tira da cabeça uma palheta velha, coloca-a sobre o peito e faz uma solene reverência. O sorriso de Ismênia se acende ainda mais.

ISMÊNIA – Toca mais, seu Lalau Marques! Toca mais! (*Lalau se mantém estático, sorrindo com um ar abobalhado. Ismênia frisa as sílabas e gesticula demonstrando*) To-ca! To-ca! (*Lalau Marques toca uma modinha. Ismênia canta*)

Cadê meu sonho, sinhá?
O vento levou.
Cadê meu dia, sinhá?
A noite apagou.
Cadê meu riso, sinhá?
Meus óio molhou.
E o meu canário, sinhá?
Voou, voou.

Ismênia senta-se e borda repetindo a canção, baixinho. Lalau a acompanha ao violino. Lima Velho é preso de intensa agitação.

LIMA VELHO – É ele! Nicolau Marques! Eu lembro! (*Chama.*) Lalau Marques! Toca Lalau! Toca!

FELIPE – Fica calmo, fica calmo, fica calmo, fica calmo.

LIMA VELHO (*Voltando-se para Felipe. Luz se apaga sobre Ismênia e Lalau*) – Ele é o Nicolau... Lalau Marques, tenho certeza! Ela é a Ismênia... mas isso não tem sentido!

FELIPE – Onde?

LIMA VELHO – Ali. (*Vira-se para o plano da ficção. Não há ninguém.*)

FELIPE (*rindo*) – Não tem ninguém.

LIMA VELHO (*alto*) – Eles estavam ali!

FELIPE – Não grita, não grita. O enfermeiro te amarra, o enfermeiro te amarra. Fica calmo. Eu vou buscar, eu vou buscar. Eu vou buscar água. Quer água?

Lima Velho olha para Felipe como se o visse pela primeira vez. Acalma-se um pouco tentando voltar à razão.

FELIPE (*aconselhando*) – Não pode gritar. O enfermeiro amarra. Me dá um cigarro?

LIMA VELHO (*irritado*) – Não tenho, já disse! (*Deita-se na cama e se cobre.*)

FELIPE (*Voltando à sua "cidade" resmungando*) – Não disse, não. Não disse, Não disse. (*Põe-se a amarrar as fitas. O serviço é feito meticulosamente como se fosse uma obra importante. Súbito.*) Não disse, não, viu?! (*Lima Velho se levanta agitado. Felipe não olha para Lima Velho.*) Tem de ficar deitado. Ficar deitado.

LIMA VELHO (*Olhando para Felipe e para o hospício com uma ponta de menosprezo*) – Até onde você conseguiu chegar, senhor Lima Barreto! Você, quando era mais moço tinha outros planos para o seu futuro! (*Sorri.*) A vida é uma ridicularia. (*Felipe ri, ausente.*) Que dia é hoje?

FELIPE – Terça-feira, terça-feira.

LIMA VELHO – Quinta.

FELIPE – Terça-feira, terça-feira.

LIMA VELHO – Você é um personagem interessante e isso aqui seria um bom tema para romance... se eu estivesse do lado de fora. Há quanto tempo o senhor está aqui?

FELIPE (*alheio*) – Aqui na ponte passava prá caçar passarinho. Ruindade! Os meninos matavam filhotinho.

LIMA VELHO – Eu estou falando com o senhor. (*Felipe ri alheio. Lima Velho se agita.*) Eu preciso falar com alguém. (*Chama.*) Enfermeiro! Enfermeiro! Eu quero falar com o médico!

FELIPE (*põe-se a gritar*) – Médico! Enfermeiro! Médico! Enfermeiro!

LIMA VELHO (*com raiva*) – Se aquiete! (*Felipe o olha e sorri.*)

FELIPE – Semana que vem eu vou embora. Minha mãe vem me buscar. (*Lúcido.*) Não adianta gritar. O médico só vem quando quer. Dorme, tem de dormir.

Lima Velho senta-se pesadamente na cama. Luz cai sobre o hospício, à exceção de um foco de luz que permanece iluminando Lima Velho. Súbito,

Lima Velho levanta a cabeça, apreensivo, e olha à direita. Ouve-se um som forte de violoncelo, quase aterrorizante. Lima Velho empalidece enquanto a luz começa a subir no plano do passado.

LIMA VELHO – Gregorinho!

Surge Gregorinho e, logo atrás dele, Lima Barreto enquanto moço. Lima Velho ri atônito ante a alucinação. Gregorinho carrega uma garrafa e ambos estão tocados pela bebida.

GREGORINHO – Bela madrugada!
LIMA MOÇO – Vamos chegar. Já é tarde, Gregorinho.
GREGORINHO – Não, senhor. Você vai sentar e me contar a história.
LIMA VELHO – Outro dia.
GREGORINHO – E você acha que te acompanhei do bordel até aqui a troco de um "boa noite"? Eu faço um escândalo!
LIMA VELHO – Faça o escândalo que quiser!
GREGORINHO (*grita*) – Acorda, Rio, para pedir ao senhor Lima Barreto que nos conte o seu romance!
LIMA MOÇO – Fica quieto! Eu moro neste bairro!
GREGORINHO – Lima Barreto! Lima Barreto que mora neste bairro... (*Para Lima Moço.*) Quem é o nome da rua?
LIMA MOÇO – Tenha pudor, Gregorinho!
GREGORINHO (*gritando*) – Acorda, Rio... (*Coloquial.*) Vai contar o romance?
LIMA MOÇO (*irritado*) – Não!
GREGORINHO (*continuando a frase anterior aos gritos*) – ... para pedir a Lima Barreto que mora neste bairro...
LIMA MOÇO (*cortando*) – Está bem, mas chega de escândalo!
GREGORINHO (*grita*) – Não precisa acordar mais! (*Senta-se no chão*)
LIMA MOÇO – Algum dia eu ainda me inspiro em você para escrever um personagem.
GREGORINHO – Verdade?
LIMA MOÇO – Um general.
GREGORINHO – Dispenso! Do jeito que você gosta de generais...! (*Dá-lhe a garrafa*) Senta, bebe, desembucha!
LIMA MOÇO (*bebendo*) – A personagem é uma idiota que chega até o conhecimento por caminhos imbecis. (*Ri.*)
GREGORINHO (*intencionalmente pedante*) – É... gostei. Continue. Com detalhes, por favor.
LIMA MOÇO – É um patriota
GREGORINHO – Como eu.
LIMA MOÇO – Um pouco menos ridículo.

GREGORINHO (*irritado*) – Esqueça os detalhes. Vamos ao grosso da coisa. (*Lima Moço ri.*)

LIMA MOÇO – Policarpo é um patriota incomum. Ele ama de verdade este país. (*Policarpo no plano da ficção lê andando, decorando palavras.*) Durante anos, em silêncio, estudou profundamente as nossas coisas. Um nacionalista intransigente! Há tempos se dedicava ao estudo do folclore e do tupi-guarani.

Luz começa a cair sobre Lima Moço e Gregorinho. Sobe em Ismênia à direita. Ismênia borda.

GREGORINHO – Tupi-guarani? É um despropósito!

LIMA MOÇO – É o que todo mundo achava.

Luz cai totalmente sobre Lima Moço e Gregorinho. Lima Velho vai assistir toda a cena iluminado e, ora ri, ora meneia a cabeça, participando dos acontecimentos, mas de maneira bastante discreta. Policarpo tartamudeia algumas palavras, tentando memorizá-las.

POLICARPO – Iacitataguassú.Iessapyá! Iopopici! Iacitataguassú! Iacitataguassú!

Adelaide entra pela direita carregando um cesto de verduras.

ADELAIDE – Então, Ismênia, quando é que casa?

ISMÊNIA – Para o ano. Quando meu noivo formar. Quer ver o pano que eu bordei?

ADELAIDE – Outra hora, estou com pressa. Como está o general Albernaz? Há muito tempo não o vejo.

ISMÊNIA – Papai está bem. Está no Ministério tentando melhorar a aposentadoria. Ah!, minha mãe mandou perguntar se o Policarpo está melhor.

ADELAIDE (*para si, indignada*) – Língua de cobra! (*Para Ismênia.*) Melhor do quê? Eu que sou a irmã dele nem sabia que ele estava doente!

ISMÊNIA – Melhor das manias.

ADELAIDE (*irritada*) – Fala prá sua mãe que existem manias piores que o estudo: ficar metendo o nariz na vida dos outros, por exemplo.

VITÓRIA (*Entrando e dando a entender que ouviu a insinuação.*) – Bons, dias, Adelaide!

ADELAIDE (*surpresa e envergonhada*) – Bons dias. Eu estava aqui falando com sua filha... A senhora me desculpe...

VITÓRIA – Eu falo é porque estou preocupada com seu irmão.

ADELAIDE – Eu agradeço.

VITÓRIA – Essa mania de estudo! Prá que tanto livro se ele nem é formado? Isso põe as ideias fora de esquadro!

ISMÊNIA – Não fala assim, mãe! O seu Policarpo é muito gentil e muito inteligente.

VITÓRIA (*ríspida, para Ismênia*) – Você, continua com seus bordados! (*Ismênia volta ao bordado com um muxôxo de enfado.*) Inteligência demais também tinha meu primo. (*Segredando a Adelaide.*) Pois ele não inventou de estudar os astros? Dormia de dia e passava a noite olhando o céu. Isso lá é coisa de gente sã? Coisa mais sem siso, sem tino, sem tampo! Pois com estudo e sem estudo os astros iam continuar no céu como Deus pôs. Então, prá quê?! A família mandou internar e até hoje...

ADELAIDE – Nem me fale!

VITÓRIA – Muito estudo, além de fazer cair os cabelos, enfraquece os miolos. Pois o general Albernaz, meu marido, já não disse que um homem lá do estrangeiro, de tanto estudar não está dizendo que a gente veio do macaco?!

ADELAIDE – Mas o Policarpo...

VITÓRIA – Ele é só um escriturário. Se ele ainda estudasse francês, grego, latim... Mas tupi-guarani? Língua de bugre?!

ADELAIDE – É só passatempo.

VITÓRIA – Era o que dizia meu primo. Se eu fosse você eu mandava aplicar umas bichas.

ADELAIDE – Que é isso?

VITÓRIA – Bicha, sanguessuga. O Policarpo deve ter muito sangue.

ADELAIDE – E isso é ruim?

VITÓRIA – Muito! Principalmente quando vai todo prá cabeça. O sangue sai do coração e sobe pelas canaletas das veias e vai até o cérebro. E lá ele fica estorcendo os miolos. E daí começa a sair ideia demais, ideia sem precisão!

ADELAIDE – Quer dizer que...

VITÓRIA (*cortando*) – Quer dizer sim, senhora! O meu primo: querer estudar os astros não é ideia demais? Prá que? Nem horóscopo ele fazia! A mesma coisa o Policarpo com o tupi-guarani!

ADELAIDE – E aplicar bicha dá resultado?

VITÓRIA – Com o meu primo dava. As sanguessugas iam ficando gordas e o sangue ia descendo da cabeça dele. O rostinho ia ficando pálido e ele ficava calmo, calmo...

ADELAIDE – Mas isso é um absurdo!

VITÓRIA – Absurdo é um homem respeitável ficar soltando da cabeça toda e qualquer ideia que lhe passe pelos miolos!

ADELAIDE (*indignada*) – Eu agradeço seu conselho, mas o Policarpo não tem ideia demais, não. (*Saindo.*) E com licença que eu tenho mais...

(*Pára estatelada ao ver Policarpo vindo em sua direção declamando a meia voz o hino nacional em tupi.*)

POLICARPO – Cembyua Ipiranga su pitua
Ocemdu quirimbaua çacemoçú
Coaracy piciringaua sed úia…

ADELAIDE – Policarpo!

POLICARPO (*vê as mulheres e abre os braços numa saudação*) – Cunhã! Cunhãmema! Cunhãmendaçareyma!

VITÓRIA – Jesus! É o ataque! Igual meu primo. Eu te falei, Adelaide!

ADELAIDE – Que extravagância é essa, Policarpo?!

POLICARPO – Che aiaceó! Che aê nde, cunhàmendaçareyma!

VITÓRIA – Ismênia, corre e chama uns praças prá segurar o Policarpo! Ligeiro!

ADELAIDE – Não vai chamar praça nenhum!

VITÓRIA – Vai chamar, sim. Ele pode ficar furioso!

ADELAIDE – Você fica aí, Ismênia!

ISMÊNIA – Afinal, chamo ou não chamo?

VITÓRIA – Corre, tonta!

ADELAIDE – Fica!

POLICARPO (*observa a discussão aturdido*) – Que gritaria é essa? Falta de decência, Adelaide!

VITÓRIA – Graças a Deus! O ataque passou.

POLICARPO – Que ataque?

ADELAIDE – Você já está melhor?

POLICARPO – Melhor de quê? Eu só estava enviando a vocês uma saudação no mais legítimo tupi-gurani! Enecoema! Che aê nde! Bons dias! Eu sou amigo!

VITÓRIA (*assustada*) – Nós… Nós também somos, viu? É tudo amigo. (*Para Adelaide.*) Começa assim! É o sangue estorcendo os miolos! As ideias estão saindo sem quê nem prá quê!

POLICARPO – Como sem quê nem pra quê?! O tupi é a essência da brasilidade! Os tupiniquins, guaranis, kaingang…

ADELAIDE – Que vergonha! (*Sai correndo.*)

POLICARPO – Adelaide! Com licença, dona Vitória. (*Sorri.*) Enecoema. Che aê nde! (*Sai atrás de Adelaide.*)

VITÓRIA (*ainda espantada*) – É o estudo! O governo devia ver essas coisas, devia proibir. Só devia estudar quem é formado.

ISMÊNIA – E como é que as pessoas se formariam se não podem estudar?

VITÓRIA (*Concordando com o raciocínio*) – É… (*Irritada.*) Mas deixa de enxerimento, menina! (*Sai.*)

ISMÊNIA – Que pena, coitado! Um homem tão bom.

Luz cai sobre Ismênia. Lima Velho que, iluminado, assistiu toda a cena ri. Subjacente ao riso, porém, existe a tensão que ele carrega sempre consigo. Esta tensão só aflora em alguns poucos momentos. É a luta de Lima Velho contra sua própria loucura.

LIMA VELHO – Estão todos ali. Policarpo, Ismênia, Adelaide... Tão reais que eu poderia tocá-los.

No escuro ouve-se uma risota de Felipe.

FELIPE – Você é louco? Você é louco? (*A voz de Felipe tira Lima Velho de seu delírio.*)
LIMA VELHO – Quem está aí? (*Luz começa a subir sobre Felipe que ri. Lima Velho o olha perplexo.*) Quem é você? (*Felipe ri.*) Já me lembro. Com esse riso idiota você só pode ser meu companheiro de infortúnio.
FELIPE – Você é louco, hein? Você é louco?
LIMA VELHO (*ri*) – Acho que um pouco. E você?
FELIPE – Eu não sou. Nem um pouco, nem um pouco. Eu já fui. (*Tenso.*) Não. Eu não fui, não. Eu vou embora terça-feira. Eu estou bom.
LIMA VELHO – Se você está bom eu entrei aqui a passeio.
FELIPE – Você é louco. Você fala sozinho. (*Ri.*) O que é que você faz?
LIMA VELHO – Sou escritor.
FELIPE (*continuando a rir alheio*) – O que é que você faz?
LIMA VELHO (*irritado*) – Sou escritor. Escrevo.
FELIPE – Eu não escrevo. Não aprendi. Só o nome. Você escreve o nome?
LIMA VELHO (*levanta-se entre irritado e irônico*) – Você é uma grande conversa! Na verdade é um imenso prazer tê-lo como companheiro de quarto!

Felipe vai até sua cama e retira um cobertor e o coloca aos pés de Lima Velho.

FELIPE – Prá você. À noite faz frio, muito frio.
LIMA VELHO (*olha para o cobertor e para Felipe. Sorri*) – Obrigado.

Felipe ri e volta para sua cama. Olha para sua cama e olha para Lima Velho. Corre e pega novamente o cobertor e o segura junto ao peito.

FELIPE – É meu.
LIMA VELHO (*perplexo*) – Você é real? Você existe mesmo? Que é que você fazia antes de vir prá cá?

FELIPE – Não sei. Eu era sacristão. Dessa igreja aqui, ó. (*Aponta uma "construção".*) Aqui mora a Clara. Ela não morreu, não. Não morreu!
LIMA VELHO (*alto, com raiva*) – Você existe ou é mais uma alucinação?!
FELIPE – Não pode gritar, não pode gritar! Tem de dormir.
LIMA VELHO – Eu não vou ficar mais aqui! Eu quero o médico.
FELIPE – Só amanhã. Dorme. Só Amanhã.
LIMA VELHO (*ríspido*) – Fica quieto!
FELIPE (*assustado*) – Eu fico, eu fico. (*Pede.*) Não grita? Eu vou dormir. Não grita.

Deita-se na cama. Lima Velho já não presta atenção em Felipe. A luz se acendeu ao lado esquerdo do palco onde estão Policarpo e Adelaide. Felipe percebe e olha na mesma direção que Lima.

FELIPE – Que é?
LIMA VELHO – Nada. Dorme.

Luz se apaga lentamente sobre Felipe. Lima Velho assiste a cena e, aos poucos, se acalma e sorri. Policarpo, com uma pena que volta e meia molha num tinteiro, acaba de escrever. Adelaide o olha inquieta. Policarpo levanta-se e veste cartola e casaca.

ADELAIDE –Vai sair?
POLICARPO – Vou até a cidade.
ADELAIDE (*apreensiva*) – Fazer o quê?
POLICARPO – Que diabo é isso, Adelaide? Que perguntação é essa?
ADELAIDE – Não é nada, não.
POLICARPO – Como "não é nada"? Há dois dias você está aí me vigiando feito sentinela de quartel!
ADELAIDE – É que há dois dias você se enfiou nesses estudos seus e não levanta quase nem prá comer, nem prá dormir.
POLICARPO – É algum crime? É alguma loucura prá ter alguém me vigiando?
ADELAIDE – Nem trabalhar você foi.
POLICARPO (*mostrando as folhas escritas*) – Isto é mais importante. Muito mais!
ADELAIDE (*assustada*) – O que é isso?
POLICARPO (*orgulhoso*) – Você vai saber pelos jornais.
ADELAIDE (*desesperada*) – Meu Deus! O que é isso, Policarpo? A vizinhança inteira já está comentando. Estão te apontando na rua!
POLICARPO – Que apontem! É motivo de riso eu me preocupar com as coisas de meu país? E tudo só porque eu disse bom dia em tupi!

ADELAIDE – Não seria melhor dizer bom dia como todo mundo?
POLICARPO – E apertar a mão como um inglês? E fazer reverência como um francês?
ADELAIDE – Você quer pôr Deus no inferno e o diabo no céu, virar tudo às avessas! Eu estou preocupada com você, Policarpo!
POLICARPO – E eu estou preocupado com o Brasil!
ADELAIDE – O governo já se preocupa o suficiente com o país.
POLICARPO – Se preocupar com a nação é dever de todo brasileiro. Você vê a Inglaterra: uma ilhotazinha e manda no mundo inteiro. Por quê? Eu te pergunto. E te respondo: NACIONALISMO! É o que eles têm de sobra e o que nos falta. Nós nos vestimos como ingleses, nos comportamos como franceses e nem a língua é nossa! É portuguesa!
ADELAIDE – Jesus! O que é que você vai fazer?
POLICARPO (*agitado, mostra as folhas*) – É tudo tão simples. Isto vai reformar tudo, todo o País! Nós seremos um grande povo, Adelaide!
ADELAIDE – Homem de Deus! Você está sendo motivo de galhofa nas ruas!
POLICARPO – Sossegue. Não vou mais gastar saliva com ouvidos surdos. (*Faz menção de sair.*)
ADELAIDE (*desesperada*) – Onde você vai?
POLICARPO (*saindo*) – Se as ruas não me ouvem, o Congresso Nacional vai me ouvir! (*Sai.*)
ADELAIDE – Policarpo!

Luz cai sobre Adelaide. No centro do palco Policarpo empertiga-se e lê solenemente seu requerimento ao congresso. Lima Velho sorri relembrando a personagem que escreveu há tempos.

POLICARPO – Policarpo Quaresma, cidadão brasileiro, funcionário do Arsenal de Guerra, certo de que a língua portuguesa é emprestada ao Brasil e, sabendo que, em nosso País, os autores, os escritores e principalmente os gramáticos não se entendem quanto a correção gramatical, usando o direito que lhe confere a Constituição, vem pedir ao Congresso Nacional que decrete o tupi-guarani como língua oficial e nacional do povo brasileiro. (*Lima Velho ri deliciado. Luz sobe devagar sobre os outros personagens e todos, com exceção de Adelaide, começam a rir. Após breve pausa de surpresa e irritação Policarpo continua, em tom mais alto e algo irritado, a sua leitura.*) Demais, senhores congressistas, o tupi-guarani, língua originalíssima, é a única capaz de traduzir as nossas belezas... (*Risadas. Luz sobe mais.*) e adapta-se perfeitamente aos nossos órgãos vocais e cerebrais... (*Risadas transformam-se em gargalhadas.*) evitando-se assim controvérsias que tanto impedem o progresso de nossa cultura literária, científica e filosófica. Certo de que a sabedoria dos legisladores... (*Risadas.*) e a Câmara e o Senado pesarão o alcance e a utilidade dessa ideia... (*Há uma explosão de gargalhadas. Policarpo grita sobre as risadas.*) Peço e espero deferimento.

Risadas continuam. Policarpo caminha perplexo ouvindo a assuada do povo.

VITÓRIA (*grita para Adelaide, que está do outro lado desolada*) – Que ideia foi essa dele, Adelaide?! Ficou louco de vez! (*Ri, mas corta logo a risada persignando-se.*) Deus me perdoe, coitado! (*Compõe uma expressão penalizada para logo depois romper num riso incontido.*)

ADELAIDE (*aflita*) – Policarpo!

A assuada se torna ainda mais forte. Assobios, gritos.

TODOS – Quareeeesma! Quareeeesma!

Policarpo se agita ainda mais, as risadas prosseguem. Policarpo para.

POLICARPO – Ignorantes! (*Luz vai caindo sobre todos os outros personagens à exceção de Policarpo e Lima Velho. A assuada vai se tornando menor à medida que cresce o discurso de Policarpo. Lima Velho ri.*) Mereço respeito! Dediquei toda minha vida... (*Explode sua impotência e sua raiva.*) Aujé! Então se afoguem no riso! Cala, Policarpo, que teu País não quer te ouvir! Quirim i retama aani ucendu! Che urecó iapixaba ramo nhiã! Iapixaba ramo nhiã...nhiã. Tenho o coração quebrado... o coração quebrado... o coração.

Policarpo senta-se arrasado enquanto fala as últimas palavras. Lima Velho estoura numa gargalhada. Luz cai sobre Policarpo e sobe no hospício. Felipe se aproxima de Lima Velho.

PARTE 2 – A PRIMEIRA VISITA DO MÉDICO

FELIPE – Do que está rindo? (*Pausa. Lima Velho suspende o riso e olha para Felipe contrafeito. Felipe implora infantilmente.*) Fala comigo? Do que você está rindo? (*Ri.*)

LIMA VELHO – Você não sabe?

FELIPE (*rindo*) – Não sei.

LIMA VELHO (*rindo*) – Então porque está rindo? Você é algum idiota por acaso?

FELIPE (*sério*) – Não sou. E não pode rir.
LIMA VELHO – E por que não?
FELIPE – O enfermeiro amarra, amarra. Amarra, amarra.
LIMA VELHO – Qual é o seu nome?
FELIPE – Felipe, Felipe, Felipe.
LIMA VELHO (*ri*) – Felipe Felipe Felipe?
FELIPE – Não. Só Felipe. Só Felipe. Só Felipe.

Lima Velho dá uma longa risada. Felipe o acompanha. Ouve-se barulho e conversa de gente que se aproxima. Felipe corta o riso.

FELIPE (*assustado*) – Não pode rir. Não pode rir. Não pode rir.

Entra médico. Felipe corre em sua direção.

MÉDICO – Fica parado aí! (*Felipe para, embora continue a se movimentar aflito.*) Se acalma.
FELIPE – Estou calmo... Estou calmo... (*Ainda se movimenta no mesmo lugar.*)
MÉDICO – Então fala o que quer. (*Felipe vai em direção do médico.*) Parado aí!
FELIPE – Eu posso ir embora?
MÉDICO – Você ainda não recebeu alta. Terça-feira você sai. Vá pro seu canto!
FELIPE – Terça-feira? (*Inconformado.*) Hoje!
MÉDICO – Pro seu canto! (*Felipe não se move. Continua a olhar fixamente o médico.*) Eu vou precisar chamar o enfermeiro?
FELIPE – Não precisa... não precisa. (*Não sai do lugar.*)
LIMA VELHO (*descendo da plataforma*) – Vai prá lá, vai, Felipe.

Lima Velho sorri. Felipe o obedece. Vai para o canto do palco e se põe a trabalhar com retalhos de pano.

MÉDICO – Senhor Lima Barreto?
LIMA VELHO – Acho que ainda sou.
MÉDICO – Como é que se sente?
LIMA VELHO – Com raiva.
FELIPE – (*absorto em seu trabalho, fala sem interferir na cena*) Não pode ter raiva. Não pode ter raiva. Não pode ter.
LIMA VELHO – Fui trazido para cá, contra minha vontade, trancado num carro forte de polícia.
MÉDICO – O senhor estava em estado de alucinação.
LIMA VELHO – Alucinado ou não, o tratamento não deixa de ser humilhante.

MÉDICO (*medindo Lima*) – O senhor é escritor?

LIMA VELHO (*com ironia, medindo o médico*) – O senhor é médico?

MÉDICO – Formado.

LIMA VELHO – Eu não sou formado, mas sou escritor. Já leu algum livro meu? Deixe. Não faz diferença.

MÉDICO – O senhor frequentemente fala sozinho?

LIMA VELHO (RI) – Um escritor não fala sozinho. Fala com seus personagens.

MÉDICO (*anotando*) – Aos gritos?

LIMA VELHO – De vez em quando. Uma personagem às vezes é um cavalo selvagem, quer correr sem direção... É um custo dominá-lo... (*Percebe que o médico anota. Desconfiado.*) O que o senhor está escrevendo?

MÉDICO – Não se preocupe com isso.

LIMA VELHO – Diz respeito a mim. Tenho o direito de saber.

MÉDICO – São anotações médicas. O senhor não ia entender.

LIMA VELHO (*tira um velho caderno do paletó e começa a anotar*) – Eu quero novamente deixar claro que eu estou aqui contra minha vontade. Não gosto daqui, nem do tratamento que aqui é dado aos doentes. Qual o nome do senhor?

MÉDICO – Isso não tem importância.

LIMA VELHO – Prá mim, tem. Seu nome, por favor?

MÉDICO – O médico aqui sou eu. Eu estou conduzindo esta consulta. (*Lima Velho anota em seu bloco. O médico sente-se meio desconfortável.*)

LIMA VELHO (*irônico*) – O senhor é médico "formado". Se eu lhe der todos os detalhes da minha vida o senhor poderá explicar o que se passa comigo?

MÉDICO – Talvez.

LIMA VELHO – Talvez. E se "talvez" eu lhe dando todos os detalhes e se "talvez" o senhor explicar o que acontece comigo, o senhor poderá me curar?

MÉDICO – Não sei.

LIMA VELHO – Para quem responde "talvez" e "não sei" o senhor tem orgulho demais em ser médico.

MÉDICO – "Talvez" agora a gente possa continuar.

LIMA VELHO (*irônico*) – Talvez!

MÉDICO – Me explica melhor essas conversas com seus personagens, essas alucinações.

LIMA VELHO – Não se preocupe com isso.

MÉDICO – É minha obrigação.

LIMA VELHO (*sarcástico*) – O senhor não ia entender. O senhor não é escritor. (*Ri. Põe-se novamente a anotar. O médico sente-se desconfortável.*)

MÉDICO – Anotações para um novo romance?

LIMA VELHO – Talvez. Um escritor deve estar sempre com o seu senso de observação atento. Estou traçando um perfil deste hospital, das coisas, das pessoas, inclusive do senhor.

MÉDICO (*irônico*) – O senhor está tentando me intimidar?

LIMA VELHO – O senhor queria me intimidar quando fazia suas anotações? Nem eu! (*Médico anota. Lima Velho sente-se intimidado e curiosíssimo.*) Talvez o senhor esteja escrevendo que eu seja um paciente singular, revoltado, descrente de qualquer tratamento.

MÉDICO – E talvez o senhor tenha escrito que eu sou um médico antipático e bisbilhoteiro.

LIMA VELHO (*sério*) – E mais. Talvez eu tenha escrito sobre a petulância de um médico que acredita na onipotência do título de doutor.

MÉDICO – Eu preciso de suas anotações.

LIMA VELHO – Por quê?

MÉDICO – Já que o senhor se nega a falar, elas vão ser importantes para determinar o seu diagnóstico.

LIMA VELHO – E suas anotações vão ser importantes para eu determinar o scu perfil.

MÉDICO (*com autoridade*) – Me dê, por favor!

LIMA VELHO (*entre sério e jocoso*) – Eu troco.

MÉDICO – Talvez eu deva chamar o enfermeiro.

LIMA VELHO – Talvez isso seja assunto do meu próximo artigo para uma revista. Além de escritor eu também sou jornalista. Xeque! (*Sorri. Médico se levanta. Lima faz o mesmo. Os dois se olham.*)

MÉDICO – Senhor Lima Barreto! Já que contra a nossa vontade somos obrigados a conviver sob o mesmo teto; e já que o senhor precisa de tratamento e eu preciso tratá-lo, seria ótimo se entrássemos num acordo.

LIMA VELHO – Seria ótimo.

MÉDICO – Espero que em minha próxima visita não se dê esse desperdício inútil de tempo e energia.

LIMA VELHO – Assim espero.

Médico sai. Lima Velho fica parado alguns instantes olhando sua saída. Depois vai na mesma direção, como se fosse chamá-lo de volta. Por onde saiu o médico surge Lima Moço. Lima Velho estaca perplexo e com medo. Volta-se lentamente de costas olhando fixamente a aparição. A aparição ri. Enquanto Lima Velho volta e se senta, cobrindo o rosto, a aparição brada forte.

LIMA MOÇO – Eu ainda volto! O futuro vai mostrar o acerto das minhas opiniões! A história há de me julgar! (*Gregorinho surge rindo por onde entrou Lima Moço. Para Gregorinho.*) A Adelaide arrasta

Policarpo que grita: (*Grita.*) Eu não transijo! O orgulho e a altivez desta nação ainda vão imprimir sua marca na História! (*Gregorinho senta-se rindo na mesa de um bar.*)

GREGORINHO – Sente-se, Lima.

Enquanto Lima Moço descreve eufórico o final do capítulo de seu romance, à esquerda luz acende sobre Policarpo e Adelaide carregados de malas. Compõem, por alguns instantes, um quadro: Adelaide triste, de cabeça baixa, e Policarpo de cabeça erguida, olhando para o vazio. Viram-se e saem lentamente pela esquerda. Lima Moço em momento algum olha para eles.

LIMA MOÇO – E lá se vai Policarpo para um sítio afastado. Longe da cidade e de seus loucos sonhos de reformas. (*Senta-se rindo.*)

GREGORINHO – E depois?

LIMA MOÇO (*animado*) – E depois... (*Contrariado.*) Não sei. O romance empacou. Há uma semana não escrevo uma linha. Não estou tendo mais cabeça. O trabalho na repartição, meu pai doente, aluguel, contas, remédios e eu sem um vintém.

GREGORINHO – Nem prá gente beber um gole?

LIMA MOÇO – Sabe quanto o jornal me pagou hoje? Uma miséria.

GREGORINHO – (*intencional*) A miséria nos permite tomar ao menos um ou dois copos, não é?

LIMA MOÇO – E, depois, se conseguir escrever este romance como vou publicá-lo?

GREGORINHO (*inconformado porque Lima Moço não percebe suas insinuações*) – Não se preocupe! Este livro vai ser um sucesso.

LIMA MOÇO – Eu espero.

GREGORINHO – E enquanto esperamos uma cachaça ajuda a esquentar o frio.

LIMA MOÇO – Estamos em pleno verão!

GREGORINHO – Refresca, refresca.

LIMA MOÇO – Não sei, não, Gregorinho.

GREGORINHO – Não sabe o quê?

LIMA MOÇO – O livro.

GREGORINHO (*irritado*) – Mas quem é que está falando em livro?! Eu falo de bebida! (*Lima Moço o olha perplexo.*) Não adianta. Eu já vou indo.

LIMA MOÇO – Fica. Eu não quero ir prá casa.

GREGORINHO – (*numa última tentativa*) Ficaria, caro amigo, se tivesse uma razão muito importante para ficar neste bar.

LIMA MOÇO – Eu pago a bebida.

GREGORINHO – Aleluia! Finalmente você entendeu o certo por palavras tortas. (*Senta-se.*) Conhaque, vinho ou cerveja?

LIMA MOÇO – Cachaça.
GREGORINHO (*conformado*) – É o que dá ser escritor no Brasil.
LIMA MOÇO – A não ser que seja amigo do Barão do Rio Branco
GREGORINHO – Ou que não seja tão raivoso.
LIMA MOÇO – O que você quer dizer com isso?
GREGORINHO – No seu primeiro romance você desanca o *Correio da Manhã*, o principal jornal do Rio, e malha vários políticos e literatos! O que você esperava?
LIMA MOÇO – Polêmica!
GREGORINHO – E eles responderam com tanto silêncio que nem se soube que você havia publicado o livro.
LIMA MOÇO – Arte não combina com agrado e bajulação.
GREGORINHO – A política também é uma arte.
LIMA MOÇO – Não é a arte de um escritor! Que é que você queria que eu fizesse?
GREGORINHO – Eu não queria nada, mas se eu estivesse em seu lugar...
LIMA MOÇO – Com certeza você faria cavação.
GREGORINHO – Faria, sim. Qualquer jornalista que critica o governo, qualquer literatozinho aí, em seis meses, já está assentado num bom emprego público. Isso aqui é Brasil, Lima!
LIMA MOÇO – É o que eu detesto neste país.
GREGORINHO (*irritado*) – Então funda uma outra república! (*Pausa.*)
LIMA MOÇO – Você quer que eu venda minha alma a um governo de opereta como o nosso?
GREGORINHO – Não é preciso vender. Empreste, só por uns tempos! (*Lima Moço dá uma longa risada.*)
LIMA MOÇO (*após um rápido momento de reflexão*) – Não foi o fato de eu ter malhado o *Correio da Manhã* ou ironizado nossos literatos que gerou essa má vontade para comigo. O que eles não suportam é ver um mulato com pretensões literárias.
GREGORINHO – Machado de Assis também era mulato.
LIMA MOÇO – Talvez ele fosse um mulato humilde... (*Irritado.*) coisa que não sou, não quero ser e por que seria?! E minha literatura nunca vai ser bem comportada porque o que este país precisa é de mais polêmica e menos reverência!
GREGORINHO – Mas você não acha que...
LIMA MOÇO (*cortando*) – Eu não acho, eu penso! E não me venha propor o contrário!
GREGORINHO – Está bem, está bem. Vamos beber porque toda vez que essa discussão começa, ela vai longe.
LIMA MOÇO – Não vai. Ela se encerra aqui. (*Levanta-se.*)
GREGORINHO – Onde você vai?
LIMA MOÇO – Prá casa, continuar o romance.

GREGORINHO – E a bebida?
LIMA MOÇO – Outro dia. Quero ver se eles vão continuar mudos quando o livro for publicado. (*Sai.*)
GREGORINHO – Boa sorte, então. E deixe a Parati paga. As duas. Vou beber à minha saúde e à saúde do Dom Quixote do subúrbio.

Luz cai sobre a cena. Ao mesmo tempo luz sobe no plano da ficção, à direita onde Ismênia está atarefada nos preparativos de seu noivado. Não está ansiosa, porém é mais como se aquele dia fosse um dia comum a ser arrastado na vida. Lalau toca uma música melancólica ao violino. Ismênia deixa cair o vestido branco que bordava e corre a ouvi-lo.

ISMÊNIA – Bom dia, seu Lalau!

Lalau sorri com uma reverência. Vitória entra. Está extremamente agitada.

VITÓRIA – Minha filha! (*Vira-se para fora.*) Ditinha, vê a compota de laranja que está no fogo. Não deixa passar do ponto. (*Volta-se.*) Você ainda não acabou esse vestido, menina? Sai da janela, tenha compostura! Não fica bem para a filha de um general ficar pregada à janela.
ISMÊNIA – Janelas foram feitas prá se olhar. E depois, papai é só um general aposentado.
VITÓRIA – Por perseguição. Ele tem capacidade para ser ministro.
ISMÊNIA – Ele toca tão bonito!
VITÓRIA – Que é que você viu nesse mendigo? (*Para Lalau.*) Vai embora!
ISMÊNIA – O seu Lalau podia tocar hoje na festa.
VITÓRIA – Despropósito! Um filho da mãe rua que ninguém sabe de onde veio que só sabe beber e tocar rabeca! Um diabo que não nasceu, apareceu, caiu do céu, surgiu. (*Para Lalau.*) Quem é teu pai? O Espírito Santo? (*Lalau dá as costas e, continuando a tocar, se afasta.*) Isso! Vai! Safa! (*Para Ismênia.*) Anda com esse vestido! (*Para fora.*) Ditinha, não esqueça de engomar as toalhas brancas! (*Para Ismênia.*) E que cara de enterro é essa?
ISMÊNIA (*triste*) – Mãe...
VITÓRIA (*cortando*) – Ah!, minha filha! Eu estou tão feliz! (*Ismênia não insiste. Senta-se e continua o seu bordado.*) Até parece que é o meu noivado. O seu pai nem era bom partido. Era só o tenente Albernaz. Seu noivo é formado. É odon...odo...otondo...dentista! Tem futuro. E eu que pensava que o namoro não ia prá frente. Oito anos!
ISMÊNIA (*tentando falar*) – Mãe...

VITÓRIA (*preocupada com os preparativos*) – Ai, meu Deus! (*Para fora.*) Ditinha, pede prá comadre um jogo de copo emprestado! (*Para Ismênia.*) Como você está feliz! (*Ismênia não está feliz.*) Que cara é essa?

ISMÊNIA – Mãe, a senhora fala demais.

VITÓRIA – E a senhora, de menos! Onde já se viu uma cara dessas em pleno dia de seu noivado?! Ânimo! E eu que sempre pensei que você fosse a mais tonta das suas irmãs!

ISMÊNIA (*alheia*) – Toda moça fica feliz no dia do noivado?

VITÓRIA (*espantada*) – É claro! Por quê?

ISMÊNIA – Porque eu não estou sentindo nada.

VITÓRIA (*ainda mais espantada*) – Como nada?

ISMÊNIA – Nada. Com medo.

VITÓRIA – Medo de que? Ah! (*Ri.*) É isso? É essa sua preocupação? (*Com malícia.*) Minha filha! Nessas horas o que não se sabe a natureza ensina.(*Irônica.*) Está ficando vermelha? Na hora você vai ficar muito mais. A gente quase desfalece e vê todas as cores do arco-íris!

ISMÊNIA – Não é isso!

VITÓRIA – Tá certo que seu noivo não é nenhum Hércules, nenhum Apolo... Ele é até meio desprovido de carne e graça, não é? Ai!, mas eu juro que queria estar no seu lugar! (*Reconsidera batendo na boca.*) Com todo o respeito pelo teu pai.

ISMÊNIA (*grave*) – Por que eu estou assim, mãe?

VITÓRIA – E eu sei? Você sempre foi meio esquisita.

ISMÊNIA – A gente cresce, casa... e depois?

VITÓRIA (*algo irritada*) – Tem filhos, cria, forma uma grande família... Que é que você quer mais?

ISMÊNIA – A senhora gostou de ter se casado?

VITÓRIA – Isso é coisa que se pergunte? Você ainda é uma criança.

ISMÊNIA – Eu já cresci.

VITÓRIA – Não o bastante. (*Irritada.*) Tamanha falta de respeito! Eu devia contar a seu pai.

ISMÊNIA – A senhora gostou?

VITÓRIA (*após breve pausa*) – É claro. É lógico! Por que não haveria de gostar? Albernaz... sempre foi um bom pai, bom marido, cumpridor dos deveres, um general respeitado... (*Embaraça-se, mas rapidamente arma um sorriso.*) Se alegra, minha filha! Hoje é o seu dia mais feliz. (*Maternal.*) Você está proibida de entrar na sala com essa cara. (*Para fora enquanto sai.*) Ditinha! Vê os doces no forno. Será que eu tenho de fazer tudo nessa casa? (*Sai.*)

Ismênia, completamente alheia, senta-se e continua o bordado. Lalau volta a tocar alto. Os atores nos bastidores cantam uma música melancólica com solo e acompanhamento.

ATORES – Receba a guirlanda de flores
Tecidas com o verde da hera
Na mão cravo rubro, nos olhos as cores
Colhidas nesta primavera.

Receba a guirlanda de flores
Com gotas de orvalho colhidas
Na mão, peito arfante, no riso as cores
De um canteiro de margaridas.

Ismênia, com movimentos lentos, coloca sobre a cabeça uma guirlanda de flores, frente a um "espelho". Tem o olhar perdido e a expressão ausente. Ainda lentamente, tira a guirlanda, olha-a com estranhamento e lentamente senta-se pondo-se a bordar minúsculas flores na guirlanda. A segunda estrofe (os dois primeiros versos) é cantada por Lima Moço, que olha o que acabou de escrever. Os dois últimos versos são cantados também por Lima Velho. Lima Velho levanta a cabeça e olha, enquanto canta, para Lima Moço. Luz cai sobre Ismênia. Lima Moço ainda olha na direção de Lima Velho antes que a luz caia sobre ele (Moço). Luz começa a subir no hospício. Felipe está junto de Lima Velho, olhando-o fixamente. Lima Velho o pressente.

LIMA VELHO – Que é, Felipe?
FELIPE – Minha mulher...
LIMA VELHO – O que é que tem ela?
FELIPE – Ela morreu...Ela morreu. Você...
LIMA VELHO (*agastado*) – Que é que tem eu?
FELIPE – Você parece com ela.
LIMA VELHO (*ri*) – Obrigado, se isso for um elogio.
FELIPE – Eu quero urinar. Vem comigo?
LIMA VELHO – Você não sabe onde é?
FELIPE – Eu não consigo. Vem comigo?
LIMA VELHO – Me deixe. Isso é um disparate!
FELIPE (*dá um sorriso curto*) – Eu gosto de você.
LIMA VELHO – Como é?
FELIPE (*inocente*) – Eu gosto de você. (*Sem sombra alguma de malícia.*) Você quer me ver? (*Baixa as calças devagar como uma criança.*) Eu tenho, ó!
LIMA VELHO (*perplexo*) – Se cubra, homem!
FELIPE – Você... Como é que você se chama? Você é igual meu pai. Você conhece?
LIMA VELHO – Não, não conheço. Se vista!
FELIPE – Eu quero urinar. Vem comigo, vem?

LIMA VELHO (*irritado*) – Santo Deus! (*Levanta as calças de Felipe e faz com que ele as segure. Ordena, ríspido, como a uma criança.*) Agora, vá urinar. Sozinho! (*Felipe abraça Lima Velho. Um abraço dolorido e sincero em meio a toda solidão.*)

FELIPE – Você é meu amigo!

LIMA VELHO – Me largue! (*Tenta soltar-se. Felipe o segura cada vez mais forte.*) Felipe! Me larga, imbecil! (*Empurra Felipe com violência. Felipe rola pela escada que dá à plataforma de Lima Velho. Este olha a queda de Felipe, preocupado.*) Felipe! (*Desce as escadas e o ajuda a se levantar. Felipe se afasta alguns passos.*)

FELIPE – Você é meu amigo! (*Tentando ser lúcido, com extrema dificuldade.*) Eu eu eu eu eu... Faz muito tempo que estou aqui... mais, mai, ma, mai, mais... de cinco, de três anos. Eles me bateram... Aqui eles batem... O Júlio e mais outro. (*Choroso.*) Ninguém fala comigo. Eu tenho saudades do leite da minha mãe quando ela tirava o leite da vaca... Ninguém fala comigo. Eu tenho saudades do leite da minha mãe...

LIMA VELHO (*Consternado, tentando ser solidário apesar de sua agitação interior.*) – Vai dormir.

FELIPE (*emburrado*) – Não.

LIMA VELHO – É tarde, Felipe.

FELIPE – Não vou.

LIMA VELHO (*grita perdendo a calma*) – Que diabo, vá prá cama!

FELIPE (*lúcido, com violência*) – Não grita! (*Lima se assusta com a reação de Felipe, que logo volta ao normal e pede, humildemente.*) Não grita? Não grita?

LIMA VELHO – Está bem. Desculpe.

FELIPE – Desculpo. Desculpo. Desculpo. Desculpo.

Enquanto vai falando Felipe vai se tornando alheio, dirigindo-se ao seu canto onde "constrói" a cidade. Lima Velho, tenso, deprimido, sobe a escada que dá para sua cama. Luz cai no hospício, ficando apenas um foco de luz sobre a cama de Lima Velho. Este senta-se e dobra o corpo sobre os joelhos enquanto a cena de Ismênia se inicia no plano da ficção. Simultaneamente a luz se acende no plano do passado onde Lima Moço escreve. Ismênia se arruma frente a um "espelho". Entra Vitória.

VITÓRIA (*algo inquieta*) – Sai desse quarto, menina. Vamos lá pra sala. Os convidados já chegaram.

ISMÊNIA – E ele?

VITÓRIA – Seu pai mandou um menino à pensão para chamá-lo. Ele devia chegar às seis, já são quase oito... Vamos ver os convidados.

ISMÊNIA (*insegura*) – Ele vem, não é?

VITÓRIA – Que conversa?! É claro que vem, menina!

ISMÊNIA – Quando ele chegar eu saio do quarto.
VITÓRIA – Ah, meu Deus! Que aflição! Acabe de se aprontar e vamos para a sala. Ele já deve estar chegando. (*Sai. Ismênia se senta.*)
ISMÊNIA – Ele vem, não é, mãe?
LIMA MOÇO (*lendo o que escreveu*) – Não, ele não vem. "Procuraram Genelício por toda a cidade. Ele havia sumido, sem deixar vestígio nem recado".
ISMÊNIA (*Se levanta. Seu rosto exprime sofrimento e decepção.*) – Não vem?

Lima Moço não responde. Continua a escrever. Ismênia crispa as mãos e numa rebeldia violenta arranca com raiva a guirlanda de flores de sua testa e derruba a cadeira com ódio.

LIMA MOÇO (*lendo o que escreveu*) – Ismênia não se revoltou. (*Como se tivesse recebido uma ordem, Ismênia vai aos poucos se contendo.*) Nem chorou, nem gritou. Apenas sentou-se na cadeira e deixou-se ficar. (*Ismênia senta-se. No escuro do hospício ouve-se uma risada e a voz de Felipe.*)
FELIPE – Vamos passear dentro da igreja… Você… você… Os peitos bonitos. Você quer ver, Clara. Eu tenho, ó! (*Apaixonado.*) Clara… (*Vitória entra novamente no quarto de Ismênia.*)
VITÓRIA (*falsamente alegre*) – E então, minha filha? Ai, essas festas acabam comigo, Deus me livre! É tanta… (*Espantada.*) Você tirou a grinalda?!
ISMÊNIA (*numa constatação triste*) – Ele não vem, mãe.
VITÓRIA – Cala a boca! Onde já se viu um noivo não vir ao noivado? Com certeza ele teve algum problema sério. (*Consternada.*) O menino voltou dizendo que ele não estava na pensão, mas…
ISMÊNIA (*cortando*) – Ele não vem, mãe.
VITÓRIA – Ele não faria uma coisa dessas conosco. Talvez… ele tenha caído com febre no hospital ou alguma coisa pior. Eu vou falar com seu pai. (*Dirige-se agitada à saída.*)
ISMÊNIA (*alto e definitiva*) – Ele não vem, mãe!
VITÓRIA (*furiosa*) – Cala a boca, sua tonta! Se arruma e vem prá sala!
ISMÊNIA – Eu não vou sair deste quarto!

A resposta de Ismênia foi inacreditavelmente firme. Vitória espanta-se por um breve momento. Depois sente faltar-lhe o chão. Fala desorientada.

VITÓRIA – Ele não podia ter feito isso. O seu pai… a nossa família… Como é que eu fico?
ISMÊNIA (*entre irônica e amarga*) – Porque é que eu nasci mulher?

VITÓRIA (*como se não tivesse escutado*) – Os convidados já estão comentando pelos cantos... as vizinhas... Que vergonha! (*Explode.*) É você que é uma tonta! Que fica com esse olhar de sonsa, incapaz de segurar um homem mesmo antes do casamento! Uma menina que já é mulher feita e não tem uma gota de sangue nas veias!

Ismênia não muda a expressão triste. Vitória faz outra menção de sair furiosa, mas para. Contém a raiva e volta-se penalizada para a filha.

VITÓRIA – Minha filha! (*Ismênia se levanta e foge ao contato da mãe. Vitória sorri, tentando reanimá-la.*) Aconteceu alguma coisa com ele. Ele é um bom rapaz, você é uma boa moça. O seu pai vai procurá-lo e... (*Não consegue continuar. Olha para a filha. Sente um ímpeto de abraçá-la. Sai.*)

Ismênia começa a tirar o vestido muito lentamente enquanto a luz cai. A última imagem que vemos é Ismênia desnuda até a cintura mirando-se no "espelho" antes que a luz caia totalmente. Enquanto isso acontece ouve-se uma canção de fundo baixinha: "Recebe a guirlanda de flores, tecidas com o verde..." *A canção emudece abruptamente. Luz some sobre Ismênia e cresce sobre o plano do passado onde Lima Moço escreve. Gregorinho entra, já bêbado.*

GREGORINHO – Salve o grande escritor!
LIMA MOÇO (*absorvido pelo trabalho*) – Entra, Gregorinho.
GREGORINHO – Como o senhor Lima Barreto não sai mais às ruas para ver os amigos, resolvi vir até a sua toca. (*Aproxima-se da escrivaninha onde está Lima Barreto e segura uma folha do original manuscrito. Lê breve momento e depois depõe a folha com descaso.*) Deixa disso um pouco, homem. Olha o que eu te trouxe. (*Mostra a garrafa.*) A melhor de todo o Estado!
LIMA MOÇO – Não, obrigado. Eu não bebo mais.
GREGORINHO – E quantas horas faz? (*Ri.*)
LIMA MOÇO – Duas semanas.
GREGORINHO – Duas?! Que deu em você?
LIMA MOÇO (*um tanto agastado com a interrupção*) – Nada. Senta por aí e me deixe. Estou tentando me concentrar.
GREGORINHO (*algo melindrado*) – Está bem. (*Senta-se e abre a garrafa.*) Andei não sei quantas horas só para beber com um amigo.
LIMA MOÇO – Você não mora tão longe assim.
GREGORINHO – Eu tenho culpa se colocaram tantos botecos no caminho de minha casa até aqui? (*Ri.*) Parei em todos. (*Sentido.*) E depois isso! Beber sozinho! Desaforo! (*Pausa. Lima Moço nada fala. Continua*

seu trabalho. Gregorinho insiste.) Deixa isso aí um pouco, Lima. Toma só um copo com seu amigo. (*Lima faz um gesto de enfado e continua seu trabalho tentando se concentrar.*) Hoje eu dei prá ficar pensando em tristeza. E tanto pensei que ela entrou aqui dentro. (*Aponta o peito. Seu rosto se transforma em uma expressão de choro. Por estar bêbado o resultado de sua expressão é mais cômico que dramático. Funga e esfrega os olhos com a palma da mão.*) Ô, Lima, vem tomar um copo. Depois você continua.

LIMA MOÇO (*irritado*) – Entenda, Gregorinho, por Deus! Me deixe! Estou trabalhando há horas e as ideias não vêm! Me deixe. Eu preciso terminar este maldito romance!

GREGORINHO – Conversa comigo. Eu te ajudo.

LIMA MOÇO – A melhor ajuda que você me dá é ficar quieto e beber calado!

GREGORINHO – Está bem. Eu não quero te atrapalhar. (*Lima suspira em desespero. Gregorinho põe o indicador sobre os lábios numa ordem para si mesmo.*) Pssssssiiiiiuu! (*Pausa.*) Eu pensei em me suicidar.

LIMA MOÇO (*irritado*) – Pois se suicide e me deixe em paz! (*Relaxa.*) Está bem, está bem. Se eu te der atenção por vinte minutos você vai embora e me deixa trabalhar?

GREGORINHO (*magoado*) – Não precisa. Pode continuar seu trabalho. Eu me suicido sozinho.

LIMA MOÇO (*levantando-se*) – Tome sua cachaça. Eu vou esquentar um café prá mim. Vamos conversar.

Sai. Gregorinho se levanta, pega um original sobre a escrivaninha e começa a ler. Luz cai. Luz sobe à esquerda, no plano da ficção. Lá está Policarpo cercado de livros e instrumentos meteorológicos, entretido no trabalho. Os apetrechos de cena indicam agora uma casa de sítio. Perto, Adelaide lê uma carta.

POLICARPO (*maravilhado com os instrumentos*) – É uma maravilha, você não acha? (*Adelaide não responde. Sua atenção está presa à carta.*) Adelaide!

ADELAIDE – Coitada! Como é que se faz uma maldade dessas?

POLICARPO – O quê?

ADELAIDE – O Genelício fugiu prá São Paulo no dia do noivado. A Ismênia caiu de cama.

POLICARPO – Como é que fugiu?! Então hoje as pessoas empenham a palavra prá depois não cumprí-la?

ADELAIDE – Hoje as coisas são assim.

POLICARPO (*alterando-se*) – São, mas não deveriam ser! Onde é que estamos? Não foi prá isso que derrubamos o imperador e proclamamos a República. Foi pela restauração da ordem e da moralidade. Fugir no dia do noivado! Entre os índios tupinambás por muito menos...

ADELAIDE (*receosa por Policarpo*) – Calma, meu irmão.

POLICARPO – Calma você, Adelaide. Não tem nada de errado comigo. Não tem nada errado em um homem de bem se revoltar com uma amoralidade dessas!

ADELAIDE – Está bem, desculpe. Eu vou pegar o trem prá Capital à tarde. Você vem comigo?

POLICARPO – É claro que vou! E digo mais: Vou até São Paulo procurar esse Genelício e trazer o patife pra cumprir o que prometeu. Se vamos restaurar a moralidade, vamos começar pelos mais próximos. (*Policarpo cessa seu quixotismo.*) Não. Eu só volto ao Rio depois de concluir meus estudos. Aí eles vão perceber que Policarpo Quaresma não era tão louco como eles pensaram.

ADELAIDE (*assustada*) – Não me diga que você voltou a mexer com aquela coisa de índios.

POLICARPO – Se aquiete. Aquilo foi só um equívoco. Descobri que o que este país precisa é de uma agricultura forte. O que precisamos é de um plano nacional para o desenvolvimento da agricultura. Esse é o meu estudo, Adelaide, e dessa vez ninguém vai rir porque tudo vai estar comprovado em nosso próprio sítio! (*Entra Felizardo. É um matuto, franzino e esperto.*) Eis a prova! (*Aponta Felizardo.*) Eu e o Felizardo transformamos essas terras pobres em terras férteis. As mais produtivas da região.

FELIZARDO – B'as tardes!

POLICARPO – Boas tardes, seu Felizardo. Eu já ia te ajudar.

FELIZARDO – Carece de ajuda, não. Evem chuva.

POLICARPO (*incrédulo*) – Chuva? (*Vai consultar seus instrumentos.*)

FELIZARDO – E das grossas.

POLICARPO – Não é possível. Os meus instrumentos...

FELIZARDO – Num entendo dessas bruxarias que o senhor faz, ma...

POLICARPO – Bruxaria? Esses são os mais modernos equipamentos do mundo. Olha aqui.

FELIZARDO (*se aproxima e olha com curiosidade*) – Coisa de muita patente, de muito engenho.

POLICARPO – Está vendo aqui? (*Mostra o barômetro.*) Made in England! Um dia o Brasil vai fazer melhores!

FELIZARDO (*como se entendesse*) – Justo! Tal e qual o senhor falou! E prá que que serve?

POLICARPO – Prá medir a pressão atmosférica...

FELIZARDO – Justo! É bom... Muito engenho...

POLICARPO – E este instrumento diz que não vai chover.

FELIZARDO – Arrá! Num quero fazer desfeita ao senhor, nem faltar com o respeito a essas máquina… muito engenho! Mas que vai chover, vai. Quando meus calo começa a frevilhá que só formiga lavapé, chama os bicho, arrecolhe as roupa do varal que evem água!

ADELAIDE – Eu vou pegar a roupa.

POLICARPO – Que é isso, Adelaide?

ADELAIDE – Tenho roupa no quarador.

POLICARPO – Pois deixa lá. Estou seguro que não chove.

ADELAIDE – Na semana passada foi a mesma coisa.

POLICARPO – Na semana passada os instrumentos estavam desregulados.

ADELAIDE – Mas, Policarpo…

POLICARPO – Não discuta! Você pode ir trabalhar, Felizardo. Eu já vou.

FELIZARDO – Ir trabalhar eu posso, sim senhor. Mas essas "coisas" num vai parar a chuva que já vem vindo. (*Sai.*)

POLICARPO (*ri*) – Calos! Preciso colocar nos meus estudos a necessidade de prover os agricultores de instrumentos científicos… (*Ouve-se um forte trovão. Policarpo corre a seus aparelhos.*) Não é possível!

ADELAIDE – Tanto é possível que eu também escutei. Vou recolher a roupa.

POLICARPO – Esses são os mesmos instrumentos existentes no Instituto de Metereologia!

ADELAIDE (*sai rindo*) – O governo fazia melhor se contratasse os calos do Felizardo. Você estava certo. O produto nacional é sempre melhor.

Sai deixando Policarpo atônito. Luz começa a cair. Antes que caia totalmente ouve-se a risada de Gregorinho. Luz se acende no plano do passado. Ali estão Gregorinho e Lima Moço completamente bêbados.

GREGORINHO (*rindo*) – O produto nacional é sempre melhor. As editoras vão brigar para publicar seu livro.

LIMA MOÇO – Não é preciso tanto. Eu só queria ganhar o suficiente para nunca mais voltar à repartição.

GREGORINHO – Não, senhor. Você vai voltar lá, sim. Comigo! Vamos jogar os ofícios e requerimentos pro ar e pisotear toda a papelada. E depois vamos tirar as calças em cima da mesa do Secretário.

LIMA MOÇO (*rindo*) – Prá que?

GREGORINHO – Não sei. Você já viu lógica em conversa de bêbados? (*Riem longamente. Lima bebe.*) Depois vamos pegar um navio e ir prá França dançar o can-can. E quando você voltar vai entrar pra Academia Brasileira de Letras. E depois… depois… Por que é que estamos falando disso?

LIMA MOÇO – E eu sei? Já não lembro mais nada. (*Ri e bebe.*) Eu estava te contando do Policarpo, aí começamos a rir.

GREGORINHO – Não, não. A gente começou a rir porque eu estava triste. Eu queria me suicidar. (*Ri longamente.*) (*Sério.*) Mas por que é que eu queria me suicidar?

LIMA MOÇO (*rindo*) – Porque você estava triste.

GREGORINHO – É. E por que é que eu estava triste?

LIMA MOÇO (*Levanta-se e senta-se diante da escrivaninha. Está completamente tonto. Tenta fixar a atenção nos manuscritos.*) É o bom da bebida. A gente esquece por que começou a beber.

GREGORINHO – Você já pensou em morrer?

LIMA MOÇO (*Vira-se para Gregorinho. Olham-se e desatam a rir.*) – Vamos beber. (*Não há mais bebida.*)

GREGORINHO – Eu sempre pensava em morrer. (*Lima ri.*) Não ri. (*Lima Moço ri mais. Gregorinho exprime uma tristeza bêbada, quase cômica.*) Não ri, diacho! (*A cara se transforma numa expressão de choro, ainda cômica.*) Eu estou triste de novo. Eu sempre pensava em morrer mas era só prá me testar. (*Ri.*) Era só prá saber o quanto batia forte em mim a vontade de viver. (*Alegre.*) Eu sentia repulsa só de pensar em morrer. (*Muda tom.*) Hoje eu não sinto repulsa, nem atração, nem coragem. Eu não sinto nada, Lima. O que é isso?

LIMA MOÇO (*tentando ser alegre*) – É só falta de bebida.

GREGORINHO (*aos poucos se deprimindo*) – Se eu sentisse atração eu subia na mais alta pedra e despencava onde o mar é mais fundo. Mas fui gastando dentro de mim toda repulsa e, então, quando penso na morte não bate mais nenhuma alegria em estar vivo, nem coragem de dar um fim a tudo.

LIMA MOÇO (*tenso*) – Deixa dessa conversa, Gregorinho!

GREGORINHO – Isso deve ser alguma espécie de doença, alguma espécie de loucura que, desapercebida, vai reinando no nosso "por dentro". Você nunca sentiu isso?

Lima Moço levanta-se abruptamente. Dá uns passos, desorientado. Tenta falar alguma coisa com Gregorinho, mas não consegue. É Gregorinho que continua.

GREGORINHO – (*alto, desesperado*) O que é que enferruja tanto a alma da gente?

LIMA MOÇO (*levantando Gregorinho bruscamente*) – Vai prá casa, Gregorinho! (*Tenso, tentando explicar seu gesto brusco.*) Eu preciso trabalhar no livro.

GREGORINHO (*magoado, com uma emoção bêbada, patética*) – Eu só queria que você, meu amigo, (*abraça-o*) conversasse comigo!

LIMA MOÇO (*afastando Gregorinho, irritado*) – Tome jeito, homem! Você bebeu demais!

GREGORINHO – Só me responda e eu vou embora. Como é que na vida da gente vão se emendando, uma após a outra, essas coisas triviais, essas emoções ralas? E a vida passa sem uma grande paixão concluída? Dia após dia? (*Alto, agarrando Lima e sacudindo-o.*) E vamos morrer como? Numa rua de subúrbio com um bocejo de enfado?!

LIMA MOÇO – Saia, Gregorinho! Você está bêbado. Saia!

GREGORINHO (*solta Lima e se acalma*) – Desculpa. Você sente repulsa em pensar nessas coisas. A sorte é toda sua. Eu penso e rio, (*sorri*) embora sem alegria nenhuma. Você ainda sonha um grande voo. Sonhe o mais alto que puder e talvez você consiga escapar desse subúrbio com suas ruas estreitas e sua vidinha trivial. O subúrbio é o reduto dos infelizes.

Sai. Lima Moço senta-se extremamente deprimido. Lima Velho se levanta. Ele havia assistido, apreensivo e tenso, o desenrolar do diálogo entre os dois.

LIMA VELHO (*agressivo, para Lima Moço*) – Deixe que eu te diga uma verdade, imbecil! (*Autoritário.*) Olha prá mim! (*Lima Moço levanta a cabeça, olha atônito aquela figura que para ele surge do nada.*) Todo o seu esforço vai dar em nada! (*Pausa. Lima Moço ainda o olha espantado. Luz começa a cair em Lima Moço, que vira o rosto fugindo à "visão". Lima Velho diz com amargura.*) Olha para mim. Olha para este teu espelho envelhecido! (*Lima Moço começa a sumir na escuridão.*) Que é que você vê? Espere! Não vá embora! Me ouve, imbecil! (*Lima Moço desaparece. Luz começa a subir no hospício. Lima Velho desce de sua plataforma quase que totalmente fora de si. Chama.*) Felipe! Felipe!

FELIPE (*acordando*) – O que é?

LIMA VELHO – Vamos embora. Vamos embora daqui!

FELIPE (*levantando-se*) – Vamos. (*Animado, vestindo paletó e calçando sapatos.*) Minha mãe veio me buscar?

LIMA VELHO (*fora de si*) – Vamos fugir, vamos fugir, arrombar a porta. Vamos sair!

FELIPE – Vamos! (*Pausa breve.*) Vamos? Vamos, vamos fugir! (*Lima Velho estaca subitamente. Passa a mão com força no rosto. Felipe para seus preparativos. Ri.*) Terça-feira eu vou embora. Não é hoje. (*Vai em direção à sua "construção".*) Vamos descer essa rua... nessa. Aqui mora o açougueiro... Ele tem muitas facas de cortar.

LIMA VELHO (*irritado*) – Deixa disso, Felipe.

FELIPE (*ausente*) – O açougue está cheio de sangue. (*Para Lima.*) É vermelho? (*Levanta-se e vai em direção a Lima sem tirar os olhos da "construção".*) Vem ver.

LIMA VELHO (*irritado*) – Para de dizer asneiras, um momento só!

FELIPE (*Pegando Lima Velho pelo braço como se fosse mostrar alguma coisa importante.*) – Vem ver, vem ver!

LIMA VELHO (*se solta de Felipe com um gesto brusco*) – Para com isso! Eu estou farto de te ver assim, pasmado, aparvalhado, falando coisas sem o mínimo sentido! (*Sacode-o.*) Você não tem uma centelha de razão, de sensatez? Que espécie de animal é você?! (*Solta-o.*)

FELIPE (*espantado gagueja*) – Eu, eu, eu, eu…

LIMA VELHO – Pare de gaguejar feito criança! O que você tem dentro, Felipe?! Você não esperneia, não grita, não se revolta? Só ri como um idiota?

FELIPE (*tenso, quase implorando*) – Fi, fica quieto, fica?

LIMA VELHO – Como você se deixou chegar a isso? Você já foi gente alguma vez ou já nasceu espantalho?!

FELIPE (*perdendo o ar*) – Eu já… O senhor… Não, não fala assim.

LIMA VELHO – Perto de você eu não sei se sinto dó, raiva, revolta ou desprezo! Você desequilibra qualquer ordem, qualquer razão!

FELIPE (*Falando pausadamente, com dificuldade, como se esforçasse terrivelmente para conversar de maneira racional.*) – Por que você está falando assim comigo?

LIMA VELHO (*explodindo*) – Porque você está aí. Porque somos obrigados a estar juntos! Caso contrário eu estaria a quilômetros de você e deste hospital!

FELIPE (*patético*) – Você é meu amigo. (*Olham-se. Felipe pergunta choroso, quase piegas.*) Você não é meu amigo?

LIMA VELHO (*após pausa coloca sua mão sobre o ombro de Felipe*) – Sou. Sou seu amigo… Porque me disseram um dia que devemos ser amigos da espécie humana. (*Tira a mão de do ombro de Felipe.*) Às vezes eu me pergunto se a espécie humana vale todo esse esforço. Desculpa, Felipe. (*Afasta. Felipe ri.*)

FELIPE – Desculpo, desculpo, desculpo…

LIMA VELHO (*cortando*) – Está bem, Felipe. Agora vamos ficar em silêncio.

FELIPE – Vamos fugir?

LIMA VELHO – Pra onde? (*Felipe ri.*)

PARTE 3 – O SEGUNDO ENCONTRO COM O MÉDICO

Entra o médico. Percebe-se nele um comportamento menos autoritário, quase simpatia. Ele não perde, porém, seu ar profissional. Felipe vai ao seu encontro. Lima Velho fixa nele o olhar.

FELIPE (*tenso*) – Ele queria fugir, fugir.

MÉDICO – Está bem, Felipe. Agora vá prá sua cama.

FELIPE (*com dificuldade de articulação*) – Nã...ã...ã...nã...não, não, nã... ã...ã...(*Dá um rugido gutural com raiva de não conseguir articular.*)

MÉDICO – Calma, calma... Fale bem devagar.

FELIPE (*tenso, movimentando-se sem sair do lugar*) – Nã...ã...não, não é hoje... que eu... vou...embora?

MÉDICO – Ainda não, Felipe. (*Felipe o olha por um momento, sério.*) Você está bem, Felipe? (*Felipe não diz nada e vai para o seu canto. Senta-se e começa a mexer em sua "construção"*) E o senhor, como passou a noite?

LIMA VELHO – Bem.

MÉDICO – Não me parece.

LIMA VELHO – É, não deve parecer.

MÉDICO – Se o senhor quiser papel para escrever... ler. Temos alguns livros...

LIMA VELHO – Não, obrigado. Eu só quero sair daqui.

MÉDICO – O senhor sabe que não está em condições.

LIMA VELHO – E quando estarei em condições?

Felipe levanta-se. Dá um curto passeio tartamudeando palavras ininteligíveis e volta a sentar-se. Percebe-se nele uma agitação crescente.

MÉDICO – Isso depende do senhor.

LIMA VELHO (*irônico*) – Eu já esperava uma resposta assim! (*Afasta-se dando as costas ao médico.*)

MÉDICO (*algo irritado*) – Senhor Lima, eu vim aqui disposto a desfazer a má impressão de nosso primeiro encontro. E depois, inteligente como o senhor é, deve saber que o... desequilíbrio mental não é tão simples como receitar um remédio para o fígado.

LIMA VELHO (*irritado*) – Eu sei! Há mais de vinte anos meu pai anda pela casa completamente alienado sem que tratamento médico nenhum lhe dê um minuto de paz!

MÉDICO – Em alguns casos hereditariedade pode ser um fator...

LIMA VELHO (*cortando*) – Não me venha dizer que o meu mal é herança do sangue louco de meu pai, da mesma maneira como se herdam riquezas ou a cor da pele!

FELIPE (*ríspido, mas sem olhar para os dois*) – Não pode responder pro médico, não pode responder.

LIMA VELHO (*sarcástico*) – Como herança, senhor Lima Barreto, o senhor seu pai lhe deixa o aluguel da casa, dívidas, dois irmãos para cuidar e sua loucura! (*Irritado.*) Isso é um insulto à minha inteligência! (*Irônico.*) Se não é à sua...

MÉDICO – Eu peço que o senhor me respeite! (*Lima Velho dá as costas.*) Senhor Lima, eu estou falando!

FELIPE (*A Lima Velho*) – Ele está falando, ele está falando.

LIMA VELHO (*sem se virar*) – Fale com o Felipe. Ele quer te ouvir.

FELIPE (*aproximando-se do médico*) – Eu quero. Eu ouço. Fala comigo, fala comigo.

MÉDICO (*com autoridade*) – Se aquiete, Felipe!

LIMA VELHO (*sarcástico*) – Pede prá ele te deixar sair, Felipe.

FELIPE – Deixa? Eu posso passear? Eu ponho sapato. (*Vai onde estão suas coisas e põe os sapatos.*) Não pode andar de bonde sem sapato.

LIMA VELHO – Vai ver a Clara,

FELIPE (*ri de contentamenteo*) – Eu vou!

MÉDICO (*ríspido, para Lima*) – O senhor está excitando o doente!

FELIPE (*ríspido, para Lima*) – Está excitando!

LIMA VELHO – Pede dinheiro para o bonde.

FELIPE (*para o médico*) – O senhor me dá um dinheiro? (*Veste um paletó.*)

MÉDICO – O senhor percebe o que está fazendo? Este homem é doente!

FELIPE (*retraindo-se*) – Não sou, não sou!

LIMA VELHO – Então trate dele! Talvez a sua ciência consiga curá-lo. O meu mal é de outra espécie e de outra origem. E diante dele toda medicina é como uma criança estúpida!

FELIPE (*para o médico, ansioso*) – Eu estou bem. (*Ri.*) Eu vou ver a Clara. Deixa eu ir?

MÉDICO – Se aquiete, Felipe! Vá para o seu canto. (*Felipe vai a Lima Velho.*)

FELIPE – O senhor deixa eu passear?

Lima Velho coloca a mão sobre sua cabeça como se o abençoasse.

LIMA VELHO – Deixo. Vai, meu filho, com todas as bênçãos da ciência médica.

MÉDICO (*furioso*) – Senhor Lima! (*Para Felipe que já está à saida. Autoritário.*) Vá para seu canto! (*Felipe não se move.*)

LIMA VELHO – Diga que ele vai embora terça-feira. Quem sabe ele se acalma.

MÉDICO – Se o senhor insistir nessa comédia…

LIMA VELHO – Há quantos anos os médicos dizem que ele vai embora terça-feira? Cinco? Dez anos?

FELIPE (*desesperado*) – Não pode gritar, não pode gritar.

MÉDICO (*para Felipe*) – Se acalme! (*para Lima Velho*) Não me obrigue a tomar uma atitude mais enérgica!

LIMA VELHO – Há dez anos a doença desse pobre coitado segue impávida zombando de toda a ciência médica!

FELIPE (*implorando baixo*) – Não grita, não grita! Eu não fiz nada.

MÉDICO – Eu volto quando o senhor estiver mais lúcido! (*Faz menção de sair.*)

LIMA VELHO (*cortando a saída do médico*) – Antes diga quantos anos eu vou ter de ficar aqui à mercê da incapacidade médica?!

Felipe estático começa a chorar. Um choro baixo e dolorido.

MÉDICO (*furioso*) – A sua opinião sobre mim, sobre minha profissão e sobre a ciência não tem a mínima importância para mim. E torno a repetir: só estamos juntos porque sou médico e o senhor está doente, muito doente!

LIMA VELHO – E o que o senhor receita, doutor? Ducha fria, ópio, purgativos, confinamento, camisa de força? Foi esse o tratamento que por dez anos dispensaram ao Felipe, não foi?

MÉDICO – Como posso saber? Estou neste hospital há menos de um ano!

Felipe soluça, sentando-se.

FELIPE – Clara...

MÉDICO (*irritado*) – E apenas uma última coisa, senhor Lima Barreto...

Felipe corta as palavras do médico com um grito surdo e rouco. A seguir, enrijece. O médico vai até Felipe. Tenta reanimá-lo. Deita-o, com a ajuda de Lima, sobre a cama.

LIMA VELHO – Que aconteceu com ele?

MÉDICO – Catatonia.

LIMA VELHO (*deprimido*) – Fui eu?

MÉDICO – Não se culpe. É um caso crônico. Dentro de algumas semanas ele estará recuperado... quero dizer, estará louco como sempre, sem memória, sem lembrança. Pelo menos não estará sofrendo como agora.

LIMA VELHO (*penalizado*) – Um sujeito bom, pacato, inofensivo...

MÉDICO – Há dez anos este sujeito pacato retalhou uma mulher com um machado de açougue. (*Irônico.*) Você, como escritor, pode me explicar? (*Impotente.*) Eu, como médico, não posso. É uma doença maldita. (*Saindo.*) Vou mandá-lo para a enfermaria.

LIMA VELHO – Doutor! (*O médico se volta.*) Talvez eu tenha feito um mau juízo do senhor. O senhor é simpático, mas incompetente. Como eu, como o gênero humano.

Médico sai. Lima Velho indiferente à saida do médico continua a falar.

LIMA VELHO (*para Felipe*) – Que te aconteceu, Felipe?

Um grão de areia louco
Varrido pelo vento

E que insiste em olhar as estrelas
É o que somos.

Luz se acende sobre Policarpo à esquerda. Lima Velho o olha com estranhamento.

LIMA VELHO (*para Felipe*) – No bem deixamos à mostra nossa fraqueza
E no mal somos bestas fortalecidas.

Luz se acende sobre Ismênia, que olha estática e sem emoção para Lima Velho. Luz se acende ao mesmo tempo no plano do passado sobre Gregorinho e Lima Moço. Ambos riem. Lima Velho olha um e outro como se estivesse num sonho.

LIMA VELHO – Tenho medo do teu deserto, do mar que te afoga, do teu inferno, Felipe!

Vitória invade o plano do presente e, curiosa, se põe a observar Felipe.

VITÓRIA – Ocendu Quirimbáua çacemoçú, Coaracy piciringaua sed úia…

Lima Velho observa com tensão crescente e perdido as personagens que invadem seu espaço. Lima Moço passa por ele.

LIMA VELHO (*para Lima Moço, sarcástico*) – Todo esforço é vão e a literatura é apenas uma forma ilusória de dar dignidade a uma vida pequena. (*Lima Moço passa sem perceber Lima Velho. Os personagens cruzam todo o espaço do hospício.*) A noite vai ser longa… O rio é muito largo…
ISMÊNIA (*com o vestido caído até a cintura*) – Toca, Lalau, toca! (*Lalau faz uma reverência e toca.*)
VITÓRIA – O Policarpo endoidou de vez.
GREGORINHO – Beba, Lima, beba!
ADELAIDE – Que diabo é isso, Policarpo?
LIMA VELHO (*obsessivo*) – A noite vai ser longa… O rio é muito largo…

Vozes tornam-se confusas, os personagens mexem nas coisas do hospício com curiosidade.

LIMA VELHO (*sentado, balançando o corpo prá frente e prá trás, tentando vencer o delírio*) – Eu não vou me afogar na travessia… eu não vou me afogar na travessia…eu não vou me afogar na travessia.

SEGUNDO ATO
PARTE 1 – O IDIOTA NÃO CHEGA AO ENTENDIMENTO

Sítio de Policarpo à esquerda do palco. Este faz suas últimas anotações em um calhamaço de papéis. Entra Felizardo com um jornal.

POLICARPO – Felizardo, me diz uma coisa: o que o senhor faria se ganhasse, digamos… uns cinco alqueires de terra?
FELIZARDO – Que é que eu havera de fazer?
POLICARPO – Não plantava?
FELIZARDO – Com as mãos? Pois se eu não tenho nem ferramenta minha.
POLICARPO – Está previsto. (*Bate com a mão na brochura com orgulho.*) E se você recebesse toda ferramenta que precisasse?
FELIZARDO – E semente?
POLICARPO – Também está previsto.
FELIZARDO – E as formigas?
POLICARPO – Está tudo previsto. Sementes, inseticidas, ferramentas, irrigação, adubo e até transporte prá levar os produtos ao mercado.
FELIZARDO – E quem me dá tudo isso? O senhor?
POLICARPO (*ri*) – Eu não sou tão rico assim. O governo.
FELIZARDO – O governo?! Qual!
POLICARPO – O governo, Felizardo! Eu vou levar este plano pessoalmente ao Floriano e ele vai dar início à salvação nacional. Floriano

Peixoto vai tornar este país mais rico que a Inglaterra. Vai espalhar escolas, hospitais, estradas por todo o país.

FELIZARDO – O governo nem num sabe que a gente que mora nessas grota existe.

POLICARPO – Isso foi no passado. De hoje em diante este país será diferente!

FELIZARDO – Então, seu Policarpo, se o governo for me dar isso é bom dar logo antes que caia. E enquanto ele não dá, eu vim dizer ao senhor que vou-me embora.

POLICARPO – Embora por quê? E que coisa é essa do governo cair?

FELIZARDO – Estavam falando lá na vila. Disseram que está tudo nas letra do jornal. (*Entrega o jornal a Policarpo.*) Revolução. Eu vou é me afundar nos mato porque o governo vem caçar a gente prá recrutar. E aí ele sabe direitinho onde a gente mora.

POLICARPO (*lendo o jornal, se levanta num salto e caminha pela casa*) – O almirante Custódio de Melo se revolta e ameaça bombardear o Rio de Janeiro! (*Indignado.*) Isso é um absurdo!

FELIZARDO (*apressado*) – Justo! Então eu vou indo...

POLICARPO – Um crime de lesa-pátria!

FELIZARDO – Justamente!

POLICARPO – Estão loucos!

FELIZARDO – Estão sim, senhor! Eu não estou, não. Eu vou é cair no mato. (*Irônico.*) E se o governo der os papéis da terra que ele vai me dar, o senhor guarde que depois da confusão eu volto. (*Vira-se para sair.*)

POLICARPO – Onde você vai, Felizardo?

FELIZARDO – Apois eu vou quebrar mato no peito, afundar em grota tão perdida que os homens do recrutamento não vão me achar nunca! Até mais ver, seu Policarpo!

POLICARPO (*indignado*) – Como é que o senhor joga fora o seu futuro? (*Brande o calhamaço.*) É preciso defender o Floriano. Ele vai fazer um governo forte, reformar este país, acabar com a politicagem, a bandalheira! O senhor não pensa assim?

FELIZARDO – Penso. Penso que uma bala me acerta e cadê futuro? E cadê Felizardo?

POLICARPO (*ainda mais indignado*) – O futuro não vem de graça, Felizardo! O direito ao progresso só se conquista com luta! A Revolução Francesa foi feita por gente como você. E hoje a França é um dos maiores países do mundo, não é?

FELIZARDO – Justamente!

POLICARPO – E o senhor não gostaria de ter estado na Revolução Francesa?

FELIZARDO – Não, senhor.

POLICARPO – Como, não?

FELIPE – Eita que, com o devido respeito, o senhor parece que, das veiz, varia da cabeça. Que moda é essa de achar que eu devo sair daqui prá ir lutar no estrangeiro? A pois, se eu já estou fugindo dessa confusão aqui que é nossa? (*Faz menção de sair.*)

POLICARPO – Espera um pouco!

FELIZARDO (*receoso*) – Ói, que os "home" do recrutamento chega e me leva, seu Policarpo.

POLICARPO – Custódio de Melo quer levar o país ao caos! Temos de defender o Floriano! O senhor não ama sua terra?

FELIZARDO – Pois se nem terra eu tenho?

POLICARPO – Mas vai ter. O Floriano vai reformar este país!

FELIZARDO – Então a gente faz assim: primeiro eu ganho a terra, depois eu amo ela e depois eu defendo o Floriano. (*Despedindo-se.*) Até!

POLICARPO – Pense em tudo o que você vai ter. Pense numa terra sua, ferramentas, sementes, criação. Eu garanto! E depois, esta revolta nós acabamos em dois dias. Os rebeldes não vão ter tempo de disparar três tiros.

FELIZARDO – Dois já chega prá matar um cristão!

POLICARPO – Vamos, então, Felizardo! Nunca se ouviu dizer que um país se tornou grande sem luta, sem patriotismo. (*Arma-se de uma velha espada.*)

FELIZARDO – Mas,"home"! (*Desesperado.*) Santo Onofre, o recrutamento vem vindo aí e eu aqui, feito besta, ouvindo conversa.

POLICARPO – É o patriotismo que bate fundo no seu coração. Esta nação jamais será a mesma. (*Inflamado.*) A Pátria nos chama e o amanhecer se abre. Viva o Brasil! (*Sai.*)

Felizardo o segue alguns passos e para. Sai em direção contrária.

PARTE 2 – A VOLTA DO DELÍRIO

Luz sobe em Lima Moço, que escreve. Percebe-se nele, além do cansaço, uma determinação ansiosa. Luz começa a subir em Ismênia que, sentada a uma cadeira, rasga lentamente seu vestido de noiva. Tem um ar ausente. Lalau entra e toca o violino para Ismênia. Ela não se move. Surge Vitória, irritada.

VITÓRIA – Esse músico vadio de novo! Chispa! Vai embora! (*Lalau não ouve e não se move. Continua a tocar. Vitória tem um gesto de desalento.*) Inferno! Esta vida está virando um inferno! (*Para Ismênia, ríspida.*) Chega disso, Ismênia! Chega disso! Até quando você vai ficar fechada neste quarto sem falar com ninguém?! (*Breve pausa. Ismênia nada responde.*) Ismênia, é sua mãe que está falando! Levanta daí, anda! (*Penalizada.*) Você não pode ficar assim, minha filha. Você corta o meu coração. Eu sei o que você está sentindo. (*Ismênia lentamente tapa os ouvidos.*) Minha filha... (*Vitória vai abraçá-la, mas percebe o vestido rasgado no chão.*) O que foi que você fez, infeliz!? (*Recolhe os pedaços do vestido.*) Você sabe quanto custa... (*Entra Albernaz vestido com uma farda azul do tempo do império. Vitória corre a ele chorosa.*) Olha o que ela fez, Albernaz!

ALBERNAZ – Eu só passei para mudar a camisa.

VITÓRIA – Diga a ela para parar com isso, Albernaz! (*Com raiva.*) Ela sempre foi uma menina muito mimada!

ALBERNAZ – Como está ela?

VITÓRIA (*repreendendo*) – Então faz duas semanas que você está fora de casa e só vem para mudar a camisa?

ALBERNAZ – É uma rebelião perigosa. Estou sendo muito solicitado. (*Orgulhoso.*) Um general experiente como eu...

VITÓRIA – Ela não fala comigo, Albernaz, não come... Vai acabar... Olha só o que ela fez com o vestido!

ALBERNAZ (*para Ismênia, passando rapidamente a mão em sua cabeça*) – Isso passa, minha filha. (*Ismênia afasta a cabeça ao toque.*) Fala com o papai. (*Ismênia vira-se em direção de Albernaz com uma expressão dura, mas antes que complete o gesto, Albernaz volta-se para Vitória.*) Minha camisa, Vitória, rápido!

VITÓRIA – Está lavada e passada sobre a cômoda.

ALBERNAZ (*indo à saída*) – Então aposentaram o velho Albernaz, não é? Mas na hora da ação quem eles chamam?

VITÓRIA – Quando você volta?

ALBERNAZ – O dever não estipula prazos, Vitória. (*Olha para Ismênia.*) Cuide bem dela. (*Sai*).

VITÓRIA (*olha-o atônita. Fala, mais para si mesma*) Cuido, sim. Cuido dela, da casa, das suas camisas... (*Para Albernaz, fora.*) Tem doce pronto na cristaleira! (*Para si.*) Cuido da sua farda, dos seus botões dourados, da roupa de cama, (*Limpando um móvel, absorta, com o vestido de Ismênia.*) dos móveis... (*Bate palmas incentivando Ismênia com uma alegria estranha.*) Vamos, Ismênia!, levanta! Temos muito o que fazer. (*Volta ao tom mais ensimesmado.*) Cuido das louças, das vidraças, do jardim... (*Para e olha Ismênia. Olha a casa toda com um ar de solidão muito grande.*) Fala alguma coisa, filha. Fala comigo.

Luz cai sobre as duas e sobe no hospício. Lá se vê Lima Velho, quase irreconhecível. Percebe-se nele uma tensão constante, percebida na violência verbal e no sarcasmo. Parece muito mais velho e decadente. Suas roupas continuam as mesmas, apenas pior arrumadas sobre o corpo. Sua figura, porém, ainda mantém a postura e a dignidade. Lima Moço, que escrevia, percebe atônito aquela figura que ganha corpo como se viesse do nada. Lima Moço olha a garrafa de bebida sobre a escrivaninha e para Lima Velho novamente.

LIMA MOÇO (*meneando a cabeça*) – Eu devo estar muito bêbado ou um pouco louco.

LIMA VELHO (*com um sorriso irônico*) – Ou ambas as coisas. (*Lima Moço recua um passo.*) Não se assuste, Não sou nenhum fantasma saído da sepultura.

LIMA MOÇO (*meneando a cabeça incrédulo*) – Isso é alguma espécie de delírio.

LIMA VELHO – Se for não deixa de ser engraçado. A loucura assume formas estranhas e toda tragédia pessoal tem seu momento de ridículo. Como este, por exemplo: eu dialogando com meu próprio fantasma. (*Ri, para logo depois cortar o riso num momento de lucidez.*) Isso é absurdo!

Lima Moço, assustado, vira-se para sair.

LIMA VELHO (*aflito*) – Não se vá, por favor. Eu preciso lhe falar. (*Quase implorando.*) Fique. Pense que sou só um sonho causado pelo cansaço ou um delírio causado pela bebida. (*Doce.*) Que idade você tem agora? Trinta anos?

LIMA MOÇO (*perplexo, assustado*) – O que é que está acontecendo comigo?

LIMA VELHO (*absorto*) – Trinta anos! Uma bela idade! (*Olhando com simpatia para o Moço.*) Ainda se guardam alguns sonhos da juventude e no corpo ainda resta algum vigor para levá-los adiante. Você está muito bem. Ainda rijo de corpo, os olhos ainda vivos. (*Com um princípio de raiva.*) Pena que sua estupidez vai estragar o que ainda lhe resta.

LIMA MOÇO (*para o velho*) – Eu não entendo. (*Para si.*) Meu Deus!

LIMA VELHO – Você só vai entender quando for tarde demais. (*Ríspido.*) Por que, diabo, cada linha que você escreve é sempre carregada de tanta mágoa?! Cada livro seu é uma provocação, cada escrito seu em jornal é um panfleto irritado contra políticos, ministros, literatos?!

LIMA MOÇO – O que você quer?

LIMA VELHO – Eu quero saber por quê! (*Pensativo, para si.*) Eu me pergunto por que cada página que escrevia me custava tanto, me doía tanto, continha sempre tanta revolta! (*Para Lima Moço.*) Por que nunca me passou pela cabeça escrever um livro sereno, tranquilo... sobre o amor, por exemplo?

LIMA MOÇO – Amor!

LIMA VELHO (*penalizado*) – Dentro de dez anos você não falará com esse desdém.

LIMA MOÇO (*seguro*) – Daqui a dez anos eu me preocupo com isso.

LIMA VELHO (*aflito*) – Não! Daqui a dez anos... A sua literatura, Lima...

LIMA MOÇO (*cortando*) – Eu sei! Não agrada aos editores nem entra nos salões da moda! São sobre loucos, miseráveis, vagabundos, humilhados, mas foram criados à imagem e semelhança deste país. São brutos como é bruta a vida, como a literatura deve ser bruta!

LIMA VELHO – Não é o que a nossa época quer.

LIMA MOÇO – Ao inferno com a nossa época! Ao inferno com toda essa literatura falsamente agradável!

LIMA VELHO (*aparentemente contagiado pela segurança do outro*) – Poucas vezes vi tanta determinação! Estou orgulhoso de você, Lima. Ao inferno o refinamento! Ao inferno a Academia e os gramáticos!

LIMA MOÇO – Ao inferno!

LIMA VELHO – Ao inferno os críticos e toda literatura sem vida!

LIMA MOÇO – Ao inferno!

LIMA VELHO – Ao inferno todos os imbecis como você! A literatura não merece todo esse sacrifício!

LIMA MOÇO (*com raiva*) – Não grita!

LIMA VELHO – Grito! Grito porque você se afoga! Vou te dizer o que você ainda não sabe.

LIMA MOÇO – Não quero te ouvir.

LIMA VELHO – A literatura não vai te tirar da miséria...

LIMA MOÇO – Que seja!

LIMA VELHO – Nem te dar paz na solidão das suas noites que serão muitas...

LIMA MOÇO – Que seja! Que seja!

LIMA VELHO – Só vai consumir suas melhores horas sem te dar nada em troca! (*Comovido.*) Diabo, você só tem trinta anos!

LIMA MOÇO – Eu pago o preço!

LIMA VELHO (*abre o braço abarcando o hospício*) – Então olhe para este lugar e vê se o preço não é alto demais.

LIMA MOÇO (*Percebe o hospício pela primeira vez. Recua com terror.*) – O que é isso?

LIMA VELHO – Você sabe. Você sempre soube.

LIMA MOÇO (*extremamente perturbado*) – Não é verdade. Não é!

LIMA VELHO (*abatido*) – Todos somos feitos dessa mesma massa frágil que a espada corta, que o tempo faz fraquejar, que a solidão enlouquece. (*Com raiva.*) Quem você pensa que é? Um herói saído de romance?

LIMA MOÇO (*com emoção*) – Não. Sou só um homem que vê e que sente. E explode de raiva cada vez que sente. Diabo! Amor? Que sei eu do amor? Que escreva sobre ele quem lhe conheceu o sabor. Eu só tenho olhos para os loucos, os bêbados, as almas mutiladas... Então, a revolta!

LIMA VELHO (*tentando conter a emoção*) – Conter a revolta é uma forma de paz.

LIMA MOÇO – Não para mim.

LIMA VELHO (*emocionado*) – Nem pra mim. Diabo! (*Com raiva por estar comovido.*) Isso não me comove! Você não está me comovendo!

LIMA MOÇO – Prá mim, escrever é o envolvimento com toda essa dor bruta do dia a dia. (*Desesperado.*) Por que isso? Por que não consigo ser diferente?

LIMA VELHO (*já recuperado, duro*) – Não sei. Só sei, agora, que toda essa sensibilidade juvenil é uma doença e a literatura não vai acalmar suas paixões. Pare de escrever.

LIMA MOÇO – Não.

LIMA VELHO – Por quê?

LIMA MOÇO – A revolta. Eu vou até o fim deste sonho ou desta maldição!

LIMA VELHO – Mesmo depois de ter visto isto (*aponta para si*) e isso? (*Com um gesto abarca o hospício.*)

LIMA MOÇO (*convicto*) – Isso não é verdade. Você é só um sonho causado pelo cansaço ou um delírio causado pela bebida. Amanhã um e outro estarão esquecidos.

LIMA VELHO (*desesperado*) – Não, Lima! Me escute! Eu sou real... (*Pausa. Vê que Lima retornou a escrever. Com raiva.*) A dor e a miséria deste país são muito maiores do que nossos pobres sonhos. (*Sarcástico.*) Isso! Vai escrever mais um capítulo sobre esse heroizinho de virtudes estúpidas, esse ridículo Dom Quixote!

POLICARPO (*indignado*) – Eu sou obrigado a protestar veementemente! Este país vai sepultar o passado. Floriano Peixoto vai mudar...

LIMA VELHO (*cortando, autoritário*) – Cala a boca, idiota! Vocês são heróis de farsa que levam a sério o papel. A loucura pode ser trágica, mas a estupidez é sempre só grotesca! (*Lima Moço escreve furiosamente.*)

POLICARPO – O senhor afronta qualquer sentimento são!

LIMA VELHO (*num último esforço*) – Afronto! E vou rir da existência, blasfemar contra a vida. O sopro da vida é só um sopro. E morre muito antes dos grandes sonhos dos homens! (*Baixa a cabeça cansado. A luz cai sobre Lima Moço e Policarpo. Onde estava Policarpo surge o médico. Lima Velho fala para si mesmo.*) Lima, Lima, foi nesse instante que o seu grão de loucura germinou? (*Levanta a cabeça com raiva.*) Vocês dois são... (*Vê o médico no lugar onde estava Policarpo. Olha para o escuro onde estava Lima Moço e olha novamente o médico.*)

PARTE 3 – O TERCEIRO ENCONTRO COM O MÉDICO

MÉDICO – O senhor está bem?

LIMA VELHO (*recompondo-se, cansado*) – Sim. Estou melhor. (*Olha ainda uma última vez para o médico e para onde estava Lima Moço.*)

MÉDICO – Posso ajudar em alguma coisa?

LIMA VELHO – O que pode me adiantar um médico agora? Todos nascemos com uma pequena serpente na alma. A que eu trago comigo já cresceu e me envenenou.

MÉDICO – Não entendo.

LIMA VELHO – Nem perca seu tempo, doutor. (*Olha para o lugar onde estava Lima Moço e aponta com um gesto de cabeça.*) Aos trinta anos eu poderia ser ajudado. Hoje, não mais. E Felipe?

MÉDICO – Está melhor. Já começa a querer construir novamente sua cidade.

LIMA VELHO – Que ele não vai conseguir terminar.

MÉDICO – Certamente, não. (*Intencional.*) Mas ele vai tentar outra vez e outra vez! Talvez seja o que mantém nele um resquício de razão e de vontade. É bonito ver num ser humano essa luta.

LIMA VELHO – (*cansado*) Prá mim é só deprimente. Não consigo ver beleza na luta de um homem que passa dez anos num inferno sem chegar a lugar nenhum.

MÉDICO – Um dia, quem sabe...

LIMA VELHO – Não quero "um dia", um "quem sabe", um "talvez". Eu quero uma certeza sólida, permanente, mesmo que seja uma pequena certeza. (*Pausa.*) Há quanto tempo estou aqui?

MÉDICO – Três dias.

LIMA VELHO (*incrédulo*) – O senhor está brincando! Três dias? Nem do tempo eu tenho mais certeza. Eu queria agora era poder dormir vinte e quatro horas de sono profundo e sem sonhos, nem...

No escuro ouvem-se vozes de Policarpo e Albernaz.

ALBERNAZ – No final das contas, Policarpo, a rebeldia de Custódio de Melo veio em boa hora.

POLICARPO (*patriótico*) – Veio! Todos se uniram em torno de Floriano. Todos se levantam em defesa da Pátria e da República!

LIMA VELHO – Eles, de novo!

MÉDICO – Eles, quem?
LIMA VELHO – Quanto tempo vai durar isso, doutor? (*Luz começa a iluminar Policarpo e Albernaz.*) Dez minutos? Dez anos? Me deixe só, doutor.
MÉDICO – Eu posso ficar.
ALBERNAZ – Um general como eu, de valor e coragem demonstrados no campo de batalha, encostado na reserva...
LIMA VELHO (*olhando as duas figuras que entram*) – Não precisa. (*Irônico.*) Eu estou muito bem acompanhado.

Médico sai passando por Policarpo e Albernaz sem os ver.

POLICARPO – A pátria precisa de todos os seus homens!

Luz começa a cair no hospício enquanto Lima Velho sobe a escada que dá para sua cama. Senta-se sobre ela e assiste cansado, perdido, a cena no plano da ficção. Um foco tênue o ilumina.

ALBERNAZ – Agora eles vão ver quem é Albernaz. Você sabe que eu quase participei da batalha de Tuiuti?
POLICARPO (*inflamando-se*) – Floriano vai fazer as reformas. Este País vai ser outro. A Inglaterra se curvará ante o poderio do Brasil. Não haverá mais privilégios, nem mamatas, nem tráfico de influência, nem corrupção!
ALBERNAZ (*repreensivo*) – Senhor Policarpo, nós estamos aqui para sufocar uma tentativa de revolução, não para iniciar outra!
POLICARPO – Sim, mas as reformas...
ALBERNAZ (*ríspido*) – As reformas virão a seu tempo. O senhor mais parece um político inflamando o populacho.
POLICARPO – Desculpe... É que me entusiasmo vendo voluntários de todo País se alistando, prontos prá defender a República... (*Entra um soldado descalço, mal vestido, friorento. Albernaz, arrogante, ordena.*)
ALBERNAZ – Soldado, perfile-se!
SOLDADO – Como é que é?
ALBERNAZ – Perfile-se!
SOLDADO – Que diabo é isso?
ALBERNAZ – Em sua tropa não ensinaram a perfilar-se e bater continência frente a um superior?
SOLDADO – Não, senhor. Eu sou voluntário.
POLICARPO – Deixe, general. O que lhe falta de disciplina sobra-lhe de patriotismo. O que você sente, soldado, nessas madrugadas, em seu posto, defendendo a nossa República?

SOLDADO – Um frio filho da puta sim, senhor!

POLICARPO – Como é?

SOLDADO – Me prometeram farda, manta e um par de botas. E até agora nada. Então, que vantagem eu tenho me alistando?

ALBERNAZ (*indignado*) – Em pleno Rio de Janeiro reclamando do frio?! Eu queria ver você, soldadinho, na batalha de Lomas Valentinas...

POLICARPO (*cortando admirado*) – O senhor esteve nas Lomas Valentinas, general?

ALBERNAZ – Bem... quase. (*Mudando de assunto.*) E as manobras do inimigo?

SOLDADO – Tudo mal parado. Nunca vi revolta mais sem rebeldia! O navio do Custódio fica lá no mar. Nós fica aqui na praia. De das veiz dão um tiro de lá prá cá. Aí, nós dá um tiro de cá prá lá. Cá prá lá, lá prá cá. Ou é muita falta de revolta ou muita falta de munição!

ALBERNAZ – Ao seu posto, soldado! (*O soldado dá uns passos e volta.*)

SOLDADO – E a manta?

ALBERNAZ – O patriotismo vai te aquecer, meu filho. As nossas cores verde e amarela...

SOLDADO (*cortando*) – Não faço caso de cor, mas que seja de lã e bem grossa!

ALBERNAZ (*irritado*) – Ao seu posto, soldado! (*Soldado sai.*)

POLICARPO (*anotando*) – Farda, equipamento, botas... O Floriano precisa fazer também uma reforma no Exército. (*Albernaz o olha enfadado. Ouvem-se vários populares cantando.*) Ouça, general! É o povo cantando, fazendo festa. É um exemplo para o mundo. No Brasil até as revoluções são pacíficas!

LIMA VELHO (*que em pé assistia a cena. zombeteiro*) – Mas é uma magnífica besta!

Policarpo já à saída para e se vira indignado, com o dedo em riste para responder a Lima Velho. Este o encara com um risinho debochado. Policarpo desiste e sai irritado. Lima Velho senta-se. Luz se acende sobre Lima Moço.

LIMA VELHO (*olha-o e diz debochado*) – O que temos agora? (*Ajeita-se como se fosse assistir a um filme.*)

Luz se acende sobre Ismênia deitada, vestida de branco. Seus olhos estão mortiços. Vitória agachada, ao seu lado, segura a mão da filha. Adelaide, ao lado da cama, está em pé. Ouve-se Lalau tocar.

VITÓRIA – Fala comigo, minha filha. Fala com sua mãe. Uma palavrinha só. (*Adelaide tenta erguer Vitória que se livra de seu braço com energia.*) Olha para mim, pelo menos. (*Ismênia lentamente olha para a mãe e olha para a mão de Vitória que segura a sua. Lentamente, mas com vigor, retira a sua mão. Vitória esboça um sorriso perplexo.*) Minha filha! (*Toma a mão de Ismênia novamente. Repreende docemente.*) Não faz assim! Sou eu, sua mãe! (*Ismênia faz um esforço para retirar sua mão e logo depois desiste cansada. Olha para a mãe.*) Isso! Olha prá mim! Fala comigo, minha filha. (*Pausa.*) Você não está olhando prá mim, Ismênia. Você está olhando pro vazio. Por que você faz assim? Eu não mereço isso. Será que tudo o que eu fiz por você... Olha prá (*Com raiva.*) Fala comigo! (*Desesperada,*) Do que é que você me acusa?

ADELAIDE (*erguendo Vitória*) – Vem, Vitória. (*Vitória deixa-se erguer.*)

VITÓRIA – Por que ela faz isso comigo, Adelaide?

ADELAIDE – A coitada já não reconhece ninguém.

VITÓRIA – Reconhece! Ela me reconhece muito bem! (*Alto.*) Está me acusando como se eu fosse culpada se aquele ordinário...

ADELAIDE – Não grita. Deixa, pelo menos, que a pobre morra em paz.

VITÓRIA – E quem vai me dar paz se minha filha morre me acusando?

ADELAIDE (*tentando acalmar Vitória*) – Ela não está te acusando de nada, criatura!

VITÓRIA (*com rancor*) – Eu sei que está! Calada, sem me olhar... Desde menina ela foi assim! Atrás dessa carinha de sonsa ela sempre teve dureza no coração!

ADELAIDE – Vitória!

VITÓRIA – Sempre tem um filho que nos sai assim, rancoroso! Como se fosse culpa minha tê-la posto no mundo e não uma ordem de Deus! Inferno! (*Brevíssima pausa. Vitória se recompõe de seu desespero e volta-se para Ismênia com rancor.*) Ismênia, você vai falar comigo, está me ouvindo?

ADELAIDE (*com autoridade*) – Não grita!

Vitória para assustada com o vigor de Adelaide e a mede de alto a baixo com ódio. Está a ponto de expulsá-la de casa. Depois se desarma e se debruça sobre Ismênia.

VITÓRIA – Filha! Olha só as coisas que você me faz dizer! Por que você faz assim comigo?

ADELAIDE – (*fechando os olhos de Ismênia*) Ela não te ouve mais, Vitória. A pobrezinha se foi.

VITÓRIA (Ergue a cabeça para Adelaide, faz o sinal da cruz e se levanta sem expressão no rosto. Dura.) Deus é testemunha. Ela não tinha do que se queixar de mim!

As duas se colocam cabisbaixas em pé, atrás da cama de Ismênia. O violino de Lalau toca mais forte. Policarpo se aproxima de cabeça baixa e se coloca ao lado de Adelaide, depois de colocar uma fieira de flores brancas na cabeceira da cama da morta. Após, entra Albernaz, altivo e se coloca ao lado de Vitória. Esta, lentamente, pousa a cabeça sobre o ombro de Albernaz. Formam um quadro por alguns instantes. Lalau, sempre tocando, se aproxima. Deposita um cravo vermelho no colo branco de Ismênia. Recomeça a tocar. Albernaz e Vitória o observam atônitos por um momento.

VITÓRIA (*indignada*) – Quem deixou que ele entrasse?
ALBERNAZ – É só um pobre coitado.
VITÓRIA – Um mendigo, um capadócio rueiro! (*Alto.*) Safa! Vai tocar no meio da rua que é o seu lugar!

Como se tivesse ouvido, Lalau volta-se e sai sem olhar prá ninguém. Sempre tocando, lentamente dirige-se ao meio do palco.

VITÓRIA (*cansada*) – Ô, meu Deus!
POLICARPO – A morte é uma coisa bruta e misteriosa.
ALBERNAZ – Eu já me acostumei com a morte. É da minha profissão. Na batalha de Avaí... (*As palavras de Albernaz ditas de maneira ausente, quase pomposa, são abruptamente cortadas. Inicia choro acompanhado de Vitória. O choro dura apenas uma fração de tempo. Logo Albernaz recompõe-se. Empertiga-se numa posição quase heroica.*) Um soldado deve afrontar a morte com bravura. Principalmente quando a pátria precisa tanto de seus serviços.
POLICARPO (*empertigando-se com esforço, dominando a emoção pela morte de Ismênia*) – Sim, senhor.

Lima Velho aplaude Lima Moço com um sorriso zombeteiro.

LIMA VELHO – Deveras tocante! (*Aproxima-se do velório sob o espanto dos presentes.*) Meus pêsames, Ismênia, porque as pessoas ao seu redor estão todas mortas!
VITÓRIA – O que este homem está dizendo?
LIMA VELHO (*cruel*) – Estou dizendo que ela foi a única com coragem suficiente para desprezar uma vida pequena e se deixar morrer. Um gesto inútil e, no entanto, belo!
ALBERNAZ – Por favor, saia de minha casa.
LIMA VELHO (*com desprezo*) – Nenhum de vocês teria tanta coragem! Vocês se contentam com o pouco que a vida lhes joga. (*Para Vitória e Adelaide.*) Vocês, ou têm sonhos pequenos (*Para Policarpo.*)

ou grandes sonhos que são apenas delírios de um louco. (*Acaricia Ismênia com simpatia.*) Ela, não.

VITÓRIA (*sofrendo*) – O senhor não tem sentimentos? Não respeita, ao menos, o luto desta casa?! (*Olhando para Ismênia.*) Esta menina... Jesus! (*Inicia novamente o choro.*)

LIMA MOÇO – Ele não tem sentimentos, Vitória. Foi arrancando todos pela raiz, um por um.

Apenas Lima Velho ouve Lima Moço e com ele dialoga.

LIMA VELHO (*para o Moço*) – Há muito tempo o sentimentalismo não me comove mais.

POLICARPO (*com raiva e força que ninguém julgava capaz*) – Nos deixe em paz!

Lima Velho sorri, impávido.

ADELAIDE (*tentando acalmar o irmão*) – Policarpo, por favor...

POLICARPO (*a Lima Velho*) – Já me cansei do seu rancor, do seu ódio. Se encharque de álcool se quiser, mas nos deixe em paz!

VITÓRIA (*desesperada*) – Parem com essa gritaria! Respeitem a morta. (*Para Albernaz.*) Faça alguma coisa! Chame alguém para tirá-los daqui!

POLICARPO (*ainda com raiva*) – Que direito tem o senhor de querer ser nosso juiz?

LIMA VELHO – Eu sou juiz das coisas que fiz! Vocês todos são apenas o resultado infeliz do meu esforço. Eu criei esse seu idealismo cego, eu lhes dei essa resignação viciada que se traveste de virtude.

ADELAIDE (*detém Policarpo*) – Por favor, Policarpo, chega!

Policarpo retira-se com raiva. Vitória e Adelaide se abraçam soluçando. Albernaz se mantém duro.

LIMA VELHO (*saindo*) – Chorem. Com exceção de Ismênia, foi o que de melhor vocês aprenderam. E eu desprezo o choramingo e o lamento. (*Olha para Ismênia.*) Como esta menina.

Volta para o seu lugar no hospício. Luz cai sobre o velório. Estão iluminados agora apenas Lima Moço, Lima Velho e Lalau no centro do palco. Lalau ainda toca o violino baixinho.

LIMA MOÇO – Você é doente.

LIMA VELHO – Somos todos doentes. Você se consola imaginando por meio da literatura construir um mundo novo. E enquanto isso a miséria é uma chaga que se alastra enfraquecendo os membros, desdentando as bocas, aparvalhando o espírito. O subúrbio é o reduto dos infelizes. Nós habitamos o subúrbio do mundo. Inutilidade. Tudo inútil!

LIMA MOÇO (*condoído*) – Que Deus te ajude.

LIMA VELHO – À maneira dele, Deus já me ajudou bastante. Já me enlouqueceu.

Luz cai lentamente sobre os dois. Permanece acesa sobre Lalau que toca. Lalau sempre tocando olha para o lugar onde morreu Ismênia. Soluça. E toca. Luz cai sobre ele.

PARTE 4 – A PERPLEXIDADE E A REVOLTA DO IDIOTA

ALBERNAZ – Entre, major. (*Surge Policarpo e perfila-se batendo continência.*) Descanse, major. Entre velhos amigos não é necessário tanta cerimônia.

POLICARPO – Como o senhor se sente? Como está dona Vitória?

ALBERNAZ – Não comento assuntos particulares em serviço, major. Faça seu relatório.

POLICARPO – A revolta está dominada.

ALBERNAZ – Quantas baixas?

POLICARPO – Nenhuma, general.

ALBERNAZ (*satisfeito*) – Brilhante estratégia a minha, hein, major?

POLICARPO – Não utilizamos sua estratégia, general. Não houve batalha. A guarnição da ilha se rendeu inteirinha sem disparar um tiro.

ALBERNAZ (*perplexo*) – Não deram um tiro?

POLICARPO (*contente*) – Não, senhor.

ALBERNAZ – Nem o senhor que comandava a tropa de assalto ordenou fogo?

POLICARPO – Não foi preciso.

ALBERNAZ (*irritado*) – O senhor não tinha suas ordens? Eu não mandei canhonear a ilha e depois invadi-la?

POLICARPO – Eu não podia atirar contra uma bandeira branca. Eram soldados brasileiros...

ALBERNAZ – Rebeldes, major! Rebeldes! Se renderam! Nem para nos dar uns rebeldes decentes este país presta! Prá que passei anos estudando tática, estratégia, movimento de tropas, Napoleão, Júlio César, Alexandre se nunca vamos ter uma batalha digna do nome?!

POLICARPO (*inflamado*) – Talvez seja a nossa grande vantagem, Albernaz!

ALBERNAZ – Do que é que você está falando?

POLICARPO – Reformas! Todas as guerras e revoltas que este país precisava para se formar já foram feitas!

ALBERNAZ (*ainda mais irritado*) – E nós, os militares, o que é que vamos fazer?

POLICARPO – Reformas, Albernaz. A República está sólida. Vamos reformar este país, acabar com a corrupção, com a canalhada. Quem, senão nós? O povo é bom, mas ignorante. Os políticos... ora, os políticos! Reformas! O futuro deste país, Albernaz...

ALBERNAZ (*irritado*) – General, major!

POLICARPO (*ainda exaltado*) – Sim, senhor general, o futuro...

ALBERNAZ (*cortando*) – Você é um visionário, Policarpo. Foi o que o Marechal Floriano disse quando leu o seu projeto. Você é um visionário.

POLICARPO – Visionário? Está tudo documentado, provado... Ele disse isso mesmo? Com equipamentos, sementes... a produção quintuplica, sextuplica... E depois, as escolas... Eu vi as batatas, general!

ALBERNAZ – A preocupação de um estadista como Floriano é a nação e não as batatas!

POLICARPO (*indignado*) – Não concordo! Um estadista...

ALBERNAZ (*ríspido*) – Perfile-se, major! (*Policarpo se perfila.*) Eu não preciso lembrá-lo que, apesar de velhos conhecidos, o senhor é major, eu sou general e o Floriano é o presidente! Quem é o senhor prá discordar?! Disciplina, major! (*Mais brando.*) Descanse.

POLICARPO – Desculpe, senhor, mas é que... Se eu pudesse falar com ele... Está tudo fundamentado. A agricultura...

ALBERNAZ – Basta, major! O assunto está encerrado. Eu tenho novas ordens para o senhor. Tendo em vista o seu entusiasmo e o apoio ao Floriano desde o primeiro momento dessa infeliz revolta, o senhor foi nomeado encarregado do campo de prisioneiros. Receba isso como uma promoção.

POLICARPO (*sobressaltado*) – Não é possível! Eles não podem fazer isso!

ALBERNAZ – Não é uma promoção de fato, mas é um cargo de responsabilidade, de confiança. Eu sei que o senhor merecia mais...

POLICARPO – Mais o quê? Executor de fuzilamento?

ALBERNAZ – Major!

POLICARPO – Eu não saí do meu sítio, não escrevi todo meu projeto, não estudei tantos compêndios de agricultura para acabar como carcereiro!

ALBERNAZ – São ordens, major! O Estado tem suas razões!

POLICARPO – Que a própria razão desconhece!

ALBERNAZ (*grita*) – Eu não ouvi! Em consideração ao senhor eu não ouvi o que o senhor acabou de dizer! (*Policarpo, a ponto de se rebelar, encara Albernaz. Depois se acalma.*) O senhor é um militar de escritório, major, pouco afeito a uma disciplina de guerra.

POLICARPO – Revolta, general, não guerra!

ALBERNAZ – Que seja! O momento é difícil. É preciso solidificar o poder de Floriano. Tudo agora é provisório, tanto o seu cargo quanto o próprio campo de prisioneiros. Tudo vem a seu tempo, inclusive as reformas. (*Policarpo nada fala, cabisbaixo.*) Alguma coisa a dizer? (*Policarpo meneia a cabeça.*) Pode sair.

Policarpo lentamente atravessa toda a extensão do palco. Luz cai sobre Albernaz. Enquanto Policarpo atravessa o palco, vê-se cenas de repetidos fuzilamentos. Policarpo os vê perplexo. Lima Velho, extenuado, sentado sobre a cama, fala num fio de voz.

LIMA VELHO (*para si*) – A noite é longa e o rio largo. (*Olha ao redor.*) Me deixem com a minha loucura. Ela é mais branda que a de vocês. Vão embora! Me deem a paz da escuridão, do silêncio e do sono. Me deem uma bebida e me deixem nesse remanso de águas turvas. (*Com dor na voz.*) Afogar é mais simples, é menos penoso, é menos inútil que tentar a travessia.

POLICARPO (*chega ao outro extremo do palco. Desesperado*) – Que diabo aconteceu com todos vocês? Estão todos loucos? (*Grita.*) Onde vocês estavam que eu nunca vi? De que cavernas foi que vocês surgiram?! Chega!

Luz cai.

PARTE 5 – ESTÁ TUDO CONSUMADO

ALBERNAZ – Eu estava reunido com outros oficiais quando ele invadiu a sala gritando como um demente. Exigia ser levado à presença de Floriano Peixoto. Eu gritei para que ele se calasse e ele me ameaçou!

VITÓRIA – Teve a coragem?

ALBERNAZ – Disse que ia mandar um relatório diretamente ao presidente.

VITÓRIA – Ele perdeu o resto de siso que ainda tinha.

ALBERNAZ – Eu só não mandei prendê-lo imediatamente em razão do nosso velho conhecimento. Fosse outro general...

VITÓRIA – Você tem um grande coração, meu velho.

ALBERNAZ – E ele saiu dizendo que me acusaria de omissão. É essa a paga que a gente recebe.

ADELAIDE (*surge, lívida*) – O que foi que aconteceu com o Policarpo?

VITÓRIA (*amparando adelaide*) – Tenha calma, tudo vai acabar bem.

ALBERNAZ – Eu não vou mentir, dona Adelaide. A situação de seu irmão é muito séria.

ADELAIDE – Ele me falou de coisas horríveis que aconteciam no campo de prisioneiros.
VITÓRIA – Que coisas?
ALBERNAZ (*defendendo-se*) – Desrespeitou oficiais, descumpriu ordens!
ADELAIDE – Me falou de sevícias contra os prisioneiros.
VITÓRIA – Sevícias? (*Para Albernaz.*) Você não me falou nada…
ALBERNAZ (*cortando*) – Arrancou a farda na frente dos soldados e saiu seminu, gritando pelo quartel que não vestiria mais uma farda desonrada! Insubordinação! Incentivo à sedição!
VITÓRIA – Mas por que ele fez isso, meu Deus?!
ADELAIDE – Por causa do relatório. O relatório dele não chegou às mãos do presidente, não é?
ALBERNAZ – Isso é assunto militar, minha senhora!
ADELAIDE (*explodindo*) – As sevícias também?!
ALBERNAZ (*no mesmo tom*) – A senhora está me acusando?
VITÓRIA – Como é que a senhora fala assim, dentro da minha casa? Policarpo sempre foi um desequilibrado, todo mundo sabe!
ADELAIDE (*com raiva*) – Não é verdade! (*Acalma-se.*) Desculpe. Vocês sempre foram bons amigos. Eu é que… O que vai acontecer a ele?
ALBERNAZ – Vai ser acusado de alta traição. Em outras circunstâncias o que ele fez, as acusações que lançou… Estamos em estado de guerra, entende?
ADELAIDE (*dura*) – Não. Não entendo. Não são verdadeiras as denúncias?
ALBERNAZ (*sem responder, continua irritado*) – Estamos numa época difícil. Temos de defender a República, debelar as rebeliões!
ADELAIDE – Policarpo não era rebelde. Ele lutou a seu lado.
ALBERNAZ – É irrelevante!
ADELAIDE (*incisiva*) – Mas não são verdadeiras as denúncias?! (*Albernaz vira o rosto sem responder.*) Eu não estou te reconhecendo. O senhor não é mais o nosso vizinho, o pacato general aposentado.
ALBERNAZ (*ainda exaltado*) – O momento é grave e nessas horas sempre acontecem excessos. Mas o momento também é transitório. Logo a República se firma e tudo volta à paz. Tudo isso é transitório.
ADELAIDE (*com ódio*) – A morte do meu irmão vai ser permanente!
ALBERNAZ (*explodindo*) – Pois então que não viesse para a luta! Que ficasse em seu sítio! Em toda rebelião corre sangue!
ADELAIDE (*com ódio*) – Durante ou depois da rebelião?!
VITÓRIA (*perdida*) – Adelaide, você não pode falar assim… Albernaz, eu não estou entendendo… Minha cabeça está voando.
ADELAIDE (*dura*) – Como sempre esteve, Vitória.
VITÓRIA – Por favor, Albernaz, o que está acontecendo?

ALBERNAZ (*para Adelaide*) – A senhora não pode me julgar. Eu não seviciei ninguém. O Policarpo... Eu posso testemunhar que ele é doente, que teve um desequilíbrio passageiro.

ADELAIDE (*firme*) – Ninguém vai levantar a voz para dizer que o Policarpo era louco! Foram vocês que enlouqueceram. De uma loucura sangrenta! (*Principia um choro dolorido e sai da casa dirigindo-se lentamente ao centro do palco.*)

VITÓRIA (*depois de um longo momento de estupefação*) O que ela quis dizer com isso, Albernaz? O que foi que vocês fizeram?

ALBERNAZ – Nada. São só loucuras. Só loucuras.

Luz cai lentamente sobre Albernaz e Vitória. Antes que a luz caia totalmente Adelaide grita.

ADELAIDE – Vocês não vão fazer essa covardia! Vocês não podem... Ele nunca fez mal...

Cai ao chão sem forças. Chora. Lima Velho, que havia assistido toda a cena, a princípio estático e depois com gradativa agitação, explode.

LIMA VELHO – Chega! Vão embora! Me deixem em paz! Desde que eu entrei neste maldito lugar...

ADELAIDE (*dirigindo-se a Lima Velho*) – Senhor, me ajude!

LIMA VELHO (*desesperado*) – Cale a boca!

ADELAIDE (*forte, mas com um tom de desespero na voz*) – Não calo! Não calo!

LIMA VELHO (*perplexo ante a reação da personagem cai em si numa prostração contida e desesperada*) – Eu enlouqueci de vez! Há dias converso com fantasmas. (*Principia a rir.*) E nem fantasmas reais, saídos da sepultura eles são. (*Ri mais.*) Os meus fantasmas saem de livros! (*Luz se acende sobre Lima Moço. Ele escreve sem perceber Lima Velho.*) Mais um! (*Luz sobre Policarpo na prisão, em pé, olhando o vazio.*) Outro mais! (*Faz uma reverência.*) Estejam em casa! Quantos mais?! Entrem! As portas estão todas abertas!

ADELAIDE (*com dor na voz*) – Por favor, senhor. Não zombe da dor alheia. (*Desesperada.*) Eu preciso de ajuda. O meu irmão...

LIMA VELHO (*irônico*) – Se há alguém que pode te ajudar é ele. (*Aponta Lima Moço. Adelaide volta-se com olhar de súplica para Lima Moço. Este lê o final do romance como se estivesse sozinho em seu gabinete de trabalho.*)

LIMA MOÇO – "A pátria que quisera ter era um mito; era um fantasma criado por ele no silêncio de seu gabinete. Iria morrer, quem sabe se naquela noite mesmo?"

ADELAIDE – Não!
LIMA VELHO (*irônico*) – Ele é o autor de sua desgraça. Peça-lhe. Talvez ele possa modificar o final da história de seu irmão.
ADELAIDE (*para Lima Moço com um resquício de esperança*) – Senhor...
LIMA MOÇO (*continuando a ler sem ouvi-la*) – "O tempo estava de morte, de carnificina. (*Olha Adelaide com pena e continua a ler lentamente.*) A vitória tinha feito os vitoriosos inclementes e ferozes". (*Para indeciso.*)
LIMA VELHO (*sarcástico*) – Insista! Quem sabe ele ainda possa arranjar um final feliz?
LIMA MOÇO (*depois de um momento de indecisão*) – "A vitória tinha feito os vitoriosos inclementes e ferozes." Adelaide nunca mais o viu. Ninguém nunca mais o viu.

Adelaide deixa escapar um longo gemido e, de cabeça baixa, perdida, sai lentamente.

LIMA VELHO (*para Lima Moço*) – O grande final! Fuzilamento, com certeza.

Ouve-se à distância o rufar de tambores seguidos de tiros. Policarpo tem um estremecimento.

LIMA VELHO – Vocês todos têm um gosto doentio pela paródia humana!
LIMA MOÇO (*com convicção, erguendo seu manuscrito*) – Isto é a vida!
LIMA VELHO – É só literatura! A vida não é esse melodrama barato. É mais brutalidade, mais espanto e mais susto! A literatura só serve para mentir que somos melhores do que realmente somos. E que a nossa passagem por esse caos tem alguma espécie de sentido. Toda arte é uma paródia de nós mesmos!

Lima Moço se senta confuso, cansado. Ouve-se novamente um rufo de tambores e tiros.

POLICARPO (*para Lima Velho, com ingenuidade e confusão patética*) – Eu sou uma paródia? Só uma vida ridícula e desastrada criada por vocês?
LIMA VELHO (*aponta Lima Moço*) – Por ele! Eu cansei da literatura.
POLICARPO (*cansado*) – Uma paródia! (*Revoltado.*) Só que os fuzilamentos que estamos ouvindo não são paródia! Nem essa revolta e essa sanguinolência estúpida!
LIMA MOÇO (*tentando justificar-se*) – Policarpo...
POLICARPO (*para Lima Moço, com raiva*) – Me diz se tudo em que eu acreditei até hoje é paródia?! Meu Deus! (*Desesperado.*) Me diz se

eu vou rir quando estiver na frente do pelotão de fuzilamento daqui a pouco?!

Ouve-se novamente o rufar de tambores e os tiros. Policarpo põe os braços sobre a cabeça e se encolhe.

LIMA MOÇO (*desesperado, mais para si mesmo do que para Policarpo*) – Não é paródia. Não pode ser!

POLICARPO (*com raiva*) – Então me diga o que é para que eu possa morrer com um mínimo de decência!

LIMA VELHO – Deem o nome que quiserem. O sentido será sempre o mesmo!

POLICARPO – Não é verdade!

LIMA VELHO (*para Policarpo*) – Você é só resultado de um equívoco juvenil. (*Aponta para Lima Moço.*) Você é fruto dos meus trinta anos. Foi quando eu sonhei. O sonho trouxe o delírio. O delírio levou à loucura. A loucura me empurrou para dentro deste hospício. (*Para Lima Moço.*) Rasgue, queime esse romance!

POLICARPO Não!

LIMA MOÇO (*olhando o calhamaço de papéis*) – Não posso. Isto deve ter algum sentido.

POLICARPO –Tem! O esforço e a crença humana têm de ter um sentido!

LIMA VELHO (*exausto*) – Então inventem um e me deixem em paz! (*Lima Moço senta-se arrasado. Lima Velho, num crescendo de emoção.*) Vão embora! Ver vocês só faz aumentar essa certeza maldita que me afoga mais e mais! (*Desesperado, para fora.*) Enfermeiro! (*Emocionado.*) Diabo! Tudo o que fiz, a vida inteira, foi procurar um sentido! (*Para Lima Moço.*) Antes de iniciar esse romance eu devia ter abandonado tudo! Talvez agora eu tivesse paz. Uma paz estúpida, roceira, simplória, mas paz. Mas resolvi arriscar na crença, no sonho, no impossível. E hoje vocês são a visão mais significativa do meu desastre! Crença, sonho, literatura, País... tudo abstração, delírio, loucura! (*Senta-se arrasado. Chama com voz sumida.*) Enfermeiro!

POLICARPO – Eu sou real!

LIMA VELHO – Você foi criado à minha imagem e semelhança. Todo o seu esforço e crença são tão sem sentido quanto os meus.

POLICARPO (*forte*) – Não à sua imagem. Fui criado à imagem dele (*Aponta Lima Moço.*), quando Lima Barreto ainda não estava batido pelo desespero e pela descrença. Minha vida teve sentido!

Ouve-se novamente rufo de tambores e tiros. Policarpo estremece.

LIMA VELHO (*cruel*) – E, no entanto, você vai morrer.

POLICARPO – Pelo menos minha vida foi um sonho cheio de lutas...

LIMA VELHO (*cortando, irônico*) – Inventou um sentido prá sua vida?

POLICARPO – Há muito tempo. Na vida que me foi dada eu inventei os melhores sonhos, as melhores lutas.

LIMA VELHO – Não falo de sonho, falo de vida!

POLICARPO – A vida é um rio tormentoso obrigado a correr para o mar. Mas somos nós que inventamos o barco e fazemos essa longa travessia! Que outra coisa somos senão inventores de sonhos e de caminhos?

LIMA VELHO – Às vezes somos inventores desastrados. (*Irônico.*) O seu sonho deste País, por exemplo...

POLICARPO (*com energia*) – Mas se pudesse eu sonharia de novo e inventaria este país novamente sem todo esse sangue, sem toda essa estupidez, sem a minha cegueira. E percorreria este País gritando e lutando contra Albernazes e Florianos... (*Sons de tiros. Policarpo cala-se e empalidece.*)

LIMA VELHO (*numa última ironia*) – Mas você não pode, pois você vai morrer.

POLICARPO (*Trêmulo entre o terror da morte e a justificação de sua vida.*) – E, no entanto, sabe o que à beira da morte me faz sentir compaixão por você que ainda vive? É que prá você restou o pior de nós dois. Com todo o meu desastre eu vivi melhor: porque eu sou a sua melhor parte, os seus sonhos mais íntimos, os seus desejos mais caros! Se a vida é sonho, os meus foram da melhor espécie!

LIMA VELHO (*cansado e confuso*) – Vá-se embora, por favor!

POLICARPO – Aos trinta anos você inventou para mim os melhores sonhos. Pena que agora você já não seja tão hábil em inventá-los para si próprio. (*Sons de tiros, muito altos e próximos. Policarpo petrifica.*) E, no entanto, eu vou morrer. (*Bruscamente baixa a cabeça e comprime o rosto com a mão, com força. Emite um gemido de dor e revolta.*) Essa é a única vantagem que você leva sobre mim. Você está vivo e eu, trêmulo, aterrorizado, sou quem, agora, merece compaixão. (*Pausa. Como último argumento, triste, amargurado, mas convicto.*) Mas vivi melhor.

Lima Velho extremamente confuso e emocionado olha para Lima Moço e olha para Policarpo que olha para o nada. Ouve-se o violino de Lalau e, logo após, Lalau entra. Toca uma música triste. Lima Velho faz um gesto na direção de Policarpo. Gesto de pena ou solidariedade. Luz cai lentamente sobre os "Limas" e sobre Policarpo. Iluminado, só Lalau que toca. E tocará durante todo o epílogo.

EPÍLOGO

Lima Velho arruma uma pequena maleta com as suas coisas. As roupas que veste são as mesmas, porém estão melhor arrumadas sobre o corpo. Seu rosto exprime cansaço, mas também uma tranquilidade que não se viu nele durante toda a peça.

MÉDICO – Já se vai? Fico contente apesar do senhor ter sido o paciente mais incomum que eu já tive.

LIMA VELHO (*sorri irônico*) – Eu, como é do meu costume, devia te dizer alguma coisa bem ferina. (*Sorri.*) Mas vou te poupar desta vez. Obrigado.

MÉDICO – Bem... Boa sorte, senhor Lima. (*Apertam-se as mãos.*)

LIMA VELHO – Obrigado, eu mereço. (*Médico sai. Lima pega sua maleta.*)

FELIPE (*emburrado*) – O senhor vai embora? Prá sempre?

LIMA VELHO (*convicto*) – Prá sempre, Felipe.

FELIPE (*aproxima-se*) – Não vai. Não vai. Por que você vai embora, hein? Fica aqui, fica aqui. Aqui é bom!

LIMA VELHO (*sorri*) – Aqui é bom?

FELIPE – É sim. Fica? (*Pausa.*) Você é meu amigo. Eu vou fazer uma cidade, vem ver. (*Começa a reunir seus trapos e objetos.*)

LIMA VELHO – Você sonha, não é, Felipe? Daqui a pouco o mesmo homem incerto que aqui entrou vai, lá fora, olhar o sol manso desta tarde. Em paz. Paz talvez passageira, mas paz! Chegará em casa e sentará para escrever.

E talvez escreva um pedido para ser lido cem anos depois:
Se for possível, sonhem por mim
O que esses tempos nos quais vivi
Não me permitiram sonhar.

FELIPE (*que observava Lima Velho, ri*) – Tá falando sozinho! O senhor é louco? (*Ri. Lima Velho o olha e sorri. Sai lentamente enquanto Lalau toca o violino e Felipe, alheio, monologa.*) Aqui tem uma rua que vai dar na Igreja. Essa casa é amarela. (*Ri.*) Não, não é amarela, não! Você tá louco, sujeito? É azul! Aqui tem a pontezinha...

Luz cai sobre Felipe lentamente. Lalau fica iluminado por alguns momentos. Luz cai sobre ele. Ouve-se ainda, por breves instantes, a música.

FIM

NOTA DO AUTOR: Espelho nosso de cada dia

Quando Lima Barreto morreu, no primeiro dia de novembro de 1922, o que aconteceu de fato foi que ele, na verdade, adormeceu no canto mais fundo e mais escuro de nossa alma. Certamente por causa disso, até hoje foram inúteis todas as tentativas de esquecê-lo, de escondê-lo atrás da definição de escritor marginal, de colocá-lo atrás da porta do salão de belas-letras, de fazer de sua obra uma nota ao pé de página da história da literatura brasileira. Lima Barreto, vez por outra, revolve-se no sono e nos agita a alma, nos diz que é maior que a nossa vã intenção de reduzi-lo a um escritor sem estilo, um mulato pobre e alcoólatra. Com sua língua ferina, zomba de nosso menosprezo e de quem o toma apenas por um crioulo ressentido, um intelectual indignado com uma sociedade provinciana. Lima Barreto é uma tatuagem na alma, tão grande e tão nítida quanto o próprio país. Uma marca que não se apaga nem se encobre e que talvez exista para nos alertar de que temos um encontro marcado com este país; encontro a sério, sem delírios de grandeza, nem menosprezo juvenil. E, como nos dramas gregos, é inútil fugir ao destino. No momento do fatal encontro, talvez possamos perceber, ao olhar nosso caos que, em vez de um final trágico, o momento seja de iniciar a criação.

Borandá: Auto do Imigrante, 2003. Em cena, Mirtes Nogueira, Edgar Campos, Ali Saleh. Foto Arnaldo Pereira.

2003

Personagens – narradores

Abu
Tião Cirilo
Wellington
Benecasta
Amóz

As cinco personagens acima são os narradores principais. Munidos de certas características, como se fossem "personalidades", eles irão compor e representar uma série de outras personagens nas três sagas que compõem este texto.

Enquanto o narrador Abu dirige-se ao público, os outros quatro narradores caminham, em bloco, do fundo para o proscênio. No meio do palco cada um toma direção diferente. Trazem os objetos que utilizarão na cena.

ABU – Boa noite. Algumas vezes nós, seres humanos, somos definidos como exilados. Alguém expulso do paraíso ou do útero materno e que, no mundo, carrega a sensação do desassossego, de estar num lugar que não é seu. Outras vezes somos definidos como um peregrino, alguém que foi expulso dos céus e que peregrina sobre a terra até voltar à pátria celeste. Hoje, aqui, não vamos dividir com vocês essas altas considerações, talvez porque não sejamos capazes...

TIÃO CIRILO – Cada um é que fale por si! Capaz eu até que sou.

WELLINGTON – E somos cômicos! Estamos aqui para fazer graça!

BENECASTA – E quem diz que na comédia não tem filosofia?

ABU (*depois de um olhar irado e de respirar fundo*) – Vocês já perceberam como é que as coisas vão andar aqui em cima! Retomo nossa conversa no ponto em que fui indevidamente interrompido: queremos dividir com vocês os sentimentos de uma peregrinação mais concreta, mais trivial e com razões bem mais claras. Uma peregrinação que atinge a todos nós. Neste auto celebramos o migrante, o expulso, o que peregrina por uma cultura que é sua, por uma nação que é sua e por um território que não é seu.

WELLINGTON – Vamos com isso, que já cansamos de andar.

ABU – E, como sempre, não houve acordo entre nossos cinco narradores sobre o que narrar. Optamos pela narrativa de três sagas. Tião (*Aponta. Tião faz um aceno.*) será protagonista da primeira saga, uma saga mais genérica e que, por coincidência, também se chamará Tião. Wellington (*Aponta. Wellington faz um aceno ao público.*) será protagonista da segunda saga chamada Galatéa. Uma saga mítica, cômica, absurda como é do gosto da cultura popular.

BENECASTA – E que quer expor alguns narradores ao ridículo!

ABU – Posso continuar? (*Faz-se silêncio.*) E, finalmente, para contemplar a ala feminina do grupo, que é minoria, mas é barulhenta, Benecasta será protagonista da última saga, chamada Maria Déia.

BENECASTA (*ao público*) – Vão ser três sagas, mas o espetáculo é curto. Por isso não quero ver ninguém dormindo, principalmente na última saga.

ABU – Por último, eu tenho a árdua incumbência de dirimir rusgas e conflitos e levar a bom termo esta representação narrativa. Borandá, gente!

Os narradores dançam vários ritmos como catira, ciranda, xaxado e vários outros ritmos populares num clima alegre de festa. Tião Cirilo se destaca dos narradores.

TIÃO CIRILO – Eita, que quando fosse pra eu me acabar queria que fosse numa festa assim! Foi num brinquedo assim, já aqui em São Paulo, que conheci Luzia, minha mulher.

ABU – Depois, Tião. Vamos começar do princípio.

TIÃO CIRILO – Sim, senhor.

Desarma-se a cena de festa. Os narradores preparam a cena da representação da primeira saga.

ABU – O brasileiro é um povo em movimento. Sempre foi. As razões podem ser muitas, mas existe uma principal: na vastidão territorial do Brasil a regra geral é que o povo brasileiro nunca teve terra sua. E se teve seu pequeno pedaço de chão não teve meios para dele tirar sua subsistência, nem lei para defendê-lo. Nos últimos cinquenta anos, em especial, o povo brasileiro cruzou e recruzou os quadrantes do país. Sapo não pula por boniteza, pula por precisão. Assim é o povo brasileiro há mais de quinhentos anos. Assim são os migrantes. Assim somos nós.

A um gesto de Abu inicia-se a primeira saga.

PRIMEIRA SAGA – TIÃO

Uma trança de corda colorida, passada em volta de quatro banquinhos, delimita um retângulo de representação. Fora desse retângulo os narradores cumprem seus papéis narrativos ou de apoio aos personagens da representação, entregando vestimentas, objetos de cena etc. Os narradores só entram na área de representação quando personagens.

ABU – Que tipo de gente somos nós, migrantes? Que tipo de gente é essa que deixa o coração num pé de serra, num lajeado, numa beirada de mundo? Que traz o corpo para o trabalho na metrópole e deixa a alma no lugar de origem? E não reconhece o lugar, onde vive e trabalha, como seu. Seu é o lugar que já não tem, é o lugar deixado, para o qual talvez nunca mais volte, mas para o qual passa a vida sonhando voltar. Que gente é essa que não se moveu por vontade própria, não é turista, nem peregrino. Que estranha árvore é essa cujas raízes estão fincadas muito longe e cujo tronco, cortado e separado delas, estranhamente sobrevive, flora e frutifica? (*Faz um gesto largo em direção à cena já montada. Tião Cirilo está sentado em frente a uma pequena mesa onde estão uma carta, um prumo de pedreiro, um par de sapatos de recém nascido, um velho caderno, uma torneira velha e uma pedra roliça, um maço de cartas amarradas com barbante.*) Primeira saga: Tião!

TIÃO CIRILO (*Vem à boca de cena para começar a representação. Ao público.*) – Tião Cirilo, seu criado...

BENECASTA (*interrompendo*) – Tião Cirilo dos Santos é um caboclinho pequeno, sem graça, mirradinho mesmo, desses que chegam com cara de tonto nos terminais de ônibus e de trem.

Tião Cirilo reage.

AMÓZ – O lugar de onde veio é uma titica no mundo. Caminho pra lá ninguém quer aprender, e quem sabe faz força pra esquecer. Uns dizem que é perto de Minas, vizinho do Espírito Santo. Outros falam que é além de Goiás, acima da Paraíba, no rumo de Mato Grosso, divisa com Pará, à esquerda de Santa Catarina, não sei direito e não me interessa! Ó, quer ir lá, mesmo? (*Aponta.*) Segue essa rua toda vida, vira a esquerda, desdobra a direita e depois do terceiro farol você pergunta.

Tião vai inchando de raiva. Vai falar, mas é novamente interrompido.

WELLINGTON – É um lugar esquisito: tem muito pobre e pouco rico. Olha só a coincidência: tem pouca saúde e muita doença. É uma terra dura: muita falta e pouca fartura.

BENECASTA – Tião Cirilo é desse jeito...

TIÃO CIRILO (*irritado*) – Pode deixar que eu mesmo falo, siá! Quem sabe de mim sou eu! Ara, que também não é assim!

BENECASTA – Estamos mentindo?

TIÃO CIRILO – Não, propriamente...

AMÓZ – Estamos inventando?

TIÃO CIRILO – Eu não disse isso...

WELLINGTON – Discorda de alguma coisa?

TIÃO CIRILO – Bem... não.

ABU – Então é isso! Vamos seguir que não temos muito tempo!

TIÃO CIRILO – Bem... O caso é que... Ó, está certo, eu sou o que eles falam, mas não sou do jeito que eles falam, não! Ara, se! (*Para Abu, se justificando.*) Já vou! (*Para o público.*) A coisa foi a seguinte, sem tirar nem pôr: sem meio de vida, tirando da terra menos do que eu dava pra ela, um dia arvorei, com segredo e com medo, um pensamento no fundo de mim: vou 'bor'andá!

Amóz com roupas novas, tênis de cano alto, chapéu e óculos escuros, entra na área de representação. É Biú.

AMÓZ-BIÚ – Cês são gente besta! Vão passar a vida no mesmo, dia nasce, dia morre e a vidinha de vocês é tal e qual! Isto aqui não é mundo, não! Isto é o que caiu do fiofó dele! Mundo é lá, cidade grande, mas é pra caboclo mordido de cobra, gente que tem arranque! Não é pra quem fica bostando esperando mosca pousar!

TIÃO CIRILO – Eita, se aquele na venda não era o Biú que tinha voltado! Um sujeito pamonho, piorzinho até que eu, quando saiu daqui, dois anos atrás. Agora, volta desenleado, com pompa, palafrém e palavrório! Falou e mostrou que, na bagagem, trazia três camisas e duas calças, um despropósito para um homem só! (*Biú, senhor de si, senta num banquinho, tira do bolso um espelhinho redondo e penteia o cabelo. Tião cheira o ar.*) Eita, fartum bom!

AMÓZ-BIÚ – É glostora! Bom pra alisar cabelo! Desce cachaça e cerveja que eu pago. Mas é só hoje!

TIÃO CIRILO – Eita que o povo festou e vivou! Mas o que assombrou de vez o povo foi quando o coronel entrou na venda.

Wellington entra no espaço de representação.

WELLINGTON-CORONEL – Eita, que tem gente que só é ir pro sul que volta tresmudado! Quando 'tava aqui já não era muito homem, quando volta vem fedendo perfume de mulher da vida!

AMÓZ-BIÚ – Me diz cá uma coisa, coronel: o senhor, por acaso, já comeu macarrão espaguete? Lasanha de quatro queijo? Bife à milanesa? Chantili e maionese? O senhor precisa conhecer o mundo, Coronel!

Coronel sai da área de representação.

TIÃO CIRILO – Eita, que babei vontade de um dia na vida comer aquilo!
ABU – É suficiente!

Amóz sai da área de representação.

TIÃO CIRILO – Macarrão espaguete! Lasanha deve ser carne de bicho. Não, de ave!

Com um gesto, Abu ordena que Wellington volte à área de representação como Norato. Tião recebe uma mala.

WELLINGTON-NORATO – Sou Norato Fubúia, mais conhecido como Norato Chibíu, o que não melhora nem um pouco o meu nome. Fica até piorzinho, né não? Um dia chega o Tião e fala: vou 'bor'andá, Nanato, que era como Tião me chamava. Na horinha entristeci de saudade e de um pouco de inveja.
TIÃO CIRILO – Vou 'bor'andá disse e redisse pra mim mesmo pra criar coragem antes de chegar em casa. No caminho catei do chão uma pedra roliça de rio, não sei por quê.

Benecasta entra como a mãe.

BENECASTA-MÃE – Vou 'bor'andá, mãe, ele me disse. Falei nada, não, como se fosse notícia que eu já soubesse. Deixei o aviso me cortar e soquei lá dentro o choro, a raiva e a blasfêmia para que Deus não escutasse. E continuei a passar o café no coador de pano como se não tivesse ouvido nada. Mas meu silêncio doeu.
ABU – É o suficiente.
BENECASTA-MÃE – E até hoje tenho vontade de soltar aquele grito que não dei.
ABU (*com autoridade de quem organiza a ação das personagens*) – É o suficiente, eu disse.

Mãe e Norato saem da área de representação. Abu, com um gesto solicita o pronunciamento de Tião.

TIÃO CIRILO – E Tião Cirilo dos Santos, que sou eu, vim embora...

Benecasta, Amóz e Wellington reagem, fora de cena.

BENECASTA – Ei!

TIÃO CIRILO (*inconformado, retoma a narrativa agora completa*) – E Tião Cirilo dos Santos, que sou eu... um caboclinho pequeno, sem graça, mirradinho mesmo... vim embora nos idos dos anos 50... (*irritado*) e cheguei com cara de tonto ao terminal de trem! (*Abraça com força contra o peito e caminha desconfiado.*)

WELLINGTON (*um tanto inconformado*) – Não, na metrópole nada aconteceu de inusitado com Tião Cirilo. Não roubaram suas coisas, ele não caiu em conto do vigário, não comprou lote no mar, nem terreno na lua à vista, nem viaduto à prestação, essas coisas que, às vezes, acontecem quando o migrante chega. Ou seja, nem pra fazer a gente rir um pouco essa personagem tá prestando!

TIÃO CIRILO (*irritado se referindo a Wellington*) – Oh, vontade que "das veiz" dá de a mão da gente trombar com a cara de um sujeito à toa!

BENECASTA – Nada de muito cômico ou muito trágico aconteceu com Tião Cirilo. Isso porque ele é um migrante trivial, comum, sem lances heroicos nem defeitos risíveis.

TIÃO CIRILO – Nunca sei se é elogio!

BENECASTA – A vida de gente assim é feita um nada por dia, mas é feita todo dia.

AMÓZ – Quando se chega é só estranhamento. Tudo é novo e difícil: o frio, o lugar, a comida, os costumes e, principalmente, a solidão.

TIÃO CIRILO – É o que dói mais. Solidão enlouquece. Eu odiava domingo e até hoje não gosto. Dia de semana tinha os companheiros, peão de obra, o trabalho. Chegava sábado, sumiam todos dentro da cidade, iam pra junto das famílias, dormir com as quengas. Eu amanhecia domingo sozinho na obra. Domingo à tarde, lembrança da mãe, dos amigos, do lugar de origem, cortava a coragem da gente. Vontade que sobrevinha era de se danar, de morrer, de chorar. E o domingo é o mais lerdo dos dias, acaba bem devagar e eu ali naquela cidade-monstro quieta, na obra quieta, só eu e meu radinho de pilha, meu companheiro.

Wellington-Amigo pega a carta sobre a mesinha, tira o papel de dentro e escreve enquanto soletra.

WELLINGTON-AMIGO – Estou com muita saudade, mãe. (*A Tião.*) Que mais?

TIÃO CIRILO – Bote aí: aqui tudo vai indo como Deus quer. Se tudo der certo viajo pra aí no final do ano. Recomendação a todos e me dê sua benção. Seu filho, Tião.

Wellington-Amigo dobra a carta e entrega a Amóz.

AMÓZ-VIZINHO – Dona Nazaré! Ô, dona Nazaré! Mandaram entregar. É carta de São Paulo.

BENECASTA-MÃE (*recebe a carta*) – Ah!, meu Deus! É do Tião! Quanto tempo! Está tudo bem com ele? Abre a carta e lê pra mim?

AMÓZ-VIZINHO (*após pausa perplexa*) – Sei ler, não, dona Nazaré. Mas deve de estar tudo bem, se foi ele que escreveu, não é? (*Ao público.*) Dona Nazaré beijou a carta como quem beija relíquia de santo, escapulário da virgem Maria. Depois colocou a carta fechadinha no oratório da casa. A carta ficou lá até a morte dela. Ninguém me contou, eu vi.

BENECASTA-MÃE – Estava tudo bem com Tião, eu sabia, coração adivinha. Como também adivinhou que ele chegaria depois do dia de reis, dois anos depois que ele tinha ido; como adivinhou antes de ele apontar no caminho, depois do pé de jatobá, como adivinhou antes de ele gritar na entrada do quintal, "mãe!" Me assustei, mas foi pela minha certeza! (*Entra na área de representação e abraça Tião.*) E abracei aquele homem, meu menino, como se fosse a última vez. (*Entristece.*) Eu tive a triste certeza de que era a última vez. Até nisso meu coração adivinhou. Mas não quero falar, agora, desse desconsolo. (*Feliz.*) Me deixem com a alegria que entra em minha casa como um sol. (*Emocionada.*) Entra, filho.

Tião coloca chapéu, óculos escuros e recebe uma torneira que um dos narradores tirou de cima da mesinha.

WELLINGTON-NORATO – Eu vi! Chegou cheio de ares, cheio de prosa, imperando como se fosse rei. Atrás dele juntou uma réstia de criança admirando as roupas, o sapato novinho que rebrilhava. Ói, eu invejei! Ele me deu de presente um pente e um espelhinho redondo que atrás tinha o retrato de uma moça. Nua em pelo! Nunca tinha visto uma assim. Em retrato, não!

TIÃO CIRILO – Levei presente: uma Santa Aparecida pra mãe, uma coisinha ou outra pra parente. Levei também uma coisa de engenho pra mostrar. (*Mostra ao público uma torneira e explica o funcionamento.*) Isso é coisa de engenho, de funcionamento, de ideia fina! Toda casa tem uma. Às "veiz" até mais de uma. É só rodar essa peça assim e pronto, sai água. Quanta água você quiser.

Amóz é agora um rapaz interessado no objeto.

AMÓZ-RAPAZ – Disso aí?

TIÃO CIRILO – É, não tem de buscar água na bica e trazer pote na cabeça, não! A bica vai até cada casa…

AMÓZ-RAPAZ – Como é?

TIÃO CIRILO – Tem um cano que vem por baixo da terra, pelas ruas. Desse cano sai outros caninho pra cada casa.

AMÓZ-RAPAZ – Sei. Mas a água dos canos de debaixo da terra vem de onde? De poço?

TIÃO CIRILO – Não, vem de umas caixas grandes, cheias de água, que ficam no alto…

AMÓZ-RAPAZ – No alto de onde?

WELLINGTON-NORATO – Deixa de empáfia, Tião! O menino, aí, é bobo, mas a gente não é tão atrasado, não. A gente sabe o que é uma torneira. Só nunca tinha visto uma pessoalmente. E que é isso?

TIÃO CIRILO – Um rádio, toca música, fala…

WELLINGTON-NORATO – Sei… Então é isso o rádio. Funciona?

TIÃO CIRILO – Trouxe só pra vocês ver. Falta força elétrica.

AMÓZ-RAPAZ – Sei. (*Pausa.*) Que força é essa?

TIÃO CIRILO (*pensa, mas não consegue explicar*) – É umas cargas que vem da láite… assim…que vem igual água na torneira, mas vem nos fios de arame. Sei explicar, não, mas é pôr na tomada e isso canta, toca.

AMÓZ-RAPAZ – Ô, sujeito mentiroso! Pensa que a gente é tonto!

ABU – Chega. (Amóz e Wellington saem da área de representação.) Mãe!

BENECASTA-MÃE (*entra*) – Tenho muito mais a dizer, não. História minha é curta. Só digo que fiquei encostada no portal da casa olhando meu filho que sumia na curva do caminho, depois do pé de jatobá. Ele ainda deu um aceno de mão e eu não quis acreditar que era a última vez. Por todos os anos que ainda tive mastiguei o pão de cada dia com a saudade e o desejo da volta dele.

ABU – Está bem. (*Mãe não se move.*) Está bem, mãe, é o suficiente.

Amóz tenta delicadamente retirar a mãe, mas ela não se move. Ele olha pra Abu sem saber o que fazer.

BENECASTA-MÃE – Coração da gente é pasto onde boi berra. (*Inesperadamente sai.*)

ABU – Não sabemos definir muito bem o que é um migrante, esse ser que se põe em movimento contra sua própria vontade. Dizem que o homem é mais ligado à terra e que é a mulher, muitas vezes, que impulsiona a migração.

AMÓZ – Minha terra é onde nasci, onde tenho meus pais e meus amigos!

BENECASTA – Minha terra é qualquer uma onde posso criar meus filhos. Terra que mata meus filhos é terra maldita! Mesmo que seja a minha! 'bor'andá, homem!

ABU – Sabemos também que o migrante não muda apenas de paisagem e de território. Muda de mundo. Na terra de origem a natureza rege a alternância entre o trabalho e o descanso. Na cidade o migrante vai enfrentar o trabalho contínuo. A alternância possível é entre o trabalho e o desemprego, o que não é desejável; e entre trabalho e aposentadoria, o que também não é desejável. E o trabalho começa a perder seu valor enquanto dimensão da vida.

WELLINGTON – Aqui é bom pra trabalhar, mas pra viver não presta, não!

AMÓZ – Quando aposentar volto pra minha terra!

TIÃO CIRILO – É o tempo de juntar um dinheirinho e volto pra titica de lugar onde nasci.

BENECASTA – E, enquanto não volta, o dia a dia come o tempo de Tião.

Abu tira o par de sapatinhos de bebê e dá a Benecasta. Esta é agora Luzia.

TIÃO CIRILO (*dança*) – Eita, que quando for pra eu me acabar queria que fosse numa festa assim! Foi num brinquedo desse, aqui em São Paulo, que conheci Luzia. (*Aponta Luzia.*) Formosa, né, não? Até hoje não sei o que ela viu em mim.

BENECASTA-LUZIA – Eu sei, mas não conto. Nem pra ele, que é pra não virar soberbo, nem pra vocês, que é pra não crescer o olho pra riba dele. Mulher burra não nasceu, não!

TIÃO CIRILO – Namoro da gente tá que é só mel mais melúria.

BENECASTA-LUZIA (*mostra os sapatinhos*) – Olha só, Tião!

TIÃO CIRILO – Bonitinho, Luzia. O que é?

BENECASTA-LUZIA – Sapato de criança.

TIÃO CIRILO – Isso eu sei, estou vendo!

BENECASTA-LUZIA (*apreensiva*) – Ganhei da Marcela.

TIÃO CIRILO – E por causa de quê a Marcela lhe deu isso? (*Olham-se. Tião conclui, desolado.*) Ichi! (*Luzia confirma com a cabeça.*) Seu pai já sabe?

BENECASTA-LUZIA – Sou doida? Ele é das Alagoas. Você é que vai contar!

TIÃO CIRILO (*ao público*) – A Marcela deu mais três pares de sapatos. Da Leninha, do Genivaldo e da Licinha, além do Tiãozinho que foi o primeiro, o mais velho. Comecei a gostar daqui foi quando conheci Luzia. Bonita, sestrosa, bem-querente. Tem coisas que a gente quer demorada. Gostar, por exemplo, tem de ser coisa lerda, feita sem pressa, mas vida aqui tem urgência. E num lugar onde se diz que tempo é dinheiro a gente não tem nem um nem outro.

Wellington pega a carta do oratório e, na passagem, pega o maço de cartas da mesinha e entra na área de representação. Grita como carteiro.

WELLINGTON – Carta pra você, Tião!

TIÃO CIRILO (*pega a carta*) – Fazia três anos que eu tava casado e doze que eu estava aqui, quando recebi de volta a carta que tinha mandado para minha mãe. (*Emociona-se.*) Foi baque. Foi baque que homem rijo, engrossado no asp'ro da vida não sustenta. Ô, meu Deus, essas distâncias de quem a gente quer bem! (*Recompõe-se.*) A carta ainda estava fechadinha, como mandei. A Santa Aparecida ficou com uma tia minha. Agora eu já não tinha mais por quê voltar. De vez em quando ainda choro, escondido.

Wellington, com um gesto, apresenta a Tião o maço de cartas.

WELLINGTON – E isso?

TIÃO CIRILO (*pega as cartas na mão*) – Peão de obra bebe muito. Um colega meu endoidou de beber. Fui visitar no sanatório.

AMÓZ-COLEGA – Cachaça acabou comigo, Tião. Tem mais jeito, não. Tá decretado: cirrose comeu o fígado. O pior é que nem sei por que eu bebia tanto! Acho que era desgosto. Do quê, não sei. Eu nem gostava de bebida! (*Wellington, que agora é Zueira, se aproxima e fica parado, tenso, sem tomar nenhuma atitude. Zueira tem a respiração entrecortada de quem parece que vai se descontrolar no momento seguinte. Tião fica apreensivo.*) Que é que quer, Zueira? (*A Tião*) Tem medo, não, é gente fina.

WELLINGTON-ZUEIRA – É amigo seu? De confiança? (*Entrega uma foto a Tião.*) Põe no correio. Pra minha vó, Deralda. Só tenho ela no mundo. Mora em Minas. Não gosto dos médicos daqui.

AMÓZ-COLEGA – Conta pra ele como é que você ficou assim, Zueira.

WELLINGTON-ZUEIRA – Foi a zueira... zueira da prensa. Muito barulho, muito barulho... foi dando nervoso... Atrás tem o endereço. Põe no correio pra mim? (*Sai.*)

TIÃO CIRILO – A foto era dele, na fábrica, orgulhoso, ao lado de uma enorme prensa de moldar chapa de aço. Botei num envelope e mandei pelo correio. Na falta de remetente anotei meu endereço. Tempos depois recebo carta da avó do Zueira mandando benção e perguntando notícias. Deu dó. Não sabia mais do Zueira e, então, escrevi pra ela como se fosse ele. De vez em quando ela escreve e eu invento notícia.

ABU – Está bom, Tião. Vamos fechando.

TIÃO CIRILO (*enquanto vai sentar-se à mesa onde deposita a carta da mãe e o maço de cartas*) – A vida correu mais depressa do que eu pude entender. Os filhos cresceram, casaram, netos, um pouco de artrite, dor nas costas da vida de pedreiro. (*Pega o prumo.*) Ainda faço alguma coisinha, leio planta melhor que engenheiro e parede minha é tudo no esquadro. (*Olha a mesa repleta de seus objetos. Pega o caderno e, subitamente, se emociona.*) De vez em quando eu venho aqui e fico olhando essas coisas velhas. Por que eu guardo tudo isso? Por que não jogo fora? Tudo passou mais rápido do que eu pude perceber, do que eu pude entender, do que eu pude apreciar. Qual o sentido de tudo isso? Tem de ter algum sentido! (*Cobre o rosto e chora.*)

ABU – Está bom, Cirilo. Acabou.

Tião (Narrador) ergue-se, já sorridente, e espreguiça-se como se acordasse quebrando o clima da cena.

TIÃO – Emocionante, a história do Tião. Eu achei!

WELLINGTON – Legalzinha. Faltou um pouco mais de comicidade, de ficção.

BENECASTA – Lá vem! Lá vem!

WELLINGTON – Faltou alegoria, elementos grotescos, ação, lances absurdos e inesperados...

TIÃO – Pra que tudo isso?

WELLINGTON – Pro povo apreciar! (*Para o público.*) História tem de ter colorido, rendado, bordadura. Tem de ter, sei lá, gigantes, anões, coisas do avesso, como é do gosto popular, não é?

AMÓZ – E gosto popular é só isso?

WELLINGTON – Não, mas isso é o agrado da história!

ABU – Vamos seguir, gente?

WELLINGTON – Já, já! (*Ao público.*) Espiem só: e se o Tião da história tivesse um segredo guardado?

BENECASTA – Nenhum dos entrevistados tinham nenhum segredo. E, se tinham, não contaram!

AMÓZ – É claro, né, Benecasta, se contassem não seria mais segredo!

BENECASTA (*sarcástica a Amóz*) – Sumidade!

WELLINGTON – Mas podiam ter. E se podiam ter, pra mim, é como se tivessem. E, se pra história é bom que tenham, a gente inventa.

TIÃO – Estou satisfeito com a saga de Tião.

WELLINGTON (*para o público*) – Todo mundo tem um segredo que não revela. Até o senhor. O senhor tem que eu sei! E não negue nem desminta! Até eu tenho um segredo. Não é tão escabroso, tão cabeludo quanto o seu, mas é um segredo. Se eu fosse fazer a história de Tião...

BENECASTA – Toma providência, Abu!

ABU – Chega, Wellington!

WELLINGTON (*irritando-se*) – Só pra concluir, só pra não perder o fio da meada, do raciocínio, data vênia, pô! Se eu fosse fazer a história de Tião, o segredo dele seria nunca ter comido nada. Ninguém sabe, mas desde pequenininho ele não come nada. Havia uma profecia que se ele comesse uma isquinha que fosse, o mundo saltava fora dos eixos!

TIÃO – E pra que isso?

WELLINGTON – Sei lá! Orna com a personagem. É uma alegoria do migrante.

AMÓZ – Cá prá nós, eu gostei.

BENECASTA – É descabido! E o que mais descabeçado vem por aí?

WELLINGTON (*para o público*) – Como ele não comia, não visitava a casinha. Como não visitava a casinha não se deu conta de uma maravilha: ele havia nascido, com o perdão da palavra, sem o roscofe. Ali, naquele lugar escondido entre as duas bandas, ele era liso, sem o ponto final, sem o rusguento. (*Narradores começam a rir. Benecasta se impacienta.*) Vai daí que, como toda personagem que se preza, ele se revolta e resolve transgredir a interdição: passa sete dias e sete noites se empanturrando de quitutes, guloseimas, assados e cosidos, socando tudo dentro até o topo da goela. Não deu duas horas e começou a angústia, o desassossego. Aquilo começou a fermentar, borbulhar a rugir no oco do Tião…

BENCASTA – Chega, Wellington!

WELLINGTON – Só falta dizer como foi que ele se arrombou!

TIÃO – Se quiser você vá se arrombar na sua saga porque a do Tião vai continuar do jeitinho que foi feita!

WELLINGTON – Só quis melhorar!

ABU – Chega! (*Anunciando.*) Segunda saga: João de Galatéa! (*Como quem pergunta.*) Benecasta?

BENECASTA (*irritadíssima*) – Eu? Mas nem peada, amordaçada e debaixo de vara eu faço Maria Milinga!

WELLINGTON (*inconformado, ao público*) – A gente devia experimentar, só uma vez, pra ver se ela não faz mesmo!

BENECASTA (*ao público, irritada*) – E pra não ficar a impressão que é só má vontade, porque má vontade é mesmo, eu me explico: nessa companhia ou faço megera, virago, dragão, mulher feia ou histérica. Cansei!

AMÓZ – Mas faz muito bem, dona Benecasta!

WELLINGTON (*provocando*) – Mão e luva.

BENECASTA – Já fiz Bicaberta, a mulher que deu a luz a um gigante de mais de três metros e cento e treze quilos e duzentos gramas! A senhora já imaginou? E tudo isso junto com uma carroça cheio de alho poró, mantas de bacalhau e carne seca. E com o carroceiro! Já fiz a Nelly, um virago que espancava o marido, Iepe. Essa personagem até que eu gostei! Homem tem de levar três surras por dia pra ficar manso! E sabem o que querem que eu faça agora? Uma velha caquética de noventa anos! E grávida!

WELLINGTON – Pronto! Já quebrou a surpresa.

BENECASTA – Tudo invenção dessa mente doentia!

WELLINGTON – É uma saga mítica, gente! Alegórica, inventada a partir da mais fiel tradição popular.

ABU – Tudo bem, mas vamos logo, que o público não pode esperar. (*Para Benecasta.*) Você não vai fazer mesmo? (*Benecasta balança a cabeça negativa e definitivamente.*) Então... (*Os olhares se dirigem para Amóz e Tião Cirilo. Os dois se entreolham espantados e olham os outros.*) Não tem jeito. (*Os dois conformados tiram a sorte no par ou ímpar. Amóz perde, Tião vibra. Desacorçoado, Amóz aceita as roupas de Maria Milinga que lhe são trazidas pelos outros narradores. Tudo é feito muito rapidamente, com poucos elementos e Amóz logo assume a personagem. Abu anuncia.*)

SEGUNDA SAGA: GALATÉA

ABU-TÕE PASSOS – Sou Tõe Passos e o que tenho a dizer é que Raso do Gurguéu é um lugarejo estranho, habitado por uma gente também estranha, no oco perdido de um país igualmente estranho. Pois foi no Raso do Gurguéu, um pedaço perdido deste mundo doido, lugar bom pra cruzar jumento com capivara pra ver nascer bicho mais doido de impensável, foi nesse lugar que, um dia, se registraram estranhos e escatológicos acontecimentos. (Abre *Um guarda chuva.*) Nesse dia, os elementos da natureza entraram em convulsão e, primeiro, um cheiro terrível, vindo não se sabe de qual colossal intestino, tomou o ar em toda extensão. E os homens levantaram clamores e desejaram ter nascido sem nariz ou que, pelo menos, não precisassem respirar. Depois, o céu escureceu de um marrom bem pouco sugestivo, ouviram-se trovões, raios riscaram o firmamento e as cataratas do céu se abriram. E choveu bosta em diferentes consistências. (*Reage à tempestade, ora com espanto, ora com nojo.*) Pelotes duros de furar chão, rachar coco e lascar pedra. E as pessoas clamaram: "Livrai-nos Deus de prisão de ventre assim!" Depois, tortas de trinta centímetros de diâmetro. E as pessoas, perplexas, ficaram imaginando o tamanho da bunda que obrava aquela insanidade. Depois, troços compridos, simétricos, estéticos mesmo, bonitos até de se ver e que, quando cortados, caiam enrolados ao chão. Após, foi chorrilho, cascata de chuva de bosta grossa, fina, média, que o vento fazia penetrar nas frestas das casas, dos abrigos e cavernas e virava guarda-chuvas na rua. E assim como veio, subitamente a chuva parou e o sol provocou emanações que empestaram o ar. E esses fatos foram prenúncio de que algo novo iria acontecer. E aconteceu. (*Sai com nojo, tomando cuidado com as poças. Entra Maria Milinga, também de guarda-chuva, fazendo careta e cuspindo.*) Boas tardes, Maria.

AMÓZ-MILINGA – Boa tarde, seu Tõe Passos. (*Ao público.*) O problema não é a chuva, é o vento. (*Cuspinha e limpa a cara com a mão.*) Maria Milinga sou eu, e o que tenho pra contar é que, primeiro, sou a mulher mais parideira do lugar. Segundo é que tenho noventa anos inteirados. Terceiro é que no dia que choveu bosta... (*Cuspinha e limpa o rosto. Faz cara de nojo.*) Não gosto nem de lembrar! Eu vinha pela rua, debaixo de meu guarda-chuva, quando o vento levantou minha saia e expôs minhas vergonhas.

ABU-TÕE PASSOS – Dos que viram tal espetáculo, três ficaram cegos, dois morreram de síncope cardíaca, um enlouqueceu e fugiu e os cinco últimos estão até hoje sem fala.

AMÓZ-MILINGA – Ao chegar em casa, ensopada de bosta, dei de cara com um estranho homem.

TIÃO-HOMEM (*homem*) – Salve, Maria Milinga! Você foi a escolhida para dar à luz mais uma vez! De você nascerá um herói que vai gerar e conduzir uma nova humanidade.

AMÓZ-MILINGA – Não entendi direito. Parir aos noventa anos? E quem será o pai? Você?

TIÃO-HOMEM – Deus me guarde de tal destino! A criança já foi concebida e o pai foi o vento que lhe assaltou na rua. Adeus.

AMÓZ-MILINGA (*perplexa*) – Eu fiquei assim, pasmada, passada por água morna! Então era assim? Emprenhar sem comichão, sem calafrio bom, daqueles antigos, já esquecidos? É mentira, é patranha! O mundo não pode ser doido deste jeito! (*Volta-se para se encaminhar para o fundo, mas sofre uma contração. Vira a cabeça para o público enquanto de costas encaminha-se para o fundo.*) Mas acreditei quando minha barriga cresceu e, nove meses depois, chegou minha hora. Antes do parto só tenho a dizer é que ontem à noite vi em sonhos um imenso urubu-rei que mamava em meus peitos. O mesmo urubu que vi aos pés da minha cama quando acordei com dores do parto.

Tõe Passos confirma. Milinga chega ao fundo e aumentam as contrações.

BENECASTA – E foi assim: o povo de Raso do Gurguéu acompanhou pasmo a gravidez de Maria Milinga, da mesma forma que eu e todos vocês ficamos pasmos em ouvir uma história dessa qualidade! Ô, mente doentia!

Wellington-Galatéa nasce já de fralda e pula no colo de Milinga. Maria Milinga, cambaleando do esforço, vem ao proscênio enquanto Abu-Tõe Passos narra.

ABU-TÕE PASSOS – Dizem que o menino escorregou do ventre da velha parideira como um sabão.

AMÓZ-MILINGA – E eu digo que o urubu esvoaçou sobre o menino e levantou voo pra longe, carregando no bico alguma coisa que não vi direito.

ABU-TÕE PASSOS – O que vi e digo é que o menino tinha cara de sonso e pés grandes de andarilho no que todos viram um sinal do destino. Maria Milinga não suportou o esforço desse último parto.

AMÓZ-MILINGA – Aos noventa anos não é fácil, não, gente! E, de mais a mais, o menino sugou minhas últimas forças com meu último tanto de leite. Vai pra vida, meu filho, João de Galatéa! (*Solta o menino, que se estatela e chora, e logo se abraça à perna de Amóz-Milinga.*) Vá ser mais do que eu fui. E assim prevendo um grande futuro para o fruto do meu ventre, morri. (*Tenta sair, mas Wellington-Galatéa, aferrado em sua perna, a impede. Ela tenta desvencilhar-se. Os narradores puxam Wellington-Galatéa e, por fim, o separam da mãe. Wellington-Galatéa faz um beiço enorme e ameaça chorar. Amóz-Milinga, que saía, volta-se e bronqueia.*) Pssst! E não chora que não adianta nem consola!

Wellington-Galatéa engole o choro e embeiça, emburrado.

ABU-TÕE PASSOS – Velhos narradores contam que Galatéa nunca mais chorou, a não ser uma vez, lá mais pra frente, no mais adiantado da vida. Esses mesmos velhos contam ainda que ninguém acreditou nas grandes profecias e acontecimentos estavam marcados no nome de Galatéa. Afinal, dá pra acreditar em alguma coisa de bom saída de lugar tão fuleiro? E que um sujeitinho com essa origem vai dar em alguma coisa que preste? E, assim, os fatos relatados no nascimento de Galatéa foram caindo no esquecimento.

WELLINGTON-GALATÉA (*como criança*) – Quanto a mim, eu fiquei, ali, emburrado e embeiçado à espera do velho Tõe Passos para me criar.

ABU-TÕE PASSOS (*aproxima-se de Wellington-Galatéa sem muita paciência*) – E eu, como sou tonto mesmo, acabei tomando esse encargo.

(*Wellington-Galatéa agarra na perna de Abu-Tõe.*) Que é que eu faço com você, Galatéa?

WELLINGTON-GALATÉA – Quero colo!

ABU-TÕE PASSOS – Quer couro! (*Dá uns cascudos em Wellington-Galatéa que fica embeiçado repetindo, enquanto durarem as narrativas, "Quero colo".*) Galatéa não era um menino normal. (*Irritando-se com os pedidos de Wellington-Galatéa.*) Como vocês podem ver, e o povo do Raso do Gurguéu logo percebeu, o pior defeito de Galatéa era a teimosia. Quando metia uma coisa na cabeça não havia Cristo, nem palmatória que tirasse. (*Wellington-Galatéa vai pedir colo a cada um dos narradores.*) Muita gente veio me dar conselho.

TIÃO – O seguinte: leva pra feira e esquece o menino no meio do povo. Sempre se acha quem cuida.

AMÓZ – Carece dessa maldade, não. É ter paciência. O menino é franzino, não vinga. Garanto que não dura mais um inverno.

ABU-TÕE PASSOS – Se está morto, enterra, mas se está vivo tem de ajudar a viver. E Galatéa vingou. Contra toda expectativa, cresceu. Pegou toda mazela e doença e, contra previsão de rezadeira e curandeiro, de todas levantou. Três vezes médico desenganou, três vezes Galatéa se aprumou. Vida dele era um fio, mas nunca se quebrou! Comecei a cismar que teimosia podia não ser só defeito. (*Súbito, dá um grito desesperado, vai até Wellington-Galatéa, que não cessou de pedir colo, e dá-lhe um cascudo.*) Para, peste! Deixa conversar com o povo! (*Coloca-o no colo. Ao público.*) Acabei me afeiçoando ao bichinho. E assim foi e, assim sendo, o tempo correu. E correu tão ligeiro que ninguém, nem eu, nem mesmo vocês perceberam. Quando dei fé ele já estava crescido. (*Joga Wellington-Galatéa ao chão.*) Vai buscar seu rumo! Vai ganhar a vida, Galatéa, que já estou velho e não tenho mais costas pra você viver em cima!

WELLINGTON-GALATÉA – E João de Galatéa, que sou eu, começou, sem querer nem propósito, a arreliar a vida tranquila do Raso de Gurguéu.

AMÓZ – Primeiro, arrumou confusão com Zé Aristeu, que sou eu, homem pacato, amante da boa paz, casado com Madalena.

BENECASTA-MADALENA – Essa tal de Madalena, que sou eu, era uma mulher bonita, buliçosa, e que vivia em harmoniosa paz matrimonial com Zé Aristeu. O povo dizia que Madalena prestava favores amorosos a um terceiro, seu Ramiro, homem de posses. (*Irritada.*) Eu, Madalena, não confirmo nem desminto porque não dou trela a esse conversê do povo! E nunca ninguém teve cara e coragem de me perguntar!

ABU-TÕE PASSOS – Zé Aristeu, pra preservar a boa paz familiar, fechava um olho, às vezes, até os dois. O povo, pra preservar a boa paz do lugarejo, abria os olhos e fechava a boca.

AMÓZ-ZÉ ARISTEU – Pois, não foi que, um dia, estava eu na venda, seguindo minha vida em paz, quando esse sujeito desabotinado grita no meio do povo:

WELLINGTON-GALATÉA – Zé Aristeu, vi sua mulher, perto do rio, com "seu" Ramiro.

AMÓZ-ZÉ ARISTEU – Pra preservar a boa paz, pensei numa boa explicação. Infelizmente não encontrei e o infeliz ainda completou:

WELLINGTON-GALATÉA – Toda roupa dela era só um par de botas. Pra não machucar o pé, decerto.

AMÓZ-ZÉ ARISTEU – Aí, não teve jeito. O povo estrondou a rir, motejar. Tive de tirar satisfação porque marido enganado é uma coisa, mas marido manso é coisa bem diferente. Mesmo sendo de paz, me arvorei em brio e coragem e fui. Falei, gritei mesmo com "seu" Ramiro, e voltei bem devagarinho porque os capangas do "seu" Ramiro não me deixaram correr. Vieram me esbordoando, batendo, rachando. Porém, voltei inteiro, mas sem um osso, um órgão no lugar de nascença. Mas chegando em casa espumei minhas raivas: "Com ele não posso, mas posso com você, capivara!". Não podia: voou tamanco, panela, vaso de flor, nenhum perdeu o alvo. E agora estou aí, sem sossego nem paz, obrigado a provar que sou homem e sem saber como! Tudo culpa de Galatéa!

TIÃO – Veio pedir serviço e eu disse: vai nas minhas terras e me corta uma centena de toras de árvore. Quero tudo empilhado, tronco lisinho, sem um galho. O desgraçado me cortou cem pés de banana!

BENECASTA – Ofereci trabalho a troco de nada. Não quis!

TIÃO/AMÓZ (*espantados*) – Não quis??

ABU-TÕE PASSOS – Mas, Galatéa, trabalho aqui sempre valeu nada...um quilo de farinha, um tantinho de feijão...

Wellington-Galatéa meneia negativamente a cabeça.

AMÓZ-PADRE – Veio o padre: Meu filho, as coisas são assim. Trabalho não é para enriquecer o pobre, é para torná-lo nobre. E o sofrimento do corpo é a liberdade da alma!

WELLINGTON-GALATÉA – Prefiro bundar!

AMÓZ-PADRE – O ócio é a oficina do diabo! (*Dá-lhe um cascudo.*)

TIÃO-INTELECTUAL – Veio o intelectual. Tentei argumentos lógicos. Premissa primeira, meu rapaz: O trabalho é para viver. Premissa segunda: sua vida vale nada. Conclusão: logo, seu trabalho vale nada!

WELLINGTON-GALATÉA – Não entendi.

TIÃO-INTELECTUAL – Você não tem cérebro! (*Todos olham atentamente para Wellington-Galatéa.*)

ABU-TÕE PASSOS (*bate na cabeça*) – Então uma ideiazinha começou a vingar aqui dentro.

BENECASTA – Foi daí, e foi por essas e por outras tantas que ele fez, que o povo do Raso do Gurguéu quis Galatéa longe de não se ver.

ABU-TÕE PASSOS – A ideia luziu e entendi. Foi urubu que roubou o cérebro do menino!

BENECASTA (*inconformada*) – Foi! Foi o urubu-rei! O que um urubu-rei vai fazer com o cérebro de um traste desse ninguém sabe, mas foi ele que roubou!

WELLINGTON – Tava demorando!

TIÃO – Estava demorando mesmo porque isso já foi longe demais! Essa história está esquisita Wellington!

WELLINGTON – E vai ficar pior!

AMÓZ – Mas por que está tão abespinhada, dona Benecasta?

BENECASTA (*irritadíssima*) – Nada não! É que as razões pelas quais Galatéa não tem cérebro não foram as péssimas condições econômicas do lugar onde nasceu, nem o sistema feudal de produção em vigor! A culpa foi do pobre do urubu!

AMÓZ – É uma metáfora!

TIÃO – E pra que metáfora? Não pode dar o nome certo à coisa? Oligarquia agrária, expoliação, baixa ingestão de proteína…

BENECASTA – Não! Foi o urubu-rei que roubou o cérebro dele!

WELLINGTON – Foi. Isso é uma história, uma lenda!

BENECASTA – Isso é um atraso! Uma visão infantil, irracional, diluidora da realidade!

TIÃO CIRILO – E digo mais…

BENECASTA (*ríspida*) – Não diz mais nada porque o que eu disse já foi suficiente!

AMÓZ – Ichi! É só um jogo da criação popular, gente, não é explicação científica!

WELLINGTON (*irritado a Benecasta*) – Você acredita em urubu-rei que rouba cérebros?! (*Ao público.*) Alguém aqui acredita em urubu que rouba cérebro?!! (*Aos outros.*) O povo só brinca de acreditar nesses absurdos pra rir um pouco porque ninguém é de ferro! (*Explode.*) E chega! Retire as metáforas da vida e a vida não melhora um nada! Fica apenas sem metáfora, sem poesia, sem riso!

Os saltimbancos aplaudem, comicamente, impressionados com a argumentação de Wellington.

BENECASTA (*coloquial*) – E assim, depois dessa breve e elucidativa polêmica sobre o caráter poético, pedagógico e lúdico das histórias populares, seguimos com a saga de Galatéa.

ABU (*contrariado*) – Essas paradas pedagógicas já estão me irritando! (*Como Tõe Passos.*) A ideia luziu e entendi. Foi urubu que roubou o cérebro do menino! Agarrado nessa certeza convenci Galatéa a sair pelo mundo. (*Tira o cinto.*) Vai pra cidade procurar seu cérebro e me dar um pouco de sossego!

WELLINGTON-GALATÉA – Raso de Gurguéu era pra mim o paraíso. Talvez porque fosse o único lugar que conhecia no mundo. (*Abu-Tõe Passos desfere cintadas em Wellington-Galatéa que corre.*) Ao me expulsar, Tõe Passos me disse estranhas palavras.

ABU-TÕE PASSOS – "Vai ganhar teu pão com o suor do teu rosto e vai parir teus filhos com dor."

WELLINGTON-GALATÉA – Achei que o velho já estava caducando. E ficou lá, de correia na mão, no caminho que dá para o Raso do Gurguéu, para impedir que eu voltasse. Parado, ali, figurava o anjo com a espada de fogo na porta do paraíso. (*Se afasta.*)

TIÃO – Para Galatéa a cidade era um sertão absurdo e desconexo. No tempo em que lá permaneceu não conseguiu saber direito para onde iam as multidões que via desaparecer dentro dos buracos dos metrôs, carregadas por trens, engolidas por ônibus. Começou a contar os carros, os prédios, as casas, as pessoas, mas desistiu porque os números não cabiam em sua pequena cabeça. Tudo era grande demais para sua cabeça.

WELLINGTON-GALATÉA (*a alguém que não se vê*) – O senhor sabe onde mora o urubu-rei? Urubu-rei. (*Escande as sílabas.*) U-ru-bu! (*Dá um passo atrás assustado como se a pessoa tivesse reagido com irritação. Xinga a meia voz.*) Vá cagar suas tripas! (*A outra pessoa.*) Dona, a senhora já viu um urubu–rei? Conhece alguém que já viu? Sabe o que é? Urubu-rei roubou meu cérebro quando eu nasci e…(*Mulher se afasta.*) Espera aí, dona! (*Para si.*) Vai ser difícil! Como é que eu vou saber, nesse mundo de cidade, onde o urubu-rei se esconde?

AMÓZ – No tempo em que permaneceu na cidade, Galatéa procurou, vagou, perambulou. E como não encontrou o que buscava começou a desconfiar que era lenda tudo o que Tõe Passos lhe contara.

WELLINGTON-GALATÉA – E se tudo é história, lenda, que diabo é que estou fazendo aqui?

AMÓZ – E enquanto não obtinha respostas procurou trabalho.

WELLINGTON-GALATÉA – Informática? Pode ser que eu sei se o senhor me disser o que é. Inglês? (*Ri.*) Espanhol? (*Ri mais.*) Diploma de segundo grau? Precisa de tudo isso pra ser chapeiro, fritar amburgue, é?

ABU – Deslocado, sem trabalho, num lugar, pra ele, sem muito sentido, Galatéa entristeceu. Tinha medo do dia e de suas pessoas apressadas, preferiu a noite. E foi entre as criaturas da noite que conseguiu alguns amigos.

WELLINGTON-GALATÉA (*Anda ressabiado, cumprimentando um e outro. Subitamente sua atenção é desviada para algo que o paralisa.*) – Ave! Que negócio é essa coisa? (*Segue com o olhar embevecido a "coisa" que passa por ele.*) Psiu! Onde é que vai, muchacha? Posso ir mais você? Quanto? Ichi! Vou ficar só olhando. Paga nada, não, né? Daqui uns anos, quem sabe, economizando muito... (*Assusta-se. Levanta as mãos, põe as mãos na cabeça, vira-se de costas. Mima ser revistado.*) Sou trabalhador, não sou bandido. (*Mima levar um cascudo.*) Ai! Não bate, não, ô! (*Mima levar outro cascudo.*) Foi desacato, não. Só gemi. Não pode? Tá bem. (*Mima levar um cascudo, mas não geme, apenas embeiça. Vira-se de frente.*) Posso baixar os braços? Obrigado. Como? Cidadão? Ah, o cidadão sou eu. Não, não precisa se desculpar, não. Como? Tenho cara de bandido? Trabalhão que deve dar "procês", né? Todo pobre tem. (*Ergue os braços na defensiva.*) Desculpa, escapou! Quis desacatar, não. Tá, já tô circulando! Desculpa qualquer coisa. (*Afasta-se de costas.*) Tchau, dona, obrigado. Já tô indo, já tô indo! (*Observa com o olhar a saída dos "policiais". Volta.*) Voltei. Obrigado por ter falado que me conhecia. Atrapalho, não, viu, dona? Vou ficar só olhando pra senhora. Gosto muito de olhar loira. Ocê não é loira, não? É morena tingida? (*Apresenta-se.*) João de Galatéa, do Raso do Gurguéu. Adroaldo, do Chapadão de Goiás? (*Pausa. Pensa, olha, sorri, volta a pensar.*) Interessante! (*Espantado.*) Gente de Goiás é tudo assim? Não? Então, como é que é isso que nunca vi! (*Olha espantado para "Adroaldo".*) Homem! Honorato tu é uma mulher escrita! Mirian Leine é seu nome de uso? Bonito! (*Faz gestos de quem abre um casaco.*) Abre! Deixa eu conferir de novo. (*Espanta-se, mas já aprecia melhor.*) Eita, coisa boa de ver! E essa peitama? Silicone, é? Homem, mas tu é mulher pra embeiçar qualquer homem! (*Sai.*)

AMÓZ – E assim foi. E, indo assim, não demorou muito e Galatéa era conhecido no lugar. Não sei se gostavam dele, mas respeitavam. Galatéa não tinha nada que pudessem querer, nem cobiçava nada que fosse deles.

GALATÉA (*volta mais alegre, cumprimentando*) – Ei, Maria rabo-em-pé, boa noite! E, aí, mano? E aí, bró? Quero cheirar, não! Nem fumar! Que é do Tico? Febem recolheu? (*Vê outra pessoa.*) E aí, trinta e oito? Vai pela sombra. (*Vê pastor.*) Aleluia, pastor! É isso aí, só Cristo salva! (*"Vê" Miriam Leine e se aproxima.*) Tô aqui, Mirian Leine. Escuta, assim por acaso, não tem jeito da senhora me favorecer, né? (*Dá de ombros.*) Paciência! Pelo menos pode (*Faz gesto de abrir o casaco.*) abrir pra eu espiar esses recurvados bons de se ver? (*"Miriam" abre, Galatea ri, satisfeito.*) Um homem preso dentro do corpo de uma mulher! Eita, que neste sertão de cidade cabe coisa que ninguém nunca sonhou!

TIÃO – Mas o sertão da cidade tinha coisas ainda mais esquisitas. E foi numa noite já velha que ele encontrou, pela primeira vez, Gurugueia. (*Entra Amóz como Gurugueia.*) Ela era feia, pensa, torta e tosca, mas era mulher, pelo menos tinha a aparência geral de uma.

ABU – Vinha não sei de onde, lugar que o cão danado se esconde e o vento faz a curva. Turva era sua vista esquerda, a direita zarolha e nem fé, folha de guiné, pimenta com rapé, não tinham força contra seu mau olhado. Tudo somado, noves fora, Galatéa tem pressa e mais vale uma mulher agora do que duas promessas.

AMÓZ-GURUGUEIA – Vem mais eu, moço bonito!

WELLINGTON-GALATÉA – É comigo? E quanto é o risco?

AMÓZ-GURUGUEIA – Nada, não.

WELLINGTON-GALATÉA – Pensa que não sei que neste lugar não tem coisa de graça?

AMÓZ-GURUGUEIA – Você me leva agora e paga depois. Só quero duas coisas que no futuro você vai ter.

WELLINGTON-GALATÉA – E Galatéa que já entendia mais ou menos como funcionava o crediário e sabia que o futuro a Deus pertence, aceitou a oferta.

TIÃO – E olha que não foi mau negócio, não! Ganhou casa, comida, roupa lavada. Está certo que, de vez em quando, Gurugueia batia, mordia, rosnava e uivava pra lua, mas quem sou eu pra criticar? Às vezes até invejo esses amores diferentes!

ABU – O que Galatéa não sabia era que Gurugueia era filha do urubu-rei. (*Benecasta reage com gestos inconformados.*) É, aquele mesmo urubu-rei que tinha roubado seu cérebro. E como não sabia, não desconfiou.

TIÃO – Não desconfiou também de um estranho vento que soprou uma noite e levantou os lençóis da cama onde Galatéa dormia. (*Tião e Benecasta cruzam um olhar.*)

ABU – E passados alguns meses começou a engordar. E o tonto também não desconfiou que Gurugueia já não lhe batia mais nem ameaçava arrancar pedaço. Era toda cuidados.

AMÓZ-GURUGUEIA (*a Wellington-Galatéa*) – Galatéa tá ficando bonito, redondo, gordo! Barriga crescendo! (*Faz um carinho na barriga de Wellington-Galatéa.*) Cresce barriga, cresce pra Gurugueia ver. (*Ri.*)

Wellington Galatéa, sem entender, ri junto. Amóz-Gurugueia torna-se ríspida.

ABU – E mais meses se passaram. (*Wellington-Galatéa com barriga proeminente começa a passar mal.*) E foi num desses meses que, lá, no fundo do Raso do Gurguéu, o coração de Tõe Passos se apertou. (*Como Tõe Passos.*) Então, eu tive certeza: meu menino precisava de mim. E vim batendo por esses caminhos, perguntando, virando e mexendo até chegar aqui.

WELLINGTON-GALATÉA – Estou doente, seu Tõe! Ói, minha barriga, inchou!

ABU-TÕE PASSOS (*maravilhado*) – Então, a profecia era verdade! Você dormiu de bruços?

WELLINGTON-GALATÉA – Sei lá! Vou morrer?

ABU-TÕE PASSOS – Vai parir.

WELLINGTON-GALATÉA – Eu?

ABU-TÕE PASSOS – E vão ser gêmeos!

WELLINGTON-GALATÉA – Como é isso?

BENECASTA – Como é isso pergunto eu! (*Ao público.*) Vocês me desculpem interferir novamente, mas não deu pra segurar. (*Para Wellington.*) Eu entendi direito? Galatéa vai parir. E gêmeos?

TIÃO – Ave! Agora a coisa foi longe!

WELLINGTON (*irritado*) – Vai parir gêmeos, sim, senhora! Um menino e uma menina! Não pode? A história é minha e quem vai parir sou eu, pronto! Que coisa!

TIÃO – Nada contra, mas é tão descabeçado que assusta!

BENECASTA – Mas como vai ser isso?

WELLINGTON – Não vou dizer pra não estragar a surpresa. (*Para Abu-Tõe.*)

BENECASTA – Meu Deus! O que mais vem por aí?

ABU – A gente pode continuar? Porque se essa história parar mais uma vez eu vou ter um troço!

WELLINGTON – Deixa chiar, deixa chiar! Vamos tocar nosso barco!

ABU-TÕE PASSOS (*maravilhado*) – Então, a profecia era verdade! Você dormiu de bruços?

WELLINGTON-GALATÉA – Sei lá! Vou morrer?

ABU-TÕE PASSOS – Vai parir.

WELLINGTON-GALATÉA – Eu?

ABU-TÕE PASSOS – E vão ser gêmeos!

WELLINGTON-GALATÉA – Como é isso?

ABU-TÕE PASSOS – É a profecia.

WELLINGTON-GALATÉA – Que caraco de profecia é essa?

ABU-TÕE PASSOS – Profecia é assim. A gente só entende depois que acontece.

WELLINGTON-GALATÉA – E quem é o pai? Ou a mãe, sei lá?! Quem me fez mal?

ABU-TÕE PASSOS – Foi o vento. O mesmo que engravidou sua mãe, Maria Milinga. Ele entrou em você. Você dormiu de bruços, com certeza!

WELLINGTON-GALATÉA – Eu dormi de bruços e o vento entrou? Mas isso é história descabeçada de velho com ideia desandada! É história de lugar atrasado, de fim de mundo, como Raso do Gurguéu!

ABU-TÕE PASSOS (*irritado, dá uns cascudos*) – Não blasfema! Profecia disse que você ia vingar, sobreviver contra toda expectativa, contra toda previsão, contra toda doença e mazela, e aconteceu! Disse que, sem cérebro, você ia andar pelos caminhos do mundo sem se perder, com a sabedoria dos tolos. E aconteceu!

WELLINGTON-GALATÉA – Que sabedoria é essa que os tolos têm?

ABU-TÕE PASSOS – Eu sei lá, mas alguma eles devem de ter! E, perto de tudo que aconteceu, você parir é maravilha menor. E vamos, que você e sua descendência correm grandes perigos!

WELLINGTON-GALATÉA – Que perigo, seu Tõe?

ABU-TÕE PASSOS – O corpo humano, por mais magro que seja, e o espírito humano, por mais frágil que se apresente, sempre têm algum valor. E sempre tem gente que quer nos tirar o pouco que temos! Urubu-rei mamou o pouco leite de sua mãe e roubou o pouco cérebro que você tinha. (*Puxa Wellington-Galatéa pela mão. Correm. Ouve-se o grito de Amóz-Gurugueia.*) Ela quer seus filhos!

WELLINGTON-GALATÉA – O senhor está doido, seu Tõe! Quem quer meus filhos? Que filhos? Essa barriga é de cerveja! É de torresmo, sarapatel e feijão gordo que me entupi esses últimos tempos!

Amóz-Gurugueia passa gritando pelos dois que se escondem.

ABU-TÕE PASSOS – Acredita agora? Querem cada centavo, cada gota de suor, cada minuto de trabalho, todo e qualquer valor que podemos ainda dispor. (*Continuam a andar.*)

TIÃO – Galatéa tinha muitas perguntas, mas o que adiantava fazer perguntas num mundo que não tinha lógica? Resolveu aceitar a loucura do mundo antes que ele próprio ficasse louco. Andaram, dentro da noite e da cidade, sem ajuda nem consolo.

Abu-Tõe e Wellington-Galatéa param.

WELLINGTON-GALATÉA – Miriam Leine! Me ajuda! Que aconteceu! Estou grávido, não está vendo? Inveja de mim? É porque você não está na minha pele. A coisa é séria. E para com isso! Tira a mão da minha barriga! Chutou, é? (*Para Abu-Tõe Passos.*) Chutou. (*Para Míriam,*) Era seu sonho? (*Faz beiço.*) É o meu pesadelo!

ABU-TÕE PASSOS – Não chora que não adianta nem consola!

WELLINGTON-GALATÉA (*contendo o choro*) – Ah, meu Deus! Sei lá como vai nascer, Miriam Leine! Não quero nem pensar no assunto! Não, tenho convênio, não! (*Tem uma contração.*) E mesmo se tivesse não ia dar tempo. (*Tem outra.*) Ai! (*Bate na própria barriga.*) Devagar! Não chuta, infeliz! Ai! Me acode, Miriam Leine! (*Vai para o fundo.*)

TIÃO – Vamos poupar a vocês o relato detalhado do parto de Galatéa. (*Galatéa grita.*) Só vou dizer que foi custoso.

WELLINGTON-GALATÉA (*ao fundo*) – Nos'senhora do bom parto! Socorrei-me!

ABU-TÕE PASSOS – Eu vi, não me contaram. Vi maravilhas. Primeiro a natureza entrou em convulsão. O vento rugiu, o firmamento estremeceu e a terra pareceu querer saltar fora dos eixos. Depois, tudo se aquietou na espera e assim ficou até o primeiro choro da menina, até o segundo choro, do menino, até o terceiro choro. De Galatéa. E foi a segunda vez que ele chorou como contam as histórias. E, então, choramos todos.

TIÃO – E choramos pelo assombro de testemunhar uma lei maior: a vida e o mundo são sempre imprevisíveis. Ainda não foi escrita a lei definitiva que rege o mundo e o homem. E toda maravilha e todo milagre ainda é possível.

ABU-TÕE PASSOS – Vi, ninguém me contou. Do nada, e das mãos do povo das ruas que nada tinha, apareceram presentes: um cobertor velho, um pedaço de bolo, uma garrafa de cachaça, um chocalho, panos de criança e um vasinho de violetas.

TIÃO – Apareceu até uma lata de leite em pó, o que foi bom porque Galatéa não deu leite. E todos esses acontecimentos, que não podemos provar, só podemos relembrar e contar e, contando, afirmar: são todos verdadeiros.

Abu-Tõe Passos vai buscar Wellington-Galatéa e os gêmeos.

ABU-TÕE PASSOS – E assim se cumpriram as profecias anunciadas por Maria Milinga sobre o nome de Galatéa. E muitas outras devem se cumprir.

WELLINGTON-GALATÉA (*preocupado*) – Ah, meu Deus do Céu! Que outras, "seu" Tõe Passos?

ABU-TÕE PASSOS – A primeira é os pobres herdarão a terra. Em que estado ela vai estar não sei. A segunda foi proclamada por um barbudo chamado Carlos e que diz que quando o campo vir pra cidade vai acontecer uma grande mudança. Mas depois que caiu um muro lá no estrangeiro não sei mais como é que fica. O que sei é que a profecia está aí, nas ruas, cobrando o seu cumprimento.

TIÃO – E, assim, aquele estranho quarteto, perseguido aqui, enxotado ali, peregrina até hoje pelas ruas da cidade. Já não fogem mais. Crescem e caminham em direção ao amanhã.

WELLINGTON – Quanto ao cérebro de Galatéa, a história tem três versões. Uns dizem que Galatéa resgatou seu cérebro roubado numa banca de marreteiro no centro da cidade. Estava lá, mirradinho, duro como um caroço de abacate. Pagou exatos um e noventa e nove por ele e seu uso não resultou nenhuma alteração em sua capacidade intelectual. Outros narram que ele e seus filhos continuam marchando para o futuro superando todas as previsões de que gente como eles não teria futuro. Outros dizem ainda que Galatéa é só uma história absurda. Galatéa ri dessa gente.

BENECASTA (*após pausa, irritando-se*) – Eu senti um certo tom de escárnio na sua última fala. Eu, por acaso, faço parte dessa gente da qual Galatéa ri?

WELLINGTON (*comprando a briga*) – Eu ia deixar só escrito no ar, só sugerido, mas já que você perguntou…

ABU (*cortando*) – Ela perguntou, mas você não vai responder! Aliás, ninguém mais vai perguntar e ninguém mais vai responder! Esse bate-queixo já encheu as medidas!

BENECASTA – Quem você pensa que é…

ABU (*irritado*) – Sei muito bem quem eu sou e sei o que viemos fazer aqui! E aproveitem enquanto eu não estou babando! Cada um no seu lugar! Já!

Amóz e Tião correm e se colocam incontinenti em seus lugares.

BENECASTA – Estou pasma!

WELLINGTON – Quando ele se esforça até parece homem! Quase me convence.

BENECASTA – O que é um bom ator, né? Faz qualquer papel, até de homem!

ABU (*explodindo*) – Vou virar coisa que não vai ser boa de ver! Aos lugares, agora!

Benecasta e Wellington correm a seus lugares.

WELLINGTON (*cochicha a Benecasta*) – É a sério? Ele tá que não se cabe dentro nas calças!

BENECASTA – Sei lá! Não vou correr o risco de conferir!

ABU (*para o público*) – Desculpem o destempero, mas algum tipo de ordem sempre é preciso! Esses dois põem qualquer um fora do sério!

WELLINGTON (*a Benecasta*) – A culpa é nossa! Quem comanda a casa e não tem competência chama cachorro de compadre e o burro de excelência.

ABU (*com autoridade*) – Eu não ouvi, excelência!

WELLINGTON (*retrai-se*) – Eu também não falei, escapou. Segue.

ABU – Desculpem também se nossa próxima saga não será tão cômica. É uma saga real, muito pouco foi inventado e, sabemos, a experiência humana não é só sorriso.

Mas seja alegre ou drama,
Simples ou grandiosa,
É preciosa sempre a experiência humana.
É lume, mapa, aviso.
Por isso, suspendam vosso riso
por um momento,
E, em nossa companhia,
Sigam este breve argumento.
É uma história curta, do dia a dia,
De dificuldade, trabalho, sentimento
E uma ou outra alegria.
Mas saibam e fiquem atentos:
Por mais banal que seja a personagem
Qualquer vida humana é poesia
E qualquer poesia é ensinamento.
Terceira história: Maria Deia!

TERCEIRA HISTÓRIA: MARIA DEIA

O signo desta saga é o movimento. E seus elementos cenográficos são mala, saco, baú, sempre carregados ou arrastados pelos narradores. Um dos narradores sempre se movimenta em pé, numa canoa, munido de um comprido remo. Outro sempre está sentado num trem em movimento e outro sempre anda a pé. Durante o espetáculo pelo menos um dos narradores deverá estar sempre em movimento. Os atores iniciam a movimentação.

ABU – Alguns migrantes chegam, param, lançam raízes e frutificam filhos e histórias. Outros parecem condenados ao eterno movimento. Saltam de cidade em cidade, Estado em Estado, à procura de trabalho e vida. Numa reunião, senhores verdadeiramente respeitáveis consultam gráficos, tabelas, projetos. Discutem. Depois, apertam-se as mãos, enviam-se sorrisos verdadeiramente simpáticos e fecham acordo altamente rentável de transferir indústrias para o outro quadrante do mundo. (*Narradores imediatamente mudam a direção de seus movimentos.*) Homens públicos tomam decisões. (*Narradores movimentam-se em outra direção.*) Ou deixam de tomar decisões. (*Narradores movimentam-se em outra direção.*) A cada decisão tomada, ou não tomada, grupos humanos são obrigados a sair de sua cidade em busca de trabalho e vida. (*Benecasta senta-se num banco.*) Maria Deia (*aponta para Benecasta*) mora nos confins da cidade e é uma dos inúmeros migrantes condenados ao eterno movimento por uma dessas decisões de gente que ela nunca vai conhecer. Agora, resolveu revoltar-se. Ou talvez não consiga mais cumprir seu destino de andar pelo mundo. Ela não se move mais.

Wellington apresenta-se como Anísio. Abu mima caminhada.

WELLINGTON-ANÍSIO – Anísio. Anísio Antonio Teixeira é meu nome. E eram nove e meia da manhã quando minha mulher, Alzira, entrou e gritou bem dentro da minha orelha "bati, bati, mas ninguém atendeu. Arrodiei a casa e vi pela janela. Parecia 'estauta'. Chamei, chamei e ela não respondeu." Calma, mulher! Quem? "A vizinha, vem!" Onde? (*Ao público.*) Fui, olhei pela janela, chamei. Ela, nada. Estava lá, quieta, nem piscava. Isso é coisa de mulher, pensei: menopausa, a regra dela subiu pra cabeça, coisa assim, calculei.

TIÃO – Tem de arrombar a porta, Anísio! – disse Alzira.

WELLINGTON-ANÍSIO – Você tá louca, mulher?! Não é problema nosso, tem é que chamar a polícia...

TIÃO (*irritado para Wellington-Anísio*) – Alzira retrucou, xingou, mandou.

WELLINGTON-ANÍSIO (*acatando*) – Obedeci, arrombei.

Tião passa a mão na frente dos olhos dela, depois sacode levemente seus ombros.

TIÃO-ALZIRA – Maria Deia, sou eu, Alzira. Que aconteceu, querida? Conversa comigo! – falou a vizinha. (*Pega Benecasta-Maria Deia pelos braços e tenta levantá-la.*) Vem deitar, descansar um pouco, vem! (*Benecasta-Maria Deia enrijece, resistindo. Alzira se aflige.*) Vou fazer um chá, você toma? Ah, meu Deus!

Emocionada cobre a boca com a mão. Amóz aproxima-se e faz esforço de observar a cena na ponta dos pés como se estivesse à janela da casa.

WELLINGTON-ANÍSIO – Juntou gente, vizinho, curiosos.

AMÓZ (*sem pausas*) – É "pelepecia"? Tive um primo que teve isso! É, não. É estresse de nervoso! Nada, isso é encosto, "isprito"! Leva pra benzer! Leva pro centro de Pai Pedrinho! Ave, Jesus! Recua, satanás! Leva pro pastor, aleluia!

ANÍSIO – Ficava lá, quieta, enfiada dentro dela mesma, escutando sem ouvir e olhando sem ver. Morava pouco tempo aqui, mas era pessoa que logo se fez conhecer e gostar. Ficou assim depois que assaltaram a casa. Assalto é coisa comum, mas mulher é bicho fraco, impressionável. Não aguenta o tranco da vida.

TIÃO-ALZIRA (*tentando fazer com que Benecasta-Maria Deia coma*) – Não faz assim! (*A Wellington-Anísio.*) Tem dois dias que ela não come uma isca, Anísio! Fiz uma canja de franguinho de leite que sei que você gosta! Só prova! – pediu Alzira antes de encher os olhos de água. (*Afasta-se.*)

BENECASTA-MARIA DEIA (*ao público*) – De dentro de mim espio o mundo e não tenho vontade nenhuma de estar nele. Me deixem descansar. Só quero descansar dessa caminhada que começou quando me conheci por gente, lá longe no tempo. Dois homens fecharam-se num quarto e só um ia sair vivo.

Amóz e Wellington lutam de facas em silêncio. Amóz mata Wellington.

AMÓZ-PAI (*para Benecasta-Maria Deia*) – Borandá, menina! (*Benecasta Maria Deia se levanta e dá a mão a Amóz-pai.*)

BENECASTA-MARIA DEIA – A menina sou eu e esta mão é de meu pai. (*Cola a mão de Amóz-Pai ao rosto. Andam apressados de mãos dadas.*) É forte e diminui meu medo de criança. Não entendo direito o que aconteceu, só sei que a família foge, no meio da noite, em direção a Minas. (*Andam mais devagar como se passeassem.*) Família grande, oito filhos, tenho sete anos e adoro meu pai. Sou a caçula e ele sempre me leva pra caçar nhambu. (*Feliz.*) A gente é pobre, mas meu coração é cheio. (*Amóz-Pai se separa bruscamente de Benecasta-Maria Deia e a deixa sozinha. Chama, perplexa.*) Pai! Pai! (*Ao público.*) Meu pai nunca mais foi o mesmo de antes. Não falou mais comigo, só o necessário. Durante um tempo as tias, os adultos me olhavam de modo estranho, faziam perguntas que eu não entendia. Só entendi muito tempo depois. O mundo é coisa muito estranha.

Abu torna-se Fabiano. Corta árvore a machado. Obviamente, sem árvore e sem machado.

ABU-FABIANO – Sou Fabiano, filho de Graciliano, migrante lá das bandas de cima. Na verdade, já estou morto, e só estou aqui por que faço parte do passado de Maria Deia. Quando era vivo sempre dizia pra mim mesmo: Fabiano, você é um bicho! (*Descansa, apoiando-se no "cabo" do machado.*) E falava e falo com orgulho porque só bicho, de casca-grossa e jeito duro, é que consegue viver nesse mundo onde a gente caminha. Sou novo, mas vi muitas histórias e sei que gente de couro fino não se aguenta. Vou ser marido de Maria Deia, mas, por enquanto, sou só um rapaz que estica o olho pr'aquela moça que acabou de chegar de Minas. (*Continua o trabalho.*)

BENECASTA-MARIA DEIA – Meu pai não tinha trabalho e então saímos de Minas. Fomos para o Paraná. Lá conheci meu marido. Eu era tonta, tonta, tonta! Um dia estava indo na igreja. (*Abu-Fabiano corre e, na passagem por Benecasta-Maria Deia, lasca-lhe um beijo. Ela fica alguns segundos paralisada. Depois, pergunta, preocupada.*) Cida, você é minha amiga? O que acontece se um homem beija a gente?

TIÃO-CIDA – Beijo daqueles "danado"?

BENECASTA-MARIA DEIA – Não sei. Beijo.

TIÃO-CIDA – Dentro ou fora da igreja?

BENECASTA-MARIA DEIA – Fora.

TIÃO-CIDA – Antes ou depois da comunhão?

BENECASTA-MARIA DEIA – Antes.

TIÃO-CIDA (*vira de costas*) – Nossa senhora vira de costas! – disse a amiga.

Benecasta-Maria Deia suspira fundamente, não consegue se conter e deságua em choro. Afasta-se.

ABU-FABIANO – Vem aqui comigo, eu falei. Ela me olhou como quem queria e se a mulher quer eu quero também, ôxe! Fomos, foi fácil, fui o primeiro, a menina era donzela.

BENECASTA-MARIA DEIA – Ele me chamou, me levou, não sabia o que era, juro que não entendia! Eu era só vergonha, não queria. Talvez meu corpo quisesse, eu não queria, com certeza. Eu não entendia meu corpo. O mundo é uma coisa muito estranha.

ABU-FABIANO – Eu, trouxa, fui contar vantagem, roncar papo. Hoje sabe um, de manhã sabem dez, à tarde sabem cem. Antes de cair nos ouvidos do pai dela que era bravo que só a porra, fugimos.

WELLINGTON – Fui eu que dei conselho: é melhor chispar enquanto eu falo com o velho. (*A Amóz-Pai.*) O negócio tá parado assim, compadre.

AMÓZ-PAI – A melhor coisa que posso fazer pra minha filha é dar um tiro certeiro nesse abusado!

WELLINGTON – Foi abuso, não. Eles se gostaram. É gente moça. Gente moça não faz outra coisa se não se gostar!

AMÓZ-PAI – Quero coisa melhor pra essa menina!

WELLINGTON – Foi um custo acalmar o pai. Não sei se acalmei. Casaram.

BENECASTA-MARIA DEIA – Não queria casar. De uma hora pra outra aquele rapaz que eu mal conhecia era meu marido. Chorei muito, de medo. Eu estava adivinhando por quê. Tchau, mãe. Tchau, pai. (*Ela e Amóz-Pai olham-se por instantes.*)

AMÓZ-PAI – Tchau, filha. Vão com Deus.

Abu-Fabiano e Benecasta-Maria Deia põem-se em movimento.

WELLINGTON – Se Fabiano era meio bicho, o pai de Maria Deia era bicho inteiro. Não ia ter bom final. Além disso, a vida no Paraná estava difícil. Aconselhei o casalzinho a ir de muda, tentar a vida em São Paulo.

Benecasta-Maria Deia desliga-se de Abu-Fabiano, senta-se em seu banquinho e deixa-se ficar, ausente. Tião se aproxima de Amóz com um prato coberto por um guardanapo.

TIÃO-ALZIRA – A gente tem de fazer alguma coisa, Anísio! – disse Alzira, a vizinha, no quinto dia em que Maria Deia não comeu nem bebeu e mal falou poucas palavras.

WELLINGTON-ANÍSIO (*a Tião-Alzira*) – Vou fazer o quê, mulher? Tem é que internar que o que ela tem é ideia fraca! (*Ao público.*) Tem depressão, o médico falou. Pobre com depressão!

TIÃO-ALZIRA (*a Benecasta-Maria Deia*) – Olha, que beleza! Torta de banana, eu mesma fiz. Hoje você vai comer. Come, nem que seja um pedacinho. (*Desesperado.*) Anísio, ela não quer comer!

WELLINGTON-ANÍSIO – E o que é que eu posso fazer, caramba?! Se ela quer morrer, que morra e deixe a gente em paz!

TIÃO-ALZIRA – Não fala assim, estúpido! – gritou Alzira.

WELLINGTON-ANÍSIO (*agitado, ao público*) – Desculpe, mas está há cinco dias assim... vai mexendo com a gente, dando nos nervos! Coitada! É boa gente, sinto dó! Parece que tem família, a gente não sabe onde. Um filho vem visitar de vez em quando. Isso está mexendo com todo mundo. As pessoas estão fazendo oração, macumba tá tocando atabaque pra afastar encosto. Mas o que é que a gente pode fazer? (*Irritando-se.*) Eu mesmo, se pudesse, ia lá e fazia essa mulher reagir nem que fosse a tapa! Como é que vai, aos poucos, assim, desistindo? Quer se matar, vai, se mata de uma vez e deixa a vida dos outros seguir em paz! (*Contendo a emoção.*) Mas ir desistindo, desdeixando, sem razão nenhuma, na frente da gente, arrastando a gente pra não sei que dor? Mexe com a gente, não mexe?

BENECASTA-MARIA DEIA – Amor por homem não tive, não sei se tive, não sei o que é. Fui mulher de um homem só e o que tive foi filhos. Um depois do outro. Amor foi todo pra eles. (*Sorri.*) Era um gramado grande no meio do mato. Eu e os seis filhos brincando de pique, de esconder, de pular sela... quem me visse ia dizer é louca ou é criança também... contava história de quando caçava com meu pai. Depois, abria o farnelzinho com a comida que era a mesma comida da semana, um arroz, feijão e farinha, sem mistura. Era nosso piquenique, de domingo. Era uma felicidade que até doía!

ABU-FABIANO (*meio bêbado, ri, satisfeito*) – Sou amigo do peito, de dividir a perna da calça, a camisa. Que é do homem sem amigos? Tá certo que eu queria pegar o Perivaldo, e aquele eu ainda pego! Ele é folgado, eu sou cabeça quente, o santo não bate. Coisa boa da vida: dividir prosa e bebida! Sou amigo dos meus amigos! (*Grita.*) Deia! Cadê a janta?!

BENECASTA-MARIA DEIA (*levanta-se e vai em direção a ele*) – Ele chegava bêbado em casa, um barraco onde a gente morava, e me batia, espancava mesmo, às vezes, parecia o diabo.

AMÓZ-PAI (*como o pai de Benecasta-Maria Deia*) – Morri na cama, de tardinha, depois das seis, que é hora que todo moribundo mal vivente afraca de vez. (*Dá de ombros.*) Puxei o derradeiro ar e o ar não veio, pulmão parou, tonteei e no escuro que se fez pra mim vi a figura de Maria Deia, menina, trazendo na mãozinha um nhambu. Foi assim que minha vela se apagou.

ABU-FABIANO (*furioso*) – Isso não é janta que um homem coma!

BENECASTA-MARIA DEIA – Meu pai morreu. (*Encaram-se.*) Nessa noite ele não me bateu. Meio bêbado, disse coisa que não entendi.

ABU-FABIANO (*bêbado, enrola a língua*) – êsamesdesentimentocoitado!

BENECASTA-MARIA DEIA – Mas me bateu no dia seguinte e nos outros dias. Bebia muito, não parava em emprego. Ligeiro, vamos! Juntem as coisas! Rápido!

TIÃO-FILHO – Onde é que vamos, mãe? – perguntou o mais velho.

BENECASTA-MARIA DEIA – Viajar, pra longe!

TIÃO-FILHO – E o pai?

BENECASTA-MARIA DEIA – Vamos nós! Salatiel põe o sapato na Liana! Para de chorar, Moacir, você quer ficar? Vamos logo! (*Ao público.*) Chegou o dia do nunca mais! Minha patroa me emprestou dinheiro pra passagem. Deixei tudo pra trás, só levei roupa. A máquina de costura eu deixei com a vizinha pra Fabiano pensar que eu não tinha ido longe. Fui pra Minas onde tinha parente. Fiquei dois anos lá.

WELLINGTON – Os meninos já tão crescidos. Quem sabe criar homem é o pai – disse o tio de má vontade.

BENECASTA-MARIA DEIA – Mandei os dois mais velhos pra São Paulo, levei os outros quatro para o interior do Paraná, que era pra Fabiano perder meu rastro. Ali, por mais de ano, embebedei de sossego. Aprumei a vida, tomava conta de uma vendinha. A vida seguiu um dia após o outro até que um dia… (*Surpresa.*) Ah, meu Deus! Ai, que meu coração se acendeu! (*Abraça longamente Tião-Filho.*) Você veio! Que saudade! Filho longe, coração doente! Que é de Moacir, Salatiel? Você veio sozinho?

Abu-Fabiano se aproxima, mas mantém distância.

ABU-FABIANO – Veio, não.

BENECASTA-MARIA DEIA – Fogueira do coração gelou de pronto. Geada sobre geada, vento, orvalho e noite, até apagar o último carvão. Me cobri de frio e recolhi meu tanto de alegria.

ABU-FABIANO – Não sei por que vim. Vim porque a mulher era minha. Vim porque vim, deu vontade. Não vim pedir nada, nem devia ter vindo. Raiva me dá de ter vindo!

TIÃO-FILHO – Volta com a gente, mãe.

BENECASTA-MARIA DEIA – Por que vou voltar? Por que estou voltando? Por que voltei?

ABU-FABIANO – Por que fui buscar? Por que trouxe?

TIÃO-SOGRA (*ao público*) – Não devia ter voltado, disse a mãe de Fabiano. (*A Benecasta-Maria Deia.*) Se não quiser que seus filhos virem bandido vai embora daqui, dessa miséria de lugar. Ajude seus filhos porque eu não pude ajudar os meus.

ABU-FABIANO – Por que fui buscar? Gosto dela? Mulher é o cão! Afraca a gente, deixa a homem mofino! Tenho raiva dela! (*A si mesmo.*) Você é bicho Fabiano! (*Ao público.*) Tem hora imprevista que me estoura rio de raiva e me afogo. O que fiz ontem não se faz! Fechei um copo na palma da mão e, com força que não era minha, soquei a boca dele na cara do Jairo. Verteu sangue e caco de vidro da cara dele, de não se reconhecer. Você é um bicho, Fabiano, eu me dizia no dia seguinte, enquanto trançava as pernas, bêbado, no terreno baldio que ia dar no meu barraco. Noite velha e, de mim, minava raivas antigas, sem por quê. Ainda mato Maria Deia, pensei, sem querer pensar nisso. Raivas. E daí foi só um estouro e um voo certeiro de bala que varou meu peito. Mais dois tiros e caí atravessado no caminho. Você é um bicho, Fabiano, disse com a aflição de quem se acaba. Ninguém chora por um bicho.

BENECASTA-MARIA DEIA – Chorei. Sem querer eu chorei, era meu marido. Acho que chorei pelo homem que podia ter sido. (*Indo em direção ao seu banquinho e sentando-se.*) Continuou a lida. Filhos acabaram de crescer, casaram. Dois casaram sem acabar de crescer. Estão aí, criados, lutando a vida no mundo. Eu vim morar sozinha, aqui. Semanas atrás uma cunhada veio me visitar. A conversa foi cair na minha melhor lembrança: as caçadas com meu pai.

TIÃO-CUNHADA – Sabe por que seu pai se afastou de você? – perguntou a cunhada. Cinira, sua tia, inventou que ele bulia com você! (*Benecasta-Maria Deia cobre a boca com a mão, surpresa.*) Falou pra sua mãe que ele saia pra caça só pra abusar de você.

BENECASTA-MARIA DEIA – Nunca! Era gostar de pai!

TIÃO-CUNHADA – Nunca acreditei, mas seu pai amargurou com a calúnia.

BENECASTA-MARIA DEIA – Por isso distanciou, por isso se privou de minha companhia! Por isso me olhavam de maneira desconfiada, faziam perguntas que eu, na minha pouca idade, não entendia. Foi por isso que perdi meu pai, minha melhor lembrança! (*Baixa a cabeça por instantes, depois ergue.*)

WELLINGTON-ANÍSIO – Semana passada ela chegou em casa e ladrões tinham levado as coisas dela. É razão prá tudo isso? Mulher é bicho fraco, não aguenta o tranco da vida!

BENECASTA-MARIA DEIA – De dentro de mim espio o mundo e não quero estar nele. Olho pra trás e onde foi que cheguei depois de tanto andar? Chega de caminhar, Maria Deia. Chega de ser empurrada.

TIÃO-ALZIRA – Fala comigo, Maria Deia. Sou eu, dona Alzira, disse a vizinha.

WELLINGTON-ANÍSIO – Tem de internar pra pôr no soro!

TIÃO – Irineide, vizinha do outro lado, veio, acendeu uma vela e rezou sobre ela.

ABU – Veio Salatiel, o filho.

TIÃO-FILHO – Mãe, sou eu. Precisa reagir, mãe. Vem morar comigo, mãe.

WELLINGTON-ANÍSIO – Médico já disse, "assim ela não dura"! Alzira, minha mulher, sentou no degrau da entrada e chorou tanto de dar raiva de tanto desconsolo.

Wellington, como Galatéa, inicia caminhada.

WELLINGTON-GALATÉA (*pede*) – Borandá, Maria Deia! Se sua caminhada no mundo acaba assim, como é que vai acabar a minha e a dos meus filhos?

Amóz, como pai, reinicia a caminhada.

AMÓZ-PAI – Borandá, menina, que mágoa é muito peso pra caminhada!

TIÃO CIRILO – Borandá, gente! Levanta caminhar, Maria Deia, que se a tua história não teve sentido que dirá a minha!

ABU (*junta-se aos migrantes*) – Borandá, gente, que não tem outra saída senão procurar!

Benecasta-Maria Deia não se move ainda.

EPÍLOGO

Todos, com exceção de Benecasta-Maria Deia, caminham lentamente para o fundo.

BENECASTA – Maria Deia não se levantou, não ouviu apelos ou não entendeu. Alguma coisa sem conserto se quebrou. O mundo é muito estranho, ela pensou. E não viu sentido algum em sua caminhada nele desde a infância. Sua vida teve pouco ou nenhum valor. Ninguém cantou seus feitos, nem registrou sua saga humilde. Oito filhos criados, sãos e salvos de riscos, sem marido, sem outro porto seguro a não ser ela própria – ela mesma tão insegura. Ninguém lhe disse que no dia a dia ela afrontou profecias que previam decadência. Ninguém lhe mostrou os pesos que sua fraqueza suportou. Ninguém lhe falou: olha pra trás com orgulho! Mas o maior mistério é que, mesmo sem nada disso saber, sem consciência de seu valor, sua própria voz soou lá dentro: Borandá, Maria Deia! E, contra toda expectativa e previsão, Maria Deia se levantou.

Benecasta-Maria Deia se levanta, toma a mão do pai e se junta aos migrantes.

FIM

Memória das Coisas, 2006. Em cena, Aiman Hammoud. Foto Arnaldo Pereira.

2006

Personagens

(As personagens indicadas em sequência são interpretadas pelo mesmo ator.)

Ator 1 – Bocarrão
Ator 2
Atriz – Mulher da Xícara – Prisioneira
Homem – Carcereiro
Amolador
Prisioneiro
Pintor
Eva – Velho Cínico
Fantasma – Velho Tolo
Narrador – Vizinho

PRÓLOGO 1
APRESENTAÇÃO GERAL

Os narradores trarão roupas iguais – imagino calças pretas e camisas brancas de mangas compridas. Uma vez que circularão no meio do público, sem foco especial de luz, creio que a simplicidade de um figurino básico causará melhor efeito. As cores podem ser melhor exploradas nas personagens e, principalmente, nos dois clowns que aparecerão na parte final do espetáculo. No saguão o público espera o início da representação. Ator 1, que representará Bocarrão, surge no meio do público, sobre um plano elevado. Toca um sino, indicando o primeiro sinal.

ATOR 1 – Por favor, um pouco de vossa atenção! Pra quem é mal informado e ainda não me conhece, sou o.... (*nome do ator*) e fui indicado pela companhia para tentar explicar a vocês como é que vai transcorrer esta representação. (*Inconformado.*) Como vocês já devem começar a desconfiar, uma peça que, antes de começar, precisa de explicação, vamos concordar, ninguém sabe que resultado poderá ter! Mas, vamos lá! Não será, como vocês já devem ter desconfiado, uma peça convencional! (*Pausa. Outra vez inconformado.*) Estava correndo tudo bem com a Companhia: doze espetáculos montados, personagens engraçadíssimos, palco italiano, boa iluminação, bons figurinos, poltronas confortáveis, uma relação estabilizada com o público, quando "muda tudo!", "Tá confortável demais!", "A criação exige novos estímulos!", "Um artista precisa de desafios!", e cá estou eu tentando explicar para vocês esse "desafio" no qual estou metido, sem saber se vou conseguir!

Em primeiro lugar, para que vocês tenham ideia do meu drama, este aqui não é o espaço da representação. Dizem que o teatro contemporâneo exige espaço pouco convencional, mais sensorial, um espaço de relações novas entre público e espetáculo, onde o público, vocês, sejam sacudidos, entendem, da relação estável e passiva do espetáculo comum! Uma interação mais efetiva entre o palco e a plateia, entendem? Se entendem, me expliquem, porque eu não atino com a necessidade... (*Entra Ator 2*)

ATOR 2 – Menos latim, companheiro! Agora não é hora nem lugar... Dê logo a notícia para o público!

ATOR 1 – Duas notícias! A primeira é que, como este espetáculo é moderno, contemporâneo, vocês, público, vão ter de se deslocar! Entenderam? Vocês deverão se dirigir ao pavimento inferior, mas não se assustem: o lugar é limpinho, as cadeiras relativamente confortáveis e haverá oxigênio suficiente para todos. Ao terceiro sinal vocês deverão descer as escadas e lá lhes serão dadas novas instruções. (*Toca o sino novamente indicando o segundo sinal.*) A segunda notícia é que eu devo revelar a vocês certo constrangimento meu. Trata-se do papel que me coube nesta representação.

ATOR 2 – Tava demorando!

ATOR 1 – Me enfiaram goela abaixo – não sem veementes protestos, ameaças e ranger de dentes de minha parte –, uma personagem de segunda-mão, já utilizada em outra peça da companhia! Eu protestei, ameacei, rosnei, rangi os dentes, adiantou? Disseram: "não é personagem usada, é seminova.", "É citação, um procedimento pós-moderno." "O grande diretor Tadeusz Kantor também fez isso!" Eu quero saber de Tadeusz Kantor lá, nada! Espetáculo contemporâneo, o escambau, só que pra mim sobrou restolho, uma personagem reciclada! Pra mim é falta de imaginação de quem escreveu! No final me deixei convencer, uns falaram da minha belíssima interpretação da personagem em Masteclé...

ATOR 2 – Outros disseram que era a única coisa que ele sabia fazer...

ATOR 1 (*com raiva*) – Que é que foi?

ATOR 2 (*recuando*) – Desculpa, não falei nada, não!

ATOR 1 – É bom mesmo porque já estou me transformando aqui, na vista de todos, no intratável Bocarrão, da peça Masteclé. (*Ator vai adotando o corpo e a postura de Bocarrão.*) Como alguns de vocês sabem e quem não sabe não tardará a aprender, não tenho lá muitos bons bofes. Sou azedo, amargo, chupo carambola e bebo chá de losna em jejum! Tenho muitas atribuições e uma delas é organizar e levar a bom termo este espetáculo! E isso vou fazer a qualquer custo! E para isso conto com a colaboração, espontânea ou forçada, de todos! (*Toca o sino com vigor anunciando o terceiro sinal. Brada.*) Deixai, aqui no saguão, toda a esperança, ó vos que entrais! Andando, ordeiros e sem atropelo para o pavimento abaixo onde se dará a representação. (*Ator 2 orienta o público na direção do espaço de representação.*) Isso aqui, além de ser um espetáculo contemporâneo, pós-moderno, é um espetáculo narrativo, cuja realização é impossível se não contar com a imaginação do público. Por isso, aproveitem que estou calmo e comprometam-se, desde já, a imaginar tudo o que os narradores da Fraternal sugerirem. Sem reclamar, sem demonstrar cansaço, sem muxoxos e sem interjeições de enfado! Aviso que sou dado a rompantes de nervos, portanto, não me provoquem! Eu estarei coordenando o espetáculo e interferirei quando julgar necessário! Bom divertimento! Nem mais que o necessário para não transformar a peça numa balbúrbia, nem menos que é para não frustrar os atores! Riam com moderação e se emocionem sem serem piegas! (*Os dois atores conduzem o público à área de representação*)

UM SEGUNDO PRÓLOGO

Ao chegar à área de representação, o público já encontrará a personagem Homem sentada em uma cadeira giratória. Também a cadeira que a personagem Bocarrão utilizar deve ser giratória. Homem veste um casaco e nas mãos balança uma boina. Está aflito e cumprimenta, com um gesto de cabeça, o público que entra. Antes que a totalidade do público entre o homem inicia seu depoimento.

HOMEM – Boa noite e obrigado por terem vindo me escutar! Estou um pouco aflito como vocês podem perceber e espero que vocês possam me ajudar. Eu levava uma vida comum, com calma, sem grandes conflitos, quando, dias atrás, passei em frente àquele portal e algo despertou, lá, dentro de mim! (*Olha para o portal e se assusta com uma mulher que o atravessa e dá lentamente alguns passos em sua direção. O começo de cena é interrompido por Bocarrão, que chega com os últimos integrantes do público.*)

BOCARRÃO – Que é isso? Como é que começa o espetáculo antes de todo mundo ter chegado? Antes de eu ter mandado começar?

HOMEM – Desculpa, é que estou um pouco tenso, aflito... É a urgência do que eu tenho a dizer...

BOCARRÃO – E por causa disso vamos começar no atropelo? Assim, na fúria? Se refreia, se contenha, rapaz! É ator pra quê? (*Para a mulher.*)

E a senhora, pode voltar para o buraco de onde saiu! (*Mulher retorna.*) O senhor também!

Ator homem lança a Bocarrão um olhar enviesado enquanto vai se sentar em uma cadeira.

HOMEM – Vai devagar! Pega leve!

BOCARRÃO – E não sai da personagem! (*Homem senta-se, aflito. Bocarrão passeia o olhar pelo público. Interpela um casal ou uma pessoa do público.*) Não gostei de vocês sentados, aí! Não orna com o conjunto! (*Procura um outro lugar, fixa um lugar na plateia e pede.*) Vocês aí, podem se levantar, por favor, e trocar de lugar com esse casal? Não, espera um pouco... Se vocês vieram para cá vai quebrar a geometria... (*Interpela um terceiro casal.*) Levantem, por favor... Talvez no lugar de vocês... e vocês vão para o lugar daqueles, ali. (*Interpela um quarto casal.*) Se levantem, por favor... Se vocês vão para lá... a composição estética melhora..., mas o primeiro casal continua não ornando... Só se... (*Reflete um momento. Olha os quatro casais em pé, vai se dirigir a um quinto casal, mas desiste. Fala ao primeiro casal.*) Vocês querem assistir mesmo a peça, não é? Estão seguros disso? Não querem pegar um cineminha, ir a um restaurante... Está bem! (*A todos.*) Podem se sentar. A plateia não está idealmente composta, mas vamos tocar.

HOMEM (*aflito*) – Posso começar?

BOCARRÃO – Já, já! (*Ao público*) Agora começo o segundo prólogo, algo fundamentalmente necessário para que cada um de nós entenda a sua função dentro desse espetáculo! (*Quase ameaçador.*) Entenda e cumpra com diligência e correção! Vocês já percebem que tipo de espetáculo é esse e a minha função dentro dele, não é? É um espetáculo com pretensão pós-modernacontemporânea, narrativo, cômico e dramático, que mistura intervenções dos atores e personagens, algo, assim... com traços e inspiração pirandelliana, entenderam? Se entenderam me expliquem porque mesmo depois de muitas conversas e explicações da ala intelectual do grupo eu ainda não atinei! E não sou burro! Mas vamos em frente. (*Aponta para o Homem sentado sobre a cadeira.*) Eis o homem, o nosso protagonista! Ele está aflito, como vocês podem ver. (*Faz um sinal ao homem que começa a representar aflição. Como um maestro, Bocarrão aumenta e diminui a intensidade de aflição do homem. Num gesto rápido e circular fecha a mão determinando o fim da aflição do homem. O homem imediatamente acalma-se. Bocarrão sorri, satisfeito. Ator Homem meneia a cabeça com desagrado.*) Nós todos vamos mergulhar na memória deste homem e ajudá-lo a entender o que o aflige. Minha função vai ser coordenar personagens, atores... e público! Meu objetivo é uma osmose, um uníssono entre o comportamento dos atores e da plateia. Para isso me permitirei intervir a qualquer momento. Minha incumbência, compreendam, não é fácil, porque como é que se pode organizar e conduzir o fluxo da memória de um ser humano?! Mas vamos tentar. Aviso que, possivelmente, da memória desse homem surgirão imagens e cenas cômicas e dramáticas e para boa condução desse espetáculo eu definirei o limite entre uma coisa e outra e exigirei de vocês um comportamento condizente! Vamos chegar a um bom termo, tenho certeza! (*Ao ator, concluindo a fala com um gesto largo que abarca a área de representação.*) Comece a Memória das Coisas! (*Afasta-se.*)

CENA 1 – O QUE UMA COISA SIMPLES PODE PROVOCAR NUM SER

Homem, aflito, recomeça sua narrativa desde o início.

HOMEM – Boa noite e obrigado por terem vindo me escutar! Uma noite um homem comum, na faixa dos cinquenta anos, passou frente a um velho e simples arco de pedra. Era um arco de pedra antigo, fincado entre construções modernas. Estranhamente, o homem parou e foi atacado por imagens, coisas confusas brotadas do fundo da memória. Esse homem sou eu. (*Olha para o arco que não deve ser representado realistamente.*) Eu conheço esse lugar?
BOCARRÃO – O arco de pedra que o homem viu está lá, ao lado da estação do metrô. Foi o que sobrou de um velho presídio do século XIX, utilizado até o começo dos anos 70 quando foi demolido.
HOMEM – Alguém de vocês já teve essa sensação? A de que tivemos uma vida ou vivemos situações das quais nada lembramos?
BOCARRÃO – O espiritismo explica. Não é caso de reencarnação?
HOMEM – O senhor não zombe! (*Bocarrão faz gestos se desculpando.*) Aquele homem ficou longo tempo parado em frente ao arco. Tremeu por causa do frio da noite ou da convulsão da alma, não se sabe.

Uma velha mulher surge e estende lentamente o braço em sua direção, chama-o e se aproxima.

MULHER – Senhor!

Velha mulher traz na palma da mão uma xícara de porcelana. Mostra ao homem e ao mesmo tempo exibe um imenso sorriso de felicidade. Fecha de novo a xícara em sua mão e a traz ternamente junto ao peito.

HOMEM – Ela foi só a primeira dessas imagens confusas a que me referia.

BOCARRÃO – Quem é ela?

HOMEM – Não sei.

BOCARRÃO – Conhecida? (*Homem nega.*) Parente? (*Homem nega.*) Uma tia velha! Todo mundo tem uma tia velha cheia de manias! (*Homem continua meneando negativamente a cabeça.*)

HOMEM – Não me lembro!

BOCARRÃO (*irritando-se*) – Mas tem de lembrar! A memória é sua!

HOMEM (*cansado*) – Mas não lembro!

BOCARRÃO – Você esteve preso aí?

HOMEM – Eu nem me lembrava mais que isso aí tinha sido um presídio!

BOCARRÃO – Vai, confessa. Alguma coisa você fez! Não vem me enganar que você é inocente!

HOMEM – Sou!

BOCARRÃO – Então de alguma inocência você deve ser culpado, pombas!

HOMEM (*definitivo*) – Não tenho nada a ver com esse presídio, já disse!

BOCARRÃO – Não grita comigo, hein! (*Dirige-se à mulher.*) A senhora conhece aquele homem?

A mulher estende a mão mostrando a xícara na palma da mão aberta. Sorri.

HOMEM – Não adianta! Ela não diz uma palavra coerente. Tudo o que ela faz é mostrar essa xícara e sorrir como uma idiota, como um espírito sem memória, uma lembrança sem sentido!

BOCARRÃO – Assim não é possível! Por favor, minha senhora... (*Com um gesto manda a mulher sair.*) Ela é tonta e muda, você não consegue reconhecer aquilo que lembra! Temos um espetáculo a fazer! O público está ai, ansioso, à espera de cenas, de dramas e comédias... Que espécie de personagens são vocês? Preciso de material que preste pra conduzir essa encenação! Vasculha aí na sua cachola! O que é que esse presídio tem para lhe afligir tanto?

HOMEM – Não sei.

BOCARRÃO (*abre os braços inconformado*) – Assim não dá! Desse jeito é melhor mudar de protagonista! (*Olha para o público com um sorriso intencional.*) Alguém de vocês é voluntário? Só uma ou duas boas lembranças... não? Não precisa ser nenhuma coisa escabrosa, nem segredos indevassáveis... Todo mundo fala: "Minha vida é um drama!", "minha vida daria um livro!", mas na hora que a gente precisa... (*Ao homem.*) Vamos tentar de novo. (*Pega um calhamaço de papéis.*) Fizemos uma pesquisa: o presídio foi inaugurado em 1852 com o nome de Casa de Correção, destinada à detenção de escravos...

(*Pausa.*) Você não quer mesmo fazer uma terapia de vidas passadas, né? Quem sabe o senhor não seja a reencarnação de um rei do congo, um príncipe bantu... (*Homem lança a Bocarrão um olhar irritado.*) Está bem... não se fala mais nisso! Em 1938, deixou de ser Presídio Tiradentes e passou a ser Detenção de São Paulo. Presos famosos estiveram ali: Gino Meneghetti, Caio Prado Junior, o escritor Monteiro Lobato... Nada disso tem relação com você? (*Homem meneia a cabeça em negativa.*) Não foi parente? Nem conviveu? Nada? Nem leu "Reinações de Narizinho"? Assim não é possível!

HOMEM (*para o público*) – Aquela mulher foi só a primeira. Outras imagens vivas saltaram das antigas idades das pedras daquele arco e ganharam a memória daquele homem.

Homem tira o casaco e o depõe sobre a cadeira juntamente com a boina. Sai enquanto entra um velho amolador de facas. Ele toca uma flauta de pã e anuncia seus serviços, com sotaque italiano.

AMOLADOR – Amola faca, tesoura, punhal, canivete, bisturi, amola! Ítalo Letteri. Meu pai era capador, meu nono era capador, meu bisavô era capador. De porco. Me mandaram pra guerra e, pela amor de Deus, na guerra conheci o mundo! Tenho faca e agulha. (*Irritado.*) Pra capar, está claro?! Aqui sou amolador, fui. Quando morrer quero encontrar minha nona e minha tia. Fui trabalhar de amolador arrumava guarda-chuva também porque amolador ganhava pouco. Andava pelo Brás, Mooca, eram bonitas aquelas ruas de pedras escuras...

BOCARRÃO (*exasperado*) – Que é isso?! Quem é o senhor?

AMOLADOR – Ítalo Letteri, não escutou?

BOCARRÃO – E que está fazendo?

AMOLADOR (*irritado*) – Sou amolador, já disse! Ando por essas ruas... Na guerra, os prisioneiros eram jogados do trem, estropiavam, morriam, me contaram...

BOCARRÃO – Por favor...

AMOLADOR (*alto, irritado*) – Me deixa falar, cazzo! Eu arrasto essa perna desde pequeno, nasceu doente, fraca... (*Repentinamente é tomado de emoção e chora.*) E de vez em quando eu choro de saudade das noites quando eu andava por essas ruas...Vim da Itália em 51. (*Bocarrão já se movimenta irritado para retirar o amolador, mas para interessado na referência dele ao portal.*) Eu passava por aqui! (*Olha o arco.*)

O carcereiro – o mesmo ator que interpreta o homem – começa a surgir debaixo do arco. Veste uma japona de lã azul, do final da década de 60. Traz também um chapéu.

AMOLADOR – Lembro Ozór, o carcereiro. Olá, Ozór! Come stai?

O carcereiro surge debaixo do arco.

CARCEREIRO – Olá, Letteri! Quando você vem pra cá?

AMOLADOR – Se Deus quiser, nunca! (*Ao público.*) Eu não gostava dele, mas é sempre bom ser amigo do carcereiro, a gente nunca sabe... Addio, Ozór. (*Sai tocando sua flauta de Pã.*)

CARCEREIRO – Ozór! Meu nome é Osório, carcamano! (*Ao público, explica ríspido.*) Não sou carcereiro! Sou agente penitenciário, responsável pela guarda dos presos. Trinta anos num lugar como esse muda qualquer um! Se fecho os olhos ainda vejo cada cela e se apuro os ouvidos ouço meus passos ecoando pelos corredores escuros, no plantão da noite! Lembrança do que foi amolece a gente, fico emotivo... Este prédio demoliram... (*Emociona-se*) quando vi o arraso de pedra, tijolos, madeira e cacos... chorei! A gente se apega mais às coisas que às pessoas. Não me entendam mal. É que as pessoas passam pela vida da gente, as coisas ficam, estão sempre aí, avivando nossa memória, criando de novo o que já foi. Sou capaz de reconstruir cada ala, cada corredor, cada cela, com a luz entrando de sua janelinha gradeada lá no alto. Vejo como se fosse pintura, como se fosse cinema, como se fosse poesia.

BOCARRÃO (*ao público*) – Tá interessante? Tá, não tá? Vamos deixar correr solto para ver até onde vai.

CARCEREIRO – Dizem que, à noite, fantasmas de presos de outras eras cruzam os corredores e entram nas suas antigas celas. Não creio, não sei, mas desconfio: alguma coisa deve ficar pegado nessas pedras! (*Melancólico.*) Sou só saudades do tempo vivo deste prédio!

Um prisioneiro surge ao fundo. Olha para todos os lados.

PRISIONEIRO (*reconhece o lugar, desolado*) – Aqui! Estou aqui novamente! Nunca vou conseguir sair deste lugar! (*Ao público.*) Sempre volto a este lugar como se aqui tivesse nascido, como se essas paredes fossem meu pai, minha mãe, minha família! Por mais que eu vasculhe a memória não me vem outras imagens, de infância, de amigos, nem de vida comum: risos despreocupados, caminhadas pelas ruas, encontros. Só essas paredes, elas se grudaram ao meu corpo transparente.

BOCARRÃO (*ao carcereiro*) – Quem é esse?

Carcereiro faz expressão de quem não sabe e meneia a cabeça negativamente.

PRISIONEIRO – Sou só um sopro, imagem sem substância que caminha sem peso pelo ar, pela noite, sob este arco. Essa lembrança dói. (*Encara fixamente Osório.*) Existe a nostalgia de quem tranca, existe a alma, rasgada de alto a baixo, de quem é trancado, maldito!

CARCEREIRO (*lembrando-se*) – Lembrei! Você é...?

PRISIONEIRO – Não, você não se lembra de mim. Você nem sabe meu nome, nem meu rosto você conhece porque você num me olhou nos olhos! De mim você só conhece o corpo que você atormentou com as mãos, com ferros, com o medo até nada mais restar dele senão esta lembrança que sou eu! Maldito!

CARCEREIRO – Maldito você!, ralé! Corpo bom para o fogo, para a terra, para o esquecimento!

PRISIONEIRO – Você...

CARCEREIRO (*autoritário avança para o prisioneiro, exigindo tratamento de senhor*) – Senhor! Quem mandou abrir essa boca de comer merda! Quer mais daquilo que lhe dei? Quer pendura? (*Prisioneiro se afasta e some. Carcereiro se acalma e se dirige ao público.*) Desculpem o mau jeito, mas não me tomem pela imagem que fazem de mim. Sou boa pessoa até! Porém, sou meio pavio curto, sempre fui, mas, sinceridade!, quando rebenta a corda na qual me contenho, aí esparramo, frecho, arrojo, cuspo fúria, sou bicho de meter medo! Mas não é toda mão nem com qualquer um! Salafrário entra aqui com "culpado" escrito na testa, pesado de tanto crime e abre boca falando inocência de rosa? Ah!, esquenta o juízo, entorta a razão! Aí, desfecho mesmo, caio sobre, desço mão de pedra até o cujo confessar crime que cometeu em antes de nascer! Às vezes, sinceridade, dá até dó quando o cujo chora e se mija, mas é minha culpa? O cujo me obriga, pô, provoca! Se chega e, no primeiro arranco, abre, debulha todas culpas, pra mim vira cidadão. Aí, só sento a pua de vez em vez pra manter respeito! Lembro que aqui entrou uma vez uma mulher...

Prisioneira começa a entrar em cena. Bocarrão interrompe irritado.

BOCARRÃO – Ei, ei! Espera aí! Aonde vamos parar?! A gente começou com a lembrança de um homem que passou em frente a esse portal. Esse homem lembrou, não sei por que, de um amolador de facas, que se lembrou de você, carcereiro,...

CARCEREIRO – Carcereiro, não!

BOCARRÃO – Agente penitenciário! Que começa a se lembrar de uma mulher que com certeza vai se recordar de outro fulano e daí vai num novelo de tantos fios que ninguém vai saber onde é o cabo e onde é o rabo!

CARCEREIRO – Acabou?

BOCARRÃO – Não! Isso tudo não está fazendo o menor sentido!

MULHER – A vida não faz muito sentido, senhor!

BOCARRÃO – Não! Filosofia, não! Essa história já está confusa o suficiente!

MULHER – Não se trata de filosofia! Se trata do mundo duro onde minha vida a certa altura foi lançada.

CARCEREIRO – Foi lançada, não, senhora! Entrou nesse mundo porque quis! E o caminho que a trouxe até mim foi a senhora mesmo quem fez!

PRISIONEIRA – E o caminho daqui até o lugar onde estou?

CARCEREIRO – E eu sei? (*Ao público.*) Essa mulher foi libertada no meu plantão, passou por este arco numa tarde de chuva miúda e eu a vi se perder por entre os carros, o frio e as poças d'água da cidade. O mundo é grande e o que lhe aconteceu depois não vi, não participei, não é da minha conta!

BOCARRÃO – Da conta deste espetáculo também não é! Estou aqui para promover o entretenimento a este público! E eles aqui vieram na esperança de partilhar alguns momentos de sonho, emoção e algum riso!

PRISIONEIRA – Acho justo, senhor! (*Ao público.*) Desculpe se as lembranças de minha pequena vida roubaram o lugar da boa expectativa que os trouxe até aqui. Sonho, emoção e riso é uma grande busca e a vida é mais o que buscamos do que o que vivemos.

BOCARRÃO (*exasperado*) – Olha, dona, sei que a senhora é dada a filosofar, mas um espetáculo é ação! O que o público quer, e, se ele não quer eu quero, é uma unidade coerente de ação! O espetáculo que me foi incumbido é organizar a memória de um homem! A sua história pode ser tocante, a história desse homem (*aponta para o carcereiro*) pode ser interessantíssima, mas não me diz respeito!

CARCEREIRO – Esse arco me diz respeito! Durante trinta anos cruzei todos os dias por debaixo dele!

Bocarrão a custo se contém.

PRISIONEIRA – Não é bem de minha história que quero falar. É de uma outra mulher cuja imagem sempre me vinha à lembrança quando a dor, a solidão, o ódio e o medo desses homens (*Olha para o carcereiro.*) me tomavam. É a minha melhor lembrança.

BOCARRÃO (*indeciso, ao público*) – Será que devemos ouvi-la?

CARCEREIRO – Se são histórias que querem eu tenho muitas. Desordeiros, criminosos, vigaristas, proxenetas, subversivos…

PRISIONEIRA – Serei breve, senhor. O tempo necessário para instaurar uma boa emoção.

BOCARRÃO (*decide-se e senta-se à sua cadeira*) – Três minutos! Nem um segundo a mais!

PRISIONEIRA – Obrigado! Era uma mulher já entrada nos anos que carregava firmemente uma xícara de porcelana nas mãos!
BOCARRÃO (*se levanta*) – Não! Essa mulher eu já mandei embora e ela não vai voltar de novo!

Um pintor, com um macacão sujo de tinta, lata e pincel, entra interrompendo a cena. Olha como se visse uma parede pintada.

PINTOR – Ah, meu Deus! A pintura está quase pronta.
BOCARRÃO – Ei! Que é isso? (*Aos outros, irritado.*) Ele é lembrança de quem?
CARCEREIRO – Minha não é!
PRISIONEIRA – Talvez seja minha...
PINTOR – Nada fiz de importante...Não sou lembrança de ninguém...
BOCARRÃO (*irritadíssimo*) – Então, bom dia e passe bem! Aliás, passem bem os três!
CARCEREIRO – Tenho uma coisa a dizer!
BOCARRÃO – Não tem e, se tem, vai dizer na casa do chapéu, na casa do Manoel Fonseca que tinha uma perna fina e a outra seca! Na casa do João Levi que é bem longe daqui! Neste espetáculo, não! Fora!
CARCEREIRO – Não me provoca!
BOCARRÃO – Chega! Acabou! (*Avança para o carcereiro e desmonta este personagem arrancando pedaços de sua japona presos com velcro e tirando seu chapéu. Carcereiro faz beiço como criança. Bocarrão entrega as roupas do carcereiro ao pintor e ordena a este e à prisioneira.*) Pra fora, por favor!
PRISIONEIRA (*ainda tenta argumentar.*) – Por favor...
BOCARRÃO – Não! Saiam agora. Este espetáculo não é de vocês! (*Os dois saem. Bocarrão pega o casaco e a boina na cadeira e os entrega ao ator que fez o carcereiro voltando este a ser o homem.*) Vamos começar de novo e, desta vez, direito! Voltemos ao nosso homem: ele tem mais ou menos cinquenta anos e diz que não tem nada a ver com nenhum desses personagens que surgiram até aqui.

CENA 2 – O QUE FAZ AQUI UMA HISTÓRIA DE AMOR FRUSTRADO?

HOMEM – Naquela noite fazia um frio úmido e o homem vestiu o sobretudo, pôs a boina na cabeça e saiu para o escuro e para o vento sujo que agitava cabelos, pó e papéis na rua. Fechou a porta do prédio e saiu sem objetivo claro, caminhou sem rumo como se aquela noite fosse mar e tempestade e ele um barco sem mastro. E aquele arco surgiu diante dele como um porto desconhecido e assustador.

Homem para apreensivo diante do arco de pedra e tira a boina. Permanece mudo e imóvel. Passado um tempo Bocarrão começa a se impacientar. Sussurra.

BOCARRÃO – E aí? (*Homem parece não ouvir. Bocarrão se impacienta.*) Como é que é? Desentala, homem!

HOMEM (*absorto*) – Eu conheço esse lugar?

BOCARRÃO (*perde a paciência.*) – Ah, pelo amor de Deus! Deve conhecer! E a gente quer saber por quê! O que você tem a ver com esse lugar! (*Homem meneia a cabeça numa negação. Bocarrão se exaspera. Coloca o homem sentado na cadeira, depois puxa sua cadeira para junto do homem. Ficam frente a frente. Interroga.*) Já esteve alguma vez nessa situação? (*Homem nega com a cabeça.*) Já teve distúrbios de memória? Amnésia? Bateu a cabeça quando era criança? (*Homem responde a tudo com negativas. Bocarrão se irrita de forma crescente.*) O senhor tem algum segredo? Preferências sexuais esquisitas?! Impulsos eróticos fora de padrão? O senhor levanta a tampa do vaso quando faz xixi?

HOMEM (*indignado*) – O que é isso?

BOCARRÃO (*irritado*) – Tenho um espetáculo a encenar e esse público para entreter! O senhor não lembra nada, alguém tem de fazer alguma coisa, tocar a coisa pra frente! Ai, que papel ridículo que arrumaram pra mim! (*Ao público.*) Desculpem! (*Volta-se ao homem.*) O senhor é casado?

HOMEM – Por que o senhor está perguntando?

BOCARRÃO – Porque o tempo está passando e eu preciso arrancar alguma coisa dessa sua memória! Um segredo, um acontecimento escabroso, um fato ridículo, alguma coisa que preste para uma cena! Responde, é casado?

HOMEM – Já fui. Depois, uma namorada aqui outra ali, nada sério.

BOCARRÃO – O senhor é de onde?

HOMEM – Do interior.

BOCARRÃO – Infância?

HOMEM – Normal. Cheia de medos como toda infância, mas com sua porção de alegria…

BOCARRÃO – O senhor fez prézinho? (*Homem concorda. Bocarrão se ilumina.*) Usou aquela camisinha de manga e shortinho de elástico de algodão xadrezinho de azul? (*Riem os dois.*) Com aquela bolsinha de pano a tiracolo? Eu também! (*Bocarrão ri mais. Canta e faz a mímica de quem escova.*) Gosto de escovar meus dentes, tchem! Tchem! Tchem! (*Subitamente interrompe o riso envergonhado.*) Isso não vai levar a lugar nenhum. (*Ao público.*) Desculpa. (*Sério, formal.*) Guarda alguma espécie de saudade?

HOMEM – Não. Talvez da minha adolescência, sabe? O mundo todo parecia aberto para nós!

BOCARRÃO – Nós, quem?

HOMEM – Nós que éramos jovens. Boa época! Muita música e todas as certezas do mundo! Parecia que o mundo fora feito para nós.

BOCARRÃO – (*estimula o homem.*) Vai! Por aí mesmo!

HOMEM – Era uma época aberta... e, no entanto, conturbada... violenta.

BOCARRÃO – Lembra algum fato? Uma imagem? Uma cena? (*O pintor novamente invade a cena.*) Pelo amor de Deus! (*Levanta-se.*)

PINTOR (*tenso*) – Tenho pouco tempo, senhor! A pintura está quase pronta! Não posso adiar mais!

BOCARRÃO – Por favor! Saia agora, já!

PINTOR – Eu tenho caprichado nos detalhes; pintado frisos, portais, janelas com perfeição para ganhar mais tempo...

BOCARRÃO – Quando eu precisar de pintura eu chamo. Deixe seu cartão!

PINTOR – O senhor não entende! A pintura está no fim!

BOCARRÃO – Não, não entendo! Não quero entender! Fora!

O pintor se afasta. Bocarrão volta-se para homem que está perplexo.

HOMEM – Por que esse homem sempre me volta à memória? Eu não o conheço!

BOCARRÃO – Vamos fazer o seguinte: deixe o arco pra lá! Vamos nos concentrar na sua juventude que estava rendendo mais. Nostalgia da juventude é sempre bom material para um espetáculo. Depois, se der, a gente volta a essa coisa do arco, tá bom?

HOMEM (*alheio à proposta de Bocarrão*) – Quando saí de casa, pressenti na noite alguma coisa ruim... De lá pra cá, imagens de gente que não conheço me vêm à mente...

BOCARRÃO (*desanimado, segreda ao público*) – Continuo achando que é espírito obsessor. É caso de descarrego!

HOMEM – Às vezes acho que vou enlouquecer!

BOCARRÃO (*com autoridade*) – Não vai, não! Cabeça de doido não tem rumo! Já tá difícil o suficiente organizar a sua cabeça! Vamos, esquece o arco!

Uma luz se acende fora do arco, no meio do público. Nele se vê uma prisioneira, Eva, que sorri. Homem é tocado pela imagem dela.

HOMEM – Eva! (*Aproxima-se, feliz.*)

Bocarrão puxa a cadeira, para junto do público e senta-se para ver a cena. Homem abraça Eva com ternura. Eva não o abraça. Continua com os braços caídos e sua expressão é de desdém.

EVA – Este é o homem que, mais adiante, vou desprezar. Mas enquanto esse momento não chega, (*transita para ternura*) deixem-nos viver a embriaguez de quem ama. (*Abraça-o.*) Vinho e mel, beber e devorar o corpo de quem amo!

HOMEM – Éramos jovens, época em que o amor é farto, sem medida e sem cansaço.

Abraçam-se novamente. Bocarrão exulta de contentamento. Torce.

BOCARRÃO – Isso! Vai! Por aí mesmo!

No meio do público vizinho "olha" a passagem de Eva, sem focar os dois que se abraçam.

VIZINHO (*todo sorridente*) – Bom dia, Eva! Bom dia, seu Nero, ela redizia, quando passava pela minha calçada para encontrar com ele. Minha mulher não gostava que eu desse trela. Pouca vergonha desses dois!, sentenciava. E era verdade. Era o amor mais desavergonhado que já vi, mostrado assim, às claras, no meio-dia, no meio da rua, pra toda vizinhança ver! Tinha necessidade de tanta melação? Tanta quantidade de beijo, abraço, riso e cochicha e pega e beija de novo e abraça outra vez? Coisa de gente nova! Mas eu gostava. Às vezes envergonhava, mas era bonito de ver! Ói, lá! (*Com um gesto de cabeça aponta os dois que continuam abraçados.*)

Bocarrão faz um gesto de "positivo" para o vizinho e gesticula para que ele saia. Projeta o corpo para frente e, com cuidado para não quebrar a cena, estimula a personagem como faria um diretor.

BOCARRÃO – Eva, sem quebrar o clima da cena, nos dê mais imagens!

EVA – Sou feita para o amor, como toda mulher. E durante um tempo que não se conta em dia nem meses, tomei este amor como fogo e como sombra, como água e alimento, como orvalho doce em meu corpo e minha língua. Ah! Viver um amor desse e a vida, depois, é o que sobra.

HOMEM – Foi amor de livro caminhando, de verdade, por essas ruas.

EVA – Foi. Alguém sabe como o amor começa? É um jeito, um riso, um olhar, uma palavra, um nada. E tudo isso cai sobre, deságua sem aviso e o coração cresce e nos toma todos os momentos. Sabe como o amor acaba? Da mesma forma, ao contrário. Um jeito, um riso, um olhar, uma palavra, um nada!

Homem separa-se de Eva e vai sentar-se na cadeira.

BOCARRÃO – Mas por quê?

Homem olha para Eva e meneia a cabeça desolado.

HOMEM – Não sei. Esta mulher é a névoa da minha vida!
BOCARRÃO – Mas o que houve? Brigaram? Você aprontou!
HOMEM – Nada! Um dia cheguei e vi: caía geada sobre os olhos dela. E um vento frio levou as palavras e ficamos ali, sem voz, lado a lado, mas distantes de não mais se encontrar. Passou um tempo, me levantei e fui. Sem explicações, nem despedida. Nunca entendi o que houve. (*Eva ri com desprezo.*)
BOCARRÃO – Mas acabou assim, sem escândalo, sem dilaceramento, nem gritos, acusações, lágrimas, nada?
HOMEM – Nada.
BOCARRÃO (*lamenta*) – Puxa! Estava indo tão bem!
HOMEM (*olha a mulher com alguma raiva*) – E essa lembrança vez em quando retorna como quem acusa, como quem zomba... (*Se afasta e se põe a olhar pensativamente para o arco.*)
BOCARRÃO (*à mulher*) – Pode se retirar, por favor.
EVA – Não quer saber, na verdade, o que aconteceu?
BOCARRÃO – Não. Isso é uma outra história. O nosso foco é o arco do presídio. (*Dá as costas para a mulher e anda em direção ao homem.*)

Mulher começa a sair de cena.

BOCARRÃO (*retorna, sôfrego*) – Mas eu me mordo de curiosidade! Por quê?
EVA – Na época doeu. Hoje esse homem é só uma foto desbotada no fundo esquecido de uma gaveta.
BOCARRÃO – Mas o que aconteceu?
EVA – Com que rapidez o amor se transformou num dia a dia trivial. Murchou por falta de trato, de água, de tempo. Os dias foram se tecendo com o descaso, com a preguiça, com a desatenção. E ele nem percebeu. (*Aponta o homem com desprezo.*) Assim é este homem! Dissipa, desperdiça, deixa perder.
HOMEM (*irritado*) – Todo homem tem mil acusações a ouvir e mil acusações a fazer!
EVA (*irônica, desaparecendo*) – Não se irrite! Sou só uma lembrança. Não é minha culpa se apareço pra você como um caminho perdido lá atrás, como um barco que já se foi.

Homem acompanha, tenso, a mulher que desaparece. Homem senta-se, abatido. Bocarrão se aproxima dele.

CENA 3 – O RETORNO DO ARCO

BOCARRÃO – Esclarece pra gente uma coisa: ela era sua mulher?
HOMEM – Não. Foi só uma paixão rápida e repentina. Não quero falar dela. (*Duro.*) Deixe o que passou morrer de vez no passado!

Eva, fora de cena, ri com sarcasmo. Homem cobre o rosto com as mãos. Bocarrão olha com irritação para o ponto de onde partiu o riso.

BOCARRÃO – Dá um tempo! Não tripudia, pô! (*Ao homem.*) Melhor voltar ao assunto principal.

O amolador toca sua flauta e começa a entrar em cena.

BOCARRÃO – Não, agora, não!
AMOLADOR – E por que não? Tenho um trabalho a fazer, tenho de sustentar a família! Vim da Itália pra trabalhar... e não deixam?
BOCARRÃO (*ao homem*) – Relaxa, respira fundo, esvazia a mente... isso! Vamos devagar. (*Autoritário, ao amolador.*) E o senhor espera!
AMOLADOR – Va bene! Espero, porca pipa! Me avise quando puder entrar, cazzo! (*Amuado, põe-se a afiar sua facas e tesouras.*)

Homem fecha os olhos e respira profundamente.

BOCARRÃO (*ao público*) – Olha isso! Dá dó, não dá? Cinquenta anos não é fácil! É meio século! Um vigésimo de milênio nas costas! É peso! É a adolescência da maturidade. Perto dos cinquenta o homem é acometido de um estado de inquietação, ondas de revolta, hipersensibilidade. Igualzinho na adolescência. E é capaz de fazer coisas muito esquisitas: casar de novo, comprar um sítio, coisas assim... (*Olha para o homem.*) É uma idade muito instável, coitado! (*Ao público.*) Tenham um pouco de paciência, a gente chega lá! (*Volta-se ao homem, com excessiva delicadeza.*) E, então? Está melhorzinho? Vamos voltar ao seu passado?
AMOLADOR – Vamo que tenho pressa!
HOMEM (*ao amolador*) – Esse homem não faz parte do meu passado! Nem esse arco, nem o presídio no qual se entrava por ele! Nem as pessoas que o habitaram! Nada disso tem a ver comigo! (*Tira o boné.*) E, no entanto, as imagens apareciam tão nítidas, tão familiares na mente daquele homem.
BOCARRÃO – Ei, italiano! Conhece esse homem?

Homem, que já estava tirando o casaco, se recompõe, colocando também o boné. Encaram-se. Amolador faz beiço e passa o dorso da mão sob o queixo, espalmando-a à frente.

AMOLADOR – Nunca vi. Nem como vivo nem como morto!
BOCARRÃO (*olha, perplexo, para os personagens*) – Mas quem são vocês, então?

Amolador toca a flauta de Pã. Homem tira o boné e o casaco e o depõe sobre a cadeira.

AMOLADOR – Amolador. Amola faca, tesoura, formão, ferramenta de corte! (*Continua a amolar suas facas e tesouras.*)

Atriz estende ao homem a japona do carcereiro.

HOMEM (*pegando a japona*) – E a memória do homem mergulhou novamente neste lugar que ele negava conhecer. (*Veste a japona, transformando-se no carcereiro.*) Neste lugar que eu, nestas paredes fechadas que eu, agente penitenciário que sou, conheço tão bem.

Atriz veste roupa de prisioneira. Bocarrão, irritado, interrompe.

BOCARRÃO (*para si*) – Eu não entendo. Eu devo ser muito burro!
AMOLADOR (*irônico*) – Ecco!
BOCARRÃO – Não entendo a lógica, a razão da presença de vocês!
AMOLADOR – Ma, andiamo! Andiamo, cáspita!
CARCEREIRO – Mais um pouco e o senhor vai entender!
AMOLADOR (*resmunga, irritado*) – Tenho minhas dúvidas!

Bocarrão vai responder ao amolador, mas a prisioneira implora.

PRISIONEIRA – Por favor, senhor.

Bocarrão, contrafeito, senta-se. Prisioneira faz um sinal ao carcereiro que começa o depoimento.

CARCEREIRO – Trato meu sempre foi com superior, autoridade, e com vagabundo, desclassificado. Sempre foi assim, des'que tenho este emprego. Tem a autoridade, tem eu e têm os vagabundo, ralé. Tô acima da ralé, tô abaixo da autoridade, certo? Certo! Aí, começa chegar de magote, presos, esses uns… (*Aponta para a prisioneira.*) gente fina, estudada, cidadão de bom parecer… mais perto de ser autoridade. Autoridade também é gente fina, estudada.

PRISIONEIRA – Presos políticos e comuns eram recolhidos neste mesmo presídio.

CARCEREIRO (*autoritário*) – Quem mandou abrir a boca? (*Volta ao público.*) Seguindo. Disseram: comunista! Então, tá! Em cima a autoridade, eu no meio e, embaixo, a ralé e os comunistas! Comunista é contra o Brasil, inimigo! Então, tá! Vão seguindo: entrei nessa vida de agente penitenciário porque sim, mas, devagar, a gente vai pegando o gosto. É bom ser considerado. Da autoridade eu tô embaixo, mas da ralé eu tô acima. Da ralé e dos comunistas. Então, não sou qualquer um! Assim: a gente cai no mundo pelado. Se agarra em apoio forte ou tomba! Cada um escolhe o seu lado. Escolhi o certo, a lei, a autoridade. "O Brasil tá em guerra, o que é que tu é?", perguntaram. "Agente." "Então, age!" Agi. Inimigo era criminoso, comunista. Eu era considerado, não era um porra à toa... Estava do lado do Brasil, da nação, do Médici... Eu andava na rua orgulhoso: o Brasil de amanhã, ninguém sabia, ia ter uma marca, uma contribuição minha! (*À prisioneira.*) Pode falar agora!

PRISIONEIRA – Quase todo dia chegava mais gente quebrada com zelo... por agentes como esse... (*Indica o carcereiro. Este vai reagir, mas prisioneira muda bruscamente de assunto.*) Mas não é disso que quero falar!

CARCEREIRO (*autoritário*) – Então, nem começa!

PRISIONEIRA – Tinha uma pequena janela gradeada lá em cima e por ela entravam luz e sons da rua. E eu imaginava o mundo lá fora. Lá havia uma guerra que, hoje, o mundo já esqueceu. Eu olhava a pequena janela e sabia que, lá fora, a guerra estava irremediavelmente perdida. E se quero esquecer a brutalidade dela, não quero esquecer por que ela começou. Nós, essa gente que entrava aqui dentro, quebrada com zelo, acreditava em muitas palavras: causa, mundo novo, justiça, novo ser humano... e queríamos dar existência real a elas, exigir a existência real delas, (*num crescendo de indignação*) arrancar essas palavras do domínio das ideias e jogá-las na rua, no dia a dia: com fúria, com acerto, com erro, com sangue nosso ou de quem quer que fosse! (*Pausa. Retoma o tom coloquial.*) Éramos assim, aquela época era assim!

AMOLADOR – Eu não sei nada disso. Só me lembro quando essa moça passou por esse arco numa tarde de chuva miúda, solta, livre. Não sei se alguém veio buscá-la ou se ela foi andando, sozinha, pela calçada. Lembro que pensei: pobre moça! Que foi que ela fez? E voltei ao meu trabalho. (*Volta a afiar facas.*)

CARCEREIRO – Não sou babaca e não gosto de falar de certas coisas. Mas, vou destrancar agora e não sei por que faço isso. (*Pausa.*) Ó, minha mãe era broca. Surrava até cansar e quase nunca que cansava. Mas tenho imagem antiga dela: sentada. Eu, pequeno, sentado entre as pernas dela. Ela cantava, cabelos bem compridos, pretos, e penteava os meus cabelos com os dedos. Sei lá porque lembrei disso! Nem sei se isso aconteceu mesmo ou se a memória inventou. Estou dizendo isso porque ninguém nasce sabendo. Tudo se aprende e este lugar foi uma escola...

Bocarrão resmunga e se movimenta, impaciente.

PRISIONEIRA – Saí daqui, voltei para o mundo onde uma guerra se perdia...

CARCEIREIRO – Ainda não acabei de falar, porra! O que quero dizer é que tem duas coisas: uma é aquela imagem da minha mãe e outra é o que me tornei, o que fui aprendendo. Não tô conseguindo... Ó... nunca tinha batido em mulher, por exemplo, mas isso é coisa que a gente aprende. Tem quem ensina. Gente fina, autoridade... ensinavam com apostila, filme... com empenho de professorinha de escola. Tudo pra vencer a guerra, tudo pelo Brasil, contra os comunistas. (*Pausa.*) Bater é ter poder sobre o outro. Não me entendam mal, não é que eu gostasse de bater, eu gostava de sentir esse poder. Sentir que estava acima da ralé. E dos comunistas.

PRISIONEIRA – Saí daqui, voltei para o mundo onde uma guerra se perdia... Me aconselharam: exílio! Esconda-se! Mas eu acreditava nas palavras. E queria extraí-las da pedra das ideias, jogá-las na rua, no dia a dia. Então, não acreditei que a guerra, já perdida, se perdia. Eu acreditava nas palavras e em estender ao mundo o seu significado! Por isso valia estar viva, por isso valia ter passado uma única vez por este mundo! Fui presa de novo.

CARCEREIRO – Como já falei, nada tive com isso! Dessa vez ela não veio para este presídio!

AMOLADOR – Um trabalho é uma arte! Um bisturi é diferente de uma faca de cozinha. Vocês são capazes de entender isso, não? Então, o aço do bisturi é mais duro, temperado... É difícil dar um bom fio.

CARCEREIRO – Sinceridade? Não gosto de gente, fui aprendendo isso também. Amigo que tinha até hoje era um cachorro policial-belga, preto. Ontem ele avançou, mordeu meu braço. Hoje dei um tiro e enterrei no fundo do quintal. Não tenho mais cachorro.

PRISIONEIRA – Dizem que me viram num sítio clandestino da polícia no Rio de Janeiro. Não sei onde, mas era lugar de uma loucura perversa e a gente era só corpo sensível à dor... Fui dada como desaparecida. (*Começa a vestir elemento que a caracteriza como a mulher da xícara.*)

Bocarrão se levanta tentando interromper, mas as personagens, em ritmo crescente, não lhe dão oportunidade.

AMOLADOR – Amolei muito bisturi para a Santa Casa. Trabalho de arte, tem de ser. Bisturi corta fundo. Corta tendões, nervos, cartilagens, secciona, talha, atassalha...

CARCEREIRO – A imagem da minha mãe me vem à cabeça, sei lá por quê... Dei o tiro no cachorro. Depois, só por brincadeira, apontei o trinta e oito pra minha têmpora. Foi a quadragésima segunda vez. Amanhã vou fazer essa "brincadeira" pela quadragésima terceira vez... E depois de amanhã... Eu me tornei isso.

AMOLADOR – É difícil, mas com o tempo a gente aprende. A gente aprende tudo.

PRISIONEIRA – Não sabia onde estava. Só sei que para esquecer meu corpo minha mente vagava no nada e me vinha a imagem boa, conhecida, de uma velha mulher risonha, sem memória, que trazia na mão uma xícara de porcelana.

BOCARRÃO (*explode em irritação*) – Chega! Para! Basta! Adeus! Até logo!

AMOLADOR – Ma, non! Pelamordedeus! Estragou tudo!

CARCEREIRO – Mas que idiota!

BOCARRÃO – Alto lá!

AMOLADOR – Estragou o ápice da cena!

BOCARRÃO – Que cena?

PRISIONEIRA – A gente ia traçar um nexo, senhor, entre a arte, a habilidade profissional dele (*aponta para o amolador*) em dar fio a diferentes instrumentos de corte e a arte dele (*aponta para o carcereiro*) de produzir dor e medo da dor.

CARCEREIRO – E como minha profissão é importante. Nós passamos, enlouquecemos, aposentamos, a profissão permanece, ensinada em qualquer parte do mundo, transformada em arte. Esta arte me destroça a vida e mantém governos.

PRISIONEIRA – Produzir dor e medo da dor para matar sonhos.

BOCARRÃO – E isso vocês chamam de comédia?

AMOLADOR (*revoltado*) – Ma é uma béstia! Para mim, chega! (*Começa a tirar os elementos que o caracterizam como amolador ao mesmo tempo em que se dirige para o fundo.*) Quem falou em comédia? Estou falando sobre minha vida!

BOCARRÃO – Chega para mim! (*Vai à cadeira, pega o boné e o casaco e os estende para o carcereiro.*) A proposta era uma comédia a partir da memória de um homem.

AMOLADOR (*despindo-se de seu figurino*) – E o que nós temos com isso?

BOCARRÃO – Vocês não são a memória dele?

Amolador dá um tapa na testa indicando que Bocarrão está louco.

AMOLADOR – Ma che sabe você o que somos?!

PRISIONEIRA – Não somos a memória dele, senhor! Somos a memória desse arco. Estamos presos a essas pedras que foi o pouco que restou daquela casa de tristeza...

CARCEREIRO – E temos milhões de histórias... Umas inteiras, outras apenas fragmentos...

Entra pintor.

PINTOR – E todas tão importantes, senhor, como a minha...

BOCARRÃO – Peloamordedeus! Mais histórias, não! Isto tá uma barafunda, uma burundanga, uma trapizonga que eu nunca vou conseguir dar jeito!

PRISIONEIRA – São só memórias, senhor! Deixe que elas corram, que saltem das coisas onde estão presas...

BOCARRÃO – Ordem! Algum tipo de ordem tem de ter para que tudo isso produza algum sentido!

PINTOR (*desesperado*) – Por favor, senhor, já não tenho muito tempo. A madrugada começa e esta é a hora em que eles chegam. A velha veraneio branca e preta, com uma lanterna apagada, já ganha as ruas em quase silêncio.

BOCARRÃO – Não começa, não!

PRISIONEIRA – É uma história tocante, senhor. Esse homem pintou toda a ala dos presos comuns...

BOCARRÃO – Mas o que nós tem a ver com isso?

PRISIONEIRA (*ardente*) – Ouve, senhor, por favor, e logo vai descobrir o sentido.

BOCARRÃO (*indeciso, ao público*) – O que vocês acham? Alguém tem algum palpite? Alguma ideia? Alguma opinião sobre isso tudo? (*Irritado.*) Pareço um homem que sonha tentando organizar um pesadelo!

PINTOR – Por favor, senhor!

BOCARRÃO – Façam o que quiserem! (*Joga o casaco e o boné sobre a cadeira e vai sentar-se, furioso.*)

CENA 4 – O FIM DO PINTOR

PINTOR – Vou ser rápido pra não tomar seu tempo. Não sou ninguém. E em qualquer tempo que corra, alguém sem importância como eu vale o que vale um cão.

PRISIONEIRA – Deram a ele tinta, uma broxa e falaram “vamos deixar a ala mais bonita!”. E riram. E o riso deles tiniu nos ouvidos como batida em metal. Ele aceitou o trabalho como quem recebe alvará de soltura. Foi o que me disseram.

CARCEREIRO – Tinha nada com ele, não! Era preso comum, da outra ala. O trabalho que era de quinze dias durou um mês.

PINTOR – Capricho leva tempo e, então, estendi o trabalho o máximo que pude: preparei as paredes, caprichei no preparo das cores, pintei detalhes com perfeição, demorei nos portais, limpei, evitei borrões e respingos.

PRISIONEIRA – Obra de arte, disseram. O pintor tinha até tristeza de terminar.

PINTOR – Terminei hoje à tarde. A ala ficou até mais bonita. Eles falaram: quando você terminar a gente volta. Me troquei e esperei. Tentei puxar memória de alguma coisa boa, lá do meu passado, mas coisa boa era rara e nenhuma imagem me socorreu.

CARCEREIRO – Isso que acontecia era coisa comum. Tinha sido jurado pelo esquadrão da morte. Ele era ninguém, não tinha onde se escorar, não era considerado. É gente que aparece e se vai e ninguém guarda nome, às vezes, nem o apelido.

PRISIONEIRA – Contaram que ele sentou e esperou, quieto. Na madrugadinha, a veraneio com uma lanterna apagada passou por este arco, como era o esperado. Os coturnos ecoaram nos corredores e, então, ele confirmou o que já sabia. A cela abriu e ele se levantou e saiu sem que ninguém desse ordem. Bom cabrito não berra, disseram.

PINTOR – No trajeto, na traseira da veraneio preta e branca com uma lanterna apagada, não pensei em nada. Minto. Pensei em como eu poderia ter demorado mais um dia na pintura.

CARCEREIRO – Sei lá onde foi. Volta e meia chegava veraneio do Esquadrão, carregava um, dois e levava pra longe, lugar escuro de longe, sem morador nem passante por testemunha.

PRISIONEIRA – Reza se aprendeu!, disseram. O silêncio continuou na noite, ele não respondeu.

PINTOR – Aprendi, mas na hora não lembrei. Ouvi pipoco, meu corpo dançou, ardeu e caiu. Olhei para o céu sem estrela. Tristeza, tristeza, tristeza de ser ninguém. Minha passagem na terra é ar e ninguém lembra dela. Meu corpo era a única coisa que eu tinha. E já não tenho mais.

Os três ficam imóveis. Bocarrão permanece indeciso por alguns instantes, depois, levanta-se.

BOCARRÃO – Acabaram? Bem... Olha, agradeço a participação de vocês... Foi bem interessante, tudo, de verdade! Foi comovente, mas, agora... (*Pega o casaco e o boné sobre a cadeira e os entrega ao carcereiro.*) Nada contra suas lembranças, mas o foco é outro, entende?

CARCEREIRO (*começa a se trocar*) – Já disse o que tinha a dizer. Não devo nada, nem você me deve. Gostei da sua simpatia e das pessoas, aí. (*Ao público*.) Sinceridade, acho que gostaria muito de ter vocês todos como meus prisioneiros! (*Ri*.)

BOCARRÃO – Ah!, cala a boca!

Novamente como homem, ator que interpreta carcereiro, senta-se em sua cadeira.

PRISIONEIRA (*vestida como a mulher da xícara*) – Senhor, a lembrança dessa mulher...

BOCARRÃO – Não! Não é possível.

Mulher sorri com alheamento, dá as costas a Bocarrão e afasta-se por entre o público até desaparecer. Pintor, a um gesto de Bocarrão, afasta-se.

BOCARRÃO – Escolhe uma música pra elevar o astral. (*Ator que interpreta pintor coloca uma música alegre. Bocarrão volta-se para o público*.) Desculpe o equívoco. Não posso pedir que esqueçam o que viram até agora, mas compreendam, também, que não foi minha culpa. A memória é imprevisível e nunca sabemos que imagens do passado vão nos assaltar e extorquir a nossa atenção. Imaginem, então, as dificuldades do meu trabalho. Mas, agora e aqui, retomo minha autoridade sobre este espetáculo. E vou conduzi-lo, com mão de ferro se preciso for, para um final alegre e risonho. Assumo este compromisso perante vocês! Voltemos ao nosso homem.

CENA 5 – DE VOLTA À MEMÓRIA

Bocarrão puxa a cadeira para junto do homem.

BOCARRÃO – E então? Como é que é?

HOMEM (*olha Bocarrão sem entender*) – Como é que é o quê?

BOCARRÃO (*arrasta a cadeira para mais perto*) – Escuta, parece que você não entendeu ainda o espírito da coisa. (*Didático*.) Você é o personagem, o protagonista. Você é o cara, entende? Eu tenho um espetáculo a organizar a partir da sua memória. E essas pessoas todas vieram para ver a sua trajetória no mundo. Por que elas fazem isso? Por que acorrem para ver histórias que não são delas? Não sei direito. Dizem que elas vêm partilhar de algo coletivo, participar e conhecer o mistério da vida que se esconde na dor e no riso da trajetória humana. No caso, a sua. Dizem também que o dia a dia é tão corrido e carente de sonho, que se dão o direito de dedicar parte de seu tempo precioso a isso: sonhar com outras vidas, celebrar a importância da vida, compreender, aceitar e honrar a morte. Ou vêm, sei lá, buscar seu pedaço de diversão e riso, o que é absolutamente justo e compreensível, tendo em vista as agruras do dia a dia. (*Irritado.*) Quaisquer que sejam as razões, são todas muito importantes. Está chegando no âmago da coisa? Nós temos um compromisso, uma parte a cumprir! O que lhes demos até agora? Uns fragmentos, dramáticos, intensos até, não nego, mas que ainda não fazem um sentido até agora!

HOMEM – O que o senhor quer que eu faça?

BOCARRÃO – Que colabore, oras! Que vasculhe o seu passado, desencave algum acontecimento, algum fato, de preferência alegre, já que este arco de pedra desequilibrou nosso espetáculo para um tom mais dramático.

HOMEM – Compreenda, nenhuma imagem que realmente pertença ao meu passado me vem à lembrança... Com exceção daquela mulher...

BOCARRÃO – Aquela lá foi muito triste... Lembra outra.

HOMEM – Olho para trás e é como se visse uma longa estrada vazia: pó, aridez e cascalho onde não brota grão...

BOCARRÃO – Ô, louco! Assim fica muito difícil!

HOMEM – Não entendo... Eu estava vivendo tranquilo, realizado e, de repente...

BOCARRÃO – São os cinquenta anos... Uma época perigosíssima! Quando menos se espera o cavalo derruba, escoiceia, pisa e cobre de estrume. (*Homem olha Bocarrão com enfado.*) Mas, vamos, faz um esforço! Você nada fez de ridículo? Nem uma bobagem que possa nos divertir? (*Homem meneia a cabeça em negativa.*) Não acredito! Todo mundo já fez alguma besteira, alguma coisa absolutamente tola. Em que você é melhor do que nós todos, aqui?

HOMEM (*irritado*) – Não tenho que cumprir expectativa nenhuma! E de ninguém! Não quero ter minha vida devassada em público!

BOCARRÃO – O que é que você está escondendo?

HOMEM – Nada!

BOCARRÃO – É claro que está escondendo! Uma personagem sempre esconde algo muito escabroso ou muito risível, senão você não seria o protagonista! Todos nós, aqui, sabemos que está chegando a hora de você se revelar e revelar o sentido de tudo isso! Essa é a nossa expectativa!

HOMEM – Me deixem em paz!

BOCARRÃO – Olha, não vai ser possível! Você pode achar até crueldade de nossa parte, mas as coisas são assim. Personagens são feitos para divertir e emocionar as pessoas à custa de seus desastres, extravagâncias e idiotices! Têm de se dar mal no drama para nos emocionar, tem de se dar mal na comédia para nos fazer rir! Minha personagem, por exemplo, é meio tonta, risível até. (*Adverte, sério, ao público.*) Mas só um pouco! Ela nada tem de farsesco! (*Volta-se ao homem.*) O seu é uma personagem de veio mais dramático, mas com evidentes traços ridículos...

HOMEM (*exasperado*) – É um entretenimento doentio!

BOCARRÃO – Não, senhor! Aqui, a gente transforma a loucura e os vícios humanos em jogo, diversão e ensinamento! Na comédia e no drama os personagens vivem os desastres da tolice ou da arrogância antes dos homens, para ensiná-los, entendeu? (*Levanta-se, dá uns tapinhas de solidariedade nas costas do homem.*) Então, vamos! Coragem, que nossa vida é essa! (*Pausa, pensa.*) Vamos mudar a abordagem. Não força a memória... Deixa fluir... respira... Deixe que as imagens naveguem naturalmente. Fecha os olhos. (*Homem fecha.*) O que você vê?

HOMEM – Escuridão!

BOCARRÃO (*irritado*) – O senhor quis fazer uma piada?

HOMEM – Não, é o que eu vejo.

BOCARRÃO (*ao público*) – Então não precisamos rir. (*Ao homem*) E dentro da escuridão?

HOMEM – A estrada vazia.

BOCARRÃO – Volte por essa estrada.

HOMEM – Continua vazia, pó, cascalho, aridez, não venta, nada se agita e o silêncio é eterno como o de Deus quando pairava no abismo de trevas antes de criar o mundo.

BOCARRÃO (*irônico, ao público*) – É um poeta! (*Ao homem.*) Está bem, continua.

HOMEM – Há alguém à beira da estrada, lá longe... um homem... velho...

Fantasma surge e lentamente caminha na direção do homem. Fantasma é um velho comum e veste um antigo chapéu de feltro, desabado.

HOMEM – Ele fala alguma coisa que não consigo entender...

FANTASMA (*brada*) – São seus ouvidos! Minhas palavras são pássaros cegos que se arrebentam contra portas que você mesmo fechou! Não importa e não se engane. Vou ficar aqui e não sou um louco de margem de estrada, o lugar onde você se refugia é só um vazio onde habita seu corpo oco. Dentro dele, apenas sua rude e pequena alma que vibra e se quebra aos ecos de minha voz! (*Fantasma cruza pelo homem.*) Por que não abre os olhos ao passar por mim? Por que não pergunta quem eu sou? Por que apressa o passo? (*Apressa o passo e para depois de se afastar do homem.*) Por que corre? Eu espero. Você vai voltar por esta mesma estrada e eu vou estar aqui. E, então, seus olhos cegos vão me ver e as palavras vão sangrar seus ouvidos surdos como num milagre de Deus ou num sortilégio do Mal. Sou só um pobre fantasma de seu passado, com todo o tempo do mundo. E espero. (*Ri.*)

Homem se agita.

BOCARRÃO (*espantado*) – Ichi! (*Para o homem.*) Segue, não para aí, não! Deixa isso pra depois! Segue.

Homem, de olhos fechados, ainda se agita quando o fantasma ri novamente. Bocarrão faz gestos irritados para que o fantasma saia. Fantasma sai. Bocarrão incita o homem a continuar sua narrativa que seguirá vivamente interessado.

BOCARRÃO – Continua.

HOMEM – Eu caminho. A estrada e suas margens continuam vazias. O silêncio ocupa as distâncias e escurece rapidamente sobre tudo aquilo que vejo. O escuro me abraça como mãe, é bom. Longe, luzes se movimentam em minha direção, são tochas que dão tênue claridade a um cortejo de almas, não sei se vivas ou mortas.

BOCARRÃO – Ave!

HOMEM – Um cavalo descarnado conduz um guerreiro medieval com meio rosto decepado e um talho que abre armadura, camisa, pele e carne do ombro; na mão, uma espada quebrada. Corcundas e anões montam e gritam sobre porcos e cães que uivam ao vento... Uma mulher nua, lindíssima... (*Pausa.*)

BOCARRÃO – Que mais?

HOMEM – Ela carrega junto ao peito uma braçada de serpentes, lacraias, escorpiões e mais bichos peçonhentos...

BOCARRÃO – Eita!

HOMEM – Ela ri...

BOCARRÃO – Vai lá saber por quê!

HOMEM – Uma velha mendiga carrega nas mãos nuas um braseiro de ferro incandescente. Geme e chora um canto triste.

BOCARRÃO – Eita! Sai daí! Segue, segue!

HOMEM – O bando se distancia com risos e gemidos. Amanhece também rapidamente. Uma menina de olhos grandes e riso alvo surge na neblina da alvorada. (*Sorri.*) Traz uma braçada de lírios brancos e passa por mim com um olhar curioso. Mais adiante, jovens barulhentos riem e cantam músicas tontas e obscenas. São velhos colegas de minha juventude! Atrás deles, uma espécie de palhaço.

CENA 6 – DOIS ESTRANHOS CLOWNS

Surge de um lado do espaço de representação o primeiro clown, o Velho Tolo. É uma figura com meia máscara de comédia e mais se assemelha a de um vagabundo do que de um palhaço de circo. É um tipo tolo, envergonhado, roceiro, mas com momentos nos quais se mostra sagaz. Faz a linha do palhaço Augusto. Bocarrão, alegre, chama a atenção do público para a entrada de um clown velho.

BOCARRÃO – Olha lá, olha lá!

HOMEM (*ainda de olhos fechados*) – É uma figura ridícula, completamente apalermada. A expressão indica baixo nível intelectual, algo bem próximo da estupidez. (*Clown reage com desagrado.*) É feio, desagradável, como um ator que não dá conta de seu papel.

Clown põe as mãos na cintura, bufa e espera, impaciente, que o homem acabe a descrição. Finalmente, homem abre os olhos e espanta-se ao ver o clown tolo. Este sorri e acena lentamente com a mão espalmada. Também lentamente, e mantendo o mesmo sorriso, clown encolhe os dedos da mão que acena deixando apenas estendido o dedo médio, num disfarçado gesto obsceno. Homem se retrai. Do outro lado da área de representação surge o clown Velho Cínico, também com meia máscara sobre o rosto. Sua figura também se assemelha a um vagabundo, mas com modos afetados e gestos comedidos. Um mendigo que quer se mostrar refinado. Seu caráter se aproxima do clown branco: autoritário, conservador, impaciente. Os dois se aproximam e sobem a uma minúscula ribalta apagada. Podem ser uma ou duas ribaltas – uma para cada um – mas a ideia é que sejam muito pequenas, o suficiente para os dois contracenarem. Fazem um cumprimento ao público.

VELHO CÍNICO – Chegou atrasado!

VELHO TOLO – E, por acaso, a gente tinha marcado algum encontro?

VELHO CÍNICO – Não lembro, mas o fato é que você chegou depois de mim. Portanto, atrasado!

VELHO TOLO – É mesmo, desculpa. Mas que tipo de encontro a gente tinha? Casual? Profissional? Clandestino?

VELHO CÍNICO – Também não me recordo… Minha memória falha…

VELHO TOLO – Um encontro clandestino, amoroso talvez! Libidinoso! Talvez eu seja um respeitável senhor, enrustido, criado no armário, pai de família e você um garoto de programa… (*Velho Cínico levanta o braço para dar-lhe um tabefe. Velho Tolo contrapõe medroso.*) Tá bom, tá bom! Eu sou o garoto de programa, a biba velha, enrustida, é você! (*Velho Cínico desfecha-lhe o tabefe. Velho Tolo faz beiço e chora.*) Bruto! Maltrata o que você vai afagar! (*Ao público.*) Ele é assim, viu? Entre quatro paredes é um Romeu, em público me destrata! Mas a gente adora um cafajeste, não é, minha senhora?

VELHO CÍNICO – Estamos aqui para uma representação!

VELHO TOLO – Ah! É verdade! Uma reprise como as de circo! Uma paródia! (*Ao público, apresentando o companheiro.*) Meu parceiro hoje é um velho cínico. Antigamente foi um jovem esperto, vivaz, embusteiro, mas a idade não lhe trouxe sabedoria, apenas aguçou seus vícios e deu-lhe cinismo! É um velho e conhecido personagem da comédia.

VELHO CÍNICO (*Com um sorriso, faz uma reverência ao público. Também apresentando o companheiro com um gesto. Tolo conta nos dedos, feliz, quando cínico nomeia suas "qualidades".*) – Ele é um desses pobres tolos, que já era curto de inteligência na juventude, e os anos de vida só lhe somaram estupidez, idiotice, ignorância à ausência de senso e de medida. É também presença garantida nas comédias. (*As ribaltas se acendem.*) De onde você veio?

VELHO TOLO (*imitando o homem*) – Não me lembro!

VELHO CÍNICO (*imitando Bocarrão*) – Mas tem de lembrar! A memória é sua!

VELHO TOLO – Mas não lembro! (*Parodiando a fala do homem na cena anterior.*) Estava numa estrada vazia... Anoiteceu rapidamente e vi tochas alumiando um cortejo de almas... Um cavalo sem carne nos ossos e sem ossos nas carnes, sem a casca de fora nem o recheio de dentro. Ave, Maria! Por fora era feito de vento e só tinha ar por de dentro! Em cima dele um cavaleiro sofrido: a banda direita do corpo tinha sido cortada, a banda esquerda tinha sumido! Mas tinha uma mulher nua, coisa mais linda do mundo: não tinha lado, nem altura, nem base, nem largura, nem frente e nem fundo!

VELHO CÍNICO – Que mais?

VELHO TOLO – Uma velha mendiga sentada num braseiro de ferro incandescente, ri.

VELHO CÍNICO – Vai lá saber por quê!

VELHO TOLO – Devia de tá com muito frio na bunda... se não, sei lá! Depois, encontrei vários colegas de minha juventude. Cantavam músicas tontas e obscenas. (*Canta um can-can.*) "Somos velhas prostitutas, filhas de uma puta e queremos dar!" (*Velho Cínico dá-lhe um tabefe.*) Ai! Bruto! Foi dessa estrada vazia que vim...

Velho Tolo olha homem e acena com a mão espalmada. Homem reage levantando-se. Bocarrão o acalma.

BOCARRÃO – Calma! É só uma brincadeira!

VELHO CÍNICO – Desculpe, às vezes ele quebra a corrente e foge ao controle. (*Ameaça uns tabefes no Velho Tolo.*) Quieta! (*Homem senta-se. Velho Tolo olha o arco de pedra.*) Me fale de seu passado.

Velho Tolo aponta o arco, mas ao ver o olhar reprovador do Velho Cínico desiste de qualquer comentário.

VELHO TOLO – Uma vez na vida fui moço e pra cada moço a vida é um fruto desconhecido.

VELHO CÍNICO – Deixa de metáfora!

VELHO TOLO – Ah, sei lá! Sem o que fazer a gente bebia, cantava e dançava. Corria atrás de rabo de saia e fugia de rabo de farda! Ninguém gostava de militar, acho que só a mãe deles! (*Com jeito tolo, quase como criança.*) A gente bebia e dizia "vamos mudar o mundo!", mas militar deixava? Deixava nada! "Nem adianta pedir!", o militar dizia. "Deixa o mundo que tá bom do jeito que tá! Quem quer mudar é comunista!" Então foi assim.

VELHO CÍNICO – E o heroísmo? A vibração? O sonho superlativo de toda juventude?

VELHO TOLO (*dá de ombros várias vezes*) – Nem te ligo!

VELHO CÍNICO – Um amor, pelo menos, você teve?

VELHO TOLO (*lança uma exclamação feliz*) – Ah! Isso tive! Ela era feita de nuvens, do mais fino ar, da mais limpa luz. E densa como só pode ser a paixão! A gente era moço. Era como se a vida e o mundo estivessem guardados dentro de um fruto desconhecido.

VELHO CÍNICO – Deixa de metáforas, já disse!

VELHO TOLO (*cruza os braços, emburrado*) – Então, não falo.

Velho Cínico, exasperado, consulta Bocarrão com o olhar. Bocarrão faz gestos para a representação prosseguir.

BOCARRÃO – Segue, segue! Vamos ver se melhora que isso já está me aborrecendo!

VELHO TOLO – Cada um devia abrir e provar de seu fruto. Uns tinham o sumo ácido da rebeldia, outros o cerne duro da vida comum, outros o gosto amargo dos venenos. O dela tinha o gosto sumarento da paixão, o apelo venturoso e doce do amor!

Velho Cínico tira a máscara e revela-se mulher.

VELHO CÍNICO – Por acaso serei eu, senhor?

VELHO TOLO (*apaixonadamente surpreso*) – Eva!

VELHO CÍNICO – Adão!

Abraçam-se como palhaços, estirando a perna direita à altura da cintura do outro. Homem levanta-se furioso de sua cadeira. Grita com os dois. Velho Tolo se assusta exageradamente. Eva coloca novamente a máscara de Velho Cínico e ri.

HOMEM – Parem com isso!
BOCARRÃO (*meneando a cabeça em reprovação*) – Que crueldade!

Velho Tolo aponta o Velho Cínico com o dedo em riste indicando que a culpa é do outro. Homem cai prostrado sobre a cadeira. Deixa a cabeça cair para traz e fecha os olhos.

BOCARRÃO – Quem são vocês?

Velho Tolo cruza os braços emburrado e meneia a cabeça como uma criança que não quer responder. Velho Cínico ri. Homem permanece de olhos fechados.

BOCARRÃO – Quem são eles?
HOMEM – Não sei, juro!
VELHO CÍNICO – Não sabe, mas desconfia. (*Aponta o tolo.*) Somos apenas um velho tolo...
VELHO TOLO (*aponta o cínico*) – ... e um velho cínico. Somos apenas o seu futuro. Escolhe entre um de nós dois!
HOMEM – Qual o sentido de tudo isso? Como num sonho essas figuras surgem, pálidas como fantasmas ou nítidas como se fossem de carne e vida... Agora mesmo, uma delas se transforma no fantasma que vi naquela estrada vazia...

Velho Tolo ajudado pelo Velho Cínico já está se transformando, à vista do público, no Velho Fantasma.

BOCARRÃO (*Para o público. Aponta enfaticamente para o homem.*) – Vejam! Eis o homem! Aquele mesmo homem que lhes apresentei no início desse espetáculo. Aquele homem que por razões ainda não esclarecidas teve sua atenção chamada, naquela noite, para aquele antigo arco de pedra fincado entre construções modernas. (*Olha o homem, penalizado.*) Reparem no estado dele. Cinquenta anos não é fácil!

Ator que faz homem estende-se sobre a cadeira compondo uma máscara corporal de sofrimento. Velho Cínico aciona o aparelho de som e uma música triste e baixa começa a invadir o ambiente. Bocarrão com gestos pede um pouco mais de volume musical. Não satisfeito, sopra uma solicitação ao ator homem.

BOCARRÃO – Um pouco mais de intensidade no sofrimento!
HOMEM (*fingindo segredar, sem abrir os olhos, como se o público não ouvisse*) – Tá bom assim! Vai ficar muito piegas!
BOCARRÃO – Não importa! É isso que eu quero! Quase melodramático, quase! Faça!

Ator, a contragosto, intensifica a máscara de sofrimento, mas nada farsesco, conservando a intensidade no limiar do melodrama. Bocarrão pede, com gestos, mais volume de música e gira a cadeira para que todo o público possa vê-lo, num movimento quase ritualístico. Ao completar o giro o Velho Fantasma cumprimenta o homem.

FANTASMA – Salve! Nos encontramos novamente, homem de cinquenta anos!

Homem abre os olhos e, surpreso, encara o fantasma.

CENA 7 – PRIMEIRO DESFECHO:
O ÚLTIMO EMBATE, ONDE AS COISAS SE ESCLARECEM.

BOCARRÃO – Dizem que o homem tremeu e transpirou medo ao reencontrar aquele velho fantasma do seu passado. Dizem também que, depois dos cinquenta, essas aparições acontecem, às vezes, pondo em desassossego a vida desses pobres homens. Eu, que ainda não tenho cinquenta, não gosto dessa coisa de aparição e não tenho nada a ver com isso, me retiro pra ver até onde essa coisa vai dar. (*Abandona a área de representação e senta-se.*)
HOMEM – Eu, que sou aquele homem que se espantou ao ver aquele arco e recordar imagens e pessoas que não conhecia, digo que não tenho medo de fantasmas! Digo mais: o passado é morto e, como tal, seja enterrado!
FANTASMA – Eu que sou uma aparição na memória deste homem digo que não gosto do que vou fazer. Não gosto do medo que vejo nos olhos dos homens quando se confrontam comigo. Nem de ver como eles são abalados com as verdades que trago. A sina de um fantasma é trazer maus presságios.
HOMEM – Quem é você?
FANTASMA – Uma vez soprou sobre você um vento novo. Sua alma era inquieta e balançou, e sonhou vendavais e desejou voar nas asas da tempestade que se formava! Você tinha vinte anos.
HOMEM – Não tenho mais.

FANTASMA – Alguma coisa restou. Uma marca, uma imagem, um fantasma transparente que mora na sua sombra, dorme na poeira de sua casa, espreita o seu sono, em pé, junto à cama do seu quarto. Já adivinha quem sou?

HOMEM – Você é um fantasma do passado? Um fantasma nostálgico dos anos sessenta, acertei? Por isso o arco, o presídio e seus presos políticos... (*Cruel.*) "Ai, dos vencidos!"

FANTASMA – Você fala como quem venceu, como quem passou incólume por todas as tempestades, como quem segue pela vida sem abalos!

HOMEM – Assim é, assim sou!

FANTASMA – Não seja arrogante!

HOMEM – A arrogância não é minha, é do tempo. O tempo transforma em pó os que foram vencidos, o vento varre e assim eles são esquecidos!

FANTASMA – Não de todo. Vencidos de todas as eras estão adormecidos nas pedras, muros, nas paredes de taipa, nos tijolos de muros em ruínas, nos papéis amarelados de velhos livros e esperam voltar à luz e narrar suas memórias.

HOMEM – Pouco me importa. São só fantasmas e fantasmas são apenas mortos. Como você, como o passado.

FANTASMA – É verdade, fantasmas são só mortos. Mas eu não sou o fantasma de uma época como você imagina. Sou aquilo que está morto em você. Sou o seu fantasma, pessoal, particular. O fantasma dos seus vinte anos. E não trago a suave nostalgia do passado, trago tormentos.

HOMEM (*Encara o fantasma, perplexo. Depois, senta-se, acabrunhado.*) – Entendo.

Segue-se um longo silêncio. Bocarrão espera alguma ação que não vem. Olha pra um, pra outro e, por fim, não consegue se conter.

BOCARRÃO (*irritado*) – E aí? Então, vocês dois se entenderam e está tudo certo? (*Num gesto abarca a si próprio e ao público.*) E nós? A gente não conta? (*Mais irritado.*) Porque eu não entendi nada! (*Ao Velho Cínico que começa a rir.*) E não sou burro! O que é que tem arco, pintor, carcereiro, prisioneiros e o escambau a ver com este homem?

FANTASMA – Ele tinha vinte anos quando tudo aquilo acontecia.

BOCARRÃO – E daí?

FANTASMA – E daí que a alma dele pulsava ao ritmo da época, acreditava na transformação do mundo e navegava com todos os outros, que chamava de irmãos, nas águas revoltas de seus vinte anos!

BOCARRÃO – O senhor me desculpe, seu fantasma, mas vou perguntar outra vez: e daí?

FANTASMA (*começa a explicar mas, depois, dirige-se diretamente ao homem*) – E daí que ele trocou a grande aventura da vida pelo ramerrão do dia a dia, desculpando a si mesmo por cada omissão, justificando cada pequena vileza e, esquecido de tantos tesouros, acumulou como avarento cada pequena moeda que lhe caía nas mãos. E assim chegou aos cinquenta. O fruto desconhecido da vida ainda está lá, intocado, murcho, perdido em algum canto escuro do porão de sua alma!

HOMEM – Segui enquanto outros caíam. Sobrevivi!

FANTASMA – Eu me pergunto pra quê?

HOMEM – Não tem pra quê! Presto contas apenas a mim mesmo!

FANTASMA – E aos seus fantasmas!

HOMEM (*irônico*) – Não creio neles. Nem em aventuras, nem em utopias juvenis!

FANTASMA – É claro! Você é um homem de cinquenta! E aos cinquenta se chega ao poder. Homens de cinquenta têm poder sobre a família, sobre jovens e crianças e sobre outros homens! Aos cinquenta os homens começam a ter poder sobre o mundo e sobre o futuro dele!

HOMEM – Não tenho poder nenhum!

FANTASMA (*aponta-lhe a máscara que segura na mão*) – Só os tolos negam o poder que têm. E você não é tolo!

HOMEM – Não. E por isso não quero mudar o mundo. O mundo só me importa quando me atinge.

FANTASMA – Você é um homem com a vida e as gorduras bem assentadas. Você é um cínico! (*Homem, furioso, vai em direção ao fantasma. Fantasma continua sua acusação e o homem freia seu ímpeto.*) É só um homem de cinquenta que, como tantos, vai somar cinismo sobre cinismo, omissão sobre omissão, pelos próximos trinta anos até o momento final! E assim mais uma vez os sonhos de uma geração se perdem porque homens, como você, escolheram usufruir em proveito próprio do poder que conquistaram!

HOMEM (*irônico*) – Não acredito também em discursos.

FANTASMA – Eu sei. E é por isso que existo: para que o mundo tenha alguma espécie de sentido.

HOMEM – Um fantasma moral que pune a descrença!

FANTASMA – Chame como quiser! Sua descrença é só mais uma confortável forma de omissão e a minha função, como fantasma, é atormentar os vivos!

HOMEM (*ri*) – O passado é pó e que os mortos enterrem seus mortos!

FANTASMA – A memória dorme nas coisas, até no pó, até no nada se o nada é coisa! Adeus, por enquanto, homem cínico! Estarei à espreita ao pé da sua cama e volto no seu desassossego noturno, nos seus sonhos negros vou soprar maus presságios! E vou lhe mostrar, para seu tormento, o que a vida e o mundo poderiam ter sido! (*Sai.*)

Pausa.

HOMEM (*meneia a cabeça e sorri*) – E aquele homem meneou a cabeça e sorriu. E respirou fundo como quem se alivia e, confiante, pensou que a vida é um jogo de um deus louco, sem sentido, mas que pode ser ganho. E sorriu novamente!

Homem encara o Velho Cínico. Este lhe acena e sorri. Homem devolve o sorriso. Velho Cínico lentamente fecha o sorriso e tira a máscara e solta os cabelos, revelando-se Eva.

HOMEM – Eva! (*Saudoso.*) Éramos jovens, Eva, época em que o amor é farto, sem medida e sem cansaço.
EVA (*sorri amorosa e logo transita para o desprezo*) – Que pena, homem cínico! O passado é pó e pra você estou morta. (*Volta-se e sai.*)
HOMEM – Eva! Eva!

Homem volta-se agitado. Contempla o arco e sai a passos lentos e pesados. Bocarrão acompanha a saída do homem.

BOCARRÃO (*ao público*) – E lá se foi o nosso homem caminhando rumo ao esquecimento. E foi isso. E apesar disso que foi, quero dizer que, pessoalmente, preferia uma comédia rasgada como tantas que temos feito…

Surge mulher da xícara.

MULHER – Senhor!

Cena 8 – Segundo Desfecho: Um Inesperado Final

Bocarrão se volta e a mulher da xícara mantém-se parada, sorrindo, segurando a xícara na mão estendida. Bocarrão abre os braços inconformado. Mulher, ressabiada, esconde a xícara junto ao peito. Depois sorri novamente mostrando a xícara.

MULHER – Senhor!
BOCARRÃO – Jesus amado! Ela de novo! (*Vai em direção a ela.*) Minha senhora… O espetáculo já terminou… O homem de cinquenta já foi embora… Aliás, a senhora não é nem a memória dele…
MULHER (*sorri, feliz, indicando a xícara*) – Senhor!

Vizinho entra.

BOCARRÃO – Eu também gosto… é uma bonita xícara, mas, saia, minha senhora!

VIZINHO – Ela é a memória da prisioneira.

BOCARRÃO – Eu sei, mas o que posso fazer? É uma memória desmemoriada! Não tem passado, não tem histórias, a cabeça dela é uma névoa branca, vazia!

MULHER (*sempre com a mesma expressão e o mesmo sorriso*) – Senhor!

BOCARRÃO (*olha e abre os braços penalizado*) – Não há o que eu possa fazer, minha senhora…

Bocarrão e narrador olham para a mulher.

VIZINHO – Era de dar dó.

BOCARRÃO – Era.

VIZINHO – Ela ficava ali, olhando para a gente com um sorriso que não dizia nada. Morava no Brás e chegou da Espanha antes da guerra. Na velhice a memória lhe sumia devagar. Fui vizinho dela por quarenta anos.

MULHER (*sorri ao público, indicando a xícara. Tenta, com aflição, comunicar algo, mas só consegue dizer a palavra de sempre*) – Senhor! (*Narra.*) Não sei como dizer por que tudo começa a me faltar: palavras, imagens… Alguma coisa em mim, persistentemente, seca. O esquecimento me chega aos poucos, um pouco de névoa a mais a cada dia, como num longo outono. (*Senta-se a uma cadeira.*) Tenho medo, mas não sei dizer isso em palavras…

VIZINHO – Foi virando um problema, coitada! Ficava deprimida, algumas vezes agressiva… Não conversava, não reconhecia as pessoas, ficava só com essa xícara pra cima e pra baixo.

MULHER (*narra*) – Primeiro se apagaram os lugares: a velha aldeia, ruas, casas e cheiros. Depois, pessoas da infância, parentes… fatos recentes… (*Mulher olha a xícara com ternura*) Esta xícara era a última peça de um jogo de chá, presente de casamento, mais de sessenta anos atrás… Pais, parentes, amigos, riso e música, e o noivo: belo como um deus jovem que se teme e deseja. Mas a mulher não se lembrava mais.

VIZINHO – O marido que ela já não reconhecia morreu velho, de repente. Coração.

MULHER – Ela não deu pela falta, mas o mundo lhe pesou e doeu. Já começava a anoitecer em sua memória e a névoa engolia um velho poste de luz de 1940, o retrato oval de seu pai na parede da sala, os móveis da casa, a imagem de sua santa de devoção, filhos. Tudo, agora, lhe era absolutamente estranho. (*Leva o olhar à xícara. Sorri.*)

VIZINHO – Depois que morreu o velho ela desandou em tristeza que não era suspiro nem gemido. Era quietude e alheamento.

MULHER – Só lhe restava a xícara. Sorria para seu friso dourado na borda e suas estampas de flores. E sentia algo indizível: a sensação de um casamento de que já não lembrava, um cheiro que já não definia, amigos e parentes que não sabia o que eram, uma festa sem sons nem imagens. Mas sentia. Principalmente sentia um noivo sem rosto, mas que era um deus jovem que temia e desejava. Na velha xícara dormiam as memórias perdidas e, nelas, as sensações do mundo.

VIZINHO – Um dia os filhos se reuniram. Asilo, pensaram. Decidiram. Lá, tentaram lhe tirar a velha xícara. Pra ela não se machucar, disseram. (*Vizinho tira a xícara da mulher. Ela resiste. Bocarrão interfere.*)

BOCARRÃO – Chega! Para! (*Ao narrador que conseguiu arrancar a xícara.*) Devolve!

VIZINHO – Mas a história termina assim: a xícara se quebra. (*Levanta a xícara para deixá-la cair ao chão.*)

BOCARRÃO – Não se atreva! Eu te cubro de porrada! Chega de drama! Este espetáculo vai acabar como se fosse uma comédia: feliz!

VIZINHO – Você está desvirtuando a história, a realidade! Como nos contaram a história termina...

BOCARRÃO – Quero lá saber como termina a história! Isso aqui é um espetáculo e a memória serve pra recriar a vida! E mais ainda, as histórias! (*Toma a xícara da mão do narrador. Vai lentamente em direção à mulher e lhe estende a xícara. A mulher pega a xícara e a traz ao peito com muita emoção.*) Deixa essa memória assim... vagando pela cidade... com tão pouco, mas com tudo que precisa! (*Emocionado, enxuga lágrimas.*) Essa coisa emociona como se fosse verdade!

Mulher perambula por entre o público, sorrindo e indicando a xícara com o olhar, como se mostrasse a cada um que ela vê um objeto precioso. Não importa se ela se dirige a um homem, mulher ou criança. Trata a todos por senhor.

MULHER – Senhor! Senhor! Senhor! Senhor!

BOCARRÃO – Dizem, se é verdade não sei, que essa mulher perambula agarrada àquela pequena coisa de porcelana que lhe recorda todos os dias a sua história. É verdade. Se acreditam, não sei. Enfim, apesar dos percalços, das dificuldades e riscos de se meter com a memória de quem a gente não conhece, conseguimos chegar a bom termo. Espero que algum riso tenha aliviado vosso coração e alguma emoção o tenha feito mais forte. Podem se levantar e seguir em ordem e sem atropelo para vossas casas onde tenham a melhor das noites. Isso é uma ordem! Boa noite.

FIM

DA FORMA POÉTICA

A GUERRA SANTA

1991

Personagens

Homem
Homem 1
Homem 2
Outro
Rapaz
Mulher
Peregrino
Dante
Vergílio
Beatriz
Espírito de Vergílio
Coro

CENA 1– CANÇÃO DO CORO COMO SE UM PRÓLOGO FOSSE

HOMEM (*surgindo de uma extremidade do palco*) – Eieieiei! Ei!
HOMEM 2 (*surgindo no outro extremo*) – Oioioioi! Oíííí!
HOMEM – O que teu olho tem em vista,
aí, da crista desse morro?
HOMEM 2 – Desordem talvez desgraça
De um lado gritos de socorro
Do outro lado o povo em arruaça
No meio um homem jaz deitado.
HOMEM – Morto?
HOMEM 2 – Com certeza.
Gavião traz o prato
e urubu já põe a mesa!
HOMEM – Quem será o infeliz?
HOMEM 2 – Não é defunto barato
pelo modo como ajunta gente.
Aliás, nem é um só
tem outros caídos mais à frente.
HOMEM – Aqui corremos risco?
Ou é melhor irmos embora?
Que terá acontecido?
Que acontece agora?

Matam-se? Lutam? Morre mais gente?
Dá-me o descrito!
HOMEM 2 – Sossega! Tudo é calmo no momento
Nem correria, nem grito.
Apenas um rumor que cresce
O povo se põe em movimento e desce
Em nossa direção.
HOMEM – Minha Mãe da Conceição!
"A luta é boa, mão na espada"
Minha alma grita.
Mas minha pele sábia também recita
"Sebo nas canelas e pé na estrada!"
HOMEM 2 – Eles vêm cantando.
HOMEM – Canta a cobra vendo o sapo.
HOMEM 2 – Os mortos, certamente, eram gente de má obra,
Com muitos crimes em conta
Senão, qual a razão
De alegria em tal monta?
HOMEM – Gente que agora ri e é tonta,
No "A" seguinte, desri e afronta!
HOMEM 2 – Alegria não é sinal de desgraça!
HOMEM – Pode ser, mas aqui não fico
Nem por ouro, nem de graça! (*Sai correndo.*)

Entra coro de populares cantando ritmadamente. É uma corja de miseráveis desnudos, aleijados, mancos. Trazem címbalos, tambores, triângulos, chocalhos etc. Suas roupas são indefiníveis quanto à época.

CORO – Dante, mostra o teu punhal
Metal cromado de aço
Continuação da mão
Que continua o braço.
E como abelha veloz voa
Como garra feroz ferroa
E do que vivia nem mais traço!
RAPAZ – Morte na mão de Dante é morte justa!
MULHER – Não! Dante é assassino louco!
RAPAZ – Pôr o mundo em ordem alguma coisa sempre custa!
MULHER – Então sonhe com o mundo em ordem e sangue e se farte!
HOMEM – Silêncio! Nem tanto, nem tão pouco!
É certo que nele a violência assusta
Mas não se negue nele uma certa arte.
Se seu braço é duro e sua maneira é brusca

É também admirável como ele reveste a forma bruta
Com a suavidade de um balé mudado em luta.
A habilidade da mão, a precisão do corte
Fazem com que o sangue, a dor, tudo menos importe
Que a leveza do gesto
Que traz a violência do ato oculta.
E se os olhos lamentam a morte
O espírito levanta-se e, aplaudindo, exulta.

Homem é ovacionado com palmas e gritos. Orgulhoso tira o chapéu e faz uma reverência.

RAPAZ – Ele evém! (*Populares correm assustados.*)
Calma! Está longe ainda.

Povo olha e, mais calmo, acena para Dante, ao longe, e canta.

CORO – Dante, mostra o teu punhal
Metal cromado de aço
Continuação da mão
Que continua o braço
E como abelha veloz voa
Como garra feroz ferroa
Do que vivia nem mais traço.

Cantando, o povo abre espaço para a chegada de Dante, colocando-se em segura distância. Entra o espírito de Vergílio, trôpego, cambaleante, triste.

CENA 2 – O ESPÍRITO ACUSA, LAMENTA E CONCLAMA O PÚBLICO A OUVIR SUA HISTÓRIA

ESPÍRITO – Nem bem meu grito ecoou na fria noite/ e um duro açoite, vendaval me carregou./ Lembro-me pouco: a mão de Dante, o rosto louco/ Punhal cromado, o ar pesado e aqui estou!/ Nem vivo, pois aqui me falta o corpo/ Nem morto, pois inda tenho noção/ Maldita mão que manejou maldito ferro/ Parou-me a voz, o passo após, depois a ação. (*Entra Dante carregando o corpo de Vergílio nos braços. Depõe o corpo no chão e se curva sobre ele assim permanecendo até o final da fala do Espírito.*) Maldito Dante! Tua mão que dispersou minha vida em partes/ Refaça a arte como a fez o ser divino/ Sangue e veia, mente e vida uni no morto/ Dê-me meu corpo, luz e olhos, assassino! E agora sou apenas isso: alma, miragem!/ Triste imagem do que há pouco fui em vida./ Mas quem sois vós/ Trazem a alma unida ao corpo? Ou tudo é morto e, como eu, sois divididas? Pelo grão de fé que em vós habita porventura/ Centelha pura que anima o corpo vivo./ Acreditai: se a vida é sonho melhor estais/ Tens muito mais porque do sonho aqui me privo./ E me privo dos sentidos e da paixão/ Da terna mão e da vontade, do desejo./ Sou só sombra, mera imagem, leve véu/ Estais no céu. É no inferno que me vejo./ Mas narro. E narrando esqueço a privação da vida./ Conto. E contando dou sentido à eternidade./ Lembro. E lembrando preencho meu futuro./ E afasto a sensação de insanidade./ O, vós, que peregrinais no imenso mundo/ Ao fundo dessas almas descei comigo/ Maior que o mundo, a alma humana é universo/ Disperso ao nada que não seja o que vos digo. (*Luz lentamente começa a se extinguir enquanto o espírito de Vergílio se afasta.*) Ai! Tristeza dura de campos tão devastados/ Galhos cortados antes da fruta madura/ Por mais que os anos cavem rugas em nosso rosto/ A vida é o gosto, a morte é sempre prematura.

CENA 3 – O PASSADO COBRA O SALDO DEVEDOR

VERGÍLIO – Não percebes, verso, que comeste por dentro o homem que verseja?

Veja! Sou um homem oco que acreditou que a poesia
me preencheria.
Arte é da vida modo diverso.
Sou homem oco. O que me preenchia
Está agora em meus versos.
(*Bebe.*) Entre, doce absinto! Me ponha nu, me faça tolo,
Me expulse a dor e me faz viver. E, por favor,
Me faça rir. (*Ri.*) Pobres versos!

DANTE (*que entrou sem ser percebido*) – Pobres versos!

VERGÍLIO – Dante!

DANTE – Meu velho mestre!

VERGÍLIO – Ou isso é insulto ou ironia. Que quer?

DANTE – Você não está muito surpreso em me ver. Depois de vinte anos!

VERGÍLIO – Se tivessem se passado mais dez anos, agora fariam trinta!

DANTE – Não é possível! Nenhuma surpresa?

VERGÍLIO – Você é humano e nada do que é humano me surpreende. Só assusta.

DANTE – Embaralhas bem as palavras.

VERGÍLIO – É meu ofício. Pergunto novamente: que quer?
DANTE – Rever um velho amigo.
VERGÍLIO – Já reviu. Agora saia.
DANTE (*soturno*) – Não me fale neste tom!
VERGÍLIO (*irônico*) – Sejamos sociáveis: quantos teu punhal sangrou esta semana?
DANTE – Como você, eu também escrevo minha arte:
Dia a dia com a ação
Não com a abstração
Da pena sobre o papel
Não com o seu véu de rebeldia
Impresso em papel couchê!
VERGÍLIO – Então você lê minhas poesias?
DANTE – Poesia, eu mesmo a faço todo dia com as mãos.
E o meu verso ao seu não se assemelha.
VERGÍLIO – Eu sei. Sua tinta é vermelha
E sua pena é seu punhal.
DANTE – Não está só aí a diferença.
VERGÍLIO – Não. Sua poesia é doença
Que se espalha, mutila homens,
Mal sem cura.
DANTE – Já a sua é calma, pura, sentimental.
Canta uma paz humilhante!
VERGÍLIO – E a sua, Dante?
Louva e chama a guerra brutal!
DANTE – Louvo e chamo a mãe de todas as guerras!
E quero estar nas primeiras águas dessa inundação!
E quero ser a mão
Que vai fazer o parto do novo mundo.
VERGÍLIO – Novo mundo!
DANTE – Não importa o que vai nascer
Se monstro disforme,
Forma sem geometria,
O que vem, Vergílio,
Não se adia. Depois...
VERGÍLIO – ...de contar os incontáveis afogados...
DANTE – Depois...
VERGÍLIO – Depois de toda, total e inútil sangria...
DANTE (*toma do punhal e ameaçador o aponta para Vergílio*) – Cala! Prá você, sangria
É só uma palavra,
Uma rima, um som num verso,
Um verso numa poesia!

Andando! Vamos conhecer o inferno e seus condenados.
VERGÍLIO – Que é isso? Onde vamos?
DANTE – Vamos caminhar nas sombras, entre mutilados,
Entre mortos que se creem vivos.
Ouvir silvos, ais, pragas, blasfêmias,
Ver onde as palavras se geram brutas
E plenas de significados.
Vem, Vergílio, vem entender o que é sangria,
Vem ver onde se forma a tempestade.
Você não é poeta. Apenas enfileira palavras,
organiza sons ocos!
Louco!
Cego pela luz do dia,
Vem conhecer a noite.
O que vem, Vergílio,
Não se adia!
VERGÍLIO – O que quer de mim? Por que veio depois de tantos anos?
Por que abandonou seu abrigo?
DANTE (*irônico*) – Vim visitar um amigo. (*Autoritário.*) Andando! (*Saem.*)

CENA 4 – PEQUENA NARRATIVA DE UM BRUTAL INCIDENTE

ESPÍRITO (*que acompanhava atento as imagens anteriores*) – Sem recusar, sem gesto e voz segui meu guia/ Na estranha via que os olhos mal divisavam./ Se era a estrada corriqueira, deste mundo/ Também no fundo de nossa alma os pés pisavam. Pois era o mesmo o turbilhão de chuva e vento/ Que dentro d'alma e fora dela se agitava/ Fora riscava a noite luz, raio brutal/ Fino cristal dentro de mim também quebrava. E percebendo-me partido por inteiro/ Em desespero refreei a alma revolta/ No entanto, alma é ser que não se doma/ E sempre assoma forte, livre, ave solta. E recolhi resto de força onde não sei/ E recusei, feroz, seguir caminho adiante/ Logo senti ferir-me o braço o punhal/ Golpe brutal guiado pela mão de Dante./ E estremeceu-me a violência mais que a dor/ Horror e espanto desenharam meu semblante/ E contemplei o rosto do antigo amigo/ Desconhecido, não humano, não era Dante!

Vergílio cai desmaiado.

CENA 5 – OS PEREGRINOS DA GUERRA SANTA

ESPÍRITO – Maldito! (*Afasta-se e senta-se à distância.*)

Dante olha Vergílio caído e se afasta, furioso. Entra Beatriz. Sem olhar Vergílio, ela acaricia e beija Dante com obsessiva paixão. Dante a empurra com violência. Beatriz emite um urro, misto de raiva e prazer. Abraça-se novamente a Dante, tenta despi-lo, acaricia-o lentamente, mas com volúpia. Dante joga-a ao chão com raiva.

DANTE – Saia!
BEATRIZ (*no chão, sensual*) – Vem.
DANTE – Não!
BEATRIZ (*autoritária*) – Vem!
DANTE (*quase descontrolado*) – Não!
BEATRIZ – Você me quer.
DANTE – Não agora.
BEATRIZ – Eu decido quando. E quando é agora. (*Dante a custo se afasta. Beatriz deita e, sensualmente, tenta atraí-lo. Acaricia o próprio ventre.*)

Eu sei, você quer.
Você quer meus lábios, minha saliva
Minha língua viva
Aprisionada em sua boca
Minha língua louca percorrendo seu pescoço
Lambendo o sal de sua pele.
Eu, mulher. Eu, profana, você quer.

DANTE (*autoritário*) – Levanta!
BEATRIZ (*sedutora*) – Deita.

Pouse seu peso em meu ventre macio
Pele a pele, beijos, uivos e dentes,
Lobo e loba em noite de cio.
Você, torrente de águas,
Eu, terra tragando rio.
Vem, Dante, morrer seu cansaço,
Descansar sua fúria,
Mergulhar no escuro, estar no oco da terra,
Dormir dentro de mim.
Faz de meu ventre sua tumba
E depois de tanto prazer,
Eu parir
E você de novo nascer!

DANTE (*agitando-a violentamente*) – Acorde, estúpida!

BEATRIZ (*como se viesse de um longo sono*) – Que foi que eu fiz?
DANTE – Você nunca se lembra do que faz?
BEATRIZ – Com certeza não há nada a ser lembrado.
DANTE – Cuide dele.
BEATRIZ (*cuidando do braço de Vergílio*) – Outra vítima sua? Como é que ainda respira?
VERGÍLIO (*irônico*) – Sou amigo dele.
BEATRIZ – Está explicado!
DANTE – Engula a ironia!
O ferro que feriu seu braço ainda tem a mesma ponta!

Vergílio, com raiva, tenta afrontar Dante. É impedido por Beatriz.

BEATRIZ – Não faça conta!
DANTE – Cuide dele, Beatriz.
BEATRIZ – Me deixe fazer o que ele diz.
VERGÍLIO – Vergílio, Beatriz e Dante!
Que deus de mente insana
Fez coincidir a Divina Comédia
Com essa ridícula paródia humana?

Entram os peregrinos. Cansados, doentes e feridos cantam um responsório.

DANTE – Paródia melhor se aproxima.
PEREGRINO – Água dos rios
CORO – Lavai os pecados
PEREGRINO – Flores dos montes
CORO – Deixai perfumados
PEREGRINO – Águas das fontes
CORO – Os nossos caminhos
PEREGRINO – Frutos da terra
CORO – Em busca do céu
PEREGRINO – Do Jardim das Delícias
CORO – De favos de mel
PEREGRINO – Recebei-nos, senhor
CORO – Na mesa celestial.

Beatriz dança desengonçadamente em volta dos peregrinos. Canta a mesma ladainha.

BEATRIZ – Mesa farta e posta
Com pratos de bosta

Tomai seu assento
Comei dessa ceia
Tem sopa de vento
Pirão de areia
Bife de osso
Filé de pescoço
Pão sem as pontas
E também sem o meio
Bolo sem casca
E também sem recheio. (*Ri juntamente com Vergílio.*)

DANTE – Cala a boca, Beatriz!
(*A Vergílio.*) Venha ouvir!
(*Ao Peregrino.*) Conte sua história.
(*A Vergílio.*) Procure nela razões para rir.

PEREGRINO – Nada tenho a contar.
Sou raça de peregrino
Amilembro inda menino
Buscar veredas de Deus
Como fez meu pai em antes,
Meu avô anos distantes
A pregar o fim dos tempos
Turbilhão de fogo e vento
Guerra, morte, peste, fome
E o final de todo homem
No ano mil novecentos.

VERGÍLIO – Por que me arrastou aqui, Dante?

DANTE (*irônico*) – Não te comove a miséria humana
Que tanto te comoveu um dia?

VERGÍLIO – Não mais. Eu só me quero distante
Dessa companhia.

DANTE – São afáveis, quase santos!

VERGÍLIO – Aprendi a odiar a miséria
E igualmente a resignação dos miseráveis.

PEREGRINO (*que durante a fala transforma a humildade em ódio desmedido*) – Humildade vem marcada em nós desde o nascimento
Como a doença, a rudeza dos dias
O destino de andarilhos
E a magreza dos filhos.
Pés grossos para andar nessa terra devastada
Prá subir a escada dos céus e arrancar de Deus
A antiga promessa de consolo tantas vezes adiada!
E descer de novo à terra
E arrastar homem manso pela palavra mansa

E o infiel pela ferida a ferro
Pelo fogo e fé feroz!
E navegar essas águas violentas
Violentar a fúria dos ventos
Domar a maré revolta
E impor a palavra de Deus
Ao final da guerra santa!

O Peregrino termina a fala aos brados, agressivo, quase sobre Vergílio. Inesperadamente Vergílio revida com a mesma intensidade.

VERGÍLIO – Volte às suas orações!
PEREGRINO (*humilde*) – Perdão, senhor. Fui tocado
Pelo fogo sagrado da fé.
VERGÍLIO – E pela bestialidade das feras!
DANTE (*ri*) – A velha onça ainda tem garras!
PEREGRINO – Perdão, senhor, sou apenas um homem que espera,
Filho de gente que espera
Neto de desesperados
Que espera a luta final
E as portas do paraíso. (*Volta-se e afasta-se humildemente para junto dos outros peregrinos*)
DANTE – E isso é apenas um aviso
Um pequeno sopro da fúria do vento futuro.
VERGÍLIO – Eu sei. A intolerância que move esse tipo de fé
É a mesma que vi vagar entre destroços
Na turba enlouquecida
Que queimou três ladrões vivos
em Matupá.
DANTE (*sarcástico*) – Esse é o sopro do futuro
Esteja ciente. É bom que logo
Se converta.
VERGÍLIO – Morro crendo na inexistência de Deus
Do que ser a tal fé obediente!
PEREGRINO (*furioso*) – Blasfêmia!
DANTE – Quieto! Fora! Andando!

O Peregrino debate-se entre afrontar e obedecer a ordem de Dante. Dante tira o punhal.

PEREGRINO (*baixa a cabeça*) – Eu me submeto a seu mando.
DANTE (*abençoando com a mesma mão que segura o punhal*) – Deus vos abençoe.

Saem entoando a ladainha.

PEREGRINO – Águas dos rios
CORO (*repetindo a ladainha já cantada*) – Lavai os pecados...
DANTE – Aí vai um pedaço do futuro.
VERGÍLIO – Prefiro meus antigos versos.
DANTE – Sigamos. Vem conhecer um pouco mais desse universo.

CENA 6 – A BARQUEIRA DOS INFERNOS

O Espírito, desesperado, tenta lembrar-se de trechos da história que conta. Luz começa a subir e o Espírito vê Beatriz remando em sua direção.

ESPÍRITO – Beatriz e um barco/ Faz tão pouco sentido!
Mas também pouco me lembro do há pouco acontecido:
A minha morte violenta... Meu Deus! Pior estado
inexiste. Mais triste que não ter futuro
é esquecer o passado.
Minha memória começa a perder lembranças/ E em mim avança o terror da inconsciência. Breve serei nada: oco, um pálido olhar/ Vento a invejar vossa sólida existência./ Por isso, com piedade o que conto escutai. E imaginai: um barco a vagar cortando rio./ É isso? Não sei. Talvez cidades em chamas.../ Como tecer a trama se me faltam fios?/ Mas desprezai a coerência doravante/ Beatriz, Vergílio, Dante... Barco em negro rio.../ Melhor navegar nas paixões do que vos conto/ Não importa o ponto onde a narrar reinicio.

Beatriz conduz um barco onde estão Vergílio e Dante. Beatriz rema e canta, alegre.

BEATRIZ – Rio abaixo, rio acima
Remador quem se aproxima
É um pescador eu acho
Se enganou é uma menina.
Vem à flor das águas rente
É conhecida ou é parente
Ela vem nua à luz da lua
É linda, mas não é gente.
VERGÍLIO – É bonita.
BEATRIZ – É uma canção velha. (*Pausa. Se ilumina.*)
Toda noite eu tenho um mesmo sonho:
Sou eu que subo este rio

Eu sigo...
É difícil narrar um sonho
A não ser que o imagineis comigo.

VERGÍLIO – Conte que, caminhando rente
às suas palavras, eu sigo.

BEATRIZ – Clarágua, prata de lua
Cristais de luz no escuro
O céu no rio debrua
Um móvel espelho de estrelas.
Imaginai o momento:
Lento o rio, o calor do tempo.
Verão. Vê a menina nua.
Sou eu quem à flor d'água flutua.
Rio acima vou./ Canoa e pescador descendo rio imaginai agora. Cruzamos olhos, cruzamos barcos./ Pescador me mirou cabelos, boca, ventre./ Canoa por mim passou/ Foi embora leve, vazia de gente./ Pescador ficou.
Eita!, n'água tomba e retomba,
Retumba o desejo por dentro.
Atraio, atraiçoo, enlaço,
Gemo e arquejo,
Caço, seguro, rejo o momento, sou dona,
Sou fera, voragem, vertigem
Mordo, devoro e flutuo:
Não gente, sou bicho, sou farta.
Imagina, depois, meu ventre aumentado
Nu, transparente, como vidro.
E, lá dentro, vivos,
Veja milhares de peixes.
E, agora, me veja rir,
Contrair o ventre e explodir
E transbordar de vida o rio.
E o rio inundar a terra. (*Ri feliz.*)
Toda noite eu tenho esse sonho.
Então acordo, ainda prenhe de sonho e rio.
E me lembro de mim menina.

DANTE (*irritado*) – Para com isso, Beatriz!

BEATRIZ (*reafirmando*) – E como sempre lembro de mim menina.

DANTE – Que prazer você tem em repetir a mesma coisa, do mesmo jeito, todo dia?

BEATRIZ – Dezessete é o mais feliz dos anos. Aos dezessete por três vezes eu pensei em me matar. (*Ri.*) E, por três vezes, eu me agarrei, furiosa, à fúria da vida. Dezessete é o mais louco dos anos.

VERGÍLIO – Dante, não este, o outro de melhor vida e melhor arte, escreveu num verso: "É triste lembrar na desgraça os dias felizes".

Mas um dia pensei o inverso
E, talvez como um tolo, escrevi
Que a lembrança é o melhor consolo.

DANTE (*inquieto, ameaçador*) – É melhor que não continuem.

BEATRIZ (*sem dar importância*) – Aos dezessete anos somos irresponsáveis e descuidados.

Aos dezessete anos sou leve
Tenho o ventre transparente
repleto de peixes vivos.

VERGÍLIO – Você parece feliz.

BEATRIZ – Sou. Toda noite tenho o mesmo sonho. (*Geme, de repente, assaltada pela dor.*)

DANTE (*irritado*) – Cala a boca!

BEATRIZ (*com ódio*) – Cala você!

DANTE (*sarcástico*) – Inútil alma. Louca quando se agita, idiota quando se acalma!

BEATRIZ – Toda noite tenho o mesmo sonho.

Há um rio, mas sem menina, sem voragem
Há peixes que boiam mortos em suas margens
E meu ventre, repleto de sal e areia,
Granito estéril, dá à luz
não a peixes, nem meninos,
Só a sementes secas, raízes apodrecidas
Em campo deserto.
Então desperto.
E olho em volta. (*Geme e chora surdamente.*)

Dante a puxa com violência pelos cabelos e a arroja ao chão.

VERGÍLIO – Para, Dante!

DANTE – Não me provoque ou estropio seu outro braço! (*Empurra Beatriz com violência.*) Suma! Desapareça!

VERGÍLIO – Chega, Dante!

DANTE – Um braço não foi o bastante. Quem sabe eu deva fazer o mesmo...

VERGÍLIO – Faça!

DANTE – Perdeu o medo?

VERGÍLIO – Cansei de ameaças.

DANTE (*sorri*) – Te conto um segredo.

VERGÍLIO – Basta!

DANTE – O medo pode nos manter vivos.

VERGÍLIO – E passivos.
DANTE – E apreensivos quanto ao próximo momento, porém, vivos!
VERGÍLIO – Você está brincando comigo?
DANTE – Estou.
VERGÍLIO – Pois eu não estou mais, Dante!
DANTE – Lhe dou um aviso:
Toda coragem é um perigo!
VERGÍLIO – E eu lhe digo: me deixe em paz!
Não sei o que lhe passa pela cabeça
Mas você não me assusta mais!
DANTE – Até onde você vai?
VERGÍLIO (*grita*) – Cala que agora sou eu quem fala!
Vou dizer em claro e bom som: daqui eu volto
Nesta farsa não gosto do papel de prisioneiro
Embora carcereiro seja o teu melhor papel!
Não sei seu próximo passo
Mas sei o meu: daqui eu volto!
E se não lhe bastou um, estropia meu outro braço!
DANTE – Quieto, Vergílio!
VERGÍLIO – Não adianta, Dante.
Só me calo se me cortar a garganta.
DANTE (*soturno*) – Se é assim que deseja…
VERGÍLIO – Daqui eu volto! E que assim seja!

Encaram-se. Dante desmonta a dureza do olhar e sorri aplaudindo Vergílio sarcasticamente.

DANTE – Um homem de coragem!
Coragem melhor que esta eu já vi em pedintes!
Gente que se humilha
E implora o pão
Apenas para estar vivo o dia seguinte,
Apenas prá sentar à mesma trilha,
Apenas prá estender a mesma mão!
Beatriz chora o passado,
Você, com porte altivo,
Exibe coragem de morrer.
Mas os papéis estão trocados:
Que morra e que se enterre é o passado
Porque coragem maior é estar vivo!
E para isso é preciso fúria, Vergílio.
Não coragem como a sua,
Suave coragem de quem se desespera

E se deixa morrer sem luta.
O caos presente necessita feras,
Coragem bruta, gritos vivos entre os escombros,
Uivos mais altos que o sussurrar dos mortos.
O presente requer mão que dome a confusão reinante.

VERGÍLIO – Me escute, Dante!

DANTE – Logo rompe o dia
E vocês, se ainda não estão mortos,
Como a noite, estão em agonia. (*Volta-se e sai.*)

VERGÍLIO (*chama*) – Dante! Dante!
O que você quer de mim? Porque me trouxe aqui?
(*A Beatriz.*) Onde é que estamos?

Cena 7 – Beatriz, a que Não Sabe

BEATRIZ (*ri*) – A mim você pergunta?
Não sei de começo, nem de fim, nem de meio.
Tenho a memória fraca,
A cabeça sem recheio
Sei que sou Beatriz
Mas isso tão pouco me diz
Como se eu fosse Luis ou João. (*ri*)
E então? Quer saber mais?
Se Deus faz, o diabo desfaz
Sou mulher fora de prumo
Desejo não tem hora
Caminho não tem rumo
Vontade de momentos atrás
Não é a mesma de agora.
Só sei que sou Beatriz
Não sou Maria nem Raimunda
Não sei onde ponho o nariz
Não sei onde assento a bunda. (*Gargalha. Entra no barco.*)
Ocupo lugar no espaço.
Não lembro o que fiz, não sei o que faço.
Apenas faço.

VERGÍLIO – Beatriz, me ajude.

BEATRIZ (*subitamente lúcida, depois de olhá-lo longamente*) – Ajudo.

VERGÍLIO – Onde estamos?

BEATRIZ – Estamos no mundo.
E se prepare que, esta noite,

Vamos descer mais fundo
Em direção ao centro da terra
Onde, no ponto mais escuro
Desse mergulho insano,
Pulsa leve
O obscuro coração humano.

VERGÍLIO (*sacudindo-a com raiva*) – Onde estamos indo?

BEATRIZ – Mais um dia
E chegaremos lá, além das montanhas,
Onde, com seus companheiros
Dante se esconde.
Lá onde afia suas facas
Fermenta sua raiva
Aumenta sua fama
Lá, onde, às vezes,
Dante me ama.

VERGÍLIO – Lá ele se esconde.
Meu Deus! E, há vinte anos,
Contra toda razão,
Contra todo cansaço,
Sem interrupção,
Ele ergue o braço
E grita ao mundo sua guerra!
Enlouqueceu.
(*Receoso.*) E por que ele me arrasta até lá?

BEATRIZ (*ri*) – O que eu sei é que lá
Ele aguça a ponta do punhal, se adestra.
Até o dia em que sua mão
Mestra no corte, sábia no talho
Vem cumprir com competência
Uma sentença de morte.

VERGÍLIO – Louco!

BEATRIZ (*perdendo novamente a lucidez*) – Mais não sei. Nem ao menos sei o que falei. O instante atrás já se vai distante. (*Ri.*) Bendito seja o fim da lucidez!

VERGÍLIO – Você vai me ajudar a sair dessa loucura!

BEATRIZ (*olhando-o surpresa, como se o visse pela primeira vez*) – Tenho de ir.

VERGÍLIO – Onde vai? (*Beatriz ri.*) Não ri! (*Ri mais.*) Idiota!

BEATRIZ – Você parece louco! (*Rema.*)

VERGÍLIO – Onde você vai? Não me deixe aqui!

BEATRIZ – Um dia eu volto.

VERGÍLIO – Beatriz!

BEATRIZ (*enquanto desaparece*) –
Anteontem um tarado me pegou
Hoje cruzei com ele sobre a ponte
Furiosa então gritei:
Por que não veio ontem? Por que não veio ontem? (*Ri.*)

CENA 8 – O PESADELO DE ALIGHIERI

Vergílio senta-se e reflete em silêncio. Aproxima-se o Espírito e pousa a mão em seu ombro.

ESPÍRITO – Pouco me lembro desse meu instante vago/ Dele só trago a mais confusa impressão./ O mundo, a noite e os homens loucos e eu diferente/ Ou eu demente a acreditar-me homem são. Lembro-me mais...
VERGÍLIO E ESPÍRITO – Meu Deus!

Vergílio ergue-se e põe-se a observar os vultos que entram.

ESPÍRITO – ...eu disse e me ergui.
E repeti
VERGÍLIO E ESPÍRITO – Meu Deus!
ESPÍRITO – Ao ver aquela gente/ Do ventre da noite, triste povo expulso/ E em lento curso arrastava-se à frente./ Os olhos mortos, passo incerto, friorentos/ Macilentos, sem revolta e sem vigor.
VERGÍLIO – Que gente é essa tão sem sangue, seiva, viço?
E o olhar mortiço apagou-se por que dor?
É gente humana?
ESPÍRITO – Perguntei volvendo o rosto/ E a contragosto fixei neles meu olhar/ Tanta miséria, palidez, tristeza tanta/ Que tanta pena me deu ver tanto penar./ Por largo tempo eu olhei como cativo/ Os vultos vivos como mortos à minha frente./ Depois o susto, o grito, o medo em cada olho.
DANTE (*entra furioso, dirigindo-se a um dos vultos*) – Fora, restolho! Fruto mau de má semente!
ESPÍRITO – Dante, novamente!
DANTE – Deitem-se, mortos! Enterrem-se (*Com violência dispersa os vultos.*) Que a terra lhes cubra e apodreça seus corpos!
ESPÍRITO – Furioso.
DANTE – Inutilidade!
ESPÍRITO – Violento! Demente!
DANTE – Erro da natureza! Por que soprar vida em tal espécie de gente?! (*Espírito se afasta. Vergílio permanece sem ação. Os vultos*

debandam. Um deles permanece imóvel, desamparado. Dante volta contra ele sua violência.) Desapareça de minha frente! (*O vulto emite um gemido choroso e estende a mão em direção a Dante como se pedisse.*)

Esse um tem coragem, implora!
Tem fome? Tem frio?
Me assalte! Toma de mim o que precisa
E vá embora!
Mas não me peça! Não quer?
O que mora em suas almas além do medo e covardia?
Prá onde lhes leva seu sempre igual dia a dia,
(viver de restos, implorar sobras?)
Prá onde essa abjeta e lenta agonia
Exilou o fogo humano
Expulsou a rebeldia?
Quem te ensinou tal resignação?
Onde aprendeu tanto pasmo?
Quem te conduziu a esse mar-marasmo
Onde se afoga sem um grito?
(*Vulto inicia choro. Dante é tomado de ira.*)
Não chores!
Teu choro me renova a ira
E me retira o resto de complacência
Me rompe o laço que me prende à consciência
E pede a meu braço
Que abrevie tua agonia
E, com rápida e caridosa ferida,
Te dê morte mais digna do que os dias
Que tiveste em vida!

VERGÍLIO – Dante!

DANTE – Cala!

VERGÍLIO – É um homem.

DANTE – Não mais. Algum dia, talvez, tenha sido.
Hoje é só um arremedo. (*Liberta-o.*) Vá!
(*Vulto se desloca lentamente.*)
Lá vai um homem caminhando livre
Em sua prisão de fome, frio e medo.
Que espécie de gente é nossa espécie?
Escreve sobre isso um poema inútil, Vergílio.
E depois se encante inutilmente
Com a beleza sem utilidade de seus versos.
(*Cansado.*) Vá embora, Vergílio. (*Vergílio não se move.*)
Vá embora!

VERGÍLIO – Por que tudo isso? Porque me trouxe?
Por que agora, pela mesma obscura razão de minha vinda,
Me manda embora?
DANTE – Vá! (*Dante começa a sair.*) Espera!

Vergílio para. Dante se aproxima de Vergílio que o espera tenso. Inesperadamente o abraça com força. Vergílio apenas deixa-se abraçar sem reação, Dante se separa.

DANTE – Já fomos amigos um dia.
VERGÍLIO – Há mais de vinte anos.
DANTE – Às vezes me assaltam lembranças, imagens,
Frases, fatos, passagens…(*Sorri calmo.*) Vá embora.
VERGÍLIO – Meninos armados com pedras e fúria,
Era o que éramos
Maré revolta de cabeças e braços tomando as ruas, lembra?
(*Dispondo-se a sair.*) Que caminho tomo para voltar?
DANTE – Todos grandiloquentes: falavam aos gritos, amavam-se escandalosamente. Detestavam soldados. Éramos todos meninos… (*Indica caminho.*) Vá em direção…
VERGÍLIO (*cortando*) – Eu era o mais velho. Soldados… tira, milico, samango, guanapo! (*Riem.*) Meninos! Gritavam “organização” e agiam na mais absoluta desordem. Nas batalhas de rua partiam dispostos a beber cerveja no crânio dos inimigos, mas só conseguiam rir e vaiar quando os soldados caiam dos cavalos. (*Decidido a ir embora.*) Eu já vou. Cuide-se bem, Dante!
DANTE – Modestos, queriam fazer o mundo de novo
construir com as mãos a nova utopia.
Era divertido exercer a liberdade…
Até o dia em que a briga
Transformou-se em guerra e você fugiu.
VERGÍLIO (*que saía, volta*) – Não fugi. Apenas não quis seguir.
DANTE (*sarcástico*) – Foi apagar sua alma,
Estancar seu ódio,
Domesticar seus modos.
VERGÍLIO – Fui escrever!
DANTE – Esconder a pele atrás de versos,
Poupá-la das feridas
Na escuridão de um quarto,
Longe da luz cegante
E da fúria cega que palpitava fora, nas ruas;
Longe da guerra que você chamava com seus versos.
VERGÍLIO – Nunca chamei guerra.

DANTE – "Versos como vozes voem longe levados pelo vento,
Como sementes caiam e brotem em corações férteis.
Versos como aço cortem
Versos como vozes gritem!"
São seus.

VERGÍLIO – Não lembro.

DANTE – Você nos soprou o hálito quente e bom da luta. Nos ensinou...

VERGÍLIO – Não ensinei nada.

DANTE – Mas eu aprendi com você. Por que fugiu como quem se assusta depois de invocar o demônio?

VERGÍLIO – Não fugi! Não me assustei!

DANTE – Pior? Perdeu, vendeu sua alma? (*Vergílio afronta Dante, mas sua ação é contida pela violência das palavras do outro.*)
O que leva um homem a trocar a construção do mundo
Pela feitura de palavras ocas em folhas de papel?
Trocar a vida que pulsa no mundo por uma suave poesia? (*Ri.*)
Escrever poesia enquanto o fogo irrompe
As feras rugem e o aço tine!
Olhe em redor, pequena figura. (*Vergílio o olha com raiva.*)
Decadência, escombros, corrupção
Em cada alma um verme roedor
Mastiga o coração.
E a nossa alma imortal agoniza
E brada, num fio de voz,
Adeus, Nação!

VERGÍLIO – Eu sei!
Há vinte anos começamos uma caminhada
Para, vinte anos depois,
Chegar no absolutamente nada!

DANTE – Eu continuo a andar!
Não concluí a caminhada.
Lembra Jaques? E Selma? Marisa? Tonhão? Hideko, Arcari,
Olga, Taques?...

VERGÍLIO – Lembro. Estão todos mortos.

DANTE – Não se esconderam dentro de casa. Foram até o fim na palavra empenhada.

VERGÍLIO – Em palavras claras: O que você quer de mim?

DANTE – Alguma espécie de justiça.

VERGÍLIO – Está louco! Depois de vinte anos... Nada disso tem sentido! O mundo perdeu o sentido. Esta noite não tem sentido. Que é que estamos fazendo aqui? (*Entra Beatriz.*) Que esta louca faz aqui?

BEATRIZ – Eu estava em meu barco.
VERGÍLIO – De onde surgiu este barco? Que lógica tem tudo isso? Onde estamos?

Uma mulher carregando uma vela de promessa acesa atravessa a cena, ajoelhada.

DANTE (*confuso*) – Eu não sei.

Durante a fala seguinte cruzam a cena, alheios aos três, um aleijado se arrastando em muletas, uma velha portando um ícone de N. Sra. Aparecida, camponeses medievais portando bordões.

BEATRIZ – Eu digo onde estamos.
Um animal, ereto como homem,
Um homem com pés de animal,
Fera com expressão humana,
Pelos nas faces como animal,
Andar e voz como de gente,
Mas mandíbulas e dentes de animal,
Lábios e língua ternos, de gente,
Mãos e violência selvagens.
Arranhou-me o corpo como bicho,
Me possuiu, entrou em mim.
Me encheu de gozo como bicho e como gente.
Um sátiro.
Reinou sobre mim,
Riu e se arrojou do barco ao rio.
Então entendi e voltei para contar.
Sei o que somos e onde estamos.
Somos imagens de sonho,
Figuras num pesadelo de Dante.

Figuras desaparecem. Beatriz estende um pano no chão como se cobrisse alguém que dorme. Debruça-se e inicia uma canção de ninar. Pausa.

VERGÍLIO – Que é isso?
DANTE – Está louca.
BEATRIZ – Dante agora dorme em seu amargo exílio. Coberto de suor revolve-se na cama presa do sono, do sonho e do delírio. Dante sonha conosco.
DANTE – Que Dante?

BEATRIZ – Dante Alighieri. O ano é de mil e trezentos. Nós somos imagens do sonho que vai inspirá-lo a escrever as misérias do Inferno, da Divina Comédia. (*Começa a rir. Sem transição, chora.*)

DANTE – Louca!

BEATRIZ – Ah, meu Deus! O que nos espera se Dante continua a sonhar?! Talvez melhor fosse que acordasse. E junto com este inferno e com seu sonho, nós nos dissolvêssemos.

As imagens retomam o palco. Homens portam foices e forcados. Um homem empunha um estandarte romano; uma mulher com um macaco pendurado ao seio; mulher semi-nua debate-se segura por um sátiro. O clima é caótico, a música alta. Beatriz reza.

VERGÍLIO – Se não é verdadeira, é a melhor explicação para toda essa loucura. Se somos um sonho de Dante não sei. Mas isto é o inferno.

DANTE (*lutando, embora perplexo, contra as imagens, tenta sobrepor-se a elas e ao barulho*) –

Se isto é o inferno não sou alma maldita
A cumprir pela eternidade a mesma condenação.
Antes sou e serei o demônio
Que dará sentido ao sofrimento humano.
Mas se isto é sonho de Dante
E nós apenas imagens,
Terá ele sua noite mais tormentosa
Porque sonha com homens!
Noite plena de luta, morte e sanguinolência
Porque sonha com homens!
Revolve-te entre lençóis brancos, Alighieri,
Suando frio, pleno de medo e calafrios
Porque sonhas com homens!
Homem é o que luta, Alighieri,
Mesmo condenado ao inferno
Mesmo sendo figura de sonho,
Mesmo andando sobre a terra.
Homem é o que aplaina, Vergílio,
Dá sentido ao caos,
Não o que se resigna como você,
Nem se deixa enlouquecer.
Homem é o que inventa o fogo, funde o ferro,
Doma a natureza, esculpe, dá forma,
Nasce gritando,
Faz sua história a ferro,
Grava em bronze sua trajetória,

Desafia o infinito
Se revolta até o último gesto
E blasfema até o último grito!

CENA 9 – A MORTE INICIAL

Dante dorme. Um silêncio profundo indica um clima tenso. O povo, à espreita, semiescondido, observa.

ESPÍRITO – Este é o momento que melhor e mais me lembro/ Inda era membro, era parte e um corpo vivo./ Senti a noite operar brutal mudança/ Sua substância se ornar algo impreciso. Estranho silêncio, espesso, sem vento/ Sem movimento, som, estalo, sem vida/ Morto momento, um prenúncio estranho/ Uma carta, um arcano, uma escrita não lida. Sei agora o que antes eu não pressentia/ Calmaria traz sempre represada fúria.

BEATRIZ – Ai! Silêncio desesperado como um grito
Sem som num sonho de um sono maldito!
(*Desesperada.*) Afa! Gritem! Andem! Saltem! Barulho, ruído mexam-se, façam alarido, um pouco de vida!

VERGÍLIO – Se acalme!

BEATRIZ – Se agitem! Quebrem o silêncio com risos, gemidos!
Troe, estronde, ecoe voz,
Rompa o silêncio! Senhor,
Tende piedade de nós!

VERGÍLIO (*sacudindo-a*) – Calma!

BEATRIZ (*lúcida e calma*) – Louco!
Conheço essa noite sem brisa,
Essa luz sem brilho,
Esse silêncio morto.
Olhe a lua vermelha, sanguínea.
É um aviso.
Esta noite a terra vai se sacudir
E, após contrações,
Seu ventre vai se abrir
E dar à noite
Os mortos saídos das sepulturas.
E eles sentarão à cabeceira das mesas,
Subirão aos púlpitos e aos tronos
E dali darão ordens aos vivos.
Vai embora, Vergílio.

VERGÍLIO – No escuro não saberei o caminho.

BEATRIZ – De manhã será tarde demais. (*Carinhosa beija a fronte de Dante que dorme.*)
Dorme. Repousa belo
Como um recém-nascido,
Como fruto colhido, maduro.
Se eu pudesse trazê-lo em meu ventre,
Fazê-lo nascer
Dar-lhe meu leite...
(*Tira o punhal da cintura de Dante.*)
Ajude-me, Vergílio.
VERGÍLIO – Que vai fazer?
BEATRIZ – Sozinha não posso.
Ordene que o mate
Ou me infunda coragem.
VERGÍLIO – Está louca?
BEATRIZ – Dorme nele o que dorme na noite: a fúria!
Empurre minha mão, Vergílio.
VERGÍLIO – Não!(*Toma-lhe o punhal. Beatriz não reage.*)
BEATRIZ – Você então, cumpra!
VERGÍLIO – Assassinato?
BEATRIZ – Justiça! Por mais que me doa
Em nome dos que morreram antes
E dos que morrerão amanhã pela mão de Dante
Rápido, não pense!
VERGÍLIO – Não posso!
BEATRIZ – No entanto, deve!
MULHER – Faça! Livrai-nos dele,
Do seu punhal,
Do mal, do medo diário de sua voz,
Da violência que voa sobre nossas cabeças.
Fácil! Um golpe certeiro (*Aponta o pescoço.*)
Que rompa a represa da vida.
HOMEM – A melhor medida
É um golpe seco sob o braço
Em busca do coração.
OUTRO – Não mate. Amarre
E o dê a nós.
MULHER – Paus nas mãos!
OUTRO – Que o fogo o consuma! Que ele morra de vez!
BEATRIZ – Cobras! Corvos! Carneiros!
É o que são vocês conforme a ocasião.
Pedi um gesto ligeiro
De uma mão dura

E de um sereno coração
Que desse a Dante morte e paz
Quase indolor.
Não carnificina nem tortura!
Nem o desaguar de vossa loucura.

HOMEM – Deem-nos Dante!

Turba se aproxima ávida, em gritaria confusa. Dante levanta-se. A turba grita e se afasta assustada.

DANTE – Eu vos serei dado!
(*A Vergílio.*) O punhal!
Para que eles cortem
E comam minha carme
Se conseguirem arrancá-lo de minha mão.

VERGÍLIO – Não!

DANTE – Não peço uma segunda vez.

VERGÍLIO – Se pedisse, pela segunda vez, diria não!

DANTE – Se tiver que tomá-lo, tomarei sua vida junto.

VERGÍLIO – Se eu não tomar a sua primeiro.

A turba se aproxima vivamente interessada.

Não permiti sua morte
Não permitirei a de nenhum deles.

A turba ovaciona com gritos e palmas.

DANTE – Mortes são diferentes.
Morte que dou é com regra.

VERGÍLIO – Não.

DANTE – Minha ação não é cega,
Escolho. O olho vê e mede.
A mão desce fria, brutal, mas lógica.

VERGÍLIO – Loucura!

DANTE – A deles: violência sem freio,
Sem padrão,
O linchamento, o incêndio,
Ação insana!
Há que se domar a fera humana!

VERGÍLIO – Dome sua fera!

DANTE – Está domada.
Ameaço, firo, dou morte, grito.

E com isso moldo homens
Como o escultor com martelo e cinzel
Molda o granito. (*Arrebata o punhal de Vergílio.*)

Turba corre apavorada. Dante avança contra Vergílio. Beatriz se interpõe.

BEATRIZ – Não, Dante!
DANTE – Sai!
BEATRIZ – Como sempre não sei por quê
mas é preciso que ele viva.
VERGÍLIO (*sarcástico*) – Sus! Rápido! Mire o peito!
Risque o ar a mão armada
Alcance meu peito
E está feito!
BEATRIZ (*enfurecida, a Vergílio*) – Cala!
(*A Dante.*) Pare, Dante!
Amanse, aquiete suas águas
Reflua ao fundo o que surgiu à tona
Ao fundo da alma o ódio
Que no peito flutua.
Inverta a direção do rio.
VERGÍLIO – Desta vez não haverá surpresa.
Estou à espera.
Antes de seu punhal desferir contra,
Afronta responderei com afronta
A fera rugirá com a fera!
BEATRIZ (*desesperada*) – Não!
DANTE (*irônico*) – O velho Vergílio de novo?
VERGÍLIO – Não, é um Vergílio novo
Que custou a entender
Que guerrear não é questão de escolher.
Inimigo há, guerra há
E guerra havendo
Não existe abrigo!
DANTE – Descoberta tardia, amigo!
VERGÍLIO – Nada é tarde se estamos vivos!
E estando vivo o sangue flui
E bate com violência em meu pulso
E me leva ao topo da mais alta vertigem
E de lá, cego, com irado impulso,
Eu mergulho e grito:
Ao golpe, contragolpe!

Ao corte, o talho!
À fúria, contrafúria!

DANTE – A queda!

VERGÍLIO – A morte!

DANTE (*tomado de fúria*) – Rasga, quebra, rompa, entorte!!!

Os dois homens chegaram ao paroxismo.

BEATRIZ (*grita mais alto, com fúria animal*) – Cala!!! (*A Dante, dominadora.*) Basta! (*Dante com esforço domina-se. A Vergílio, autoritária.*) Vire-se e sai!

DANTE – Não vacile, não fale, não volte!

BEATRIZ (*a Vergílio*) – Vá!

Vergílio vira-se e lentamente sai. Dante volta-se e vai em direção a Vergílio. Beatriz tenta impedi-lo. Dante a empurra. Ela cai. A turba grita e corre atrás de Dante. Beatriz fica sozinha.

BEATRIZ – Agora nada mais tem sentido.

A turba urra quando vê Dante desferir uma punhalada. O golpe só é entrevisto pelo público cuja visão é impedida pela turba.

CENA 10 – UM RIO NÃO VOLTA

ESPÍRITO – O punhal. O punhal num voo impreciso
Ganhou altura como parte do braço
Como ave de aço pousada na mão de Dante
Não obstante a ferrugem,
Refletiu a pouca luz da lua como um olho.
Como um olho de ave mediu o espaço
Entre a própria garra de aço
E o ser vivo abaixo.
Como ser vivo esperou,
Escolheu momento preciso,
Desceu, desfechou, mergulhou
Numa trajetória geométrica
Que seria até estética
Se não me trouxesse tanta dor.
Na passagem, o punhal rasgou-me a mão,
decepou-me um dedo,
Separou meus braços – instintiva defesa –

E o aço visou sua presa:
O coração.
E no caminho do mergulho mais fundo
A violência do golpe lacerou-me o osso do peito,
Rompeu nervo, cortou músculo,
Rebentou artéria.
E aterrorizou meus olhos o inesperado,
A dor, o desespero
Do princípio do fim.

O povo abre espaço para Dante que volta. Vergílio cambaleia também de volta. Vergílio cai. Turba se fecha em volta dele.

HOMEM – Direto no coração!
MULHER – Você viu a ferida?
HOMEM 2 – De que vale o aço sem a precisão do braço?
HOMEM 1 – E o braço sem a habilidade da mão?
MULHER – E a mão sem o olho que vê e calcula?
OUTRO – Tudo isso de que vale sem bravura?
HOMEM – Não obstante, onde ela perdura
se não num homem como Dante?
VERGÍLIO (*erguendo-se chama*) – Dante. (*Turba abre espaço.*)
MULHER – Está vivo!
BEATRIZ (*se aproxima de Dante, olha-o com carinho*) – É só um morto que caminha. Maldito o momento presente
Maldita a hora que se aproxima.
Que você fez, Dante? (*Geme.*)
DANTE – Fiz o que devia ser feito
E se dor e sombra me comprimem o peito
E o sangue bate nas veias
De forma bruta
É porque o coração reluta
E relembra o tempo antigo
Em que mais que homem ele foi amigo
E se a mente grita:
"A sentença é justa!"
O coração, com grito igual, refuta.
Mas fiz o que devia ser feito!
E se meu ser se desagrada
E minhas entranhas se indispõem
A mente fria contrapõe e brada:
Pouco importa!
E ordena de novo ao braço:

Desce e corta!
Faz o que deve ser feito!

A turba vibra com o discurso de Dante.

BEATRIZ (*furiosa, à turba*) – Carneiros criam garras e pombas cospem veneno! Abutres! (*A Dante.*) Com essa morte, morre parte de ti.
DANTE – Morre minha parte mais fraca
A que vacila, a que é presa ao passado.
VERGÍLIO – Agora os demônios estão desacorrentados
E logo vão matar a sua última utopia:
Sua crença de que a violência possui geometria
e não explodirá além de suas linhas.
O que se avizinha…
DANTE (*cortando*) – Sei o que se avizinha!
Multidões desses miseráveis
Tomarão as ruas e pisotearão os jardins
E estarão certos!
Farão das bibliotecas abrigo
E queimarão livros para aquecer o frio
E estarão certos!
Odiarão nossas leis, nossa arte, nossa justiça
A que nunca tiveram acesso
E estarão certos!
Porque toda nossa civilização,
Toda sua poesia, Vergílio,
Toda nossa Ciência, Arte, Filosofia
Não lhes deu um grama a mais de gordura ao corpo
Um dia a mais de esperança à alma.
Benvindo o fogo que calcina nosso fracasso!
VERGÍLIO – E você vai portar esse fogo?
Ridículo Prometeu às avessas,
Que pensa em alastrar o fogo
E depois dominar sua fúria!
Essa gente…
DANTE (*cortando*) – Eu hei de conduzir!
VERGÍLIO – Toda fúria insana,
Reparai bem,
Com certeza
É fúria humana.
DANTE – Cala!
VERGÍLIO – Louco que quer dar ordens ao vento
Que pensa orquestrar os raios

Em parar o movimento do tufão.
Pequeno homem que, com um punhal
Grita ameaças aos céus
E, na chuva, berra ordens à tempestade!

DANTE – Puto! (*Desfere-lhe outra punhalada.*)

Beatriz geme. Turba urra e aplaude. Enquanto Dante retrocede perplexo, Vergílio cambaleia tentando firmar-se.

ESPÍRITO (*como um médico que descreve uma autópsia*) – O segundo golpe da lâmina alcançou-me logo abaixo da omoplata e resvalou na primeira costela, abrindo um sulco de aproximadamente dois centímetros de profundidade por dez centímetros de extensão, seccionando os músculos peitorais até a altura da mama esquerda. Após, a lâmina referida afundou-se entre a quarta e quinta costela perfurando o pulmão. Não houve grande sangramento no corpo já escasso de sangue. Tampouco houve grande abalo no homem já escasso de vida. (*Dante senta-se olhando perplexo o próprio braço.*)

CENA 11 – A MORTE FINAL

BEATRIZ (*com compaixão*) – Dante! (*Levanta-se e aproxima-se.*)
DANTE (*sentado imóvel*) – Por favor, fique quieta, Beatriz!
BEATRIZ – Por que ferir um morto?
DANTE – Fique distante de mim, Beatriz!
BEATRIZ (*maternal*) – Vou te ensinar o que você já esqueceu.
DANTE – Por favor, não se aproxime!
Dentro há a noite
Dentro da noite há a tempestade
Que desaba
Águas que afogam homens
Ventos que derrubam casas
Raios rasgam o tecido escuro da noite
Por momentos.
É isso o que tenho por dentro.
(*A Beatriz que se aproxima, implora.*)
Fique onde está, Beatriz.
BEATRIZ (*alheia, emocionada*) – Eu tive um sonho esta noite.
DANTE – Por dentro há desordem e descontrole.
BEATRIZ (*lentamente se aproximando*) – Eu estava no meio da noite
No meio da mata
No meio do rio.

DANTE – Uma coisa sem nome
Ruge por dentro, Beatriz. (*Chama.*) Vergílio.
BEATRIZ – O ventre inchado novamente,
Dos peitos jorrava leite doce.
DANTE – Descanse braço, aquiete mão,
Amanse, animal sem nome!
BEATRIZ (*feliz,chora e ri*) – Eu paria, nas águas mornas do rio,
Aves com penugem de seda,
Onças com pelame de veludo
Paria peixes com escamas de prata
E crianças com pele de pêssego.
DANTE – Parada, Beatriz!
BEATRIZ (*continuando a se aproximar*) – E anões espertos e gigantes fortíssimos.
E tudo era tão riso
Que ao ver meu inesgotável ventre
Parindo vida
Temi perder o juízo.
DANTE (*aterrorizado, lutando contra si*) – Não se mova, Dante!
BEATRIZ – E eu vi que tudo aquilo era bom. E era vivo.
Eu era o princípio.

Inesperadamente Dante a apunhala. O rosto de Dante não tem expressão. Talvez revele perplexidade. Beatriz também não geme. Apenas se imobiliza. Dante tenta, a custo, conter o próprio braço. Não consegue e apunhala novamente Beatriz. Após um momento Beatriz cai. A turba grita e faz algazarra. Dante, silencioso e sem expressão, desfere punhaladas no meio do povo que grita e corre. Dante arfa cansado. No chão jazem outros corpos feridos por Dante. Perplexo, olha Vergílio que ainda permanece de pé.

DANTE – Vergílio! Eu não quis…
VERGÍLIO – Agora entendo. Pobre e maldito Dante!
DANTE – O que tomou conta de mim?
Esta mão não é minha!
O que dentro de mim gera tal descompasso?
Quem contra Beatriz
E contra minha vontade
Guiou meu braço?
VERGÍLIO – A fera!
DANTE – Que fúria é essa, Vergílio,
Que me descontrola?
E, eu sendo forte,

Mais forte ainda
Sobre mim impera?
VERGÍLIO – É a mesma fera
Que trago acorrentada na alma
E quem me vê, vê apenas minha calma.
Há vinte anos cultivávamos
O mesmo ódio bruto
À brutalidade humana.
DANTE – Ódio justo!
VERGÍLIO – É certo.
DANTE – E então! Alivia o tormento – Beatriz! –
Que me toma.
Como o que agora fiz
Ao passado se soma?
E a essa dor que me sobe
E minha voz não doma? Ai!, Beatriz!
VERGÍLIO – O punhal está vivo!
DANTE – Clareia! Eu não entendo
O que eu fazia, o que hei de fazer, o que fiz?
Não sei mais!
Apenas sei que Beatriz está morta
E eu não matei Beatriz!
VERGÍLIO – Anos atrás eu sonhei com a sua certeza:
Construir de novo o mundo.
E para maior clareza
Pensei colocar a certeza
No fio de uma espada
E sonhei com as cabeças decepadas
De todos os putos da terra.
E quanto mais eu sonhava
Com essa justiça final
Mais trivial o ato de retalhar homens
Se apresentava.
E me vi exercer com prazer esse ofício
De caçador, juiz e executor.
Foi quando ouvi rosnar dentro de mim
Um lobo enlouquecido
E minha frágil aparência humana
Tornou-se um ventre intumescido.
E tive medo da fera que, de mim,
Eu mesmo começava a parir.
DANTE (*com raiva*) – Foi aí que você fugiu, com certeza!
VERGÍLIO – Fugi? Há vinte anos a fera

Uiva dentro de mim.
E a custo a mantenho presa.
O que doma tua mão
O que te mantém cativo
O que em ti impera
É a mesma fera.
Dante, o punhal está vivo!

Inesperadamente, como puxasse Dante, o punhal risca o ar tentando atingir Vergílio. Dante, a custo, consegue contê-lo.

DANTE – Deus!
VERGÍLIO – Ou o demônio se fundiu ao aço
E do punhal guia o teu passo,
Dirige tua mão,
É teu senhor.
O punhal é tua extensão!
DANTE – Não!
VERGÍLIO – E contra a tua vontade corta
Corta o ar, corta o cão, o inocente
O criminoso, sem distinção o punhal corta!

Dante luta contra o movimento do seu braço que porta o punhal.

DANTE – Para, maldito!
VERGÍLIO – A fera dentro de ti urra e salta
Sobre a presa, a sua alma,
E destrói toda sua certeza
E joga no chão sua utopia
Que a violência possui geometria
E se mantém numa prevista direção!
DANTE – Não! (*Com imenso e decidido esforço Dante consegue conter o movimento de seu braço.*) Minha alma ainda está comigo/ E Dante ainda é dono de sua vontade! (*Imediatamente Dante geme de dor e seu braço se contorce. Consegue imobilizar o braço.*)
VERGÍLIO – Você foi longe demais, Dante.
DANTE – E como não ir longe, como não ir fundo
Como não cortar profundo
Tantos putos da terra!
Como não fazer guerra,
Santa guerra aos que, nas noites,
Assassinam crianças que dormem
Condenam, sem indulto,

À miséria, à imbecilidade, ao inferno,
A resignação, os adultos
E sugam o leite das mães
E o sangue e sonhos dos filhos.
Olhe ao seu redor, Vergílio!
O que me diz?

VERGÍLIO – Olhe ao seu redor, Dante,
E vê os mortos
E vê Beatriz!

DANTE – Ai!

VERGÍLIO – E, no entanto, Dante,
Há vinte anos luto contra minha fera,
Luto com palavras e extraio uma poesia
Para não ceder à tentação
De ir contra minha vontade
E seguir tua mesma via.
Às vezes, eu te invejo,
Invejo sua fé cega,
Tão cega que a própria crença nega.
A minha crença, Dante,
Minha utopia,
É olhar essa terra devastada,
Esse caos
E sonhar com sua geometria,
E chorar meu verso,
E olhar a decadência e a sangria
E gritar o inverso
E no meio do inferno reafirmar:
Viva a poesia!

Sob o olhar desesperado de Dante o punhal, que parecia domado, faz vários movimentos largos e violentos e faz Dante se aproximar de Vergílio. Dante, desesperado, tenta contê-lo, em vão.

DANTE – Nãaaaoooooo!!!!!

O punhal desfere vários golpes em Vergílio que, finalmente, "cai como um corpo morto cai".

ESPÍRITO – E nada mais tendo a dizer
Aqui me calo. (*Lentamente sai.*)

EPÍLOGO

DANTE – Volte ao meu domínio, meu braço!
Feliz Vergílio que é morto,
Feliz Beatriz!
Mortos não carregam mortos
Que eu vivo devo carregar. Ai, Beatriz! (*O punhal se movimenta.*) Maldito!
Meu braço já não é meu
Mas minha vontade ainda impera
E minha fúria
Vai lutar contra minha fera
Porque o homem é Deus de si próprio
Um Deus que erra e espera! (*Consegue dominar o punhal.*)
Como eu espero
Que o fio do punhal se gaste
Que sua lâmina quebre
E que mais algumas mortes lhe baste
E lhe sacie a fúria.
Volte ao meu domínio, braço meu! (*O braço de Dante se contorce. Dante geme.*)
O homem é Deus de si próprio! (*À turba que perplexa observa.*)
Levem Beatriz! (*Dois homens a levam.*)
Feliz de quem dorme, Vergílio! (*Carrega Vergílio nos braços e sai.*)

A turba, alheia, inconsciente, grita e ovaciona Dante e o acompanha, em triunfo, cantando a mesma canção quando de sua entrada em cena.

TURBA – Dante mostra o seu punhal
Metal cromado de aço...

FIM

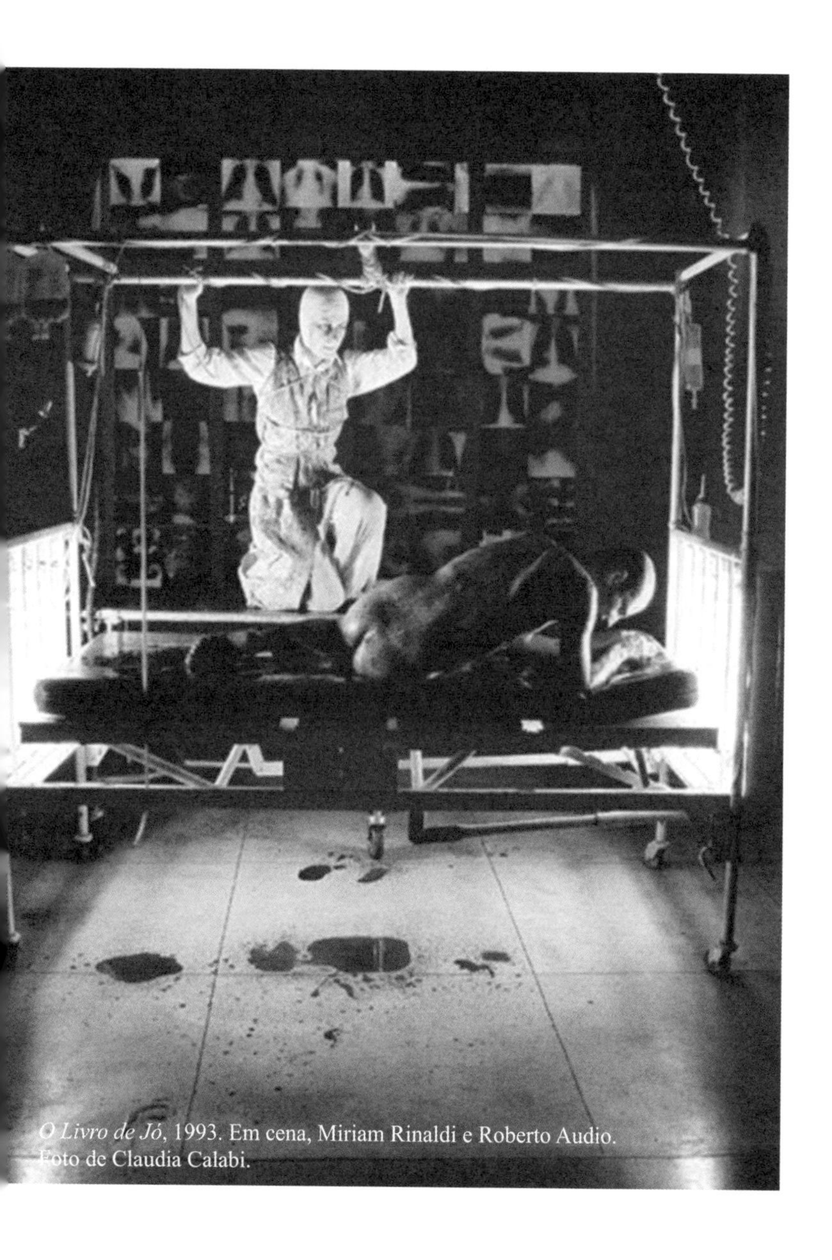

O Livro de Jó, 1993. Em cena, Miriam Rinaldi e Roberto Audio.
Foto de Claudia Calabi.

1993

Recriação teatral do livro bíblico de Jó.

Esta peça foi escrita especialmente para o Teatro da Vertigem e para a encenação de Antonio Araújo.

O espetáculo estreou no Hospital Humberto I em 8 de fevereiro de 1995.

Personagens

Mestre
Ator-Jó
Matriarca
Contramestre
Ator-Elifaz
Ator-Baldad
Ator-Sofar
Eliú

A ação se passa num hospital contemporâneo e Jó talvez seja um doente cuja proximidade da morte faz perder a razão. Ou talvez não.

Exortação inicial – Mestre conduz o público, conclama-o à imaginação e rege o Coro de abertura.

MESTRE – Benvindos todos.
Atravessem estes umbrais
E colham toda esperança
Que puderem encontrar.
(*Faz uma reverência e cede passagem indicando o caminho.*)
Por favor.
Se lá fora a vertigem do dia
Nos arrasta, esgota, extravia
Tomai este lugar como porto,
Parada, descanso,
Como horto pleno de frutos e sombra,
Um sereno remanso.
(*Cruzam por eles dois padioleiros conduzindo um morto.*)
A vocês peço somente tragam
O coração e mente
Muito bem enlaçados,
Porquanto um deles entende, o outro sente,

A mente avalia, o coração pressente
E, se vossa razão aperfeiçoa,
O coração, com certeza, perdoa
A pobreza de nossa narração.
Olhem e vejam com os olhos da alma
A desesperançada calma de homens sem fé.

(*Com um gesto que abarca toda a área de representação. Entram padioleiros carregando uma maca com Ator-Jó deitado.*)

Vejam aqui um deserto
Onde a larga solidão
Queima e calcina
E a aspereza da pedra
É mestra e ensina
Novas formas diárias de
Desesperança.
Olhem o areal que se levanta ao vento
E rodopia e dança
Como tempestade estéril
E tenta fecundar as cinzas
De almas ressequidas.
O deserto é um vazio, um oco, um não
Uma ausência já esquecida
O deserto é uma vasta negação.
E ouçam! Ouçam uma voz
Que dentro dele se afirma,
O sim de uma pequena vida
Que brada e exige a presença de Deus!

(*Atores cantam "à boca fechada" uma melodia melancólica.*)

É neste deserto que narraremos o drama
De um tempo ido
E de homens tão parecidos
Com os homens de agora.
Andou pelo mundo outrora
Um homem chamado Jó.

ATOR-JÓ (*sentado na maca*) –

Eu sou Jó
Aquele que Deus
Encheu as mãos de riqueza,
A casa de filhos
E os dias de prosperidade!

Matriarca grita para Jó que se deitava sobre a cama com a ajuda dos padioleiros.

MATRIARCA – E soprou a desgraça
E secou meus peitos
E murchou meu ventre!
Eu sou a mulher de Jó
Aquela que foi plena
E depois foi nada.
Aquela sobre a qual Deus
Fez cair a mão mais pesada.
(*Senta-se na cama entre os dois filhos e os abraça.*)
MESTRE – E, antes que me esqueça
E siga a história, informo que
Deus, outrora,
Na aurora dos tempos
Ainda não estava morto
Como acontece agora.
E Jó caminhava na senda de Deus,
Que não era morto,
Que, às vezes, era tempestade,
Às vezes, porto.
E era o único ser
Que o justo Jó temia.
CONTRAMESTRE – E a vida seguia.
E dizem que, uma única vez, Deus errou.
Moldou do barro estranha figura,
Sobre a massa inútil/inerte se debruçou
E sobre ela soprou.
E o erro de Deus se levantou
E povoou a terra.
Assim diz Satanás, o acusador do homem,
O que nele descrê.
E contam que Deus
Um dia, reuniu seus filhos.
E Satanás, também filho, compareceu.
MESTRE – De onde vens, Deus perguntou.
CONTRAMESTRE – De andar pelo mundo
E aumentar minha certeza
Do fracasso de sua obra.
MESTRE – E Deus que ainda vivia disse:
Reparou como é fiel e reto
Meu servo Jó?
CONTRAMESTRE – E é a troco de nada? duvidou Satanás.
Não ergueste uma muralha ao seu redor
Ao redor de sua casa

Ao redor de seus bens?
Mas retire tua mão que o ampara
Retire seus bens,
Sua casa, seus filhos,
E ele arrancará de si
Sua fé. E como humano que é
Maldirá o nome de Deus,
E rugirá como estúpida fera
Que é, que será e que era.

MESTRE – E narra a escritura
Que Deus repontou e disse: Faça.
Abraça Jó com o mal e a desgraça.

CONTRAMESTRE – E foi assim que um vendaval
Destruiu sua casa,
Fogo do céu destruiu pastagens,
E morte de filhos e rebanhos
Completou a sina.
E um homem em ruínas restou como imagem.

MESTRE – Mas, por favor, atenção!
Antes que eu prossiga
O narrar contrito, escutem o grito:

Matriarca emite um grito pavoroso, desesperado. Um de seus filhos começa lentamente a cair ao chão apesar do esforço dela para sustentá-lo. O mesmo acontece com o segundo filho. Matriarca desesperada pede ajuda, beija os filhos e chora acompanhada do coro. Jó ergue-se com dificuldade e olha perplexo ao redor.

ATOR-JÓ – Então Jó se levantou,
Rasgou seu manto,
Raspou sua cabeça
Caiu por terra,
Inclinou-se no chão e disse:
"Nu saí do ventre de minha mãe
E nu, para lá, voltarei.
Deus me deu, Deus me tirou
Bendito seja o nome de Deus".

MATRIARCA – A mulher de Jó, porém, amaldiçoou
o reto/o torto desígnio de Deus
Que ainda não era morto.

(*Chora sobre os filhos. É conduzida quase desfalecida pelo coro para defronte de Jó.*)

E aconteceu que a mulher de Jó

E mãe de seus filhos,
Que agora estavam mortos,
Enlouqueceu de dor e gritou:
"Deus, devolve meus filhos!"

ATOR-JÓ – Bendito seja o nome de Deus!

MATRIARCA – Maldito!

ATOR-JÓ – Não blasfemes!

MATRIARCA – Alguém terá de beber minha fúria!
Não sou filha de sua espúria resignação!
Assim falou a mulher de Jó
E o eco maior de seu grito
Sacudiu a terra
E os homens aflitos choraram.

Coro inicia um lamento que aos poucos vai se transformando em música. Enquanto isso Matriarca se aproxima dos filhos mortos e os arrebata das mãos dos padioleiros que se apressavam em transportá-los na maca. Jó curva-se sobre si mesmo lentamente, ora abraçando o ventre, ora cobrindo os ouvidos em desespero.

MATRIARCA (*abraçando os filhos*) – Filhos prá você são só uma noite de gozo!
Prá nós é o estranho intruso
Benvindo ao ventre
A potente sensação do mistério
O bom e farto peso
E, no tempo findo,
A boa dor do parto
E a boa certeza
Que somos deusas
Que dão à luz vida!
(*Aperta ainda mais os filhos junto a si.*)
Ah! e, em seguida, trazê-los ao peito
E sentir sua gula
Sugar nossa seiva
E vê-los rir e crescer,
Encher a casa de gritos
E maturar como frutos.
E olhá-los adultos e plenos
E dizer: eis aí minha obra.

Matriarca solta um longo gemido enquanto olha os filhos mortos em seu colo. Padioleiros colocam os filhos nas macas. Matriarca sem forças, com gestos lentos de sonâmbula, tenta em vão impedi-los.

MATRIARCA – E, agora, o que sobra?
A velhice avança
A casa está vazia
E o silêncio impera
(*Grita.*) Deus, devolve meus filhos!
E assim se sentiu a mulher de Jó.
CONTRAMESTRE – Mas narra a história que o demônio
Vendo a fé/fortaleza de Jó
Argumentou a Deus:
Foram-se os anéis,
Mas toque a pele de seus dedos,
A pele de sua mão e,
pele após pele, fere,
Envenena,
Empesteia e descarna.
E verá o medo
E virá a maldição.
MESTRE – E aquele mesmo Deus,
Que agora é morto,
Permitiu ao torto, ao maligno
Ser terrível lavrador
do campo/corpo de seu servo Jó.
ATOR-JÓ – E em meu corpo/campo
O Mal semeou e cultivou com esmero
O grão da doença, a peste
E as raízes
De meu desespero.
E nesta minha pele – vejam!–
Brotam feridas
Tal como a terra é rompida
Pela força da erva daninha!
Das plantas dos pés ao cume da cabeça
Chagas deitam raízes e florescem
Flores malditas de sangue e de dor.
Deus, afasta de mim o maldito lavrador!
MATRIARCA – Sua fé ainda persiste?
Que Deus é esse,
E se existe
Por que não ouve seu lamento?
ATOR-JÓ – Quieta, idiota!
MATRIARCA – Nem Deus me cala!
Minha voz é leoa ferida que caça
E procura e ruge ameaça

Ao Deus caçador de meus filhos!
ATOR-JÓ – Não blasfemes!
Deus mudou os bens que me mandava em males
Mas minha fé não muda.
E enquanto o Mal cultiva a dor em meu corpo
Minha alma clama ajuda
E não blasfema! Não blasfema!
MATRIARCA – Sim, blasfema!
ATOR-JÓ – Sim, blasfema! Sim, blasfema, não! Não blasfema! Não blasfema
Contra o Senhor!
MESTRE – E assim louvou a Deus a forte fé
Do justo Jó!
MATRIARCA – Justo?! E é lá justo
Quem se põe de joelhos
E se curva e debruça e arrasta?
Que casta de homem é essa
Que se apressa em fugir ao confronto?
ATOR-JÓ – Posso lutar contra Deus?
MATRIARCA – Mate Deus em seu coração!
ATOR-JÓ – Não.
MATRIARCA – Então, morra de vez!
MESTRE – E, então, a mulher de Jó se afastou.
CONTRAMESTRE – E, então, se afastaram os parentes, os vizinhos
MESTRE – E, então, todos se afastaram da casa em ruínas
E, então, todos se afastaram do homem em ruínas.
ATOR-JÓ – E Jó ficou só
E olhou quieto, ao redor,
A silenciosa devastação.
E chorou, de desespero, dizem uns;
De revolta, dizem outros;
De desalento ouvi dizer.
CONTRAMESTRE – E foi então que o infeliz Jó
Arrastou seu corpo doente
E sua alma deserta
Por dias, caminhos e vias
Até este lugar.
E viu dentro de si
E viu fora de si o mesmo deserto.
E sentou sobre aquela aridez
O que lhe restava de vida.
E vejam, naquela vastidão
De areia e silêncio

Um pequeno homem
Que mudo e com um caco de telha
Coça o corpo-ferida.

MESTRE – E falam as Santas Escrituras
Que três amigos de Jó
Elifaz de Temã, Baldad de Suás e Sofar de Naamat
Saíram em sua procura.
E avistaram ao longe, contra a luz do poente,
Algo ou alguém.
E firmaram olhar
E mais se aproximaram
Com medo da certeza
Que se começava anunciar.
E mais se aproximaram
E mais uma vez
Negaram o que viam
E não reconheceram
Naquele rosto e corpo devastados
Traços do antigo Jó.
Mas, de perto,
Não puderam negar
O que inegável era.
Ali era Jó.
Vieram de longe
Para vê-lo e viram
E vendo choraram
Dizem que de pena;
Dizem que de medo
Da mão que feriu Jó.
Sentaram-se a seu lado
E por sete dias e sete noites
Ouviu-se apenas
Um grande e longo silêncio dolorido.

(*Elifaz molha um pano numa bacia e, contendo a repulsa, põe-se a lavar as feridas de Jó.*)

CENA 2 – A INTERVENÇÃO DO PRIMEIRO AMIGO

ATOR-ELIFAZ – Jó?
ATOR-JÓ – O que restou de Jó.
ATOR-ELIFAZ – Se eu lhe falar aumento seu sofrimento?
MESTRE – E Jó levantou a fronte

E se viu refletido nos olhos de Elifaz
E talvez quase sorriu
E talvez se aproximou
E talvez teve ímpeto
De abraçar o corpo de Elifaz
Como se abraça o filho
O amor, o pai, a paz.

CONTRAMESTRE – Mas entre Elifaz e Jó
Havia chagas e sangue,
Medo, contágio e dó.

MESTRE – E o que restava de Jó
Abriu a boca
E amaldiçoou o dia de seu nascimento.

ATOR-JÓ – Pereça o dia em que nasci
E desapareça a noite em que se disse: "Um menino foi concebido"
Esse dia seja esquecido
E se torne trevas
E sobre ele não brilhe luz!
Que essa noite fique estéril
Que não penetrem ali os gritos de alegria
Que a amaldiçoem os que amaldiçoam o dia
Que se escureçam as estrelas de sua aurora.
Que eu fosse um aborto escondido
E não existisse agora.
Porque não morri desconhecido
Ao deixar o ventre materno?
Porque minha mãe me recebeu em seus braços
Acolheu-me em terno regaço
E deu-me seu seio e seu leite?
Porque foi me dada a luz e a vida?
Eu que agora anseio pela morte
Exultaria em ser sepultado
Porque o meu Deus
Me cercou por todos os lados
E não me dá paz nem descanso.
E eu, apesar de tudo,
Devo ser manso
Enquanto minha alma
É um lobo agitado!
(*Jó curva-se até o chão. Os três amigos choram.*)

ATOR-ELIFAZ (*em pranto*) – Ânimo!
Que é de sua fortaleza

Tão bem conhecida?
ATOR-JÓ – Ele a tirou, respondeu Jó.
ATOR-ELIFAZ – Ele sabe o que faz.
ATOR-JÓ – Sabe. Eu é que não sei por que ele faz.
ATOR-ELIFAZ – Entregue a Deus o seu destino.
ATOR-JÓ – Já está entregue.
ATOR-ELIFAZ – Então seja paciente e espera.
ATOR-JÓ – O que devo esperar além da morte
E uma nova forma de medo
A cada dia?
Será alegria
Viver mais uma semana?
Não dê conselhos sobre a dor humana
Quem não estiver
Mergulhado na mesma dor!
ATOR-ELIFAZ (*lendo palavras bíblicas*) –
Os justos não são exterminados
Nem perecem os inocentes.
Aqueles que cultivam a iniquidade
E semeiam a miséria
São também os que as colhem
E, ao sopro de Deus, perecem.
ATOR-JÓ – Deus, então, castiga
Em meu corpo meus pecados?
ATOR-ELIFAZ – Penso que sim.
ATOR-JÓ – Eu não pequei!
ATOR-ELIFAZ – Ninguém é justo aos olhos de Deus!
A iniquidade não nasce do nada
E é o homem quem gera a miséria.
Não despreze a lição que Deus lhe dá
Porque ele fere e pensa a ferida
Golpeia e cura com as mãos.
Dos seis perigos te salva
E no sétimo não sofrerás mal nenhum.
Em tempo da fome te livra da morte
E em tempo de guerra do fio da espada.
Dará paz a tua casa...
ATOR-JÓ – Não tenho casa.
ATOR-ELIFAZ – E filhos...
ATOR-JÓ – Estão mortos.
ATOR-ELIFAZ – Baixarás ao túmulo bem maduro
Como um feixe de trigo no tempo certo recolhido.
ATOR-JÓ – Apodrecido.

ATOR-ELIFAZ (*irritado*) – Escuta!
ATOR-JÓ – Ouve, você!
Minhas palavras são desvairadas
Porque levo em mim cravadas
As flechas envenenadas do Senhor.

Ator Elifaz termina de lavar Jó e ficará durante muito tempo limpando as mãos.

ATOR-ELIFAZ – Não sei mais o que dizer:
Que Deus esteja convosco todos os dias.
ATOR-JÓ – Ele estará.
Ele mora no terror que me assedia.
CONTRAMESTRE – E talvez Elifaz tenha beijado a fronte de Jó
Para provar a si mesmo que não existia
A repulsa que sentia pelo amigo.
ATOR-JÓ – Ah, se o Senhor me concedesse o que espero
Se se dignasse esmagar-me
Se soltasse a mão que me ampara
E como eu quero, me deixasse cair na morte,
Seria melhor sorte que essa tortura.
Vê! De novo meu corpo se cobre de chagas
A pele avermelha, incha, rompe e supura.

Os amigos recuam com repulsa e lentamente começam a sair.

ATOR-JÓ – Ah, se eu saltasse da vida
A terra cobrisse esse corpo-ferida
E a morte fosse minha cura!
Água!
(*Os amigos param.*)
Que forças me sobram para resistir?
Que destino espero para ter paciência?
(*Irritado.*) Água!

Baldad leva a bacia até Elifaz. Este recusa continuando a limpar as mãos.

ATOR-JÓ – Olha atentamente:
Minha família se foi,
Meu teto ruiu
Meu amanhã acabou.
Minha vida é um sopro

E meus olhos não voltarão a ver a felicidade.
Por isso não calo minha língua!
(*Ergue-se e fala aos céus.*)
Deixa-me, pois meus dias são brisa, breve chama.
Que é a espécie humana
Para que te ocupes dela,
Para que a inspeciones cada manhã
A examines a cada momento?
Por que não afasta os olhos de mim
E me deixa respirar um segundo
Na paz entre meus tormentos?
Se pequei que mal te fiz com isso,
Sentinela de homens?
Por que me tomas como alvo?
Como prato de tua fome?
Por que não perdoas meu delito,
Não deixas passar minha culpa,
Não volves teus olhos ao meu olhar aflito?
Logo a terra vai me abrigar
E quando eu for pó
Vais me procurar
E já não existirei.

CENA 3 – DEUS É CAOS

ATOR-BALDAD – Até quando vai falar dessa maneira?
Acaso Deus é injusto?
Se você é tão santo
Implora a Deus a sua cura!
ATOR-JÓ – Não espero mais ficar são
Nem melhores horas futuras.
Ele não me ouvirá
Pois, por nada, Ele me esmaga
E sem razão multiplica minhas feridas.
ATOR-BALDAD – Sem razão?
E acaso conhece a profundeza de Deus?
Sabe o porquê de sua santa decisão?
ATOR-JÓ – Sei apenas que
O que perde o homem
É mais que o julgamento e a pena:
É não saber.
E não sei por quê meu juiz

me condena.
As razões de Deus são obscuras.
ATOR-BALDAD – E pode a criatura
Penetrar na razão do criador?
ATOR-JÓ – Não sei, mas preciso!
O homem é o que o homem conhece.
ATOR-BALDAD – Em que se transformou sua fé?
ATOR-JÓ – Na crença que Deus tem várias faces
E uma delas é luz.
ATOR-BALDAD – Somos só criaturas
E nossos dias são só uma sombra sobre o solo
Não queira diminuir a justa distância
Que nos separa do criador.
ATOR-JÓ – Sou criatura
E se ele cria dor
A dor sacode e tortura
E por que sou criatura
Minha boca se abre e procura
As razões de quem cria dor.
ATOR-BALDAD – Não falarei mais nada.
Apenas que o junco,
Verde ainda e sem ser arrancado
seca antes de todas as ervas.
Este é o destino dos que se esquecem de Deus!
ATOR-JÓ – É por não esquecer que clamo a presença dele!
ATOR-BALDAD – Chega!
Pergunta às gerações passadas:
A confiança do ímpio
Não é mais que um fiapo de ar.
Volte-se a Deus que ele pode ainda
Encher sua boca de sorrisos!
Deus não rejeita os seus.
ATOR-JÓ – Eu também digo "chega"!
Que Ele faça o que quiser
Com o que sobra de mim.
Eu já nada sei.
Se sou inocente ele me castiga
Se sou culpado por que pedir em vão?
ATOR-BALDAD – Aceita a vontade de Deus!
ATOR-JÓ – E posso não aceitar?
Quem me pode defender d'Ele?
Agora pouco me importa
Meu resto de pouca vida

E minha alma louca
Quer dizer a Deus:
Explica-me. O que tens contra mim?
Acaso te agrada me oprimir
Quando sabes que não sou culpado?
Me fizeste de barro
Para me fazer voltar ao pó?
Minha forma viva
Revestiste de ossos
E com a delicadeza de teu toque
Teceste meus nervos.
Sobre mim derramaste
A água da vida
E a seiva do amor
E me recebeste em vossa casa.
Mas agora sei tua intenção:
Me quiseste ao teu lado
Para melhor vigiar meus pecados
E melhor me punir.
Ai de mim, se tivesse pecado!
Orgulhoso, como um leão, Deus me caça
Renova seus ataques
Multiplica ameaças
Redobra sua cólera
E cobra de mim o que não devo!

ATOR-BALDAD – Quieto, Jó!
Não aumente a fúria D'Ele!

ATOR-JÓ – Não sei se grito ou me calo!
Se volvo os olhos aos céus
Ou se me lanço ao solo.
Só sei que meu tempo termina
E Deus extermina o justo e o pecador
E ri do desespero dos inocentes
E deixa a terra em poder dos ímpios!

ATOR-BALDAD – Isso é blasfêmia!

MATRIARCA – Não é o que se vê ao redor?
Em cada cidade?

ATOR-BALDAD – Não tentes minha fé!

MATRIARCA – De que nos vale uma fé sem verdade?

ATOR-BALDAD – Não fales mais nada!

MATRIARCA – Deus urina sobre nossas cabeças
E depois nos esquece.
Todo deus bom é um demônio fraco.

Deus é aquele que,
Com a navalha, nos corta os olhos
E nos abandona cegos
Num mundo sem estradas.
(*Esquece os outros e narra diretamente ao público.*)

Há anos, conheci numa praça
Vestida de miséria, farrapos e desenganos
Uma louca que rosnava ameaças.
E minha fé teve seu primeiro abalo.
E a louca me sibilou: o fim do mundo já começou!
Deus já chamou todos os seus
E nós somos a sobra.
É assim que Deus completa sua obra.
Vem, Satã, ela gritou,
Vem, cobra das origens,
Reinar no mundo que é seu!
E, no mesmo instante, caiu de joelhos e molhou a alma com um choro dolorido:
Perdoe, meu Deus, a blasfêmia!
Eu creio, eu creio em Deus todo poderoso.
Ainda tem fé? – perguntei.
Tenho de ter, respondeu.
Acredita no céu e inferno?
Acredita no reino de Deus na terra?
Acredita na felicidade depois da morte?
Não sei, não sei e não sei, respondeu.
Que espécie de fé é essa, então?
A louca ganiu um choro dolorido
E, como se eu fosse Deus, me fez um pedido:
Não me pergunte, não me confunda!
Essa fé torta, herege, blasfema
É a última coisa que tenho,
A única que retenho,
A última parte não perdida
O último pouco, a última posse
Do que foi uma fé forte,
Já partida.
Me deixa crer
Eu quero crer numa figa, numa pedra,
Numa cruz, numa estátua de santo
Num encanto qualquer eu quero crer
E naquela hora

Eu chorei como choro agora.
(*Curva-se e chora.*)
ATOR-BALDAD – Ouviu, Jó? A fé é nosso último e melhor consolo
E Deus, nossa última instância!
MATRIARCA (*furiosa*) –
Deus vive do nosso erro,
Se alimenta do nosso desespero
Se fortalece com nossa ignorância!
(*Chora.*)
A morte de meus filhos foi meu segundo e último abalo.
ATOR-JÓ – Eu só quero que Ele
Tire os olhos de mim
E me dê um instante de alegria
Antes de partir para a terra de trevas e sombras
Para a terra soturna e sombria
De escuridão e desordem
Onde a claridade é sombra.
ATOR-SOFAR – Ninguém vai fazer este homem calar?
Viemos para consolar um amigo
E encontramos alguém que já não mais conhecemos.
Voltemos para que, quando Deus
Mais ferir este blasfemo,
Não nos atingir com sua ira.
ATOR-BALDAD – Não fales e espere em Deus, Jó.
ATOR-JÓ – Não mais!
ATOR-BALDAD – Reze…
ATOR-JÓ – Eu mesmo falarei com Deus!
ATOR-SOFAR – Não seja arrogante!
ATOR-JÓ – Aos olhos de Deus em que vocês são melhores que eu?
ATOR-SOFAR – Vê alguma ferida em meu corpo?
Alguma expressão de dor em meu rosto?
Por que Deus preferiu sua pele?
ATOR-JÓ – Não sei!
ATOR-SOFAR – Então se cale!
ATOR-JÓ – Quero saber!
ATOR-SOFAR – Aceita!
Vou falar claro, Jó: Seu final se avizinha.
ATOR-ELIFAZ – Sofar!
ATOR-SOFAR – Talvez palavras verdadeiras e duras
Tragam Jó à razão!
Às vezes, ser amigo é ser pedra.
Jó, não esperes mais cura.
ATOR-JÓ – Só espero respostas!

ATOR-BALDAD – Não atormentes mais nosso amigo!
ATOR-SOFAR – Não lhe trago tormento.
Apenas trago um pedido de submissão!
Não se debata, não grite.
Volta à calma
E o silêncio de sua voz e de sua alma
Seja sua oração.
ATOR-JÓ – Não!
ATOR-SOFAR – Porque não morrer com a mesma sabedoria
Que foi teu brasão em vida?
Porque se agita?
Porque fazer da morte um triste espetáculo de rebeldia?
Apague-se a chama da vida sem rancor
E não atormente os que são vivos
Com sua dor!
ATOR-JÓ – Você tem medo.
ATOR-SOFAR – Tenho! Tenho medo que o dedo de Deus
Também me alcance
E me corte, queime e corroa
Como espada, fogo e veneno!
Medo que Deus, à noite,
Habite meus sonhos
E me prepare desgraças,
Escondido no dia que vem.
Por isso me recolho e oro
E não ouso levantar meu olho.
Deus é vendaval e nós apenas pó.
Por isso, não semeie ventos,
E que seus lamentos
Não agitem o ar.
Cale e acolha a vontade de Deus!
ATOR-JÓ – Acolho, mas calar não calo!
Quero respostas.
Quero saber se a face
Que Deus oculta
É igualmente terror.
ATOR-SOFAR – Não corra o risco! Aceita a morte que Deus lhe envia!
ATOR-BALDAD – A misericórdia divina…
ATOR-JÓ – Não quero misericórdia, quero justiça!
ATOR-SOFAR – Aceita, Jó!
ATOR-ELIFAZ – Quem é você para exigir?
ATOR-JÓ – Sou só um homem
A quem o desespero dá coragem

E ponho minha carne entre meus dentes
E levo nas mãos a minha vida
E luto, pois não tenho alternativa!

ATOR-SOFAR – Aceita, Jó!

MATRIARCA – Agora fala o Jó que conheci!

ATOR-BALDAD – Aceita, Jó!

ATOR-JÓ – Só te peço, Deus,
Que afaste de mim a tua mão
E não me amedrontes com o teu terror.
(*Sofar se prostra assustado.*)
Depois, então, me acuse
E eu te respondo
Ou eu me queixo
E tu explicará sua ação!

ATOR-BALDAD – A doença o enfraqueceu!

ATOR-ELIFAZ – As feridas o deixaram louco!

ATOR-SOFAR – Seu castigo não vai demorar!

MATRIARCA – Silêncio! Deixem o homem lutar!

ATOR-JÓ – Quantos são meus pecados e minhas culpas?
Prova meus delitos!
Responde a meu grito
Com tua própria voz!
Por que me trata como inimigo
E escondes tua face?
Não me deixe perguntar
Se não te vejo por que sou cego
Ou se de fato aqui não estás!

MATRIARCA – Deus não está
Ou está morto
Ou encontrou melhor refúgio
Longe de nós e de nossa miséria!

ATOR-SOFAR – Não sou obrigado a ouvir isso!

ATOR-ELIFAZ – O que pretende, Jó?
Perder a alma
Depois do corpo já perdido?

ATOR-JÓ – Não quero um Deus escondido
Nas estrelas.
Quero Deus comigo.
Não porque, com arrogância, exijo
Mas porque, com humildade, preciso!

ATOR-SOFAR (*irônico*) – Sua humildade não combina bem com sua fúria.

ATOR-ELIFAZ – O que quer, Jó?
Dizer a Deus onde deve habitar?

ATOR-BALDAD – Quer mudar a crença?
Questionar os ensinamentos,
Desdizer os profetas?
ATOR-ELIFAZ – Mudar os ritos, combater os dogmas,
Romper a tradição?
ATOR-SOFAR – Quer um novo Deus
E uma nova religião!
ATOR-JÓ – Quero uma porta aberta,
Uma ponte, uma escada.
Quero uma nova religação.

Cena 4 – O Último Abalo na Fé

MESTRE – E a mulher de Jó
Talvez tenha tomado Jó pela mão
E talvez tenha falado:
MATRIARCA – Levante os olhos de suas feridas, Jó,
E olhe uma chaga maior.
ATOR-JÓ – O que devo ver?
MATRIARCA (*num gesto que abarca toda a área de representação*) –
Os homens e o mundo!

O hospital se transforma num caos de loucos, doentes, pedintes. Os discursos e gestos dos amigos de Jó serão só figuras de retórica, ritos repetitivos de uma fé perdida. Coro inicia uma série de músicas pretensamente religiosas, alegres e graves. Num canto, Baldad, com a Bíblia *aberta, inicia a pregação para um diminuto público.*

ATOR-BALDAD – O que nos diz o livro sagrado? Isaías, capítulo 1, versículo 28: "Os rebeldes e os pecadores serão destruídos juntamente, e aqueles que abandonam o Senhor perecerão."
ATOR-SOFAR (*abençoando num tom monocórdico*) – Benedicat vos omnipotens Deus. Ex ore infantium, Deus, et lactentium perfecisti laudem propter inimicos tuos. Vox in Rama audita est, ploratus et ululatus: Rachel plorans filios suos, et noluit consolari, quia non sunt.
ATOR-ELIFAZ (*Porta um estandarte indefinível numa das mãos, e na outra carrega uma pedra ou outro símbolo qualquer. Repete constantemente a mesma frase. O clima torna-se de um fanatismo irracional. Gritos, palmas, vivas, choro.*) – Desça o espírito e incendeie minha alma e viverei além do limite prescrito.
ATOR-JÓ (*que junto da Matriarca assiste a cena*) –
Deus torna estúpidos os conselheiros da terra

Tira o juízo aos chefes de um país
E os deixa errar num deserto sem estradas
Cambalear nas trevas, sem luz...

MATRIARCA – Ele faz mais. Enlouquece uns pela ação sangrenta
Enlouquece outros pela mansidão.

Parte do coro inicia também a cantar uma melodia diferente. Um tenta sobrepujar o outro. A disputa torna-se violenta e os dois coros se engalfinham. Os amigos de Jó continuam a pregar e abençoar. O chão se enche de mortos. Os mortos cantam um lamento triste e grave.

MORTOS – A paz está na morte
A vida é um sonho sem razão.

ATOR-JÓ (*grita*) –
Parem! Loucos!
Que fé é essa? Que Deus é esse que vocês reverenciam?
Que deus é esse que vive de sua loucura?

ATOR-SOFAR – É a mesma dura mão,
O mesmo duro Deus
Que sua boca impura clama.

ATOR-JÓ – Não, que meu Deus é outro fogo
É outra chama.
Vocês são três embusteiros
Que se dizem advogados de Deus.
Suas lições são cinzas
E suas defesas, defesas de barro.
Vão embora!
Prefiro por companhia o silêncio
E por amigo a solidão.

MESTRE – E a mulher de Jó
Talvez tenha se aproximado
E segurado o rosto daquele que foi homem
E foi seu
E talvez tenha perguntado:

MATRIARCA – Se teu Deus é o mesmo louco deus deles
De que te adianta?
Se não for, onde seu Deus se esconde?
Por que te fere?
Por que desfere golpes sem sentido?

ATOR-JÓ – Não sei.

MATRIARCA – Eu sei.
Deus não é,
Deus não há.

Está morto
E não temos a quem orar.
ATOR-JÓ – Se Deus está morto
O que há agora em seu lugar?
MATRIARCA (*acariciando Jó*) –
Apenas a mão humana
E o que ela pode moldar.
Existe só o sonho humano
E o que ele pode inventar.
ATOR-JÓ – Se Deus não há
Acabou nossa procura
E ninguém nos cura
De nossa louca insensatez!
MATRIARCA – Se Deus há
O homem é esse Deus
E, dentro de si,
Carrega seu próprio veneno
E sua própria cura!
ATOR-JÓ – Olhe ao redor
a dor, a loucura, o caos
Que ocupam o lugar onde Deus não está.
MATRIARCA – Olhe teu corpo e o teu desespero
Que é onde crês que
Deus deve estar!

Jó mantém silêncio alguns instantes.

ATOR-JÓ – Se Deus não há estamos sós.
Mas, se Deus me feriu e matou nossos filhos
Clamo a ele
Se Deus não há,
A quem clamar?
MATRIARCA – Não há a quem clamar!
ATOR-JÓ – Se não há
O acaso matou nossos filhos
Nossas raízes estão fincadas no ar
E nos abatem tempestades sem sentido
E imprevistos vendavais.
MATRIARCA – Sim!
ATOR-JÓ – Não! Somos deuses cegos
Que, à beira do abismo,
Marcham com a segurança
Que nos dá nossa pretensão!

Vá. A fé não se explica com a razão
A fé não se explica
A fé é.
MATRIARCA – Louco!

Matriarca, abatida, é retirada pelo coro da área de representação.

ATOR-JÓ (*enquanto Matriarca sai*) – Enlouqueceu!
CORO – Vox in Rama audita est, ploratus et ululatus: Rachel plorans filios suos, et noluit consolari, quia non sunt.

CENA 5 – A ABSURDA FÉ DE UM HOMEM SÓ

Os três amigos se aproximam de Jó.

ATOR-JÓ – Distância!
Chega de perguntas e acusações.
Deixem-me só com o que sobra de mim!
Tirem os olhos de mim!
Eu quero a paz
A branca bruma da paz final!
A terra vai se abrir
E me fazer dormir
Sem sonho, som, sol e dor.
Vem, torpor final: a morte.
ATOR-BALDAD – Não enquanto não purgar sua culpa!
ATOR-JÓ – Não sei qual foi meu pecado!
ATOR-BALDAD – Deus sabe!
ATOR-JÓ – Então que ele me diga!
ATOR-BALDAD – Quer que ele te dê satisfação do que faz?
ATOR-JÓ – Sim, porque o que ele faz, ele faz comigo!
ATOR-BALDAD – Vou ler algumas palavras do livro...
ATOR-JÓ – Não quero palavras!
ATOR-BALDAD – São palavras de Deus.
ATOR-JÓ – Eu quero Deus!
ATOR-BALDAD (*enquanto Baldad lê, Jó se prostra e se deixa ficar*) –
A luz do ímpio se extingue
E a luz em sua casa se apaga.
A desgraça instala-se a seu lado
A enfermidade consome sua pele
E devora seus membros
E enquanto ele implora

Suas raízes secam
E murcham seus ramos
Seu corpo e seu nome desaparecerão da terra
Sua descendência não sobreviverá
E o que foi dele será pó,
A inutilidade do pó,
O esquecimento do pó,
Como se nunca ele tivesse existido.
Esse é o final de quem
Não reconheceu a Deus!

ATOR-JÓ – E Jó elevou o rosto a Sofar.

ATOR-SOFAR – Deus não me quer ao seu lado
Como cúmplice de seu pecado
Como comparsa de um pecador, disse Sofar:
Daqui mesmo faço minha oração.

ATOR-JÓ – Elifaz!

ATOR-ELIFAZ – Tenho medo de sua maldição
Terror da mão que te feriu, pensou Elifaz.
E com dó, com asco e dor
Afastou-se, dizem, e chorou!

ATOR-JÓ (*a Baldad*) –
Por favor!
Ninguém é forte bastante
Para acabar só.
Quem me ajuda a fazer a travessia
Prá onde não brilha a luz?

ATOR-BALDAD – Não sei se posso
Não sei se gosto
Não sei se quero
Não sei.

CONTRAMESTRE – E Jó sentiu-se só em todo universo
E em sentimentos diversos
Sua alma cindiu-se.
E lamentou:

ATOR-JÓ – Ele afastou de mim os meus irmãos
Os meus parentes procuram evitar-me.
Abandonaram-me vizinhos e conhecidos
À minha mulher repugna meu hálito
E até as crianças me desprezam
Debaixo de mim minha carne apodrece
E os meus ossos se desnudam como os dentes.
Piedade, piedade dc mim, amigos meus,
Que me feriu a mão de Deus!

Por que vieram então?
Para à vista do castigo que me é imposto
Melhor sentirem o gosto
De estarem sãos?
Se sentirem mais amigos do criador?
E se sentirem mais santos
Ao me olhar como pecador?
Não pequei. E se Deus tem a vossa semelhança
Se Deus é o de vossa crença
Então Deus, de fato, morreu
Sem deixar profeta nem herança.
Vão embora, por que,
Para minha esperança,
Não estou só.
O causador do meu desespero está vivo:
Meu Deus vai levantar-me do pó!

CENA 6 – DEUS VOMITA OS MORNOS

MATRIARCA – Estamos sós
E o homem está livre de sua esperança
E de seu maior desespero:
Deus está morto
E, reto ou torto,
O homem navega o escuro
Na rota de seu próprio porto.

CONTRAMESTRE – E dizem que entre o povo havia um homem chamado Eliú que foi tocado por Deus que ainda existia e assim falou:

ELIÚ (*um doente acamado que, após alguns espasmos, proclama*) – Ai! Esta voz não é minha! Um sopro se cria em meu peito e se torna palavras em minha boca. Sou ainda jovem em anos, mas não é a idade avançada que dá sabedoria.

ATOR-JÓ – Deixem-me só.
O sal de suas palavras
Só reabrem-me as feridas.

ELIÚ – Jó, não trago ácido em minhas palavras
Nem veneno em minha língua.
Sou seu igual
Sou também frágil vaso
Modelado em argila.
(*Jó mantem-se calado.*)
Esperava que Deus lhe respondesse palavra por palavra?

Ele fala também através do leito,
Quando os ossos tremem sem parar
E a carne seca e se consome.

ATOR-JÓ – Chega!

ELIÚ – Presta atenção, Jó, escuta-o.
Se tens algo a dizer, fala,
Que eu desejo lhe dar razão.
Se não, escuta-o.
Muito se ouviu sobre a bondade
E as maravilhas de Deus
Ouve agora quando Ele fala
No sofrimento e no terror!
Ouve o estrondo de sua voz!

ATOR-JÓ – Você é a voz de Deus?

ELIÚ – Eu sou só o sopro, a brisa.
Após virá o trovão e a tempestade.
Quem suportará seus raios
E beberá sua chuva?!
Ninguém responde?
(*Aos amigos.*)
Nem vocês que tanto falam em nome de Deus? Homens de frouxa fé, esmagada por ritos sem sentido, cânticos sem alma e orações sem poesia!
(*A Jó.*)
Nem você que clamou a presença d'Ele?
(*À Matriarca.*)
Nem você que era fúria?

MATRIARCA – Não respondo a quem não ouve
Não suplico a quem não há.
Deus só existe em nosso medo
E os que aqui estão são só arremedo
De homens, anjos decaídos
Conformados com sua condição!

ATOR-BALDAD – Jó, faça sua mulher calar!

ELIÚ – Eu faço calar a vocês
Porque há mais fé nesta mulher
Que em vossa religião!

ATOR-SOFAR – Temos as escrituras.

ELIÚ – Quem tem fé não são os livros,
É o coração.
Deus vomita os mornos!
E quer paixão quando se afirma
E fervor quando se faz a negação!

Ah! A frágil fé vai ser varrida
E os peitos serão descarnados
Pelas garras divinas
Até deixar à mostra o coração
Jó! Ainda quer a presença de Deus?

ATOR-JÓ – Quero! Não morto em palavras,
Nem escondido em estátuas.
Quero sua viva presença.

ELIÚ – Alguém mais quer habitar a tempestade?
Quem mais ousa gritar aos raios?!
E com raiva humana
Desafiar a outra ira-fúria?!

ATOR-SOFAR (*prostra-se*) –
Que Deus me poupe,
Que a flecha de seu olho não me atinja
Que o fogo de seu toque não me alcance!

ELIÚ – Que outra criatura quer ajustar contas com o criador?!
(*Os outros se afastam. Matriarca queda-se muda.*)
Quem mais quer queimar os olhos
Aos raios de sua luz?
Quem mais quer se expor
à força/afago de sua mão?

MATRIARCA – Eu quero apenas que tudo termine.

MESTRE – Contam os que creem que Deus brota da terra quando se espera que desça dos céus.

CONTRAMESTRE – Que é chuva quando se procura a chama.

MESTRE – Que é pedra quando se espera um rosto.

Eliú aproxima-se de Jó e toca seu peito. Jó entra em convulsão. Elifaz o acode.

ATOR-ELIFAZ – Ele morre. Alguém me ajuda.

ATOR-SOFAR – A mão de Deus!

ELIÚ – Aos que esperam que Deus apareça num carro de fogo
Ele navega no sangue das veias.

MATRIARCA – Que a morte seja sua paz!

ATOR-JÓ (*com esforço, aos céus*) – Não vou morrer antes de sua resposta, Senhor!

ELIÚ – O insensato ousa ir mais fundo?

ATOR-JÓ – Que Ele me quebre, sangre e descarne
Mas que eu veja sua face.

MATRIARCA – Desiste e descansa, Jó, que sua busca não o leva a lugar nenhum!

ELIÚ – Sua alma é sua palma
Sua vida é sua vela
Seu corpo é um barco,
Um porto e o descanso dela.

Jó se debate sem controle.

ATOR-BALDAD – Não posso mais ver isso!
ATOR-SOFAR – Ele agoniza.
MATRIARCA (*chora e pede*) –
Alguém lhe dê a paz da morte e do esquecimento!
ATOR-ELIFAZ – Alguém lhe dê a mão,
Um remédio que acalme seu tormento!
ELIÚ – Deixe, que Deus fala é no meio da tempestade
No seio do trovão
No entremeio do raio e do vendaval
Que sacodem o veio do coração!
ATOR-ELIFAZ (*desesperado*) – Quem é esse Deus?
ELIÚ – É aquele que fala por minha voz.
ATOR-JÓ (*debatendo-se*) –
É aquele que retira a luz dos ímpios
E quebra o braço rebelde
Entra pelas fontes do mar
E passeia pelo fundo do abismo!
ELIÚ – É quem conhece as leis dos céus
E impera sobre as águas da terra.
É quem domina a força bruta das feras
Que o homem não consegue amansar!
ATOR-JÓ – Deus é a semente que brotou em meu peito
A águia que se gerou em meu ventre!
ELIÚ – As raízes que perfuram seus músculos
As garras que partem seus ossos!
ATOR-JÓ (*transfigurado pela dor*)
A vida é um parto
E o homem, o ventre de Deus!
ATOR-BALDAD – A dor o enlouqueceu!
ATOR-ELIFAZ – Fala coisas sem sentido.
ATOR-JÓ – É a águia com garras de bronze
E plumas de orvalho
Que rompe meu peito
E nasce e voa.
O que foi vendaval agora é brisa
E o sopro de Deus ressoa

Em meus ouvidos.
(*paralisa*)
ATOR-BALDAD – Ele delira.
ATOR-ELIFAZ – Jó?!
ATOR-JÓ – Sua face são águas
E sua fúria agora dorme
E Ele se derrama sobre mim.
(*Ergue-se.*)
E Jó triunfa
Sobre a fraqueza, doença e dor.
Deus é, Deus há
E minha fé não me faltou.
(*Permanece ereto, quase triunfante, apesar da debilidade física.*)
ATOR-SOFAR – Deus o curou?
ATOR-BALDAD – Bendito seja o seu nome!

Aproximam-se de Jó, que subitamente emite um gemido e cai. Matriarca o abraça.

MATRIARCA – Às vezes invejo a fé cega
Que não responde perguntas
Mas dá um sentido a dor.
Jó é mais um morto meu.
Mas eu só creio em vivos
Só creio em filhos
Meu Deus morreu.

Matriarca levanta-se deixando Jó e, lamentando, dirige-se ao fundo. Coro acompanha seus lamentos.

MESTRE – E para os que creem Deus aqui se manifestou, desceu e habitou o homem.

CONTRAMESTRE – E para os que não creem a doença enlouqueceu Jó desde o princípio de nossa narração. E Jó viveu sonho e delírio sem, até a morte, recuperar a razão.

MESTRE – E para os que creem, depois desses acontecimentos, Jó ainda viveu.

CONTRAMESTRE – E para os que não creem a história acabou.
E a mulher de Jó peregrinou
Por revolto mar
E fez de si própria seu porto
Até naufragar.

FIM

DO TEATRO NÔ

Maria Peregrina, 1999. Em cena, Vander Palma. Foto: Tito Oliveira.

1999

Personagens

(As personagens indicadas em sequência são interpretadas pelo mesmo ator.)

Mestre – Aventino – Barqueiro
Theórfo – Romeiro – Viajante
Mulher –Tereza – Louca
Romeiro 2
Antonio
Velha
Ator
Atriz
Ator 1
Ator 2
Ator 3
Tiodorzim
Jaíto
Quim
Mãe

A área de representação é demarcada por um tapete de retalhos, de aproximadamente 4m x 3m, decorado com motivos populares. Ao fundo da área de representação uma grande árvore. Atrás, fora da área de representação, está a área dos atores e músicos. Ali, à vista do público, os atores trocam de roupa, tocam as músicas, compõem personagens e armam a cenografia. A sugestão é que toda a cenografia seja constituída de varapaus de tamanhos variados que ajudem a compor com tecidos a cenografia. Tudo feito com poucos elementos que desde o princípio estejam à vista do público que deverá ver também sua manipulação.

Ouve-se som de romaria ao longe. Entra o mestre, invade a área de representação, cumprimenta o público.

MESTRE – Boa noite. Não faz muito tempo e o mundo era outro. As casas eram poucas, espaçadas, e a terra, sem o asfalto e sem tantos prédios sobre ela, cheirava forte quando chovia. Lembram? À tarde, quase noite, o sino espalhava um som meio triste pelas largas distâncias do vale. Dom! Dom! Dem, Dom! Dem, Dom! Então, as pessoas faziam o sinal da cruz e recolhiam o cansaço do dia. Conversas nas janelas, café no fogão a lenha, histórias contadas antes do sono. Não faz muito tempo e o mundo era outro. As coisas todas eram outras. O tempo desfez. O tempo desfaz toda solidez. E o tempo faz. Como fez as coisas de hoje, tão diferentes. Mas o que o tempo desfez, a memória refaz. Refaz melodias (*Ao seu sinal o som da romaria torna-se gradativamente mais forte.*), reconstrói as poucas casas, retraça no papel branco da imaginação aquele tempo em que o mundo era outro. Um mundo de lembranças e pessoas que o tempo desfez, mas a memória refaz.

PRIMEIRA HISTÓRIA – TEREZA E AVENTINO

Com um gesto enérgico, o mestre faz introduzir a romaria. Afasta-se da área da representação em direção à área dos músicos, enquanto os romeiros entram. Cantando, tocando e dançando cumprem uma coreografia alegre em volta da área de representação. Do meio deles destaca-se a mulher desmemoriada, invade a área de representação. Parece indecisa. Finalmente senta-se, sobre as pernas, debaixo da árvore. Os romeiros continuam a cantoria até chegar ao local dos músicos. O mestre, com gestos largos e nítidos, indica a cada um o seu lugar. O último dos romeiros, Theórfo, recebe do mestre um cajado e entra na área de representação. Sorri para o público.

THEÓRFO-ROMEIRO – 'noite! (*Pausa.*) Ó, pra ocês não ficar no escuro do desconhecimento – eu sei que ninguém perguntou, mas vou logo dizendo que sou Theórfo, filho de Veradiana e de Bartolameu. Ou Leontino, não sei direito. Ocês não conhecem nenhum dos dois, conhecem? Não? Então, ocês têm a sorte que eu não tive! Vai daí que sou um sujeito à toa, filho de gente à toa, neto de gente à toa, de um lugar tão à toa que o que tinha de melhor era o rumo da saída! Num foi que um dia arresorvêro m'iscoiê como representante do lugar? Era pra dar boas vindas ao bispo que devia de tá sem muito o que fazer pra esbarrar naquelas bandas. Fiquei fulo, chamei nome, casquei fora. Vim'bora chutando pedra, montado em altas raivas! Eu lá vou querer ficar num lugar que de tão fulero iscóie um sujeito à toa como eu pra representante? Saí. Ruim lá, pior aqui. Tô alugando o almoço pra cheirar a janta, comprando doze pra vender uma dúzia, vendendo o pano de bunda pra comprar o pano da frente! E foi numa de minhas andanças, subindo pra depois descer, quebrando à direita pra' mor'de poder virar à esquerda, indo errado em reta pra acertar caminho em estrada torta, no rumo de Aparecida pra fazer promessa, foi que vi aquela mulher. Era tarde fria de junho. O sol enorme no horizonte pintava a gente e todas as coisas de um amarelo bonito. Foi numa tarde assim.

MULHER – Foi. A mulher tinha um oco na cabeça, vazia de qualquer lembrança. Era como se tivesse chegado no mundo naquele momento, sem nenhum passado.

THEÓRFO-ROMEIRO – Não lembra nadinha de nada?

MULHER – Nada. Tanto posso ser professora quanto prostituta.

THEÓRFO-ROMEIRO – Não tem jeito da senhora saber mesmo, não é? Digo isso porque de professora não tô necessitado porque já sei ler e escrever, mas ... (*Dá um forte tapa na própria cabeça.*) Larga de pensar coisa, cabeça!

MULHER – Disseram para rezar pra Maria Peregrina. Foi aqui que ela viveu?

THEÓRFO-ROMEIRO – Dizem que sim. Viveu anos debaixo dessa árvore, ao relento, no frio, sozinha, sem família...

MULHER – Purgando algum grande pecado, quem sabe?

THEÓRFO-ROMEIRO – Quem sabe. Pode ser como pode não ser, ao contrário do que se imagina porque o errado do certo só sabe quem conhece os certos do errado ao invés do que muita gente pensa. Se a senhora entendeu, me explica! (*De repente mulher cobre o rosto e chora.*) Não fica assim! Foi alguma coisa que eu falei? Eu só falo besteira, mas não é de propósito. É que eu sou besta mesmo! (*Mulher ri no meio do choro.*) Isso! Rir é bom.

MULHER – Não lembro nada. É horrível. Me ajuda!

THEÓRFO-ROMEIRO – Ajudo, ajudo! Quem a senhora pode ter sido? Vamos tirar da lista mecânico, centroavante e soldado de quartel. (*Mulher ri.*) Lembra a cidade? Algum parente? Mãe?

Atores iniciam música de Folia de Reis. O mestre já vestido como Aventino se destaca e avança para área de representação. A música parece reavivar a memória da mulher. Romeiro ajudado por atores se caracteriza como Antonio.

MULHER – Uma festa... há muito tempo. Uma rua de terra, vermelha... Os dias eram de muito sol.

AVENTINO – O lugarejo de uma rua e poucas casas ficou pasmado ao ver aquele homem de fora avançar pela rua de terra vermelha. Mal reconheceram. Sou eu, gente! Aventino! Lembram não?

ANTONIO – Mas é mesmo? É Aventino, gente? Depois de vinte anos? Selmo! Siá Cota! Aventino voltou! (*Identifica-se para o público.*) Sou Antonio e era companheiro de fé e fiança, de Aventino.

AVENTINO – Oh, meu Deus, que subiu um aperto no peito, chegou aos olhos e quis desaguar em choro. (*Com visível esforço Aventino segura a emoção.*) Estavam ali, me olhando como alma vindo da morte...

Companheirada boa! Mais velhos, mais prumados na vida, mas os mesmos... gente de comer junto o amargo e o doce dos dias!

ANTONIO – Deu alegria de soltar rojão, de dançar catira, de gritar e correr feito moleque sem compostura! Mas, invés de desatinar em alegria boa, a gente silenciou com o coração gelado. A gente teve medo, muito medo. Mas disso eu falo depois.

Atores dão um chale a uma atriz. A atriz, como uma velha, entra na área de representação.

AVENTINO – Assim cheguei depois de vinte anos. Minha terra me recebeu como colo de mãe recebe um menino. Então, subi o caminho na direção da velha casa de minha mãe.

VELHA – Não acreditei até vê-lo. Continuei não acreditando até gritar "Minha Nossa Senhora!", até correr e abraçá-lo. Continuo não acreditando até hoje. Ficou tão pouco tempo e se foi. (*Aventino e a velha se abraçam. Sufocada pela emoção.*) Ai, meu coração não se quebre! Ai, meu coração não estoure! Ai, meu Deus, que eu não morra agora!

A atriz que interpreta a desmemoriada, ajudada pelos dois atores que restam fora da área de representação, recebe elementos que a identificam como Tereza.

ANTONIO – Pescamos, bebemos, rimos com Aventino como se não tivessem passado vinte anos. Mas, no fundo, estávamos todos com medo. Era uma cisma, sabe, pressentimento.

VELHA – E ela?

AVENTINO – Ela quem?

VELHA – Você sabe. A bruaca! Por causa dela envelheci só esses últimos vinte anos! Nunca gostei dela, nunca vou perdoar aquela filha de puta!

AVENTINO – Não fala assim!

VELHA – Não defenda aquela capivara na minha frente!

AVENTINO – Mãe! Já passou, já sarou, da ferida não resta nem cicatriz nem marca.

VELHA – Jura que não voltou por causa dela!

AVENTINO – Voltei pra ver os velhos companheiros, pra ver a senhora, pra ver a paineira velha na beira da estrada. Saudade grande mandou que viesse, vim.

VELHA – E ela?

AVENTINO – A imagem de Tereza se desfez no ar, a paixão secou pela raiz e é pó que o vento varreu, mãe. Sossegue o coração!

VELHA – Graças a Deus! O olhar dele estava limpo, sereno, sem mancha nem peso, por isso acreditei. Mas, ou porque meu coração bateu descompassado ou porque sei que o demônio mora no aço das armas, guardei punhal e uma velha garrucha que foi do finado pai de Aventino.

Músicos voltam a tocar e cantar música de Folia de Reis.

AVENTINO – Passaram dias, fez frio, seu Lico morreu de velhice, fez sol e então chegou o Sábado, véspera de Dia de Reis. Saí ao sol da manhã para encher os olhos com as paisagens da minha infância. Proseei com um, ri com outro, ouvi e contei casos, bebi na venda. Pela hora do almoço garrei rumo de casa.

TEREZA – Mas o Destino chamou Tereza pra rua no justo momento de cruzar com Aventino. Eu, Tereza, era uma cabocla sestrosa, sacudida e bonita. Vinte anos só fizeram encher de vida e segurança minhas formas de menina. Cruzamos olhar. Eu parei, ele parou.

AVENTINO – A alegria na venda parou, a respiração parou nas janelas e portas das casas, o movimento parou na rua e, em suspenso, as pessoas esperaram o resultado daquele encontro adiado por vinte anos.

ANTONIO – Vinte anos atrás aconteceu o amor mais violento e sem regra que presenciei na vida. Paixão pra acabar em desgraça. Mas sem ninguém esperar Tereza abandonou Aventino pra ficar com João Dé. Ninguém entendeu. Então vi no olhar de Aventino o desejo de matar Tereza.

VELHA – Vinte anos atrás gritei e segui chorando quando meu filho saiu de casa, faca na cintura, pra desgraçar aquela que nem digo o nome.

ANTONIO – "Não faz isso Aventino!", "Alguém corre avisar a Tereza!" "Esfria, homem! Não vale a pena!"

VELHA – "Ah, meu Deus, não permita!"

ANTONIO – Foram os pedidos feitos enquanto Aventino seguia pela noite no rumo de Tereza.

TEREZA – Vinte anos atrás ele veio e eu me vi morta esfaqueada por sua fúria. Ele tinha um olhar cego que eu nunca mais quis lembrar. Fechei os olhos. Quando abri ele não estava mais.

ANTONIO – Foi pra longe sem uma palavra de despedida. Ninguém entendeu. Só voltou vinte anos depois para esse encontro que todos temiam.

Longa pausa.

VELHA – De quando em quando me escrevia ou algum conhecido trazia notícias de suas saudades.

AVENTINO – Como vai, Tereza?

TEREZA – Bem. Soube que tinha voltado.

AVENTINO – Voltei. Dê lembranças a João Dé, seu marido.

TEREZA – Serão dadas.

ANTONIO (*longa pausa*) – Não aconteceu o esperado. Nem raiva renovada, nem fúria repentina. Ninguém entendeu.

AVENTINO – O céu claro daquele dia acabou em noite estrelada. Saí pra ver a Folia de Reis. (*Atores começam a cantar e tocar folia muito baixo.*) Estava feliz. Era bom estar no meu lugar, no meio de gente minha, sem carregar peso nem sombra na alma. Abracei minha mãe e fui.

VELHA – Não devia tê-lo deixado ir. Desde o começo eu sabia que ia acontecer coisa ruim. Não devia ter sido mãe, devia ter sido pedra e mandado ele ir embora na hora que chegou, depois de vinte anos. Mas eu queria tanto meu filho comigo! (*Enxuga os olhos.*) E depois, a alegria dele e a minha felicidade me enganaram completamente.

Atores dançam e cantam a Folia de Reis, a plenos pulmões, fora da área de representação. Canto e dança cessam.

AVENTINO – Eita!, que eu queria que o mundo se acabasse no meio de uma alegria assim! Eita!, que eu devia ter voltado era mais antes!

ANTONIO – Eita!, que a gente riu e farreou como nada, como nunca! Alegrava a gente ver a alegria de Aventino! Então, um menino trouxe um recado. Me veio um estremecimento e eu soube. Mas não acreditei, não quis.

VELHA – Era um menino que ninguém conhecia no lugar. Dizem que era filho de uns ciganos que passaram por lá. Nada! Era o próprio demônio que veio em pessoa a mando da bruaca.

ANTONIO – Logo adivinhei. Todos adivinharam que o recado era dela. E tive, tivemos todos medo do que ia acontecer.

AVENTINO – Ninguém bebe do meu copo que volto logo. Meu lugar nem vai esfriar.

ANTONIO – Foi. A música parou, a dança parou enquanto ele saia. De uma forma ou de outra todos já sabiam o que depois se deu. Siá Rita chorou e as mulheres se recolheram à tristeza das casas. Os homens principiaram contar casos e a rir sem vontade enquanto esperavam o desfecho duro.

AVENTINO (*sai da área de representação e a circunda*) – Povo bobo! Sei o que faço. Só voltei quando tive certeza que os anos gastaram todo o passado! Tem mais risco, não. Por isso atendi ao chamado.

TEREZA – Chamei. Queria enterrar o passado, clarear pra Aventino o que fiz, porque fiz. Queria continuar em paz com meu marido, João Dé. Como estive em paz por vinte anos.

AVENTINO – Dona Tereza! Dê licença de entrar?

TEREZA – Não, seu Aventino. Não fica bem receber você dentro de minha casa sem meu marido. Vou aí pra fora. Saí pro terreiro. (*Entra na área de representação.*) 'Noite.

AVENTINO – 'Noite. (*Os dois se olham calados. Depois se aproximam.*)

TEREZA – Não quis, não entendi o que fiz. (*Beijam-se com paixão por um longo tempo.*)

AVENTINO – Então eu soube que estava desgraçado! Por que fez isso, miserável?

TEREZA – Eu soube que ia morrer. Ali, na hora, eu soube que os vinte anos não se passaram. Não tive tempo de dizer isso a ele.

AVENTINO – E antes que minha mão, sem meu consentimento, procurasse o aço da faca não tive tempo de dizer que não queria fugir por mais vinte anos pra domar o inferno que ela tinha acabado de reabrir.

TEREZA – Entre o primeiro e o segundo corte não tive tempo de dizer que há vinte anos atrás eu, moça, tive medo da paixão desmedida. Por isso fiquei com João Dé.

AVENTINO – Eu disse "não!" ao meu braço, mas ele tinha golpeado já por duas vezes e sem me ouvir golpeou uma terceira vez o peito de Tereza.

TEREZA – Quis dizer a Aventino que já não queria paz, mas me faltou o ar. E me faltou fôlego pra beijá-lo de novo. E quis rir da ironia de morrer por beijá-lo e só ao beijá-lo me perceber viva. E quis amaldiçoar os vinte anos mortos que vivi. (*Desfalece nos braços de Aventino.*)

AVENTINO – Por que me beijou hoje, Tereza? E por que há vinte anos me deixou?

ANTONIO – Era o que Aventino perguntava quando o encontramos vagando na noite. Nunca entendeu Tereza. Nunca entendemos Tereza. Assim se conta essa história. Dizem que ele era homem vingativo por isso voltou.

VELHA – Dizem que ela era o demônio, por isso seduziu e desgraçou Aventino.

ANTONIO – Dizem que o homem procura sempre uma razão para o que faz. Às vezes não acha.

Mestre livra-se dos elementos que o identificavam como Aventino e, a um gesto seu, reinicia-se o canto da Folia de Reis. O canto e a dança desmontam a cena. Aos poucos, sob ordens do mestre, os atores saem da área de representação. Ficam ali apenas mulher desmemoriada e Theórfo.

SEGUNDA HISTÓRIA — TIODOR

THEÓRFO-ROMEIRO – E então? Lembrou alguma coisa?

MULHER – Nada.

THEÓRFO-ROMEIRO – Não lembra de ninguém, do lugar?

MULHER – Não lembro, não lembro. Posso ser qualquer uma: uma mulher que viveu na cidade, a mãe de Aventino, Tereza...

THEÓRFO-ROMEIRO – Tereza não pode, não! A Tereza morreu!

MULHER – Eu também, às vezes, me sinto morta.

THEÓRFO-ROMEIRO (*meio assustado*) – Olha, dona, a senhora não brinca com isso! Já tá escurecendo e eu não gosto dessas conversas. Eu deixo a senhora aí, heim?

MULHER – Desculpe. É que não ter lembrança é estar um pouco morto. Não lembrar das coisas e das pessoas dá uma solidão, uma frieza, parecida com a morte.

THEÓRFO-ROMEIRO (*assustado*) – Ih! (*Começa a se afastar.*) Eu bem que quis deixar aquela mulher esquisita ali, mas eu estava indo a Aparecida pedir uma graça. Vai daí que, na hora, dá de Nossa Senhora perguntar: por que devo ajudar Theórfo se ele não ajudou quem precisava? Aí, tô lascado! (*Volta.*) Ó, dona, eu fico e ajudo, mas vamo mudar o rumo dessa prosa! Que mais a senhora se lembra além de Folia de Reis?

MULHER – Uma cruz na beira de rio.

THEÓRFO-ROMEIRO (*faz o sinal da cruz*) – Ah, meu Deus!

MULHER – Gozado! Andei o dia todo por essa cidade e não vi uma cruz em beira de estrada.

THEÓRFO-ROMEIRO (*exasperado pelo medo*) – Isso é coisa de antigamente ou desses lugarejos perdidos nessas brenhas do oco do mundo. A cidade é desenvolvida, dona! Em beira de estrada, agora, tem muro, prédio, posto de gasolina, MacDonald's, dona! Tudo é organizado! Lugar de cruz é no cemitério. Já são quase seis horas. Vamo mudar de assunto!

MULHER – As horas abertas! Seis da manhã, meio-dia, seis da tarde, meia-noite. Lembrei que antigamente o povo acreditava que nessas horas os espíritos andam entre os vivos.

THEÓRFO-ROMEIRO – Não andam mais dona. Hoje em dia, seis horas é horário de novela, de congestionamento! E está muito bom assim! Ói, que eu deixo a senhora aí nem que seja preciso desistir de ir a Aparecida!

MULHER – Alguém chamado Tiodor.

THEÓRFO-ROMEIRO (*sôfrego*) – Lembrou? Tiodor? Esse um eu conheci! Morava numa cidadezinha aqui perto. Cidade pacata, antiga, do tempo das Folias de Reis. Com a vantagem que não tem morte, nem cruz em beira de rio. Tiodor era um caboclin' miúdo, lembra? (*Mulher meneia a cabeça em negativa.*) Mas vai lembrar! Vai escutando que a senhora lembra.

A um sinal do mestre toca-se uma moda de viola e mestre e atores fora da área de representação narram enquanto preparam a cena e os personagens para a próxima história.

MESTRE – Era uma cidade esquecida no tempo, provinciana, com um povinho parado, lerdo mesmo!

ATOR 1 – Lá, notícia não entrava, nem saía. Uma pasmaceira de dar sono na hora que se acordava.

ATOR 2 – Acontecimento lá era o sol nascer e se pôr, nascer e se pôr, nascer e se pôr. De vez em quando morria alguém e de vez em quando, em compensação, alguém nascia. Uma lerdeza de fazer raiva em tartaruga, de pôr lesma fora de si!

ATOR 3 – Foi em lugar assim que eu, Tiodor, conhecido como Tiodorzim, nasci atrasado, de nove meses e meio. Cresci devagar como era de praxe naquele lugar e tinha o raciocínio de pouca rapidez que era pra combinar com todas as outras coisas do lugar.

ATOR 1 – Era um custo um pensamento de Tiodorzim enganchar com outro pensamento de modo a emparelhar n'alguma ideia que prestasse.

MESTRE – E não foi que no vai e vem das coisas, Tiodorzim veio se tornar o mais temido bandido da região, procurado cem léguas ao redor?

TIODORZIM – Eu mesmo conto como foi. Eu estava ali, já rapaz, num domingo à tarde, sem o que fazer, mastigando um talinho de capim e vendo paineira crescer. Já viu paineira crescer? É uma lerdeza! Quando me chegou o capeta do Jaíto mais o Quim.

Entram Jaíto e Joaquim.

JAÍTO – Tiodorzim! Falaram que a dona do Honório espichou o zóio pr'ocê.

QUIM – Também ouvi dizer. Gabou muito suas pestana grossa, disse que ocê devia de ser home inteirado, de competência nas partes, capaz de contentar uma mulher, das veiz até duas!

TIODORZIM – Ara! É? Mesmo, mesmo? Era mentirada, mas, primeiro, que eu era sonso, coisa que sou até hoje um pouco. Segundo que na falta do que fazer qualquer coisa é aventura. Terceiro que a dona do Honório era mulher taludona, de tanta boniteza e melúria que valia a pena acreditar mesmo sendo mentira.

JAÍTO – O que esmorecia um pouco Tiodorzinho é que o Honório era roceirão graúdo, troncudão, desenleado, forte feito pau de peroba.

QUIM – Mas eu mais Jaíto tanto influímo, tanto atentamo que

TIODORZIM – Fui! Cacei coragem e fui. Assuntei, rodiei e quando deu, garrei a proseá com a tar, conversinha sem tino nem tampo, falar de lua boa pra prantá mio e lascar beijo em mulher dos outro. Fui assim mesmo, cheio de decisão! E vortei mesmo assim, mais decidido ainda, com uma tunda que tomei do Honório que até hoje tenho marca.

JAÍTO – E eu lá sou homem de permitir que amigo meu apanhe desse jeito, Tiodorzim? Não me faça a vergonha de ter um amigo frouxo!

QUIM – Isso! Não traz desaforo! Vorta lá e escora o homem na ponta da faca. Quero ver se ele é macho.

TIODORZIM – Fui. O homem era. Apanhou eu, apanhou faca, apanhou até um vira-lata que eu tinha e que caiu na besteira de me seguir.

JAÍTO (*insuflando*) – Pra revólver não tem macho!

TIODORZIM – É, num tem!

QUIM – Monte nos brio, home! Todo cavalo um dia acha seu domador! Toda cobra um dia acha uma que lhe morda e lhe coma!

JAÍTO – Ocê num é piúca, ocê num tá chué! Ocê é cabôco turuna, sempre foi!

TIODORZIM – Fui nada, mas na hora fiquei influído! Sempre fui, sim, Jaíto! Vorto lá e faço esparramo! Apanhei de tudo que é jeito: de revólver, sem revólver, na frente, nas costas, de lado, por dentro, por fora! Era aquela prancha de mão quadrada do Honório que descia, voava, subia sem perder viagem. Esmoreci? Passarinho esmorece de brincar com cobra? Nem eu!

JAÍTO – Eita, homem teimoso! Arrodiava o sítio do Honório, apanhava, falava desaforo, apanhava de novo, dizia nome, apanhava outra vez até Honório cansar.

TIODORZIM (*choramingando*) – Pode batê, mas por último ocê vai virar corno na minha mão!

QUIM – Foi assim que Tiodorzim principiou a ficar malvisto e a ganhar fama de desrespeitador de famía e encrenquero! Um dia veio pra riba de nóis.

TIODORZIM – Essa treta principiou co'ocês dois, seus desgranhento! E é co'ocês que vai acabar! Vou fazê zarabanda! Ocês vão dançá fandango e é agora!

JAÍTO – Veio feito fera, destabocado, um só que parecia manada de cateto arrasando mata de taquaruçu! Vortou descaderado com tanto cascudo, piparote e trompaço que levou pra aprender.

QUIM – Mas aprendeu? Aprendeu nada! Virou motivo de riso na cidade e xingou, puxou briga, apanhou. Um dia, ninguém sabe como, Tiodorzim virou macho e abriu um taio na cabeça do seu Palmerim, vereador, que nem pó de café estancou a sanguera. Só reza e promessa.

TIODORZIM – Num fui eu não, gente! Ele se embolou comigo, caímo, e ele lascou a cabeça numa pedra do chão.

JAÍTO – Foi preso, guardado. Pegaram a ter medo dele. Chamaram juiz da capital pro julgamento. E chamaram promotor e devogado, meirinho, guarda, que no lugar não tinha nenhum vivente que prestasse pr'essas coisas de lei.

QUIM – Cidade toda foi ver a bizarria do julgamento. Eu mesmo fiquei aluado de ver aquelas roupas, traje mesmo, aqueles modo fidalgo e aquela ventura de falar celência pra cá, meretrício pra lá, toda hora.

JAÍTO – Promotor falou: porque o réu tem o coração empedernido, é homem renitente e recalcitrante. Olhem a cara dele, humilde, simples, mas não se deixem enganar, senhores jurados. Ele é e sempre vai ser contumaz!

QUIM – Pra que o homem foi dizer uma coisa dessa, siô? Tiodorzim virou gato do mato em mundéu! Se arvorou em rebelde!

TIODORZIM – Isso, não! Sou tudo, mas contumaz não sou nem vou ser. Contumaz é o senhor e a senhora sua mãe!

JAÍTO – Foi aquela zuada do povo. Juiz gritou:

QUIM – Silêncio! Cala a boca!

TIODORZIM – Então, manda ele calar também!

JAÍTO – Julgamento é assim, seu ignorante! Pode continuar, senhor promotor!

TIODORZIM – Ah, é? Então ele pode dizer nome e eu não?

JAÍTO – Só o seu advogado pode falar, disse o juiz.

TIODORZIM – Quem tá sendo xingado é eu! Que moda estúrdia é essa do devogado xingar nome no meu lugar? E os dois deve de tá de arranjo mode de que até agora o devogado não xingou o promotor.

JAÍTO – Sente-se! Cale-se! – trovejou o juiz. O senhor tá arriscado a pegar mais de cem anos de prisão!

TIODORZIM – Despois eu é que sou guinorante! Já tenho mais de vinte anos de vida. Num vou viver mais cem, sua besta!

QUIM – Foi um custo a coisa seguir. Falou um, falou outro, testemunha, depoimento, caiu a tarde, entrou a noite. No fim prenderam os cabôco jurados: uns matuto, tabaréu, guinorante mesmo, sem conhecimento, piorzinhos até que eu. Prenderam numa salinha para o tardo veredito.

JAÍTO – Passou hora, hora e meia, duas, três e nada. Noite alta saiu da sala um cabôco jurado, o Silico, que tem sítio pegado ao meu. E o juíz disse: chegaram ao veredito?

JURADO – Sei disso, não. A gente tá lá reunido esperando argum cristão chegá e dizê o que é pra "faze". Tem uma "papelama" pra "escrevinha" e a gente não sabe onde é o pé e a cabeça disso tudo. Vim falá que num tamo gostando dessa moda de julgamento, não!

JAÍTO – Juiz brabejou: pois, gostando ou não gostando, vocês voltem lá e se não trouxerem o veredito mando prender vocês também! E xingou: Data venia!

QUIM – E assim foi noite adentro: jurado nenhum saía da sala. Na beira da madrugada, com todo mundo estremunhado de sono, o juiz mandou abrir a porta da sala. E cadê os jurado? Sartaro a janela e garraro o mato.

TIODORZIM – Eu, proveitei que o meirinho e os guardas tavam pestanando e m'iscafedi, ganhei mundo e torei estrada.

JAÍTO – O juiz vortou pra capital e assim mesmo condenou o Tiodorzim assim, de revelia, que é quando o réu num tá presente.

Músicos tocam novamente a moda de viola.

QUIM – Quem diria, heim, Jaíto? Que um caboclinho como o Tiodorzinho fosse perseguido nessas largueza toda, pra mais de cem léguas.

JAÍTO – É, quem diria que um sujeitinho à toa que a gente viu nascer e crescer fosse dar em facínora, criminoso de quatro costado! Tão dizendo que virou quadrilheiro, que tá fazendo viúva em todo esse sertão.

QUIM – Pois, é. A gente ali, junto dele, correndo todo esse risco. Viver é um perigo! A gente nunca sabe.

TIODORZIM – E desde então tô nessa vida de ficar nos esconso dos matos sem poder poisá o pé em cidade e povoado. Quanto mais quieto fico no meu canto mais minha fama de facínora cresce. Das veiz dá vontade mesmo de ser chibante, bandido afrontador, sangrador mesmo! Mas qual, cadê coragem? Como e a mo'de que minha vida turtuviou? Só queria entender. Adianta jurar que não tenho crime? Nem cachorro louco acredita.

TERCEIRA HISTÓRIA – ÀS MARGENS DO PARAÍBA[1]

Mulher desmemoriada está sentada. Quase o tempo todo permanece ensimesmada, apesar do esforço de Theórfo.

THEÓRFO – Na vida, longe ou perto, corre o mesmo perigo o pasmado e o esperto. Eh, Tiodorzim! Lembrou?

MULHER (*meneia a cabeça*) – Tiodor... Não é esse... Era um menino...

1. A terceira história foi baseada no texto de teatro nô japonês intitulado *Sumidagawa* (Às Margens do Rio Sumida), de Kanze Motõmassa.

THEÓRFO – Esse também foi um menino, dona! Se esse não serve eu não conheço outro. Já tá escurecendo, tenho medo de assalto, preciso ir. (*Dá uns passos.*) Quis ir, mas parei e pensei que nesse mundo tem muito acontecimento estranho. E lembrei do caso do romeiro que ia pra Aparecida pedir graça, encontrou no caminho uma pobre necessitada, tratou mal e depois veio saber que a pobre era Nossa Senhora em pessoa... (*Olha pra mulher.*) Será? Se for economizo caminhada até Aparecida. Dona, a senhora é... Assim, por acaso... Nossa Senhora? Por acaso, não, desculpa o sacrilégio, por vontade de Deus! (*Mulher não reage.*) E se não for?

MESTRE – Dizem que a noite é dos bêbados, das almas e dos bandidos.

THEÓRFO (*assustado*) – Ai, não fala assim! Tirando bêbado me pelo de medo de qualquer um! (*A um sinal atores começam a fazer sons e ruídos e se movimentam em torno da cena enchendo Theórfo de medo.*) Não dá! Ó, dona, eu vou arriscar. Se a senhora for a Santa me perdoe, mas aqui não fico um segundo mais! (*Mulher subitamente geme e começa a chorar.*) Que foi, dona? Não, chorar não! Não posso ver mulher chorar porque me lembro da minha mãezinha... (*Theórfo também começa a chorar. No entanto, enquanto o choro da mulher é dramático e dolorido, o choro de Theórfo, embora verdadeiro, por causa de suas expressões e algum exagero tem resultado cômico. A ideia é que tanto o dramático como o cômico convivam no mesmo momento.*) Eu fico mas para de chorar. Ó, vamos rezar pra Maria Peregrina que com certeza ela vai ajudar. (*Mulher cessa o choro.*) Mas vamos rezar logo que não estou gostando desse lugar.

MULHER – Aquele era um bom tempo.

THEÓRFO – Que tempo, dona?

MULHER – Dessa história que você contou.

THEÓRFO – Aquilo? Aquilo era tempo era tempo de antigamente, de gente sonsa. Tempo sem progresso, sem recurso. Cidade agora é desenvolvida, não é mais aquele desterro de antigamente.

MULHER – Tempo mais simples, tempo em que se conhecia os vizinhos.

THEÓRFO – Das veiz não é muita vantagem.

MULHER (*subitamente lembrando*) – Um homem magro, de chapéu e paletó. Ele tosse muito. Muitos homens, todos magros, quase vultos...

MESTRE – Eles descem na estação de trem. Vêm de muitos lugares e sobem com dificuldade a ladeira em direção à parte alta da cidade. Arfam com o esforço e tossem, tossem muito. Muitos charreteiros não aceitam transportar os doentes. Têm medo. Muitos doentes sabem que não verão outras paisagens além daquela da cidade a que chegam: São José dos Campos.

THEÓRFO – São os tuberculosos, dona! A senhora é daqui mesmo. Aqui tinham muitos sanatórios. Lembra a rua que eu te levo lá.

MULHER – A cruz à beira do rio!
THEÓRFO – Não fala em cruz de alma nessa hora da noite, dona! É aqui mesmo. O rio é o Paraíba, só pode ser.
MULHER – A cruz marcava a sepultura do menino, do Tiodor.
THEÓRFO – Quem era esse menino?
MULHER – Não sei.
THEÓRFO – Aquela mulher não sabia muito mais.
MESTRE – Aquela mulher, como qualquer um de nós, sabia muito pouco sobre si mesmo.
MULHER (*levanta-se*) – Aquela mulher, com esforço, buscou imagens de um passado que não sabia se era seu: um barqueiro às margens do rio, um viajante, uma louca andarilha.

Enquanto a mulher fala os outros atores ajudam a compor a cena. A mulher compõe a louca, mestre compõe o barqueiro, Theórfo o viajante. Barco, rio são compostos a partir de poucos elementos. Mestre gesticula e a música começa. Mestre entra na área de representação. Conduz um barco e canta.

BARQUEIRO – Sou barqueiro do rio Paraíba
De quando havia barcos,
De quando havia peixes
De quando havia rio
Que tal nome merecia.
Quando o rio era via
Viajantes este barco
Transportou.
Agora é só um marco
De um tempo que passou.
Sou Barqueirôôô!
VIAJANTE (*entra na área de representação e grita*) – Ei! Ei! Ei! Barqueirôôô!
BARQUEIRO (*canta*) – Sou Barqueirôôô!
VIAJANTE – Não me ouve. Invejo essa alegria que é maior do que meu grito. Queria eu ter essa alegria. Há dias, meu amigo, venho de longe, andando vastas distâncias, sou homem preso aos caminhos. Peregrino como tanta gente que ainda espera
Depois de perder toda esperança.
Porque isso é o homem:
Continuar buscando mesmo quando a busca perdeu o sentido.
Ei! Ei! Ei! Barqueirôôô!
BARQUEIRO (*ouvindo*) – Eeeeiiii! (*Vira o remo que simboliza o barco na direção do viajante.*) Ah! Um homem inteiro! E tem o aspecto

sereno! Coisa rara por aqui onde só se vê gente em pedaços: gente cuja doença deformou, mutilou o corpo, ou arrancou parte da alma. Gostaria de ser livre como aquele homem ao invés de estar preso a esse barco. E ter de ver a dor humana desfilar diariamente em direção à Esperança de Aparecida.

É triste minha profissão e é por isso que eu canto.

Sou barqueirôôô! (*Atraca o barco.*) Bom dia, senhor!

VIAJANTE – Bom dia! Dá pra me atravessar?

BARQUEIRO – Só se for de barco. (*Ri.*) Onde está indo?

VIAJANTE – A Aparecida. Está bonito o seu barco enfeitado com tantas flores.

BARQUEIRO – Os barcos todos estão enfeitados. Do outro lado do rio vai ter novena em celebração…

Depois de composta pelos atores a louca entra na área de representação. Chama o barqueiro com gestos que compõem uma coreografia estranha e lúdica interrompendo a fala dele.

MÃE – Ei, oi! Ei, oi! Barqueirôôô! Quero embarcar mas não tenho dinheirôôô! Quero casar mas não tenho parceirôôô!

BARQUEIRO – Quem é aquela?

VIAJANTE – Uma louca mansa. Cruzei com ela no caminho. É muito divertida, leva a vida sem preocupações.

BARQUEIRO – Vamos esperar.

MÃE – Amor de mãe só morre quando ela própria morre. Agora entendo essa frase que um dia ouvi numa tarde de chuva fina ainda em terras de Minas. Por onde andará perdido o meu filho? Ele se lembra ainda de mim?

MESTRE – Por que me distraí? Por que deixei o menino sozinho? Por que meu coração não me avisou, pergunta-se a mãe.

MÃE – Longe, depois da Serra da Mantiqueira, bem entrado nas terras de Minas eu vivia, viúva de Cirilo, um homem bom que morreu cedo. Eu me mantinha do trabalho na terra e da ajuda alheia. Cuidando da roça, descuidei do menino. Foi um minuto, não mais que dois, com certeza. Sumiu. Está brincando por aí, o coração me tranquilizou com essa mentira. Tinha sete anos.

MESTRE – Enlouqueceu com a verdade: ladrões o levaram.

MÃE – Bati estradas, vim no rastro, enlouquecendo aos poucos em cada cidade cheia de estranhos e vazia de meu filho. “Desceu a Mantiqueira.” “Lá vai indo no rumo de São Paulo”, “Corre, que de lá pode ir para o estrangeiro”, disseram. Eu vim atrás, há dois anos procuro. Dói. Dói de querer morrer, mas não morro! Vou achar meu menino e mais do que nunca vou viver. Estou aqui. (*Corre em direção ao barco.*)

BARQUEIRO – Onde pensa que vai?

MÃE – Vou onde você pensa que vai me impedir. (*Ri e agilmente sobe e senta-se no barco.*) Vai dar menos trabalho você me levar do que me tirar daqui.

BARQUEIRO (*ri*) – Ela é louca, mas não é burra!

MÃE – Se fosse burra já tava morta, uai! E não devo de morrer antes de achar quem eu procuro.

VIAJANTE – Um marido?

MÃE (*com um gesto de desprezo*) – Marido eu acho de cacho! Tudo vistoso, tudo maduro, tudo prontinho pra casar!

VIAJANTE – E você não pega um?

MÃE – Apodrece logo, meu filho! Ô, fruta que não dura é marido! (*Viajante e barqueiro riem. Subitamente a mãe levanta-se e aponta ao longe.*) Que aves são aquelas?

BARQUEIRO – São garças. Não tem lá em cima da serra?

VIAJANTE – O barqueiro aqui tá querendo casar, dona! Dona?

Mãe não responde. Está fixa ainda nas aves.

BARQUEIRO – Deixe. Tá perdida nos pensamentos. Daqui a pouco lhe volta a alegria. Louco é assim.

VIAJANTE – Penso, às vezes, que levam uma vida despreocupada.

Barqueiro rema e canta baixinho enquanto mãe fala às aves.

MÃE – Garças, foram dois, três, que levaram meu filho!
Voem, vasculhem a terra aí de cima.
E procurem onde eu não procurei.
Procurem nas estradas, caminhos, embarcações, cidades.
Tem nove anos agora,
É pequeno, magro, mas alegre e esperto.
Olhos pretos, cabelo ruim, mas é lindo!
Ele se chama Tiodor como meu pai se chamou um dia.
Voem, vasculhem antes que chegue a São Paulo
Onde tudo se perde.
Descubram meu filho antes que o levem para o estrangeiro
E eu não mais o alcance
Ou ele se esqueça de mim.
Garças brancas voem! Chô! Chô!

Atores mimam seguir o voo das "garças" que assustadas descrevem círculos, passam por suas cabeças e voam para longe.

VIAJANTE – São lindas! É pura poesia o voo branco delas contra o céu azul!
MÃE (*limpando a testa*) – Quando não cagam na cabeça da gente!

Os dois homens riem. Barqueiro rema e começa cantar. Viajante o interrompe.

VIAJANTE – Outro barco enfeitado. O senhor não me disse a razão de tantas flores. É festa?
BARQUEIRO – É uma novena pela alma de um menino. Um fato triste que comoveu toda região. Aconteceu num dia frio de julho. Hoje faz dois anos. Dois, talvez três homens, traziam consigo uma criança roubada. Vinham de longe, lá dos altos da Mantiqueira. A viagem e o frio maltrataram muito o pulmãozinho do inocente e ele tossia muito. Vai daí que aqueles homens aprenderam uma forma nova de maldade e largaram o menino na estrada. A gente boa desse lugar recolheu o menino, deu-lhe cuidados e perguntaram a origem. "Vim dos altos da Mantiqueira, sou filho de Cirilo e vivia com minha mãe. Não queria vir, mas três homens me trouxeram. Onde está minha mãe? Minha mãe vem me buscar.", disse e muito mais não falou porque não durou muito, o pobrezinho. No lugar que morreu, às margens do Paraíba, ergueram um cruzeiro com o nome Tiodor para que a mãe se viesse, pudesse reconhecer.
VIAJANTE – Triste.
BARQUEIRO – É a história que contam. Mas esse povo inventa muito. (*Sem que os dois percebam, a mãe, depois de ter ouvido toda a história sem nenhuma reação, começa a chorar com uma dor muda.*) Chegamos. Podem desembarcar.

Barqueiro pula na margem e segura o barco. Viajante desce.

VIAJANTE – Vou participar da novena.
BARQUEIRO – Ei, doida! Chegamos. Vamos descer. Minha história a fez chorar.
VIAJANTE – Dizem que os doidos têm hora que são muito sensíveis.

Mãe desce e com o rosto semiencoberto inquire o barqueiro.

MÃE – Barqueiro, quando aconteceu essa história?
BARQUEIRO – Faz dois anos. Morreu nesse mesmo dia de hoje.
MÃE – Que idade tinha o menino?
BARQUEIRO – Dizem que uns nove pra dez anos.
MÃE – O nome?
BARQUEIRO – Já disse.

MÃE – Diz de novo.
BARQUEIRO – Tiodor.
MÃE – O pai?
BARQUEIRO – Cirilo.
MÃE – Como era o menino?
BARQUEIRO – Miúdo, de olhos bem pretos. O cabelo era ruim
MÃE – Mas ele era lindo! Acabou a procura.
BARQUEIRO – Você é a mãe?
MÃE – Não posso deixar de ser mãe mesmo sem meu filho. Amor de mãe só morre quando ela própria morre. (*Pede num fio de voz.*) Barqueiro, me leva pro rio.

Barqueiro a abraça. Viajante chora.

BARQUEIRO – Vem. Ó, gente boa, me ajudem que sozinho não consigo carregar tanta dor!

A um gesto do mestre os outros atores ajudam a amparar a mãe. Formam um bolo de abraços e movimentam-se lentamente enquanto o mestre fala.

MESTRE – Rezaram novena pelo descanso do menino e pelo consolo da mãe. Por aquela que enlouqueceu de dor com o desaparecimento do filho e recuperou a lucidez com uma dor maior ainda.
BARQUEIRO – Não rezou, nem cantou na novena. Caiu ao chão por três vezes e chorou uma só vez, do começo ao fim da oração.
VIAJANTE – Por dois anos aquela doida buscou o filho para só encontrá-lo depois que ele já tinha partido.
MÃE – Buscar era o sentido da vida, o que fazer quando a busca perdeu o sentido?
ATORES – Buscar! É preciso buscar.
MÃE – Esperei contra toda esperança. Agora quero descanso. Para, meu coração! Descansa no fundo do rio e eu toda seja só lembrança.
ATORES – Buscar! É preciso buscar.
MÃE – Voltar à loucura? Uma loucura maior de buscar sem nenhum sentido?

Os atores não sabem o que responder. Alguns viram o rosto, outros não contêm a emoção. Do meio deles vem uma voz.

VOZ – Buscar um sentido!
MÃE – Quem falou? É a voz do meu filho!
VOZ – Buscar sempre um novo sentido!

Um ator manipula um estandarte todo branco preso a uma vara que cobre por instantes o grupo de atores. O estandarte se desloca com um ator atrás dele. A mãe segue o movimento do estandarte.

MÃE – É meu filho! É meu menino que encontrei?
VOZ (*atrás do estandarte*) – É minha mãe? Veio me buscar?

Mãe vai em direção ao estandarte, mas o ator que o manipula o movimenta pelo ar, seguido pelo olhar da mãe. Logo o estandarte é recolhido. A mãe para confusa. O ator manipula de novo o estandarte no outro extremo da área de representação.

ATOR/VOZ – Buscar um sentido!

Mãe faz menção de ir em direção ao estandarte, mas ele é recolhido. Mãe ajoelha e senta-se sobre os calcanhares permanecendo quieta.

ATOR/VOZ – Dizem que ela enlouqueceu de novo, de loucura definitiva.
MESTRE – Dizem que via o filho na luz tênue da lua, no vento invisível que traz e que leva a chuva.
ATOR/VOZ – Via o filho nas pedras, nas plantas, em tudo que é vivo e não é. No homem, no mundo.
MESTRE – Dizem que amou o mundo. Dizem que sua loucura encontrou esse sentido. Mas esse povo inventa muito.

A um gesto do mestre inicia-se música. A mãe, ajudada pelos atores retoma a personagem da mulher desmemoriada. Logo entra na área de representação Theórfo.

THEÓRFO – Dona, a senhora é a Mãe? Ou não é? É alguma mulher dessas histórias? Ou não é? A senhora lembra?
MULHER (*olha em volta como se acordasse de um sonho*) – Muito diferente daqueles tempos.
THEÓRFO – Que tempos, dona?
MULHER – O lugar é esse, mas a árvore não é mais a mesma.
THEÓRFO – Que árvore, dona? A senhora tá me assustando!
MULHER – Quantas coisas meus olhos viram daqui, de debaixo dessa árvore. Quanto vento frio engrossou minha pele! Quantos anos até aquela tarde de verão. O sol se pôs que era uma lindeza e tive um estremecimento e a certeza que era meu último sol. A noite chegou e meu velho coração badalou como sino. Pela última vez.
MESTRE – Certifico que as folhas 139, do livro número C-13, de registro de óbitos, foi lavrado hoje o assento de Maria “Do Saco”, falecida a

nove de fevereiro de mil novecentos e sessenta e quatro, às vinte e trinta horas, na Estrada do Jaguari, neste Subdistrito. Morte por causa indeterminada, sem assistência médica, sem sinal de violência.

MULHER – Cor parda, estado civil ignorado, natural de lugar ignorado, com aproximadamente oitenta anos, filha de pais ignorados.

THEÓRFO – Estado de São Paulo, Comarca de São José dos Campos, Município de São José dos Campos, Distrito de São José dos Campos. (*Olha lentamente para a mulher, assustadíssimo, recuperando a personagem.*) Dona, a senhora é...?

Atores, um a um, entram na área de representação. Pedem à mulher que não veem.

ATOR – Maria Peregrina, me ajude a arranjar um emprego. Por favor, me ajude. Volto pra agradecer assim que conseguir.

ATRIZ – Maria Peregrina, faça minha filha afastar do noivo dela. Ajuda para que ela enjoa dele.

ATOR – Dona Maria Peregrina, faz a mãe da minha noiva parar de se meter na nossa vida.

ATRIZ – Maria Peregrina, faz minhas regras descer. Eu ia pedir pra Nossa Senhora em Aparecida, mas andei pecando muito e é capaz de ela não me atender. Peço pra senhora pedir pra ela pra ela pedir pra Deus.

ATOR – Desculpe por estar trazendo problema e obrigado por me atolerar. Minha doença é muito grave, o médico disse.

MULHER – As pessoas mudaram, as casas mudaram. Não mudou a fé, nem a esperança além de qualquer esperança. Deus abençoe todos vocês.

MESTRE – Nunca se soube a história de Maria Peregrina. Pode ser qualquer uma que lhe dê sentido. Porque isso é o homem: continuar buscando mesmo quando a busca perdeu o sentido. Obrigado por esse encontro. Boa noite.

A um gesto do mestre a música de Folia de Reis inicia. Antes que os atores cantem, Théorfo, ainda paralisado pelo susto, rompe a imobilidade.

THEÓRFO – Eu... o tempo inteiro falando como a alma de Maria Peregrina! Já que assim foi, que seja assim: Dona, eu preciso fazer um pedido...

Atores cantam e dançam envolvendo Maria Peregrina, impedindo que Theórfo faça o pedido.

FIM

Um Merlin, 2002. Em cena, Antonio Petrin. Foto de João Caldas.

2002

Personagens

Merlin
Niniane

PRIMEIRA PARTE

PRÓLOGO: UM VELHO FALA SOBRE VELHOS

Um velho movimenta-se lentamente do fundo do palco até o proscênio. A luz, igualmente de maneira lenta, vai revelando um palco nu ocupado apenas por uma árvore ao fundo, um pouco à esquerda. A árvore é esgalhada e seca e, dela, pendem apenas as cinco últimas folhas. No chão, folhas delimitam um quadrado que é a área de representação. Nessa área, à direita baixa, um monte de folhas em tons verde-escuro e amarelo. O velho, de maneira nenhuma veste roupas comuns, nada que possa lembrar naturalismo, mas também nada alegórico. Suas roupas são rústicas, velhas, com tons entre marrom e preto, mas com alguma cor. Veste botas velhas e chapéu de feltro. Algo que se assemelha a um velho peregrino. O velho traz no rosto um sorriso de quem desfruta a velhice em paz – pelo menos nesse momento.

VELHO – Boa noite! Sobre mim, a única coisa evidente que posso dizer a vocês é que sou um velho. Mas o que é um velho? (*Interrompe o raciocínio.*) Desculpem. Antes de qualquer coisa, obrigado por terem vindo, obrigado por terem atendido meu chamado. Isso faz de vocês pessoas especiais, pessoas que se movem de casa e acorrem ao chamado de um estranho. "Recordai a fé que arrancou o homem de casa ao chamado do profeta errante", escreveu o poeta Elliot.

Não sou profeta, mas talvez eu seja um errante e, com certeza, vocês saíram de casa animados por essa fé. A fé que este desconhecido, este velho ator, este fingidor, que erra pelos palcos possa tocar com dedos leves a corda mais viva de seus corações. A fé que este velho ator possa, sobre este tablado, desfigurar-se em risos, em gestos e em dores da alma, tão fundas, que lhes faça acreditar, por momentos, que vida é o que acontece dentro dos limites deste palco. Porque é. Por momentos, é! E, dada a grandeza do que nos propomos aqui, agora – fazer correr a vida sobre este tablado – desejo e peço que sua fé complete o que faltar a este velho ator. Velho ator. Velho. O que é um velho? É alguém que juntou muitos anos e lembranças? E se eu disser a vocês que a distância entre aquele menino da minha infância e o dia de hoje foi um nada de tempo? Estou tão perto do menino da infância que não consigo reconhecer em mim os "tantos" anos que dizem que tenho. Lembranças tenho muitas, é verdade, mas um velho é mais do que um arquivo de coisas idas e vividas. Falar que sou um velho ainda diz muito pouco de mim. Meu nome? Meu nome pouco importa. O nome de um ator é o nome de sua atual personagem. Meu nome é aquele em que eu, agora, me transfiguro: Merlin. E transfigurando me ponho a contar o momento mais intenso da vida dele.

CENA 1 – O ENCONTRO

Uma jovem entra na área de representação, cobre Merlin com um manto e sai. Uma folha cai da árvore. O velho ator e a jovem acompanham a sua queda com o olhar.

MERLIN – Sou Merlin, o sábio, aquele velho lendário que conduziu Arthur ao trono e sonhou construir uma nação, sua obra. Aquele sobre quem se escreveram muitas histórias e lendas. Sobre este velho ainda não se escreveu a verdade sobre seu encontro com Niniane: (*Entra Niniane na área de representação.*) Aquela é Niniane com quem Merlin viveu três dias, e este é o mais intenso e o mais difícil momento de minha longa vida. (*Vira-se para Niniane.*) Neste momento, ao final do terceiro dia, os olhos de Niniane são luz e águas, e este velho, que sou eu, vacila frente a uma decisão que não pode ser adiada.

NINIANE – Vai embora, Merlin.

MERLIN – Meu corpo quer distância, estrada e fuga. Minha alma, presa a seus olhos, ordena que o corpo permaneça. Meu corpo reluta, treme e revolta-se contra minha alma que quer sua presença! Não sei decidir, não quero decidir! (*Niniane abandona a área de representação e permanece em pé. Seu olhar agora é ausente.*) Este foi o momento mais difícil e mais intenso, mas para que o entendam, conto o que se deu antes desse encontro. E começo contando que um homem é feito de durezas, de decisões frias e necessárias. Assim é construído o mundo dos homens, um mundo de conflito e luz, de trabalho e guerras! Assim construí minha obra e me orgulhei dela. (*Num tom de amargura.*) Orgulho vão! Logo percebi que minha obra estava incompleta. E, mesmo incompleta, ameaçava ruir, transformar-se em pó o trabalho de uma vida! (*Tenso.*) Desculpem se não me explico direito... Corta a alma lembrar, mas lembro para que vocês entendam. Com Arthur, com inteligência, frieza, trabalho e tempo, construí uma nação. E quando pensei em descansar, Mordred, filho de Arthur, armou um exército e se levantou contra o pai. Já consigo ver a fúria no gume das espadas e no silêncio da infinidade de mortos. Para impedir o desastre vou ao encontro de Mordred. Cruzei a planície, atravessei cidades, povoados, desertos. Percorri meu próprio cansaço e aflição até chegar a este lugar. (*Enquanto Merlin sai da área de representação, esta é ocupada por Niniane que tem um ar desorientado.*) Merlin é um velho que precisa de tempo e viaja com o coração pesado.

NINIANE (*canta*) – Por essa estrada ninguém passa,
Não passa caça nem caçador
Só passa o vento e seu lamento
De braços dados com minha dor.

(*Ri com um ar ausente e transita do riso para o sofrimento enquanto fala ao público.*) Dizem que os tolos são anjos de Deus que se perderam e, sem memória, vagam na terra. Dizem que, um dia, uma jovem tola, um anjo de Deus, perambulava pelos caminhos repetindo essa canção. Eu sou essa tola e nada recordo do meu passado. Dói, lá dentro, a certeza que sou, que fui alguém. E aumenta a dor não lembrar quem fui, quem sou. (*Contendo a emoção.*) Meu passado é vento, é pó que se desfaz. (*Merlin entra na área de representação e para perplexo, observando a jovem.*) A jovem desmemoriada sentou-se e recolheu-se à aridez de suas lembranças. Ela não sabia que era um anjo, pois sofria como gente comum. Chamava-se Niniane, mas nem disso ela sabia. (*Curva-se e se senta.*)

MERLIN – Não percebeu quando cheguei e só ergueu os olhos quando chamei: moça! (*Niniane assusta-se e quer fugir.*) Não corre! (*Niniane para ao ouvir a ordem de Merlin. Merlin se aproxima. Niniane mantém-se em assustada expectativa.*) Me olhou com o olhar ausente dos tolos. Quem é você? Que faz aqui sozinha? É uma mulher, uma alma ou um demônio? (*Niniane tenta fugir, Merlin a segura,*

Niniane se debate. Merlin faz um gesto brusco e ela se encolhe com medo. Merlin, depois de um instante de perplexidade, a solta. Olha-a com um olhar doce.) Ela era linda! Lembro que seu olhar tinha um brilho que, na hora, não me pareceu humano. (*Irritado consigo.*) Vai embora! Tenho coisas mais importantes a fazer do que me ocupar de moças perdidas! (*Vai à saída.*)

NINIANE (*Desata num choro sentido. A custo contém-se. Ainda chorando.*) – Não sei por que chorei e no meio do choro pedi: fica! (*Merlin se volta. Niniane continua a fitá-lo.*) Tinha medo daquele homem, mas era o único que podia me ajudar, eu tinha certeza.

MERLIN (*olhando Niniane*) – Não posso ficar, moça. Há dias viajo e se me sento não consigo descansar, e se fecho os olhos não consigo dormir. Desculpa, tenho pressa! (*Não se decidindo partir. Respira fundo para conter a própria agitação.*) Qual é seu nome? (*Niniane meneia a cabeça negativamente.*) Como veio parar aqui nesse lugar perdido? (*Niniane meneia a cabeça negativamente.*) Tem família? De que pai ou marido está fugindo? (*Niniane contrai o rosto para chorar. Merlin esboça um sorriso.*) Sou um velho vivido, menina, e não são suas lágrimas nem seus encantos que me farão ficar. (*Niniane corta imediatamente o choro e emburra. Merlim ri.*) Fico porque há dias ando por esses caminhos sem encontrar um único ser humano com quem dividir palavras, alimento e amizade. Fico porque estou cansado e, na alma, tenho uma inflamação que pulsa, cresce e dói. Fico porque as águas de minha alma estão a ponto de transbordar e (*É tomado por agitação que tenta controlar sem conseguir.*) já estão transbordando neste exato momento, vazam pela minha boca com estas palavras que tento, tento, mas não consigo segurar: noite dessas, menina, pressenti a destruição de minha obra. E minha obra é um país.

NINIANE – E onde é seu país, senhor?

MERLIN (*com uma espécie de fúria*) – Um país não é onde, menina, um país é o quê! Um país é a terra que os homens moldaram em tijolos e casas e não sei porque estou lhe dizendo tudo isso e se não quiser ouvir vá-se embora que, mesmo assim, eu vou continuar aqui, falando ao vento, ao nada, como um velho doido e ridículo, que meu país são as pedras talhadas, empilhadas como muros e alinhadas como ruas. E são os homens que passam por essas ruas, e todas as mulheres e seus velhos pais, e os meninos que brincam sobre elas. E são as máquinas e os engenhos construídos pelo conhecimento humano. São os campos cultivados e aqueles que os cultivam e são todos os mortos que ainda lembramos e mesmo os que já esquecemos; e são os loucos, os mendigos e seus cães, esses todos são meu país! (*Cansado.*) Você entende? Não, ninguém entende. Pra você, país é só sua própria confusão e desmemória; para outro é apenas seu campo e seu gado; para outro é apenas sua família, sua casa e seu cavalo. Gritam: "além do que é meu, país é só uma terra de ninguém a ser espoliada." Para mim, país é mais, muito mais! Mais até do que consigo imaginar!

NINIANE – Estou confusa.

MERLIN (*cansado*) – Eu estou muito mais. Não dê importância ao que digo. (*Ri.*) Queria apenas alguém que ouvisse a confusão de minhas palavras para organizar melhor meus pensamentos. Podia ser você, um mendigo surdo ou um cão. (*Niniane afasta-se irritada.*) Ei! Aonde vai?

NINIANE (*irritada*) – Vou procurar um cão ou um mendigo surdo para lhe fazer companhia!

MERLIN (*Ri e a alcança. Passa o braço sobre seus ombros e a traz de volta. Contemporizador.*) – Calma! Fica. Não me leve tão a sério.

NINIANE – O senhor é arrogante.

MERLIN – Eu sei. É próprio de quem está acostumado a comandar.

NINIANE – Se o senhor é general eu não sou um de seus soldados!

MERLIN (*Ri*) – Que mudança! Você é a mesma que agora, há pouco, chorava pedindo que eu ficasse?

NINIANE (*receosa, mas ainda emburrada*) – Sou. Desculpe.

MERLIN (*ri mais*) – Passei tanto tempo envelhecendo entre adultos que esqueci como os jovens são petulantes! Adoráveis, mas petulantes!

NINIANE – O senhor não vai embora, vai? Se for, eu vou junto. O senhor não me quer para o senhor? Assim, dada, como serva, lhe acompanhando onde for, mesmo no maior perigo, mesmo no maior desgosto, mesmo…

MERLIN (*divertido*) – Não, não quero!

NINIANE – Sou nova, sou forte. O senhor me toma como sua e eu pego sua mão e vou lhe guiar por todos os caminhos que teremos de passar…

MERLIN – Que caminhos, tonta?

NINIANE – O senhor já é velho… logo vai precisar de amparo, de quem lhe ajude…

MERLIN (*entre perplexo e divertido*) – Me dê comida na boca, me dê banho, cave minha cova, me enterre…

NINIANE – Não quis dizer isso! Gosto do senhor, gosto muito, acho até que amo. (*Merlin ri, zombeteiro.*) Não ri!

MERLIN – Me ama, assim, de repente?

NINIANE – É, de repente! (*Merlin ri.*)

MERLIN – Mas me ama como? Como pai? Como amante? Quer dormir comigo?

NINIANE (*irritada*) – Amo como você se deixar ser amado! (*Merlin ri.*)

MERLIN – Ri porque ali estava alguém mais confuso que eu. Ela, confusa em seus sentimentos de medo, amor, gratidão. Eu, confuso por razões que vocês bem sabem.

NINIANE – Fale da sua obra, senhor.

MERLIN – Não quero falar disso agora.

NINIANE – Quer, sim! (*Arruma um lugar para que Merlin se sente.*) E eu quero ouvir. Vou ser um mendigo surdo, um cão.

Merlin, após um segundo de perplexidade pela atitude decidida de Niniane, começa a falar. Niniane lentamente sai da área de representação e paramenta-se com uma peça de roupa (um véu, um diadema) que a identifica como Igraine. Com postura nobre e levemente sensual, retorna à área de representação. Entrega uma coroa a Merlin.

MERLIN – Não queria falar, mas a simplicidade daquela tonta me enterneceu. Os simplórios têm esse poder, talvez o único: alegram o coração de quem ainda tem algum. (*Ainda falando ao público.*) Minha obra, menina, começou lá atrás, num tempo de feras e homens. E naquele tempo era impossível distinguir uns dos outros.

CENA 2 – ÚTER

NINIANE – E Niniane, calada, com seus olhos de tonta, bebeu cada palavra. Aquele era um tempo rude, de espadas e punhais. Um tempo de pele grossa, cicatrizes e coração cascudo.

MERLIN – Nesse tempo, as mulheres rezavam na espera de um tempo em que os homens pudessem envelhecer sem susto e as mães não chorassem a morte prematura dos filhos.

NINIANE – Foi nesse tempo que Merlin andou pela terra e com sabedoria imaginou a última guerra. E, entre todos, escolheu Úter, guerreiro selvagem, para travar a última guerra entre os homens.

MERLIN – E assim foi. E, então, a terra se abriu pra receber os mortos da luta terrível. E sobre o silêncio dos mortos e dos campos devastados, sobre o silêncio das viúvas sem lágrimas, sobre o silêncio das crianças sem fala, ergueu-se a paz como uma planta, como um tenro triunfo de folhas verdes sobre a terra em escombros.

NINIANE – E Úter tornou-se rei. E para celebrar o fim de todas as guerras, Úter convocou seus generais e capitães, seus condes e barões, cavaleiros, soldados, cães, mulheres, viúvas, crianças, feridos, mutilados, bandeiras, clarins, tropel, gritos, cantos e risos.

MERLIN – Todos acorreram para comemorar o início de uma nação e de uma era de paz e concórdia. E entre todos vieram o conde de Tintagel e seus soldados. E veio Igraine, a mulher do conde.

NINIANE – E Igraine, que agora sou eu, fez reverência e começou a dançar para o rei, como era costume. (*Dança.*)

MERLIN (*colocando a coroa sobre a cabeça*) – E eu, que sou o rei Úter agora, elevei meu copo e brindei com meus aliados: à paz e à lealdade! E bebemos do mesmo copo e comemos do mesmo pão. E rimos como velhos camaradas.

NINIANE – Finalmente existia um país e existia paz. Todos já haviam enterrado seus mortos e suas lembranças dos tempos maus. E cantavam, bebiam e amavam celebrando a paz: Merlin pensava que havia concluído sua obra.

MERLIN – Não tive culpa do que depois se deu!

NINIANE – Menos culpa tive eu! Enquanto dançava não mudei um único passo, não pus intenção num único gesto! Apenas, de olhos fechados, me abandonei à música como requer uma dança e como sempre faço.

MERLIN – Lembro-me de pouca coisa, quase nada. Lembro-me da rapidez vertiginosa dos acontecimentos.

NINIANE – Lembro-me de cada coisa. Perdida, dentro da dança, não percebi que, aos poucos, pararam as vozes, depois os risos e, por fim, a música. Abri os olhos para aquele silêncio suspeito e vi o que todos viam: o rei selvagem, Úter, de pé, sem pudor nenhum, me olhava com sede e urgência.

MERLIN (*apaixonado*) – De hora pra outra, enxerguei o que não havia percebido: Igraine era bela como um pássaro, como uma tarde, como um fruto maduro ao sol. "Como todas essas coisas juntas", disse meu coração surpreso.

NINIANE – Tive medo, todos tiveram medo do que podia acontecer e aconteceu. A paixão do rei não se extinguiu com os olhares e comentários de todos os presentes. Nem se extinguiu quando o conde de Tintagel, meu marido, rompeu o silêncio e lançou ao ar as palavras dignas e duras de seu ressentimento.

MERLIN – A paixão cresceu quando revidei palavras que eram ordens e ofensas!

NINIANE – Solucei, pedi, mas no calor da ira que crescia na sala, ninguém ouviu.

MERLIN – Minha paixão não diminuiu quando o conde jogou na sala gritos ainda mais ferozes! Nem quando, outra vez, se fez o silêncio do medo e da espera.

NINIANE – Nem mesmo quando vi que o olhar do rei se turvou. Nem quando o sangue subiu-lhe ao rosto e ele gritou "sangue, canalha!" Nem quando Merlin gritou "Chega, Úter!" e segurou seu braço que já puxava a espada. Em segundos a obra, o sonho de Merlin, estava desfeita.

MERLIN – E a paixão de Úter não se extinguiu nem quando Igraine, o conde e seus homens voltaram às suas terras, em Tintagel.

NINIANE – Nem tinha se extinguido ainda quando debruçada na janela chorei ao ver, na planície, a marcha dos soldados de Úter contra minha casa. (*Chora.*)

MERLIN – Nem vai se extinguir agora que a batalha se fere e que minha paixão se soma à minha cólera. Quero punir as ofensas do conde; quero me apossar de suas terras e de sua casa e, acima de tudo, quero Igraine! Estou surdo às maldições dos homens e aos gritos das mães. Estou cego para a confusão mutilada e morta de filhos, maridos e irmãos, que se estende por toda a planície. Perco até meu último homem agora que, por paixão, já perdi a mim mesmo! Atacar!

NINIANE – Da janela vi o exército de Úter subir pela encosta. E depois de derramar a última lágrima inútil pela estupidez humana voltei ao quarto e avivei o fogo do meu ódio. E pensei em venenos para que o rei maldito só triunfasse sobre meu corpo morto.

MERLIN – Triunfei sobre os homens do conde, triunfei sobre o conde. Derrubei suas torres e cruzei seus portões. Deitado no pátio de terra o conde me olhava sem ver com seus olhos abertos e mortos. Segui.

NINIANE – Esperei em pé, junto à cama. Com ouvidos alertas e com o punhal ao alcance da mão esperei ter o peito do rei ao alcance do punhal.

MERLIN – Cruzei salões e corredores impondo minha soberania sobre a casa e sua gente. A porta de Igraine estava aberta. Entrei.

NINIANE – Entrou. Meu ódio comprimiu em minha mão o cabo do punhal oculto. O conquistador me olhou e despiu-se de suas armas, de seu elmo, de suas roupas e de sua majestade.

MERLIN – Você me atraiu, eu vim. E viria se o preço em homens mortos fosse o dobro e o tempo em guerra fosse o triplo.

NINIANE – Olhei aquele homem e o que estava oculto e desconhecido dentro de mim manifestou-se pronto e forte. (*Confusa.*) Entendi que havia sido traída por mim mesma. (*Apaixonada.*) Reconheci que quando dancei, sem saber, eu havia buscado, havia desejado o rei. E me chamei de "maldita!" enquanto a solidez do meu ódio transformava-se em ar, em nada. E ainda quis rasgar o peito do rei, mas minha vontade caiu ao chão com o punhal. E ainda me assustei comigo mesma quando minha boca, sem ordem minha, blasfemou contra a memória de meu marido e disse: "bem-vindo!". E aquele rei cobriu meu corpo de força e ternura tão desejadas.

Merlin tira a coroa e a entrega a Niniane que a toma e sai lentamente da área de representação. Abandona a composição de Igraine e retorna com um feixe de lenha. Ao retornar, perdeu seu ar alheio. Torna-se pensativa.

CENA 3 – O MENINO SEM ALMA

MERLIN – Naquela mesma noite Igraine concebeu Arthur, filho de Úter. Eu criei Arthur, treinei seu corpo, forjei seu caráter, cultivei sua alma. Com Arthur finalmente houve paz e finalmente os homens construíram o que tanto havíamos sonhado.

NINIANE – A sua obra.

MERLIN – Sim. Em paz, o engenho humano projetou muralhas, pontes, monumentos, torres altíssimas e as mãos as construíram. E lapidaram joias, finíssimas peças de arte, porcelana, ourivesaria, poesia e livros, máquinas e instrumentos como nunca se sonhou.

NINIANE – O senhor fala com paixão.

MERLIN (*sorri satisfeito*) – É paixão. Úter amou Igraine, eu amei minha obra em cada detalhe como os homens amam as mulheres, as mulheres amam os filhos e as crianças amam as brincadeiras e o riso. (*Transita para amargura.*) Crianças! Por falar nelas, uma tarde, chegando de uma longa viagem, quando admirava, ao longe, com orgulho, a simetria perfeita dos monumentos e torres de minha obra, vi uma mulher caminhar em minha direção. Puxava pela mão uma criança sem alma. A pele da criança era áspera e pálida, o olhar sem viço, a expressão sem inteligência nem vontade. Nasceu assim, explicou a mulher, sem alma. (*Pausa.*)

NINIANE – Assim, em silêncio, Merlin ficou longo tempo trancado em seus pensamentos.

MERLIN (*brusco*) – De onde são vocês que nunca vi? – perguntei. Somos gente deste país, senhor. Vivemos fora dos limites da cidade, além das muralhas, longe das estradas reais calçadas de pedra, distantes dos salões onde vocês habitam, vivemos próximo, onde vosso curto olhar não alcança. Eu, então, olhei para os edifícios, as torres, as muralhas, e toda minha obra me pareceu vazia de sentido. (*Alterado.*) Pra quem construímos o engenho das máquinas, a simetria das formas? Pra quantos e pra quem escrevemos os livros de fina poesia e alta filosofia? – gritei enquanto esporeava o cavalo que galopou pelas ruas de pedra. Pra quem acumulamos os tesouros da ciência, do saber e de tantas artes? – berrei nos corredores da corte enquanto cruzavam por mim mulheres assustadas. Pra quem, Arthur? – bradei no salão real repleto, onde o rei dava ordens e discursava a cavaleiros e velhos e novos soldados, que se apinhavam na confusão do lugar. Mordred, meu filho, marcha contra mim, à frente de um exército, respondeu-me Arthur. A guerra retornou, informou cheio de amargura. (*Desesperado.*) Tem horas que Deus e o diabo se unem contra o homem! – gritei! E saí de lá com o sentimento de que o mundo era ruínas e decidido a reerguer cada pedra que ameaçava cair. Andei, andei, andei até este lugar. Por que você foi posta no meu caminho? Qual o sentido desse encontro não sei. O que sei é que preciso do que menos tenho: tempo. Tempo para refazer o que construí. Nenhum sentido tem o progresso se pessoas estão nascendo sem alma.

Pausa. Niniane arruma o fogo.

NINIANE – Lembrei meu nome, senhor. É Niniane.

MERLIN (*sorri*) – Então, agora você está menos desorientada do que eu.

NINIANE (*tensa*) – Ao contrário, estou muito mais. Me leva daqui com o senhor.

MERLIN – Não. Nossos caminhos não se cruzam, menina.

NINIANE – Já se cruzaram.

MERLIN – Não. É só o tempo de me refazer do cansaço e sigo meu rumo. Você não vai me seguir e não nos veremos mais!

NINIANE – Quem sabe?

MERLIN – Eu sei.

NINIANE – Você não sabe tudo.

MERLIN – O que você sabe mais do que eu?

NINIANE – Nada. É só a impressão de que estamos ligados de alguma forma. (*Tensa.*) Enquanto buscava lenha, esse nome, Niniane, me veio como um vulto que surge da escuridão. Tenho medo.

MERLIN – De seu nome?

NINIANE – Junto com ele me veio a imagem de um rapaz muito bonito, quase um menino. Um rapaz que eu queria muito junto de mim, que eu queria todo junto de mim, que eu queria por um tempo sem fim...

MERLIN (*ri*) – Isso é o comum da sua idade.

NINIANE – Lábios grossos e úmidos, olhos quase inocentes. O rosto é fresco, ainda sem a aridez da primeira barba. É outono como agora, é paixão, e eu o espreito como se o visse agora, deitado sobre essas folhas... (*Pausa. Ela e Merlin se olham. Com raiva.*) O que lembro é esse pouco e nem esse pouco eu quero!

MERLIN – Não tenha medo, menina.

NINIANE – Tenho! Não quero saber meu nome! Tenho medo do que posso lembrar.

MERLIN – Você já lembrou, vai continuar a recordar. E não há nada que você possa fazer.

NINIANE – Queria não ter lembrança nenhuma.

MERLIN – A memória é uma benção. Esse rapaz... Foi alguma desilusão amorosa?

NINIANE (*olham-se*) – Foi.

MERLIN (*ao público*) – Ela mentia, mas que me interessava a história dela?

NINIANE (*ao público*) – É claro que eu mentia! Não podia dizer a esse desconhecido que me atraía tanto, que aquele rapaz que eu espreitava como se o visse agora deitado sobre essas folhas, que aquele rapaz que sorria e seu sorriso me chama, me aproxima... Como posso dizer que no momento em que toco a pele daquele rapaz que eu quero, a vida o abandona, seu corpo cai duro, frio e ele está morto?

MERLIN (*indo até Niniane*) – Você está bem?

NINIANE (*ao público*) – Como posso contar essa lembrança que não sei se é sonho, alucinação ou parte real de meu passado. Queria apagar de vez meu passado não importa qual seja. (*A Merlin.*) Queria ter nascido agora, senhor! Começar a construir agora o passado para recordar daqui a vinte anos!

MERLIN – Não seja tonta!

NINIANE – É o que eu mais quero! Tola, tonta, sem peso de passado. (*Aproximando-se de Merlin, sensual.*) Estou feliz agora que, sem memória do que fui, posso ser o que quiser. Estou feliz agora que não pergunto por que me brota tanta ternura pelo senhor. Estou feliz agora que olho para o senhor com a pureza do olhar de uma recém-nascida, com a confiança de uma recém-nascida...

MERLIN – Para! Chega! Aonde pensa ir? (*Niniane para a aproximação.*) Acha que pode arrastar Merlin para o pântano dos seus sentimentos como uma prostituta arrasta um soldado? Guarde a sua ternura para um jovem que a mereça. Não desperdice sua paixão comigo! (*Niniane o olha com raiva. Merlim ri.*) E, por favor, não me odeie por causa disso.

NINIANE – Não ria do que eu sinto!

MERLIN (*furioso*) – Então, não tente me impor o seu sentimento! Pouco me importo com a sua paixão! Pouco me importa onde você coloca seu sentimento, contanto que não seja sobre mim! Falo isso pelo seu próprio bem! (*Niniane baixa o olhar.*) Gosto muito de jovens como você... à distância! Admiro... ao longe! Gosto de vê-los... na linha do horizonte! Não me envolvo com a confusão obscura e apaixonada que é a vida pra vocês! Minha paixão, minha obra, é clara, plana, igualmente intensa e infinita! E suficiente! (*Pausa.*)

NINIANE – Desculpe.

MERLIN – Pense mais para pedir menos desculpas!

NINIANE – É que estou com muito medo.

MERLIN – Por causa da lembrança? Que pode existir de tão terrível em seu passado?

NINIANE (*meneia a cabeça*) – Alguma coisa má. O mal espreita em algum lugar dentro de mim, na minha memória.

MERLIN – Por que tem tanto medo do mal?

NINIANE – Você não tem?

MERLIN – Dizem, menina, que, no princípio, o mal era um dragão terrível que voava queimando os ares e consumindo as coisas vivas. Quando tentou queimar os céus foi derrubado e condenado a viver abaixo da terra. Um dia o dragão tentou devorar o mundo. Os homens, então, se armaram e depois de sete dias de luta conseguiram vencê-lo, mas não o mataram.

NINIANE – E por quê?

MERLIN – O dragão urrou e gemeu de medo e dor tão humanos que as mulheres do mundo choraram e gritaram contra sua morte. Depois, passada a fúria, os homens perceberam, horrorizados, que era o dragão quem sustentava em suas costas o mundo e tudo o que nele habita.

NINIANE – Isso é só uma história.

MERLIN – E o que vai ser nossa vida e a vida de todos os homens senão histórias? Histórias a serem contadas e recontadas até o esquecimento? Em sua juventude, Arthur amou sua meia-irmã, Morgana, filha de Igraine e do conde de Tintagel. Desse amor incestuoso nasceu Mordred. Hoje, Mordred é um homem aguerrido e virtuoso, um combatente puro que conclamou, reuniu um exército e prega contra o vício. Ele, agora, marcha para destronar Arthur, seu pai, e apagar a mancha de sua origem. O que é o mal? O dragão terrível que sustenta o mundo ou o puro e benévolo Mordred que vai lançar meu país numa nova guerra?

NINIANE – Não sei.

MERLIN – Eu sei. O excesso de virtude mata o homem de forma mais cruel que o excesso de vício. Cansei de ver gente que para arrancar o mal do coração do homem arranca junto seu coração! Vi a virtude ser gritada nas praças por homens puros que sussurravam o nome de Deus enquanto suas espadas cortavam crianças como melões. Tenho medo dos santos que ainda estão vivos e agitam a bandeira da santidade com a mesma fúria de quem vibra um punhal. O resultado, ao final, é o mesmo!

NINIANE – Você também tem medo.

MERLIN – O receio não é por mim. Já estou fechando meu ciclo e não há nada de inesperado, nenhuma surpresa, que me possa acontecer.

NINIANE – Você fala de país, eu falo de mim.

MERLIN (*escandindo as sílabas, explicativo*) – Eu sou meu país, menina. E você não sabe nada sobre o mal. Você receia o que não conhece. Eu conheço o mal, sou fruto dele. (*Niniane se assusta e olha surpresa para Merlin. Ele não muda sua expressão. Uma segunda folha cai da árvore. Merlin e Niniane seguem sua queda. Merlin atiça o fogo.*) O inverno não demora.

Tanto Merlin quanto Niniane se dirigem para fora da área de representação e narram ao público.

NINIANE – Tive um segundo de frio, um pressentimento tão rápido que mal percebi. Minha alma soprava uma melancolia triste, mas meu corpo... Ah! Meu corpo transbordava de ternura por aquele homem. E, eu, tola que ainda era, acreditei em meu corpo. E o corpo estava certo! Pelo menos naquele momento...

SEGUNDA PARTE

CENA 4 – O NASCIMENTO E A PAIXÃO DE MERLIN

MERLIN – Do encontro de Merlin com Niniane narram-se várias histórias. Algumas versões falam da perfídia feminina em aprisionar um homem.

NINIANE – Outras evidenciam a tolice de Merlin em se deixar enredar pelos encantos de uma mulher. Ele que era o mais sábio dos homens.

MERLIN – Mas todas elas narram uma intensa paixão que nasceu do inesperado, que cresceu sem aviso e terminou como terminam todas as paixões: consumindo os apaixonados.

NINIANE – Conta-se que em determinado momento, a tola Niniane recuperou a lembrança e descobriu quem, de fato, era. (*Suspira com pesar.*) Doeu como dói a morte, mas não deixei de amar.

MERLIN – Conta-se que, em determinado momento, tornei-me tolo e doeu igualmente, mas, igualmente, não deixei de amar. Como amar sem ser tolo, sem se desarmar, sem se perder, sem se deixar pertencer? Que todo homem possa, um dia, ser tão tolo quanto fui ao final daquele encontro.

NINIANE – E que perfídia existe em desejar e aceitar como meu aquele que quer me pertencer? Mas o que se deu ao final daquele encontro, julguem vocês quando chegar o momento. Relato agora, um pouco antes, o instante em que a inesperada e tão desejada paixão aconteceu. (*Merlin entra na área de representação.*) Merlin atiçava o fogo e me falava sobre o mal.

MERLIN – O mal, menina, existe para nos acuar, amedrontar, se elevar sobre nós com sua força e sua fúria. E nós existimos para não recuar, para lhe dar combate e nos fortalecermos nessa luta.

NINIANE – E se perdermos?

MERLIN – Para nosso próprio bem não podemos perder. E se perdermos cabe voltar e lutar com mais força e empenho. Não podemos destruí-lo e ele não deve se apossar de nós. O mal é nosso melhor inimigo. Ele nos adestra, nos torna mais fortes, melhores na luta para contê-lo.

NINIANE – Então o mal é um bem?

MERLIN – O mal é o mal até que o transformemos em bem. E o bem é o bem até que o transformemos em mal. Mas chega de filosofias.

NINIANE – Tenho medo.

MERLIN – Todos temos. Eu mais do que qualquer outro homem. O lugarejo onde nasci já se desfez na memória dos homens. Lá, lugar onde os dias eram todos iguais, o sol nasceu, uma vez, iluminando um dia diferente.

NINIANE – Lá, as pessoas do lugar ainda hoje contam a história de uma virgem, consagrada a Deus, que deu à luz um menino.

MERLIN (*compõe a personagem do ferreiro e dá depoimento*) – Lá, conta o ferreiro Ambrósio que sou eu, homem velho e de respeito, lá todo mundo jura em cruz, e eu dou fé, de que homem algum desfrutou, dormiu ou sequer tocou com um dedo no corpo nu da virgem. Embora ela fosse linda e a visão de sua passagem alimentasse o desejo e acendesse fortes pensamentos nos homens do lugar.

NINIANE (*compõe a personagem da viúva e dá depoimento*) – Lá, ela não sai de debaixo do meu olho porque eu, Serafina, viúva do falecido Lucas, jurei à finada mãe dela, no leito de morte, cuidar do cabaço da menina até o dia do casamento. Sou vizinha da virgem, dou fé e afirmo para quem quiser ouvir: ninguém entrou na casa naquela noite, mas, pelo bem da verdade, devo confessar que ouvi ruídos suspeitos lá dentro.

MERLIN (*compõe o bêbado e também depõe*) – Também ouvi. Já era noite velha e funda quando voltava pra minha casa que fica no final do caminho. Sim, tenho nome e profissão, só que agora não lembro. O povo do lugar me chama de muitos nomes, um pior que o outro. É, tinha bebido um pouco sim, como sempre, mas ainda tava no juízo. Suspiros ouvi, rosnados igual de bicho, gemidos, vindo da casa. Prestei melhor atenção e quando percebi que a casa não era minha, a mulher que gemia não era a minha e nada daquilo era da minha conta, gritei: "Boa sorte, felizardo!" E fui embora chutando pedra, mordendo dente, cheio de inveja!

NINIANE (*viúva, depõe*) – O que ninguém viu, mas eu juro pela minha alma, é que naquela noite ventou e, dentro do vento, dançava uma sombra invisível.

MERLIN – Naquele tempo existiam demônios e um deles era essa sombra que, naquela noite, dizem, num canto escuro do quarto, observava a virgem que dormia.

NINIANE – Ah, durante o sono da virgem, o demônio espreitou durante longo tempo. Ia profanar aquele corpo e aumentava seu prazer com a espera! Depois, enviou à virgem sonhos leves, risonhos, imagens ternas, enquanto deitava sobre ela todo o peso do seu desejo.

MERLIN – No sono, o corpo da virgem riu, sua alma ainda vibrou e gritou não! Mas seu corpo quis. Seu corpo, sem a força da vontade, quis! Amolecido e vivo quis e rolou no sono, riu no sonho e sua alma implorou por Deus, mas o céu do sonho era imenso e vazio.

NINIANE (*voltando-se para Merlin*) – Eu, Niniane, olhei Merlin que contava aquela história e, como tola, quis! Mais do que nunca quis! Aquele homem eu quis! Ter para mim, em mim, guardado em mim, aquele homem de muitos anos, muitas histórias, eu quis!

MERLIN – Eu não sabia que escrevia minha própria história dentro da história que contava. E não sabendo que tecia a própria rede em que me prendia, continuei a contar a história daquela virgem que não tinha forças para afastar nem o desejo, nem o demônio que deitava sobre ela.

NINIANE (*aproximando-se de Merlin*) – Aquela virgem sonhou que riu, que quis, como eu quero. Sonhou que chorou e que quis morrer e que mais quis viver como eu quero agora!

MERLIN (*voltando-se para Niniane*) – Pela manhã, a virgem acordou, com a semente do demônio dentro do ventre. Aquela virgem, consagrada a Deus, deu à luz o filho do demônio: Merlin. E Merlin sou eu. (*Niniane beija Merlin apaixonadamente.*) Comecei um riso de deboche que não continuou. Quis andar e não me movi, quis falar e nada com sentido saiu da minha boca. (*Subitamente Merlin vibra violenta bofetada no rosto de Niniane.*) Que foi que fez, maldita?!

NINIANE (*Ergue o rosto com altivez. Depois sorri, com alegria sagaz.*) – O que despertei em você?

MERLIN (*furioso*) – Raiva, ódio, desprezo! Idiota! Onde aprendeu essa ousadia? Por quem me toma, infeliz? Pensa que nunca encontrei mulheres mais vividas, melhores, mais sedutoras que você... (*Ao público.*) Eu mentia miseravelmente. Em nenhuma mulher encontrei tanto poder e tanta inocência. Estava ali, frágil, bela, sem intenções ocultas e com a total e evidente vontade de amar. (*Duro.*) Desaparece da minha frente, menina!

NINIANE (*em lágrimas*) – Que você me enxote, me surre, mas por minha vontade não dou um passo! Sento e espero, como um velho cão, um sorriso dos seus olhos. (*Senta-se.*)

MERLIN (*aproxima-se furioso*) – Levanta, maldita! (*Ela levanta e encara Merlin, que se rende.*) E me ame, maldita! (*Niniane o abraça.*) Me ame com sua juventude. (*Merlin a abraça.*)

NINIANE – Me ame com sua sabedoria.

MERLIN – Com o frescor de sua pele.

NINIANE – Com a lembrança de todas as suas rugas e a alegria de todos os seus anos. (*Merlin desata a rir. Um riso feliz que não consegue conter. O rosto de Niniane se deforma em choro. Um choro igualmente longo. E só o cansaço faz com que os dois cessem a emoção.*)

MERLIN (*ainda sorrindo*) – Tudo me parece desprovido de sentido. O coração ruge na garganta e eu me sinto completamente ridículo. E declaro que nunca me senti melhor na vida.

NINIANE (*ainda soluçando*) – Nada tenho a dizer a não ser que sou pequena para abrigar sensação e sentimento tão grandes. O amor me força a garganta e, de dentro, chacoalha e ameaça romper esse corpo, sua prisão.

MERLIN – E assim ficamos muito tempo: frágeis diante de tal grandeza e fortalecidos por ela.

NINIANE – Agora entendo, por que sinto em mim vontade de morrer de amor, Merlin. Se este amor acabar, que minha vida acabe junto.

MERLIN – É blasfêmia falar em morte neste momento. É blasfêmia falar qualquer coisa. Fiquemos em silêncio, quietos, para conter, para colocar limites na confusão, na violência do que estamos sentindo agora.

Pausa em que permanecem imóveis, tensos.

NINIANE – Não vou conseguir!

MERLIN – Eu também não! (*Riem e se abraçam.*) E então nos abandonamos ao momento presente e aos momentos seguintes.

NINIANE – E não tivemos freio nem guia.

CENA 5 – O RETORNO AO MUNDO

MERLIN – E assim ficamos um dia, e outro, e mais outro. Três dias nos quais me abandonei. Três dias nos quais desfrutei do corpo e passeei pela alma dessa menina. Três dias nos quais estive nu de qualquer sabedoria, de qualquer gesto pensado, de qualquer momento calculado.

NINIANE – Três dias vorazes, três dias de esquecimento. Três dias completamente inocentes de qualquer risco, alheios de qualquer perigo.

MERLIN – Numa hora de um desses três dias, eu lembro, fiquei a olhar essa menina e me perguntei "Que mistério ela abriga?". Que deusa veio morar em seu olhar, habitou seu corpo e, de uma hora para outra, transformou aquela tola sem memória em senhora dos meus pensamentos e desejos. E eu bendisse toda mulher que, em algum momento da vida, abriga em si essa deusa.

NINIANE – Merlin era um grande homem, mas ali estava mais do que Merlin. Tinha a dureza e as rugas dos anos e a inocência do olhar do menino. Que toda mulher possa ter, primeiro em sua vida, depois em suas lembranças, um homem assim. Porque, em seus sonhos, terá com certeza.

MERLIN – Contam muitas coisas sobre esses três dias.

NINIANE – Contam que Merlin cantou e dançou em volta do fogo. Riu e ensinou a Niniane o nome das estrelas, a ler as cartas e os sonhos.

MERLIN – Dizem coisas inacreditáveis sobre aquela noite e sobre aquele velho, mas peço: acreditem em todas elas. São todas verdadeiras.

NINIANE – Pois elas me fizeram rir e ele me encantou com suas histórias.

MERLIN – Conta a lenda que nasci sábio e assombrei meu povoado ao falar com sete dias de vida! Embora filho do demônio fui abençoado por Deus e saí pelo mundo profetizando coisas futuras. Só não consegui profetizar o inesperado na minha vida. Que ninguém dê por concluída a própria existência antes do último suspiro.

NINIANE – Por todos aqueles três dias Merlin foi bobo, foi brusco, foi manso. Contados cada instante, cada descoberta, cada ânsia, aqueles dias não tiveram fim.

MERLIN – Lembro-me de você, Úter, e compreendo melhor a aventura humana agora que dela faço parte como apaixonado membro desse turbilhão.

NINIANE – Ao final do terceiro dia estávamos exaustos e fartos.

MERLIN (*grave*) – No terceiro dia... Na tarde do terceiro dia um vento frio varreu o ar, zuniu, vergou galhos, levantou folhas do chão. Quando se foi deixou, como rastro, uma grossa camada de pó sobre as coisas.

NINIANE – Deixou também duas sombras pesadas que me caíram na alma. A primeira delas foi a lembrança de Mordred.

MERLIN (*como se acordasse, agitado*) – Mordred!

NINIANE – Esquece Mordred, Merlin.

MERLIN – Não posso. Mordred é a sombra de meu pai, o demônio!

NINIANE – Mordred não importa mais.

MERLIN – Importa, menina. Tem horas que meu pai tenta me atrair para seu lado, sussurra promessas de maior poder, me inspira a desfrutar do prazer do mando. Outras horas, como agora, arma exércitos contra minha obra ou cega meus olhos com o véu da arrogância para que eu não veja os defeitos dela: meninos que nascem sem alma! Como filho tenho de buscar um caminho afastado de meu pai.

NINIANE – E de sua mãe?

MERLIN – Também. Deus sempre soprou em meus ouvidos com a voz dela, mas busquei construir o meu caminho guardando distância desses terríveis senhores. Respeito e temo tanto o bem quanto o mal.

NINIANE – Não sei nada disso. Só sei que não quero que vá.

MERLIN – Nem tudo é paixão.

NINIANE – Devia ser.

MERLIN – Devia. E quem fala agora é aquele que ama, mas sou muitos homens. Um deles é o que cria a nação. Devo lealdade a todos eles.

NINIANE – Eu sou apenas uma mulher. (*Emite um grito assustado e doloroso, quase sem som.*) Nesse momento a segunda sombra caiu sobre mim e eu soube que não era "apenas" uma mulher. Merlin não percebeu.

MERLIN – Neste momento, minha querida, Mordred, o homem puro, vestido de branco, marcha à frente de um exército bradando pela restauração da fé e pela condenação do que ele acredita ser o mal. Seu pai, Arthur, seus cavaleiros e seus exércitos esperam o encontro.

NINIANE – Não há nada que você possa fazer.

MERLIN – Deve haver, tem de haver! Parto pela manhã, você vem comigo.

NINIANE – Fique aqui, comigo, Merlin.

MERLIN – Há um mundo por reconstruir, uma obra por refazer. Não é preciso ser sábio para adivinhar o resultado do encontro entre Arthur e Mordred: mortos, mortos, mortos. E sobre eles o silêncio. O mundo precisa de mim. O mundo tem guerreiros demais, tem chefes demais, "mordreds" demais. O mundo busca a virtude quando deveria cultivar a inocência! O mundo precisa de mim porque onde todos veem decadência eu vejo recomeço.

NINIANE – Não, Merlin.

MERLIN – Merlin é aquele que lhe ama, mas é também um velho, talvez ridículo, que ama este país. E meu país é minha gente, são as ruas e as casas de pedra e os homens e mulheres ricos de erros e de acertadas paixões que vivem nelas. São os meninos, os loucos, os tolos como eu, como nós! É essa desconhecida e anônima gente e sua obra. Se me ama não peça que eu escolha.

NINIANE – Eu fico.

MERLIN – Eu vou por mais que te ame. E logo volto atraído por esse amor que agora deixo. (*Niniane tem um estremecimento. Contém a custo a vontade de chorar.*) Você sabe que eu volto.

NINIANE (*olha-o e responde com segurança estranha*) – Sei. (*Se afasta.*) Ele ia voltar, eu sabia. E sabia porque a segunda e pesada sombra me revelou quem eu era. (*Enquanto espera que Merlin deite.*) Mas conto assim que Merlin desfalecer de amor, cansaço e preocupação. (*Olha com ternura e tristeza para Merlin, que dorme sobre as folhas. Depois afasta-se para fora da área de representação. Niniane acompanha com o olhar a terceira folha que cai da árvore. Depois emite um terrível e doloroso grito.*)

CENA 6 – NINIANE, AMOR E MORTE

NINIANE – Assim gritei uma, duas, inúmeras vezes enquanto corria para longe de Merlin. Parei à beira de um rio para descansar minha dor. Meu passado tinha voltado de vez. Rasgou de alto a baixo o frágil véu de que era feita a tola, a desmemoriada Niniane. O passado irrompeu aqui dentro, abriu, se apossou e revelou o que eu temia: sou outra. Era outra, sempre fui. Niniane não existe mais e quem sou eu, agora revelo. (*Soluça e geme.*) No rastro da lembrança daquele rapaz bonito, quase menino, que morreu por causa de meu toque, outras lembranças vieram. Velhos, crianças, adultos, todos mortos pelo meu toque, meu gesto, meu hálito. Esse é o meu passado. (*Curva-se num gemido. Volta-se senhora de si, dura.*) Conta uma antiga lenda que a morte vivia em paz em seu mundo de sombras. Um dia olhou e viu este mundo de conflito e luz e seu coração frio se apaixonou por tanta vida. E desejou a vida dos homens e os trouxe mortos ao seu mundo. E um dia descobriu a paixão que animava os vivos. E desejou a paixão e, desejando a paixão, a morte desejou a vida em si. E se desfez de todos os seus mortos, de todo seu passado, e de todas as lembranças. E, desmemoriada, como tola, como um anjo de Deus, veio ao mundo. Eu sou essa antiga lenda. (*Levanta-se decidida e terrível.*) O tempo se foi. Vou ao que tem de ser feito. (*Volta a Merlin.*)

MERLIN – Onde foi? Que aconteceu, Niniane? Porque tanta dureza em seus olhos?

NINIANE – Você insiste em ir? (*Merlin assente com um gesto de cabeça.*) Existem muitas coisas que você não entende, meu querido. Feche os olhos e não tente entender.

MERLIN (*sorri*) – Tudo o que tenho feito na vida é manter os olhos abertos e tentar entender os mistérios do mundo.

NINIANE – Não me pergunte nada. Saiba apenas que é amor.

MERLIN – Sou completamente fiel ao seu amor e à minha obra. Não me peça para escolher porque me torno infiel. Ou a você ou à obra.

NINIANE – Não sou quem você vê…

MERLIN – Não me importa quem você é. Você é aquela que amo.

NINIANE – Sou aquela que ama, aquela que lhe quer. Sou aquela que, entre todos os homens, escolheu você para provar da vida e da paixão. (*Abre os braços, Merlin se movimenta em sua direção, feliz. Próxima de tocá-lo Niniane, desesperada, foge ao abraço.*) Não! Porque, tanto quanto lhe quero, Merlin, eu queria mais tempo, mais vida neste mundo de luz e de paixão!

MERLIN – Por que esse desespero e esse medo? Teremos todo o tempo...

NINIANE – Foi tão curto! Uma paixão como essa não pode ser medida em três dias!

MERLIN (*indo em direção a Niniane*) – Teremos muitos outros dias...

NINIANE (*grita*) – Não toque em mim! Vá embora, Merlin! Afaste-se de mim!

MERLIN (*decidido*) – Não! Ver você assim, dói, suas palavras doem, seu rosto, ausente do amor de agora há pouco, dói como nunca senti tal dor.

NINIANE – Dói em mim! Vá embora, estou mandando!

MERLIN (*pausa*) – Quem é você?

NINIANE – Você que é sábio, Merlin, me ensine um meio de prender um homem sem muros, nem grades, nem correntes.

MERLIN – Não existe meio de prender o homem. Nem correntes, nem muros, nem leis, nem profecias. O homem traça e faz seu caminho sem ouvir avisos de que há um precipício no próximo passo ou que é impossível chegar ao topo das montanhas. Só um grande amor freia seu passo.

NINIANE – Sou aquela que ama. Aquela que lhe quer meu, sempre, todo, além de todo bom senso, acima de toda razão.

MERLIN – Amor desse tipo mata a si próprio. Preso de tal forma o homem morre. (*Com um forte impacto entende.*) Você é...

NINIANE – Do meu mundo de sombras eu lhe via, Merlin, andando livre neste mundo de luz. Admirei o homem que sonhou leis e valores onde imperava a brutalidade e gastou sua longa vida construindo uma obra que não era para si. Amei seu vigor, sua fúria e sua mansidão e, de tanto amor, vim amar o homem que envelheceu sem cinismo, sem fraqueza, sem servidão.

MERLIN – Tudo faz sentido. Tudo é dor, riso e coerência como é próprio desse mundo de luz e paixão. O momento em que compreendo e amo o sentido mutante desse mundo de luz e conflito é o mesmo em que devo deixá-lo.

NINIANE – No instante em que, desmemoriada, amei mais intensamente me sobreveio a consciência de quem eu era! Neste mundo de luz e paixão o mal é a face oculta do bem.

MERLIN – Que o homem escolhe e transforma. Até que como eu, agora, não pode mais escolher e transformar!

NINIANE – Dói! Dói a memória, doem as lembranças, dói estar prestes a deixar esse mundo de conflito e luz. (*Brusca.*) Vai embora, Merlin! Afaste-se de mim se meu amor é maldito.

MERLIN – A língua se cola em minha boca e minha voz é só gemido, as pernas trêmulas não obedecem ao meu mando e meu coração soca as paredes do peito onde é prisioneiro. Tudo em mim é caos e medo.

NINIANE – Vá! É a última oportunidade que lhe dou.

MERLIN – Dizem que nasci sábio, que ainda criança fiz profecias e outras maravilhas e que detestei a ignorância e a rudeza do mundo. Vou, Niniane, porque com os ignorantes aprendi o riso e com a rudeza das velhas mães aprendi o amor ao que é vivo, sejam cães ou meninos. É por eles que vou!

NINIANE – Nada mais tenho a dizer. Só tenho a sentir uma dor nunca sentida.

MERLIN (*Vai à saída. Volta-se.*) – Meu corpo quer distância, estrada e fuga. Minha alma, presa a seus olhos, ordena que o corpo permaneça. Meu corpo reluta enquanto minha alma canta! Sou apenas um tolo!

NINIANE – É o mais sábio dos homens.

MERLIN (*dá um passo na direção de Niniane*) – Não vou viver perseguido e assustado pela sua sombra; aterrorizado na expectativa de vê-la novamente, terrível, na dobra de cada esquina, oculta em cada sombra. Não. Minha obra incompleta está terminada porque não é só minha. Um país é maior que um homem, que um grupo deles. E se uma obra como essa, se meu país se afogar na decadência, na violência, na corrupção, é porque não foi digno dos melhores sonhos de sua gente. Minha obra vai sobreviver a mim. (*Sorri.*) E, depois, olho para você e só consigo ver minha amada Niniane.

NINIANE – É porque sou Niniane. Também sou.

MERLIN – Adeus. Adeus, minha terra, que deu base a meus primeiros passos e inspirou minha longa caminhada. Adeus, tardes de outono e manhãs de verão. Adeus, velhos combatentes; velhas mães, me abençoem. Adeus, pedras talhadas, empilhadas como muros e alinhadas como ruas. Homens e mulheres que passam, meninos que brincam sobre elas, gente anônima dessas ruas tão amadas: foi para vocês a minha obra. Cabe a vocês completá-la. (*A Niniane.*) Obrigado por ter me mostrado sua face mais bela.

NINIANE – Foi amor pela sua vida e pelos seus feitos. Vem. Para! Espere ainda um pouco. Deixe-me ver ainda o tanto de vida e sonho que mora em seu corpo.

MERLIN – Fico uma vida a observar sua imagem. (*Movimenta-se na direção de Niniane.*) Não posso resistir ao seu amor, não quero.

NINIANE – Então vem. E que esse momento se dilate num instante eterno, que não tenha nome, não seja chamado vida nem morte.

MERLIN – Vou. Perdoe se caminho inseguro como criança que é o que eu sou frente à morte. Perdoe minhas lágrimas. É dor e é riso como é próprio nesse mundo de conflito e paixão. É morrer de amar, Niniane, mas também é morrer. (*Vai ao encontro de Niniane.*)

Abraçam-se com amor. Merlin, depois de um instante, deixa cair os braços. Niniane separa-se e Merlin, com os braços e cabeça pendidos, segue lentamente para fora da área de representação. Niniane chora em silêncio. A quarta folha cai da árvore.

NINIANE – Dizem muitas coisas sobre o encontro de Merlin e Niniane. Dizem que ele ficou eternamente preso a uma esfera de cristal e desfrutou do amor de Niniane pelos tempos sem fim. Dizem que Merlin nunca mais foi visto. Dizem que quando os seres e coisas se vão, permanecem ainda neste mundo as palavras, seus nomes. Com o tempo essas palavras tornam-se histórias e as histórias habitam a alma de novos homens. E os seres e coisas que se foram retornam ao mundo. De luz e paixão. Dizem que Merlin retorna para continuar sua obra em outros homens. (*Sai.*)

EPÍLOGO

VELHO (*despe-se do que o identificava como Merlin*) – Desfaço-me de Merlin e retomo à minha trivial identidade de velho ator. Um velho ator que vive peregrinando por histórias e personagens tentando trazer à vida real, ao momento presente, seres e coisas que se foram, como Merlin. E seres e coisas que ainda virão. Busco neles, talvez, parte do sentido que me falta e falta ao mundo. Sou um velho ator que dedica a esse tablado suas melhores horas porque acredita que a vida também corre no palco. Pelo menos a sua, pelo menos a nossa, pelo menos agora. Ainda não sei o que é um velho. Sei que é muito mais do que imaginamos. Porque o sentido mutante da vida reserva surpresas até em nosso último instante. E nisso reside a maravilha da existência. (*Vai ao fundo do palco e arranca da árvore a última folha.*) Obrigado pelo nosso encontro e pela vossa fé. Adeus, homens e mulheres, amigos anônimos a quem dediquei minha obra. Adeus e voltemos ao mundo de luz e conflito e paixão.

Joga a folha ao ar, acompanha sua queda e sai. As luzes da plateia e palco se acendem.

FIM

Um Dia Ouvi a Lua, 2010. Em cena, Caren Ruaro e Ana Cristina Freitas. Foto de Tito Oliveira.

2010

Personagens

Narrador
Ator 1
Ator 2
Ator 3
Atriz 1
Atriz 2
Atriz 3
Criança 1
Criança 2
Criança 3
Criança 4
Violeiro Velho
Violeiro Novo
Prima 1
Prima 2
Velha
Homem
Mãe
Pai
Dona Eva
Antonio Bento
Tereza
Lourenço
S'a Maria
Cidália
Caruca
Bertinho
Cipriano
Marombo
Dona de Casa
Tiodor
Zé Sagui

Texto livremente inspirado nas canções "Adeus, Morena, Adeus" (Piracy/ Luiz Alex), "Cabocla Tereza" (João Pacífico/ Raul Torres) e "Rio Pequeno" (Tonico/ João Merlini). Especialmente escrito para o Grupo Teatro da Cidade, de São José dos Campos, e para a direção de Eduardo Moreira.

Não imagino esta peça num palco convencional embora não seja impossível que ela seja representada nele. Imagino esta peça como ocupação de um espaço, um espaço físico e um espaço na imaginação de cada leitor ou espectador. É uma peça de narradores e nela mais vale a criação do espetáculo na imaginação do público do que a representação no espaço físico. É claro, há representação pois se trata de teatro, mas o esforço maior é conseguir fazer com que o público veja essas pungentes personagens com os olhos da imaginação. A magia do teatro narrativo está em transportar o público para o mundo complementar das imagens. Em deixar que lá ele veja, por si mesmo, a representação. Os narradores são os seus guias àquele mundo como Beatriz e Virgílio guiaram Dante, e nós todos, aos dez infernos e aos sete céus da Divina Comédia.

PRÓLOGO – DE UM NARRADOR E DE SUA FUNÇÃO

À medida que o público adentra o espaço já devem estar sendo tocadas (ou cantadas) as canções que deram origem à peça. Não necessariamente elas devem ser ouvidas como foram gravadas. Num primeiro momento pode ser uma leitura musical a partir de suas melodias, ao violão, sanfona ou piano, por exemplo, e só ao final as canções com seus devidos intérpretes. Do meio para o final da última canção um narrador, que já se encontra entre o público, destaca-se quando lentamente vai aumentando o volume de sua voz até cantar a plenos pulmões a mesma canção. Ao final, dá boas vindas ao público.

NARRADOR – Boa noite. Sejam bem-vindos. Sou alguém que gosta de contar coisas, preciso contar coisas! Agora, por exemplo, preciso contar a vocês que acredito em alma, embora não saiba exatamente o que seja. Sei que quando o vasto número de dias que me foi dado como presente ao nascer chegar ao seu último instante eu ainda vou permanecer aqui. Porque alma é o que resta depois de nós. Dizem, e nisso acredito, que só morremos, de vez e de fato, quando os vivos perdem a última lembrança de nós. Alma talvez seja uma espécie de memória. Gosto de pensar que, neste momento, meu pai sorri por baixo de seu bigode grisalho e que minha mãe canta batendo roupa no tanque como tantas vezes os vi na infância. (*Canta um trecho da canção "A Ti Flor" e se emociona.*) Talvez os dois agradeçam por essa lembrança que os torna vivos agora e eu agradeço por essas imagens tão caras que minha memória guarda. (*Faz uma pequena reverência às pessoas.*) Mas não é de meus pais já mortos, mas vivos em algum lugar por força de minhas lembranças, que quero falar. Quero falar de outros mortos: pessoas, tempos, coisas. E moldá-los no ar como se fossem barro, revivê-los com o sopro de nossas lembranças, aqui, agora, nesta noite! (*Faz um gesto simples, mas largo, apontando em direção a um ator no meio da plateia ou no palco. Ator começa a narrar colocando sobre si, de maneira lenta, quase ritual, adereços que o identificam como integrante de uma Folia de Reis. Cada qual em sua vez os outros atores farão o mesmo.*)

ATOR 1 – (*de olhos fechados num esforço de lembrar*) A roça do meu avô... O ventinho quase brisa movia o verde das folhas do milho no rumo da encosta do morro... Eu, criança, sentadinho, perdido, com os olhos cheios de tudo aquilo. São João, fogueira-luz no escuro-friozinho e sereno da noite... histórias de Pedro Malazartes contadas pela boca do tio Tonico em que faltavam um ou dois dentes.

ATOR 2 – Acorda, fulano! Joga água nele, comadre! A voz do Zé Betio saía do rádio e penetrava no meu sono de manhãzinha, junto com o cheiro do café passado no coador. E eu pulava da cama para o pão com a casca torrada cortada em forma de canoa, besuntado de manteiga e mergulhado no café com leite. (*Sorri.*) Ai, o gosto até me veio à boca! Depois eu penetrava no dia comprido como são os dias da infância.

ATRIZ 1 – Aaaahhh! Credo! Detestava caqui. Minha mãe adorava. Punha no prato e cortava em quatro partes. Pegava o fruto sumarento e mordia com uma boca deliciosa. Peguei a ter inveja do gosto bom que ela devia sentir. Hoje adoro caqui. Como do mesmo jeito que ela e devo fazer a mesma cara de prazer que ela fazia.

ATRIZ 2 – Cuca de natal! Mas daquelas que se batia com as mãos, aquela massa bem pesada, que levava dois dias para descansar bem. A casa inteira se perfumava de canela e açúcar! Natal pra mim tem cheiro de cuca e sua imagem mais legítima é minha mãe batendo a massa.

ATOR 3 – Uma imagem morta, enterrada no passado, mas que sempre revivo, são as tardes de minha infância em São Joaquim da Barra. Solzinho manso, a criançada na rua e a noite, aos poucos, ia engolindo o dia. Era a hora de brincar de esconder. Valentia mesmo era se esconder mais abaixo de nossa rua, perto de um casebre de barro e vara, meio derruído: a casa da velha do saco. A gente se enchia de coragem e se escondia atrás da casa dela, terreno escuro, morrendo de medo dela aparecer. Ali era a porta do mistério, tudo podia acontecer.

ATRIZ 2 – Café com bolinho de chuva. Se é pra reviver alguma coisa, revivo esse gosto, porque ele traz minhas manhãs de escola, traz a imagem de minha avó que morava pegado à nossa casa, traz à lembrança tanta gente... Minha avó! Mesmo que eu já tivesse tomado café na minha casa eu pulava o muro para tomar o dela com bolinhos de chuva.

ATRIZ 3 – Lá de cima, do galho mais alto da mangueira eu via o mundo e o mundo tinha poucas casas e muitos mistérios. Eu gritava: "Reginaldo!" "Que é?" "Vamo brincá?" E aí a gente corria pra rua de terra, descuidados, sem medo. O mundo nos acolhia e nos chamava para conhecê-lo!

Começa-se a ouvir bem baixinho uma Folia de Reis. A canção da Folia de Reis permanecerá sendo cantada até que comece a primeira história. Soa um sino.

NARRADOR – Ouçam os sons de um tempo antigo e já morto. Deixem que esse som nos leve para aquela antiga cidade que descansa morta, debaixo do asfalto e dos prédios desta cidade. Fechem os olhos. Dentro do escuro, vejam, aqui e ali, a luz amarela e fraca, dos poucos postes de bronze ou madeira...

ATRIZ 1 – O prédio da câmara, a igreja, a praça, o sanatório, as poucas ruas calçadas de pedra...

ATOR 1 – No chão das muitas ruas de terra as marcas curvas das ferraduras e o cheiro inconfundível de estrume toma o ar. De dia essas ruas são tomadas pela correria de tantas crianças... de noite é esta solidão e este silêncio.

ATRIZ 2 – Uma das casas tem a sala e o terracinho que dá para a rua meio iluminados. Neles vejo vultos de pessoas que murmuram num vozerio baixo... Que é?

NARRADOR – Chegue mais perto pra ver.

ATRIZ 2 – Uma novena! Rezam uma novena pela alma do seu Joãozinho que morreu semana passada. Uns dizem que morreu de beber, outros dizem que viveu pra beber, o que é bem diferente!

NARRADOR – Mas, sigamos, entremos mais nesta cidade. Caminhem devagar! Reparem nos alpendres e nos jardins na frente das casas, nas cercas de vara...

ATOR 2 – ...nas portas e janelas abertas para que entre o ar fresco da noite... A esta hora da noite já não se conversa nas soleiras, as crianças já dormem e só uma ou outra casa ostenta o claro-pálido de uma luz acesa.

ATRIZ 3 (*firmando a vista*) – Quem vem lá? Boa noite, seu Joãozinho!

ATOR 2 (*engrolando a língua*) – tôí lá puracausa rafafaiadochia dacumade, ba'noite! Ovadi sê paempe, nosôr isu Cris! Paempe sea louvado, mem Zesuis!

ATRIZ 3 – Resolvi recuar mais fundo no tempo e lembrar quando seu Joãozinho ainda era vivo e querido.

ATOR 2 – Gardecido! Deus le dê in drôbo! Vam'tomá uma pra su'saúde? (*Caminha trôpego.*)

ATRIZ 3 – Mas não é a história de seu Joãozinho que desejo contar.

ATOR 2 – Não? Entã, nãisbarra meu camim, raça de gente sem que fazê! (*Sai resmungando.*)

ATRIZ 3 – Quero contar é a história de uma daquelas três mulheres que vêm ali mais a frente. Caminham pela rua vazia, mal iluminada pela luz solitária do poste.

Três mulheres, já vestidas como seus personagens, caminham em direção aos atores.

NARRADOR – Tereza, Beatriz, Sá Maria. Qual delas?

ATRIZ 3 – Beatriz.

Os atores aumentam o volume da Folia de Reis que cantam enquanto saem. Beatriz entra na área de representação.

NARRADOR – Então, venham! Caminhemos até um tempo que já foi. Vamos, com esforço de memória, lavrar esse campo e semear nossas lembranças. E esperar a brotação da vida.

ADEUS, MORENA, ADEUS

Crianças brincam, uma delas se destaca e vai para frente.

CRIANÇA 1 – Olha a Beatriz!

As crianças observam, com algum receio, a mulher que passa; depois retomam a brincadeira.

BEATRIZ VELHA – Todo fim de tarde, Beatriz percorria, calada, a velha estação de ferro desativada. Deitava um olhar triste sobre os trilhos tomados pelo mato, sobre as molduras e colunas de ferro comidas de ferrugem, sobre as paredes de tijolos estragadas pelo tempo. Não era louca, acho que só era esquisita. Tinha uns cinquenta anos… pra mais? Talvez. (*Transita para a personagem-narradora.*) E eu, que agora sou Beatriz, digo a vocês que velhice é cansaço e que hoje, finalmente, meu coração envelheceu. Por tantos anos esperei, não espero mais! (*Permanece indecisa um *momento, depois senta-se.*) Mas se esperei tantos anos que custa esperar mais um dia!

CRIANÇA 1 – E era assim. Entra dia, sai dia, morre o sol, nasce a lua, dia fazendo pilha de mês, mês fazendo rosário de anos e aquela mulher toda tarde passeava pela velha estação. Um dia um homem que ninguém conhecia apontou na rua.

Crianças param de brincar e observam o homem que entra com um violão às costas. Depois correm para todos os lados.

CRIANÇA 2 – Foi um zum-zum-zum pela vizinhança... quem é, quem não é o desconhecido? É primo distante, parente de quem?

CRIANÇA 1 – E se for homem do saco?

CRIANÇA 3 – Homem do saco não carrega viola!

CRIANÇA 2 – Pergunta!

CRIANÇA 4 – Eu não, sua tonta!

VIOLEIRO VELHO – Sou Manoel Benedito, Mané-dito, sobrenomeado, e me pergunto se não foi nesta cidade tão crescida e mudada que um dia passei pra levar, farpado no peito, o maior desgosto que pude carregar pela vida afora. (*Subitamente chora.*)

CRIANÇA 4 (*chocada com o homem*) – Credo! (*Corre chamando.*) Vó!

CRIANÇA 3 – Manoel Benedito...disse minha vó cavocando um resto de memória... Conheci um, violeiro bão, faz tempo que se perdeu pelo mundo pra nunca mais se ver!

VIOLEIRO VELHO – Sou esse.

CRIANÇA 2 – Chorando? Num credito, disse minha tia, aquela mais velha... aquela torta, aquela que anda assim, meio fora de esquadro... Ah!, você sabe! Aí, um juntou um caco de lembrança daqui, outro um pedaço de memória dali, uma lasca ou outra do acontecido e logo a cidade montou por inteiro o vaso de porcelana precioso que é essa história. Foi assim, nunca me deixei esquecer. (*Cantam trecho de "Adeus, Morena, Adeus" e logo transitam para uma "Chegança". O violeiro irrompe pelo meio da chegança declamando o trecho inicial de Cabocla Tereza enquanto dedilha o violão.*)

VIOLEIRO MOÇO – Lá no arto da montanha
Numa casinha estranha
Toda feita de sapé
Parei uma noite a cavalo
Pra mor'de de dois estalo
Que 'vi lá dentro batê
Apiei com muito jeito
'vi um gemido perfeito
Uma voz cheia de dor

Vancê, Tereza, descansa
Jurei de fazer vingança
Pra 'mor de do meu amor.
(*Canta.*) Há tempos fiz um ranchinho
Pra minha cabocla morar
Pois era ali nosso ninho
Bem longe desse lugar...

O desconhecido que chegou à cidade e Beatriz Velha cantam também como se relembrassem, mas não se olham.

PRIMA 1 – Não, vocês não imaginam o contentamento nosso dentro desta festa! Por primeiro, festa é sempre esperança de encontrar um bom destino. Ô, vontade de se perder nos olhos de um moço bonito!
MÃE – Bonito, trabalhador, direito, respeitador...
PRIMA 2 – Tá certo, mãe, mas onde? Onde arranjar um desses? Se já está difícil até de achar um menos torto, menos tonto, menos vesgo!
PRIMA 1 – Olha, Prima, que pedaço de raça de homem!
PRIMA 2 – É uma alcatra de festa! Quindim de dia de santo! Ave, Maria! Num dá gana de morder?
PRIMA 1 – Prima!
PRIMA 2 – Sem rancar pedaço!
PRIMA 1 – Bom, se não for pra estragar a figuração do homem, tá certo! (*Riem.*) Tá olhando pra cá!
BEATRIZ MOÇA – Para com esse assanhamento que é fei... (*Paralisa ao cruzar os olhos com o violeiro.*)
PRIMA 1 – Pra mim não é!
PRIMA 2 – Nem pra mim!

As primas olham para Beatriz e percebem que a ela é destinado o olhar do violeiro. Reclamam inconformadas.

PRIMA 1 – Ai, a sorte não vem pra quem precisa!
PRIMA 2 – Nem pra quem tanto reza por ela!
BEATRIZ VELHA (*relembrando*) – Tem hora que a vida da gente é desgoverno!
VIOLEIRO VELHO – Só lembro que fui puxado pro fundo daqueles olhos e lá me perdi.
BEATRIZ VELHA – Não lembro da festa, das pessoas, nem da música, só sei do meu coração confrangido, apertado por um querer que nasceu desconhecido e pronto.
PRIMA 1 – Mas eu que estava ali, do ladinho, lembro muito bem! Parece coisa que deu estupor nos dois. Ficaram assim, de olho parado,

de "estauta", um no outro, mas quem via a "sonseira" de fora não enxergava o vendaval do coração.

PRIMA 2 – O violeiro se chegou e destabocou aquela conversinha cheia de nove horas, mas que a gente que é moça tem muito gosto de ouvir.

VIOLEIRO MOÇO – Eu queria ser um cravo, mas não de ferradura. Um cravo feito em desenho, pra andar na sua cintura.

BEATRIZ MOÇA – Eu queria ser palavra, mas não de falsa jura. Se amor é uma doença, eu queria ser a cura.

PRIMA 1 – Ave! Se lembrar agora, depois de tanto tempo, ainda me espirita toda, imagina ali, ouvindo aquilo, novinha, pronta pra amar!

PRIMA 2 – Imaginem como estava Beatriz que era a dona de todas aquelas palavras! Trova de paixão é veneno que não mata, é lavor de ouro e prata, pendendo do coração. Ai, que aflição boa!

PRIMA 1 – O caso é que nessas horas o tempo voa e ninguém vê. E foi aí que o amor se abriu em semente como os lábios de Beatriz se abriam em sorrisos.

PRIMA 2 – E no tempo que estamos aqui falando eles dançaram, falaram coisas que não ouvimos, mas imaginamos e cultivaram bem a planta que mal acabara de nascer e já crescia e enlaçava os dois.

PRIMA 1 – Eles, descuidados, não viam nada, mas o povo da festa via. Principalmente o pai.

PRIMA 1 e 2 – Beatriz!!!!

PRIMA 2 – Seu pai viu você conversando com o violeiro. Disse pra você entrar neste minuto!

PRIMA 1 – Tá com o cinto na mão esperando na sala. Você vai levar uma coça.

BEATRIZ MOÇA (*com medo*) – Ah, vamos lá comigo?

PRIMA 2 – Eu não que é capaz de sobrar pra nós!

As duas saem correndo.

VELHA – Eu vinha da novena; no caminho de volta, parei para prosear um tantinho com a Ceição, aquela da casa de cima onde tem a paineira alta, e ao passar em frente à casa ouvi a menina gritar "Para, pai! Para, pai!" e o som da cinta que não parava. Judiação!

HOMEM – Judiação quando é filho dos outros. Se fosse filha dela, ela ia dizer que era corretivo de educação! Eu disse assim mesmo ao pai da Beatriz: "Tem de exemplar com cinturão até pegar moral, até pegar bons costumes! "

PAI – Bati! Bati porque batia, porque sempre bati, porque aprendi que faz parte das obrigações de um pai. O couro descia duro porque surra não é pra alisar!

BEATRIZ VELHA – No meio da sova cansei de gritar, cansei de apanhar. Fechei a boca e olhei para meu pai.

PAI – Batia. O olhar dela atravessou a violência, segurou meu braço e estatelou em meus olhos. Por que batia? Por que batia como alguém que tinha antigas raivas juntadas? Por que batia com a força de quem fincava mourão na pedra? Por que batia com tanto ressentimento naquela que até outro dia era uma criança? Será que na vida não conheceu nenhum suave para alisar os crespos da alma e amolecer o ferro de que eram feitos mão e coração?, era isso o que os olhinhos de menina me perguntavam. Me subiu remorso e vergonha que carrego até hoje. Diacho, que manda na gente mais o costume do que o coração!

BEATRIZ VELHA – De hora pra outra parou de me bater e saiu. Esperei o tempo das lágrimas secarem, do ardor da sova passar, da casa dormir, do coração reacender, de fazer a mala e sair. Andei, corri na noite, mas meu coração corria mais, meu coração já estava na estação, no trem, no rumo de qualquer lugar com o violeiro enquanto eu ainda tava na estrada correndo atrás de meu coração.

VIOLEIRO VELHO – Quem me conhece é que fala de mim e quase tudo que dizem é verdade: que sou violeiro que toca qualquer canção que abre qualquer coração, que sou leão para fazer trova; sou errante, andante ao léu, e só paro, ao final, na minha cova, pra andar e cantar trovas nas estradas do céu. Amor, só passageiro, dinheiro, hora sim, hora não, tudo isso seria verdade se não fosse a falsidade que me fez o coração.

VIOLEIRO MOÇO (*canta.*) – Mas a Tereza doutor

Felicidade não quis
Por meu sonho neste olhar
Paguei para o meu amor
Pra amor de outro caboclo
Meu rancho ela bandonou
Senti meu sangue ferver
Jurei a Tereza matar...

BEATRIZ MOÇA – Violeiro! Violeiro! Espera! (*Abraçam-se.*) Vou com você!

VIOLEIRO MOÇO – Eu ia dizer sim, eu quase disse sim, meu coração soprava "sim"!

BEATRIZ VELHA – Me leva já!, eu quis dizer. Me leva agora! Eu só quero parar pra pensar quando for velha e olhar pra trás. E então dizer: vivi! Eu quase disse isso.

VIOLEIRO VELHO – Eu quis fazer parada na quentura daqueles braços, no carinho daquele corpo, na ambição daqueles lábios de menina-mulher. Mas o mesmo tanto eu queria as estradas e a largueza livre do mundo.

BEATRIZ MOÇA – Meu amor era todo certeza, por isso meu sorriso não entendeu a nuvem de sombra que cobriu o sol nos olhos dele. E, antes que os lábios dele falassem, já ressoava nos meus ouvidos o grito "não".
VIOLEIRO MOÇO (*fala muito delicadamente.*) – Não, menina.

Beatriz moça se afasta e chora sem silêncio.

BEATRIZ VELHA – Fosse hoje e eu jogaria sobre ele o peso da minha paixão e diria não a tudo que não fosse sim! Mas o que entendia do amor aquela menina que mal começava a amar?
VIOLEIRO VELHO (*observando a cena tenso*) – Eu ainda era arrastado para o mar fundo dos olhos dela e tive medo. E para me salvar calei meu coração. (*Fala juntamente com o violeiro novo.*)
VIOLEIRO VELHO/MOÇO – Não, menina!
VIOLEIRO VELHO – Hoje sei que foi aí que me perdi. Fui perdendo lembranças pela vida, mas essa nunca esqueci.

Violeiro moço vira-se de costas para Beatriz moça e se afasta. Começa a cantar. No segundo verso o violeiro velho o acompanha.

VIOLEIRO MOÇO – Menina, tenha paciência
Vorta pra casa, vai com teu pai.
Eu sigo pra muito longe
Eu pego o trem, vou pro Paraguai.
Não levo você comigo
Porque isso não se faz
Adeus, morena, adeus
Adeus, para nunca mais! (*Beatriz corre chorando.*)
Adeus, morena, adeus
Adeus para nunca mais! (*Crianças voltam a brincar.*)
VIOLEIRO VELHO – Por que, depois de tantas andanças, voltei? Por que essa lembrança guiou meu rumo até aqui?
BEATRIZ VELHA – O tempo do mundo continuou, os dias se amontoaram em meses, os meses em anos, os anos em esquecimento daquele tempo. A cidade cresceu e pouco dela reconheço, os trens se foram e o mato tanto cresceu sobre os trilhos abandonados quanto sobre meu coração.
CRIANÇA 1 – Olha lá a Beatriz! Porque ela sempre vai à estação?
CRIANÇA 2 – Mente fraca, falou meu pai.
CRIANÇA 3 – Desgosto de amor, diz minha vó.
CRIANÇA 4 – Vamo brincar de mãe da rua?
BEATRIZ VELHA – Todas as tardes aqui me sento e espero. Espero e, aos poucos, lembro. Aí, então, bebo aquela lembrança com um pouco de tristeza e um pouco de paixão.

Violeiro se volta para ela.

VIOLEIRO VELHO – Boa tarde. Podia, por favor, me dizer se é que sabe, o que foi feito de uma família assim, assim, que morava abaixo da paineira alta...? (*Beatriz estatela os olhos e se levanta. Encaram-se.*) Por que ela me olha assim?

BEATRIZ VELHA – Depois de tanto tempo...É ele?

VIOLEIRO VELHO – Os olhos ainda são um mar fundo! Tantos anos! Foi por esses olhos que voltei?

BEATRIZ VELHA – Não quero pensar! Só quero cumprir o que me diz o coração. Fala, meu coração, fala!

VIOLEIRO VELHO – Todos esses anos, dentro de cada dia que nascia, aquela menina me chamava. Por que não atendi? Por que não voltei antes?

BEATRIZ VELHA – Nada deixei morrer. Nem eu nem a lembrança.

VIOLEIRO VELHO – Quem é que tece esse milagre? Quem arruma assim os nossos caminhos? Pela segunda vez a mesma estação, os mesmos olhos.

BEATRIZ VELHA (*feliz*) – Agora sei por que esperei! Vem! (*Violeiro dá um passo em direção a Beatriz. Ela estremece e se afasta.*) Mas não sei por que ele veio. Com certeza veio para partir.

VIOLEIRO VELHO – Por que ela se afasta?

BEATRIZ VELHA – Cala, coração! Ele é só um vento que se levanta, me agita e passa.

VIOLEIRO VELHO (*desiludido*) – Minha volta demorou mais tempo do que alguém poderia esperar.

BEATRIZ VELHA – Um vento não volta. E se volta, só se levanta, agita e passa.

Vira-se e sai. Violeiro sai pelo lado contrário. Param ainda um momento sem se voltar. Depois afastam-se em definitivo.

CRIANÇA 1 – Olha lá! A Beatriz tá voltando.

CRIANÇA 2 – O homem tá indo embora.

CRIANÇA 3 – Eles nem se falaram! Ele é tão esquisito quanto ela.

CRIANÇA 4 – A gente é feito metade de entendimento, metade de mistério.

CRIANÇA 2 – Por que você está dizendo isso? (*Criança dá de ombros.*)

CRIANÇA 4 – Sei lá! Minha vó é que fala assim! (*Voltam a correr e a brincar.*)

CABOCLA TEREZA

Grupo de crianças caminha na noite, juntinhas, grudadas de medo. Narrador canta.

NARRADOR – Há tempo fiz um ranchinho
Pra minha cabocla morar
Pois era ali nosso ninho
Bem longe desse lugar…
No arto lá da montanha
Perto da luz do luar
Vivemos um ano feliz
Sem nunca isto esperar.

CRIANÇA 3 – Já dá pra ver a casa da velha. Fiquem quietos!

CRIANÇA 1 – Eu tô com medo! Eu não queria vir!

CRIANÇA 2 – Então, volta!

CRIANÇA 1 – Sozinha? Nem com a cinta do pai no lombo. Volta comigo?

NARRADOR – Esta é também uma canção morta, esquecida e enterrada naquele tempo de pessoas e coisas que não existem mais. Naquele tempo as luzes que existiam eram o fogo, a lua e o sol. Além dessas, só a larga escuridão dentro da qual toda imaginação era possível. Esta é uma noite assim.

CRIANÇA 3 – Ouvi alguma coisa!

CRIANÇA 1 – Avemaria, Jesus, José, Genésio, todos santos, anjos, querubins, acorrei, acorrei, acorrei, agora e na hora de nossa morte…

CRIANÇA 2 – Não fala de morte que atrai morto!

CRIANÇA 1 (*choraminga*) – Eu num quero ver a véia do saco! Vou voltar, vou correr!

CRIANÇA 3 – Num corre que ela joga feitiço!

CRIANÇA 2 (*paralisa*) – Ouvi de novo!

CRIANÇA 1 – Ai! Tô vendo!

CRIANÇA 2 – Onde? É a velha?

CRIANÇA 3 – Parece homem. Ajoelhou.

Entra homem, Antonio Bento se arrastando sobre os joelhos e carregando uma pedra sobre a cabeça. Em um de seus pés está amarrada uma longa corda que se estende para fora da área de representação.

CRIANÇA 2 – Ave! É o Antonio Bento cumprindo penitência de assassino!

Crianças saem correndo assustadas.

NARRADOR – Antonio Bento é um penitente respeitado na região, uns dizem que acaba santo. As pessoas admiram e rezam quando ele passa.

DONA EVA – Eu choro de dó. É certo que a gente tem de atear o fogo do remorso para pagar nossos crimes mas, há um rosário de anos, esse homem vagueia pelas estradas com a alma mergulhada no sacrifício e na dor. Sei, tim-tim por tim-tim, como foi, podia até contar pra vocês... vou contar!

NARRADOR – Deixe que ele mesmo conte, dona Eva.

DONA EVA (*olha, admirada, para o narrador.*) – Por que não posso contar? Sei de toda história, até coisas que ninguém sabe...

NARRADOR – Ele vai contar!

DONA EVA (*olha-o contrariada, resolve sair, mas se volta para o público.*) – Ah!, também faço brevidades que somem na boca, alfenins, quindim amarelinho, daqui, ó... (*Aperta com o polegar e o indicador a pontinha da orelha.*) Tenho mão santa pra todo tipo de doce... (*A uma mulher da plateia.*) Conhece doce de talo de mamoeiro com anis? Eu conheço, eu sei, eu faço...

NARRADOR (*irritado*) – Dona Eva!

DONA EVA – Tá bem, tá bem! (*Para mulher da plateia.*) Precisando... 'viu? (*Sai.*)

NARRADOR – Retomemos o momento da entrada deste homem. Esta é a imagem de um homem vergado pela culpa.

ANTONIO BENTO – Sou um assassino, confesso a Deus e aos homens, mas não me julguem, eu peço, antes de conhecerem o sofrimento que carrego!

NARRADOR – Dizem que ele é um homem devastado pela dor do crime, pelo remorso do que fez. Dizem que matou não por amor, já que o amor não mata, mas por tê-lo perdido.

ATORES (*cantam.*)– E muito tempo passou
Pensando ser tão feliz
Mas a Tereza, doutor,
Felicidade não quis.

ANTONIO BENTO – Não duvidem, a minha é uma história de amor! Há anos caminho, sem aceitar repouso nem teto e conto e reconto essa história sem conseguir o frescor da paz e o alívio da culpa. Eu matei uma mulher.

Tereza, presa à outra ponta da corda que Antonio Bento traz atada ao pé, entra. Traz dureza e emoção.

TEREZA – Eu sou a morta. E, durante esses anos todos, fui apenas uma sombra na história deste homem. O que restou de mim na memória de todos foi apenas a da mulher infiel, aquela que desgraçou a vida deste homem.

NARRADOR (*interrrompendo*) – Tereza...

TEREZA – Me deixa falar, por favor. Se por todos esses anos a história contada foi de crime e remorso, ouçam hoje e agora, uma história de funda e sincera paixão. Começo a contar antes dos dois tiros que abriram o atalho por onde me fugiram o sangue e a vida. Começo a contar antes de conhecer este homem que hoje se lamenta. Começo a contar do princípio. E o princípio de tudo foi descoberta e riso.

LOURENÇO – Foi verdade, confesso. Sou Lourenço e era pouco mais que um menino, mas já querendo me afogar em paixão de homem... foi quando cruzei olhar com Tereza e descobri tempestade e mansidão de que é feito o querer.

TEREZA – Foi verdade. Todos meus quinze anos eu tinha vivido pra querer Lourenço e todos os anos que eu ainda fosse viver seriam continuar esse querer. Sei disso hoje, na época era só uma menina, só olhos e coração.

Lourenço e Tereza choram em silêncio, desesperados, por alguns instantes. Depois se abraçam, se separam e se despedem.

DONA EVA (*para narrador com uma ponta de ironia*) – Posso falar agora? "No de repente", no sem aviso, a família de Lourenço foi de muda para longe, caçar meio de vida. Oh, desconsolo que ficou essa menina, gente! Parece coisa que ia definhar até desmilinguir, Deus me livre! Queria que vocês vissem. Mas o que não se vê, se imagina. Então, imaginem dor que não sangra e corte que não separa: era assim!

MÃE – Mas o que o tempo não mata, cura! E o tempo passou, choveu e ventou, a figueira antiga da praça tombou numa ventania de outubro, o seu Alípio, ferrador de cavalo, homem forte, desandou a fraquejar e se foi num espaço de dois anos.

DONA EVA – Depois disso nasceu aquele menino feio e cabeçudo da dona Quité – mas não falem assim pra ela! – e cresceu até os cinco anos; aí, começou a pegar jeito de gente e até que conseguiu alguma boniteza... mas não muita.

MÃE – Amor é presença e esse tempo todo aumentou a distância e a flor daquele querer de meninos mirrou na secura do esquecimento. "Dê jeito na sua vida, Tereza. Mulher feita carece é de criar família!", eu, que era a mãe, aconselhei.

DONA EVA – Eu que não era nem parente nem nada também meti minha colher de pau naquele angu de caroço: amor é bom pra sonhar; pra viver, se ajeite com um homem trabalhador e não dado a brutalidades que já está muito bom, menina! Isso é verdade.

TEREZA – Eu acreditei nessa verdade.

MÃE – E assim foi: demorou um pouco, mas Tereza endireitou no rumo de nós todas: sem querer subir aos céus, mas cuidando de não escorregar pros infernos. Isso é verdade.

DONA EVA – Mesmo porque, no que que ela era melhor que nós? Casou com esse sobrenomeado Antonio Bento numa tarde de abril igual a tantas outras. E os dias seguiram iguais. E isso é verdade.

TEREZA – Acreditei em todas essas verdades e acho que foi esse o meu erro. Eu ainda não sabia que verdade é coisa que se prova, mas, às vezes, não convence. E que o desejo humano é feito de esperanças impossíveis que a gente nem percebe. Casei, ruim não era, bom não era. Era. Foi num zás-trás que o tempo passou.

DONA EVA – E me caiu o queixo e me saltaram os olhos! Gente!, aquele um que vem do rumo da velha estação de trem não é o Lourenço?

LOURENÇO – Era. Sou eu. Vim, não sei por que vim. Vim sem razão. Acho que vim pra que se acredite em destino, pra que se acredite que a vida é mistério e que o acaso, além de nossas mãos, também tece o futuro de cada um. (*Lourenço vê Tereza. Esta se desvencilha da corda que a prende a Antonio Bento e lentamente os dois se aproximam.*) Juro que foi só olhar Tereza!

MÃE – Às vezes, quando uma desgraça acontece, só então a gente percebe que sabia o tempo todo o que ia acontecer. Foi assim com Tereza. A gente não sabe ler os sinais.

TEREZA – Não tinha nenhuma intenção, mas foi só olhar Lourenço...

DONA EVA – Todo mundo tinha medo do que podia acontecer e todo mundo desejava que acontecesse. Não levem a mal, é que no real, no rasteiro da vida a gente precisa ver e sentir umas dessas grandes coisas. A gente precisa acreditar que na vida existem coisas desmedidas, se não, pra quê? Pelo menos pra ter o que responder se perguntarem no juízo de Deus "o que você fez do milagre da vida?" Desculpe, já não sei o que falo.

LOURENÇO – Tantos anos e tanta distância, tudo isso é nada?

TEREZA – Amor é presença. Hoje é o dia seguinte daquele tempo que a gente se amava. Todo esse tempo, toda essa distância são nada! Eu não sabia que lhe esperava, agora sei.

LOURENÇO – Nem eu sabia que vinha, agora sei.

DONA EVA – E ninguém disse mais nada. Que ninguém quebre com palavras o sagrado deste momento.

TEREZA – Nem me julgue quem nunca a viveu uma paixão, quem a evitou, quem a esqueceu, quem a negou!

ATORES (*cantam*) –

Por meu sonho nesse olhar
Paguei para o meu amor

Pr'amor de outro caboclo
Meu rancho ela bandonou
Senti meu sangue ferver
Jurei a Tereza matar
O meu alazão arriei
E ela eu fui procurar.

ANTONIO BENTO – Os Ipês floridos, o verde viçoso da mata, o ar fino e fresco, o sol morno e bom da manhã; tudo lembrava o amor dos dois e cavava o poço fundo do meu ressentimento.

MÃE – Entrega pra Deus, Antonio Bento!, eu pedi. Isso é amor de Destino, coisa que nem se acreditava mais de haver no mundo, homem! Respeita, que não é coisa do trivial da vida!, implorei enquanto ele duro e surdo deixava a cidade montado em seu cavalo.

HOMEM – Cobra respeito, homem! Limpa a honra no sangue dela como é de costume! Isso eu mesmo gritei enquanto ele passava. E não é o certo, não é de preceito?

ANTONIO BENTO – Quando ela fugiu a primeira e mais profunda dor foi o amor ausente. No vazio dele primeiro ocupou lugar a raiva, depois o ressentimento, o desespero e, por fim, um desejo só, vingança.

TEREZA – Eu sabia que Antonio Bento viria, pois assim eram os homens. Enquanto não vinha eu vivi um ano para o amor que tinha nascido.

ANTONIO BENTO – Na procura longa a raiva se gastou e o gosto da vingança foi se perdendo no pó e nas pedras do caminho. Só fiquei com o cansaço e a gastura de ter de cumprir aquele preceito.

TEREZA – Antonio! Ainda tentei ler alguma esperança nos olhos dele, não achei. Abri os braços e esperei. (*Abre os braços e calmamente espera.*)

ANTONIO BENTO – Fiz o que tinha de fazer. Vingança é parente da justiça, assim me ensinaram, assim aprendi. Vim pra reparar o mal feito, disse para mim, sem acreditar. E desfechei dois tiros.

TEREZA – Ouvi, senti, estampido e impacto, e vi o sangue fugindo da represa das veias e a vida galopando nas distâncias até o mundo sumir de vez de meus olhos.

ANTONIO BENTO – Voltei com menos paz do que quando saí. Não foi difícil matar Tereza, difícil é achar resposta: por quê fiz?

TEREZA – De todas as coisas suaves – pele, ar, sonho, pensamento e alma – a mais leve é o amor. E sobre ele não quero o peso do lamento. (*Antonio Bento coloca novamente a pedra na cabeça.*) Esta é a minha história. Quem quiser chore pelo remorso de um assassino, quem quiser celebre o amor que encheu meus dias e que até na morte me alimenta de lembranças e de alegria.

Tereza sai agora conduzindo Antonio Bento numa inversão de movimento com relação à entrada. Os atores cantam.

ATORES – Agora já me vinguei
Este é o fim de um amor
Essa cabocla eu matei
É a minha história doutor.

S'A MARIA DO RIO PEQUENO

NARRADOR – Dizem que uma mulher com o vestido marcado por duas manchas vermelhas na altura do ventre vagueia em noites claras por esses campos ao redor da cidade. Ora é vista no banhado, ora é vista no alto dos morros trazendo atrás de si um homem penitente. Dizem que ela narra sua história de paixão a cada passante que encontra. Dizem que assim será até que o amor triunfe sobre o medo, o ressentimento, a violência e a ignorância dos velhos costumes. Dizem assim, assim acredito, assim espero.

S'a Mariazinha passa correndo na frente do narrador perseguida por seu pai. Esconde-se atrás do narrador e negaceia antes de sair correndo novamente.

PAI – Chega, filha, o pai tá cansado!
S'A MARIA – O senhor tá é velho!
PAI (*finge irritação*) – Você me respeita, S'a Mariazinha, senão eu te corto de couro, te lanho inteirinha de vara!

Entra Cidália. S'a Maria ri, debochando do pai.

S'A MARIA – Se o senhor me pegar!

Sai correndo cruzando com Cidália. Pai corre atrás, percebe Cidália e diminui o passo, cumprimenta tirando o chapéu para Cidália, meio envergonhado. Depois, sai em disparada atrás de S'a Mariazinha. Cidália solta um muxoxo de reprovação.

CIDÁLIA – Falta de preceito! Onde já se viu? Pai brincando co'a filha pela rua como se fossem meninos! Ara, siô! Será que isso dá em coisa boa, gente? (*Abranda a expressão e acaba sorrindo.*) Fora dos costumes é, mas é bonito de se ver! Desde que a finada Luzia, mãe de S'a Mariazinha fechou os olhos para a luz deste mundo, seu Tiodór e essa menina são assim, folha e vento.

S'a Maria volta e põe-se a ouvir.

CARUCA – Mas não pense, por causa dessa paz, que Tiodor é homem pamonho, não. Todo mundo aqui tem lembrança de quando ele escorou, sozinho, três malfeitor na folha do facão. Homem tem esse mistério de, no tempo de um rabisco, demudar mansidão em valentia e raivas de meter medo! Pensando bem, mulher também, mas é diferente... num é não, dona Cidália?

CIDÁLIA – Decerto, dona Caruca. Como vai a família? S'Antonho, seu marido, está melhor daquele mal nas partes?

CARUCA – Malemá, devagarinho, vai indo... (*Vê S'a Maria.*) Ara, siá! Passa fora que isso não é prosa pra menina ouvir!

S'a Mariazinha se assusta e sai correndo.

CIDÁLIA – Mas a gente preza muito o sentimento bom que dá ver esses dois. (*Saem.*)

BERTINHO – Ói, ói, eu também prezo, 'viu, mais, mais, num é os dois não! É só a a Mariazinha! Foi crescendo, crescendo e e aos catorze anos desabrochou como como desabre a luz do sol na aurora! Eh, Mariazinha dos meus pecados! Com com ela é só dormir que eu sonho, só acordar que penso e é só ver que babejo! Eu, eu sou o Bertinho, com todo o o respeito, me apresento. E e continuo palavrando com com vocês e digo que o povo daqui diz que eu eu sou meio lerdo. E nisso até acredito, mas só um um tiquinho. O causo é que sou meio vergonhoso por por conta que sou um um tantinho zarolho... de formas que que quando criei coragem pra acuar a a Mariazinha num canto e dizer tudinho bem rematado, com com palavra bordada que custei uma era decorar, o o meu amor declarado, não é que o desgramado do Cipriano já não tinha, dois dois dias antes, declarado com com as palavras que seriam minhas o amor dele que que devia de ser o meu?! Oh, raiva! Agora os dois estão aí, arrulhando igual passarinho, todo mundo sabe e desconfia, menos o pai. Dois dias, seu lerdo!, eu me xingo, das vezes! Mais, mais é injustiça minha com eu mesmo. Sou lerdo, não, sou sou só vergonhoso. Era só isso que eu eu queria dizer, pra vocês saberem que a S'a Mariazinha quase quase foi minha. (*Dá de ombros com falso desdém.*) Só entrei pra dizer isso. Nem mais vou vou participar dessa história. Até. Ali vem o Cipriano. (*Sai e cruza com Cipriano mimando como criança estar sobre um cavalo.*) Bestão!

CIPRIANO (*freia o cavalo que negaceia um pouco e bufa até se acalmar*) – Ôôôôôaaa! Desculpa não dar a vocês a devida atenção, mas estou numa aflição de pressa pra chegar no Rio Pequeno. A S'a Mariazinha, aquela que aquele tonto do Bertinho falou com vocês, me espera. (*Segreda.*) Ninguém sabe, mas ficamos de acordo de fugir. (Entra S'a Maria) Se gosto dela? É um desvario de gostar! Gosto tanto que até dá medo. É paixão que trava a língua, a boca fecha sem palavra, só meus olhos falam e só o coração dela escuta! É um desvario de gostar! Desculpa a pressa, gente, já anoitece, a viagem é longa e a saudade é maior que tudo. Dá licença. (*Esporeia, o animal empina e ele sai a galope.*)

S'A MARIA – Se gosto dele? Ainda não sei o que é gostar. Os olhos dele me chamam e eu vou. A figuração dele não arreda do meu pensamento e do meu sorriso e eu, agora, sou coisa desconhecida de paz e aflição sem juízo. É isso o gostar?

ATORES (*cantam.*) – Eu arriei meu cavalo
Quando tava escurecendo
Pra roubar uma moreninha
Da banda do Rio Pequeno
Eu cheguei na casa dela
Meia noite mais ou meno
Ela já tava esperando
Nas horas que nois marquemo
O seu cabelo briava
Molhadinho de sereno
Fui chegando perto dela
Um beijo de amor nois troquemo
Eu te amo moreninha
Des' quando nos conhecemo

CIDÁLIA – Se o Cipriano está com pressa, eu tenho todo o tempo do mundo. E se vocês fizerem o favor de prestar atenção sem fazer muita bulha, eu até posso tecer todos os fios dessa história, sem atropelo. Do que eu sei, e o que sei é o que foi deveras, Tiodor quase que morre de paixão e desconsolo com a morte da mulher. O que salvou foi a filha pequena que ficou na sua mão e encargo. Essa menina virou seus olhos, seu coração, sua alma, que Deus me perdoe. Olha só!

PAI (*entra em cena escondendo nas costas uma boneca.*) – S'a Maria! Olha só o que eu trouxe pra você.

S'A MARIA – Deixa eu ver, pai!

PAI – Não, vai ter que adivinhar...!

S'A MARIA – É de comer?

PAI – Não...

S'A MARIA – É de vestir?

PAI – Também não...

S'A MARIA – É de brincar?

PAI – Fecha os olhos e estende a mão… (*Coloca uma boneca nas mãos da filha.*)

A menina perde a fala, é só interjeições de alegria. Depois corre abraçar o pai. Há um corte de tempo e emoção. Ela passa de uma alegria infantil para uma gravidade adulta: estende uma carta ao pai enquanto Cidália narra.

CIDÁLIA – Mas quando de manhã Tiodor viu que a cama da menina não tinha sido desfeita e leu a carta deixada em cima da mesa esteve a ponto de morrer ou de matar… (*Pai puxa os cabelos e se esmurra num desespero.*) Ara!, mas uma história não deve de andar assim às carreiras… (*Faz um gesto ao pai que imediatamente cessa o desespero. O ator desmonta o personagem e sai.*) Tem de ser um tico mais maneira, senão entender vocês entendem que aqui ninguém é burro, mas quem disse que apreciam o sentimento? História é que nem amor: tem de provar, num adianta só ouvir que existe. Cipriano e S'a Maria se conheceram na festa.

Apresentação de folia de reis. S'a Maria chega com o pai. No meio da dança, o Marombo a retira dos braços do pai conduzindo-a para dançar com Cipriano.

MAROMBO – Senhor dono da casa / Dá licença de entrá / nós viemo celebrar / a chegada do menino.

DONO DA CASA – Aqui é a morada do senhor / faz favor de entrá / pra esse nascimento / nós comemorá.

ATORES (*cantam música tradicional da folia de reis.*) – Salve o senhor menino, que do céu veio salvar (*bis*) (*Marombo faz sua dança, corteja S'a Maria e se dirige ao pai.*)

MAROMBO – Senhor dá licença dessa moça vir girá. Moça formosa, pra nesse mundo a gente vivê, é preciso crescê no tamanho, na ideia e no coração. (*S'a Maria e Cipriano dançam.*)

S'A MARIA – Que sagrado do mundo é esse, gente!, que se desperta dentro da gente como susto, como queda, como sonho?

CIPRIANO – Foi desvario de gostar, já falei pra vocês! Parece coisa que um vento novo, como nunca existiu no mundo, soprou em roda de nós.

S'A MARIA – Que o mesmo vento um dia se alevante e passe por vocês também. Ou que retorne a ventar se um dia já soprou e se foi.

CIDÁLIA – Dizem que os milagres andam juntos: milagre é a chegada do menino-deus, milagre é cada primeiro amor… e cada segundo… e cada terceiro… e o rosário que se desfie! Amor é sempre milagre!

ATORES (*cantam música tradicional da folia de reis.*) – Salve o senhor menino, que do céu veio salvar (*Bis.*). (*Atores brincam como crianças.*)
CRIANÇA 1 – A lua se 'desescondeu' das nuvens!

Crianças se reúnem e olham para a lua e admiram por um momento, depois fecham imediatamente os olhos.

CRIANÇA 2 – Todo mundo está vendo a lua dentro dos olhos fechados igualzinho ela está lá fora, no céu? (*Acenam a cabeça afirmativamente.*) Agora, escuta! (*Passa um tempo.*) Milita, você está respirando muito alto!
CRIANÇA 3 – É o ranho do fim da gripe!
CRIANÇA 2 – Ela falou com alguém?

Crianças meneiam a cabeça em negativa. Abrem os olhos meio decepcionadas.

CRIANÇA 4 – Quem te disse que a lua fala?
CRIANÇA 2 – Fala, sim!
CRIANÇA 3 (*levanta o braço com a mão aberta*) – Quem quer brincar de pega-pega põe o dedo aqui!

As crianças, menos a 2, correm para encostar o dedo na mão da Criança 3. Esta fecha a mão e prende o dedo de uma delas. Todas as crianças se espalham com aquele que ficou com o dedo preso correndo atrás. Criança 2 ainda tenta, de olhos fechados, ouvir a lua.

VOZ DE TIODOR – S'a Mariazinha! Passa pra dentro que já é tarde.
CRIANÇA 2 – Já vou, pai! (*Abre os olhos e sai olhando, emburrada, para a lua.*)
ATORES (*cantam.*) – Na hora que nóis partimo
Sorrindo ela foi dizendo
Mais que cavalo ligeiro
Que as ferrage vai batendo
Este é meu baio tostado
Já sabe o que eu tô fazendo
O macho tava reinoso
No freio tava mordendo
Pois ele tá divinhando
que vai pousar no sereno.
Ela perguntô d'esquino
Eu fui logo esclarecendo
Nóis vamo pra Mato Grosso

Ninguém mais fica sabendo
Para fazer nosso amor.
Que há tempo nóis vem sofrendo

CIDÁLIA – Como lá atrás eu já tinha começado a dizer, madrugadinha quando descobriu a carta o pai de S'a Mariazinha ficou em ponto de perder a alma.

Tiodor lê a carta da filha.

ZÉ SAGUI – Ficou, garanto. Uivou feito bicho e gemeu feito tivesse recebido corte de faca, garanto.

CIDÁLIA (*em reprovação*) – Isso é o que diz o povo que diz muita coisa e coisa demais! O que sei e sei porque vi com os olhos e não vi com os ouvidos, seu Zé Sagui, é que Tiodor ficou quieto, calado, sentado na soleira da porta, sem dar palavra nem palavra receber! E esse é o jeito mais perigoso de um homem ser.

ZÉ SAGUI – A gente, de esgueia, ficava assuntado os pensamentos dele. Dar cabo de vida ... , acho que era o que ele pensava. Não sei se a dele ou a do outro.

TIODOR – Vi Cipriano morto como se fosse o futuro. Arreei uma besta ruana e ligeira que tenho e amolei o facão que eu tinha figurado talhar o corpo de Cipriano. A ruana fiel fincou na terra trote e galope o dia todo até que escureceu.

S'A MARIA – Três paradas fizemos. Na primeira foi silêncio, na segunda foi soluço, na terceira foi o frio do sereno que gelou meu coração. Aproveitei o escuro, o sono de Cipriano, o medo, e fugi de volta. Eu já tinha saudade do meu pai. Corri pra me perder em qualquer caminho, menos achar o rumo de Mato Grosso.

TIODOR – Longe eles não deviam de estar, eu lia o rastro deles com raiva fria e surda. E seguia.

CIPRIANO (*chama*) – S'a Maria! S'a Maria! Hei de achar, pegar a pulso e obrigar a cumprir o prometido!

S'A MARIA – Tinha que ver com que mão de ferro Cipriano governava o cavalo dele! Fincava espora sem misericórdia das ancas do animal e chamava nome e raivas quando o bicho cansava. Sumiu doçura dos olhos dele, ganhei medo.

CIDÁLIA – Aqui no Rio Pequeno teve gente que armou choro, gente que gemeu lamento, gente que puxou reza. Era a certeza da desgraça que ia acontecer.

As duas protagonistas das histórias anteriores, lentamente, quase ritualmente, entram em cena.

S'A MARIA – Paixão, medo e aflição: eu, tão pequena, era todas essas grandes coisas! Foi, então, que a lua se abriu no veludo escuro do céu. Eu parei. (*S'a Maria fecha os olhos aflita.*) Lua... lua... fala comigo!

BEATRIZ – Volta, S'a Maria. Não deixa que seu coração envelheça como o medo fez com o meu. Só tenho aquela velha estação na memória, mas nenhuma alegria.

TEREZA – Volta, S'a Maria, que a vida só conta se amar. Da vida só se levam os olhos cheios dessa alegria e a pele farta dessas coisas mansas.

S'A MARIA – Cipriano deve de ter lá dentro dele as raivas de fera! Ele também deve de ser pedra e ferro!

BEATRIZ – O seu amor amansa...

TEREZA – Amolece...

BEATRIZ – E quebra... Coragem, S'a Mariazinha.

S'A MARIA – E meu pai?

TIODOR – Eu chegava. Apertei o cabo do facão porque o futuro que eu tinha figurado estava ali, muito perto. Então, parei e vi, na distância de um grito, a minha S'a Mariazinha clareada pela lua que raiou mais forte. E reli na mente a carta de S'a Maria.

S'A MARIA – Pai, nunca vou te esquecer, mas preciso partir...

TIODOR – Um amor nasceu e me tomou e o mando agora é dele.

S'A MARIA – Me perdoe, pai.

TIODOR (*com raiva*) – Eu vou com Cipriano, mas..

S'A MARIA – Meu coração te carrega comigo. A benção de sua filha, Maria.

TIODOR – No clarão da lua e no escuro cego do meu coração vi Cipriano se achegar junto dela.

TEREZA – Que é a alegria de um pai senão a felicidade da filha, Tiodor?

CIPRIANO – S'a Maria! Não faz assim! Vem comigo! (*Abraçam-se.*)

S'A MARIA – Você está chorando!

CIPRIANO (*brusco*) – Não estou, não! (*Ao público.*) Mas estava.

TIODOR – O corpo de Cipriano cortado de facão e raiva se desfez na minha figuração e deu lugar a um choro sentido, à saudade e à felicidade de S'a Mariazinha. Ai, que foi dor! Ai, que foi força bruta pra segurar meus mil demônios e ficar parado enquanto os dois seguiam caminho para sempre! Deus lhe abençoe, minha filha!

ATORES – (*cantam.*) Nóis vamo pra Mato Grosso
Ninguém mais fica sabendo
Para fazer nosso amor
Que há tempo nóis vem sofrendo
Os óio dela encheu d'água

Despediu com a vóiz tremendo
Adeus casa do meu pai
Adeus chão do Rio Pequeno.

CIDÁLIA – E assim foi essa história sem tirar nem pôr. Das três é a que mais alegria nos dá contar, porque é a mais verdadeira. Que me desculpem os outros narradores, mas história triste tem sempre alguma mentira. Porque a maior verdade do mundo é o amor e nele não cabe verdade menor.

A Folia de Reis começa a tocar, mas, embora alegre, num ritmo mais lento. O narrador do início da peça faz um gesto e os atores, ainda cantando, vão lentamente tirando os adereços que os caracterizam como foliões.

NARRADOR – Devagar... Aos poucos vamos saindo dessa terra sagrada onde moram a infância esquecida, as cidades já mortas, as coisas e as pessoas que não existiam mais, mas, agora, estão vivas e frescas como aquelas três mulheres: Tereza, Beatriz, S'a Maria. Saiamos desse mundo criado no ar com o sopro de nossas lembranças. Voltemos, devagar, a esse nosso mundo bruto, concreto, e, mesmo assim, também sagrado, porque a memória daquele mundo nos ensina, mas é a vida deste mundo concreto que nos faz amar. Verdade outra não há, se há não conheço, se conheço esqueci e hoje não quero lembrar. Boa noite.

Atores cantam a folia.

FIM

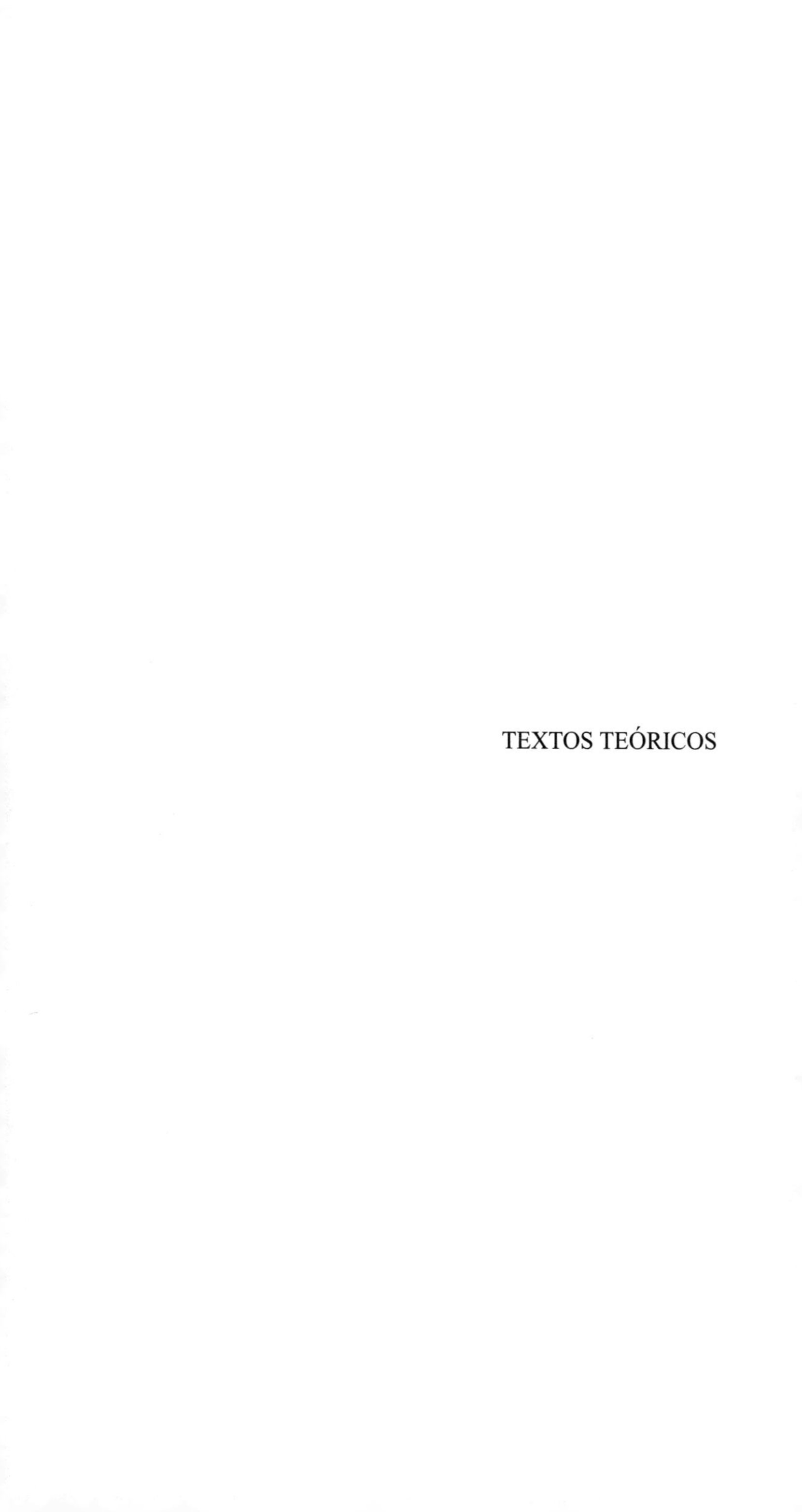

TEXTOS TEÓRICOS

EPPUR SI MUOVE!*

Não há nada de novo sob o sol. Não discuto a poderosa afirmação do *Eclesiastes,* que muita gente gosta de repetir quando se refere a este final de século. Aliás, parece que nossa época, ironicamente depois de tantas transformações, de tanta profissão de fé no novo, resolveu reiterar com frases definitivas o fim do movimento. Para muitos, a história, de fato, acabou, chegamos ao fim dos tempos, não há nada de novo sob o sol, a utopia é lugar-nenhum, inclusive no espírito humano, e Dom Quixote é apenas um velho, aposentado e gagá, perdido num socavão do mundo globalizado. Quem aproveitou o novo, aproveitou, porque agora estamos reduzidos à enfadonha repetição. Fórmulas prontas, pensamentos prontos, *remakes*. Nada se cria e nada se transforma. A terra está imóvel, Galileu está condenado e não resta nem o consolo de sua teimosa reiteração: "E, no entanto, se move!"

Não contradigo o *Eclesiastes*. Se é verdade que não existe nada de novo sob o sol é provável que o problema não seja do *Eclesiastes*, mas de nossos olhos que ainda não viram tudo. Sobre a terra, e muito bem iluminados pelo sol, com certeza estendem-se, meio enterrados e desapercebidos, tesouros antiquíssimos que talvez não saibamos decifrar ou mesmo reconhecer como preciosos. E, então, repetimos com tola e definitiva convicção: não há nada de novo sob o sol.

*. Revisão do artigo publicado na revista *Vintém*, São Paulo, n. 2, p. 26-31, mai. jun. jul. 1998.

Esse preâmbulo todo é para colocar na mesa a discussão daquilo que se tornou para mim uma profissão de fé: dramaturgia, a organização de ações de forma coerente e com determinado fim. Ou, em palavras mais claras, como construir eficientemente uma história.

Nos últimos quinze anos, questões que envolvem a estruturação das histórias, sua comunicação, os princípios que norteiam sua criação, sua relação com um mundo que muda tão vertiginosamente, a função que cumprem as personagens na sua estruturação, sua modernidade (e, por favor, entendam como *modernidade* apenas e tão simplesmente o vigor e a eficiência com que uma história consistente dialoga com o público de hoje), tudo isso e algumas coisas correlatas têm sido objeto constante de minhas preocupações. E cada uma dessas indagações está presente nos diversos gêneros que trabalho em teatro. "Sapo não pula por boniteza, pula por precisão", na citação do genial João Guimarães Rosa. Ou seja, o que me move é a necessidade de produzir uma dramaturgia que dialogue melhor com o público.

Por aí, vocês podem imaginar minha preocupação quando, tempos atrás, decretou-se, pela enésima vez, a morte do teatro sob o argumento de que uma arte tão profundamente artesanal perderia cada vez mais sentido e importância num futuro cada vez mais voltado às mídias eletrônicas. O argumento mereceria mais de dois segundos de atenção se fosse menos tolo. Aceitá-lo como consistente seria o mesmo que acreditar que o sexo, uma atividade humana integralmente artesanal, deixaria de existir no futuro por causa da descoberta dos meios de inseminação artificial. No entanto, a reflexão testa-curta causou polêmica. Não pretendo discutir aqui se o teatro está ou não na UTI, porque discussão deste tipo é desimportante. Temos coisas a fazer, principalmente um melhor teatro. Tomo o exemplo apenas para mostrar como certas afirmações apressadas ganham *status* e se reproduzem como válidas. Como o sentido que é dado a "não há nada de novo sob o sol". Há. E muito. Debite-se à nossa cegueira não vermos as coisas novas que o sol ilumina sobre a terra.

Poética

Os gregos são fundamentais. Dentre os gregos Aristóteles é fundamental. Em Aristóteles a *Poética* é fundamental. Pelo menos no que se refere à dramaturgia, à reflexão de como organizar da melhor forma as ações de um drama, tendo em vista uma comunicação eficiente com o público. Continua sendo, mais de dois mil anos depois, o insuperável livro de cabeceira do dramaturgo. Quem o leu atentamente sabe que é uma profunda e sagaz reflexão sobre o teatro e a forma dramatúrgica desenvolvida pelos poetas gregos. E aqui chegamos ao ponto central desta discussão: qual a validade da poética aristotélica depois de tantos séculos e de tantas e fundamentais transformações por que passaram o teatro e a civilização? Existem outras poéticas que abram possibilidades igualmente eficientes de diálogo com o público de hoje?

Para ampliar a reflexão dessas e de outras questões coordenei, nos anos de 1990, a criação do Núcleo dos Dez, em São Paulo, e do Núcleo ABC, na Escola Livre de Teatro, de Santo André, formados por jovens dramaturgos também interessados em pesquisa. Em alguns anos de trabalho chegamos a algumas conclusões, se bem que preliminares, que considero inéditas e importantes e que abrem vertentes interessantes para ampliar a discussão da dramaturgia e suas poéticas. E começamos a reunir esse material para orientar pesquisa e reflexão de maior fôlego.

Assim como Carlos Gardel, que dizem cantar melhor com o passar do tempo, também Aristóteles parece raciocinar melhor a cada ano. Não é à toa que o velho sábio continua influenciando a reflexão sobre dramaturgia até os dias de hoje. É reconhecido que uma das causas do desenvolvimento da filosofia ocidental deveu-se ao fato de ter ela sido escrita, o que permitiu que fosse refutada, emendada, ampliada e desenvolvida em reflexões posteriores. Modernamente Brecht tomou a *Poética* de forma crítica, em sua busca de dar um novo equilíbrio aos aspectos épicos e dramáticos presentes no teatro. Eric Bentley, em seu *A Experiência Viva do Teatro*, realizou um excelente trabalho de contextualização do escrito de Aristóteles. No entanto, a *Poética* serviu de base para outra série de escritos e raciocínios menos brilhantes que tentaram transformar o que era reflexão e filosofia em norma, e daí extrair fórmulas técnicas e manuais de como se escrever uma peça bem feita. Nada contra os manuais, são até úteis em determinadas circunstâncias, mas não fazem avançar a reflexão estética nem a sensibilidade humana, precondições fundamentais, a meu ver, para a existência da arte.

Parece, então, que Aristóteles e sua *Poética* permanecem fundamentais ainda hoje. Então não há nada de novo sob o sol? Há, sempre houve. E ele ocorre quando um criador segue a própria intuição, e quando ela organiza ações e gera personagens e situações não previstas nos manuais modernos ou na fundamental reflexão do Filósofo. Aconteceu isso com Shakespeare, com Ibsen, com Brecht e outros. Acontece conosco todos os dias. Porém, não se debite isso a uma falha de Aristóteles, mas à ausência de reflexão em torno de outras poéticas.

Aristóteles foi um homem de seu tempo e nele deve ser entendido, o que não exclui a importância de sua obra nem das conquistas da cultura grega para o nosso tempo. A cultura grega que se fixou para a História é a cultura de um povo expansionista, guerreiro, comercial e patriarcal. Os ecos dos valores arcaicos, agrários, matriarcais, embora presentes em textos majestosos como *Antígona*, *Medeia*, *As Bacantes* e outros, parecem-me menos dominantes.

Aristóteles não é um filósofo que deixa muitas brechas em seu raciocínio e, na *Poética*, considera o mito, ou o que modernamente chamamos de enredo, como a alma do drama. Sempre me perguntei por que ele não deu a mesma importância à personagem como elemento estruturador do drama. Talvez porque o guerreiro fosse um valor predominante na cultura grega e toda sua reflexão do drama foi feita em torno da trajetória desse tipo de herói. E, assim, qualquer personagem masculina ou feminina, deveria seguir, necessariamente, a mesma estrutura quanto ao enredo. Parece vir daí a acusação de solução *deus ex-machina* que Aristóteles faz a Eurípides com relação ao final de *Medeia*. Não sei se *Medeia* subindo aos céus num carro de fogo é o final mais consistente, dramaturgicamente considerando, mas se a personagem, como acredito, é tão fundamental quanto o enredo na estruturação de uma história, o final de *Medeia* deve ser, necessariamente, diferenciado do final de um herói guerreiro.

Estrutura Mítica

A proposta de inserção da personagem como elemento fundamental ao lado do enredo não é aleatória nem apenas intuitiva. Está na própria raiz desta discussão em torno de outras poéticas e pode resultar em elementos importantes para o entendimento das mesmas. Ou seja, talvez a poética aristotélica – uma ampla reflexão que vai além da simples questão da estrutura dramatúrgica – privilegie o entendimento da ação de certa casta de personagens: os heróis guerreiros. Assim como atrás de cada personagem que criamos existe um arquétipo, um tipo primeiro ou fonte, um manancial que lhe deu origem e o estrutura internamente, cada enredo que construímos pressupõe uma estrutura mítica, um alicerce que lhe dá forma. A trajetória do herói guerreiro, os elementos fundamentais que servem de base às histórias sobre homens cuja missão consiste em, por meio da luta, organizar o caos e trazer a luz da razão é suficientemente conhecida. Seus cinco pontos estruturadores – nascimento milagroso, rápida notoriedade, luta triunfante contra as forças do mal, falibilidade ante a tentação do orgulho (*hybris*) e queda por traição, autossacrifício ou morte – estão de uma forma ou de outra presentes em todas as histórias de heróis guerreiros, recontadas ao redor do fogo numa aldeia primitiva ou representadas num *Édipo*, de Sófocles, ou num *Coriolano*, de Shakespeare, nos palcos de um teatro.

Heróis guerreiros são protagonistas da maior parte da ficção produzida até hoje no mundo, talvez também por influência direta da dramaturgia grega. Ao lado desses heróis, na predileção dos poetas gregos, estão as heroínas que, em nossos núcleos de pesquisa, demos o nome de grandes-mães. São as heroínas cujos valores são os representados pelas leis de sangue, do clã. São heroínas ligadas ao ventre, voltadas à criação e à manutenção da vida. São o grande e monumental poder representado pelo ciclo e pela natureza. Essa heroína traz em si o conceito de *philia* – a força agregadora que estrutura ao redor de si os filhos, a família, o clã, e daí deriva toda razão e visão de mundo. Esta é uma heroína ligada à vertente matriarcal, agrária, tradicional, totêmica, ao contrário do herói guerreiro que traz em si o conceito de *neikos*, a força desagregadora, patriarcal, cultural, civilizatória. Via de regra, no teatro grego, conhecemos essas duas castas de personagens. E de Aristóteles só temos a reflexão sobre o herói. Qual a trajetória da heroína? Ela, como protagonista de uma história, deverá cumprir o mesmo percurso previsto para o herói? Deve, como o herói, "travar uma luta triunfante contra o mal"? Os objetivos da heroína são os mesmos do herói? Parece-me que o caráter diferenciado da personagem deverá dar origem a ações diferenciadas e dar nova forma ao enredo.

O que fizemos em nossos núcleos de pesquisa é determinar não só o caráter, as forças que atuam nessa gama de heróis e heroínas, como descobrir os pontos da trajetória que elas necessariamente deverão percorrer. Isso, no entanto, foi apenas o primeiro passo.

Heróis Amorosos

Shakespeare introduziu na dramaturgia ocidental uma nova casta de personagens, inexistentes ou não, devidamente elaborados na dramaturgia grega. Sintomaticamente, Shakespeare foi influenciado pela cultura medieval, que fixou no imaginário coletivo os heróis amorosos: Nicolete e Aucassin, Tristão e Isolda, Lancelot e Guinevere, Francesca de Rímini e Paolo Malatesta. Outros heróis amantes também testemunham a força das histórias amorosas na índole do homem medieval. O caráter desses heróis é profundamente diverso, em sua configuração e em seus objetivos, dos heróis de primeiro estágio – guerreiros e grandes-mães. Enquanto o herói guerreiro busca o poder da vertente patriarcal, expresso, via de regra, na política ou na riqueza, o herói amoroso é profundamente marcado pela busca do poder feminino, expresso pelo amor. E esse amor, agora, não é mais *philia*, não é agregador, não busca a criação e conservação, não respeita leis de sangue. É uma força erótica, entrópica, autofágica, devoradora. Parece-me claro que aqui também a estrutura dramatúrgica deverá ser diferente daquela analisada por Aristóteles em sua *Poética*. Aqui não há trajetória singular, ela é plural. Ambos, herói e heroína, partilham um mesmo mito, um mesmo enredo.

Ao herói guerreiro, em nossos estudos, demos o nome de *filho do pai* porque sua trajetória heroica é a busca dos princípios que estruturam o mundo patriarcal, racional, civilizado – com leis, regras, códigos – encarnados na figura do Pai. A função principal desse herói é transformar o mundo, dar-lhe novas leis, trazer a um mundo de trevas a luz da cultura e da regra. À nova casta de heróis masculinos popularizados na Idade Média damos o nome *de filho da mãe,* porque sua trajetória vai ser, necessariamente, ligada ao universo matriarcal. Um herói amoroso não busca o poder da *pólis*, busca o poder do amor que não respeita a *pólis*, nem as suas leis. É inconcebível um Romeu querendo matar o pai para assumir seu poder ou um Lancelot querendo o trono de Artur. Ele quer Guinevere, a mulher de Artur.

Shakespeare fez ainda algo muito mais espantoso. Ele reordenou de tal forma os elementos dramatúrgicos, que pelo menos em duas de suas peças o eixo dramático foi deslocado para a tentativa do herói de transitar do universo de valores paternos para os valores maternos. Otelo é o herói guerreiro que tenta estampar-se como herói amoroso, mas regride ao estágio anterior quando, corroído pelo ciúme, mata Desdêmona. E Hamlet é atormentado pelo conflito entre cumprir uma trajetória em direção ao Pai e restabelecer a ordem patriarcal, punindo a mãe e o tio. No caso de não haver a punição, Hamlet fatalmente permaneceria na órbita materna. É interessante que na *Electra,* de Sófocles, o herói Orestes, como legítimo *filho do pai*, hesita apenas alguns momentos em cumprir o que, do ponto de vista patriarcal, seria o seu dever inelutável. Já Hamlet luta, permanece em conflito durante toda a peça para acabar como *filho do pai*, não conseguindo transitar à esfera da heroína.

Amazonas e Guardiões

No século XIX, mais precisamente em 1879, o norueguês Henrik Ibsen escreve a peça *Casa de Bonecas*. Inaugura, então, para a dramaturgia, uma nova casta de personagens: heroínas que vão além da geração e conservação, ultrapassam a trajetória amorosa e começam a estampar-se como guerreiras. A imagem da amazona parece ser emblema desse processo: por livre e espontânea vontade ela amputa um dos seios para melhor manejar o arco, para melhor lutar na guerra. O seio é, juntamente com o ventre que gera, um dos símbolos da Grande Mãe. É o órgão que nutre e conserva o ser gerado. As amazonas vivem ainda numa sociedade sem homens, indicando a superação da trajetória amorosa e desempenham uma fundamental função do herói: a guerra. Como se percebe, essa casta de heroínas-guerreiras, representante de um terceiro estágio de desenvolvimento, é emblema da trajetória da mulher contemporânea. É ocioso dizer que essa trajetória, tanto no dia a dia quanto na ficção, não está suficientemente clara e desconhecemos seus pontos estruturadores. Qual poética poderia nos fazer entender, em profundidade, esse arquétipo fundamental para o nosso tempo? Qual a complexidade de sua ação, já que sabemos que ela acumula duas trajetórias anteriores, superadas, mas conservadas, como queria Hegel? Mãe Coragem e Senhora Carrar, de Brecht, transitam pelo universo dessas heroínas.

Sua contrapartida masculina é igualmente fundamental e rara como protagonista em nossa ficção: o guardião, o herói que depois de ter enfrentado o mundo e seus inimigos, e encarado sua adversária mais terrível e grandiosa – a heroína –, retorna para prestar testemunho dessas aventuras e iniciar uma trajetória ainda mais perigosa. Esse grande guerreiro, que transformava mundo e homens, vai agora estampar-se como criador e conservador. Vai abrir mão da espada e segurar o cetro, símbolo do poder que facilmente corrompe. Aliás, faça-se justiça aos gregos; Creonte, na peça majestosa que é *Antígona*, vive uma das trajetórias possíveis do guardião. Digo *uma* das trajetórias, porque os arquétipos do guardião e da amazona são extremamente complexos.

Essa casta de heróis e heroínas não foi suficientemente estudada ou mesmo pensada, e me parece fundamental para o entendimento de nosso próprio tempo. Nesse século passamos por inúmeras inovações técnicas, estamos passando por uma extensa revolução tecnológica, e, para que ela se consolide de forma menos irracional, parece-me necessário um novo corpo de crenças e valores que lhe dê forma. As personagens já estão na vida, faltando-nos vê-las e entendê-las no espelho transfigurador que é a ficção.

Sábios em Conclusão

Resta ainda uma última casta de heróis e heroínas: os sábios. Ao contrário do que propõe o imaginário inócuo e melodramático, os sábios pouco se parecem com bons, simpáticos e inofensivos velhinhos. São personagens dotados de força descomunal, capazes de proezas incríveis e que transitam por terríveis e grandiosas trajetórias. Em nossos núcleos apenas começamos a estudar esses heróis. Tive uma experiência na arquitetura dramática dessas personagens em *O Livro de Jó* e em *A Grande Viagem de Merlin*[1], e posso afirmar que o eixo dramático dessas personagens está bastante distanciado do herói guerreiro. *Édipo em Colono* tem alguns pontos fundamentais do herói sábio, e

1. Posteriormente, em 2002, o autor escreveu outra peça teatral abordando a trajetória do sábio. Trata-se de *Um Merlin*, texto integrante desta coletânea.

Shakespeare, o "grande transformador", lança algumas luzes importantes na elucidação desse herói em *O Rei Lear*, que é a trágica trajetória do velho tolo rumo à sabedoria.

A pesquisa em que nos metemos é extraordinariamente extensa e altamente complexa. Ainda bem que, como os heróis das histórias, não temos noção do que nos espera à frente, o que nos impede de desistir da caminhada. Essas oito trajetórias masculinas e femininas, que requerem estudo mais apurado, são apenas a parte visível do iceberg. Referem-se apenas às trajetórias progressivas em busca da razão. Sobram ainda o estudo e entendimento das trajetórias recessivas, ou, como chamamos, trajetórias abaixo da linha da consciência. São aquelas trajetórias em que ao invés da personagem transitar em direção ao entendimento ela afunda-se, conscientemente ou não, na irracionalidade. Shakespeare – outra vez! –, com *Ricardo III,* indicou esse arquétipo e preconizou sua trajetória; e Franz Kafka, modernamente, iniciou a gama desses heróis desenraizados de si próprios, destituídos, quase em absoluto, de consciência.

Em conclusão, Aristóteles e sua *Poética* continuam onde sempre estiveram: na raiz e na seiva de qualquer reflexão sobre dramaturgia. Ela, porém, não é o único instrumento de análise e estudo de estruturas dramatúrgicas. Existem outras possibilidades, além da *Poética*, que requerem reflexão profunda. São possibilidades que se abrem na busca por tradução moderna de antiquíssimos arquétipos e mitos, pedindo para ser reescritos para nossa época. Se trajetórias amorosas tiveram campo fértil à sua expansão na Idade Média, figuras como amazona, guardião e sábios só conseguiram espaço de diálogo social, como valores importantes, em nossa época. Aos criadores e pensadores cabe fazer avançar essa abertura.

A RESTAURAÇÃO DA NARRATIVA*

Sempre admirei o surpreendente processo que leva um paleontólogo a refazer, a partir de um fragmento de osso, não só toda a ossatura de um animal pré-histórico como seu aspecto, hábitos, costumes, o meio em que viveu e um sem número de informações sobre aquele espécime. Guardadas as devidas proporções, é como um fascinante jogo de investigação policial em que um pequeno e significativo detalhe se compõe com inúmeros outros, formando uma geometria que nos dá o rosto do criminoso, o aspecto de um animal ou o retrato de uma sociedade. Penso que foi por causa desse fascínio que me habituei a querer ler sinais e me tornei dramaturgo. Dramaturgia não é mais do que ler sinais por trás de uma ação ou de uma expressão humana. Em *Medeia*, Eurípedes nos revela um universo profundamente humano a partir de um crime bárbaro. O mesmo faz Ibsen que, a partir de uma pequena nota de página policial, constrói *Casa de Bonecas*, um texto fundamental na moderna história da dramaturgia.

Foi a capacidade de ler sinais, imagino, que levou Mikhail Bakhtin a escrever *Cultura Popular na Idade Média e no Renascimento*, um livro que considero fundamental para qualquer dramaturgo ou estudioso ligado a teatro ou não. Nele, o filólogo russo, a partir de um sinal (o riso) discute, entre outras coisas, todo o processo que levou a sociedade

*. Revisão do artigo publicado na revista *O Percevejo*, Rio de Janeiro, v. 8, n. 9, p. 115-125, 2000.

a transitar de uma forte noção de corpo social presente na Idade Média à afirmação de corpo individual como noção predominante no período do Romantismo. No bojo dessa transformação (e isso já é dedução minha), valores, procedimentos, ações, imagens, histórias coletivas perdem a importância em relação a valores, procedimentos, ações, imagens e histórias individuais.

Foi também a tentativa de ler sinais que me levou a prestar atenção na organização urbana das cidades coloniais brasileiras e no que elas têm em comum, tanto com o estudo de Bakhtin quanto com a questão proposta no título dessa reflexão: a restauração da narrativa.

Nas cidades coloniais brasileiras as moradias eram construídas segundo um padrão determinado. Suas portas abertas durante o dia e cerradas apenas à noite, suas janelas sem trancas, davam acesso direto à rua ou à praça e vice-versa, sem espaços intermediários entre o domínio público e o privado. Portas e janelas, mais do que instrumentos de iluminação, arejamento ou segurança tinham o valor simbólico de proporcionar o acesso fácil, livre de embaraços ao espaço íntimo e privado da casa. Os portais permitiam o fluxo constante de informações, a relação estreita entre o mundo público e o privado.

As moradias atuais são construídas de acordo com um padrão diferente. Entre a soleira da casa e a rua, estabeleceram-se quintais, calçadas, muros, portões, grades, lanças, cacos de vidro, interfones. As explicações para essas diferenças na maneira das pessoas se relacionarem com o espaço urbano, com certeza, vão além de razões de segurança. A relação íntima entre os espaços físicos público e privado, sugerida pela urbanização "caótica" daquelas cidades (ruas de traçado tortuoso em razão da distribuição das casas, moradias desalinhadas que avançavam sobre a via pública, ruas sem saída que terminavam abruptamente numa porta de residência) indica que a mesma indefinição de fronteiras se estabelecia nos mais variados níveis das relações humanas e, em especial, na cultura. No interior de uma noção forte de "corpo social" se estabelece um imaginário comum de mitos, crenças, histórias, memória etc. É do interior desse imaginário comum, público e permeável – que ao mesmo tempo que invade a memória e os valores do indivíduo, abriga e agrega suas contribuições – que as pessoas extraíam o material para suas expressões simbólicas: ritos, mitos, arte. Foi de dentro de um imaginário e de experiências tornadas comuns que floresceu a narrativa como transmissora de conhecimento e, mais importante, de experiências individuais para o repertório coletivo. Qualquer alteração em quaisquer dos planos – o concreto e o simbólico – provoca alteração na forma de expressão humana. Esse é o raciocínio do filósofo Walter Benjamin, em seu ensaio primoroso "O Narrador – Considerações sobre a Obra de Nikolai Leskov", em que analisa a decadência da forma narrativa a partir das relações concretas do homem e o trabalho. A decadência da narrativa está intimamente ligada à decadência do imaginário comum.

O Imaginário

Não existe experiência coletiva. Existem acontecimentos, fatos coletivos, como guerra, peste e morte, que em determinado momento podem atingir o indivíduo ou a sociedade como um todo. No entanto, a experiência de cada um desses acontecimentos só pode ser absorvida individualmente. O que não quer dizer que uma experiência não possa ser compartilhada, imaginada, comunicada e sensibilizada. Ao contrário, é de fundamental importância que toda experiência humana significativa possa ser comunicada, tendo em vista a criação de um repertório comum de experiências, material básico para o desenvolvimento de uma consciência coletiva. E consciência coletiva é o que plasma o surgimento de um destino comum. E destino comum é o que orienta e dá forma ao que chamamos de comunidade, cidadania ou nação.

Essa transmissão de experiências individuais para a esfera coletiva dá forma ao que chamamos "imaginário". Um imaginário – repertório de imagens comuns a uma cultura e, em decorrência, de histórias, tipos, crenças, conceitos e comportamentos – é necessariamente uma criação coletiva. Mais, um imaginário é determinado por condições objetivas, sociais, históricas; ou seja, não há a possibilidade de um indivíduo criar uma imagem fora do imaginário de seu meio. Por exemplo, na Idade Média seria possível haver um herege, mas nunca um ateu dado o imaginário totalmente religioso. O que não quer dizer que o imaginário não seja algo profundamente dinâmico. Cabe ao artista, ao homem criador, perceber, nas condições objetivas do processo histórico e social, as possibilidades de surgimento de novas imagens e dar luz a novas histórias, ideias, crenças, que vão integrar o imaginário de sua época.

Juntando as coisas todas: o fato de as casas coloniais serem voltadas para as ruas e praças; a gradativa perda, ao longo dos séculos, da noção de corpo social; a necessidade de compartilhamento de experiências (individuais) para a constituição de um imaginário (coletivo), tudo isso, creio, tem relação direta com o tipo de arte que fazemos e, em especial, com a dramaturgia.

Antes, porém, é necessário esclarecer que o processo de perda da noção de corpo social não é, por si só, negativa. Ao contrário, correspondeu à abertura do fantástico caminho de fortalecimento da noção de indivíduo e decorrentes noções de independência, liberdade individual, humanismo. O gradativo afastamento do homem da natureza e do corpo social, o homem que se sabe diferente e isolado, que tem um destino próprio, quase desenraizado de seu meio, fez derivar a história da civilização para outro rumo. O Davi, de Michelângelo, com seu semblante pensativo e algo aflito, como se carregasse o peso de seu próprio destino, é tido como um marco no processo que haveria de colocar o homem no centro da História e da criação. Na dramaturgia, *Hamlet*, de Shakespeare, é igualmente considerado o protótipo do homem moderno, um homem em conflito, envolvido com a pesada herança de seus pais e que oscila, indeciso, na busca de um novo caminho. Essas duas imagens iluminaram o trajeto da afirmação do indivíduo perante a natureza e o corpo social.

A questão que se coloca é se não é necessário, hoje, avaliar ambos os caminhos (o público e o privado, indivíduo e corpo social, criação individual e imaginário) e talvez equilibrar novamente os elementos. A questão se coloca porque, no âmbito do teatro, foi o progressivo isolamento do indivíduo de seu meio que possibilitou o fortalecimento e a subsequente predominância de um gênero de invejável poder dramático, mas significativamente frágil, no que se refere à apreensão do mundo real. A predominância do melodrama, como veremos mais adiante, determinou o afastamento dos conteúdos narrativos antes fortemente presentes no teatro.

Da Tragédia ao Melodrama

Talvez a perda de um imaginário, em que os homens possuíam bravura heroica, coragem e habilidade para afrontar os grandes desafios da existência, diminuiu em nós mesmos a capacidade de nos reconhecermos com tais valores. E se isso é verdade, diminuíram bastante em nós esses poderes. Mais precisamente, diminuiu nossa capacidade de reconhecê-los em nós próprios.

Parece haver relação direta entre o enfraquecimento da capacidade de luta, força moral e grandeza dos objetivos das personagens (e o progressivo abandono do gênero trágico) e a consequente adoção do melodrama como gênero preferencial no teatro do século XIX – preferência esta que permanece até os dias de hoje. Não creio que caiba estabelecer juízo de valor sobre o assunto. Os gêneros todos, da farsa ao melodrama, passando pelo drama e pela tragédia, são importantíssimos enquanto revelam esferas da alma e dos conflitos humanos com vigor e propriedade que os tornam insubstituíveis. Se a afirmação da noção de indivíduo foi um bem inestimável para o ser humano, o mesmo se pode dizer do desenvolvimento e aperfeiçoamento de novos gêneros como o drama e o melodrama. A questão que se coloca é o que perdemos nesse processo.

Visto sob a ótica da mitologia, o melodrama está relacionado a uma mentalidade adolescente – nada de negativo nisto se não considerarmos a adolescência uma experiência humana negativa. Tanto a adolescência quanto o melodrama estão relacionados à aquisição dos sentimentos e força. Na mitologia, o herói adolescente porta uma pequena faca (não uma espada, que é símbolo do herói-guerreiro adulto) e sai pelo mundo. É ajudado por um parceiro poderoso e não humano, e está sujeito ao acaso e às forças mágicas. Na trajetória adulta (drama e tragédia) o herói depende fundamentalmente de si e seu destino é determinado pela sua ação. Nas trajetórias míticas relacionadas ao herói adulto não existe o acaso, elemento fundamental no melodrama – doenças repentinas, golpes da sorte são acontecimentos que têm forte interferência num melodrama.

Ao contrário do drama e da tragédia, o herói do melodrama é necessariamente uma vítima. Despossuído de força, ele sucumbe à ação dos elementos externos, de vilões e vilãs, é incapaz de suplantar os limites das leis e da moral. Não investe contra e nem consegue se libertar do poder da família ou da sociedade. Muitas vezes é incapaz de perceber que a origem de seus males é social. Em geral, o herói melodramático não vai além de seu quintal, não vai além de relações familiares e humanas de pouca profundidade. Digo em geral porque algumas peças desse gênero tratam os sentimentos humanos de forma profunda e verdadeira, e elas se tornam, desse modo, em minha opinião, obras primas, apesar de não descerem às vastas complexidades da tragédia ou do drama. Personagens trágicas como Electra e Orestes matam Clitemnestra, sua mãe. Dr. Stockman, personagem dramática de *O Inimigo do Povo,* de Henrik Ibsen, abre luta aberta contra seu próprio irmão e contra a sociedade. Nora, protagonista do drama *Casa de Bonecas*, também de Ibsen, abandona marido e família. Mas a família Tyrone, no primoroso melodrama *Longa Jornada Noite Adentro*, de Eugene O'Neil, decai e sofre sem identificar a origem de seus males[2]. Encerrado dentro de seu próprio mundo individual, o herói melodramático desconhece as forças da terra, do mundo e das ruas das quais ele se exilou.

Enquanto os heróis trágicos chegam ao mundo como "heróis de cultura", personagens que vão transformar o mundo, derrogar velhas leis e trazer novas, lutar decididamente contra a herança e imagens dos pais e das tradições do clã ou da sociedade, o enfraquecido herói melodramático sucumbe a um mundo que desconhece e a leis morais e regras sociais que não consegue mudar. O mundo é algo misterioso

2. Alguns estudiosos consideram *Longa Jornada Noite Adentro*, de Eugene O' Neill, *A Morte do Caixeiro Viajante*, de Arthur Miller, e até *Um Bonde Chamado Desejo,* de Tennessee Williams, como dramas quando não tragédias. Partilho da opinião de Eric Bentley que, em seu livro *A Experiência Viva do Teatro,* considera-os autores melodramáticos.

e assustador, um "sistema" indecifrável, e o palco de luta do herói melodramático não é o mundo caótico ou a sociedade organizada sob leis opressoras e injustas. O universo de luta do herói melodramático é o dos seus sentimentos. E esses sentimentos são limitados pelas leis, pelos preceitos religiosos e pelos bons costumes. E, ainda mais, poderíamos dizer que, embora os sentimentos sejam o elemento fundamental do melodrama, esse gênero sobrevive principalmente não do exercício dos sentimentos, mas de sua negação. Os heróis dramáticos ou trágicos vivem os sentimentos com toda a intensidade e, muitas vezes, são punidos exatamente por isso, pelo descomedimento, pela falta de medida com que vivem. Os heróis melodramáticos "tentam" viver seus sentimentos sem conseguir alcançá-los, seja por acidente, pela ação do vilão ou por fraqueza moral.

Ao perder o contato com a praça, com as ruas, com a comunidade, enfim, o homem perde seu imaginário, abandona a fonte de sua cultura e diminuem, consideravelmente, a quantidade e a qualidade das experiências que podem ser comunicadas. Seu repertório de imagens, sem o acréscimo das imagens apreendidas no contato e conflito com outros homens, reduz-se àquelas geradas apenas a partir de si próprio (os sentimentos) e advindas do contato e conflito com seu reduzido meio familiar e círculo social (moral). Os próprios sentimentos, sem o sadio conflito com a complexidade do mundo real, tendem a permanecer na superfície ou a se tornar idealizados. Ao abandonar as ruas o homem diminui substancialmente sua capacidade de aprender. O saber distancia-se do sentir.

É bem característico que nossa época tenha especial predileção pelo melodrama. É um gênero que retrata fielmente a perplexidade da maioria de nós frente a um mundo que não mais conhecemos. Um mundo complexo, vil, caótico, violento e inimigo, do qual nos afastamos para o aparente porto seguro de nossa casa e dos nossos sentimentos (desde que não escavemos esses sentimentos até as profundidades abissais dos instintos). Que distância enorme do drama ou da tragédia em que as personagens investem em direção ao mundo, para transformá-lo em algo possível de ser ordenado e habitado!

A Crise

Desde que comecei minha carreira profissional como dramaturgo, há vinte anos, ouço falar em crise. Hoje me pergunto se é possível fazer arte em qualquer lugar do mundo sem crise. Isso não quer dizer que tenha me habituado a ela, mas que a considero elemento fundamental do processo criativo, situada no mesmo nível de importância da observação, da reflexão, da atenção ou da intuição. A crise norteia e nos faz mais espertos.

É interessante verificar que o afastamento da íntima convivência entre o público e o privado, o indivíduo e a cultura, expresso nas moradias das antigas cidades, é um símbolo que oculta mudanças muito expressivas nas relações humanas e artísticas. A perda do imaginário levou-nos a danos que somente agora começam a ser percebidos de forma evidente. Por exemplo, a tão comentada crise relacionada ao fluxo de público ao teatro, cinema, literatura e outras artes, é uma dessas evidências. Obviamente a crônica crise determinada pela falta de interesse do público pela produção cultural tem múltiplas e importantes raízes. São levantadas desde razões históricas, até a quase nula sensibilidade das instituições governamentais em incentivar o acesso da população aos bens culturais; ou mesmo o peso da mídia e os interesses da indústria cultural, entre outras. Todas essas razões possuem sólidas justificativas. Mas uma razão pouco aventada, e quem sabe a mais importante, explica que o desinteresse do público se deve ao fato de que talvez a produção cultural não esteja falando a mesma língua dele, nem veiculando as imagens extraídas de um imaginário comum. Talvez a grande aventura da busca da individualidade, iniciada no Renascimento, tenha se exacerbado de tal forma que esquecemos da existência de um corpo social, de um imaginário cultural. Talvez o artista tenha renunciado a ser o meio de expressão das variadas experiências humanas para expressar a si próprio. Talvez o artista tenha aberto mão de expressar o mundo e a vida para expressar o próprio mundo e os próprios sentimentos. E talvez o próprio mundo e os próprios sentimentos não sejam assim tão importantes. Pelo menos para o público. Não que a totalidade da produção cultural atual seja feita apenas de considerações em torno do umbigo de seus próprios realizadores. Ao contrário, percebe-se em grande parte da produção artístico-cultural um empenho decisivo em questionar e encontrar formas de comunicação mais eficientes com o público. A pergunta é se essas formas eficientes não estão intimamente ligadas à recuperação de um imaginário comum.

Restaurar a Narrativa

O longo e lento processo de afirmação dos valores do indivíduo alcança os dias de hoje. E se, durante esse processo, houve época em que tanto os valores coletivos quanto os do indivíduo conviveram, hoje, está claro, existe uma sobrevalorização dos valores individuais em detrimento dos outros. E, paradoxalmente, é na época da chamada cultura de massa que a noção de indivíduo se impõe de maneira tão avassaladora. Ou, talvez, o próprio conceito de "massa" como agrupamento infinito, amorfo e semiconsciente de seres propicie a sobrevalorização do indivíduo. O apelo da propaganda é para que o indivíduo se destaque da massa amorfa! Isso só pode ser feito apoiando-se e reafirmando em si, *ad infinitum*, a noção de indivíduo em contraposição à massa informe. Sem pretender aqui discutir o conceito de massa – para mim no mínimo uma impropriedade – o fato é que, neste fim de século, o poder transformador da arte parece ter se esgotado e seus caminhos parecem ter-se conduzido a becos sem saída. Parece que enquanto as populações aumentam geometricamente, dinamizando de maneira aguda as relações sociais, inversamente as manifestações artísticas veem minguar seus públicos e, como que excluídas do poderoso processo que movimenta a sociedade contemporânea, recolhem-se a seus guetos com suas diminutas plateias.

Fato característico e, a meu ver, revelador do distanciamento entre espetáculo e público, é a perda que o teatro vem sofrendo, nos últimos três séculos, de seus conteúdos narrativos. O que era elemento constitutivo do espetáculo entre os gregos ou mesmo na época de Shakespeare, hoje, praticamente, se limita a resquícios. Uma ou outra reminiscência desta ou daquela personagem nos informa que a narrativa também está presente num espetáculo, como um apêndice do qual, se não estiver inflamado, não se percebe a existência. O fato é que os conteúdos narrativos numa peça teatral não são apenas elementos estilísticos e sua perda corresponde a um prejuízo tão gigantesco que chega quase a descaracterizar a arte teatral. Atualmente tomamos arte dramática como sinônimo de arte teatral, esquecendo-nos de que a arte da narrativa sempre teve lugar marcante na arte teatral. E, dada a importância da conjugação dessas duas artes no teatro, creio ser útil abrir um parêntese para a discussão desse tema.

O "Ontem" e o "Aqui-agora"

Existem, a meu ver, dois elementos fundamentais que estruturam o que se convencionou chamar fenômeno teatral. E não é coincidência que esses mesmos elementos estejam também presentes tanto no mito quanto no rito religioso: o aqui e o agora. Teatro é uma arte efêmera e presente, e isso quer dizer que sua existência se dá no momento em que o espetáculo acontece em sua relação com o público. Terminado o espetáculo, terminou a arte teatral. Teatro é uma arte que só tem existência em seu momento presente. Isso parece uma obviedade, mas é sua própria essência. Teatro é a ação presente, a emoção presente, o ator e o público presentes. Não é simplesmente uma história contada, mas uma experiência viva, na definição de Eric Bentley. Sensações como êxtase, gozo, catarse, emoções, alheamento, vivência além do concreto da existência, são elementos necessariamente presentes tanto no rito religioso quanto no mito ou no teatro. Com uma grande diferença: embora a experiência viva, o "aqui, agora" defina o teatro, há outro elemento que o separa tanto da religião quanto do mito e lhe dá outra geometria e alcance. Teatro, embora seja um bem do espírito é também algo profano, concreto, em que o êxtase é algo comedido, onde as alturas das emoções – que podem não ter limites no rito religioso – são circunscritas ao mundo real. No teatro, o contato com o espiritual não é um fim em si, já no rito religioso o contato com a divindade é o objetivo final. No teatro, e não falamos apenas do teatro grego, o êxtase necessita de um sentido, um *logos*, uma razão. Ouso até refletir que o *logos* também está presente nas religiões, afinal existem a doutrina, os preceitos e se não existissem, existe a organização, a geometria do rito. Religião e arte, no entanto, abrigando os mesmos elementos, possuem objetivos opostos: o *logos* na religião visa ao êxtase, ao contato com o divino, à teofania. Na arte, o êxtase é código de acesso ao *logos*, ao reconhecimento da trajetória humana. Teatro é também uma forma de saber.

Reflito que, se a ação teatral, no geral, e os diálogos, no particular, dizem respeito ao presente, à *re-presentação*, ao "aqui-agora", a narração diz respeito aos fatos acontecidos, ao ontem, ao passado. Bem, fatos acontecem em determinado lugar e em determinada época. Por consequência, o universo preferencial da narração é o universo histórico, o tempo e os acontecimentos concretos da história do homem. E, nesse sentido, a narração funciona como código de acesso ao *logos*, ou seja, ela tem o poder de inserir, com vantagens, na ação teatral, o território concreto das relações humanas (sociais, políticas, econômicas e outras), onde se dá a trajetória das personagens. Assim, a personagem por meio da narração, se insere no território, no tempo e no espaço históricos e, aí, busca um sentido para sua ação e para sua existência. Do conflito, das relações entre a personagem e seu universo histórico, é possível surgir o *logos*, a razão entre dois elementos contraditórios: personagem e meio.

Isso posto, uma questão óbvia se levanta: é possível obter-se o *logos* tão somente com a ação representada, sem a inserção da narrativa? A resposta é também óbvia: sim. Mas por que, então, os gregos e Shakespeare utilizavam tanto a narrativa? Não seria porque a narrativa potencializa a representação? E se ela tem essa potência, como isso se dá na cena?

O Sistema Narrativo

O teatro, desde o seu surgimento, tem sido um sistema integrado de elementos épicos e dramáticos: em épocas mais remotas, com forte predominância de elementos épicos, e em épocas mais recentes com mais acentuada presença do elemento dramático. No século XIX, o equilíbrio desses elementos foi fortemente alterado. Uma série bastante grande de fatores contribuiu para isso. E o teatro tornou-se um sistema fundamentalmente dramático. O exílio da narrativa no teatro provocou distorções. Uma delas pode ser verificada na artificialidade de alguns textos melodramáticos, no idealismo extremado, na bonomia inverossímil, no caráter maniqueísta de seus heróis e vilões. As personagens, extraídas do contexto das relações humanas reais, tornam-se apenas emblemas de virtude ou vício. Afastadas do fazer real, das relações humanas, a única realidade que resta é a subjetividade dos sentimentos. O teatro torna-se mais e mais *sentir*, torna-se mais êxtase e emoção e menos saber. Nesses textos melodramáticos é até admirável a capacidade técnica dos seus autores em provocar emoção no público com personagens absolutamente desprovidas de humanidade. Personagens nessas peças são ferramentas hábeis para extrair emoção das plateias, mas muitas vezes não são, absolutamente, personagens pertencentes ao mundo real. A emoção paira exacerbada na atmosfera, mas carece de sentido. Talvez seja por isso que, hoje, nos causa riso o tom exageradamente emotivo desses velhos textos. Foi contra essa emoção fora de contexto que Brecht se insurgiu e com seu teatro épico propôs um novo reequilíbrio dos elementos épicos e dramáticos presentes no teatro.

Mas o ostracismo da narrativa no teatro provocou outras mudanças. O espetáculo teatral tomou uma nova configuração: de arte sonora, cujo sentido privilegiado de acesso era a audição (em inglês, plateia ainda é *audience*), o espetáculo teatral tornou-se algo a ser, em primeiro lugar, visto. O público torna-se espectador, aquele que vê. Isso provocou alterações profundas na relação do espetáculo teatral com o público. Este passa a *assistir* ao espetáculo. Esse *assistir* não é desprezível nem deixa de ser uma boa relação com a plateia, mas o fato é que fomos levados ao esquecimento de outras relações. No bojo do *assistir*, a quarta parede torna-se de fato uma instituição e o ato teatral torna-se profundamente representado. O espetáculo começa a acontecer fundamentalmente no palco. O *assistir* à representação ainda preserva a imaginação do público, mas, talvez, como menos intensidade.

No sistema narrativo, ao contrário, o público é o interlocutor privilegiado, a relação "olho no olho" entre personagens no palco transfere-se para "olho no olho" entre ator/narrador/personagem e público. A ponte obstruída pela "quarta parede" é novamente aberta. O sistema narrativo também lança mão da maior contribuição que público pode trazer ao espetáculo: uma imaginação ativa. Por meio da narrativa, o público é também construtor das imagens do espetáculo e o espetáculo teatral, em vez de ser um sistema predominantemente sensível, torna-se também um sistema fortemente imaginativo[3].

No entanto, a vantagem maior do sistema narrativo é que ele não exclui o vigor da representação dramática. Ao contrário, a abriga dentro de si, possibilitando inumeráveis combinações entre narração e representação. O limite é, de fato, a imaginação do palco e da plateia.

Conclusão

Esta é, de fato, uma conclusão precária. Tanto no que se refere às infinitas possibilidades do sistema narrativo quanto no que diz respeito a alguns tópicos levantados nesta generalizada reflexão. Cada um dos elementos e afirmações aqui levantados exigiria espaço maior, reflexão mais arguta e, seguramente, a contribuição de outros artistas e teóricos interessados no tema.

O que podemos concluir dos elementos aqui expostos é que a restauração da narrativa e o aprofundamento da pesquisa cênica em torno de suas características (a *transmissão de experiências humanas* e não de meras informações é apenas uma delas) pode se juntar a uma série de iniciativas que visam a restauração de um imaginário comum entre palco e plateia e, a partir disso, construir um novo relacionamento. Bertolt Brecht, com seu teatro épico, apenas iniciou um caminho que pretendia um novo equilíbrio entre os elementos épicos e dramáticos existentes no teatro. Peter Weiss, Heiner Müller, Bernard-Marie Koltès e outros aprofundaram esse caminho, mas a pesquisa das possibilidades do sistema narrativo apenas se inicia.

Penso que o sistema narrativo é um sistema de ganhos. É um sistema complementar ao sistema dramático/representativo e não exclui nenhuma conquista desse último. Ao contrário, provoca, lança desafios a todos os criadores e reintroduz o público como elemento construtor do espetáculo teatral. Sem a imaginação do público o teatro narrativo não existe.

Ao propor a partilha imaginativa de experiências humanas, o teatro narrativo solicita algo além da mera geometria estética. Propõe e pede a restauração da antiga unidade entre o público e o privado, o indivíduo e sua comunidade, a força progressista e de ruptura da imaginação individual e a solidez do imaginário coletivo.

3. Uma das mais belas e marcantes propostas desse jogo potente de imaginação entre palco e plateia é feita no prólogo de Henrique V, de Shakespeare, quando o ator se confessa incapaz de representar sozinho a guerra entre França e Inglaterra e, humildemente, solicita a imaginação do público como precondição da existência do espetáculo.

A PERSONAGEM CONTEMPORÂNEA: UMA HIPÓTESE*

Em seu precioso livro de ensaios *As Origens da Forma na Arte*, Herbert Read afirma, a determinada altura, que "o poeta dá corpo às formas de coisas desconhecidas". E, se entendi com alguma precisão a delicada relação *artista/ mundo/ obra* que o autor discute ao longo dos nove ensaios que integram o livro citado, posso afirmar, a partir dele, que uma das funções do artista e, talvez, a principal, é mergulhar no desconhecido do mundo, no caos das formas imprecisas e de lá extrair uma configuração, uma nova geometria, um corpo orgânico, necessário, atraente ou assustador, e oferecê-lo à humanidade.

Parecem claros os riscos assumidos pelo artista ao cumprir tal função. O mais evidente deles é fracassar miseravelmente: o mundo se apresenta por demais caótico, e sua extensão e fragmentação afirmam, por si só, a temeridade da tentativa de extrair dele alguma configuração, alguma geometria que faça sentido. E se, por algum feliz acaso, chegarmos ao final da empreitada nada nos garante que tal "sentido" vai interessar às pessoas ou tocá-las de alguma forma. E também nesse caso toda pretensão e todo esforço terão se revelado inúteis. A impressão que se tem é que a esfinge continua indecifrável e, o que é pior, não sabemos onde ela se encontra e, se a encontrarmos, talvez não saibamos reconhecê-la.

*. Revisão do artigo publicado na revista *Sala Preta*, São Paulo, v.1, n. 1, p. 61-67, jun. 2001.

A imagem da esfinge, numa reflexão que pretende discutir a personagem contemporânea, não poderia ser mais apropriada. Que imagem melhor representa o homem de hoje? Sabemos que houve ganhos e perdas nas profundas transformações por que passou a sociedade no último século. Mas quais e em que sentido? Que valores positivos ou negativos poderiam estruturar melhor a personagem contemporânea? Há, de fato, uma personagem contemporânea necessitando ser desvendada ou são suficientes as matrizes que os autores clássicos nos legaram? É possível a criação de novas matrizes ou a nós só resta fazer derivações das matrizes conhecidas?

A intuição pode nos indicar a ocorrência de alterações no conjunto de valores que estruturam a personagem e, por extensão, o próprio homem contemporâneo. A aventura arriscada é tentar identificá-las. As questões que imediatamente se colocam são: o que é uma personagem e qual a real necessidade de descobrir sua face contemporânea. A primeira questão parece mais fácil de ser respondida ou, pelo menos, já foi objeto de estudos bastante competentes desde Aristóteles até os nossos dias. Qualquer que seja a definição dada à personagem existe algum consenso entre os estudiosos. Um ponto comum entre eles aproxima a personagem do mundo real e afirma uma nítida relação entre ela e a pessoa humana. De alguma forma a personagem imita ações humanas, representa o ser humano. Outro ponto comum, ao contrário, distancia a personagem do mundo real na medida em que a torna elemento de ficção, submetida às necessidades do enredo, "cuja existência obedece às leis particulares que regem o texto"[1]. A própria seleção das ações humanas possíveis que um autor faz para construir uma personagem – segundo a necessidade e a coerência de seu texto – já a distancia do mundo real. A personagem, embora seja tributária desse mundo, é construída segundo leis da ficção e não da vida real.

A poeta, dramaturga e professora Renata Pallottini nos traz uma precisa definição: "personagem seria, isso sim, a imitação, e portanto a recriação dos traços fundamentais de pessoa ou pessoas, traços selecionados pelo poeta segundo seus próprios critérios"[2]. Nos termos "imitação", "recriação", e "próprios critérios" parece-me que já estão contidos tanto o afastamento quanto a proximidade da personagem com o mundo real. Proximidade e afastamento serão retomados ao longo dessa reflexão.

A segunda questão se afigura bem mais complexa. O que é "contemporâneo"? A pergunta pode parecer sem sentido se partirmos da constatação óbvia de que tudo o que é presente, incluindo aí vida, pessoas, obras e personagens, é também contemporâneo. Um mito

1. Beth Brait, *A Personagem*, São Paulo: Ática, 1985, p. 29.
2. *Dramaturgia. A Construção do Personagem*, São Paulo: Ática, 1989, p. 5.

babilônico, uma peça grega, uma história medieval, uma tragédia de Shakespeare ou uma peça que se acabou de escrever e encenar e que consiga travar comunicação com o público atual são um fenômeno contemporâneo? Nesse sentido, a contemporaneidade seria determinada pela capacidade de uma obra travar contato com o público de hoje. Ou seja, o público determinaria o que é ou não é contemporâneo. É uma opinião respeitável se não tivesse alguns inconvenientes. O primeiro deles é que a questão "o que é contemporâneo" se revelaria inútil já que absolutamente tudo teria a marca da contemporaneidade. Segundo, que seríamos obrigados a delegar a resposta de uma questão teórica a um pretenso público que determinaria o que seria contemporâneo ou não, o que parece ser um contrassenso: questões teóricas devem ser resolvidas teoricamente e o mundo real "apenas" confirma ou refuta as resoluções alcançadas. Terceiro, e mais importante, é que o próprio público não é, necessariamente, porta-voz da consciência contemporânea. Coisas bem diferentes são viver no presente e ter consciência do presente. A consciência do presente e, mais, a representação do presente, é a tarefa mais árdua que se impõe ao artista.

Quando consideramos as personagens contemporâneas, de forma alguma excluímos dessa reflexão ou negamos validade à forma como elas foram desenvolvidas ao longo da história. A maneira como os gregos, Shakespeare, Molière e outros artistas representaram o ser humano por meio de suas personagens continua não só válida nos dias de hoje como constitui um riquíssimo material para a pesquisa e o estudo. Mas se fosse por si só suficiente, ao artista restaria apenas debruçar-se sobre as obras dos mestres e daí construir suas próprias personagens. O inconveniente seria a arte desvincular-se cada vez mais do real, tornar-se apenas a repetição de um padrão geométrico e perder a proximidade com o mundo e o ser humano reais. O olhar sobre o mundo contemporâneo parece ser, então, de fundamental importância. Mas o que olhar? E o que reconhecer como contemporâneo? Que caminhos poderia o artista trilhar no sentido de descobrir elementos de contemporaneidade para suas personagens?

Apesar da íntima relação entre pessoa humana e personagem, esta, de maneira alguma, se confunde com retrato ou tem a pretensão de conter em si toda a complexidade do ser humano. Como ser de ficção, como construção humana, representa muito mais uma configuração que o engenho do artista – ou dos artistas, pois a complexidade da configuração não é obra individual – conseguiu estabelecer a partir do ser real. Nesse sentido, uma personagem também poderia ser encarada como o olhar que determinada época ou determinada cultura projeta sobre si mesma. É um espelho que não só reflete, mas também complementa o ser humano. Um espelho a partir do qual o ser humano adquire uma consciência de si, mede-se e se estabelece a partir de seus defeitos e virtudes. Digo *uma consciência de si* porque essa consciência é transitória e, embora conservada, é superada por uma *nova consciência*, ou seja, uma nova configuração que o artista, ou melhor, os artistas estabelecem, alargando, por meio de suas personagens, a consciência que o ser humano tem de si mesmo. O desenvolvimento histórico da dramaturgia pode nos auxiliar a entender melhor essa questão.

Personagem e História

Muito já se falou sobre a integridade das personagens gregas. Com integridade queremos dizer que existe nessas figuras uma consonância entre discurso e ação, entre os objetivos que elas se propõem alcançar e a trajetória que se impõe, entre o que pensam e o que fazem. E não só isso. As personagens gregas já se apresentam, logo no início da ação, maduras, completas, prontas para a queda, para a tragédia. Devem estar em seu *melhor momento*. É também característico nessas personagens a consciência, ao final de suas trajetórias trágicas, de que foram os próprios erros que determinaram a desgraça. É essa tardia consciência do erro e da origem de suas desventuras que, ao mesmo tempo em que traz sofrimento à personagem trágica, a humaniza, faz com que perceba o próprio descomedimento, e compreenda em que ponto ultrapassou as medidas humanas. Ora, o erro ou o mal praticado só podem ser reconhecidos tendo por referência um conjunto de valores aceitos por um clã ou por uma comunidade. Assim, o herói que quase desfrutou poderes divinos se reinsere na comunidade humana, retorna à mesma condição e ao mesmo destino que os outros homens. Mitologicamente, a consciência é uma das formas de o herói se humanizar, reparar seu erro e retornar ao convívio dos homens. Fora isso lhe resta a morte, em geral por traição.

No Renascimento, Shakespeare não só introduziu profundas modificações no universo das personagens como produziu nova casta delas, desconhecidas no mundo grego. Orestes, influenciado por Electra, sua irmã, vacila apenas por um momento em assassinar sua mãe, Clitemnestra, para vingar a morte do pai, Agamenon. Shakespeare, por sua vez, trabalhando temática semelhante, faz de Hamlet um herói reflexivo e extrai do impasse em que vive a personagem o próprio motivo da ação dramática. Hamlet não é de forma alguma um herói maduro, vertical, pronto para a ação, como um herói grego. Há nele uma perplexidade frente ao destino que se abre que alguns autores já apontaram como a mesma perplexidade vivida pelo homem renascentista, perdido entre a decadência dos valores medievais e as promessas e riscos do Renascimento. *Romeu e Julieta* e *Otelo* são também representativos de uma casta nova de personagens, os heróis amorosos, que, se por um lado não são inexistentes entre os gregos, também não foram protagonistas nem tiveram trajetórias tão elaboradas naquele teatro. Parece claro que os gregos, afirmando-se como cultura guerreira e expansionista, desenvolveram especial predileção em se ver representados pelos chamados heróis guerreiros (além da guerra, a política é uma atribuição desse herói) e pelas heroínas ligadas aos valores do sangue, geração e conservação do clã familiar. Heróis que não tinham como objetivo a organização e desenvolvimento da *pólis* e heroínas que não tinham em vista a geração e conservação do clã familiar só tiveram plena expressão no teatro com Shakespeare. É evidente que o peso social que a mulher passa a ter na Europa a partir do século XI vai determinar uma mudança na representação do universo feminino no teatro.

Por outro lado, se nas personagens teatrais gregas o erro é determinado pela própria condição humana e, teoricamente, poderia ser evitado, ou concretamente reparado – desde que o herói tome consciência dele a tempo –, em Shakespeare algumas personagens já não são capazes de identificar a raiz de seu erro, como Iago e Ricardo III. O que se percebe em Shakespeare, e se tornará cada vez mais evidente nos séculos subsequentes, é que se inicia um lento e progressivo distanciamento das personagens de suas origens, quer seja ela a comunidade humana, os valores familiares ou a própria história pessoal. Processo similar parece acontecer em nível social. O grupo familiar e a comunidade, como universos estruturadores do indivíduo na cultura agrária medieval, começam gradualmente a perder força dentro da nova ordem social burguesa que emerge. Os tradicionais valores da comunidade e da família vão sendo gradativa e profundamente modificados e substituídos por valores individuais. Não que isso seja em si negativo. A consciência individual tão bem expressa na personagem de Hamlet abriu para o homem riscos e potencialidades enormes. O destino que aquela personagem tem pela frente é unicamente dela, não está ligado à *pólis* ou à nação dinamarquesa. É um indivíduo descolado da comunidade que lhe deu origem ao contrário do *Édipo* de Sófocles, ou de *Coriolano* ou *Henrique V*, de Shakespeare.

Na nova ordem urbana os valores históricos e culturais da comunidade dissolvem-se na confusão de origens dos antigos camponeses, agora novos proletários, que habitam bairros periféricos. A família torna-se apenas uma unidade econômica desprovida de história e, às vezes, nem isso[3]. Nesse contexto a representação que o ser humano

3. Mikhail Bakhtin aborda, de forma bastante interessante, aspectos da decadência da noção de corpo social e da afirmação do individualismo que ocorrerá do período medieval ao século XIX. Cf. *A Cultura Popular na Idade Média e no*

passa a ter de si mesmo por meio das personagens vai ganhar novos contornos. Os séculos XVIII e XIX foram bastante ricos na representação simbólica das grandes transformações econômicas e sociais por que passaram os séculos anteriores e, no teatro, uma nova gama de personagens tentou expressar a visão que as pessoas tinham, ou eram levadas a ter, de si próprias.

Foi uma época paradoxal. No drama burguês, os valores das personagens são marcadamente individuais – está cada vez mais distante a força que a família e a comunidade representavam. Uma determinada linhagem delas possui ainda alguma força, característica das personagens clássicas, e tenta moldar o mundo a partir de valores menos universais, os valores da burguesia como extensão de seus próprios valores. Outra linhagem, originária das massas humanas despossuídas, vai dar solidez a um novo gênero: o melodrama. Aqui também as personagens são individualizadas, representam a si próprias, mas são desprovidas da grande força que impulsiona as figuras da tragédia e do drama. Se para estas o mundo é o palco da luta, para as do melodrama esse mesmo mundo é um universo opressor, agressivo, violento e estranho. Busca-se refúgio na família, mas trata-se de uma família frágil, sujeita à destruição pelos vilões que habitam o mundo. Se no drama e na tragédia a moral e as leis devem ser, necessariamente, transgredidas ou reformadas, no melodrama elas são o caminho que leva à virtude. Aqui, a força da família e da comunidade está diluída ou extinguiu-se completamente. É interessante notar que no melodrama a história familiar, para as personagens pobres, perdeu-se. Enquanto na tragédia grega a família do herói tem uma história rica em realizações e que remontam até a ligações ancestrais com divindades e, no drama, percebe-se uma linhagem aristocrática, histórica, o herói melodramático oriundo das baixas camadas não tem história familiar, não tem raiz, não tem referência concreta no mundo. De maneira semelhante, no mundo real, o proletário perdeu sua própria história. Sua ascendência, desimportante no novo contexto urbano, talvez ainda esteja presente de maneira esparsa nas memórias familiares ou tenha de fato ficado perdida na comunidade camponesa da qual ele foi deslocado em direção a um mundo estranho, complexo, fundado em outros valores: a cidade. De qualquer forma, a perda dos liames que o ligam às gerações passadas é só uma questão de tempo.

Renascimento, São Paulo: Hucitec, 1987. Walter Benjamin analisa a decadência da narrativa em razão das modificações ocorridas na nova configuração econômica e social na Europa a partir do século XVII. Cf. "O Narrador – Considerações sobre a Obra de Nikolai Leskov", *Obras Escolhidas. Magia e Técnica, Arte e Política*, São Paulo: Brasiliense, 1985, v. 1.

Separado de seu território real onde se assentava sua história, cultura e tradição e afastado das possibilidades da posse do mundo concreto pela nova ordem burguesa, ao proletário resta apenas o próprio corpo como posse real. O corpo é o território que lhe sobra. A esses miseráveis resta, como último reduto, a posse do mundo interior, dos sentimentos e das virtudes. E sentimentos e virtudes em meio a um mundo caótico e pernicioso são o eixo fundamental do melodrama. Não é coincidência que o melodrama tenha ganhado forma e força entre a população pobre e periférica, na França do século XVIII. E talvez seja no melodrama, mais do que em qualquer outro gênero teatral, que podemos verificar a contraditória relação de proximidade e afastamento do mundo real que, como vimos, caracteriza a personagem. Como representantes do mundo real, do homem do século XVIII, não existe nada mais distanciado do que as personagens do melodrama. O mundo, com sua rede complexa de contradições, ou inexiste ou é simples moldura para a ação. No entanto, é um gênero que, até hoje, mantém incomparável força de comunicação com o público. Queiramos ou não, parece ser o melodrama o gênero escolhido pelo grande público como o predileto. Mas é bom não esquecer que o melodrama é apenas um gênero entre outros igualmente respeitáveis e essa predileção possui razões objetivas, históricas e outras, que não cabe aqui discutir.

Essa época, séculos XVIII e XIX, trouxe ainda outras gamas de personagens extremamente originais. Gerhart Hauptmann, por exemplo, um dos responsáveis pela introdução das tendências naturalistas no teatro alemão, criou, no final do século XIX, personagens impressionantemente próximas do mundo real. E Ibsen introduziu o que poderíamos definir como um terceiro nível na representação das personagens femininas. Enquanto entre os gregos é nítida a predileção por figuras femininas representantes da Grande Mãe, cujo impulso fundamental é *gerar e conservar* e se, com Shakespeare, a dramaturgia é acrescida das figuras amorosas, a personagem Nora, de *Casa de Bonecas*, de Ibsen, marca o advento de outra espécie de heroína: a mulher que ultrapassou os limites da maternidade, foi além da trajetória amorosa e vai em busca de uma nova trajetória. Obviamente, foram as novas condições sociais e econômicas, no final do século XIX, que possibilitaram a fixação do imaginário dessa personagem que, se já era conhecida desde a antiguidade, só no século passado criaram-se condições para sua aceitação social.

Personagens Desenraizadas

Até o momento é possível perceber o processo de afastamento das personagens de suas fontes de poder, quer sejam elas deuses, comunidade ou clã. Personagens melodramáticas (e considero o melodrama um gênero tão importante quanto tragédia, comédia ou drama) são vítimas frágeis de vilões e do azar, inconscientes não somente das fontes do poder como da origem de seus males. O mal no melodrama é abstrato, não é algo que pode ser combatido como no drama ou incorporado como na tragédia. A personagem melodramática é sujeita ao acaso e só o acaso é que pode vir em socorro de sua inocência. Marguerite Gauthier, Blanche Dubois, Willy Loman, James Tyrone[4], só para citar alguns exemplos de grandes personagens melodramáticas, são atormentadas por intensos sofrimentos morais – e nada indica que o sofrimento de personagens trágicas sejam maiores que os do drama ou do melodrama – sem conseguir chegar à consciência da origem deles. A vida no melodrama se reduz a um jogo de dados onde o acaso é elemento mais importante do que a capacidade de luta do herói.

E se no melodrama podemos ver a alienação das personagens do mundo concreto (geralmente as personagens são só sentimentos e idealização), o processo de afastamento torna-se mais agudo no século XX, alienando a personagem de si própria. Talvez tenha sido Franz Kafka quem, concretamente, iniciou uma estirpe de personagens que poderíamos chamar de "desenraizadas". Enquanto as figuras gregas chegam ao final de sua trajetória trágica à consciência de sua culpa e, por meio dela, à redenção, à restauração da humanidade perdida ou em risco, as personagens kafkianas são atormentadas por sofrimentos sem causa e, não importa o custo e a dor de sua trajetória, não chegarão à consciência. São seres de um mundo concreto cuja raiz da crise que pode levá-las à perdição não pode ser encontrada. Joseph K. cumpre uma árdua trajetória para tentar descobrir de que crime é processado, sem sucesso[5]; Gregor Samsa acorda transformado em uma barata e não é capaz de saber por qual processo isso aconteceu[6]. Diferentemente do melodrama, não existe idealização, virtude ou sentimentos. A realidade brutal, caótica, sem sentido impõe-se sobre o homem que não é capaz de perceber um sentido nisso. O mundo externo é palco de luta e objeto da ação ordenadora das personagens trágicas e dramáticas. Para as melodramáticas é um sistema perigoso e indecifrável, que mergulha dentro do próprio homem e desagrega seu mundo interior. Não importa o esforço humano, as fontes de força externas se voltam contra ele, e, de dentro de si mesmo, ele já não recebe nenhuma ajuda.

4. Estas personagens referem-se, respectivamente, ao romance *Dama das Camélias*, de Alexandre Dumas, e às peças teatrais *Um Bonde Chamado Desejo*, de Tennessee Williams, *A Morte do Caixeiro Viajante*, de Arthur Miller, e *Longa Jornada Noite Adentro,* de Eugene O'Neill.

5. Joseph K. é protagonista do romance *O Processo*, de Franz Kafka.

6. Gergor Samsa é protagonista do romance *A Metamorfose*, de Franz Kafka.

O mundo que nos pinta Kafka com suas personagens que, em vão, buscam um sentido para o que as aflige, pode parecer suficientemente trágico, mas o processo se torna mais radical na segunda metade do século XX. Se é possível perceber, a partir das personagens gregas (caracterizadas pela maturidade e consonância entre discurso e ação) um conflito entre o caráter e o pensamento que gradativamente vai se aprofundando, em Beckett o abismo entre discurso e ação, entre caráter e pensamento assume proporções nunca imaginadas. Em *Esperando Godot* a memória, a faculdade que permite ao ser humano acesso à consciência de si e do mundo, está profundamente comprometida. As imagens dançam na mente de Vladimir e Estragon sem se fixar e organizar um sentido, uma continuidade temporal ou lógica. São incapazes de articular um discurso e, se isso fosse possível, seria necessário um imenso esforço para conjugá-lo com a ação. E, se por acaso, isso acontecesse, poderiam então cumprir uma longa trajetória em busca da consciência para, finalmente, perceber a origem do mal que os aflige. O passado não existe para Vladimir e Estragon. Eles não têm posse do dia anterior. Sentimentos, dores, alegrias, nenhuma lembrança ou sentimento, nada se apega à sua mente, a não ser uma necessidade, absolutamente desprovida de sentido, que é esperar Godot. São personagens completamente despossuídas de força para ação, incapazes de refazer o momento vivido anteriormente e que tentam desesperadamente dar um sentido às palavras que lhes brotam.

As figuras de Beckett compõem uma dramática e, ao mesmo tempo, profética imagem que só agora torna-se corriqueira em nosso dia a dia. Qual a diferença entre o processo mental de Vladimir e Estragon e de um garoto drogado por crack? Ou de alguém "drogado" por valores e imagens fugazes da indústria cultural, ou ainda alguém "drogado" por um narcisismo hedonista, sem consciência alguma de destino, clã, comunidade, sem consciência de si próprio, absolutamente incapaz de ordenar impulsos, estabelecer um discurso coerente e uma ação consequente?

Kafka e Beckett estabeleceram uma excelente matriz para o estudo de elementos de composição da personagem contemporânea. Outros elementos deverão ser buscados na própria realidade. O que nos diz ela? A realidade contemporânea nos diz, e esta é a hipótese na busca da configuração da personagem contemporânea, que a alienação de si mesmo, característica das figuras trabalhadas por Kafka e Beckett, talvez tenha se aprofundado ainda mais. Não estão apenas perplexas como Joseph K., nem apenas com a ansiedade passiva de Vladimir e Estragon. Passaram à ação. Todos os dias, em qualquer lugar do mundo, topamos com consciências fragmentadas, com seres perplexos que, no entanto, agem. Uma ação descontínua, sem objetivo, sem sentido e, como toda ação teatral, dramática, violenta. Vladimir e Estragon cansaram-se de esperar Godot e, sem memória e, consequentemente, sem valores, puseram-se em movimento e cruzam as ruas, ora tomados de furor, ora de passividade, ora perplexos, ora assaltados por compulsões que não conseguem conter. Essa é uma das configurações possíveis. Esse enredo é conhecido e, na vida, vemos diariamente a sua representação.

Mas não tratamos, aqui, de enredos e sim de personagem. Nessa medida não nos basta o retratar esse tipo de ação. Isso tem sido feito à exaustão pelo cinema e também pelo teatro, que tornam a violência no palco e na tela tão banal quanto no mundo real. Não basta retratar, a personagem é também uma *recriação* como bem apontou Renata Pallottini. O sentido, a geometria, tem de estar em algum lugar e esta é função do artista. A obra do artista não pode ser tão inconsciente quanto as personagens, caso contrário seria inútil. Quais as possibilidades de redenção de figuras desse tipo? Que caminhos podem indicar nessas personagens a restauração da humanidade perdida? Onde está a raiz do erro? Qual o processo mental desses seres de ficção? Essas são algumas das questões que a configuração desse tipo de personagem parece solicitar.

Outras hipóteses sobre a personagem contemporânea podem e devem ser levantadas além desta, originária das matrizes desenvolvidas por Kafka e Beckett. Por outro lado, é bom esclarecer, todas as matrizes anteriores permanecem perfeitamente válidas e operantes. As matrizes dos gregos, de Shakespeare, de Ibsen, Brecht e outros ainda continuam pedindo mais e mais personagens. Mas há também uma matriz contemporânea a ser desvendada em sua geometria e transformada em personagens. Há a necessidade de a razão humana dar alguma geometria aos escombros que a intuição indica.

FORTUNA CRÍTICA

DOS PEÕES AO REI*

*Rubens José de Souza Brito***

A dramaturgia de Luís Alberto de Abreu é fruto de um trabalho cuidadosamente planejado. Nota-se, em toda sua obra, a adequação entre o texto e a encenação deste. *Ladrão de Mulher* – um monólogo – é apropriado para a montagem do mímico Vicentini Gomes, tanto quanto o *O Rei do Riso* – uma superprodução – amolda-se à do teatro do Sesi ou *O Livro de Jó* – uma concepção arrojada – ajusta-se ao trabalho da Vertigem, de Antonio Araújo. No início dos anos de 1980, quando o trabalho de Luís Alberto começa a distinguir-se no cenário teatral paulista, a dramaturgia brasileira atravessava um período de turbulência. Por um lado, vivíamos no início do período de predomínio dos encenadores-criadores, com Antunes Filho[1] à frente de Gerald Thomas,

*. Este texto é parte integrante da tese de doutoramento intitulada *Dos Peões ao Rei: O Teatro Épico-Dramático de Luís Alberto de Abreu*, defendida na ECA-USP em 1999, sob orientação do prof. dr. Jacó Guinsburg. Com a intenção de não descaracterizar o texto original da tese, nos ativemos tão somente à revisão ortográfica, à supressão de notas de remissões internas à tese e à adequação das referência bibliográficas.

**. 1951-2008. Graduou-se em Artes Cênicas pela ECA-USP em 1976. Na mesma universidade defendeu mestrado e doutorado e, na Unicamp, onde atuava desde 1994, obteve o título de Livre Docente.

1. Para Sábato Magaldi, "talvez o marco da contemporaneidade caiba a ser definido como o ano de 1978, pelo lançamento de *Macunaíma* e pelo fim do Ato Institucional n. 5, de 13 de dezembro de 1968. Início da fase de domínio dos

Ulysses Cruz, José Possi Neto, William Pereira, Cacá Rosset, Gabriel Vilella, Antonio Araújo, Eduardo Tolentino de Araujo, Aderbal Freire-Filho, Moacir Góes e Bia Lessa, além de José Celso Martinez Corrêa, Antonio Abujamra, Celso Nunes, Fauzi Arap e Márcio Aurélio, todos em franca fase produtiva. Por outro lado, com o final do governo militar, os dramaturgos perdiam um de seus temas essenciais – sempre abordado por meio de metáforas –, a luta pela liberdade. Sábato Magaldi, tratando desse assunto, registra:

> o fim da ditadura criou, sob o prisma autoral, inevitável vazio, já que não mais se justificava a mobilização dos autores no combate ao arbítrio. [...]. Explicação verossímil para um certo declínio da dramaturgia, na década de 80, é que, desmobilizados os autores na sua faina política, se requeria um tempo razoável para se restabelecerem com novos materiais de interesse público. A maturação, sob o estímulo da realidade, demanda uma experiência que não se improvisa. Era natural que o palco cedesse espaço para outras preocupações[2].

É, portanto, nesse ambiente de instabilidade – formado pelo "vazio" e "certo declínio" da dramaturgia e ascensão do diretor como criador do espetáculo, segundo Sábato Magaldi, que Luís Alberto de Abreu chega com a postura resolutiva: a de que é preciso adotar uma atitude ativa em relação à criação do texto e que é necessário escrever assentado sobre a nova realidade do país. Para tentar resolver ambas as questões, une-se a grupos de teatro. Dessa experiência resulta uma espécie de processo de democratização da dramaturgia: todos – elenco e direção – participam, num primeiro instante, do levantamento da temática e de sua argumentação. Percebe-se que o dramaturgo adota a investigação como mola propulsora do ato criativo. E a eleição da pesquisa como base do trabalho gera, por sua vez, uma série de consequências na fatura da peça. Por exemplo: nos primeiros trabalhos de Luís Alberto, esta pesquisa é dirigida, principalmente, para fatos da história do Brasil, com o intuito básico de se procurar compreender a conjuntura da atualidade. Ora, se "se requeria um tempo razoável para [os dramaturgos] se reabastecerem com novos materiais de interesse do público", como afirma o autor de *Panorama do Teatro Brasileiro*, a pesquisa do dramaturgo mostra que – como metodologia – ela pode muito bem ser uma saída criativa e segura para a compreensão do momento que se vive, uma vez que ainda não se tem o necessário

encenadores-criadores, a partir da montagem de Antunes Filho para a adaptação cênica da 'rapsódia' de Mário de Andrade, e abrandamento da censura, que levou à mudança da linha da dramaturgia desde o golpe militar de 1964". Cf. *Panorama do Teatro Brasileiro*, 3. ed., São Paulo: Global, 1997, p. 314.

2. Idem, p. 315.

distanciamento histórico dessa atualidade. Para comprovar a eficácia da investigação levada a efeito por Luís Alberto de Abreu e os grupos com os quais trabalhou, basta lembrar que, através dela, descobriram-se "novos materiais de interesse do público", com *Foi Bom, Meu Bem?, Cala Boca já Morreu, Bella Ciao, Sai da Frente que Atrás Vem Gente, Rosa de Cabriúna* e *Xica da Silva*, espetáculos encenados com sucesso na década de 1980.

Mas, além de Abreu, vários autores lograram êxito ao longo dos anos de 1980. Entre tantos, podemos citar Marcos Caruso (em parceria com Jandira Martini escreveu *Sua Excelência, o Candidato*, em 1986 e, sozinho, *Trair e Coçar é só Começar*, em 1989), Jandira Martini (*Em Defesa do Companheiro Gigi Damiani*, em parceria com Eliana Rocha, em 1981), Flávio de Souza (*Parentes entre Parênteses*, de 1983, e *Fica Comigo Esta Noite*, de 1988) Zeno Wilde (*Uma Lição Longe Demais*, de 1986), Juca de Oliveira (*Meno Male!*, de 1987), Maria Adelaide Amaral (*De Braços Abertos*, de 1984), Carlos Alberto Soffredini (*Pássaro do Poente*, de 1987), Alcides Nogueira (*Lua de Cetim*, de 1981, a adaptação do romance de Marcelo Rubens Paiva, *Feliz Ano Velho*, de 1983 e *Lembranças da China*, de 1986), Noemi Marinho (*Fulaninha e Dona Coisa*, de 1988), Hamilton Vaz Pereira (*Ataliba, a Gata Safira*, de 1988, em parceria com Fausto Fawcett) e Naum Alves de Souza (*A Aurora da Minha Vida*, de 1981).

Acreditamos que não é intenção do autor de *Nelson Rodrigues: Dramaturgia e Encenações*, ao comentar a situação do teatro na década de 1980, examinar com profundidade a cena brasileira deste período. Também não é nosso objetivo, neste trabalho, proceder a esse tipo de exame. Entretanto, a intensa atividade artística dos dramaturgos citados, a qualidade cênica de seus textos e o sucesso alcançado por eles, junto ao público e crítica, seriam motivos suficientes para recomendar aos estudiosos uma abordagem minuciosa de todo o movimento teatral da década de 1980, para que se investigasse se, de fato, esta época se caracteriza pelo "vazio" e por um "certo declínio". Ao nosso ver, o "vazio" se refere basicamente à grande decepção da classe teatral com o reduzido número de textos de qualidade dramática encontrados nas gavetas da Censura Federal, quando estas foram abertas[3]. Quanto ao "certo declínio", consideramos que, por ser uma expressão genérica, não colabora para a elucidação do teatro dessa época. Além do mais, este conceito traz consigo o perigo de estigmatizar – injustamente, se for o caso – toda uma geração de autores.

3. O próprio Sábato Magaldi, em sua crítica sobre *Bella Ciao*, de 1982, reconhece que os dramaturgos, e, entre eles, Luís Alberto de Abreu, começam a preencher "o vazio que se sentiu após a abertura".

O fato notório desse período é que, ao colocar seus trabalhos em cena, os autores teatrais sobrelevam a inquietação e a dúvida advindas com a liberalidade política que se instalava aos poucos no Brasil. Os novos escritores e suas diversas propostas cênicas, de modo geral, obtiveram receptividade junto às plateias e reconhecimento por parte dos críticos de teatro. Contudo, alguns especialistas desta área talvez estivessem aguardando um outro tipo de autor dramático. Na conclusão de *O Teatro Brasileiro Moderno: 1930-1980*, Décio de Almeida Prado afirma:

> esgotada a vanguarda [de Os Comediantes até o Oficina], que se autodevorou no afã de irem sempre adiante, e considerar transitórias todas as verdades (a filosofia já nos devia ter ensinado que a dúvida, uma vez posta em marcha, não há dogmatismo que a faça parar), estacamos no deserto, desorientados, cansados de mudar constantemente de rumo, à espera do guia ou do profeta que nos ajude a atravessá-lo. Depois de Brecht e Artaud – quem?[4]

Alberto Guzik, ampliando o problema para o teatro europeu e norte-americano, analisa:

> sinto falta de novidade na área da dramaturgia. Mas entendo que isso é uma condição geral do teatro, na atualidade, não só no Brasil, também na Europa e nos Estados Unidos. Há anos que não se ouve falar de um dramaturgo de projeção internacional com o peso que tiveram um Eugene O'Neill ou mesmo um Arthur Miller, Tennessee Williams. Não aparecem dramaturgos com obra tão internacional, tão vigorosa que atravesse fronteiras[5].

Realmente, não despontou no teatro brasileiro, norte-americano ou europeu, nenhum dramaturgo do porte dos artistas nomeados. Porém cabe ressaltar que a aceitação plena desta avaliação, hoje, sem incluir aí o reconhecimento da realidade do palco que se transforma com os novos dramaturgos e encenadores, pode levar-nos a ficar *Esperando Godot*[6] ou *A Vinda do Messias*[7]. Neste caso, é provável que eles não cheguem, e que fiquemos "no deserto", "desorientados", e "cansados de mudar constantemente de rumo". Não estamos advogando o conformismo com a cena teatral que se apresenta, e, sim, o enfoque do palco com isenção de premissas estéticas exteriores a ele. Estaremos, deste modo, analisando as experiências cênicas a partir delas mesmas,

4. São Paulo: Perspectiva/Edusp, 1988, p. 140.
5. *O Teatro Brasileiro Hoje,* MERCOSUL *Cultural. Encontros com a Crítica: Dança, Teatro, Artes Plásticas*, São Paulo: Centro Cultural São Paulo. ago-set 1996, p. 87-88.
6. Peça de Samuel Beckett.
7. Peça de Timochenko Wehbi.

para depois, num segundo momento, contextualizá-las num âmbito teatral mais amplo. Alberto Guzik, finalizando seu pensamento, parece adotar este procedimento quando assevera:

isso me leva a ponderar que, nas últimas décadas, o teatro se nacionalizou, se regionalizou, voltou-se mais para si mesmo. E, nesse sentido, o teatro brasileiro continua cumprindo um destino que foi instaurado pelo TBC e pelas reações ao TBC no Arena e no Oficina. É um teatro que continua em busca da sua própria cara e é um teatro que se deve ao heroísmo de quem está trabalhando nele. De gente que aposta seu dinheiro, sua vida, nessa coisa de fazer teatro[8].

Essas palavras do crítico praticamente exemplificam o nosso raciocínio. Guzik vê o palco, não como quem procura um "novo Brecht" ou "um novo O'Neill", mas como quem o observa e nele detecta uma nova condição, a de que ele "voltou-se mais para si próprio". Desenvolvendo o pensamento do articulista, diríamos que o que parece ter se modificado, nestas últimas décadas, foi a própria ideia de teatro – e, consequentemente, a de dramaturgo. A respeito dessa alteração conceitual, Sílvia Fernandes ajuíza:

O que se pode afirmar com relativa precisão é que aconteceu um movimento na vanguarda teatral dos últimos vinte anos que considerou a encenação e a performance do ator como elementos fundamentais de constituição da teatralidade, em prejuízo da textualidade e narratividade emanadas do texto dramático. Isso não quer dizer, evidentemente, que essa tendência tenha eliminado as ocorrências teatrais mais tradicionais, ou que com ela o teatro tenha atingido afinal, à beira do século XXI, o cerne da teatralidade[9].

Seguindo este raciocínio, acorda-se que o texto dramático, na cena atual, pode não ser o único ponto de partida para a construção do espetáculo; outros meios de expressão cênica possibilitam, igualmente, a criação teatral. É Silvia Fernandes quem nos define este conjunto de signos, sua natureza e funções, exemplificando, ainda, os principais criadores desse tipo de construção teatral:

Quanto ao espaço cênico, há uma sistemática tentativa do encenador de desterritorializá-lo, pela criação de um lugar abstrato, que não remete a nenhum contexto de clareza. A metonímia é uma das figuras mais utilizadas na definição espacial, pela possibilidade que oferece de indicação parcial e lacunar das localizações. No teatro contemporâneo, fazem uso desses procedimentos, de maneiras diversas, e em graus diferentes, Bob Wilson, Richard

8. Op. cit., p. 88.
9. *Memória e Invenção: Gerald Thomas em Cena*, São Paulo: Perspectiva, 1996, p. 270. (Coleção Estudos 149).

Foreman, Jacques Lassale, Hamilton Vaz Pereira, Bia Lessa, Renato Cohen e Henrique Diaz. As criações de todos esses artistas, como a de [Gerald] Thomas, acentuam a performance e tornam o signo teatral autorreflexivo, fazendo com que o espectador o receba em sua materialidade, e não mais enquanto significado. O teatro passa, portanto, a falar acima de tudo de si mesmo, do conjunto da performance cênica. O signo teatral deixa de ser transparente, na medida em que não envia à ficção – ao menos de um modo claro –, mas sim ao universo físico da cena, à materialidade do espaço, à concretude de objeto, ao desenho da luz, ao ritmo musical, ao corpo do ator[10].

Sinteticamente, poder-se-ia dizer que o teatro brasileiro – acompanhando uma tendência internacional – a partir de 1978, com a estreia de *Macunaíma*, direção de Antunes Filho, polariza-se entre a dramaturgia e a encenação/performance do ator como elementos fundamentais do espetáculo teatral. Em outras palavras, no primeiro caso, o texto continua sendo o principal ponto de partida para a criação da cena (textualidade/narratividade) e, no segundo, o espetáculo passa a ser erigido a partir de outros sistemas de signos teatrais, que não o texto dramático (teatralidade).

Sob esta perspectiva dual é que devemos avaliar o que dissemos no início deste capítulo, a respeito da adequação entre o texto e a produção do espetáculo de Luís Alberto de Abreu e, com isto, ampliaremos o enfoque da questão: se o texto se adéqua à produção, podemos tentar desvendar em qual das duas vertentes se situa com mais propriedade o processo criativo do autor de *Cala Boca já Morreu!*

Já sabemos que Abreu *ouve* o diretor ou o encenador e – algumas vezes – o próprio elenco, a respeito do universo dramático a ser criado. A concessão desta "escuta", por parte do autor, significa que ele abre espaço, em sua criação, para o outro. Ao agregar este procedimento em sua ação, Luís Alberto se distancia, ao mesmo tempo, do tipo de criação no qual o texto é o ponto de partida para o espetáculo, e da visão que se tem do processo criativo tradicional do escritor teatral, na qual este artista, isolado em seu espaço, plasma, no texto, sua concepção de mundo. Às vezes, esta noção é compartilhada até mesmo por autores de teatro[11]. Por outro lado, Abreu também não se aventura – ao menos até hoje – a ocupar o lugar do encenador-criador. O que ele fez foi fixar – para si mesmo – o seu método de trabalho: partir da concepção cênica para o texto. Ora, se ele estabeleceu para si esse processo de

10. Idem, p. 291.

11. Filipe Miguez, por exemplo, autor de *Melodrama*, afirma, no programa da peça, que renega "o modelo de criação literária solitária e estanque." Cf. Nelson de Sá, *Divers/idade: Um Guia para o Teatro dos Anos 90*, São Paulo: Hucitec, 1997.

criação, e se esses procedimentos obtêm o aval do público e da crítica, ele está, na verdade, conseguindo instaurar um processo criativo que o situa não em uma das duas vertentes e sim entre ambas. Este tipo de posicionamento do dramaturgo em relação ao ato criativo, e que, de uma ou de outra forma, leva ao estabelecimento do texto, foi detectado e esclarecido pelo ensaísta Jacó Guinsburg:

> O texto tem sido tradicionalmente, sobretudo no teatro dramático de base literária, uma precondição, um dado prévio provido pela literatura, de qualquer realização de um "teatro" em cena. Entretanto, mesmo em termos atuais, isto é, levando em conta as propostas de chegar-se à "peça", ou a uma tessitura qualquer que lhe faça as vezes, através e como resultado do próprio processo de criação cênica, pode manter-se o "texto" como fator constituinte da representação teatral. Isto porque, independentemente de como foi elaborado e de seu valor específico no conjunto, a disposição das partes no roteiro a ser seguido, a fixação de traços e esboços ou figuras de personagens e a ordenação dos elementos verbais dialógicos e ambientais, sempre levará a um gênero de estrutura e discurso cênicos que terá, esquemática ou plenamente, o caráter de "peça", "texto", ou coisa equivalente, no contexto do espetáculo, colocando-se como seu antecedente, ainda que seja o último elemento a ser definido no processo de produção e por mais aberta que seja a encenação ao entrelaçamento do improviso e do aleatório[12].

Parece-nos que esse pensamento de Guinsburg ilustra, perfeitamente, a posição que Luís Alberto de Abreu assume frente ao seu próprio ato criativo, na medida em que posiciona o dramaturgo que não parte do texto para a elaboração da cena, mas que chega, independentemente de seus processos dramáticos, ao "discurso cênico", cuja essência tem o "caráter" de "texto". Essa peculiaridade justifica, por outro lado, a razão pela qual Abreu não assume a função de encenador-criador. Em outras palavras, Luís Alberto de Abreu, mesmo não se identificando com o dramaturgo tradicional e nem com o diretor que incorpora o texto à sua encenação como mais um elemento gerador de signos, é, acima de tudo, um dramaturgo que acredita no texto como um dos elementos fundamentais do teatro. Resta saber, agora, como Luís Alberto coloca em prática esta sua crença.

A característica essencial diz respeito à incorporação que Abreu faz, em seus trabalhos, do universo sugerido pelo diretor, elenco ou produtor da montagem[13]. Acreditamos que, via de regra, todo dramaturgo,

12. O Teatro no Gesto. In: J. Guinsburg; J. Teixeira Coelho Netto; Reni Chaves Cardoso (orgs.), *Semiologia do Teatro*, 2. ed., São Paulo: Perspectiva, 1988, p. 377-378. (Grifos nossos).

13. A nosso ver, não se aplica a Luís Alberto de Abreu, ao menos até os dias atuais, a expressão *dramaturg* ou dramaturgista (tradução usual, no Brasil, de

para criar uma cena, imagina-a antes de iniciar a escrita. Em se tratando de Luís Alberto de Abreu ele, além de imaginar esta cena, concebe-a conforme as exigências da encenação. Por exemplo: para escrever *O Livro de Jó* ou *A Grande Viagem de Merlin*, Abreu considerou que seriam espetáculos que se dariam em espaços não convencionais. Em ambos os casos, tinha plena consciência de que deveria incorporar estas condições espaciais às cenas que criaria. Este processo é muito diferente do tradicional, no qual o dramaturgo estabelece o texto, para, depois, o diretor acomodá-lo à sua concepção de encenação. Abreu, ao contrário, considera o espetáculo e deste "espetáculo imaginado" é que nascem os eventos cênicos, incluindo-se aí os personagens, seus conflitos e diálogos.

Existem ainda duas outras maneiras de exemplificar este procedimento adotado por Luís Alberto de Abreu. Se recorrermos à Matriz Geral*, verificaremos que todos os vinte e quatro elementos matriciais ali arrolados se referem, em primeira instância, à encenação; ou seja, Abreu os utiliza como recursos cênicos e não como recursos literários. Mesmo os versos: quando ele os usa, está mais interessado em capturar a plateia pela eloquência da palavra do que em plantear uma obra literária. Por fim, é provável que um dos motivos que levaram Antunes Filho, Antonio Araújo, Gabriel Vilella, Otávio Donasci e Ricardo Karman a convidar Luís Alberto de Abreu para, juntos, realizarem um trabalho, foi exatamente o fato de identificarem, no dramaturgo, sua capacidade não só de aceitar sugestões referentes à encenação, mas, também, a de conseguir vertê-las para o texto.

Em suma, o que o público e a crítica especializada vêm recebendo e assimilando de Luís Alberto de Abreu é uma forma diferenciada e peculiar de criação teatral, que tem na concepção da encenação o ponto de partida para a elaboração do texto teatral. Esse processo de

dramaturg.): o dramaturgista, segundo informa o crítico Bernard Dort, é a princípio um conselheiro literário, um colaborador do diretor. "Seu trabalho se situa antes e para além do espetáculo. Ele lê os manuscritos ou as peças destinadas à apresentação, se responsabiliza às vezes pela tradução ou adaptação. Cuida da recepção do espetáculo, redige o programa [...] Os dramaturgistas estão na confluência da escrita, da montagem e da crítica". Citação na apresentação do ensaio de Beti Rabetti, A Arte Cênica de Nelson Rodrigues: Modelo e Invenção, publicado na *Vintém: Ensaios para um Teatro Dialético,* São Paulo: Editora Hucitec/Companhia do Latão, n. 2, maio/jun./jul., 1998.

*. Para um aprofundamento no tema, recomenda-se a leitura dessa tese por completo, mais detidamente, o capítulo 3 "As Matrizes Dramatúrgicas". Rubens José de S. Brito seleciona uma série de textos de Luís Alberto de Abreu e analisa-os do ponto de vista estrutural, arrolando temas, construção dos personagens, uso da narrativa, divisão de cenas e quadros, entre muitos outros, na tentativa de radiografar o *modus operandi* do dramaturgo e a configuração de seus textos (N. da O.).

comunicação já está consolidado, uma vez que ocorre desde a estreia de *Foi Bom, Meu Bem?* até os dias atuais, com a apresentação de *A Troco de Nada* e *Iepe*.

Por ser o dramaturgo que se situa – por sua maneira particular de criar – entre o autor tradicional e o encenador-criador, e, por ser o escritor que concebe o texto a partir da ideia da cena, acreditamos que Luís Alberto de Abreu é uma das grandes revelações, senão a maior, da dramaturgia brasileira da década de 1980, e que, nos anos 1990, é uma das presenças mais marcantes no movimento teatral brasileiro, não só por sua contínua atividade como dramaturgo, mas também por sua ação como professor[14], pensador[15], contista[16] e roteirista de cinema[17]. Resultam do processo criativo do autor, entre outros, os sucesso *Foi Bom, Meu Bem?*, *Cala Boca já Morreu!*, *Bella Ciao*, *Sai da Frente que Atrás Vem Gente*, *O Rei do Riso*, *Xica da Silva*, *Burundanga*, *Bar, Doce Bar*, *A Guerra Santa* e *O Livro de Jó*. Destes, adquirem, pela qualidade da literatura dramática e pela resolução cênica, o status de obra-prima, *Bella Ciao*, *O Livro de Jó*, além da inédita *O Homem Imortal*. Na vertente popular, o destaque fica por conta de *Burundanga*.

No contexto do teatro brasileiro, este conjunto de obras seria suficiente para colocar Luís Alberto de Abreu ao lado dos maiores dramaturgos nacionais.

É relevante notar que os critérios estéticos, que balizam nossa avaliação, situam-se no processo criativo e reconhecem que este, por sua vez, resulta em obras significativas, referendadas pelo público e pela crítica. Normalmente, os padrões empregados para nomear nossos autores dramáticos referem-se ou a gêneros ou à temática, ou, ainda, a linguagens cênicas – basicamente a literária. Este instrumental de análise tem, de fato, comprovado sua eficiência. É desta maneira que foram consagrados, pela história do nosso teatro, por exemplo,

14. Luís Alberto de Abreu ministra cursos de dramaturgia e lidera o "Núcleo dos Dez", de São Paulo, e o Núcleo ABC de Dramaturgia.

15. O autor manteve, de maio de 1996 a dezembro de 1997, uma coluna semanal no *Diário do Grande ABC*, onde, invariavelmente, escrevia sobre teatro. Além disso, ele publica, eventualmente, ensaios sobre dramaturgia, como é o caso da matéria "Eppur si muove!", publicada na revista *Vintém: Ensaios para um Teatro Dialético*, p. 26-31. Atualmente, finaliza seu primeiro livro sobre dramaturgia.

16. O autor prepara-se, no momento, para lançar seu primeiro livro de contos, *Decúrias*.

17. Luís Alberto de Abreu estreou como roteirista cinematográfico, em parceria com a diretora Eliane Caffé, no filme *Kenoma*, em 1998. Esta película foi apresentada no Festival de Veneza deste mesmo ano, além de participar de outros eventos do gênero. Recebeu o prêmio de melhor filme do Festival de Biarritz, na França. No momento, Abreu escreve dois outros roteiros de cinema, um com a própria Eliane Caffé, e outro com Jean-Claude Bernadet.

Nelson Rodrigues, Jorge Andrade ou Plínio Marcos. Vistos sob o prisma dessas tradicionais ferramentas de abordagem dramatúrgica, tais autores – que citamos apenas para elucidar nosso raciocínio – conformam obras que exibem, de fato, uma unidade estilística e uma unidade temática[18]. Se utilizarmos hoje estas normas para avaliar os dramaturgos que principiaram carreira nos últimos vinte anos, provavelmente não encontraremos nenhum do mesmo porte de um Nelson Rodrigues, de um Jorge Andrade ou de um Plínio Marcos. E isto se dá, segundo cremos, por dois motivos. Primeiro, porque esses paradigmas já não se mostram mais suficientes, como únicos instrumentos de análise, para examinar os procedimentos de criação instaurados pela cena contemporânea. Se, antes da década de 1980, os nossos maiores escritores geram o texto, determinando a encenação a partir dele, atualmente nem todos os dramaturgos adotam esta postura. Ao contrário, eles podem partir da ideia da encenação para a feitura do texto (como é o caso de Abreu). Estes dois conceitos, à primeira vista, parecem assemelhar-se, porém, os princípios criativos que os regem são diametralmente opostos e conduzem, cada qual, a um tipo de construção cênica: no primeiro, a encenação apoia-se no texto apenas como mais um elemento gerador de signos (o texto, nos espetáculos dos encenadores-criadores, como nos de Gerald Thomas, por exemplo – segundo Sílvia Fernandes –, enquanto signo teatral, "deixa de ser transparente, na medida em que não leva à ficção – ao menos de um modo claro"[19].). Em segundo lugar, porque cada um de nossos grandes dramaturgos – como os que citamos – via de regra, produzia textos, cujas linguagens cênicas assemelhavam-se entre si; esta particularidade, por sua vez, possibilitava que os críticos e historiadores, no exame destas obras, as abordassem a partir dos conceitos de estilo e de linguagem. Se a ideia de estilo diz respeito ao autor e a seu modo de enformar as regras e se o resultado das obras apresenta uma similitude de linguagens, entre elas, é possível, de fato, afirmar que tal dramaturgo tem um de-

18. Sábato Magaldi discute a eleição de critérios para analisar textos e autores que surgiram após Nelson Rodrigues: "Por isso, tratarei dos textos e dos autores que, a meu ver, trouxeram um acréscimo assinalável ao perfil anterior de nossa dramaturgia. Qual o critério? Não vejo como adotar o estilístico. Apesar das diferenças de maneiras entre as obras, na maioria elas observam um estilo semelhante, fruto de um realismo que esbate as tendências expressionistas, épicas ou poéticas. Futuramente se identificará o denominador comum exato, que une os dramaturgos atuais. É mais fácil apreender as distinções temáticas. Dentro desse critério, a primeira marcante depois da de *Vestido de Noiva*, foi a de *A Moratória*, de Jorge Andrade, em 1955", O Texto no Moderno Teatro, *Panorama do Teatro Brasileiro*, p. 300-301.

19. Cf. op. cit., p. 291.

terminado estilo. Mas, quando um escritor teatral "se diz" (ideia que corresponde ao estilo, já que uma das mais correntes definições de estilo diz que "o estilo é o homem"[20]) através de diferentes linguagens dramáticas, então, o mais adequado, na nossa maneira de pensar, é diferenciar conceitualmente estilo de linguagem. Portanto, pode não ser o procedimento mais adequado buscar, nas obras dos escritores teatrais contemporâneos, a "unidade estilística" e a "unidade temática", a fim de situá-las no contexto do teatro brasileiro.

Por isso, podemos fazer a seguinte afirmativa: Luís Alberto de Abreu constrói uma obra que se caracteriza pela diversidade de linguagens e pela multiplicidade temática. Interessa-nos verificar, em seus métodos criativos, como ele atribui estas condições ao conjunto de seus textos.

O fator que se destaca, de pronto, diz respeito à função que o autor confere à dramaturgia. Para Luís Alberto de Abreu, a finalidade primeira do ato de escrever para teatro é a de narrar uma história[21]. Pode parecer redundante ou desnecessário alertarmos para esta característica do escritor. Mas, na atualidade, onde são comuns as experiências com a des-construção da cena[22], principalmente por parte dos encenadores-criadores, é importante sublinharmos a preocupação do

20. Segundo Buffon (1707-1788), em Discurso sobre o Estilo, "O estilo é o próprio homem". Citação registrada em Paulo Rónai, *Novo Dicionário de Citações,* Rio de Janeiro: Nova Fronteira, 1985.

21. Luís Alberto de Abreu parece ver o teatro, enquanto fenômeno, como veículo de transmissão do conhecimento e da experiência humana; para que sua escrita exerça esta função, emprega os mais variados recursos dramáticos, dos quais as matrizes dramatúrgicas são exemplo. Portanto, o sentido de "narrar uma história" compreende a utilização destes meios, incluindo-se, aí, o texto.

22. Sílvia Fernandes nos dá uma ideia sobre desconstrução, ao tratar do teatro de Gerald Thomas: " é isso que o teatro de Thomas se aplica a fazer: contrariar as formas do imaginário de sua época, revelando, através de associações de imagens e ideias, novas possibilidades de leitura desse imaginário. O que se percebe através da análise dos espetáculos é que essa desconstrução, como o próprio nome indica, não é feita para ser substituída por outro discurso, que supere o anterior como nova verdade. Ao contrário, o que se percebe é que seu teatro submete todos os elementos a uma prova de instabilidade, realizada às custas da instabilidade da própria encenação. É o que Thomas chama de teatro em progresso, um teatro que nunca para de se mover em direção a alguma coisa, reduzindo as possibilidades de clareza de significado em proveito de uma clareza estrutural. É uma encenação que incorpora o movimento de encenar, na medida em que expressa abertamente seu código construtivo, organizando-se através de conexões analógicas graduais, que progridem através da técnica de justaposição, de adição de elementos e de repetição de motivos, até que se imponha uma ampla configuração. A desintegração da cena em pequenas moléculas permite que o espetáculo incorpore a crítica à própria estrutura". Cf. op. cit., p. 295-296.

criador de *Iepe*: Luís Alberto de Abreu está interessado em construir a cena. Ao menos, até o presente momento, não existe exceção, no que diz respeito a esta particularidade, em toda a sua obra. Percebe-se que a narração, para o dramaturgo, liga-se, de imediato, e naturalmente, à ideia de construção da cena.

Objetivando narrar a fábula (o mito)[23], o autor concebe a construção da cena, para, então, escrever o texto. Eis, portanto, os elementos fundamentais do processo criativo de Luís Alberto de Abreu, flagrados na sequência habitual de sua instalação: narração – construção – textualização[24]. Enquanto a primeira unidade da tríade expõe a condição funcional, a segunda posiciona a metodologia, a terceira estabelece a práxis.

A funcionalidade narrativa, se, por um lado, ilustra a crença do autor na potencialidade de construir mitos que tem o fenômeno teatral, no sentido aristotélico, por outro, revela como ele vê o teatro do ponto de vista funcional: "é o meu principal elemento de contato com o mundo... alargar a sensibilidade e o conhecimento do homem sobre si e sobre os outros". Através da utilização do teatro como veículo da narrativa é que o autor entra em comunicação com o mundo para, aí, comungar a experiência humana. Por isso, vai partir, na segunda fase de sua criação, para a construção da cena. Em outras palavras, Abreu está movido pelo desejo de, através do teatro, construir mitos, porque estes são o elo que viabiliza sua comunhão com o próximo; esta comunhão, por sua vez, propicia sua realização pessoal.

O momento da construção corresponde a como Abreu vai materializar a narrativa. É o instante decisivo da concepção e estruturação do enredo e da eleição dos elementos dramáticos sob os quais se assentará a escrita. A maneira como o autor combina estes elementos determina a configuração de cada uma de suas peças; estas, ao se concretizarem, podem ser vistas também, segundo os gêneros teatrais que apresentam.

As tentativas de se identificar o estilo de Luís Alberto de Abreu datam do início da carreira do dramaturgo. Lembramos os comentários de Sábato Magaldi a respeito da estreia de *Círculo de Cristal*: "não há nada mais diferente de *Bella Ciao* do que *Círculo de Cristal*. Personalidade indefinida? Tentativa, no escuro, de dramaturgo que não

23. Estamos trabalhando aqui com a conceituação de Aristóteles, que afirma: "A imitação de uma ação é o mito (fábula); chamo fábula a combinação dos atos". Capítulo VI (Da Tragédia e de Suas Diferentes Partes), da *Arte Poética*. Aristóteles, *Arte Retórica e Arte Poética*, São Paulo: Edições de Ouro, s.d., p. 299. Para Aristóteles, segundo se pode deduzir do pensamento acima, o ato de se criar "a imitação de uma ação", que é o próprio mito, remete diretamente à ideia da "combinação de atos", isto é, daquilo que chamamos de "construção da cena".

24. Estamos atribuindo ao neologismo textualização o sentido de criação do texto.

encontrou seu estilo? [...] Luís Alberto de Abreu talvez tenha experimentado um estilo que não é o seu, onde está por demais patente sua fragilidade dramatúrgica"[25]. O crítico pergunta, antes de mais nada, se o fato de o autor escrever peças diferentes entre si não significa personalidade indefinida. Ao deixar em aberto a resposta, o articulista agrega também o significado de personalidade indefinida ao fato de o autor apresentar peças diferentes. Será que uma personalidade definida não poderia produzir peças diferentes? É a outra hipótese que nos resta, à qual nos conduz o raciocínio do ensaísta. Em seguida, Magaldi averigua a possibilidade de o dramaturgo estar em busca do seu estilo e que, talvez, não o tenha encontrado. A nosso ver, o crítico quer nos fazer crer que o dramaturgo deve buscar o seu estilo e que, ele próprio, enquanto crítico, está "exigindo" que o autor defina esse estilo. Perguntamo-nos por que Sábato Magaldi faz esse tipo de "exigência" ao dramaturgo. É como se ele estivesse cobrando um estilo do autor para que este pudesse ser analisado e situado no quadro geral do teatro brasileiro. Mas, é o próprio Sábato quem nos dá a solução deste problema. Ao analisar *Sai da Frente que Atrás Vem Gente*, afirma: "ele [Abreu] precisa trabalhar melhor em seus textos, porque não há escritor verdadeiro sem grande estilo[26]". Está clara a intenção do crítico de estimular o dramaturgo em seu ofício. Sábato deseja que Abreu, se quiser ser um verdadeiro escritor, deve trabalhar melhor seus textos a fim de estabelecer um grande estilo. Por outro lado, o articulista revela seu paradigma analítico: "não há escritor verdadeiro sem um grande estilo". Esse pensamento exemplifica o que discutimos nas páginas anteriores: se a crítica teatral quiser ver a cena contemporânea sob o mesmo prisma, e com o mesmo instrumental de análise com que via o teatro brasileiro até o início da década de 80, estará fadada a "estacar no deserto, desorientada, cansada de mudar constantemente de rumo, à espera do guia ou do profeta que nos ajude a atravessá-lo"[27], como não desejava e não deseja, na realidade, Décio de Almeida Prado, prognosticando, em 1980, nossa produção dos anos atuais.

É forçoso reconhecer, felizmente, que os tempos mudaram. É preciso admitir também que os nossos escritores que forjaram seu ofício, sua dramaturgia, durante o longo período que o país vivenciou, de 1964 a 1986, foram, de fato, heróis. Eles precisavam ser verdadeiros e ter um estilo para se imporem durante a difícil situação política que se apresentava. Não nos esquecemos de Paulo Pontes, um dos nossos guias na difícil travessia do deserto:

25. *Jornal da Tarde*, São Paulo, 14 set. 1983.
26. Idem, 11 abr. 1984, p. 24. (Grigo nosso.)
27. Cf. supra, nota 4. (Grifo nosso).

Esse teatro, que a gente viu que vem se empobrecendo, é um teatro de profunda tradição e combatividade. De Martins Pena até 1968, se há alguma coisa que a gente pode concluir é que essa combatividade sempre esteve presente em nosso teatro. [...] mas não há nenhuma fase do teatro brasileiro em que a combatividade não esteja presente. A comédia de costumes brasileiros, que é uma tradição nossa, sempre foi uma comédia muito crítica, muito combativa, muito próxima da existência cotidiana das pessoas. Se essa crítica nem sempre foi medida por uma visão ideológica profunda dos problemas, brasileiros, ela sempre foi cheia de viço, vigorosa, colocando sempre o problema dos homens tais como eles os viviam. [...] Há um aspecto de profunda tradição na história do teatro brasileiro que é a revista. Eu tenho uns 50 ou 60 textos de revistas em minha casa e é impressionante ler e perceber o quanto o teatro brasileiro sempre esteve próximo da vida das pessoas, dando nome aos bois, falando tudo, discutindo. Isso tudo estava lá, às vezes pouco profundo, mas sempre muito vital. Uma revista ainda em 1959, 1961, uma das últimas da grande fase da revista, tem um quadro onde discutem numa sala Adhemar de Barros, Juscelino Kubistchek, Fidel Castro, Che Guevara, o Papa. Todos eles sentados, discutindo os problemas da vida. Tem um quadro, numa revista da época do Estado Novo, onde o sujeito põe a cara do Getúlio num bombo e atravessa o palco batendo com um troço na cara do Getúlio pintada no bombo. E a cara tremendo, é um negócio engraçadíssimo, de grande efeito – e isso se fazia durante o Estado Novo. A gente pode flagrar momentos aqui e ali em que, por influências diversas, o teatro brasileiro esteve melhor, esteve mais profundo, mas a gente não pode, ao longo de 100 anos, encontrar uma fase tão grande na vida do teatro brasileiro em que ele esteve tão omisso, tão pouco vital, com tão poucos problemas brasileiros em cena, como atualmente. A tal ponto que neste momento – sem nenhum piche a nenhum profissional, porque afinal de contas se o sujeito é profissional, e vive de teatro não pode de repente largar tudo e arranjar outra profissão –, então, sem nenhum piche a qualquer colega que esteja trabalhando – porque só manter uma bilheteria aberta atualmente já é heroico –, a gente pode constatar melancolicamente que os problemas que a dramaturgia brasileira está colocando no palco são a gonorreia, doenças venéreas e o homossexualismo. Praticamente, essa imensa geografia humana que é este país, cheio de problemas por resolver, uma sociedade emergente, país que está por se fazer, onde ninguém sabe praticamente nada, onde talvez metade da população não use papel higiênico, esse país tem um teatro nas condições atuais em que nenhum problema brasileiro que realmente faça parte da vida diária dos cidadãos está sendo discutido e aprofundado[28].

Temos aí, a visão do dramaturgo Paulo Pontes[29], sobre a conjuntura do país e da dramaturgia brasileira, do período que se estende de

28. Paulo Pontes, coordenador do I Ciclo de Debates da Cultura, realizado no dia 14 de abril de 1975, no debate, focalizando teatro, com a participação de Fernando Torres, Yan Michalski e Plínio Marcos. *Ciclo de Debates do Teatro Casa Grande*, Rio de Janeiro: Inúbia 1976, p. 53-54. (Coleção Opinião). (Grifo nosso).

29. Paulo Pontes (1940-1976), autor de *Um Edifício Chamado 200* (1969), *Dr. Fausto da Silva* (1975) e *Gota d'Água* (1975, com Chico Buarque de Hollanda).

Martins Pena a 1975. O autor de *Um Edifício Chamado 200* chama nossa atenção para o caráter combativo no teatro brasileiro, incluindo nesta postura a comédia de costumes e o teatro de revista. E confirma a qualidade de heroísmo do nosso artista, ao atravessar os tempos difíceis do regime militar. E, se os escritores colocavam assuntos que não diziam respeito à situação do país, é porque estavam amordaçados pela ação da Censura. Vivenciando esse árduo panorama político e social é que muitos dos nossos dramaturgos conseguiram se impor. Porém, a partir do início dos anos 80, quando o Brasil se transforma com o advento da abertura política, o país já pode prescindir de heróis. Esta nova condição se reflete na arte nacional. Os artistas brasileiros não precisam mais exercer sua arte como combatentes. Já é possível abraçar a democracia. Elevar novos conceitos para o processo artístico. No teatro, o espetáculo se renova, com o advento dos encenadores-criadores. A dramaturgia pode deixar de ser um ato isolado de criação, para contemplar, em sua fatura, as sugestões de diretores e atores, atendendo, assim, aos novos reclames de todos, inclusive do público, agente, também, da transformação.

Foi o que fez Luís Alberto de Abreu. Quando se iniciou na profissão, já não precisava mais, como os colegas que o antecederam, "chutar o pau da barraca", como se diz vulgarmente. Porque, na verdade, a "barraca" já estava no chão. Abreu começou a "tirar a lona para que todos pudessem olhar em volta"[30]. E o que se viu foi um teatro abordando assuntos de interesse público, tratados por meio de uma narrativa generosa em manifestar-se de variadas formas. Vistas sob o prisma da conjuntura política e social, a diversidade de linguagens e a multiplicidade temática do teatro de Luís Alberto de Abreu são fruto do atendimento da demanda artística reprimida da sociedade. O autor, mesmo que intuitivamente, teve a sensibilidade de perceber e de atender a esta procura. Ao menos para Abreu, a unidade na expressão da escrita não bastava para retratar os novos anseios que brotavam com o clima de liberdade que se instalava no país. Hoje, passados quase vinte anos do início da abertura política, e usufruindo dos benefícios da renovação estética desencadeada pela cena contemporânea, permitimo-nos afirmar que é possível, sim, existir um grande dramaturgo cuja personalidade se define pela diversidade de linguagens e pela multiplicidade temática. Luís Alberto de Abreu, com seu teatro, comprova essa possibilidade.

Das suas trinta e cinco peças produzidas até o presente momento, vinte e três são comédias e as outras doze, dramas. Estes são os dois gêneros aos quais se dedica o autor de *Cala Boca já Morreu!*. No primeiro, incluem-se as peças *Gente Que Não Se Comunica, A Questão é*

30. Frase tomada de "empréstimo" da psicanalista Leda Rezende, de Salvador.

Qualidade, A Troco de Nada, Bar, Doce Bar, Burundanga, Cala Boca já Morreu!, Cólera, Não!, Em Fábrica Que Não Tem Prevenção Todos Brigam e Ninguém Tem Razão!, Foi Bom, Meu Bem?, Francesca, Iepe, Ladrão de Mulher, Nosso Cinema, O Anel de Magalão, O Brando, O Parturião, Ópera Bufa para Dois Fulanos, um Garçom, um Amante e Circunstantes, O Rei do Riso, Pum de Micura, O Rei do Brasil, Rosa de Cabriúna, Sacra Folia e *Sai da Frente que Atrás Vem Gente.* Os dramas compreendem *A Grande Viagem de Merlim, A Guerra Santa, A Morte de Lorca, A Quarta Estação, Bella Ciao, ...E Morrem as Florestas, Grande Sertão, Lima Barreto, ao Terceiro Dia, Círculo de Cristal, O Homem Imortal, O Livro de Jó* e *Xica da Silva.*

Vale ressaltar que por esse tipo de classificação que aponta características de uma forma geral, pode-se encontrar elementos cômicos nos dramas e eventos de caráter dramático nas comédias. Estas particularidades ocorrem com certa frequência no teatro de Luís Alberto de Abreu[31].

Sendo a quantidade de comédias praticamente o dobro do número de dramas, fica evidente a inclinação de Abreu para a comédia. Para estabelecer o gênero cômico, o dramaturgo se apoia tanto nas situações dramáticas quanto nos caracteres. Daí o motivo de suas comédias privilegiarem tanto a elaboração da personagem quanto a criação da cena. O riso aflora quando vemos as figuras, constituídas com clareza, tentando resolver seus conflitos, nas intrincadas circunstâncias em que estão enredadas. Abreu, que aparentemente constrói seu humor sem nenhum tipo de esforço, atribui à comédia as clássicas funções de divertir e criticar. Não somos os primeiros a ressaltar as qualidades não só cênicas, mas também literárias, de suas peças cômicas[32].

31. No primeiro capítulo da minha tese, Luís Alberto de Abreu fala sobre a inclusão de elementos cômicos, por exemplo, em *Bella Ciao*, e sobre a utilização de recursos de natureza dramática em comédias, como é o caso de Burundanga, peça na qual ele insere estes elementos, na cena em que João Teité discorre sobre a fome. Esta característica, no entanto, não é exclusiva do teatro de Luís Alberto de Abreu, pois o drama, no sentido do drama burguês ou do romântico, por exemplo, apresenta, invariavelmente, a mescla de elementos tragicômicos.

32. Mariângela Alves de Lima, por exemplo, ao apresentar o livro *Comédia Popular Brasileira*, afirma: "São as decisões de nível estilístico, a precisão do vocabulário e o achado espirituoso que fazem destas peças realizações literárias, e não só cômicas. Luís Alberto de Abreu não parece interessar-se muito pela velha polêmica sobre a predominância do texto no teatro, ou, ao contrário, sua irrelevância. Estas quatro peças [*Burundanga, O Anel de Magalão, Sacra Folia* e *O Parturião*] abrem para os intérpretes incontáveis possibilidades de elocução e jogos corporais. Mas são também leituras prazerosas como foram, a seu tempo, a novela e o romance destinados ao público letrado". L. A. de Abreu, *Comédia Popular Brasileira*, São Paulo: Fraternal Cia de Artes e Malas-Artes, 1997, p. 13.

As comédias de Luís Alberto de Abreu, enquanto gênero são modelares do trabalho de composição cênica do autor. A linguagem começa a ser engendrada a partir da estruturação da peça, onde os quadros têm a função preponderante de preparar as situações dramáticas. Uma vez elaborados os episódios, Abreu se preocupa em determinar as personagens, em esclarecê-las, porque sabe muito bem que a clareza é uma das condições básicas para que o risível se fundamente[33]. E, por fim, o dramaturgo, ao plasmar o texto, inclui o humor nas palavras, constituintes dos diálogos. A combinação diferenciada entre estes três elementos – estruturação, personagens, diálogos – é que propicia o surgimento de diversas linguagens.

Algumas peças mantêm entre si semelhanças quanto ao modo de expressão. É o caso das peças componentes do Projeto Comédia Popular Brasileira (*Burundanga, O Anel de Magalão, Sacra Folia* e *O Parturião*). A conformidade de linguagens deriva da fixação de personagens (este conjunto de peças apresenta basicamente as mesmas figuras) que, consequentemente, leva à identidade dialógica das figuras, tomadas de per si (uma vez que, sendo as personagens fixas, a variação encontra-se nas situações). Fenômeno análogo ocorre com as peças produzidas especialmente para empresas (*Gente Que Não Se Cuida; A Questão é Qualidade; Cólera, Não!; Em Fábrica Que Não Tem Prevenção, Todos Brigam e Ninguém Tem Razão!*). O que une este conjunto de textos, do ponto de vista da linguagem cênica, é a concepção dos espetáculos, criados especificamente para teatro de mamulengos. Nas demais comédias, o dramaturgo elabora outras formas expressivas. Cada uma dessas peças configura seu próprio modo de expressão, *Cala Boca Já Morreu!* revela a influência do teatro de revista; *A Troco de Nada* insere-se na linha da comédia de costumes; *Bar, Doce Bar* se vale da música e da dança, *Foi Bom, Meu Bem?* registra, musical e coreograficamente, vários tipos de construção de personagens, *Francesca* promove o verso como meio expressivo, *Iepe* trabalha com o jogo cênico épico, *Ladrão de Mulher* envereda pela mímica, *O Brando* inspira-se diretamente na Commedia Dell'Arte, *Ópera Bufa para Dois Fulanos, um Garçom, um Amante* e *Circunstantes* propõe o jogo dramático inspirado na mímica, *O Rei do Riso* se desenvolve em vários planos de ação, *Pum de Micura* se resolve cenicamente por meio de personagens fantásticos, acessíveis ao universo infantil, *O Rei do Brasil* aproveita a metáfora como veí-

33. Esse conceito foi formulado por Henri Bergson, em *O Riso: Ensaio sobre a Significação do Cômico*, Rio de Janeiro: Zahar, 1980. Luís Alberto de Abreu não só conhece essa obra de Bergson, como parece seguir também os ensinamentos do filósofo ao criar suas comédias.

culo da cena, *Rosa de Cabriúna* se apoia no imaginário popular para exprimir-se e *Sai da Frente que Atrás Vem Gente* transita pela música e pelo metateatro.

Se víssemos Luís Alberto de Abreu somente como escritor de comédias, poderíamos dizer que ele consegue o que poucos comediógrafos brasileiros realizaram até hoje: uma contínua produção de dramas, que tem a qualidade cênica reconhecida pelo público e pela crítica. Lembramos Martins Pena e Artur Azevedo, entre tantos, que escreveram dramas, mas que não atingiram, com estes, o mesmo nível dramático de suas comédias. No entanto, Abreu parece não se preocupar com esse tipo de visão que contempla o gênero como padrão classificatório de uma obra dramatúrgica. Ele está mais empenhado, isso sim, em investigar as possibilidades de construção da narrativa. Colocada essa questão nesses termos, o gênero, para o autor, é consequência de uma solução cênica e não ponto de partida para a escritura do texto. É dessa forma, ao menos, que ele produz dramas com linguagens diferenciadas entre si.

Luís Alberto insere textos nos episódios do espetáculo-itinerante *A Grande Viagem de Merlin*, adota o verso como recurso expressivo em *A Guerra Santa*, constitui como personagens os atores de uma companhia teatral em *A Morte de Lorca*, exercita o encadeamento dos quadros em *A Quarta Estação*, pesquisa a emoção em *Bella Ciao*, envereda por várias trilhas em *...E Morrem as Florestas*, experimenta a versão teatral de uma obra literária em *Grande Sertão*, trabalha com diversos planos de ação em *Lima Barreto, ao Terceiro Dia*, pratica a não linearidade da fábula em *Círculo de Cristal*, dramatiza a saga de um herói em *O Homem Imortal*, desenvolve a tripla máscara em forma de verso em *O Livro de Jó* e encena o mito de *Xica da Silva*.

Na obra de Luís Alberto de Abreu, a diversidade de linguagens espelha a multiplicidade temática. De um modo geral, podemos dizer que o dramaturgo vai buscar seus temas em cinco espécies de fontes. Está claro que a classificação que se seguirá obedece basicamente a critérios didáticos. Uma mesma peça, por exemplo, tem a possibilidade de ser enquadrada em um outro grupo[34]. Procuramos detectar, em cada um dos textos, o que nos parece ser o assunto predominante para, a partir daí, formar os agrupamentos, consoante à identidade de suas fontes originais.

Uma das nascentes principais da temática de Abreu é a sociedade brasileira. São quinze peças, de um total de trinta e cinco, que pesquisam, analisam e criticam a conjuntura social, política ou econômica

34. As peças do Projeto Comédia Popular Brasileira, por exemplo, poderiam fazer parte do grupo de textos que tem por fonte temática a sociedade brasileira.

do país, sob os mais variados ângulos. Encaixam-se, portanto, neste grupo, os textos *Foi Bom, Meu Bem?, Cala Boca já Morreu!, Bella Ciao, Sai da Frente que Atrás Vem Gente, Ladrão de Mulher, Bar, Doce Bar, Ópera Bufa para Dois Fulanos, um Garçom, um Amante e Circunstantes, Pum de Micura, A Troco de Nada, Nosso Cinema, A Quarta Estação, A Questão é Qualidade, Em Fábrica Que Não Tem Prevenção, Todos Brigam e Ninguém Têm Razão!, Cólera, Não!* e *Gente Que Não Se Comunica.*

Um segundo grupo de peças resgata personalidades da cultura brasileira: *Xica da Silva, Lima Barreto, ao Terceiro Dia* e *O Rei do Riso.*

A literatura, universal ou brasileira, dramática ou não, serve de base temática para Abreu neste terceiro conjunto, constituído pelos textos de *A Morte de Lorca, Francesca, A Guerra Santa, Rosa de Cabriúna, Grande Sertão, Iepe* e *O Livro de Jó.*

O quarto grupo contempla os trabalhos *O Parturião, O Anel de Magalão, Burundanga, Sacra Folia* e *O Brando*. Estas peças, embora tratem de assuntos variados, enfatizam o próprio jogo cênico, inspirado na Commedia Dell'Arte.

O último quadro inclui *...E Morrem as Florestas, A Grande Viagem de Merlin, O Rei do Brasil, Círculo de Cristal* e *O Homem Imortal.* Esse grupo é especial, pois apresenta textos díspares entre si, mas que se originam ou de lendas ou da imaginação do dramaturgo.

Como se vê, Luís Alberto de Abreu se sensibiliza pelos mais diferentes temas. No centro de cada um deles, encontra-se o homem brasileiro, flagrado não só em seus instantes de dor, de reflexão, de angústia e de luta, mas também nos seus momentos de esperteza, alegria e riso. Entre a razão e a emoção, entre a profundidade e a superficialidade, entre o cômico e o trágico, e entre o trivial e o metafísico, o dramaturgo vai compondo, cena a cena, não mais o brasileiro, mas o próprio homem. Junta-lhe as peças, como as de um caleidoscópio, move-as, e obtém um novo estado de ser dessa figura humana. E mostra-nos o movimento dessa criação e seu resultado. Luís Alberto de Abreu nos apresenta uma visão multifacetada desse homem, que é, por sua vez, e, num sentido geral, o centro da unidade temática de seu teatro.

Ao vestir a máscara neste homem, Abreu cria a personagem, e faz dela o veículo da multiplicidade temática e das linguagens. Por isso, ao se constituírem cenicamente, as figuras compõem um universo que se caracteriza, igualmente, pela diversidade, apresentando personagens que avançam, dos peões aos reis.

O teatro que se faz hoje, no Brasil, apresenta uma riqueza incontestável de produções, em todos os níveis. Os grupos e companhias profissionais não mais restringem suas atividades ao eixo Rio-São Paulo, como há vinte ou trinta anos. É possível assistir a espetáculos de qualidade em praticamente todos os estados do país. Criaram-se circuitos alternativos em profusão. Os eventos cênicos já não se limitam ao tradicional e generoso palco italiano. Temos artistas que levam o teatro para escolas, clubes, fábricas, domicílios, empresas, hospitais, comunidades, presídios. Até mesmo em aviões são apresentados espetáculos teatrais. Outros elencos conseguiram firmar nosso teatro de rua. Multiplicaram-se as escolas de teatro em nível técnico e superior. Estes alunos experienciam, a cada dia, novos modos da expressão cênica. Nosso teatro folclórico, apesar das eternas dificuldades de produção que enfrenta, mantém-se vigoroso e continua se transformando. Festivais de teatro, de abrangência regional, nacional e internacional, acontecem atualmente em várias localidades da nação. A troca de experiência, tendo o teatro como intermediário, tornou-se, enfim, um prática corrente na sociedade. Do ponto de vista estético, de cada uma dessas realizações resulta, inevitável e felizmente, uma proposta cênica. O conjunto dessas propostas, ao lado das do teatro que se realiza nos circuitos comerciais, onde se desenvolve a tradição e a renovação da cena, conforma um teatro pluralista, que apresenta os anseios do mais humilde funcionário que assiste a um espetáculo em sua empresa, do jovem estudante de teatro que sobe ao palco pela primeira vez, até aqueles do mais ilustre cidadão que comparece a uma das salas nobres de sua cidade para o evento dramático, ou, ainda, os da atriz ou ator de projeção nacional, que representa o Teatro Municipal da capital, ou, então, num auditório de uma pequena cidade do interior. É esse o teatro brasileiro que estamos construindo. Hoje, ele acolhe as mais variadas inclinações estéticas. Nisso, acompanha a disposição mundial, não só do teatro, mas também de todas as artes em geral. Cremos ser consenso, entre artistas, pensadores e crítica especializada, que a tendência da arte e do teatro, neste final de século e início do século XXI, reside na pluralidade de propostas estéticas.

O teatro de Luís Alberto de Abreu, pela diversidade de linguagens e pela multiplicidade temática, representa, por si só, algumas das inúmeras vocações do teatro brasileiro de hoje. Essa qualidade já é suficiente para que o consideremos um grande dramaturgo. Afinal, somente um grande autor consegue consignar, em sua obra, algumas tendências da cena contemporânea.

A pluralidade de linguagens e da temática é a proposta estética de Luís Alberto de Abreu. Essa proposição faz parte de seu estilo. A unidade estilística do autor de *Bella Ciao* está, portanto, em seu processo criativo. Nesse sim, há unidade.

POR CONTA DO ABREU*

*André Carrico***

Se a morte do dramaturgo foi decretada nas últimas décadas do século XX, por conta de Luís Alberto de Abreu o autor teatral não apenas esteve vivo quando se anunciou o óbito da palavra no palco, mas respirava bem, obrigado.

Em meados da década de 1990, Luís Alberto de Abreu colocou sua poética à disposição da Fraternal Companhia de Arte e Malas-Artes, integrando-se ao Projeto Comédia Popular Brasileira (CPB). Por meio dele, dramaturgo e grupo somaram-se ao empenho coletivo de um dos segmentos da cena paulistana: o da retomada da vertente da comédia popular. Apoiando-se numa forte tradição preexistente, a Fraternal foi um dos grupos que mais se destacou na busca de uma reaproximação do teatro com um público mais heterogêneo. Talvez tenha sido um dos únicos cuja empreitada permanece até hoje. E é singular certamente na característica de filiar-se em seu projeto, desde sempre, a um único dramaturgo, Luís Alberto de Abreu. Com seu trabalho, o autor pôde prever, no nível textual, a manutenção e o desenvolvimento de

*. Este texto é parte integrante da dissertação de mestrado intitulada *Por Conta do Abreu: Comédia Popular na Obra de Luís Alberto de Abreu*, defendida no Instituto de Artes da Unicamp em 2004, sob orientação do prof. dr. Rubens José de Souza Brito.

**. Doutorando em Artes pela Unicamp, ator, professor de Teatro e Arte-Educação. autor de *Por Extenso, Crônicas*, [S. l.]: Pierre Mattroux, 2008.

uma linguagem para o grupo. Sob a condução do encenador Ednaldo Freire, o projeto da Fraternal Cia conquistou uma plateia, sempre na procura de uma coordenação estética de movimentos, gestos e interpretação que estruture o espetáculo sob o ponto de vista da Comédia Popular. Ao longo dos anos, o grupo não se acomodou numa fórmula, alçando até hoje, a cada nova peça, um voo para o desconhecido.

Um Dramaturgo a Serviço da Cena

Em Abreu, a solidão do poeta não transparece; as vozes dos "coautores" do espetáculo teatral (atores, encenador, técnicos) ressaltam do texto, mesmo quando ele é lido – ainda que seu teatro seja escrito para ser posto em cena. Talvez por isso ele tenha resistido tão bem ao embate entre texto e imagem teatral levado a cabo pelos encenadores no final do século passado. O ato solitário da criação dramatúrgica, se é que existe no seu exercício, está oculto. Por isso a obra de Abreu é viva, e vive de sua própria atividade; porque ele não joga sozinho mas comunga seu ofício com os demais participantes da construção cênica. Não se trata de "criação coletiva" mas de um hábito de conjugar o devaneio poético do autor com o serviço do grupo teatral a que o texto vai se dar. A criação do texto é dele, mas sempre leva em conta os demais artífices, e não os toma apenas por coadjuvantes.

Por isso é fácil compreender por que, ao contrário do que acontece com tantos autores teatrais, a obra de Abreu está desengavetada e é levada aos palcos a quase todo o momento. Trata-se de um dramaturgo a serviço da cena, que se envolve na pesquisa dos grupos ou produtores para os quais trabalha, tanto de forma como de conteúdo. Para tanto, Abreu abre sua obra em gênero, tema e linguagem. Isso impede que lhe construam uma "estampa". E o fato de não estar associado a um estilo definitivo nem "rotulado" (seja pelos veículos de divulgação teatral, pelos críticos ou pelo público) lhe dá ampla liberdade de arriscar sempre o novo, o que torna seu exercício profissional, além de uma surpresa para as plateias, um desafio entusiasmante para si mesmo.

Da Poética Cômica de Abreu

De Henri Bergson, Abreu aproveita os preceitos acerca dos elementos mecânicos e psicológicos da comédia. Constrói, digamos, a "cabeça" de suas personagens. De Mikhail Bakhtin, assimila e desenvolve as indicações sobre o corpo, o "baixo" material e corporal dos tipos. A prolixidade da cultura popular, também ressaltada pela teoria do ensaísta russo, explica a importância que a PALAVRA tem dentro dos textos do CPB. Daí a PALAVRA, além das imagens, ter de constituir um dos componentes da matriz de criação de qualquer autor que pretenda trabalhar com a cultura popular.

Como vemos, na prática dramatúrgica que, ao longo do tempo, Abreu vai forjando para si, o autor se utiliza, ao mesmo tempo, de duas atribuições díspares do riso. Uma delas, positiva, é o caráter regenerador que Bakhtin, em seu livro *A Cultura Popular na Idade Média e no Renascimento*, atribui ao riso. A outra, apresentada por Bergson, em *O Riso*, é negativa: o riso como correção da rigidez e dos desvios sociais.

A teoria bakhtiniana, por tratar das características do risível na cultura popular, é mais influente e ocupa mais espaço nos textos escritos pelo autor paulista para o Projeto CPB do que as ideias de Bergson. A carestia do povo na "fome universal" saciada pela abundância do banquete; a imagem grotesca do corpo aberto, inacabado e multidilacerado; o sentido topográfico e hiperbólico das descrições feitas pelas personagens; o inventário de frases coloquiais, familiares e licenciosas a revelar a prolixidade da fala das ruas; a reinterpretação dos cânones oficiais e sagrados; o caráter ambivalente do riso que nega para afirmar, mata para fazer renascer; são utilizados por Abreu frequentemente na construção de seus textos cômicos, como recurso dramatúrgico. Abreu almeja, com essa utilização, obter desses elementos não apenas o efeito risível, mas fazer ressoar neles o caráter regenerador que, segundo Bakhtin, o riso popular incorpora.

A teoria do riso proposta por Henri Bergson ocupa espaço menor dentro da dramaturgia cômica de Abreu. Ainda assim, algumas de suas proposições são encontradas nas peças do autor do Comédia Popular Brasileira. A mecanização das ações humanas; a personagem vista como um fantoche que é manipulado pelo enredo/destino e a ambiguidade de interpretação das situações e do discurso são recursos bergsonianos presentes na estruturação das fábulas cômicas de Luís Alberto de Abreu. Por isso o assim chamado "humor negro", que se expressa a propósito de situação grave, desesperada ou grotesca, pode estar presente em algumas passagens de sua dramaturgia cômica.

Quando, entretanto, a degradação e o exagero aparecem nos textos de Abreu, eles não carregam a conotação negativa, de correção moral e humilhação no nível que lhes atribui Bergson. Antes, nas peças montadas pela Fraternal Cia, esses elementos propõem-se como veículos do riso "libertador", de dominação do medo, e do caráter regenerador apresentado por Bakhtin. Os anti-heróis risíveis das comédias do dramaturgo paulista não são apresentados à plateia para serem vistos "do alto de um camarote", como entende Bergson, ou para serem corrigidos socialmente. Eles são, ao contrário, manifestações da ligação entre o social e o corporal que, com o dinamismo de seu movimento contínuo de autorregeneração, formam uma "totalidade única e viva" com o mundo. Ao futuro promissor identificado por Bakhtin nas imagens populares universais, Abreu liga as aspirações sociais do povo brasileiro.

Bakhtin apresenta, a um só tempo, uma ligação indissolúvel entre sofrimento e satisfação. Essa ligação entre o esforço físico demandado pelas necessidades naturais e o prazer advindo da realização dessas carências é explorada em todos os textos do Comédia Popular Brasileira. As imagens hiperbolizadas destacadas pela teoria do crítico russo na sua topografia dos gêneros também estão presentes na poética cômica de Abreu. Muitas dessas imagens vêm das representações dramáticas da cultura popular brasileira. O autor de *Nau dos Loucos* adapta às tradições do homem brasileiro o manancial de recursos do cômico universal elencado por Mikhail Bakhtin.

Dentre esses recursos, destaque-se ainda a exploração cômica do vocabulário da praça pública. E quando a morte aparece para os personagens cômicos de Abreu, vem carregada do sentido regenerador e ambivalente que lhe atribui o crítico soviético, como aquela que amortalha e ressuscita, e como metáfora do ciclo biocósmico da humanidade.

A baixa auto-estima como um dos componentes históricos na formação da identidade do povo brasileiro identificada, entre outros, na obra *O Povo Brasileiro*, de Darcy Ribeiro, bem como o tratamento dispensado entre as classes sociais do país, surgem à guisa de denúncia, em cada uma das peças do CPB. A partir de certo momento, no projeto da Fraternal Cia, o autor de *Auto da Paixão e da Alegria* sai em busca do contador de histórias brasileiro. E a qualidade na narrativa popular que mais interessa a Abreu é a facilidade com que o povo reconta a História de uma forma particular, destacando conteúdos que lhe convêm e excluindo detalhes que talvez não caibam na sua visão de mundo. Ou, por outra, inventando aquilo que não sabe. Essa característica pode ter correspondência com o *giullare* e os *fabulatori* que compõem as referências na poética do homem-de-teatro italiano Dario Fo.

Abreu não se cansa de permear seus textos por referências e citações da dramaturgia universal. Vale-se ainda, em certos momentos, do elemento dramático para comover a plateia, sem que com isso sua poética fique menos cômica. Ao contrário, a melancolia estabelece o padrão de sua comicidade, como neste exemplo:

> IEPE (luz vai fechando nele) – E Iepe, cheio até o tampo, saiu para a noite em direção à sua casa. Forçou a cabeça e tentou imaginar um pedaço do dia seguinte: era o mesmo dia de ontem e de anteontem e nada era seu. Então voltou à venda de Jaró e bebeu mais, até entupir. (Deita-se.) Depois, deitou à beira da estrada e, de dentro da insônia de muitas perguntas, chamou o sono. Para sonhar. Só isso era seu. (Dorme.)

Essa espécie de resignação talvez aponte para além do cômico, aquilo que Luigi Pirandello (1867-1936) chama de "humorismo". Em seu ensaio "O Humorismo", escrito em 1908, o dramaturgo italiano diferencia o humor da comicidade, da ironia e da sátira[1]. Para ele,

> na concepção de toda obra humorística, a reflexão não se esconde, não remanesce invisível; isto é, não permanece quase uma forma do sentimento, quase um espelho em que o sentimento vai remirar-se, mas que se coloca diante dele como um juiz, analisa-o desapaixonadamente e decompõe sua imagem; esta é uma análise, porém, uma decomposição, da qual surge ou emana um outro sentimento: aquele que se poderia chamar, e eu de fato assim o chamo, o sentimento do contrário[2].

O autor de *Seis Personagens a Procura de um Autor* trata aqui da reflexão que não se oculta, que não se torna uma forma de sentimento, mas o seu contrário, seguindo passo a passo o sentimento, como "a sombra segue o corpo". E entende que o humorista deve cuidar mais dessa sombra que desse corpo, exibindo e expondo todos os seus trejeitos e movimentos. Para ele, o humorista deve ver o lado sério de suas descobertas, não apenas para delas rir, senão para delas se compadecer. E conclui que toda a observação humorística deve vir colorida pelo ceticismo.

É por isso que, em certos momentos, algumas das peças do Comédia Popular Brasileira sugerem uma visão pessimista da existência, como nesse trecho:

> DEUS (fechando o livro) – Quero ver se aprendo a ter menos certezas! Vocês deviam fazer o mesmo. Cada vez mais vocês acreditam mais piamente nas próprias tolices. Acreditam com fé absoluta nos próprios absurdos que inventam! [...] Nem toda filosofia vai abalar minha certeza de que o ser humano não tem jeito.

Ora, a reflexão diante das desventuras das personagens é uma constante em todas as peças do CPB. E nelas somos levados a nos compadecer da sina de João Teité, de Matias Cão, de Iepe, de Till. Em que pese

1. "E precisamente é isto que distingue com nitidez o humorista do cômico, do irônico, do satírico. Nestes outros não nasce o sentimento do contrário; se nascesse, seria riso amargo, isto é, não mais cômico, mas o riso provocado no primeiro pelo percebimento de qualquer anormalidade; a contradição que no segundo é somente verbal, entre aquilo que se diz e aquilo que se pretende que seja entendido, se tornaria efetiva, substancial, e, portanto, não mais irônica; e cessaria o desdém ou, como quer que seja, a aversão à realidade, que é a razão de toda sátira". Cf. em J. Guinsburg (org.), *Pirandello: Do Teatro no Teatro*, São Paulo: Perspectiva, 1999, p. 164.

2. Idem, p. 146.

a presença desse ceticismo a que se refere Pirandello, resta sempre a todas as personagens de Abreu uma esperança no final. Assim é que a personagem Lima Barreto, em *Lima Barreto, ao Terceiro Dia*, depois de todas as lutas e desgraças que acumula pela vida, em sua fala derradeira demonstra aguardar o momento de paz a que tem direito; Jó de *O Livro de Jó* é forte o suficiente para, cumprindo seu ciclo heroico, trazer a divindade para o mundo; a Iepe, no fim das contas, resta um talento que ninguém tira: a capacidade de sonhar; Till, mesmo que a todo momento tentem dar-lhe um fim, renasce; no *Auto da Paixão e da Alegria*, Cristo não abandona a terra, mas desce ao mundo para conviver entre os homens...

Podemos concluir, portanto, que o humor das comédias do Projeto Comédia Popular Brasileira é o mesmo definido por Pirandello. Este humor está apenas para fazer rir; tem função de reflexão, e uma reflexão que se revela para a plateia a todo o momento. E muitas vezes ele vem colorido pelas tintas da melancolia, "na acepção original da palavra, isto é, cheio de fel"[3].

Independente do fato de ser um dramaturgo que trabalha sempre sob encomenda, Abreu constrói uma obra dramática coerente e consistente. Afinal, um dramaturgo não é apenas aquele que cria argumentos, mas também aquele que imprime sobre as fábulas sua marca pessoal.

Em seus interstícios, a obra de Abreu, além de percorrer todos os objetivos aqui apresentados, tem muito a dizer sobre o ser humano. Em suas criações, o autor salienta o poder de transformação das personagens. As peças para o CPB formam, no conjunto de seu trabalho, uma obra coesa que reflete a visão de mundo de um artista preocupado com o destino do homem.

Ao contrário da primeira tetralogia do projeto, as falas das personagens nas últimas peças escritas por Abreu (e sobretudo na sua *Paixão de Cristo*) são mais longas. O que elas perdem no diálogo em dinamismo, ganham em eloquência. Suas peças foram do jogo, no primeiro ciclo de quatro textos, para o pensamento das cinco obras do segundo ciclo. A dimensão da narração, do "contador de histórias", é o que mais tem interessado à presente produção do autor. E uma vez que as personagens além de agir estão também narrando, fica clara a opção pela construção de imagens, pela articulação de ideias por meio da palavra, pela descrição mais detida dos episódios, talvez em detrimento da agilidade dialógica apresentada nos primeiros textos do projeto.

A comicidade em Abreu não parte em busca apenas do cômico, mas atinge também o universo popular brasileiro. O modo de falar e ser do vendedor de raiz da praça da Sé, do contador de histórias cearense, da

3. Idem, p. 142.

velha cega benzedeira da fazenda paranaense, da jongueira de Minas Gerais estão vivos nos objetivos, nas ações e no discurso de cada uma das personagens das peças do CPB.

No trabalho que Abreu desenvolve para a Fraternal Companhia de Arte e Malas-Artes, destacamos as seguintes características: a concepção do espetáculo (edifício, linguagem do encenador, elenco) como determinante na criação do texto; a multiplicidade temática, que o leva à pesquisa permanente de temas; a investigação e a experimentação de estruturas dramatúrgicas; a coexistência das estruturas dramática e épica, buscando, através da narrativa, outros meios de "contar" a fábula; a utilização da universalidade do cômico (em que pesem as referências à cultura popular brasileira), tomando a comicidade por seu sentido regenerador.

Do Espaço de Abreu na História da Comédia Popular Brasileira

Além da procura por uma dramaturgia que dialogue com o público popular, há na obra de Luís Alberto de Abreu uma busca intelectual. O autor do CPB transfere personagens europeus e renascentistas para o universo brasileiro; constrói seus enredos sobre o fabulário medieval; aponta em seus textos mazelas da vida contemporânea brasileira e do ser humano, de maneira universal; acomoda suas criações às mais sofisticadas propostas do teatro atual; e adapta as mais arrojadas estruturas do teatro épico à narrativa cômica popular.

Ao produzir para o projeto CPB, Abreu não está fazendo parte apenas do círculo de autores da comédia de costumes da indústria cultural brasileira (Juca de Oliveira, Marcos Caruso, Miguel Fallabela, Mauro Rasi, Mário Viana). Além do objetivo de conquistar o público, é vitorioso ao empreender um ambicioso projeto de experiência dramatúrgica. Lança mão, para tanto, de um artifício formal: a reabilitação do contato com a plateia por meio de vastos recursos da narrativa. Difícil encontrar na dramaturgia contemporânea brasileira outro comediógrafo que alie sua prática à investigação dramatúrgica.

Depois de Martins Pena, Artur Azevedo e França Júnior, a dramaturgia brasileira está repleta de períodos em que atingiu de forma inteligente o público popular. Além da extensa produção de espetáculos do primeiro período do Teatro de Revista e de Burletas (entre o final do século XIX e a década de 1930), ressaltemos a importância que tiveram para a história de nossa comédia textos de Oduvaldo Viana, Armando Gonzaga, Ariano Suassuna, Renata Pallotini, Chico de Assis, Oduvaldo Vianna Filho, Aldomar Conrado, João Bithencourt, Lauro César Muniz e Carlos Alberto Soffredini. A diferença de Abreu talvez esteja no fato de ser o único entre todos esses autores que conjuga as multiplicidades temáticas e de linguagem. A pluralidade de temas e estruturas em sua obra é ponto de partida para a confecção de todos os seus textos. Além disso, Abreu também é o único dentre esses dramaturgos cômicos citados a ter se articulado à estabilidade de um projeto que tenha nos legado tantas peças quanto o CPB.

Evolução

De *O Parturião* a *Memória das Coisas* Abreu evoluiu. Sua busca incansável pela narrativa, pouco a pouco destilada, define um estilo próprio, que cada vez mais o diferencia de outros dramaturgos. Quanto à estrutura das peças, sua capacidade de síntese vai sendo forjada sem prejuízo da complexidade de sua carpintaria, de sua precisão verbal ou da riqueza de suas fábulas.

Em sua obra cômica, o autor de *Burundanga* enfatiza seus próprios artifícios, nega o realismo psicológico e mistura a "alta" e a "baixa" cultura, numa fusão de estrutura complexa e elaborada, não muito distante das pesquisas que conduzem a cena contemporânea. Assim sendo, a poética cômica que Luís Alberto de Abreu compõe para a Fraternal Companhia de Arte e Malas-Artes, além de perpetuar e conjugar meios e elementos da comédia popular brasileira e da comicidade universal, desenvolve recursos narrativos para o teatro épico, estabelecendo um diálogo entre o teatro tradicional e as correntes contemporâneas da linguagem teatral.

Nota-se que, mesmo enfocando o público popular em seu projeto, Abreu jamais subestima a inteligência e a sensibilidade dos espectadores. Ao contrário, a inventividade e os recursos narrativos de que lança mão ao estruturar suas comédias demonstram sua confiança na capacidade de assimilação de forma e conteúdo da plateia. Nem Luís Alberto de Abreu, nem a Fraternal Cia rendem-se a clichês ou recursos "gratuitos" para extrair o riso. A comicidade no Projeto Comédia Popular Brasileira é sempre fruto de uma linguagem pesquisada, estruturada e desenvolvida a cada novo trabalho.

Do ponto de vista histórico, portanto, Abreu já pode emparelhar-se aos grandes autores da comédia nacional. A forma como se compõe seu processo criativo talvez defina o estilo de Luís Alberto de Abreu: o autor cômico-dramático, épico e lírico, cuja atitude artística ou *habitus*, no dizer de Bourdieu, tem confundido parte da crítica especializada, cuja obra inquieta e insatisfeita tem pautado os palcos brasileiros de profunda significação. Assim, e muito por conta do Abreu, o Projeto Comédia Popular Brasileira tem se revelado das mais profícuas tentativas de afirmar a potencialidade do riso como caráter inerente ao teatro popular brasileiro.

TRÊS SAGAS PARA CINCO NARRADORES*

*Cássio Pires***

Borandá[1], de Luís Alberto de Abreu, é decorrência de um projeto coletivo denominado Comédia Popular Brasileira, norteador, desde 1993, das atividades da Fraternal Companhia de Arte e Malas-Artes. Gerando, até então, onze espetáculos[2], além de oficinas, debates e publicações, o projeto investigativo pauta-se na observação da realidade nacional, ao mesmo tempo em que trafega por um sem-número de referências e temas que a um só tempo pertencem aos vastos terrenos da comédia, do popular e do nacional.

*. Este texto é parte integrante da dissertação de mestrado intitulada *Do Drama ao Fragmento: A Questão da Forma na Dramaturgia Contemporânea em São Paulo*, defendida na ECA-USP em 2005, sob orientação da prof. dra. Silvana Garcia. Com a intenção de não descaracterizar o texto original da tese, nos ativemos tão somente à revisão ortográfica, à supressão de notas de remissões internas à tese e à adequação das referência bibliográficas.

**. Dramaturgo, bacharel em Letras e mestre em Artes Cênicas pela Universidade de São Paulo.

1. A peça estreou em 8 de agosto de 2003, no Teatro Paulo Eiró, sob direção de Ednaldo Freire e com o elenco formado por Ali Saleh, Aiman Hammoud, Edgar Campos, Luti Angelelli e Mirthes Nogueira.

2. Além de *Borandá: Eh! Turtuvia* (2004), *Auto da Paixão e da Alegria* (2002), *Sultífera Navis – Nau dos Loucos* (2002), *Masteclé* (2001), *Till Eulenspiegel* (1999), *Iepe* (1998), *Sacra Folia* (1996), *Burundanga* (1996), *O Anel de Magalão* (1995) e *O Parturião* (1994).

Na atual página de entrada do site da companhia lê-se que o projeto surgiu "com o objetivo de resgatar uma vertente esquecida na cena brasileira e investigar temas, formas e expressões simbólicas presentes na Cultura Popular tendo em vista a consolidação de uma comédia popular contemporânea"[3]. As noções de resgate cultural e contemporaneidade, aqui, são indissociáveis. O retorno à tradição não terá motivação museológica. A pretensão da pesquisa é a de retornar ao passado para reinventar a cena no presente. Isso é patente na leitura das peças da companhia: em nenhuma delas haverá a mera reprodução de modelos morfo-temáticos do passado. Partindo de questões vigentes, todas são, cada qual a seu modo, recriações contemporâneas que remodelam referências formais ligadas às histórias do teatro e da cultura popular.

A pesquisa não esconde sua base erudita. Ao lado da observação da vida, dos costumes, do gestual e da fala do homem brasileiro, Bakhtin (especialmente em *Cultura Popular na Idade Média e no Renascimento*), Câmara Cascudo e Cornélio Pires, entre outros estudiosos, são frequentemente proclamados como mananciais das investigações cênicas da companhia. Seria enganosa a ideia de que a Fraternal Companhia de Arte e Malas-Artes tem se dedicado a fazer teatro popular. O que se pretende é a criação de obras inspiradas na cultura popular.

No cerne do projeto está um princípio que tem matrizes históricas. O Teatro do Estudante de Pernambuco (TEP), o Teatro Popular do Sesi, de Osmar Rodrigues Cruz (com quem Abreu, por sinal, trabalhou), o Centro Popular de Cultura (CPC) da UNE e o Grupo Mambembe de Carlos Alberto Soffredini foram algumas das iniciativas que vislumbraram no binômio "nacional" e "popular" uma necessidade e uma provocação. A necessidade comum aos projetos era criar um autêntico teatro popular no Brasil. As provocações, por sua vez, alternam-se em seus diferentes momentos históricos. Se o TEP tentou provar a popularidade da dramaturgia canônica tida como erudita (encenaram, entre outros, Shakespeare, Lorca e Ibsen), em atitude contrária a uma certa e majoritária fatia intelectual da época, e o CPC fez uso dos recursos do teatro de *agit-prop* de base marxista em espaços como fábricas e favelas da época do regime militar, a Fraternal Companhia de Arte e Malas-Artes, em proposta audaciosa, navega contra certas perspectivas culturais de nosso tempo. O popular na Fraternal não é concebido como cultura de entretenimento, mas sim como resgate de raízes em que todos conseguem se reconhecer. Mitos nacionais (*O Anel de Magalão*), europeus (como em *Till Eulenspiegel* e *Iepe*) ou religiosos

3. www.fraternal-cia.com. (Site extinto. O atual site da companhia está no endereço www.fraternal.com; a passagem citada, no entanto, não integra o novo site).

(a Paixão de Cristo é o tema do *Auto da Paixão e da Alegria*), a figura do caipira (tema do espetáculo de 2004 da companhia, *Eh! Turtuvia*) ou do migrante, tema da peça em questão. Matérias-primas de ordens diversas aproximam-se por serem arquétipos da cultura brasileira. O resgate das origens, no caso da companhia, significará a tentativa de compreensão de nossa identidade.

Quando se pensa nos propósitos do projeto da Fraternal, *Borandá*, dentre todas as criações cênicas do Comédia Popular Brasileira, nos parece a mais radical experiência de seu repertório de peças. Seu assunto maior é a migração, tema seminal quando se pensa em cultura popular no Brasil. Não é possível pensar um país e um povo com mais de três séculos de condição colonial, quase quatro de escravidão e mais de cinco séculos de história de má distribuição de terras esquivando-se da questão. A problemática será anunciada já no prólogo da peça:

> ABU – O brasileiro é um povo em movimento. Sempre foi. As razões poderiam ser muitas, mas existe uma principal: na vastidão territorial do Brasil a regra geral é que o povo brasileiro nunca teve terra sua. E se teve seu pequeno pedaço de chão não teve meios para dele tirar sua subsistência, nem meios para defendê-lo. Nos últimos cinquenta anos, em especial, o povo brasileiro cruzou e recruzou os quadrantes do país. Sapo não pula por boniteza, pula por precisão. Assim é o povo brasileiro há mais de quinhentos anos. Assim são os migrantes. Assim somos nós.

É exatamente a absoluta pertinência do tema dentro de um projeto que contempla os termos "popularidade" e "brasilidade" que aponta seu maior desafio.

Como pensar em cultura popular num país de migrantes? O migrante perde a paisagem natal, a roça, as águas, as matas, a caça, a lenha, os animais, a casa, os vizinhos, as festas, a sua maneira de vestir, o entoado nativo de falar, de viver, de louvar a seu Deus. Suas múltiplas raízes se partem. Na cidade, a sua fala é chamada "código restrito" pelos linguistas; seu jeito de viver, "carência cultural"; sua religião, crendice ou folclore. Seria mais justo pensar a cultura de um povo migrante em termos de desenraizamento. Não buscar o que se perdeu: as raízes já foram arrancadas, mas procurar o que pode renascer nesta terra de erosão[4].

A questão apontada pela pesquisadora é também uma espécie de problema-chave a acompanhar a criação de *Borandá*. Como falar sobre a migração em um teatro de inspiração na cultura popular de um

4. Ecléa Bosi, Cultura e Desenraizamento, em Alfredo Bosi (org.), *Cultura Brasileira – Temas e Situações*, São Paulo: Ática, p. 17.

país de migrantes? Como resgatar raízes ao abordar um tema que pressupõe desenraização?

A peça opta por apresentar três sagas, variações sobre o mesmo tema, dissociadas do ponto de vista narrativo. Todas serão batizadas com os nomes de seus protagonistas. Em "Tião", episódio de abertura, situado nos anos cinquenta do século XX, Tião Cirilo dos Santos deixa um rincão incerto do nordeste do país e chega a São Paulo, onde se torna peão de obra e constitui família. Em "Galatéa" saltamos para o plano dos mitos populares. João de Galatéa, figura picaresca, deixa a pequena Raso do Gurguéu em direção à cidade grande à procura de seu cérebro, roubado em seu nascimento por um certo Urubu-rei. Por fim, "Maria Deia", inspirada em um fato verídico, conta a história de uma mulher do Paraná, que após uma vida de trânsito e infortúnios cai em depressão e torna-se estática, silenciando ante aos apelos de reação vindos da parte daqueles que lhe querem bem. Sobre as três sagas recai um super-objetivo comum, já anunciado na corruptela de "Vamos embora andar", da qual se origina o título da peça. Partir, andar. As sagas dos migrantes são marcadas pelo deslocamento espacial. Nas três histórias repete-se a experiência da partida de um pequeno vilarejo – sempre terra natal dos protagonistas – rumo à metrópole. Através da reiterada dinâmica, o texto procurará dar conta de um painel de experiências humanas colhidas ao longo e por conta do trânsito migratório.

Nesse movimento mesmo, na escolha do "partir" e do "andar" como *gestus* essenciais é que a dramaturgia assume sua principal busca temática: investigar "que estranha árvore é essa cujas raízes estão fincadas muito longe e cujo tronco, cortado e separado delas, estranhamente sobrevive, flora e frutifica"[5], investigar, enfim, o que renasce na terra erodida, nos termos de Éclea Bosi. Em *Borandá*, a cultura popular brasileira é resultado do movimento desenraizante e do choque que a cultura dominante da metrópole causa sobre os migrantes.

A saga de Tião Cirilo anuncia o que se fará notório em todo o texto. Não interessará ao autor a denúncia política de uma tragédia social, ainda que a dimensão política dessa aventura humana não seja negligenciada. O que interessa é o mergulho na aventura humana do migrante em seu trajeto de vida e de como, em meio a esta, seus valores ora se mantêm ora se transformam.

Nesse sentido, sobressai-se a questão do choque cultural, do confronto entre a cultura do grande centro urbano e a cultura do vilarejo. O tema impor-se-á antes mesmo da partida do migrante protagonista. Esta é motivada pela improdutividade da terra. "Sem meio de vida, ti-

5. Cf. trecho da peça *Borandá* na página 371.

rando da terra menos do que eu dava pra ela, um dia arvorei, com segredo e com medo, um pensamento no fundo de mim: ´vou ´bor´ánda!`", Tião dirá ao público. O solo improdutivo seria, por si só, uma grande justificativa para o abandono da terra natal. No entanto, seu estímulo não é apenas a necessidade, mas também a curiosidade de conhecer o novo. Logo em seguida a constatação sobre a infertilidade da terra onde produz, ele testemunha um episódio numa venda de sua cidade. Biú, migrante que retorna à terra natal, entra no estabelecimento com trajes da cidade grande e provoca seus conterrâneos: "Vocês vão passar a vida no mesmo, dia nasce, dia morre e a vidinha de vocês é tal e qual! Isto aqui não é mundo, não! É o que caiu do fiofó dele!". Nem mesmo a chegada do Coronel desencoraja o provocador:

CORONEL – Eita, que tem gente que só é ir pro sul que volta tresmudado! Quando `tava aqui já não era muito homem, quando volta vem fedendo perfume de mulher da vida!

BIÚ – Me diz cá uma coisa, coronel: o senhor, por acaso, já comeu macarrão espaghetti? Lazanha de quatro queijo? Bife a milanesa? Chantili e maionese? O senhor precisa conhecer o mundo, coronel!

O testemunho do episódio faz com que Tião sinta-se seduzido pela metrópole. O desejo de "um dia na vida comer aquilo!", de, em termos gerais, "conhecer o mundo", é encorajador. É o que faz com que Tião resolva em definitivo abandonar sua terra. Biú, o provocador insolente, traz notícias do mundo sedutor e salvador com o qual Tião podia apenas sonhar. Em breve, a ilusão do novo mundo se desfará. Na cidade, tudo é "só estranhamento. Tudo é novo e difícil: o frio, o lugar, a comida, os costumes e, principalmente, a solidão." Encontrando trabalho em uma obra, Tião torna-se alienado de sua produção. Se antes plantava em uma terra sua, agora constrói edifícios a mando de gente que pouco conhece e para pessoas que jamais conhecerá. Tião é um dos milhões que foram forçados a trocar a identidade pela sobrevivência em uma cidade que precisava de braços para verticalizar-se.

A saga de Tião Cirilo é a saga de milhões. Não por acaso posicionada como episódio de abertura do texto, faz teatro de uma biografia trivial. "Na metrópole nada aconteceu de inusitado com Tião Cirilo", ler-se-á no início. Trata-se da história de uma boa-alma, de um sujeito tímido e franzino que se desloca do sertão para a metrópole, encontra emprego, sofre por desenraizar-se, rejeita a nova cidade e volta à cidade natal quando pode, só conseguindo identificar-se com São Paulo quando nela consegue constituir família. A trivialidade de sua trajetória pressupõe e almeja universalidade. Tião é um que ao mesmo tempo é todo e qualquer migrante. Não se trata de alguém que possui em sua história uma passagem excepcional e que, por assim ser, torna-se reveladora de algo sobre os homens. Sua experiência é reconhecível, no todo ou em grande parte, em qualquer experiência migratória.

Sem destacar a excepcionalidade reveladora de qualquer episódio de sua trajetória, cada passagem interessa como parte do decurso temporal de uma vida. Nesse sentido, "Tião Cirilo" é uma saga realista sobre a incompreensão e o espanto ante a passagem do tempo na vida migrante. É exatamente versando sobre isso que Tião, já envelhecido, encerrará a narração de seu episódio: "Tudo passou mais rápido do que pude perceber, do que eu pude entender, do que eu pude apreciar. Qual o sentido de tudo isso? Tem de ter algum sentido!"

"Maria Deia" inverte uma série de elementos do episódio de abertura. Se Tião apresenta a história de um homem em uma trajetória trivial, operando primordialmente em chave cômica, agora opta-se pelo tom grave ao apresentar-se o caso excepcional em que se envolve uma mulher.

Criada a partir de um depoimento verídico de uma moradora do Jardim Ângela, Zona Sul de São Paulo e de *A Mestra*, texto de Henrique Buenaventura, a saga final de *Borandá* volta à infância de sua protagonista para contar uma sequência de passagens trágicas de sua vida que acabam por culminar em uma profunda crise depressiva. Apegada ao pai, a menina Maria Deia, no interior de Minas, vê-lo afastar-se por algum motivo que não pode entender. Já adulta, descobrirá que sobre ele recairá a falsa acusação de que molestara a filha. Na juventude, no Paraná, onde a família se refugia em busca de trabalho, conhece Fabiano (a referência a *Vidas Secas* é explícita), que a desposa, leva-a para São Paulo e torna-se o pai de seus filhos. Logo mais, ele torna-se alcoólatra e começa a espancá-la. Ela foge do marido, voltando para Minas, mas esse a procura até encontrá-la. Pouco depois, Fabiano é assassinado por um sujeito que se vinga de uma agressão. Quando as tragédias parecem enfim aprisionadas ao passado, Maria Deia tem sua casa assaltada. Esse é o estopim para sua crise depressiva, a partir da qual se recobram os fatos trágicos de sua vida. Maria Deia torna-se apática. Sentada em uma cadeira, não se move, não fala e parece não escutar.

Sua estagnação é tomada ora como necessidade de repouso, ora como uma espécie de revolta silenciosa. Maria Deia passa a rejeitar o movimento, decisivo na trajetória migrante. Em sua primeira réplica dirigida ao público, dirá: "De dentro de mim espio o mundo e não tenho vontade nenhuma de estar nele. Me deixem descansar. Só quero descansar dessa caminhada que começou quando me conheci por gente, lá longe no tempo". Após experimentar uma série de eventos trágicos, ela não vê mais sentido na ação. Nem mesmo os filhos lhe trarão o entusiasmo necessário para continuar seguindo. Como Tião, Maria Deia migrara por conta da tragédia social e, ao contrário dele, migrara também pela série de tragédias familiares causadas principalmente pelo marido violento. O final da saga, invertendo a expectativa da eterna estagnação da protagonista, constituirá o termo definitivo desta espécie de sagração da força do migrante. "Contra toda expectativa" Maria Deia levanta-se e segue sua caminhada. Ela, nos termos de um dos narradores, não entende seu valor e não entende as origens da tragédia de sua vida, da mesma forma que Tião, ao perceber que tudo passara "rápido demais" e não tem tempo para compreender tudo que se deu em sua vida. "O sertanejo é, antes de tudo, um forte": a assertiva de Euclides da Cunha é uma espécie de síntese do *ethos* comum a essas personagens. Sem entender por que se movem, seguem se movendo, porque sabem que não têm outra alternativa para continuar vivendo senão perseverar na luta.

Posicionada entre as sagas de Tião Cirilo e Maria Deia, "Galatéa" é uma espécie de *intermezzo* cômico a propor uma variação radical de gênero. O tratamento realista dado às personagens das sagas inicial e final é agora contraposto ao universo mítico. Desse modo, alternam-se as regras de verossimilhança na história do pícaro que precisa recuperar seu cérebro roubado. O migrante, aqui, deixa de ser entendido como sujeito histórico e torna-se um ser arquetípico, atemporal. O fenômeno da migração passa a ser visto como um presente eterno, que conclama nossa consciência mítica e propõe um paralelo com a perspectiva histórica em que estão circunscritas as demais sagas.

Mito cômico e popular, a saga é construída a partir de referentes da escatologia e do grotesco, que em muito remetem aos *fabliaux* medievais e às narrativas de Rabelais. É nesses termos que está a gênese do anti-herói João de Galatéa. A história de seu nascimento começa com uma inesperada tempestade de fezes que assola Raso do Gurguéu. Mais que perturbar seus moradores, a incômoda ventania, vinda com a chuva, terá também um inusitado caráter fertilizante. Maria Milinga, nonagenária repulsiva, tem sua saia levantada pelo vento que a engravida. João, o filho deste vento e da velha um tanto quanto indesejáveis, trará em seu sobrenome a referência explícita à ninfa grega pela qual Polifemo apaixonou-se sem ser correspondido. O menino Galatéa, filho das fezes e da velhice, é o varão que traz em seu nome a feminilidade, em que sua mãe deixa gravada a pista de uma profecia: Galatéa é o homem que gestará crianças.

Todos os pressupostos morais de Tião Cirilo e Maria Deia são rejeitados na construção de Galatéa. Nova personagem a ampliar o rol dos pícaros no teatro, quer sempre resolver seus dilemas pela via rápida, fazendo da malandragem e da preguiça os termos essenciais de sua vida. Ele é a figura que desordena e reordena categorias da realidade segundo a lógica do grotesco. Nessa categoria estética "o mundo alheia-se, as formas distorcem-se, as ordens do nosso mundo dissolvem-se"[6]. O terreno do mito, na comédia popular da Fraternal, é o campo da subversão de tudo. Capaz de gestar, João de Galatéa é alertado por Tõe Passos, sujeito que o adota logo após a morte da mãe, de que tivera seu cérebro roubado pelo urubu-rei. Impõe-se assim uma missão: Galatéa precisa seguir para a cidade grande, a fim de encontrar o pássaro antagonista e reaver seu órgão.

Logo em seus primeiros dias na cidade, Galatéa, ao ouvir negativas na procura de um trabalho, torna-se amigo da noite e nela procurará se aproximar das personagens do submundo metropolitano.

> Ei, Maria rabo-em-pé! E, aí, mano? E aí, bró? Quero cheirar, não! Nem fumar! Que é do Tico? Febem recolheu? (*Vê outra pessoa.*) E aí, trinta e oito? Vai pela sombra. (*Vê o pastor.*) Aleluia, pastor! É isso aí, só Cristo salva! (*"Vê" Miriam Leine e se aproxima.*) Tô aqui, Mirian Leine. Escuta, assim por acaso, não tem jeito da senhora me favorecer, né? (*Dá de ombros.*) Paciência! Pelo menos pode (*Faz gesto de abrir o casaco.*) abrir pra eu espiar esses recurvados bons de se ver? (*Miriam abre, Galatéa ri, satisfeito.*) Um homem preso dentro do corpo de uma mulher! Eita, que neste sertão de cidade cabe coisa que ninguém nunca sonhou.

Sua entrada na metrópole, em perspectiva semelhante à de *Macunaíma*, não o torna mais realista, mas, ao contrário, mitifica o ambiente urbano. Se na rapsódia de Mário de Andrade o rio Tietê e o bairro de Higienópolis são convertidos em espaços por onde o mito trafega e significa, na saga de Abreu os personagens do submundo são prenúncios da conversão da cidade histórica e geograficamente localizada em espaço mítico. No caso específico de Miriam Leine, o travesti, a noção torna-se exemplar, face ao duplo que se constitui. O mito urbano é o homem que se traveste como mulher enquanto Galatéa, o mito popular, é o macho apto à gestação.

Mas é em Gurugueia que o submundo urbano configura-se plenamente como categoria mítica. Ela se apresenta como a prostituta barata, "feia, pensa, torta e tosca" que se oferece a Galatéa, que resolve aceitá-la, guiado pela necessidade urgente de atender às ordens de seu baixo-ventre. Galatéa acaba por viver com Gurugueia, que lhe oferece todos os benefícios de uma esposinha dedicada. No entanto, logo saberemos que essa dedicação não é desinteressada. Gurugueia é a entidade filha do urubu-rei que, sereia do asfalto, atrai o pícaro para que a profecia possa se cumprir. Na casa da falsa prostituta, Galatéa dorme de bruços e recebe uma lufada de vento (o mesmo que fertilizara

6. Wolfgang Kayser, *Análise e Interpretação da Obra Literária*, Coimbra: Armênio Amado, 1970, p. 304-305.

Maria Milinga) que o engravida. A inexorabilidade da profecia, característica do mito, estabelece-se e João de Galatéa dá luz a gêmeos e segue com eles e o velho Tõe Passos "em direção ao amanhã", o que implica dizer que seu destino está na mesma direção para onde rumam Tião e Maria Deia.

A saga mítica se perderia como apelativa comédia de sexo e baixo-ventre não fosse seu sentido moral. Na cultura popular, ao contrário da cultura do entretenimento, a desordenação da lógica do real tem como objetivo a reordenação ética do mundo. A saga do pícaro miserável à procura de seu cérebro precisa ser entendida em seu valor metafórico.

> TÕE PASSOS – O corpo humano, por mais magro que seja, e o espírito humano por mais frágil que se apresente, sempre tem algum valor. E sempre tem gente que quer nos tirar o pouco que temos! Urubu-rei mamou o pouco leite de sua mãe e roubou o pouco cérebro que você tinha. [...] Querem cada centavo, cada gota de suor, cada minuto de trabalho, todo e qualquer valor que podemos ainda dispor.

O mito converte-se, nas próprias palavras de uma de suas personagens, em parábola de cunho social a representar a relação de opressores e oprimidos. Sem que tenha consciência disso, João Galatéa envolve-se em uma busca que, mais declaradamente do que as de Tião e Maria Deia, implica em crítica social. Quanto à notícia sobre o paradeiro do cérebro do anti-herói, apresentada na réplica final da saga, a resposta é incerta:

> WELLINGTON – Quanto ao cérebro de Galatéa, a história tem três versões. Uns dizem que Galatéa resgatou seu cérebro roubado numa banca de marreteiro no centro da cidade. Estava lá, mirradinho, duro como um caroço de abacate. Pagou exatos um e noventa e nove por ele e seu uso não resultou nenhuma alteração em sua capacidade intelectual. Outros narram que ele e seus filhos continuam marchando para o futuro superando todas as previsões de que gente como ele não teria futuro. Outros dizem ainda que Galatéa é só uma história absurda. Galatéa ri dessa gente.

Ao nos oferecer apenas hipóteses especulativas sobre o desenlace do conflito, Abreu transfere o foco de atenção da conclusão da fábula para o tom irônico de sua réplica final: Seja lá qual for o final da história, Galatéa ri de quem dele ri, desautorizando assim o discurso dos que põe em questão o teor metafórico do mito.

A tessitura de *Borandá* requisita referências diversas. Criada a partir de entrevistas com migrantes da zona sul de São Paulo, a peça estabelece também franco e decisivo diálogo com capítulos das histórias do teatro e da literatura. Elementos da *Commedia Dell'Arte*, do teatro Nô, dos autos medievo-renascentistas, do romance regionalista do modernismo brasileiro e dos já comentados *fabliaux* são requisitados. Todos os elementos do amálgama, no entanto, estão submetidos a uma referência maior, o épico, que os amarra e os transforma, fazendo da atitude narrativa o princípio universal a organizar a forma do texto.

Trata-se de uma narração polifônica. Cinco narradores vêm ao palco a fim de contar ao público as três sagas sobre migrantes. O teatro, aqui, opera com a relação sujeito-objeto que tende a desaparecer no drama. Os narradores, dirigindo-se diretamente ao público, impõem-se como sujeitos a partir dos quais resgatam-se episódios do passado. A representação das experiências não esconde seu caráter de re-presentação de algo.

A forma épica torna-se imperativa, pois o que se pretende mostrar é uma série de três trajetórias de vida. Só ela pode, dentro dos limites de síntese exigidos pelo palco, abarcar matérias tão amplas como as das sagas dos migrantes. Todas as três sagas partem dessa perspectiva comum. Dentro de uma relativa brevidade procuram dar conta de um trajeto de muitos anos que se organiza a partir da necessidade de migração. Em todos os casos, representa-se uma longa passagem de tempo. Por outro lado, cada trajeto é apresentado a partir de uma disposição temporal própria. A saga de Tião parte de um passado mais remoto, sua juventude em sua terra natal e ruma, através de progressão linear do tempo, até o início de sua velhice, quando, já com os filhos crescidos, tenta, sem êxito, compreender tudo que se passou com ele.

A saga de João de Galatéa, por sua vez, terá como princípio o mito de seu nascimento. Repete-se a estruturação do decurso temporal de Tião, com os episódios sucedendo-se de maneira linear. No entanto, como saga mítica, a linearidade na sucessão dos fatos acaba por constituir um tempo cíclico. "João de Galatéa" termina exatamente como se inicia: com o fim de uma gestação que é resultado da cópula de um fenômeno da natureza (o vento) com um ser *a priori* tido como incapaz de gestar (no início, a velha Milinga, no fim, João). Já em "Maria Deia", tudo começa com a informação de que a protagonista não se move mais. Se em Tião Cirilo parte-se de um passado mais remoto rumo a um passado mais recente, em Maria Deia dá-se o contrário. Sua infância, sua juventude e sua vida adulta são recuperadas em *flashback* como forma de compreensão do fato principal.

A variedade de disposições temporais sugere a preocupação da peça com a questão das experiências fundadoras. Os relatos de vidas em *Borandá* são por estas completamente organizados e toda a trajetória de um homem germina de uma única e decisiva experiência. Uma saga tem início com o momento em que um homem decide deixar sua terra e tudo o que virá é consequência desta opção. Outra começa com o nascimento de um anti-herói. Na lógica do mito, o nascimento já traz em si a ideia de um destino inexorável. A última saga inicia-se com o trauma de uma mulher. O que seria consequência de uma série de dores acumuladas ao longo da vida, torna-se causa do resgate narrativo do passado.

Borandá retoma uma forma de teatro narrativo com a qual Abreu vem lidando tanto dentro como fora da Fraternal (em trabalhos como *Um Merlin*, de 2003). Se em diversas manifestações de teatro épico a ação dramática estabelecida via diálogo cede terreno para interferências de ordem narrativa, aqui se dá o contrário. A condução dos acontecimentos é feita prioritariamente pela palavra de teor narrativo, que em diversos momentos cede espaço a breves inserções de cunho dramático.

AMÓZ – Quando se chega é só estranhamento. Tudo é novo e difícil: o frio, o lugar, a comida, os costumes e, principalmente, a solidão.

TIÃO – É o que dói mais. Solidão enlouquece. Eu odiava domingo e até hoje não gosto. Dia de semana tinha os companheiros, peão de obra, o trabalho. Chegava sábado, sumiam todos dentro da cidade, iam pra junto das famílias, dormir com as quengas. Eu amanhecia domingo sozinho na obra. Domingo à tarde, lembrança da mãe, dos amigos, do lugar de origem, cortava a coragem da gente. Vontade que sobrevinha era de se danar, de morrer, de chorar. E o domingo é o mais lerdo dos dias, acaba bem devagar e eu ali naquela cidade-monstro quieta, na obra quieta, só eu e meu radinho de pilha, meu companheiro.

Toda a narração nasce da atitude do contador de história. No caso, das sucessivas interferências do grupo de contadores. Na passagem acima, que se refere à chegada de Tião Cirilo a São Paulo, concentram-se todas as principais questões da construção épica das sagas de *Borandá*. Amóz, um dos cinco narradores, comenta a dificuldade de adaptação do novo migrante na cidade grande para, em seguida, passar a palavra para Tião. Este ainda não é personagem da saga que protagoniza, mas o narrador que transforma a experiência da solidão em discurso narrativo, agora em primeira pessoa. Em seguida, Wellington, um terceiro narrador, pega uma carta sobre uma mesa e de dentro dela retira um papel, pondo-se a anotar um ditado de Tião.

WELLINGTON – Estou com muita saudade, mãe (*A Tião.*) Que mais?

TIÃO – Bote aí: aqui tudo vai indo como Deus quer. Se tudo der certo viajo pra aí no final do ano. Recomendação a todos e me dê sua benção. Seu filho, Tião. (*Wellington dobra a carta e entrega-a a Amóz.*).

AMÓZ – Dona Nazaré! Ô Dona Nazaré! Mandaram entregar. É carta de São Paulo.

MÃE *(recebe a carta)* – Ah!, meu Deus! É do Tião! Quanto tempo! Está tudo bem com ele? Abre a carta e lê pra mim?

AMÓZ *(após pausa perplexa)* – Sei ler, não, dona Nazaré. Mas deve de estar tudo bem, se foi ele que escreveu, não é?

O momento em que Wellington pega a carta marca a passagem da narrativa para o drama. O episódio passado, até então narrado, torna-se ação. Saímos do presente da narrativa e voltamos, por alguns instantes, aos "idos dos anos cinquenta". O tema do fragmento dramático é a saudade gerada pela solidão que tematizara a passagem narrativa que o sucede. Wellington torna-se uma personagem inominada que presta um serviço a Tião ao escrever uma carta para sua mãe. Amóz, antes narrador, assume a personagem de um menino que recebe a carta finalizada e entrega-a a Benecasta, que agora representa Dona Nazaré, mãe de Tião. Sugere-se assim a viagem da carta de São Paulo à terra natal do migrante. Neste teatro narrativo, o espaço é criado pela palavra. A troca de cidade não depende da troca de cenário ou de interferências de luz. A simples enunciação "Ô Dona Nazaré! Mandaram entregar. É carta de São Paulo.", acrescida da atitude do narrador, produz o deslocamento espacial. Inicia-se a cena, que se interromperá nesse estágio mesmo: a pergunta final do menino não recebe resposta, pois a ação dramática é interrompida pelo próprio Amóz, que abandona sua personagem e retorna à postura narrativa.

AMÓZ (*ao público*) Dona Nazaré beijou a carta como quem beija relíquia de santo, escapulário da virgem Maria. Depois colocou a carta fechadinha no oratório da casa. A carta ficou lá até a morte dela. Ninguém me contou, eu vi.

O trecho dramático, em sua brevidade, apenas sugere as ações que expressam as saudades do filho e de sua mãe. Propositadamente, a construção da passagem não nos permite que tenhamos tempo para um mergulho emocional. Temos acesso a apenas um breve lapso da situação em que Tião dita a carta. Da mesma forma, vemos apenas o primeiro impacto da mãe ao receber uma carta do filho. Em outras passagens, esse mecanismo de elisão se dará por outros dispositivos. No encontro de Galatéa com as personagens do submundo urbano vemos e ouvimos as falas de Galatéa e imaginamos as réplicas e reações das demais personagens. Em "Maria Deia", um único narrador dará conta de representar as especulações, temores e sugestões dos vizinhos da protagonista ante a sua imobilidade:

AMÓZ – *(sem pausas)* É "pelepecia"? Tive um primo que teve isso! É, não. É estresse de nervoso! Nada, isso é encosto, "isprito"! Leva pra benzer! Leva pro centro de Pai Pedrinho! Ave, Jesus! Recua, Satanás! Leva pro pastor, aleluia!

Os fragmentos dramáticos em *Borandá* têm função precisa: breves mergulhos no passado relatado pelos narradores em que a sugestão da parte nos leva a imaginar, mais do que vivenciar, um todo. Expressando apenas o mínimo suficiente para que nossa imaginação se ative, para que nosso conhecimento de mundo possa completar a cena, o texto retorna ao comentário narrativo.

Essa dinâmica organizará todos os episódios do texto. Trata-se de um teatro que cria universos pela alternância da palavra narrada e do fragmento dramático. Ambos pressupõem distanciamento e conclamam a imaginação do espectador. Quando se narra, a imaginação é provocada pela audição. Quando se dramatiza, a visão é que nos levará a imaginar.

Sob um determinado ponto de vista, os cinco narradores de *Borandá* remetem às personagens da *Commedia Dell'Arte*. Trata-se de tipos fixos que ocupam-se da tarefa de conduzir uma série de textos da companhia. Via de regra, cada tipo é representado pelo mesmo ator, que se especializa na arte representá-lo. Nesse ponto, termina a aproximação com a *Commedia* italiana. Os tipos do repertório da Fraternal são narradores que contam histórias, na maior parte dos casos, em terceira pessoa (Tião Cirilo, em *Borandá*, é uma exceção, pois conta sua própria história). Quanto às suas ascendências, elas dão conta de representar o hibridismo étnico do homem nacional. Na página dedicada à descrição das personagens de *Auto da Paixão e da Alegria*, texto em que estão presentes quatro dos cinco narradores de *Borandá*, temos a informação de que Abu tem origens "árabes e asiáticas", Amóz, persa e judia, Benecasta, italiana e indígena e, por fim, Wellington, "um vira-lata racial", tem ascendência portuguesa, negra, índia e de "outras incontáveis raças".

Nos textos em que aparecem, além de narrar, comentam o que narram e revezam-se na representação das diversas personagens narradas. Invertendo o uníssono inerente às narrativas corais, os cinco narradores são marcados pela polifonia. A cada qual caberá uma natureza específica que não apenas os define, mas também se projeta sobre aspectos do que narram. Pautado por um comportamento anárquico, um certo cinismo cômico e pelo gosto pelo grotesco, Wellington é o narrador que representa João de Galatéa. Tião Cirilo é sujeito tímido que assume a personagem da saga que coincidentemente leva seu nome. Amóz é emotivo, facilmente impressionável e ao mesmo tempo alegre. Benecasta, a única figura feminina, é marcada por um comportamento enérgico, explosivo. A exaltação de seus humores faz também com que seja a narradora que mais se envolve com suas personagens. Nesse sentido, é a que mais se afasta do princípio do distanciamento que rege a atitude dos demais narradores. Seja como Maria Deia ou como a mãe de Tião Cirilo, ela frequentemente procura estender os fragmentos dramáticos, mas tem suas tentativas interrompidas por Abu, a quem caberá a liderança do grupo de narradores.

MÃE – Vou bor´andá, mãe, ele me disse. Falei nada, não, como se fosse notícia que eu já soubesse. Deixei o aviso me cortar e soquei lá dentro o choro, a raiva e a blasfêmia para que Deus não escutasse. E continuei a passar o café no coador de pano como se não tivesse ouvido nada. Mas meu silêncio doeu.
ABU – É o suficiente.
MÃE – E até hoje tenho vontade de soltar aquele grito que não dei.
ABU – *(com autoridade de quem organiza a ação das personagens)* É o suficiente, eu disse.

Ciente de sua ascensão sobre o grupo, Abu intervém quando seus companheiros põem em risco o distanciamento narrativo que deve se impor como tom geral do texto. Na passagem acima, a figura da mãe de Tião Cirilo, representada por Benecasta, em sua eterna angústia pela partida do filho, quer gritar, quer transpor os limites de uma cena em que se deve sugerir a dor materna para mostrar com toda a plenitude o sofrimento que tentou ocultar de seu filho. Abu, no entanto, interfere com um "é suficiente", solicitando a interrupção do fragmento dramático a fim de que a peça possa retomar sua dinâmica narrativa.

Se variam as naturezas e as funções de cada narrador, varia também a forma de narrar. Cada saga tem uma orientação estilística extraída da natureza e da visão de mundo do narrador que assume o protagonismo. A saga inicial, em sua placidez, traz o bom-mocismo de Tião. "João de Galatéa", subversora, é fruto do espírito desordeiro de Wellington. A explosão dos sentimentos em "Maria Deia", por sua vez, é projeção do *ethos* de Benecasta.

Além de narrar as sagas, o quinteto também discute o que e como narra. Tendo o olhar focado na questão da migrante, *Borandá* atenta também para sua própria construção[7]. Cada um dos três episódios é precedido por um prólogo. Em todos eles, mais do que simplesmente anunciar ao público o que se representará, instauram-se discussões cômicas de natureza metalinguística em que o que se discute é a própria comédia popular. Assim, encerrada a saga de Tião Cirilo, certos pontos de vista sobre o tema serão anunciados:

7. A pesquisa da Fraternal Companhia de Arte e Malas-Artes torna-se frequentemente tema de outros textos. Um deles, *Masteclé*, corruptela que faz o aportuguesamento de "Master Class", tem como tema central exatamente seu gênero, ou seja, a comédia popular.

TIÃO CIRILO – Emocionante a história do Tião. Eu achei!
WELLINGTON – Legalzinha. Faltou um pouco mais de comicidade, de ficção.
BENECASTA – Lá vem! Lá vem!
WELLINGTON – Faltou alegoria, elementos grotescos, ação, lances absurdos e inesperados...
TIÃO CIRILO – Pra que tudo isso?
WELLINGTON – Pro povo apreciar! (*Para o público.*) História tem de ter colorido, rendado, bordadura. Tem de ter, sei lá, gigantes, anões, coisas do avesso, como é do gosto popular, não é?
AMÓZ – E gosto popular é só isso?
WELLINGTON – Não, mas isso é o agrado da história.

É, pois, pela conceituação e pela defesa de um certo tipo de comédia popular que Wellington apresenta a saga de João de Galatéa, que ele mesmo protagonizará, e faz a transição de ambiente, preparando terreno para o grotesco e o mítico que marcarão a saga intermediária.

A investigação do popular, do cômico e do nacional que define o projeto da Fraternal é também a busca pelo sentido do teatro narrativo em nossa época. No caso do texto em pauta, esse sentido aponta para a busca de uma arte totalizante, em que não está em questão a possibilidade de o teatro *reordenar* uma experiência humana. Essa perspectiva já está anunciada na própria variedade de referências linguísticas, estilísticas e estéticas solicitadas pelo texto. O resgate de culturas aqui não implica a colagem de dispersos a sugerir a impossibilidade de compreensão holística do real. Os limites que separam a cultura erudita e a popular são implodidos e a fala popular e a linguagem sociológica, os *fabliaux* e princípios do teatro brechtiano são tomados como partes da história da cultura, convocados a se renovarem em favor de uma unidade maior. Dessa forma, história e mito, documento e imaginação, erudição e popularidade não se excluem, mas se completam.

A escolha pela narrativa de três episódios dissociados do ponto de vista narrativo e aproximados pelo tema é uma questão decisiva para a compreensão desta questão. A peça não se quer a grande narrativa unificadora, plena de significados. Prefere, seguindo por outra via, decompor três trajetórias de migrantes (que são também três experiências estéticas distintas) através de fragmentos dramáticos unificados pelo fio condutor da palavra emanada pelo conjunto de narradores para, ao fim, criar a sensação de que essa decomposição presta-se a uma recomposição totalizante da migração.

Essa busca pela experiência artística totalizante é exatamente a busca utópica que moveu e organizou as estéticas ligadas, em geral, à modernidade e, em particular, ao drama moderno. Essas estéticas foram marcadas por um "impulso demiúrgico no qual um desejo chamado totalidade é, de forma impossível, associado a um desejo de inovação ou simplesmente novo"[8]. Trata-se de uma dramaturgia que acredita que a reunião de experiências similares pode organizar o mundo e produzir sentido. Isso se projeta no próprio otimismo da peça em relação às suas personagens. Mesmo que não entendam exatamente o sentido de suas buscas, todas são celebradas pelo fato de não desistirem, mesmo quando, no caso de Maria Deia, nada estimula a perseverar na luta. Desse modo, o projeto formal de *Borandá* coloca-se na contramão de um pensamento de época que, diante do fracasso das grandes utopias, coloca a própria ideia de "sentido" em questão.

8. Fredric Jameson, *Pós-modernismo: A Lógica Cultural do Capitalismo Tardio*, São Paulo: Ática, 1996. p. 138.

SOBRE O TEATRO DE LUÍS ALBERTO DE ABREU

Sobre *Bella Ciao*

"Beleza, emoção, teatralidade intensas fazem de *Bella Ciao* o melhor espetáculo do ano, de texto brasileiro, a que assisti. Além de aprofundar a temática da revisitação da nossa História, em boa hora empreendida pela dramaturgia nacional a partir dos *Arena Conta...* até *Rasga Coração, Bella Ciao* sustenta-se como obra de valor e encanto absolutos.

Em novembro de 1981, *Cala Boca já Morreu* confirmava um jovem autor como dos mais inteligentes e originais surgidos nos últimos tempos. Revelação de 80 com a peça *Foi Bom, Meu Bem?*, Alberto de Abreu procedia já na segunda obra a uma reflexão emocionada sobre o Brasil das última décadas. Conseguia colocar em cena personagens da mais pura autenticidade, esboçando amplo painel que abrangia desde os grandes burgueses aos tipos marginais da cidade grande, à medida que acompanhava o itinerário sofrido do roceiro 'João', que se tornava operário na São Paulo eufórica dos anos JK... Não incidia no lugar-comum da heroicização dos humildes, nem sequer perdia o fio do humor irresistível que conduzia as cenas, mesmo as mais patéticas. Permeando o ritmo, a beleza e a clareza meridiana do espetáculo, dirigido por Ednaldo Freire, o *leitmotiv* da obra: a luta surda dos idealistas de todos os tempos, sintetizada na figura quixotesca de um anarquista inesquecível: 'Atílio Ronchetto'.

[...] *Bella Ciao* alia o poder de síntese à densidade do significado, intuição emocionada à reflexão lúdica, veracidade dos acontecimentos à verossimilhança das personagens. Alberto de Abreu confirma sua inscrição no grupo restrito dos criadores iluminados que agitam, em nosso palco, a bandeira da solidariedade irrestrita".

ILKA MARINHO ZANOTTO
Bella Ciao, Melhor Peça deste Ano.
O Estado de S. Paulo, 12 de dez. de 1982

"Aqueles que veem a atual situação da dramaturgia brasileira em cores negras talvez venham a reformular parcialmente seu ponto de vista quando tomarem contato, desde ontem, com a peça *Bella Ciao*, de Alberto de Abreu, que fará uma temporada de um mês no Teatro Glauce Rocha. Pelo menos prêmios não lhe faltam: em São Paulo, onde estreou em maio do ano passado, o, para o nosso público, desconhecido autor recebeu os três principais prêmios de melhor do ano: o Molière, o Mambembe e o Prêmio da Associação dos Críticos. Vários outros prêmios, entre os quais o de melhor espetáculo, bem como um consenso crítico elogioso e uma boa afluência do público, confirmaram a posição de *Bella Ciao* entre os marcos da temporada paulistana de 1982.

[...] Como é que o paulista Alberto de Abreu, 31 anos, descendente de mineiros e sem nenhum laço familiar com imigrantes italianos, veio a optar por esse assunto? As raízes da peça têm certamente algo a ver com o seu passado profissional anterior ao teatro, quando ele trabalhava como operário no ABC paulista.

[...] Desde *Foi Bom, Meu Bem?* Alberto consegue viver do teatro como autor, o que pode encher de inveja os seus jovens colegas cariocas, na sua maioria inéditos. Ele acha que o grande macete para o autor novo consiste em aliar-se a um grupo e desenvolver, junto com este, uma continuidade do trabalho. Esta solução oferece a vantagem de poder trabalhar em equipe e amadurecer assim o ofício: embora ele não seja partidário da chamada criação coletiva e faça questão de manter individualizada a sua criação como autor, ele acompanha o processo de ensaios, discute permanentemente com o diretor e os atores, reescreve falas ou trechos de acordo com as necessidades surgidas na cena. Por outro lado, o autor beneficia-se do dinamismo do grupo para impor-se à opinião pública: segundo Alberto, vários jovens grupos paulistas, todos já profissionalizados, revelaram-se muito batalhadores, capazes de vender espetáculos, conquistar através de contatos diretos o público estudantil. Foi em parte graças a este dinamismo do grupo que sua primeira peça ficou em cartaz oito meses, a segunda sete, e *Bella Ciao*, nove, devendo voltar ao cartaz em São Paulo após temporada carioca".

YAN MICHALSKI
A Saga de Imigrantes Italianos Segundo um Ex-operário Paulista. *Jornal do Brasil*, 2 de jul. de 1983

Sobre *A Guerra Santa*

"*A Guerra Santa,* que a Cia Melodramática Brasileira de Gabriel Vilella está apresentando no Teatro I do CCBB é um espetáculo de extraordinária beleza, no qual as várias linguagens cênicas se entrelaçam de forma excepcionalmente harmônica. A experiência estética, no entanto, por mais arrebatadora que seja, não é jamais alienatória, pois com base no poema dramático de Luís Alberto de Abreu, a mais que generosa criatividade de Gabriel Vilella elaborou uma fábula onírica que jamais permite ao espectador que ele se esqueça dos erros, dos enganos, dos acidentes (evitáveis) de percurso de um Brasil que continua lindo apesar de seus crimes e pecados.

[...] O Dante, o Vergílio e a Beatriz de *A Guerra Santa*, que aparecem depois da apresentação por um Ponto já um tanto cansado de ver os mesmo espetáculos políticos se repetirem mais ou menos em sessão contínua, são o fio condutor que permite a encenação dos vários episódios que servem para ilustrar o grande quadro brasileiro – que tem como fundo uma desbotada bandeira, tão maltratada quanto o país. Sabiamente evitando maiores especificidades – e mais ainda receitas simploriamente ideológicas – um Dante radical insiste em soluções violentas e um Vergílio mais sensato permanece impotente e atônito até o primeiro liquidar até mesmo a beleza de Beatriz, a quem supostamente ama. Enquanto os que manipulam o poder preocupam-se em fazer valer suas posições, a fome, a religiosidade disciplinadora e escapista e a revolta difusa e impotente do poço continuam a formar um aterrorizante quadro que assusta principalmente porque continua lindo".

BARBARA HELIODORA
A Babel da Harmonia. *O Globo*, 8 de jul. de 1993

Sobre *O Livro de Jó*

"Ao introduzir a belíssima adaptação que fez de *O Livro de Jó*, Luís Alberto de Abreu faz questão de enfatizar o caráter profano do teatro. E tem razão. Para a experiência mística ou para a especulação teológica inventamos o templo, o claustro ou um canto qualquer, íntimo e propício ao sagrado. Mesmo assim, ao sair do espetáculo sentimos a tentação de contradizer Abreu.

Parece pouco inscrever essa experiência no rol das nossas distrações noturnas. O que acabamos de experimentar é diferente do que encontramos habitualmente nas casas de espetáculos. Vimos que o teatro pode ser uma forma de expressão reduzida a uma polaridade essencial. Assistimos a um diálogo em estado puro. Jó questiona o criador e as perguntas ecoam pelo espaço entre os atores e o público. O teatro, essencialmente, vive neste intervalo entre a pergunta e a resposta. Nenhuma circunstância atenua o fato de que temos de seguir Jó, perguntando e aguardando".

MARIÂNGELA ALVES DE LIMA
Experimentando a Dor de Existir.
O Estado de S. Paulo, 9 de mar. de 1995

"*O Livro de Jó* chega no tempo certo. Sofrimento e esperança, acaso e determinação, vontade e liberdade, fé e verdade, contingência e necessidade tomam o lugar dos tediosos e arranjadinhos artigos de cama e mesa que, diariamente, nos empurram olhos e ouvidos adentro. Nada, na peça, busca sedar nossos sentidos ou nossa inteligência. Tudo vai direto ao fundo da alma, ao mais descamado sentimento do Eu.

Em poucas palavras, o tema religioso da bondade e da justiça divinas é trazido para os dias de hoje. Jó dá corpo aos dilemas da vida humana, em especial ao sofrimento. Como entender o sofrimento, se Deus existe? Preso à sua existência-sofrimento, ele luta em dois flancos. De um lado, sua mulher, politicamente correta em tudo e representante da moral utilitarista do 'toma-lá-dá-cá'. Se nada fizemos, diz ela, por que todos os castigos e penas? Ou Deus não existe, ou é uma contrafação! Para a miúda moral burguesa, justiça é questão de escambo: se me comportei bem, quero meu prêmio. Em filhos, casas, propriedades ou precatórios. Sofrimento, só na telinha ou na telona, com pipoca, Coca-Cola, ar condicionado e *dolby stereo*. [...]

Jó diz não a tudo. Cala quando esperam que grite e grita quando tentam emudecê-lo. Sua crença é a de que a vida joga dados e a coragem, portanto, consiste em dizer, com Napoleão, on s'engage et puis on voit! Ele sabe que seu compromisso é com Deus: n'Ele estão a verdade e a vida. Essa capacidade de prometer e cumprir promessas parece estranha às nossas mentalidades educadas no ressentimento e no arrivismo. Mas só quando Jó vive essa convicção em sua plenitude, transcende o sofrimento. A cena final é comovente e grandiosa. A face de Deus, por fim revelada, é a do sentido da vida construída pelos humanos. Terminado o espetáculo, permanece, como um eco, a crença nietzchiana presente em todas as vidas que foram exemplo de grandeza e glória: essa é a minha vida, esse é o meu destino; não tenho de que me queixar.

Enfim, a melhor arte posta a serviço do melhor de todos nós. Um bálsamo contra o tacanho narcisismo de nossos tempos. Belo, impactante, imperdível".

JURANDIR FREIRE COSTA
Um Bálsamo para a Alma – *Jornal do Brasil*, 5 de mar. de 1997.

Sobre *Burundanga*

"*Burundanga, a Revolta do Baixo-Ventre* não é exatamente um título convidativo. De qualquer forma, a analogia rasteira entre uma convulsão institucional e a fisiologia restringe-se ao título. Sob ele se abriga uma elaborada e fina comédia de Luís Alberto de Abreu.

Prestigiado e bastante encenado no teatro paulista, Abreu dificilmente pode se alinhar entre os inovadores da dramaturgia brasileira. Até o momento, suas peças têm sido uma lenta e segura exploração das vertentes tradicionais da escrita cênica.

Burundanga é também uma continuidade, entrelaçando a tradição oral e cênica das encenações populares ao rigor verbal da cultura. Trata-se, enfim, do mesmo ideário que pauta as esplendidas criações de Ariano Suassuna.

Certas convenções são seguidas à risca nessa comédia. O ritmo depende de peripécias simples, armadas e desarmadas com pleno conhecimento do espectador; as personagens são tipos de contornos bem definidos, sem nenhuma dubiedade psicológica. A ação será sempre liderada por um homem do povo cuja inteligência é exatamente proporcional ao seu desvalimento. Todos esses conhecidos ingredientes fermentam em uma fantasiosa revolução, momento ideal para revelar a cobiça e o oportunismo dos poderosos. Como o Brasil de sempre, o local e a época em que essas coisas ocorrem são um tanto arcaicos.

Sobre essa estrutura conhecida o autor exerce seu inegável talento literário. Os diálogos são graciosos e inteligentes porque exibem, ao mesmo tempo, ideia e vocábulos exatos. Não há muitos adjetivos e nem mesmo os ornamentos retóricos elaborados que caracterizam em boa parte as criações da poesia oral. A graça corresponde quase sempre a uma ideia, a um conceito paradoxal ou a uma apreensão rápida das mudanças de situação. Utilizando a secura peculiar do seu estilo, Abreu evita a facilidade imagética com que muitas vezes se romantiza a representação da miséria popular".

MARIÂNGELA ALVES DE LIMA
Burundanga Mistura Requinte e Simplicidade.
O Estado de S. Paulo, 2 de ago. de 1996

Sobre *Maria Peregrina*

"*Maria Peregrina* é o espetáculo que nasceu da pesquisa que o dramaturgo Luís Alberto de Abreu desenvolveu com a Cia. Teatro da Cidade, de São José dos Campos, sobre os processos narrativos característicos do teatro nô japonês e sobre a busca por uma identidade cultural própria, caracterizadora da prática teatral.

Conceitos abstratos como os de 'força' e 'leveza', assim como imagens simbólicas colhidas da natureza, como a do 'desabrochar da flor' – dentre outras – constituem o imaginário de formalização do nô e alavancam o processo de construção das estruturas contemporâneas de dramaturgia.

Duas matrizes que poderiam se mostrar distantes (uma codificação tradicional de uma cultura muito diferente e o resgate da memória que reinventa uma identidade local) conjugam-se para gerar as narrativas possíveis ligadas à história de Maria do Saco, personalidade desmemoriada, sem nenhum passado, que viveu no Vale do Paraíba até 1964 (quando morreu) e foi estigmatizada como santa pelas crenças populares.

A inspiração oriental, então, não dissolve o interesse objetivo que a dramaturgia tem pela pesquisa de um território próprio e concreto, onde seja possível fincar raízes. Por caminhos paralelos, a memória cultural de um passado milenar se encarrega de iluminar os rastros e vestígios de uma identidade perdida – característica do homem deste tempo, pelo que se supõe na obra, sob a metáfora da Nega do Saco ou Mulher Desmemoriada.

Como criador, pesquisador e pedagogo, Abreu tem verticalizado, com seu Núcleo de Dramaturgia na Escola Livre de Teatro de Santo André (ELT), estudos que fundamentam a composição de teias de planos narrativos – textos que são abertos à intervenção da cena. Com evidente interesse pela escritura espetacular, que há muito tempo não se prende exclusivamente aos recursos da palavra, sua experiência de um trabalho participativo com a dramaturgia oferece recursos cênicos que desejam ser provocadores da encenação.

Em *Maria Peregrina*, três histórias possíveis do passado ("Tereza e Aventino", "Tiodor" e "Às Margens do Paraíba" – esta última inspirada pelo drama nô *Sumidagawa* ou *Às Margens do Rio Sumida*) enleiam as tentativas de revelação do passado obscuro de Maria do Saco. Mas é somente o seu saco, meio vazio, que arrebanha e guarda as reminiscências da sua existência.

Como toda a cultura interiorana do Brasil, desfigurada pelo impacto da industrialização e da chegada massiva dos meios de comunicação das últimas décadas, a personagem criada por Abreu perdeu-se do passado. A escolha pela abordagem da peregrinação rumo à identidade (esfacelada em fragmentos de possibilidades) sinaliza em direção à resistência, à não aceitação dos processos criativos mais comuns da produção comercial.

Não por acaso, Abreu optou por afastar-se deste eixo de produção e estreitou relações com grupos de sólida constituição pelo Brasil afora, como o Galpão de Belo Horizonte, a Cia. Teatro da Cidade, de São José dos Campos, a paulistana Fraternal Companhia de Arte e Malas-Artes – além de seu decano grupo de pesquisa de dramaturgia, agora sitiado no ABC.

O espetáculo, dirigido por Cláudio Mendel, sublinha as dinâmicas épicas que são os traços mais fortes da dramaturgia e faz ressaltar sua fala rústica. Festas populares e cantos de raiz pontuam a trajetória descontínua, conduzida por atores-contadores de causos. Montado à distância do eixo Rio-São Paulo, é um espetáculo que não prima pelos custos da produção, mas pela revelação de modos alternativos de criar teatro, como é a proposta artística de Luís Alberto de Abreu".

ROGÉRIO TOSCANO

Espetáculo Sublinha as Dinâmicas Épicas que são os Traços Mais Fortes da Dramaturgia – publicado no site da Cia. Teatro da Cidade

Sobre *Bar, Doce Bar*

"Quem tem a determinação de escrever para teatro, no Brasil, tem também, em geral, a gaveta cheia de textos à espera do sopro animador do espetáculo. Embora em São Paulo a produção teatral seja animadíssima, superando de longe a marca de uma estreia por dia, os encenadores não costumam ser fiéis aos dramaturgos. Alguns autores talentosos chegam a ter a experiência de um ou dois textos encenados e, no exato momento em que poderiam incorporar à escrita o teste do palco, são relegados ao esquecimento. Em parte, a inconstância pode ser explicada pela estabilidade econômica de uma produção que não consegue consolidar companhia, espaços de trabalho e, consequentemente, linhas dramatúrgicas. Mas há também uma razão mais circunstancial, ligada a um aspecto peculiar da produção contemporânea: a importância do texto é hoje relativamente menor dentro da composição do espetáculo e qualquer grupo de criação sente-se autorizado a inventar, cortar, adaptar ou simplesmente eliminar componente textual das encenações.

De uma forma ou de outra, enfrentando a concorrência do espetáculo moderno ao texto, contornando a estabilidade dos grupos de produção, Luís Alberto de Abreu tornou-se, ao longo de quinze anos de trabalho no teatro paulista, essa raridade que se chama dramaturgo profissional. Pode ser que na sua gaveta ainda contenha um número significativo de inéditos, mas a constância com que se mantém em cena é bastante incomum. Se o leitor percorrer hoje o roteiro dos jornais poderá constatar que, no momento, duas peças da temporada paulista levam sua assinatura: *Bar, Doce Bar* é uma farsa compondo uma trilogia, *O Parturião*. Essa é uma honra que o teatro brasileiro reserva a Shakespeare e a Nélson Rodrigues. Em espírito pode dizer-se que Abreu defende mais o primeiro do que o segundo.

Guardadas as devidas proporções, a dramaturgia de Luís Alberto de Abreu tem a mesma curiosidade ampla e universal pelos mecanismos da história e pelo desempenho humano transformando ou aceitando o mundo, que caracteriza a dramaturgia do Renascimento. No plano mais visível, suas peças não exibem a obsessão pela linguagem característica de boa parte da produção contemporânea nem os mergulhos no inconsciente coletivo com que bons dramaturgos, como Nélson Rodrigues, investigam a ligação entre a psicologia individual e as representações sociais. Desde o seu primeiro e bem sucedido trabalho profissional (*Bella Ciao*, encenada em 1982), suas peças observam e problematizam certas constantes da cultura e da história brasileira. Eventualmente, pode trabalhar com abstrações intemporais como faz em *A Guerra Santa* (1993) ou em *O Livro de Jó* (1995).

Outras peças, com um escopo mais moderno de observação de costumes são *Foi Bom, Meu Bem?* e *Bar, Doce Bar*, que retratam a experiência individual e as relações cotidianas, mas extraem sempre alguma conclusão de natureza antropológica. Quase sempre Abreu faz questão de mostrar que a autodeterminação não é possível nem mesmo na intimidade. A liberdade para dar forma ao mundo tem de ser construída no plano do concreto, com esforço da imaginação e dos atos.

Um dos temas preferidos de Abreu é o traço macunaímico da nossa cultura. Em *Lima Barreto, ao Terceiro Dia*, faz reviver em cena o doloroso e enlouquecido visionário Policarpo Quaresma. Ao mesmo tempo iludidos e ilusionistas, os protagonistas de *Burundanga, O Homem Imortal, Xica da Silva* e *O Rei do Brasil* corporificam nossa insensata capacidade de embelezar e transformar, por meio da fantasia, tudo o que não conseguimos vencer no mundo real. Nas peças, essa vocação para o engano conserva um valor ambíguo. Ao embarcar na impostura ou na loucura dos projetos fantasiosos, a imaginação das personagens as impele ao ato, a alguma ação transformadora. A população miserável que mitifica um modesto cozinheiro desgarrado em *O Homem Imortal* absorve um pouco do heroísmo imaginado. Mas os delírios de grandeza têm um preço, como o falso pó dourado que recobre os domínios de Xica da Silva.

Faz parte dessa exploração crítica das ilusões uma deliberada recusa, na construção dos textos, dos recursos tradicionais da retórica e do sentimentalismo que permeiam a literatura brasileira. Abreu tampouco recorre ao naturalismo da linguagem coloquial. Todos os seus textos são parcamente adjetivados, sintéticos, confiando na precisão do substantivo e na ordem direta da sintaxe. É difícil reduzir ou cortar qualquer uma de suas frases. São curtas e, em alguns textos, como a adaptação de um livro bíblico, atingem a altitude da boa poesia.

A inclinação poética de Luís Alberto de Abreu é ainda um pouco envergonhada. Quem teve a oportunidade de assistir a *Bar, Doce Bar* poderá reconhecê-la nas letras das canções que intercalam as cenas. A acidez na crítica de costumes também é, ao que parece, um elemento secundário que começa a ganhar corpo em *O Parturião*, uma trilogia encenada agora por Ednaldo Freire, no Teatro Eugenio Kusnet. O comedimento presente nas suas peças anteriores começa a desmanchar-se para dar lugar a uma escritura mais irônica, deliberadamente farsesca.

Fazendo comédia, ou poesia alternadamente, Abreu não faz contudo uma dramaturgia versátil. A amplitude das situações e da forma encobre um propósito sempre reiterado: 'Temos um encontro marcado com este país; encontro a sério, sem delírios de grandeza'. Feitas as contas, a soma das suas obras têm, no interior, um núcleo duro de roer. São mais intimações do que convite".

MARIÂNGELA ALVES DE LIMA
Abreu Busca Inspiração na Cultura e na História do País.
O Estado de S. Paulo, 7 de mar. de 1995

Sobre *Stultífera Navis –Nau dos Loucos*

"Com a comédia épica narrativa *Nau dos Loucos –Stultífera Navis*, do dramaturgo Luís Alberto de Abreu e direção de Ednaldo Freire, a

Fraternal Cia de Arte e Malas-Artes comemora não só dez anos de carreira, como elege, no lugar da ilustre dupla de personagens João Teité e Matias Cão (*O Parturião, Burundanga, o Anel de Magalão* e *Sacra Folia*), uma inusitada parceria nórdica-indígena. Peter Askalander, e Pedro Lacrau, índio ciclotímico e desmemoriado, vivem sua saga cômica a bordo da mítica nau dos loucos. [...]

'Que adianta ser mentalmente são se o mundo perdeu o sentido?', é a indagação que ecoa na peça. Sob ótica contemporânea, o mito da nau dos loucos simboliza as ingerências que vingam num planeta onde tudo é permitido. O enredo, narrado e dramatizado por cinco atores, começa quando as embarcações de Peter e Lacrau se chocam e afundam. Ao se salvarem, os comandantes das naus cumprem uma saga espetacular por terras sangradas por guerras, saques e paixões mal resolvidas, até que decidem trocar a dureza oferecida pela civilização ensandecida pela atraente 'stultífera navis', a nau que, segundo a mitologia escandinava da Idade Média, descia o rio Reno recolhendo os loucos das aldeias. Na nova embarcação, deparam com personagens de diversas culturas, mas com pelo menos um ponto em comum: o mundo para eles está às avessas, é irracional e exagerado, tendendo a ganhar proporções assustadoras.

O espetáculo é fertilizado por diferentes tempos narrativos e personagens que surgem como peças de um grande mosaico. Até Deus dá o ar de sua graça na nave que varre os loucos. Sem oferecer soluções, mas mostrando o 'mundo como ele é', a peça constata na personagem Lacrau o resumo do homem brasileiro. 'Sem memória e sem passado, mergulhado num eterno presente', sintetiza o ator Edgar Campos".

MARICI SALOMÃO
Comédia Lembra 10 Anos da Fraternal –
O Estado de S. Paulo, 10 de jan. de 2002

Sobre *Auto da Paixão e da Alegria*

"Como os autos da paixão, que permanecem até hoje no repertório dramático ibérico associado à liturgia, o auto criado pela Cia de Arte e Malas-Artes reproduz a escassez de recursos materiais e abundância imaginativa com que os leigos, desde o século XIII da era cristã, reformularam os textos canônicos aproximando-os da sua experiência cotidiana.

Essa é, aliás, a tese graciosamente embutida no texto de Luís Alberto de Abreu, de modo tão sutil que só ao fim percebemos ter aprendido alguma coisa. Cristo permanece presença viva entre os homens, em primeiro lugar porque os evangelhos traduzem fielmente a integridade da sua semelhança conosco. Na seleção dos episódios extraídos dos escritos testemunhais, como, por exemplo, as bodas de Caná ou a expulsão dos vendilhões do templo, torna-se clara a intenção de revelar o que um dia aproximou Deus do sabor da experiência humana".

MARIÂNGELA ALVES DE LIMA
O Estado de S. Paulo, 31 de ago. de 2002

Sobre *Borandá*

"Dos diversos grupos paulistanos de teatro a dedicar-se ao trabalho com a comédia popular [...] encontra-se a reconhecida e premiada Fraternal Companhia de Arte e Malas-Artes, formada pela dupla Luís Alberto de Abreu e Ednaldo Freire. O encontro dos dois aconteceu quando Freire ainda era ator do Grupo Mambembe, que, liderado por Carlos Alberto Soffredini, possuía um projeto de pesquisa de circo-teatro, montando textos de Antonio José da Silva – o Judeu, Martins Pena e Gil Vicente. Em 1980, Ewerton de Castro dirigiu para o grupo a primeira peça profissional de Abreu, *Foi Bom, Meu Bem?*

Depois dessa estreia, um novo projeto se iniciou baseado na observação das primeiras greves de 1978, em São Bernardo do Campo. A intenção de Abreu era contar – fazendo um teatro narrativo, épico – a história do trabalhador brasileiro. Daí surgiram dois textos: *Cala Boca Já Morreu* (1981), também montado pelo Mambembe (dessa vez já com direção de Ednaldo Freire), e o belíssimo e premiado *Bella Ciao* (1982), dirigido por Roberto Vignati, da Cia Arteviva. A partir desses dois textos, o popular de raízes épicas se consolidou na obra de Abreu, ancorado na tradição cômica brasileira, de Martins Pena até Ariano Suassuna, passando por Artur Azevedo. O processo agora desenvolvido em Borandá (uma corruptela de 'vamos embora andar') é o resultado daquele do início da década de 1980.

[...]

Já extensa, a produção de Luís Alberto de Abreu é reconhecida tanto pelo público quanto por outros artistas e pela crítica. Sua trajetória e parceria com Ednaldo Freire na Companhia de Arte e Malas-Artes é emblemática, caracterizando a dupla já há um bom tempo como referência de qualidade e paradigma para entender a incompreendida comédia popular".

ALEXANDRE MATTE
O Povo que Ri – *Bravo!*, Ago. de 2003.

Sobre *Memória das Coisas*

"O teatro dentro do teatro é uma marca de nascimento da Companhia de Arte e Malas-Artes. Desde seus primeiros espetáculos, há mais de uma década, esse grupo estável que tem o privilégio de contar com um excelente dramaturgo-residente, vem explorando a vertente derivada do romanceiro popular. Personagens fixos, máscaras cômicas de antiquíssima tradição, protagonizam narrativas que, de um modo geral, se inspiram nas proezas do homem comum cumprindo a epopeia gloriosa da sobrevivência.

No bem-sucedido currículo do grupo intercala-se, no entanto, um trabalho cuja fonte, mais abstrata, é o estudo teórico da tradição cômica. Em *Masteclé*, peça encenada em 2001, a fronteira indistinta entre os gêneros, os dilemas da criação e uma inquietação nervosa que contemplava o leque infinito das opções estéticas contemporâneas apareceram pela primeira vez como assunto nuclear. Este grupo que, até então, se definia estilisticamente pela exuberância cômica e pela nitidez épica enfrentou pela primeira vez um texto que exigia semitons. Os trabalhos posteriores – em especial o plangente *Borandá* – se beneficiaram muito do veio aberto experimentalmente em *Masteclé*.

O mesmo tipo de inquietação em relação às fontes da invenção teatral reaparece em *Memória das Coisas*. Desta vez, porém, não são temas relativos à formalização que ocupam a peça de Luís Alberto de Abreu. Contornados pela moldura cômica de um apresentador aflito pela recompensa que a arte promete ao público, os assuntos que desfilam neste espetáculo são, de modo direto ou indireto, relacionados com o psiquismo da criação.

Não se assustem por isso os fiéis espectadores desse grupo porque nada indica uma inclinação tardia para o drama psicológico. Bem ao contrário, o intuito narrativo e a vocação instrutiva estão bem nítidos. O prólogo brincalhão e as artimanhas do condutor do jogo teatral procurando organizar a cena constituem comentário paródico a algumas poéticas contemporâneas e nessa graça ferina se incluem os autores do espetáculo. Representado em chave entusiástica, contra todo o pedantismo e com algum pudor em exibir-se de modo sério, a Malas-Artes conduz o seu público a um território novo. O psiquismo a que se refere esta peça é coletivo, um fenômeno que o espetáculo discute no plano conceitual e além da esfera do sujeito.

Em vez de um indivíduo dotado de pré-história e emoções vinculadas a essas experiências singulares, há um protagonista, homem no meio do caminho da vida, cuja memória é ativada por um marco arquitetônico. A partir dessa informação, a sequência de impulsos mnemônicos se desliga progressivamente do indivíduo. O homem apresentado como protagonista se torna logo narrador das experiências de um outro, 'aquele homem'. Desdobra-se, outros personagens rememorados se tornam ponto de origem de narrativas estranhas à experiência de quem as relata. Ou seja, a partir de um marco histórico todos podem lembrar porque há nas pedras e nas substâncias sensíveis uma memória histórica retida, impregnando moléculas aparentemente em repouso.

Criando uma figura espiralada a partir de um núcleo duro – o pórtico de uma prisão onde padeceram escravos, sentenciados comuns e prisioneiros políticos –, o espetáculo vai agregando imagens mais ou menos próximas do significado histórico do monumento. De modo indireto, todas as lembranças têm algo a ver com o arco de pedra que as põe em movimento. Por analogia ou de modo literal, prisões de pedra, prisões emocionais e outras formas de aprisionamento se mesclam no território fluido da memória. Em resumo, as coisas que compõem a fisionomia de uma cidade dizem respeito a todos e amalgamam passado e futuro, vida pessoal e experiência histórica".

MARIÂNGELA ALVES DE LIMA
Poética que Incomoda por Vocação.
O Estado de S. Paulo, 26 de mai. de 2006

Sobre *Um Dia Ouvi a Lua*

"À primeira vista parece imensa a ambição de Luís Alberto de Abreu. Poeta dos palcos, ele atingiu aquele ponto da carreira em que poderia tranquilamente usufruir as conquistas adquiridas e serenamente tirar proveito de sua maestria no manejo das palavras criando peças no conforto do já sabido. Porém, esse autor de dezenas de textos, entre eles *O Livro de Jó*, do Teatro da Vertigem, e o roteiro adaptado da minissérie *Hoje É Dia de Maria*, quer mais. Sua inquietação o leva a arriscar-se na experimentação de novos rumos para sua arte.

Abreu persegue uma mitologia capaz de renovar estruturalmente sua dramaturgia, quiçá além dela. Busca tomar como base outros arquétipos em substituição ao herói guerreiro, competitivo e individualista, 'figura central e organizadora da Cultura', como ele define. Gostaria de ver atuando sobre a sensibilidade dos espectadores protagonistas, cuja força estivesse fundada em valores femininos ou infantis, como a fragilidade e a imaginação.

Utopia? Sim, ele sabe o grau de dificuldade da tarefa que se impôs. 'Não concordo que a ambição seja sem tamanho, mesmo porque não creio que seja só minha, nem eu daria conta sozinho dela. Não é a fundação de outra mitologia, mas sim uma procura por colocar à luz os valores e as imagens femininos soterrados por cinco milênios de tradição patriarcal. Não é fácil, é certo. A mitologia das culturas agrárias matrilineares do neolítico não foi escrita e muito dela se perdeu e foi modificada e usurpada pelo patriarcado', diz Abreu.

Mas encontrou um grupo disposto a iniciar o que promete ser, para Abreu, uma longa aventura. E na noite de quarta-feira, às vésperas do feriado de Semana Santa, o Estado foi até São José dos Campos acompanhar a estreia de *Um Dia Ouvi a Lua*, texto em que esse autor experimenta a inversão dos valores do 'macho adulto branco sempre no poder', a partir das narrativas de três composições muito conhecidas do cancioneiro popular brasileiro, recriando-as do ponto de vista feminino.

Ritos. A história da primeira canção, 'Adeus, Morena, Adeus', do violeiro que prefere seguir errante a casar-se, é abordada do ponto de vista das crianças que observam 'a louca da estação', a mulher presa ao passado. Não há 'virada de jogo', o que o autor expõe é a dor causada pelo cumprimento dos ritos masculinos, não só no casal, mas também no pai cumpridor do dever de 'surrar' a filha. Na segunda, 'Cabocla Tereza', a mulher igualmente não escapa de seu fim, mas ainda que 'morta' ela aparece altiva, ganha voz e conta seu trágico fim de seu ponto de vista, com seu matador já transformado em penitente. E é só na última história, 'Rio Pequeno', que a intervenção vem forte.

A menina sai da casa do pai no cavalo do amado, mas no caminho observa a violência masculina na forma de esporear o cavalo e foge, não por acaso, para o mato. Ali faz sua individuação. O homem a reconquista não pela força, mas justamente por "deixar escapar" sua fragilidade.

Pouco antes de subirem ao palco para cantar essas canções numa roda de viola – espécie de prólogo de *Um Dia Ouvi a Lua* –, os intérpretes preparam-se diante do espelho no camarim do Sesc de São José. É evidente o entusiasmo das quatro atrizes e dois atores da Cia. Teatro da Cidade, fundada e dirigida por Claudio Mendel, que comemora vinte anos de existência e acaba de ganhar de presente da irmã de Andréia Barros, uma das atrizes fundadoras, uma espaçosa sede na cidade.

Um Dia Ouvi a Lua é uma criação especial de aniversário. Há dez anos, Abreu havia escrito um dos maiores sucessos da companhia, *Maria Peregrina*. Daí o convite para ele escrever o texto de um projeto apoiado pelo Programa Estadual de Apoio à Cultura (Proac) e intitulado Universo Caipira – As Histórias Que o Vale Conta. 'É aquela máxima de que a gente pode falar ao mundo a partir de nosso quintal', observa Mendel.

O grupo convidou ainda, para a direção do espetáculo, Eduardo Moreira, ator e diretor fundador do grupo mineiro Galpão, o premiado Leopoldo Pacheco, para criar figurinos e cenografia, e o compositor

Beto Quadros para a direção musical e preparação dos atores. Havia um desejo de dar um salto de qualidade. 'Se a gente repete o que deu certo, vira fórmula', diz Mendel. Mas não esperavam tantos desafios.

Beleza. Abreu trabalhou em processo colaborativo, ou seja, os atores criavam cenas e ele escrevia o texto aos poucos, a partir do material proposto. Porém, como ponto de partida, entregara um canovaccio, um argumento, já com a proposta da inversão sobre as três canções. 'Eduardo Moreira propôs trabalhar a partir de brincadeiras de crianças, ideia que Abreu pegou com rara felicidade', diz Mendel. A beleza visual do espetáculo, a ambientação sonora, a delicadeza do canto (que vem até a capela num dado momento e chega a ser realizado a três vozes) e a bem-sucedida apropriação da prosa poética de Abreu mostram que o grupo atinge novo patamar de aprimoramento com esse espetáculo. Depois de circular pelo interior de São Paulo, deve chegar no segundo semestre à capital.

'Ao abandonar a trajetória do herói, eu abandono também uma forma dramática tradicional, mas a forma dessa ruptura ainda não sei qual é. Estou flertando com o teatro nô. Este espetáculo tem muito de inspiração do nô, não o nô formal, mas da essência dele'. É conferir esse e aguardar os próximos".

BETH NÉSPOLI

O Estado de S. Paulo, 13 de abr. de 2010.

FICHA TÉCNICA

BURUNDANGA, A REVOLTA DO BAIXO-VENTRE

Estreou em São Paulo, em 6 de julho de 1996, no Teatro de Arena Eugenio Kusnet, pela Fraternal Companhia de Arte e Malas-Artes, sob a direção de Ednaldo Freire.

Elenco:
Sérgio Rosa, Nilton Rosa, Gilmar Guido, Izildinha Rodrigues, Sílvia Belintani, Mirtes Nogueira, Keila Redondo, Nelson Belintani, Fábio Visconde, José Bezerra.

Cenários e figurinos de Augusto dos Santos
Coreografia de Augusto Pompeo
Trilha sonora de Vadinho
Projeto de iluminação de Newton Saiki
Coordenação dos bonecos de Petrônio Nascimento

Esta peça, até onde sabe o autor, já foi montada em São Paulo pela Cia. Delas de Teatro, com direção de Nelson Baskerville.

SACRA FOLIA

Estreou em São Paulo, em 7 de dezembro de 1996, no Teatro de Arena Eugenio Kusnet, pela Fraternal Companhia de Arte e Malas-Artes, sob a direção de Ednaldo Freire.

Elenco:
Sérgio Rosa, Ali Saleh, Nilton Rosa, Gilmar Guido, Izildinha Rodrigues, Sílvia Belintani, Mirtes Nogueira, Keila Redondo, Fábio Visconde, José Bezerra.

Cenários e figurinos de Augusto dos Santos
Direção musical de Tato Fisher
Coreografia de Augusto Pompeo
Trilha sonora de Vadinho
Projeto de iluminação de Newton Saiki

TILL EULENSPIEGEL

Estreou em São Paulo, em 7 de agosto de 1999, no Teatro Ruth Escobar, pela Fraternal Companhia de Arte e Malas-Artes, sob a direção de Ednaldo Freire.

Elenco:
Ali Saleh, Aiman Hammoud, Clóvis Gonçalves, Gilmar Guido, Salete Fracarolli, Nilton Rosa, Mirtes Nogueira, Nelson Belintani, José Bezerra, Renata Sad, Edgar Campos, Keila Redondo, Izilda Rodrigues.

Cenários, figurinos e adereços de Luís Augusto dos Santos e Fábio Lusvarghi
Coreografia e preparação corporal de Augusto Pompeo
Trilha sonora composta por Kalau Franco
Projeto de iluminação de Newton Saiki

STULTÍFERA NAVIS – NAU DOS LOUCOS

Estreou em São Paulo, em 10 de janeiro de 2002, no Teatro Paulo Eiró, pela Fraternal Companhia de Arte e Malas-Artes, sob a direção de Ednaldo Freire.

Elenco:
Aiman Hammoud, Ali Saleh, Edgar Campos, Mirtes Nogueira e Julião.

Cenários e figurinos de Luís Augusto dos Santos
Trilha sonora de Fernando Sardo
Projeto de iluminação de Newton Saiki

AUTO DA PAIXÃO E DA ALEGRIA

Estreou em São Paulo, em 11 de julho de 2002, no Teatro Paulo Eiró, pela Fraternal Companhia de Arte e Malas-Artes, sob a direção de Ednaldo Freire.

Elenco:
Mirtes Nogueira, Edgar Campos, Luti Angelelli e Aiman Hammoud.

Cenografia, figurinos e adereços de Luís Augusto dos Santos
Preparação corporal de Deise Alves
Trilha sonora composta de Marcos Vaz
Músicas e direção musical de Luiz Carlos Bahia

BELLA CIAO

Estreou em 9 de novembro de 1982 no Teatro de Arte Israelita Brasileiro (Taib) em São Paulo, numa produção da Arteviva de Teatro, com direção e iluminação de Roberto Vignati.

Elenco (ao longo da temporada):
Mário Cezar Camargo, Gabriela Rabelo, Christiane Tricerri, Rosi Campos, Calixto de Inhamuns, Zécarlos Machado, Júlia Gomes, Rosaly Grobman e Cacá Amaral.

Cenários e figurinos de Irineu Chamiso Jr
Direção Musical de Solano de Carvalho.

LIMA BARRETO, AO TERCEIRO DIA

Estreou no dia 24 de março de 1995 no Centro Cultural Banco do Brasil, no Rio de Janeiro, sob a direção de Aderbal Freire-Filho.

Elenco:
Andréa Dantas, Chico Expedito, Cláudio Tovar, Eduardo Paranhos, Fernando Almeida, Françoise Forton, Karla Muga, Marcelo Escorel, Milton Gonçalves, Queca Vieira.

Cenário de José Dias
Figurinos de Biza Viana
Iluminação de Aurélio de Simoni
Direção musical e músicas de Tato Taborda

BORANDÁ: AUTO DO MIGRANTE

Estreou em São Paulo, em agosto de 2003, no Teatro Paulo Eiró, pela Fraternal Companhia de Arte e Malas-Artes, sob a direção de Ednaldo Freire.

Elenco:
Mirtes Nogueira, Aiman Hammoud, Ali Saleh, Edgar Campos e Luti Angelelli.

Cenários, figurinos e adereços de Luís Augusto dos Santos
Trilha sonora composta de Kalau
Preparação corporal de Julião

MEMÓRIA DAS COISAS

Estreou em São Paulo, em 6 de julho de 2006, no Teatro Fábrica São Paulo, pela Fraternal Companhia de Arte e Malas-Artes, sob a direção de Ednaldo Freire.

Elenco:
Mirtes Nogueira, Edgar Campos, Luti Angelelli e Aiman Hammoud

Cenários, figurinos e adereços de Luiz Augusto dos Santos
Trilha original de Kalau
Preparação corporal de Vivien Buckup
Preparação vocal de Carlos Zimbher

A GUERRA SANTA

Estreou em junho de 1993 em Londres e no dia 6 de julho do mesmo ano no Centro Cultural Banco do Brasil, no Rio de Janeiro, numa montagem da Cia Melodramática Brasileira, com direção e cenários de Gabriel Vilella.

Elenco:
Beatriz Segall, Cláudio Fontana, Cristiane Guiçá, Fernando Neves, Jacqueline Momesso, Lúcia Barroso, Lulu Pavarin, Maria do Carmo Soares, Pedro Ivo, Rita Martins, Roseli Silva, Sérgio Zurawski, Umberto Magnani, Vera Mancini.

Figurinos de Luciana Buarque
Iluminação de Wagner Freire
Direção musical de Tato Fischer
Trilha sonora de Túnica
Coreografia de Vivien Buckup

O LIVRO DE JÓ

Estreou no dia 9 de fevereiro de 1995 no Hospital Umberto I, em São Paulo, pelo Teatro da Vertigem, com direção de Antonio Araújo.

Durante as diversas temporadas e apresentações realizadas pelo grupo no Brasil e no exterior, o espetáculo contou com o seguinte elenco: Daniela Nefussi (1995), Joelson Medeiros (1997), Lismara Oliveira (1995-96), Luciana Schwinden (1998), Luís Miranda, Marcos Lobo (1996), Mariana Lima (1995-97), Matheus Nachtergaele (1995-97), Miriam Rinaldi, Roberto Áudio (1998), Sergio Siviero, Siomara Schöder (1995-96), Suia Legaspe (1996) e Vanderlei Bernardino.

Iluminação de Guilherme Bonfanti
Figurino e visagismo de Fábio Namatame
Ambientação cenográfica de Marcos Pedroso
Composição e direção musical de Laércio Resende, além de grande equipe.

MARIA PEREGRINA

Estreou no dia 5 de maio de 2000 no Cine Teatro Santana, em São José dos Campos, São Paulo. Foi encenado pela Cia Teatro da Cidade, com direção de Claudio Mendel.

Elenco:
Andréia Barros, Vander Palma, Marcio Douglas, Conceição de Castro, Carlos Rosa e Karina Müller.

Cenografia de Carlos Eduardo Colabone
Direção musical de Márcio de Oliveira
Iluminação de Daniel Augusto de Souza e Claudio Mendel

UM MERLIN

Estreou no Teatro Municipal de Santo André, São Paulo, em 2004, numa produção da Proa Produções Artísticas do ABC Ltda e direção de Roberto Lage.

Elenco:
Antonio Petrin e Cristiane Lima.

Cenário e Figurino de Márcio Medina
Desenho de Luz de Kleber Montanheiro
Trilha Original de Sérvulo Augusto
Assistente de Direção de Isadora Ferrite
Coreografia e Preparação Corporal de Karina Pinheiro

Em 2008, a peça foi montada pelo grupo Seiva Trupe na cidade do Porto, Portugal, com direção de Roberto Lage.

UM DIA OUVI A LUA

Pré-estreia do espetáculo no Sesc São José dos Campos, em 31 de março e 1 e 3 de abril, com a Cia Teatro da Cidade e direção de Eduardo Moreira.

Elenco:
Adriana Barja, Ana Cristina Freitas, André Ravasco, Andréia Barros, Caren Ruaro, Wallace Puosso.

Co-direção e iluminação de Cláudio Mendel
Direção Musical de Beto Quadros
Cenário e figurinos de Leopoldo Pacheco e Ana Maria Bonfim Pitiu
Adereços de Leopoldo Pacheco
Maquiagem e cabelo de Leopoldo Pacheco
Preparação Corporal de Robson Jacque
Arranjos musicais de Ernani Maletta e Beto Quadros

COLEÇÃO TEXTOS

1. *Marta, a Árvore e o Relógio*,
   Jorge Andrade
2. *Antologia dos Poetas Brasileiros da Fase Colonial*,
   Sérgio Buarque de Holanda
3. *A Filha do Capitão e o Jogo das Epígrafes*,
   Aleksandr S. Púchkin / Helena S. Nazario
4. *Textos Críticos*,
   Augusto Meyer (João Alexandre Barbosa, org.)
5. *O Dibuk*, Sch. An-ski
   (J. Guinsburg, org.)
6. *Panorama do Movimento Simbolista Brasileiro* (2 vols.),
   Andrade Muricy
7. *Ensaios*, Thomas Mann
   (Anatol Rosenfeld, seleção)
8. *Leone de' Sommi: Um Judeu no Teatro da Renascença Italiana*,
   J. Guinsburg (org.)
9. *Caminhos do Decadentismo Francês*,
   Fulvia M. L. Moretto (org.)
10. *Urgência e Ruptura*,
    Consuelo de Castro
11. *Pirandello: Do Teatro no Teatro*,
    J. Guinsburg (org.)
12. *Diderot: Obras I. Filosofia e Política*,
    J. Guinsburg (org.)

    Diderot: Obras II. Estética, Poética e Contos,
    J. Guinsburg (org.)

    Diderot: Obras III. O Sobrinho de Rameau,
    J. Guinsburg (org.)

    Diderot: Obras IV. Jacques, O Fatalista, e seu Amo,
    J. Guinsburg (org.)

    Diderot: Obras V. O Filho Natural,
    J. Guinsburg (org.)

    Diderot: Obras VI (1). O Enciclopedista – História da Filosofia I,
    J. Guinsburg e Roberto Romano (orgs.)

Diderot: Obras VI *(2). O Enciclopedista – História da Filosofia* II,
J. Guinsburg e Roberto Romano (orgs.)

Diderot: Obras VI *(3). O Enciclopedista – Arte, Filosofia e Política,*
J. Guinsburg e Roberto Romano (orgs.)

Diderot: Obras VII. *A Religiosa,*
J. Guinsburg (org.)

13. *Makunaíma e Jurupari: Cosmogonias Ameríndias,*
Sérgio Medeiros (org.)

14. *Canetti: O Teatro Terrível,*
Elias Canetti

15. *Idéias Teatrais: O Século* XIX *no Brasil,*
João Roberto Faria

16. *Heiner Müller: O Espanto no Teatro,*
Ingrid D. Koudela (org.)

17. *Büchner: Na Pena e na Cena,*
J. Guinsburg e Ingrid D. Koudela (orgs.)

18. *Teatro Completo,*
Renata Pallottini

19. *A República de Platão,*
J. Guinsburg (org.)

20. *Barbara Heliodora: Escritos sobre Teatro,*
Claudia Braga (org.)

21. *Hegel e o Estado,*
Franz Rosenzweig

22. *Almas Mortas,*
Nikolai Gógol

23. *Machado de Assis: Do Teatro,*
João Roberto Faria (org.)

24. *Descartes: Obras Escolhidas,*
J. Guinsburg, Roberto Romano e Newton Cunha (orgs.)

25. *Luís Alberto de Abreu: Um Teatro de Pesquisa,*
Adélia Nicolete (org.)

Este livro foi impresso nas oficinas
da Cherma Indústria da Arte Gráfica Ltda., em fevereiro de 2011,
para a Editora Perspectiva S.A.